인벤터 3D모델링 & 2D도면작성 실기 실무

mechapia

기능사 · 산업기사 · 기사 작업형 실기

인벤터 실무 3D 설계를 위한 입문서

인벤터로 3D모델링과 2D도면작업까지 한방에 끝내기
- 전산응용기계제도기능사
- 기계설계산업기사
- 일반기계기사
- CAD 작업형 실기 교재

메카피아 교육사업부 저

NCS 국가직무능력표준

대분류	중분류	소분류	세분류
15 기계	01 기계설계	02 기계설계	01 기계요소 설계

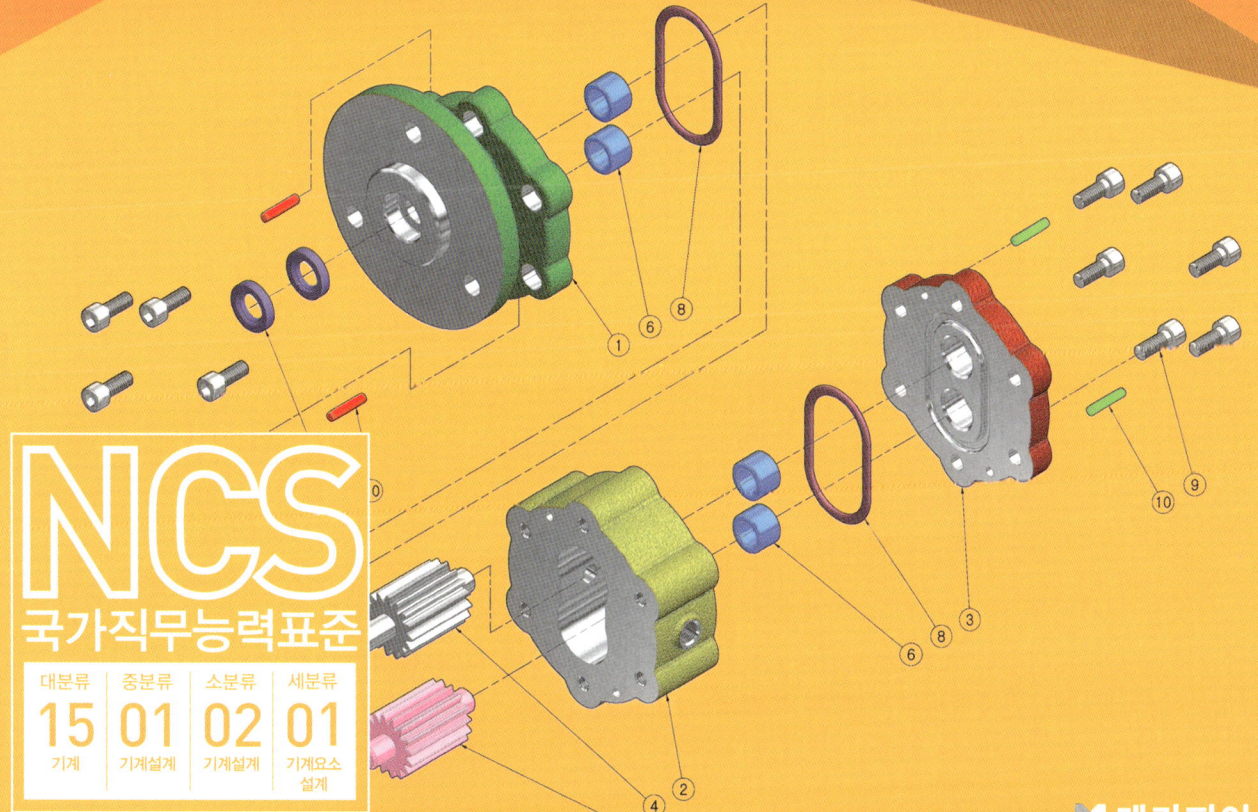

메카피아

기능사/산업기사/기사 작업형 실기

인벤터 3D모델링 & 2D도면작성 실기 실무

발 행 · 2021년 2월 15일 초판 1쇄 발행

저 자 · 메카피아 교육사업부

발행처 · 도서출판 메카피아
발행인 · 노수황
출판등록 · 제2014-000036호(2010년 02월 01일)
주 소 · 서울특별시 금천구 서부샛길 606, 대성디폴리스지식산업센터 5층 502호
전 화 · 1544-1605(대)
팩 스 · 02-861-9040 / 02-6008-9111
출판사 홈페이지 · www.mechabooks.co.kr
이메일 · mechapia@mechapia.com

표지 디자인 · 포인기획
편집 디자인 · 쥴리아리

마케팅 · 이예진

ISBN · 979-11-6248-113-4 13550

정 가 · 30,000원
교육 및 강의 문의 : 02-861-9042
영 업 : 02-861-9044

Copyright© 2021 MECHAPIA Co. All rights reserved.

· 이 책은 저작권법에 의해 보호를 받는 저작물로 무단 전재나 복제를 금지하며, 이 책 내용의 전부 또는 일부를 이용하려면 반드시 저작권자나 발행인의 서면동의를 받아야 합니다.

· 파본 및 낙장은 구입하신 서점에서 교환하여 드립니다.

기능사/산업기사/기사 작업형 실기
인벤터 3D모델링 & 2D도면작성 실기 실무

Preface 머리말

3D CAD는 제조업 설계 분야에서 그 활용도가 더욱 높아지고 있으며, 관련 전공자나 국가기술자격증 취득에 있어 필수적으로 익혀야 하는 실기 과목입니다.

특히 국가기술자격증 취득을 주력으로 일선 교육계에서도 많은 노력을 기울이고 있지만 해마다 발전해가는 3차원 CAD의 발전 속도를 따라오지 못하는 부분도 있어 많이 안타까운 실정입니다.

이에 국내 기술지식 콘텐츠 산업의 선구자이며 엔지니어들의 한줄기 희망의 등불이 되고자 노력하는 ㈜메카피아에서 제대로 도면을 작성하는 방법, 제대로 설계하는 방법을 기술한 인벤터 3D모델링 활용 도서를 출간하게 되었습니다.

단기 속성 과정으로 자격증을 취득하는 최소한의 내용만을 기술할 수도 있었지만 본 도서에서는 나아가 실무에서도 활용할 수 있도록 내용을 알차게 구성하였습니다.

인벤터의 장점을 최대한 살릴 수 있는 방향에서 3D모델링 과정을 학습할 수 있도록 구성해 놓았으며 이 교재로 학습하는 독자들의 궁금증을 스스로 해소시킬 수 있도록 가급적 상세하게 기술하려고 많은 노력을 기울였습니다.

본 교재로 학습을 하면서 전산응용기계제도(CAD) 작업형 실기 시험을 요구하는 일반기계기사, 기계설계산업기사, 전산응용기계제도기능사 등의 실기 시험에 합격함과 동시에 이 책에서 공부한 지식으로 바로 실무 설계에서도 활용가능한 실무지식을 갖추는데 도움이 되었으면 하는 바람입니다.

 이 책은 기본적으로 인벤터란 3차원 CAD 프로그램만으로 모델링 작업부터 도면작성까지 마무리할 수 있는 과정을 체계적으로 수록하였으며, 학습하시는 분들께 조금이라도 많은 정보를 드리고자 지면의 제약이 있지만 최대한 많은 예제를 수록하고자 노력을 기울였습니다.

이 책의 주요 구성

Part 1 인벤터 입문하기

인벤터를 처음 접하는 신규 사용자가 인벤터란 어떤 프로그램이며 어떻게 접근해야 하는가를 기술해 놓았습니다.

Part 2 2D 스케치

모델링을 하기 위한 밑바탕이 되는 스케치는 굉장히 중요한 요소입니다. 흔히 3D모델링이라는 개념 때문에 그 기초가 되는 2D 스케치를 대수롭지 않게 넘어가는 경향이 많이 있습니다. 하지만 그 밑바탕이 되는 스케치와 그 요소간의 구속조건이라는 개념을 확실히 이해해야 그 다음 단계로 넘어갈 수 있습니다. 따라서 이 단원에서는 기본적인 스케치 작성에서 부터 구속조건에 대한 상세한 설명까지 수록해 놓았습니다.

Part 3 피처 명령어

본격적으로 모델링을 시작하기 전에 어떠한 명령어들이 있고, 또 어떤 방식으로 써야 하는지를 다양한 옵션과 함께 상세하게 기술해 놓았습니다.

Part 4 파트 모델링

전산응용기계제도 실기시험에 나오는 다양한 예제들을 수록해 놓았습니다. 같은 타입의 부품이라고 하더라도 여러 갈래로 세분화하여 되도록 상세하게 작성하는 방법을 기술해 놓았습니다.

Part 5 도면 작성하기

이 장이야말로 다른 교재들과 완벽하게 차별화되는 부분이며, 또한 3D CAD의 장점을 극대화할 수 있게 도와주는 장입니다. 그 어떤 책에서도 볼 수 없었던 상세한 도면 작성 노하우를 익힐 수 있도록 최대한 많은 설명과 페이지를 할애하였으며, 하나의 시작과 끝으로 마무리하여 완벽한 도면을 작성할 수 있는 내용을 수록해 놓았습니다.

2021년 2월 저자 일동

◎대표전화 : 1544-1605
◎이메일 : mechapia@mechapia.com
◎웹사이트 : www.mechapia.com / www.3dmecha.co.kr / www.3dhub.co.kr

Contents 목차

Part 1 인벤터 입문하기 ... 14

Section 1 인벤터 시작하기 ... 16
인벤터 실행하기 ... 16
인벤터의 사용자 환경 알아보기 ... 16
인벤터 템플릿 ... 17

Section 2 화면 제어하기 ... 19
마우스+키보드 ... 19
탐색 막대 활용하기 ... 20
뷰 큐브 활용하기 ... 20
마킹 표식 메뉴 활용하기 ... 20
인벤터의 뷰 탭 ... 21
기타 선택 활용하기 ... 24
인벤터 단축키 리스트 ... 24

Section 3 옵션 설정하기 ... 28

Part 2 2D 스케치 ... 32

Section 1 스케치 생성하기 ... 34
스케치 생성하기 ... 34
스케치를 생성하는 세 가지 방법 ... 34

스케치의 스냅	36
스케치의 구속조건 추정/지속성	37
스케치 종료하기	37

Section 2 그리기 도구 — 38

선	38
원	41
호	42
직사각형	43
슬롯	46
스플라인	49
타원	51
점	52
모깎기	52
모따기	54
폴리곤	55
텍스트	57
형상 투영	59

Section 3 구속조건 도구 — 60

구속조건 추가/삭제하기	60
기본적인 치수 기입법	62
여러가지 타입의 치수 기입하기	63
일치 구속조건	70
동일선상 구속조건	71
동심 구속조건	72
고정 구속조건	72
평행 구속조건	72
직각 구속조건	73

Lesson 10	수평 구속조건	73
Lesson 11	수직 구속조건	74
Lesson 12	접선 구속조건	75
Lesson 13	부드럽게 구속조건	75
Lesson 14	대칭 구속조건	76
Lesson 15	동일 구속조건	76

Section 4 패턴 도구 — 78

Lesson 1	직사각형 패턴	78
Lesson 2	원형 패턴	79
Lesson 3	대칭 패턴	81

Section 5 수정 도구 — 82

Lesson 1	이동	82
Lesson 2	복사	83
Lesson 3	회전	84
Lesson 4	자르기	85
Lesson 5	연장	86
Lesson 6	분할	86
Lesson 7	축척	87
Lesson 8	늘이기	88
Lesson 9	간격 띄우기	89

Section 6 형식 도구 — 90

Lesson 1	구성선	90
Lesson 2	중심선	90
Lesson 3	중심점	91
Lesson 4	연계 치수	91

Section 7 스케치의 상태 — 92

- **Lesson 1** 스케치의 상태 — 92
- **Lesson 2** 스케치 요소의 상태 — 92
- **Lesson 3** 색상 체계에 따른 스케치 요소의 색깔 — 93
- **Lesson 4** 스케치 편집 — 93
- **Lesson 5** 스케치 재정의 — 94

Example 실습 예제도면 — 96

Part 3 피처 명령어 — 106

Section 1 작성 명령 — 108

- **Lesson 1** 피처 기본 옵션 — 108
- **Lesson 2** 기본체 — 110
- **Lesson 3** 돌출 — 113
- **Lesson 4** 회전 — 117
- **Lesson 5** 로프트 — 120
- **Lesson 6** 스윕 — 125
- **Lesson 7** 리브 — 128
- **Lesson 8** 코일 — 132
- **Lesson 9** 엠보싱 — 134
- **Lesson 10** 기타 명령어 — 137

Section 2 수정 명령 — 138

- **Lesson 1** 구멍 — 138
- **Lesson 2** 모깎기 — 145

모따기	149
쉘	150
면 기울기	153
스레드	155
분할	156
결합	158
면 이동	160
객체 복사	162
본체 이동	162
굽힘	164

Section 3 작업 피처 — 166

평면	166
축	172
점	175

Section 4 패턴 명령 — 178

직사각형 패턴	178
원형 패턴	180
대칭 패턴	183
사용자 재질 작성하기	185

Part 4 파트 모델링 — 188

Section 1 블럭 타입의 부품 그리기 — 190

클램핑 블록	190
클램프 링크	195

기어박스 커버	201
V-블록	207
연습 예제도면	212

Section 2　핀, 볼트 타입의 부품 그리기　　222

슬라이더	222
칼라	225
회전 삽입 부시	228
클램핑 볼트	231
누름 볼트	234
연습 예제도면	238

Section 3　축 타입의 부품 그리기　　246

축	246
편심축	251
커버	256
내경 콜렛	260
연습 예제도면	264

Section 4　동력전달용 부품 그리기　　272

스퍼기어	272
V벨트 풀리	278
체인 스프로킷	284
헬리컬 기어	293
래크 기어	297
베벨 기어	299
웜 축	303
웜 휠	305

Section 5 본체 타입의 부품 그리기 — 310

- Lesson 1 지지대 — 310
- Lesson 2 본체 — 316
- Lesson 3 기어 펌프 하우징 — 327
- Lesson 4 베이스 — 336
- Lesson 5 연습 예제도면 — 343

Section 6 기타 부품 그리기 — 348

- Lesson 1 노브 — 348
- Lesson 2 손잡이 — 350
- Lesson 3 핸들 — 354
- Lesson 4 스프링 — 358

Part 5 도면 작성하기 — 360

Section 1 도면 환경 알아보기 — 362

- Lesson 1 도면 시작하기 — 362
- Lesson 2 시트의 성격에 대해서 — 364
- Lesson 3 시트 트리에 대한 소개 — 365
- Lesson 4 도면 환경의 명령어 소개 — 365

Section 2 뷰 명령 알아보기 — 368

- Lesson 1 기준 뷰 — 368
- Lesson 2 투영 뷰 — 375
- Lesson 3 보조 뷰 — 376
- Lesson 4 단면 뷰 — 377
- Lesson 5 상세 뷰 — 379

Lesson 6	끊기 뷰	380
Lesson 7	브레이크 아웃 뷰	382
Lesson 8	오리기 뷰	383
Lesson 9	뷰의 정렬/끊기	384

Section 3 주석 명령 알아보기 — 386

Lesson 1	치수	386
Lesson 2	기준선 치수	387
Lesson 3	체인 치수	389
Lesson 4	구멍 및 스레드	390
Lesson 5	모따기 치수	390
Lesson 6	텍스트	391
Lesson 7	기호	393
Lesson 8	중심 기호	396
Lesson 9	부품 리스트	401

Section 4 시험용 템플릿 작성하기 — 402

Lesson 1	도면 환경 열기	402
Lesson 2	스타일 편집기 설정하기	403
Lesson 3	경계 작성하기	409
Lesson 4	제목 블록 작성하기	412

Section 5 부품도 작성하기 — 414

Lesson 1	등각투상도 작성하기	414
Lesson 2	블럭 타입의 부품도 작성하기	417
Lesson 3	축 타입의 부품도 작성하기	426
Lesson 4	동력전달용 부품도 작성하기	433
Lesson 5	본체 타입의 부품도 작성하기	439
Lesson 6	인쇄 및 DWG로 내보내기	452

PART 01

AUTODESK
NVENTOR PROFESSIONAL

인벤터 입문하기

Section 1	인벤터 시작하기	18p
Section 2	화면 제어하기	21p
Section 3	옵션 설정하기	30p

Part 01 인벤터 입문하기

1.인벤터 시작하기

전산응용기계제도기능사/산업기사/기사 실기를 위한 인벤터

Lesson 1   인벤터 실행하기

바탕화면의 아이콘을 더블클릭한다.

인벤터 화면이 로딩된다.

Lesson 2   인벤터의 사용자 환경 알아보기

시작화면은 다음과 같다.

16

❶ **파일 메뉴(어플리케이션 버튼) :** 모든 환경에서 접근할 수 있는 공통적인 명령 세트

❷ **패널 도구 막대 :** 각각의 환경에 맞는 작업을 위한 명령어 아이콘 세트

❸ **모형 탭 :** 현재 작성한 부품/조립품/도면의 히스토리에 해당하는 리스트를 표시

❹ **새로 만들기 :** 설정된 단위를 기준으로 작업공간으로 빠르게 넘어갈 수 있는 새로 만들기 퀵 메뉴

❺ **프로젝트 :** 프로젝트 리스트 확인 및 프로젝트를 빠르게 변경할 수 있는 퀵 메뉴

Lesson 3 | 인벤터 템플릿

01 새 파일 작성 창 알아보기

시작하기에서 새로 만들기 버튼을 클릭하거나, 응용프로그램 메뉴에서 새로 만들기 버튼을 클릭한다.

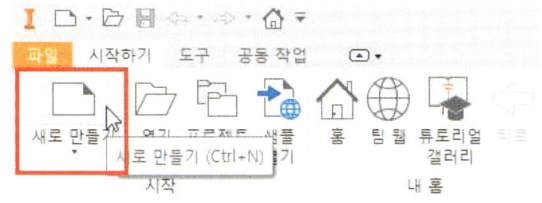
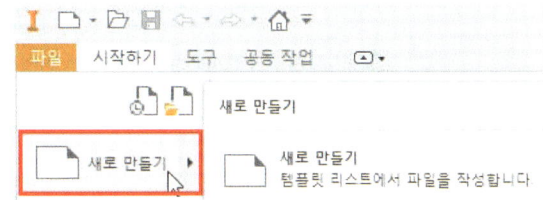

다음과 같이 새 파일 작성 창이 표시된다.

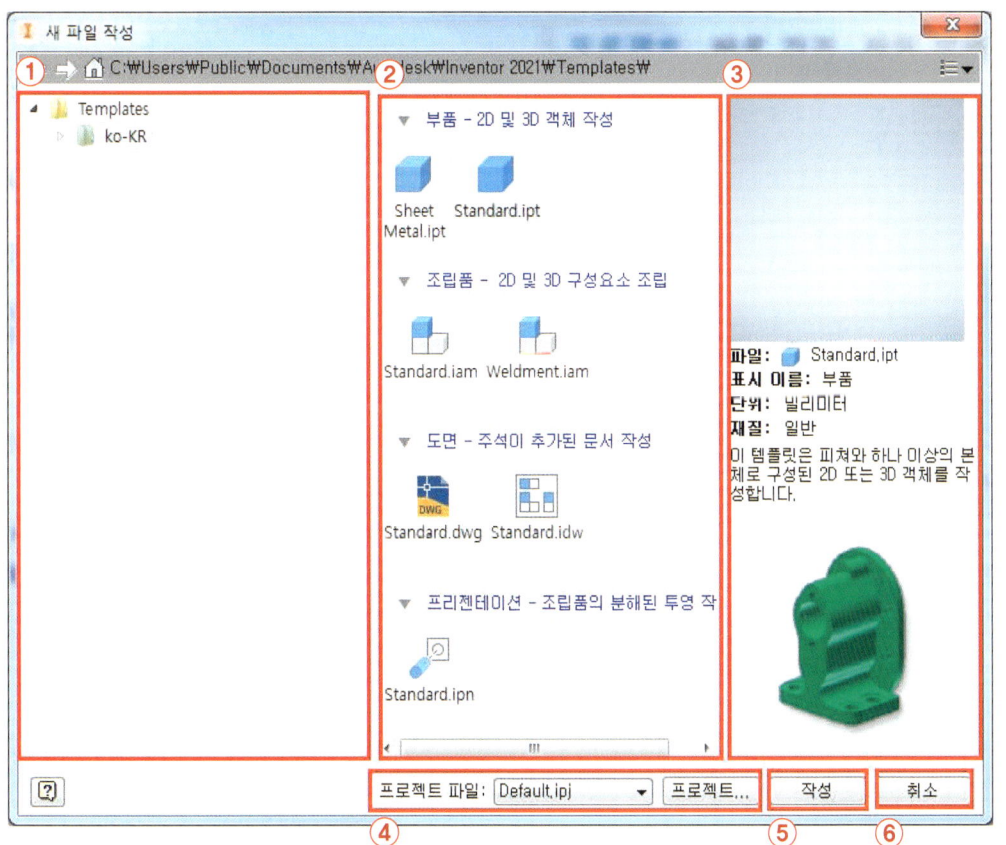

❶ **템플릿 폴더 :** 각각의 템플릿 폴더를 표시한다.

❷ **템플릿 파일 검색기 :** 해당 폴더에 있는 템플릿 파일이 표시된다.

❸ **템플릿 개요 :** 선택한 템플릿의 개요와 설명이 표시된다.

❹ **프로젝트 :** 프로젝트를 변경하거나 프로젝트 설명 창으로 간다.

❺ **작성 :** 현재 선택한 템플릿 환경으로 새 파일을 작성한다.

❻ **취소 :** 새 파일 작성 창을 닫는다.

02 템플릿의 종류

 ❶ **Standard.ipt** : 기본적인 단품작업 환경을 제공한다.

 ❷ **Sheet Metal.ipt** : 판금부품을 작성하는 환경을 제공한다.

 ❸ **Standard.iam** : 기본적인 조립품 환경을 제공한다.

 ❹ **Weldment.iam** : 용접환경이 추가된 조립품 환경을 제공한다.

 ❺ **Standard.dwg** : 인벤터와 오토캐드가 직접 연동되는 도면작업 환경을 제공한다.

 ❻ **Standard.idw** : 기본적인 도면 작업 환경을 제공한다.

 ❼ **Standard.ipn** : 분해도를 작성할 수 있는 프리젠테이션 작업 환경을 제공한다.

Section2.화면 제어하기

2.화면 제어하기

전산응용기계제도기능사/산업기사/기사 실기를 위한 인벤터

Lesson 1 | 마우스+키보드

01 확대/축소

❶ **전체확대** : 휠 버튼을 더블 클릭한다.
 (단축키 Home)

❷ **마우스 휠버튼** : 위로 굴리면 화면이 축소, 아래로 굴리면 마우스 커서를 중심으로 화면이 확대된다.

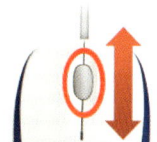

02 시점 이동

마우스 휠 버튼을 클릭해서 드래그하면 화면 시점이 이동한다.

03 화면 회전

❶ Shift 버튼을 누른 채로 마우스 휠버튼을 드래그 한다.

❷ 단축키 F4를 누른 채로 마우스 왼쪽 버튼을 클릭&드래그 한다.

Lesson 2 | 탐색 막대 활용하기

화면 우측의 탐색 막대를 활용해서 화면 제어를 할 수 있다.

 ① **전체 탐색 휠** : 인벤터 화면제어에 필요한 모든 명령을 리모컨 형식으로 간편하게 쓸 수 있도록 되어 있다.

 ② **시점 이동** : 화면의 시점 이동을 할 수 있다.

 ③ **줌 전체** : 모델의 전체모습을 화면에 꽉 차게 나타내 준다. 아이콘 하단의 확장 화살표를 클릭하면 더욱더 다양한 종류의 줌 명령을 사용할 수 있다.

 ④ **자유 회전** : 화면을 회전할 수 있다.

 ⑤ **면 보기** : 선택한 면을 화면에 수직되게 회전시킨다.

 ⑥ **기타 옵션** : 그 외 화면제어에 필요한 기타 아이콘 명령어들이 포함되어 있다. 체크해서 꺼내올 수 있다.

Lesson 3 | 뷰 큐브 활용하기

화면 우측 상단에 위치한 상자 모양의 박스이다. 실제 상자라고 생각하고 각 면이나 모서리 및 꼭지점을 마우스로 클릭한다. 상자의 각 표면에는 해당 방향에 대한 이름표가 쓰여져 있다.

왼쪽 위의 홈 마크를 누르면 인벤터가 기본 방향으로 삼고있는 방향으로 화면이 회전 배치된다.(단축키 F6)

정투상일 때에는 뷰큐브에 90도씩 회전 마크와 시계/반시계 방향으로 틸팅버튼이 표시된다.

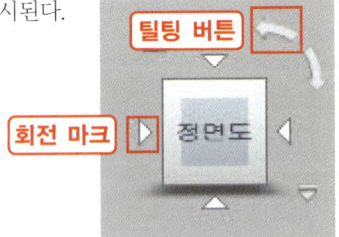

Lesson 4 | 마킹 표식 메뉴 활용하기

인벤터 환경에서 **마우스 오른쪽 버튼**을 클릭하면 각각의 환경에 맞게 사용할 수 있는 마킹 메뉴가 표시된다.

Section2. 화면 제어하기

스케치 환경에서

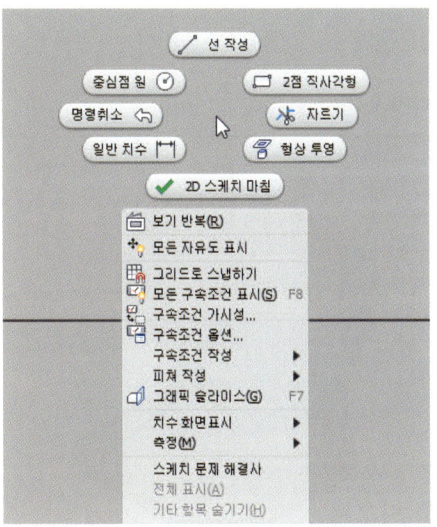

부품 환경에서

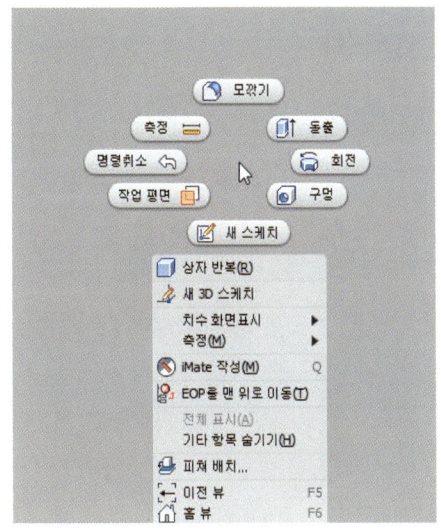

조립품 환경에서

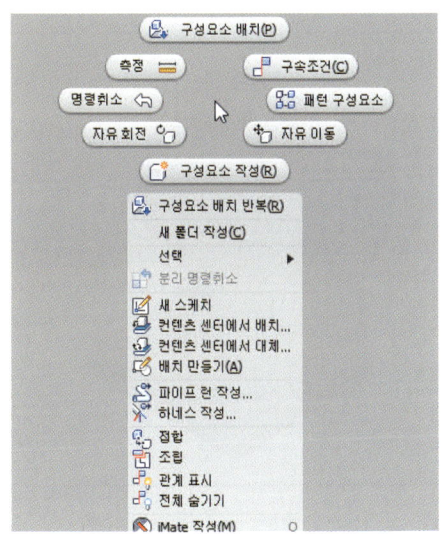

도면 환경에서

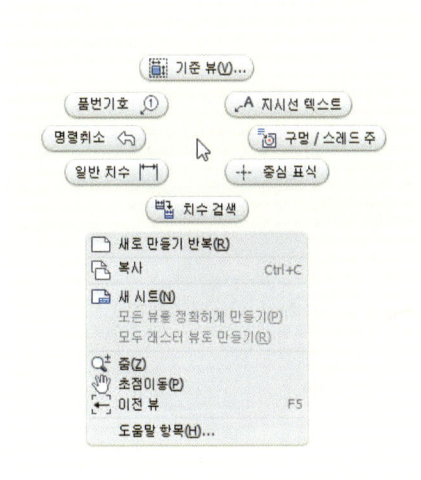

Lesson 5 | 인벤터의 뷰 탭

인벤터에서 화면표시에 대한 모든 명령어가 모여있는 탭이다.

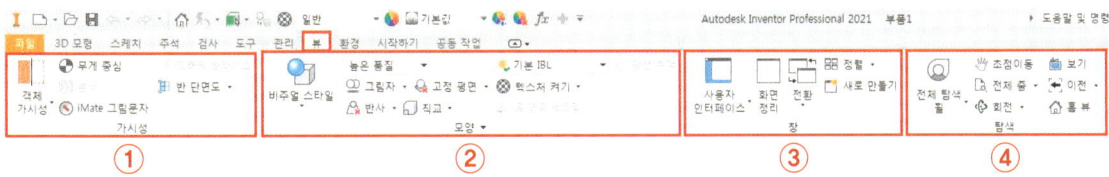

01 가시성 패널 : 특정 객체의 가시성 또는 무게중심이나 곡률 분석을 하는 명령어가 모여있다.

02 모양 패널 : 비주얼 스타일 또는 그림자와 텍스처, 반사 등 모델의 화면 표시 모양을 결정한다.

❶ **비주얼 스타일** : 모델의 표시상태를 표시하며 다음과 같은 종류가 있다.

사실적

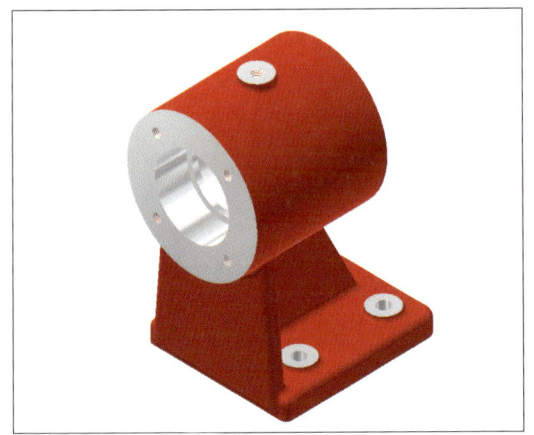

음영처리

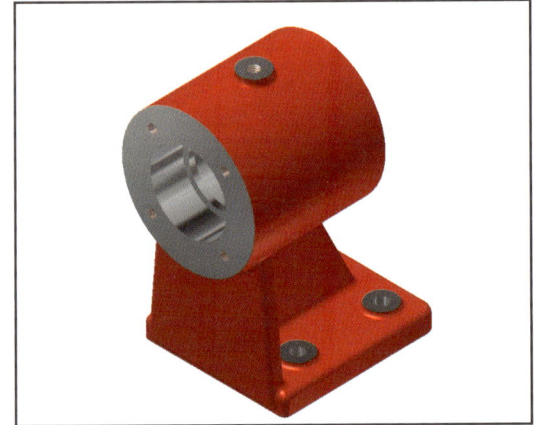

모서리로 음영처리

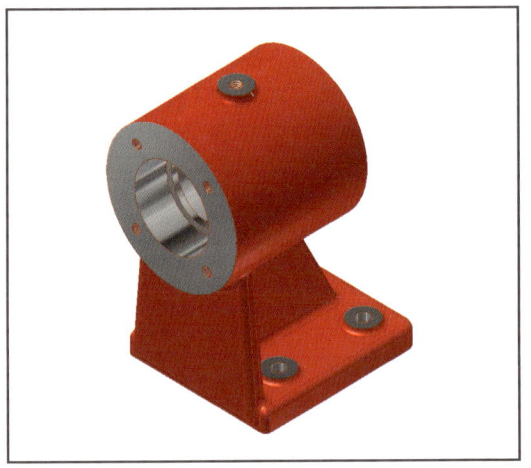

숨겨진 모서리로 음영처리

와이어 프레임

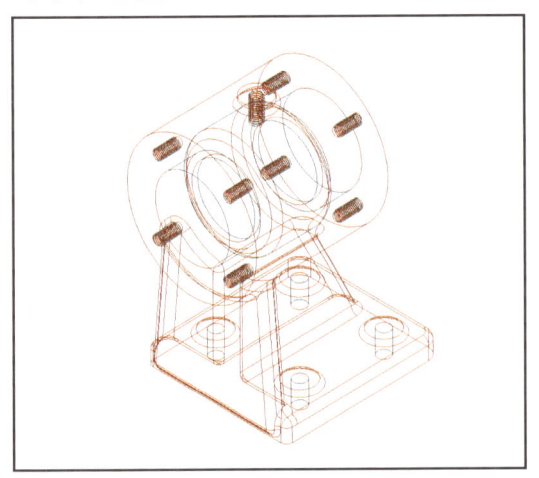

숨겨진 모서리가 있는 와이어 프레임

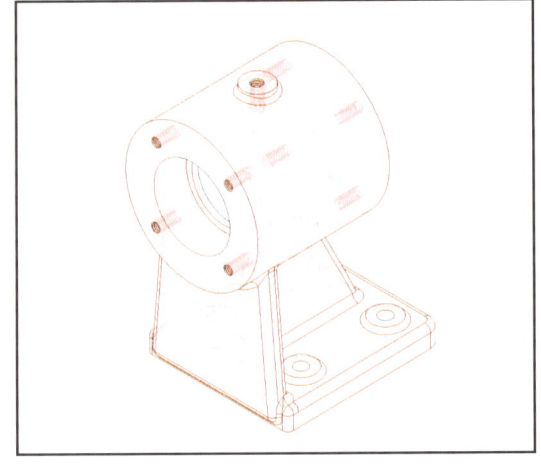

가시적 모서리만 있는 와이어 프레임

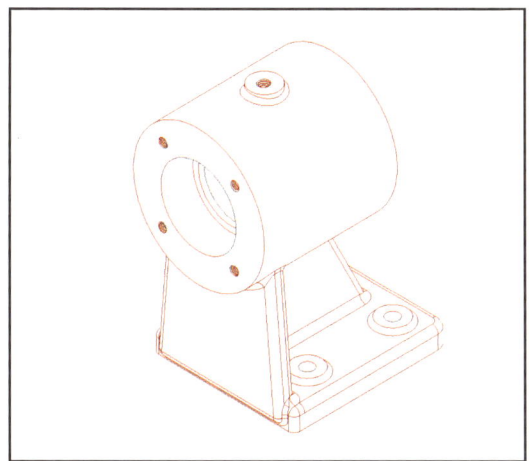

단색

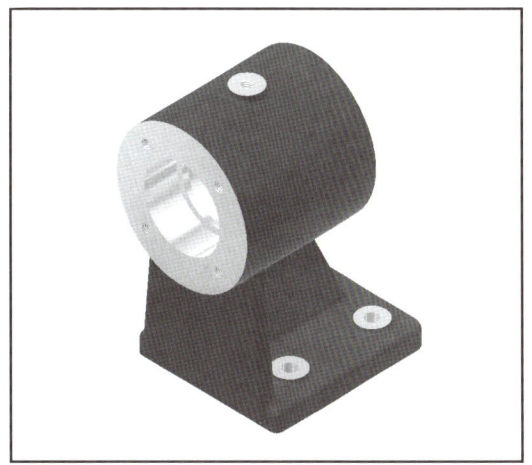

수채화

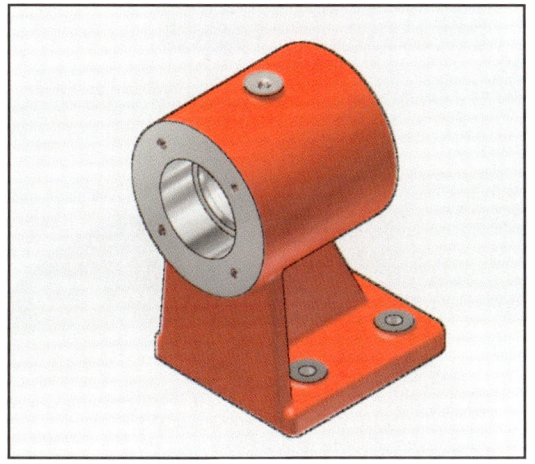

일러스트

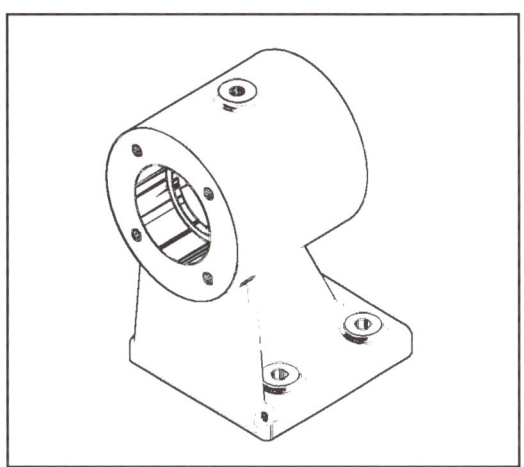

03 **창 패널** : 인벤터의 화면 구성을 담당하는 요소들을 제어할 수 있다.

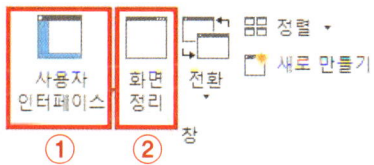

❶ **사용자 인터페이스** : 인벤터 화면의 모든 요소들의 표시/숨기기를 지원한다.

❷ **화면 정리** : 불필요한 도구를 숨김으로 함으로써 화면을 크게 쓸수 있다.

04 **탐색 패널** : 앞서 언급했던 탐색 막대의 모든 명령어가 모여있다.

Lesson 6 | 기타 선택 활용하기

모든 작업을 할 때 정확하게 요소를 선택해야 하는 경우에 기타 선택 모드를 사용하면 편리하게 사용할 수 있다.

원하는 요소 근처에 마우스 커서를 이동시킨 후, 1초 이상 기다려서 기타 선택 메뉴가 나타나면 확장 버튼을 누른다.

리스트에 마우스 커서를 위치시키면 해당 리스트가 어떤 객체인지 화면상에서 표시된다.

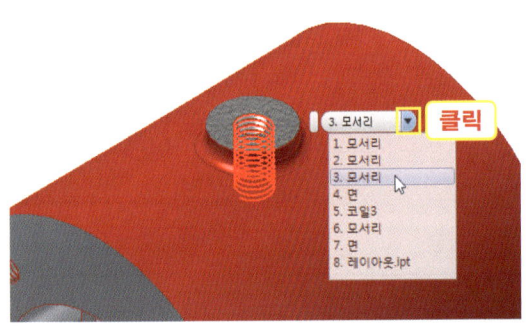

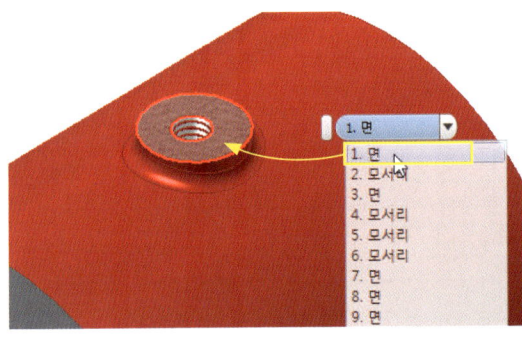

원하는 개체를 찾으면 해당 리스트의 이름을 클릭하면 선택이 된다.

기타 선택은 개체 근처에서 마우스 오른쪽 버튼을 클릭한 다음 기타 선택을 눌러도 실행된다.

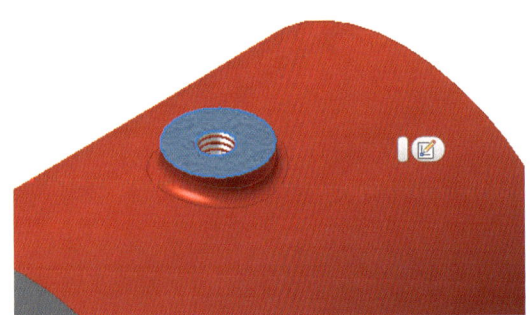

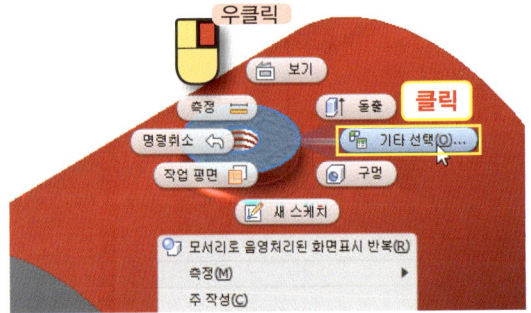

Lesson 7 | 인벤터 단축키 리스트

01 윈도우 단축키

단축키	설 명	범 주
Esc	명령 종료	전역
F1	현재 상태에 대한 도움말	전역
Del	선택한 객체 삭제	전역
Ctrl+C	복사	전역
Ctrl+N	새로 만들기	관리
Ctrl+O	열기	전역

단축키	설 명	범 주
Ctrl+P	인쇄	전역
Ctrl+S	저장	전역
Ctrl+V	붙여넣기	전역
Ctrl+X	잘라내기	전역
Ctrl+Y	명령 복구	전역
Crtl+Z	명령 취소	전역

02 인벤터 기본 단축키

단축키	설 명	범 주
F2	작업 창을 초점이동함	전역
F3	작업 창에서 줌 확대 또는 축소	전역
F4	작업 창에서 객체 회전	전역
F5	이전뷰로 돌아감	전역
F6	등각투영 뷰	전역
F7	그래픽 슬라이스	스케치
F8	전체 구속조건 표시	스케치
F9	전체 구속조건 숨기기	스케치
F10	스케치 숨기기/보이기	뷰
A	중심점 호	스케치
A	간섭 분석	조립품
A	기준선 치수 세트 명령	도면
B	품번기호 명령	도면
C	원 그리기	스케치
C	구속조건 명령	조립품
D	일반 치수 명령	스케치/도면
D	면 기울기/테이퍼 작성	부품
E	돌출 명령	부품
F	모깎기 작성	스케치/**부품**/조립품
H	스케치 영역 채우기/해치	스케치
H	구멍 명령	부품/조립품
I	수직 구속조건	스케치
L	선 명령	스케치
M	거리 측정	부품/조립품
N	구성요소 작성 명령	조립품
O	세로좌표 치수 세트 명령	도면
O	간격띄우기	스케치
P	구성요소 배치 명령	조립품

단축키	설 명	범 주
Q	iMate 작성 명령	조립품
R	회전 명령	부품/조립품
G	자유 회전	조립품
S	2D 스케치 명령	2D스케치/부품/조립품
T	텍스트 명령	스케치/도면
T	구성요소 미세조정 명령	프리젠테이션
V	자유 이동	조립품
W	모깎기 용접	용접 조립품
X	자르기 명령	스케치
Z	줌 창	뷰
]	작업평면 작성	전역
/	작업축 작성	전역
.	작업점 작성	스케치/부품/조립품
;	고정 작업점 작성	부품
=	동일 구속조건	스케치
Alt+.	사용자 작업점 보이기/숨기기	뷰
Alt+/	사용자 작업축 보이기/숨기기	뷰
Alt+]	사용자 작업평면 보이기/숨기기	뷰
Alt+F11	VBA 편집기	도구
Alt+F8	매크로	도구
Alt+마우스 드래그	조립품에서 메이트 구속조건 적용, 스케치에서는 스플라인 쉐이프 점 이동	조립품
Ctrl+-	맨 위 항목으로 복귀	부품/조립품
Ctrl+.	원점	부품/조립품
Ctrl+/	원점 축	부품/조립품
Ctrl+]	원점 평면	부품/조립품
Ctrl+=	상위 항목으로 복귀	부품/조립품
Ctrl+0	화면	전역
Ctrl+Enter	복귀	부품/조립품
Ctrl+H	대체	조립품
Ctrl+Shift+E	자유도	조립품
Ctrl+Shift+H	전체 대치	조립품
Ctrl+Shift+K	모따기	부품/조립품
Ctrl+Shift+L	로프트	스케치/부품
Ctrl+Shift+M	대칭	부품/조립품
Ctrl+Shift+N	시트 삽입	도면
Ctrl+Shift+O	원형 패턴	부품/조립품
Ctrl+Shift+Q	iMate 그림문자	조립품

단축키	설 명	범 주
Ctrl+Shift+R	직사각형 패턴	부품/조립품
Ctrl+Shift+S	스윕	스케치/부품
Ctrl+Shift+T	지시선	도면
Ctrl+Shift+W	용접물 기호	용접조립품
Ctrl+W	Steering	전역
Tab	강등	조립품
Shift+Tab	승격	조립품
Shift+F5	다음	뷰
Shift+마우스 오른쪽 버튼	선택 도구 메뉴 활성화	전역
Shift+휠 버튼	작업 창에서 자동으로 모형 회전	부품/조립품
End	줌 선택	부품/조립품
Home	줌 전체	부품/조립품
Page Up	면 보기	부품/조립품
BACKSPACE	활성 선 도구에서 마지막으로 스케치한 세그먼트 제거	스케치
Space Bar	마지막 명령 재실행	전역

Part 01 인벤터 입문하기

3. 옵션 설정하기

전산응용기계제도기능사/산업기사/기사 실기를 위한 인벤터

인벤터를 원활하게 사용하기 위해서는 일단 기본적으로 간단한 응용프로그램 옵션을 설정해야 한다. 모든 응용프로그램 옵션을 다 이해할 필요는 없고, 여기서는 간단하게 꼭 필요한 옵션 몇가지만 알아보도록 하자.

다음과 같이 도구 탭의 응용프로그램 옵션 버튼을 클릭한다.

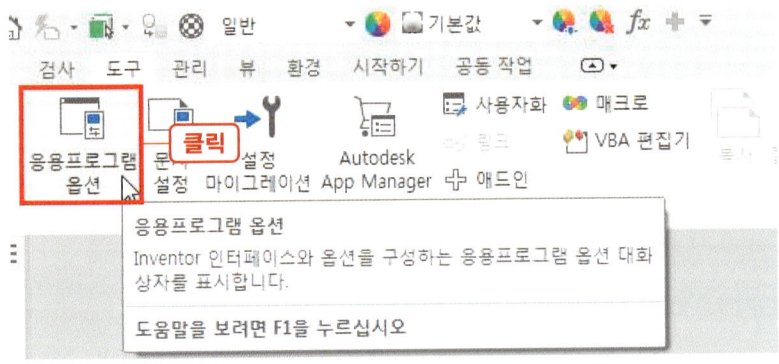

01 일반 탭 : 가장 일반적인 설정을 하는 옵션이다.

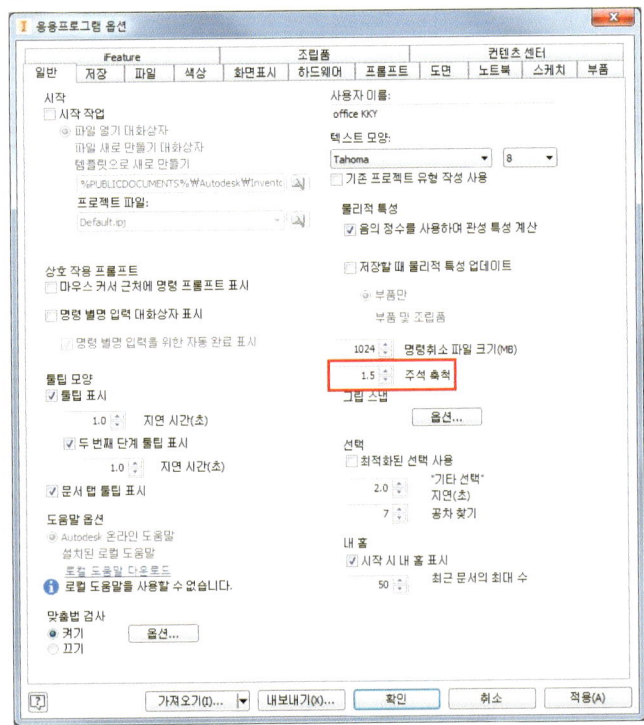

주석 축척 : 기본적인 텍스트의 크기나 스케치에서의 스케치 요소의 배율 축척을 나타낸다. 1.5 정도가 가장 적당하다.

Section3. 옵션 설정하기

02 **색상 탭 :** 작업 화면의 스타일을 정하는 가장 중요한 옵션이다.

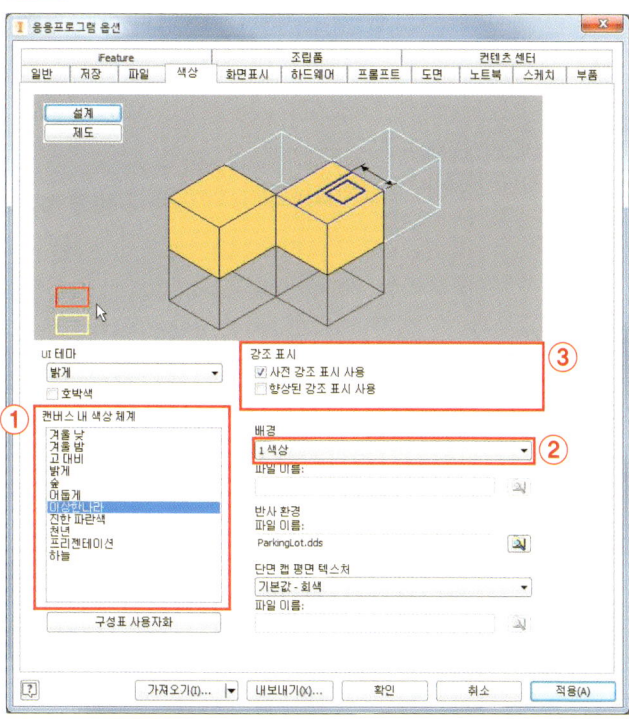

❶ **색상 체계** : 인벤터 시스템의 가장 기본적인 색상을 결정한다.

❷ **배경** : 배경 색상을 결정한다.

❸ **강조 표시** : 개체를 선택했을 때의 강조 표시에 대한 설정을 한다.

03 **화면표시 탭**

인벤터 2011버젼부터 비주얼 스타일의 기본이 음영처리로 바뀌었기 때문에 기본 모델링의 모서리가 표시되지 않아 작업에 상당히 불편한 점이 많으므로, 작업하기에 가장 편리한 모델의 표시 상태를 보기 위한 상태로 바꿔 보도록 하자.

모양 패널에서 **응용프로그램 설정 사용**을 선택하고 **설정** 버튼을 클릭한다.

비주얼 스타일을 **모서리로 음영처리**로 바꾼 다음에 확인 버튼을 클릭한다.

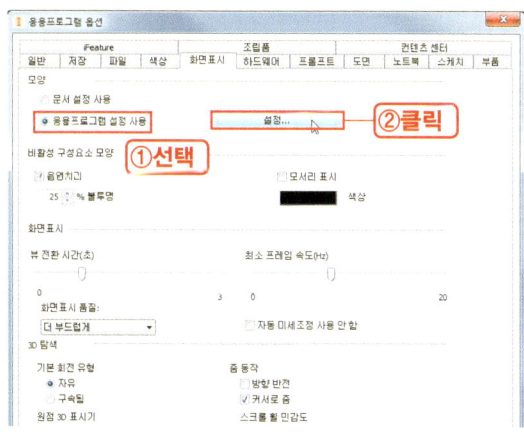
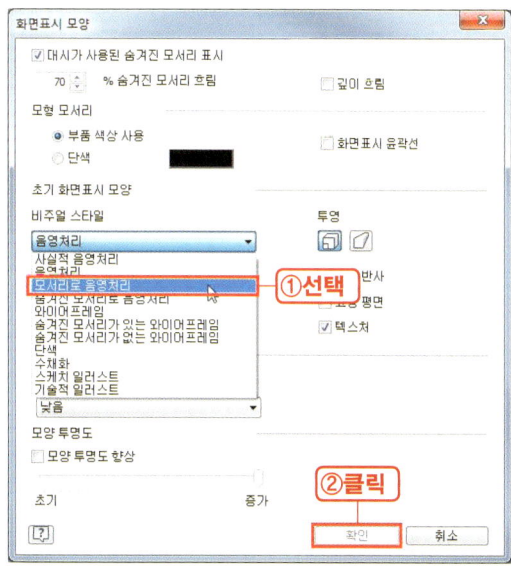

29

04 스케치 탭

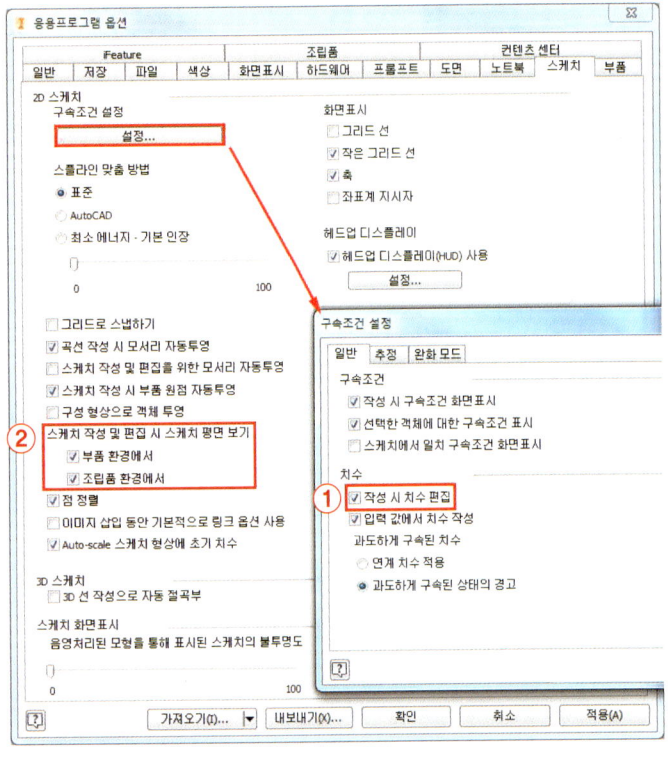

❶ **작성 시 치수 편집** : 체크 상태로 한다. 치수를 작성하자마자 편집 창이 표시된다.

❷ **스케치 작성시 스케치 평면 보기** : 스케치를 새로 생성했을 때 해당 스케치가 모니터에 평행하게 표시된다 (스케치의 표준 방향이 모니터에 평행하게 나타난다.).

05 부품 탭

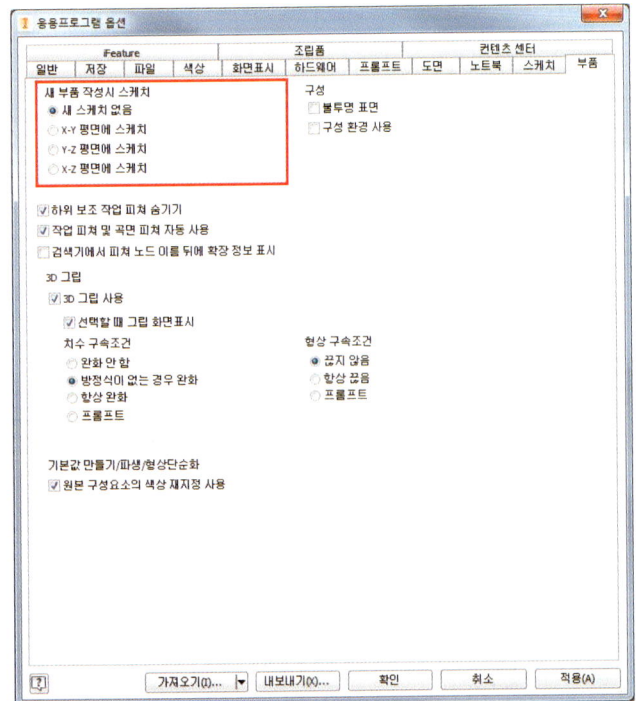

새 부품 작성시 스케치 : 2012버전까지는 기본값이 X-Y 평면(즉, 정면)에 스케치였지만 2013버전부터 기본값이 새 스케치 없음 상태가 되어 사용자가 직접 첫 번째 스케치를 작성할 면을 선택할 수 있게 되어 있다.

06 조립품 탭

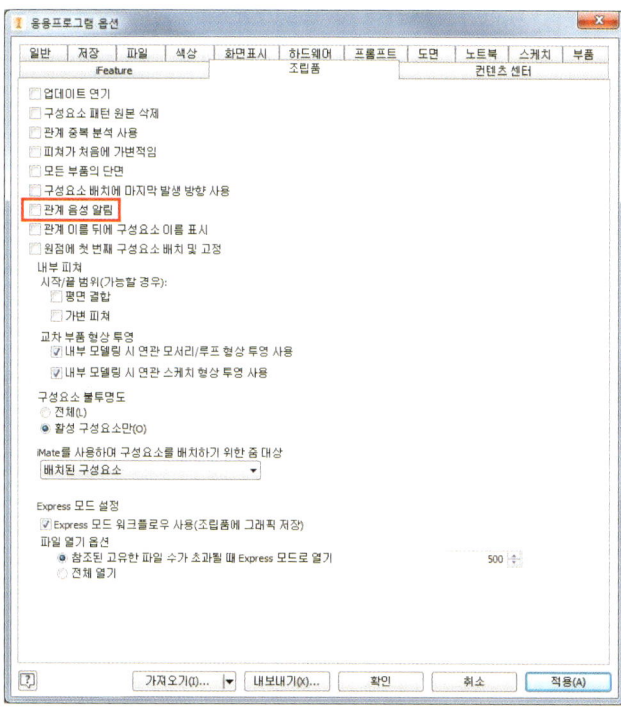

관계 음성 알림 : 조립품에서 부품을 조립할 때마다 알림음이 발생한다.
체크 해제하도록 하자.

PART 02

2D 스케치

Section 1	스케치 생성하기	36p
Section 2	그리기 도구	40p
Section 3	구속조건 도구	62p
Section 4	패턴 도구	80p
Section 5	수정 도구	84p
Section 6	형식 도구	92p
Section 7	스케치의 상태	94p
Example	연습 예제도면	98p

Part 02 2D 스케치

1.스케치 생성하기

전산응용기계제도기능사/산업기사/기사 실기를 위한 인벤터

Lesson 1 | 스케치 생성하기

작게는 피처를 작성하기 위한 프로파일을 작성하는 2차원의 작업평면에서 작성하는 행위를 뜻한다. 또한 넓게는 전체 제품이나 전체 설비의 레이아웃을 작성하기 위한 설계정의의 가이드라인을 작성하는 행위를 뜻한다.

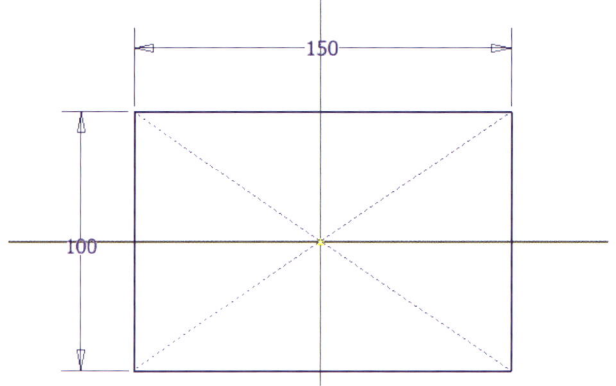

Lesson 2 | 스케치를 작성하는 세가지 방법

1-1 원점 평면에 작성하기

01 원하는 평면을 선택한다.

02 스케치 작성 마크가 나타난다.

03 스케치 작성 버튼을 클릭한다.

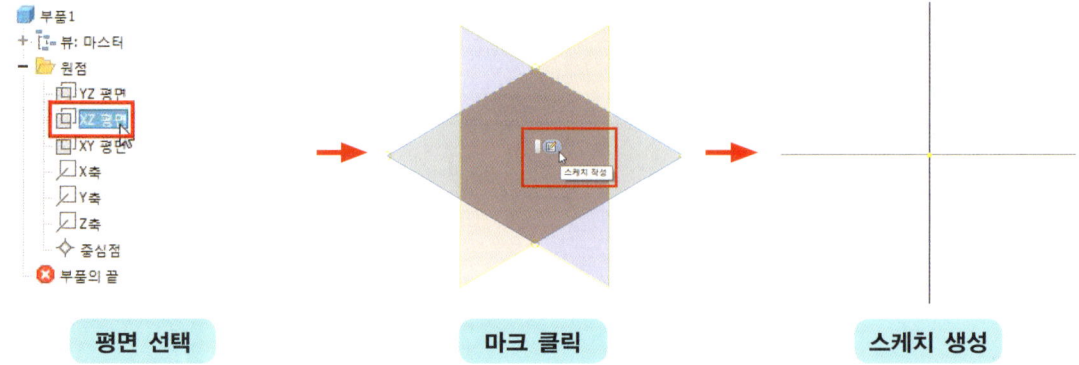

평면 선택 → 마크 클릭 → 스케치 생성

1-2 2D 스케치 시작 아이콘을 클릭후 원점 평면 선택하기

01 2D 스케치 시작 명령을 클릭한다.

02 원점 자원들이 미리보기가 된다.

03 원하는 평면을 선택한다.

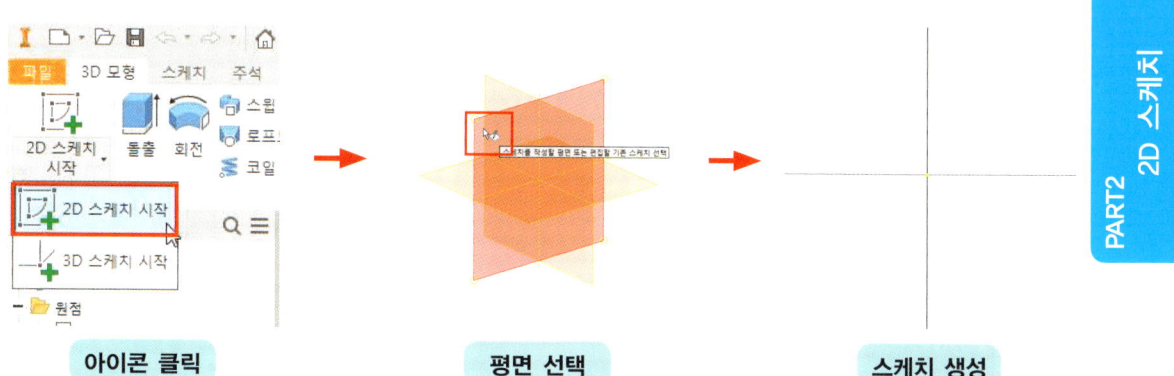

아이콘 클릭 → 평면 선택 → 스케치 생성

02 모델 면에 작성하기

이미 생성된 솔리드의 평면에 생성하는 방법으로 후속 피처를 작성할 때 주로 쓰인다.

01 작성할 모델면을 클릭한다.

02 스케치 작성 마크가 나타난다.

03 스케치 작성 마크를 클릭한다.

모델면 클릭 → 마크 클릭 → 스케치 생성

03 작업 평면에 생성하기

평면 명령을 이용해 생성한 면에 작성하는 방법이다.

01 작성된 평면을 선택한다.

02 스케치 작성 마크가 나타난다.

03 스케치 작성 마크를 클릭한다.

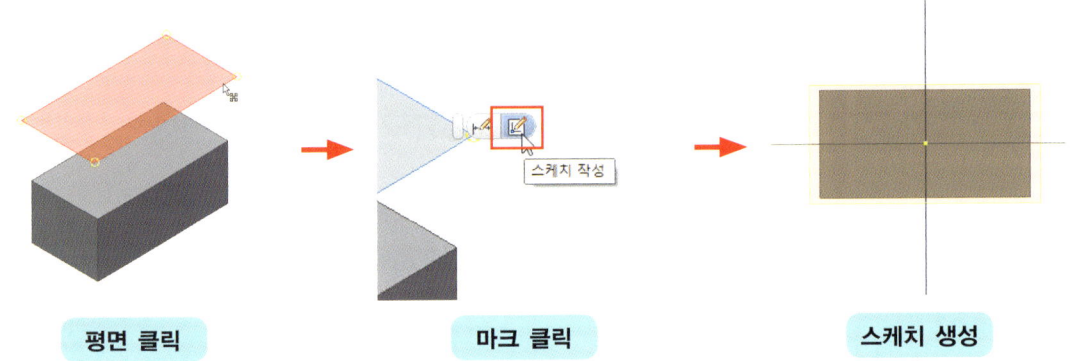

Lesson 3 | 스케치의 스냅

인벤터의 스케치는 오토캐드의 OSNAP(오스냅) 기능과 마찬가지로 끝점, 중간점, 교차점 등 객체 스냅을 하는 기능이 있다.

아래 마크들은 각각의 요소에 대한 스냅 마크이다.

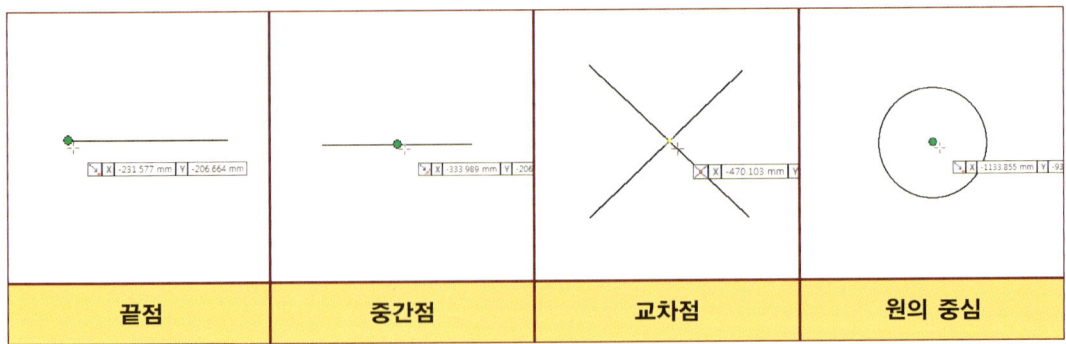

Lesson 4 | 스케치의 구속조건 추정/지속성

스케치의 구속조건 추정과 지속성이란 간단하게 수직선이나 수평선을 그릴 때에 자동으로 스케치 개체에 수직, 수평 구속조건이 작성되거나, 하나의 개체를 그릴 때, 다른 개체의 형상을 참고하여 직각, 또는 평행 구속조건 같은 것들이 자동으로 부여되는 기능을 뜻한다. 이것을 구속조건 추정이라 부르며, 자동으로 부여되는 구속조건이 그대로 남아있는 기능을 지속성이라고 한다.

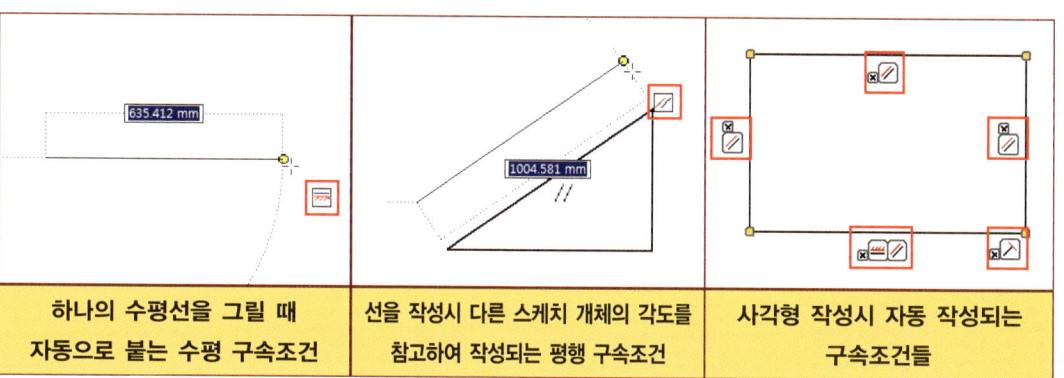

어드바이스 ▶ Ctrl키를 누른 채로 스케치 요소를 작성하는 구속조건 추정 기능이 일시적으로 해제된다.

Lesson 5 | 스케치 종료하기

스케치 종료는 다음 두 가지 방법 중 하나를 택하여 실행할 수 있다.

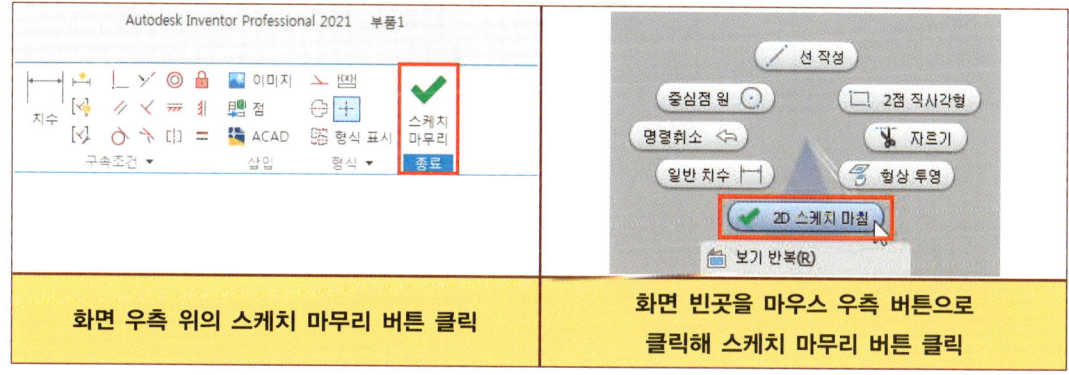

2. 그리기 도구

전산응용기계제도기능사/산업기사/기사 실기를 위한 인벤터

Lesson 1 | 선

두 개의 점을 이어 직선을 작성하는 명령이다. 연속 클릭으로 다중선을 작성할 수 있으며 구속조건 추정 기호를 보고 수평선과 수직선을 그릴 수 있다.

01 수평선

01 선 아이콘을 클릭한다.

02 첫 번째 점을 클릭한다.

03 수평 구속조건이 추정되는 위치에 두 번째 점을 클릭한다.

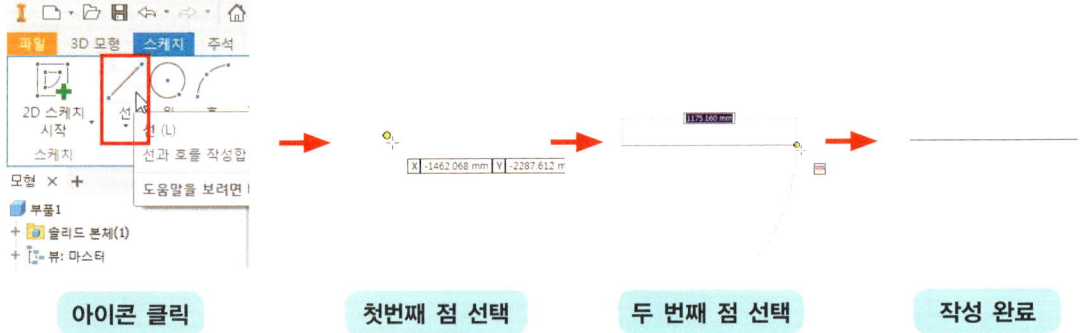

아이콘 클릭 → 첫번째 점 선택 → 두 번째 점 선택 → 작성 완료

02 수직선

01 선 아이콘을 클릭한다.

02 첫 번째 점을 클릭한다.

03 수직 구속조건이 추정되는 위치에 두 번째 점을 클릭한다.

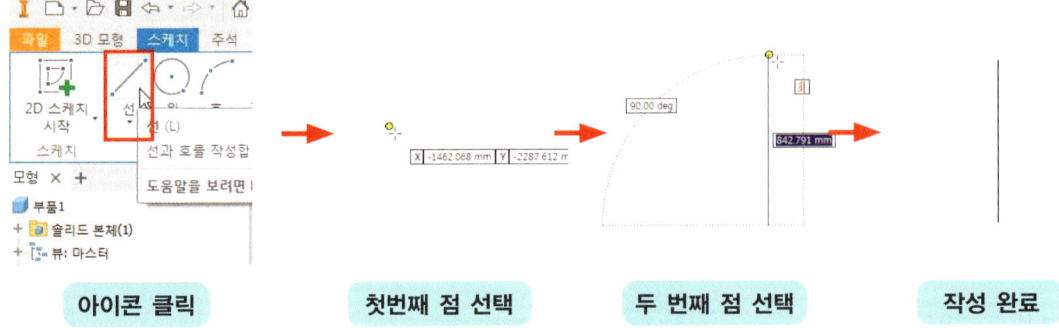

아이콘 클릭 → 첫번째 점 선택 → 두 번째 점 선택 → 작성 완료

03 사선

01 선 아이콘을 클릭한다.

02 첫 번째 점을 클릭한다.

03 수평/수직 구속조건이 추정되지 않는 위치에 두 번째 점을 클릭한다.

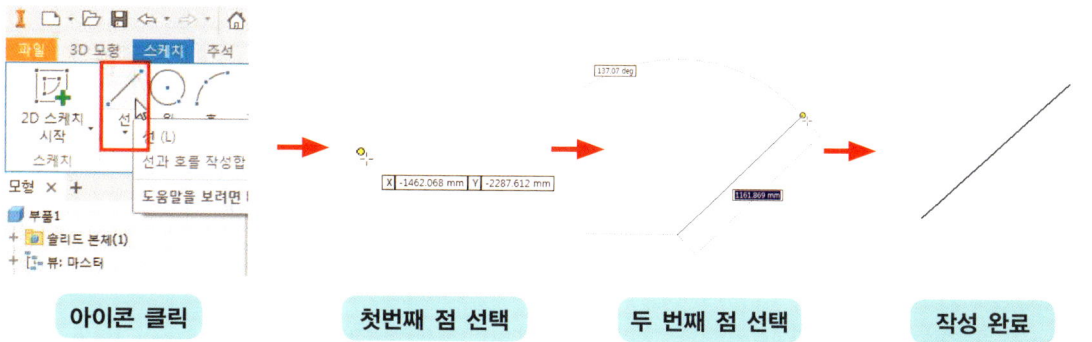

04 연속선

01 선 아이콘을 클릭한다.

02 첫 번째 점을 클릭한다.

03 두 번째 점을 클릭한다.

04 Esc버튼을 클릭하지 않고, 계속 세 번째 네 번째 점을 클릭한다.

05 Esc버튼을 클릭해 선 작성을 마친다.

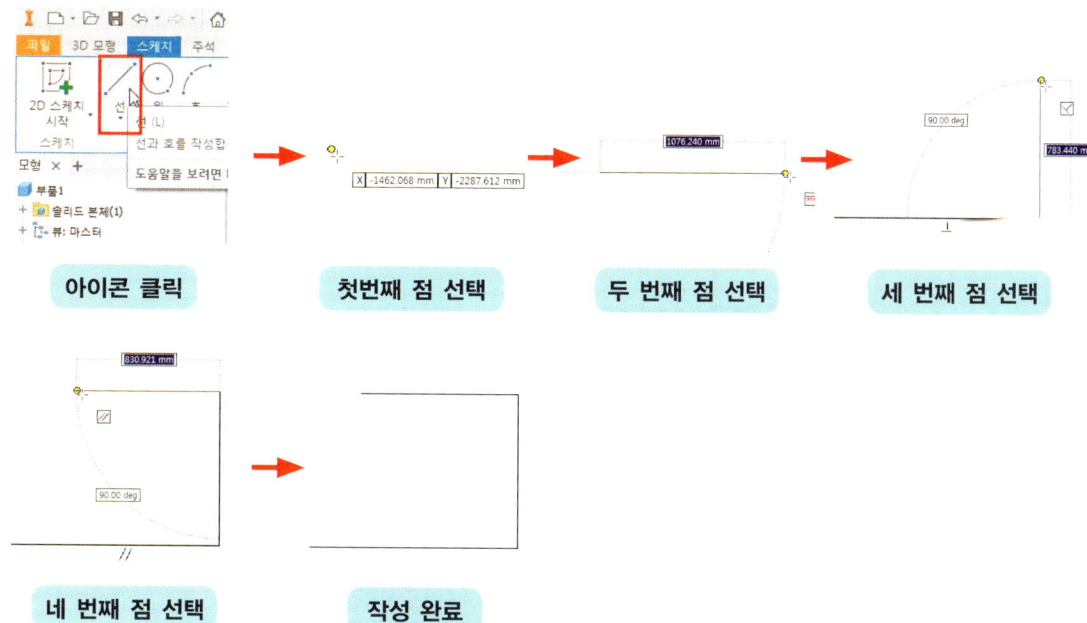

05 탄젠트 호

01 선 아이콘을 클릭한다.

02 첫 번째 점을 클릭한다.

03 두 번째 점을 클릭한다.

04 세 번째 점을 다시 두 번째 점을 클릭해서 드래그 한다.

05 원호가 나타나면 원호의 적당한 형상을 나타내는 위치에 네 번째 점을 클릭한다.

06 선을 이어나간다.

07 Esc버튼을 클릭해 선 작성 마침

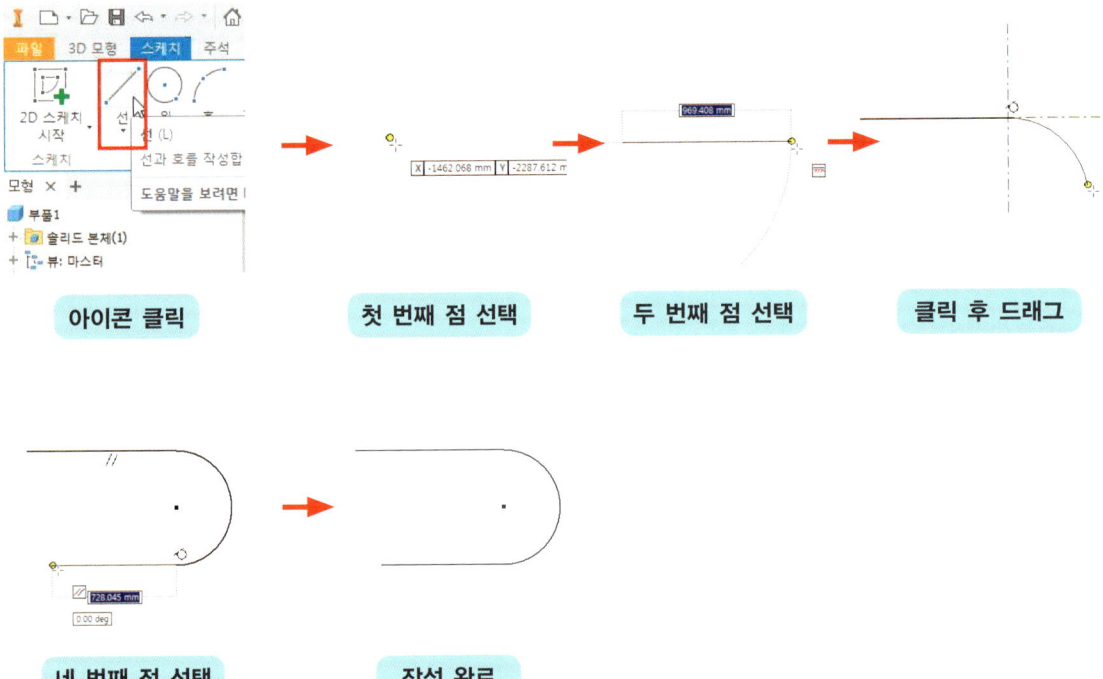

Lesson 2 | 원

원형 스케치 요소를 작성하는 명령이다.

01 중심점 원

01 원 아이콘을 클릭한다.

02 원의 중심이 되는 첫 번째 점을 클릭한다.

03 원호의 길이를 정해주는 두 번째 점을 클릭한다.

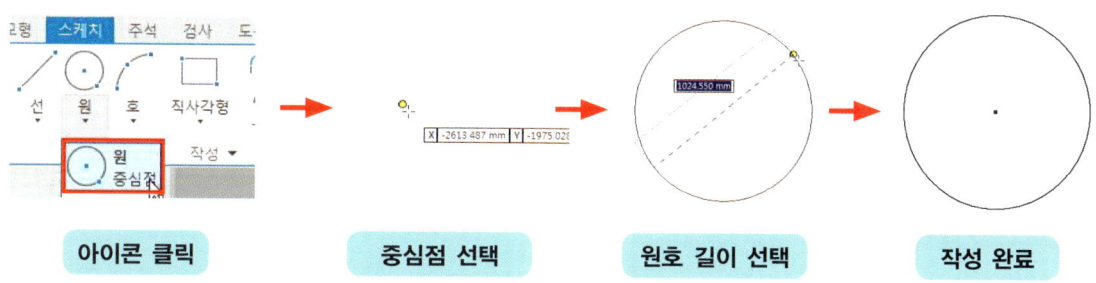

02 접선 원

01 접선 원 아이콘을 클릭한다.

02 원의 첫 번째 접선을 클릭한다.

03 원의 두 번째 접선을 클릭한다.

04 원의 세 번째 접선을 클릭한다.

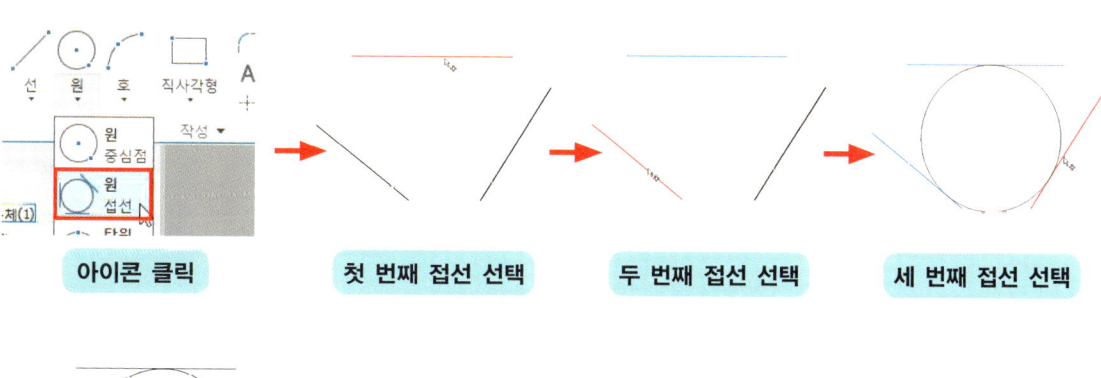

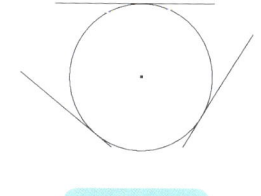

Part 02 2D 스케치

Lesson 3 호

원호 모양의 스케치 요소를 그리는 명령이다.

01 3점 호

01 3점 호 아이콘을 클릭한다.

02 원호의 시작점을 클릭한다.

03 원호의 끝점을 클릭한다.

04 원호의 반지름을 결정하는 점을 클릭한다.

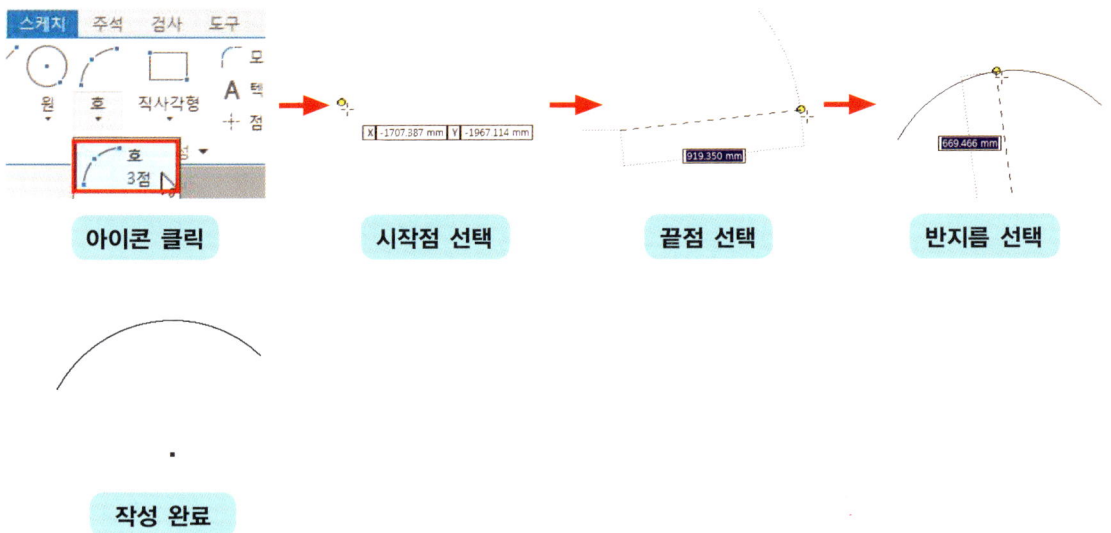

02 접선 호

01 접선 호 아이콘을 클릭한다.

02 이미 작성된 스케치 선의 끝점을 클릭한다.

03 선에 접하는 원호가 생성된다.

04 원호의 크기를 정하는 두 번째 점을 클릭한다.

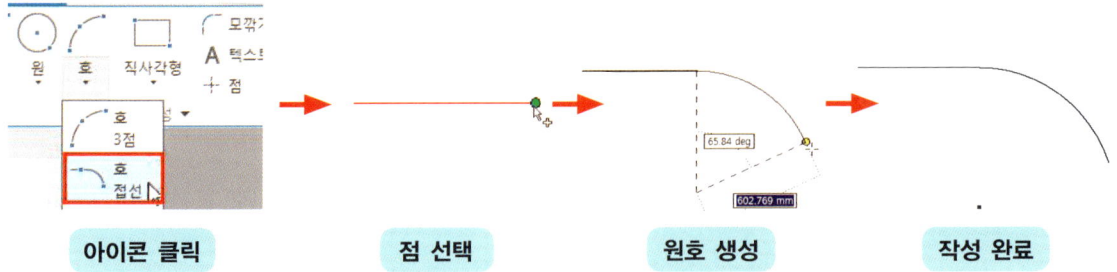

03 중심점 호

01 중심점 호 아이콘을 클릭한다.

02 호의 중심이 되는 첫 번째 점을 클릭한다.

03 호의 시작점을 클릭한다.

04 호의 끝점을 클릭한다.

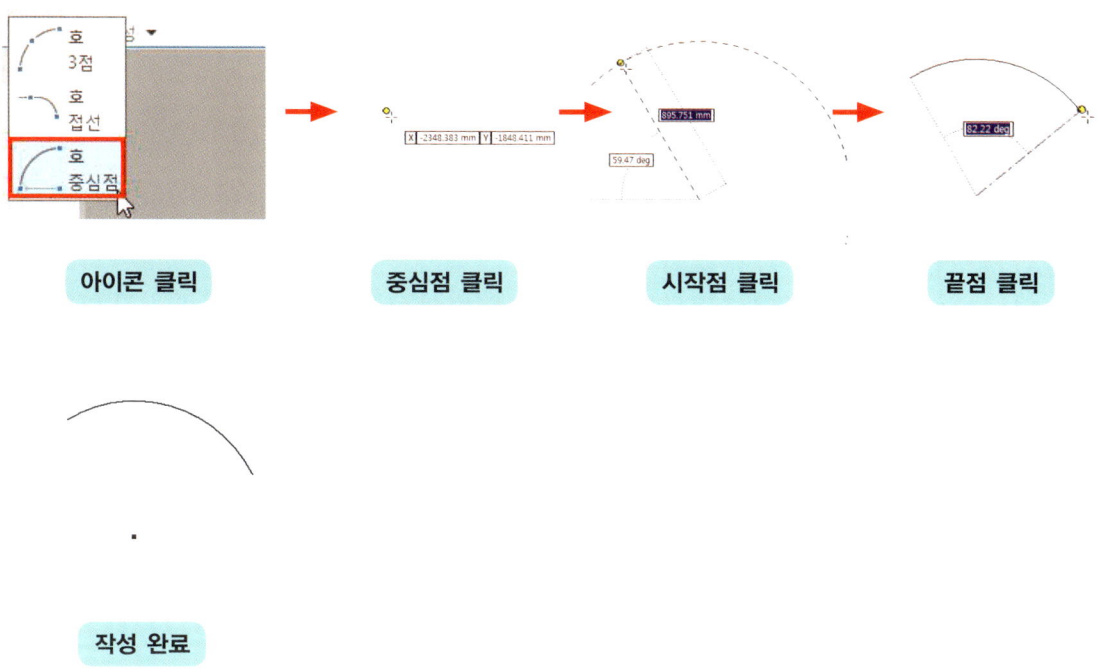

Lesson 4 　직사각형

사각형 형상의 스케치 요소를 작성하는 명령이다.

01 2점 직사각형

01 2점 직사각형 아이콘을 클릭한다.

02 첫 번째 구석점을 클릭한다.

03 두 번째 구석점을 클릭한다.

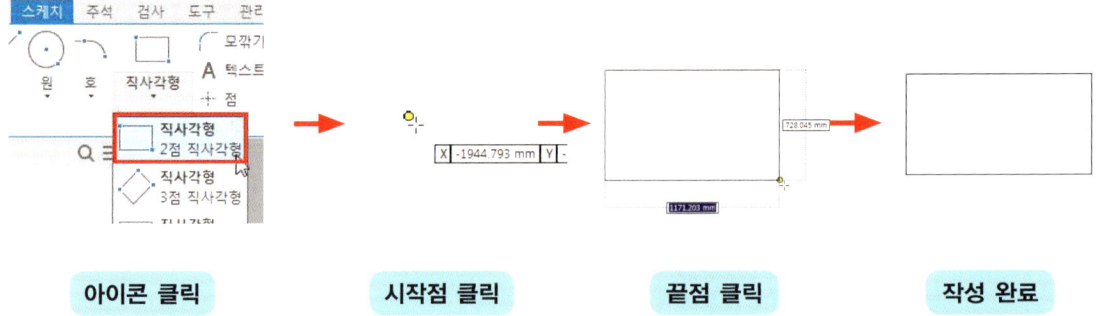

02 3점 직사각형

01 3점 직사각형 아이콘을 클릭한다.

02 밑변의 첫 번째 꼭지점에 해당하는 위치를 클릭한다.

03 밑변의 두 번째 꼭지점에 해당하는 위치를 클릭한다.

04 마우스를 움직여 사각형의 높이를 정하는 위치에 클릭한다.

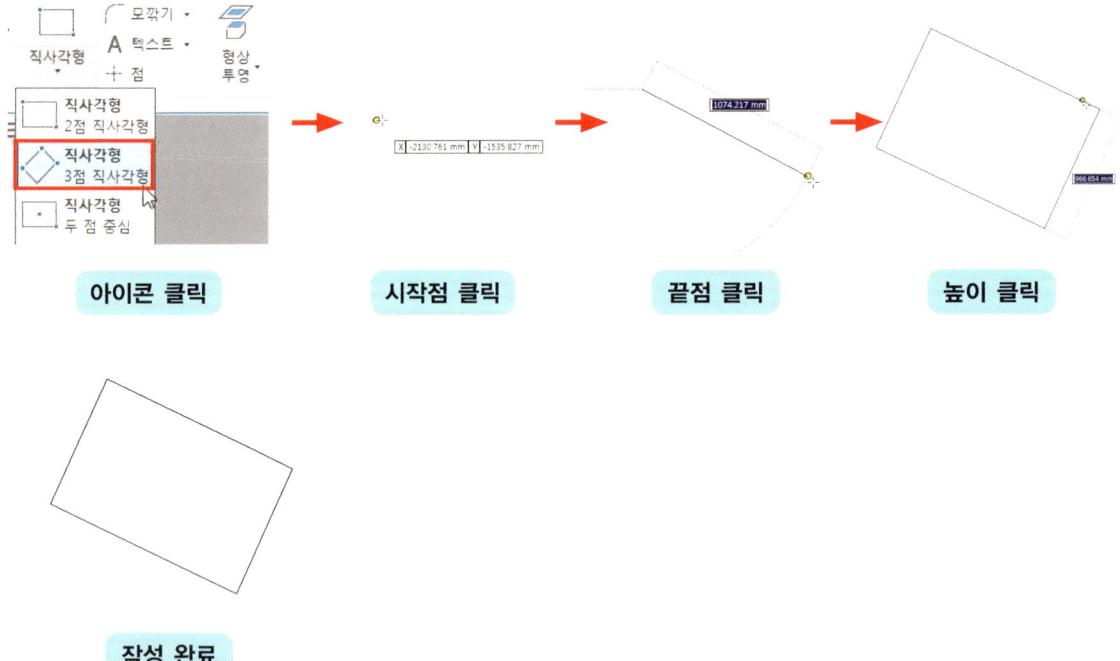

03 두 점 중심 직사각형

01 두 점 중심 직사각형 아이콘을 클릭한다.

02 사각형의 중심점을 클릭한다.

03 구석점을 클릭한다.

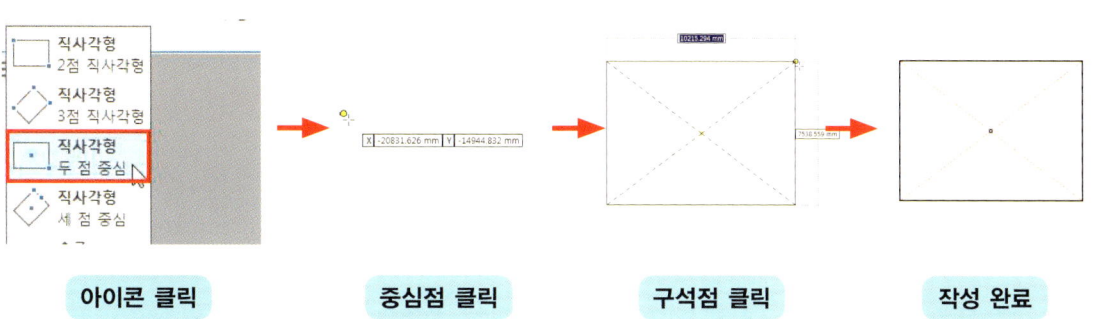

04 세 점 중심 직사각형

01 세 점 중심 직사각형 아이콘을 클릭한다.

02 사각형의 중심점을 클릭한다.

03 너비의 끝점을 클릭한다.

04 사각형의 높이에 해당하는 점을 클릭한다.

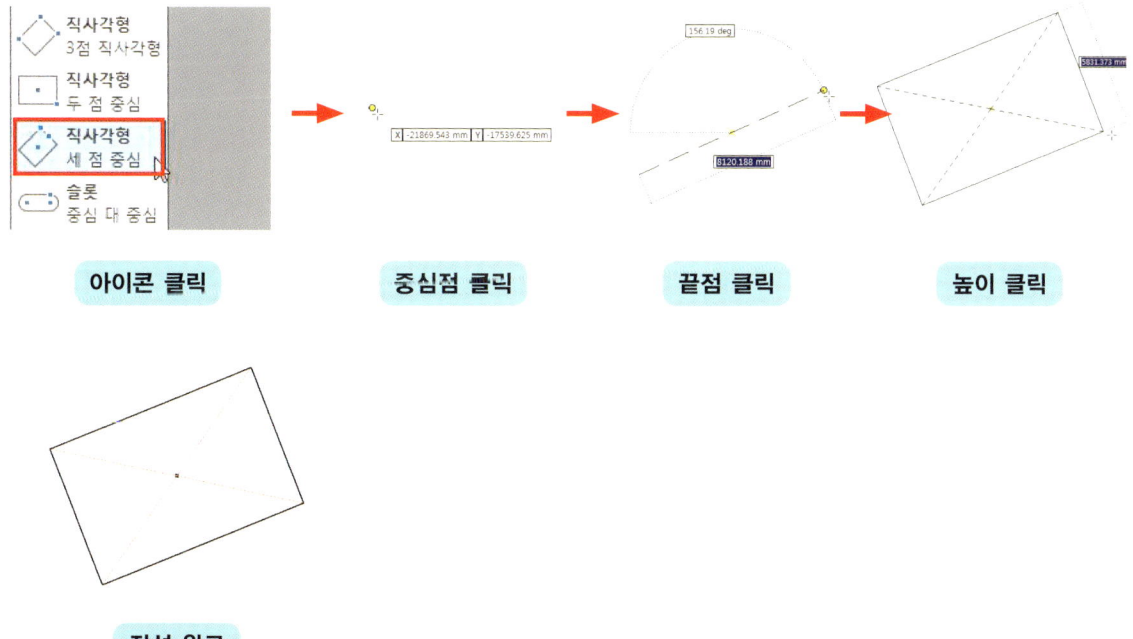

Lesson 5 | 슬롯

장공 모양의 스케치 요소를 그리는 명령이다.

01 중심 대 중심 슬롯

01 중심 대 중심 슬롯 아이콘을 클릭한다.

02 중심선의 첫 번째 점을 클릭한다.

03 중심선의 두 번째 점을 클릭한다.

04 원호의 반지름에 해당하는 세 번째 점을 클릭한다.

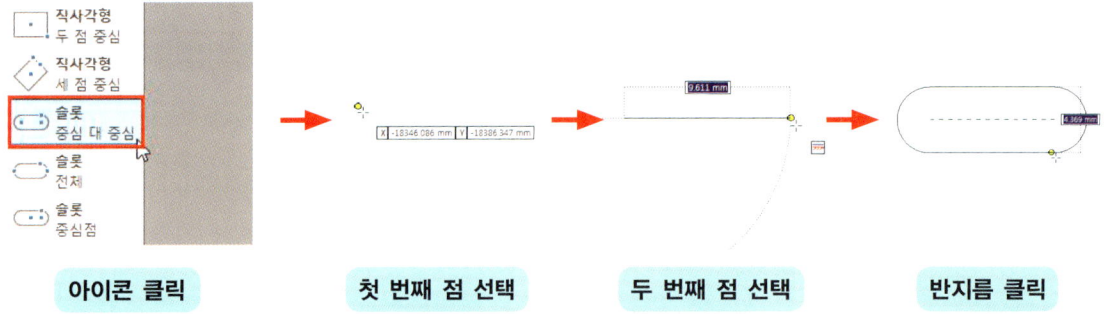

작성 완료

02 전체 슬롯

01 전체 슬롯 아이콘을 클릭한다.

02 원주의 첫 번째 점을 클릭한다.

03 원주의 두 번째 점을 클릭한다.

04 원주의 세 번째 점을 클릭한다.

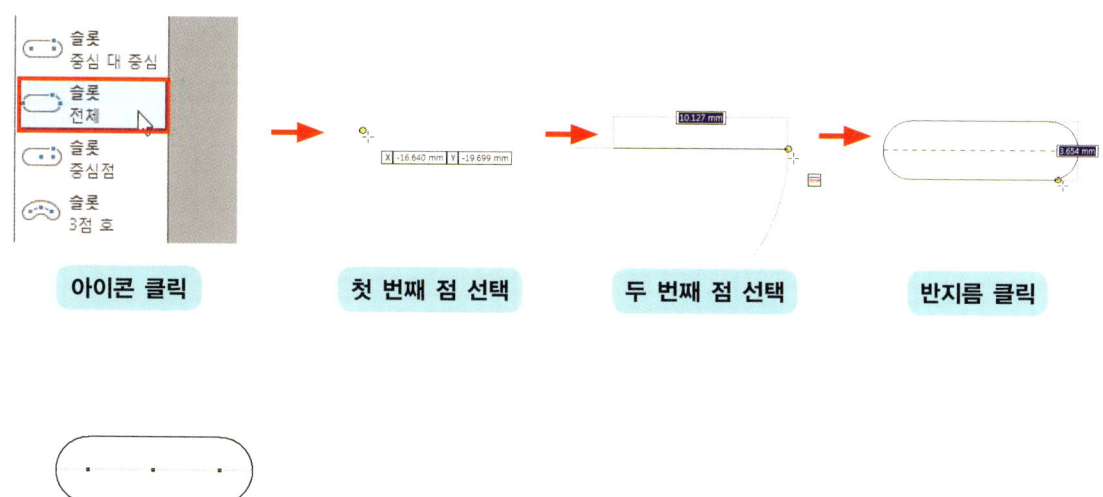

03 중심점 슬롯

01 중심점 슬롯 아이콘을 클릭한다.

02 중심선의 중간점을 클릭한다.

03 중심선의 끝점을 클릭한다.

04 원호의 반지름에 해당하는 세 번째 점을 클릭한다.

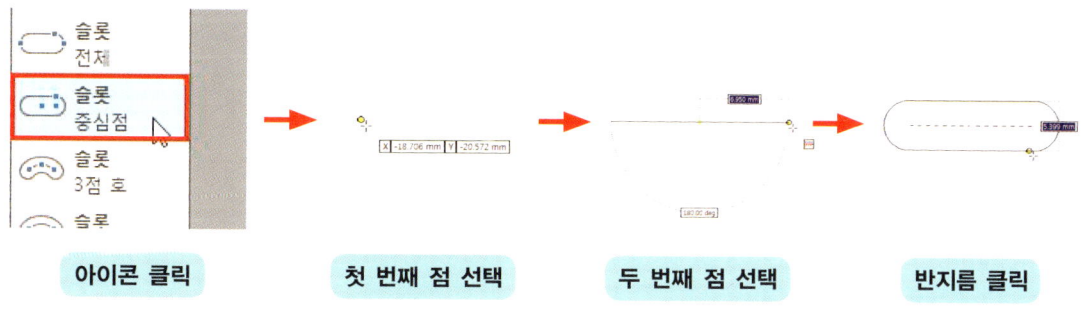

작성 완료

04 3점 호 슬롯

01 3점 호 슬롯 아이콘을 클릭한다.

02 중심호의 시작점을 클릭한다.

03 중심호의 끝점을 클릭한다.

04 중심호의 원호의 크기에 해당하는 점을 클릭한다.

05 원호의 반지름에 해당하는 세 번째 점을 클릭한다.

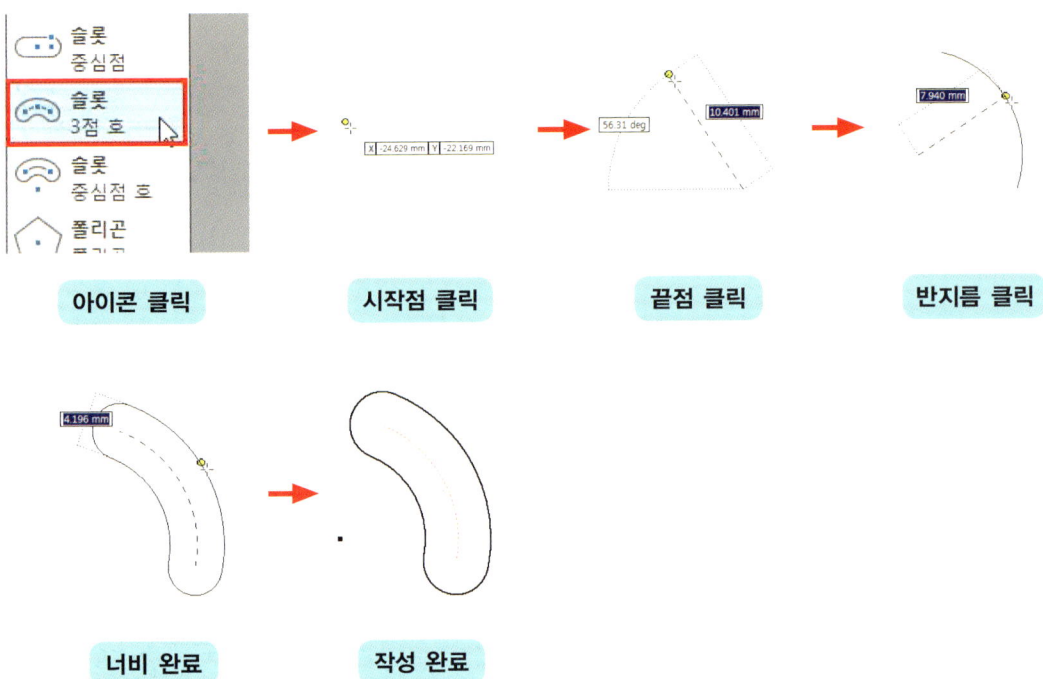

05 중심점 호 슬롯

01 중심점 호 슬롯 아이콘을 클릭한다.

02 중심호의 중심점을 클릭한다.

03 중심호의 시작점을 클릭한다.

04 중심호의 끝점을 클릭한다.

05 원호의 반지름에 해당하는 세 번째 점을 클릭한다.

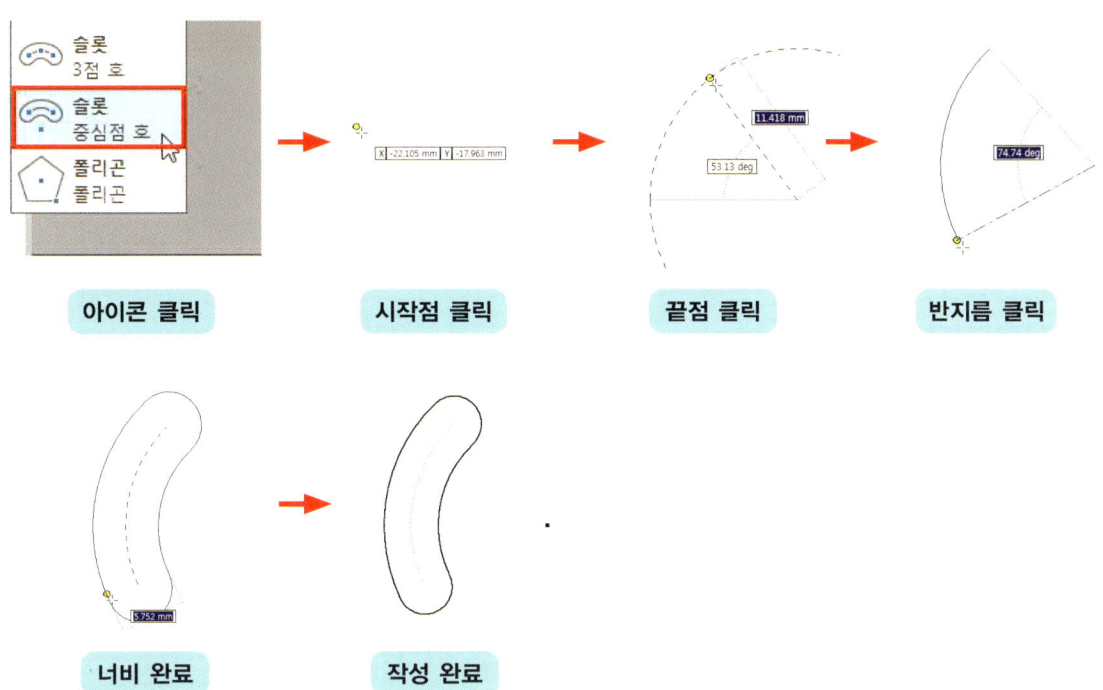

Lesson 6 | 스플라인

곡선 형상의 스케치 요소를 그리는 명령이다.

01 제어 꼭지점 스플라인

01 제어 꼭지점 스플라인 아이콘을 클릭한다.

02 첫 번째 점을 클릭한다.

03 두 번째 점을 클릭한다.

04 세 번째, 네 번째, 다섯 번째 점을 클릭....

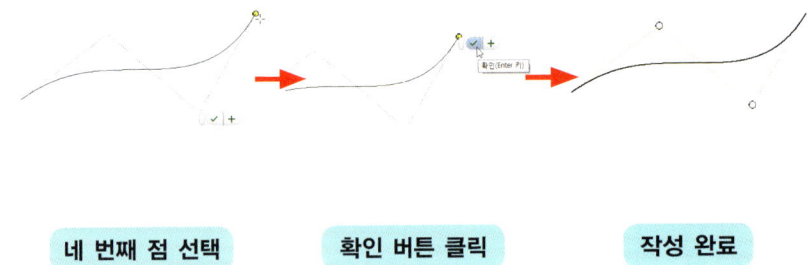

02 보간 스플라인

01 보간 스플라인 아이콘을 클릭한다.

02 첫 번째 점을 클릭한다.

03 두 번째 점을 클릭한다.

04 세 번째, 네 번째, 다섯 번째 점을 클릭....

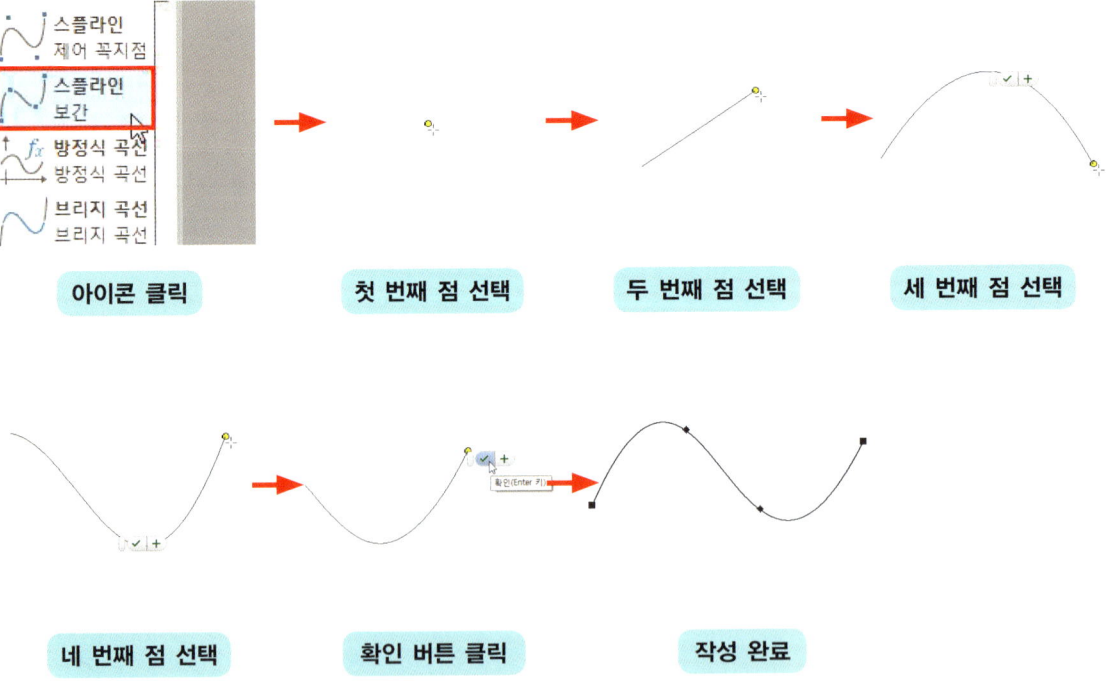

03 브리지 곡선 스플라인

01 브리지 곡선 스플라인 아이콘을 클릭한다.

02 첫 번째 직선/곡선 개체를 선택한다.

03 두 번째 직선/곡선 개체를 선택한다.

04 브리지 곡선이 작성된다.

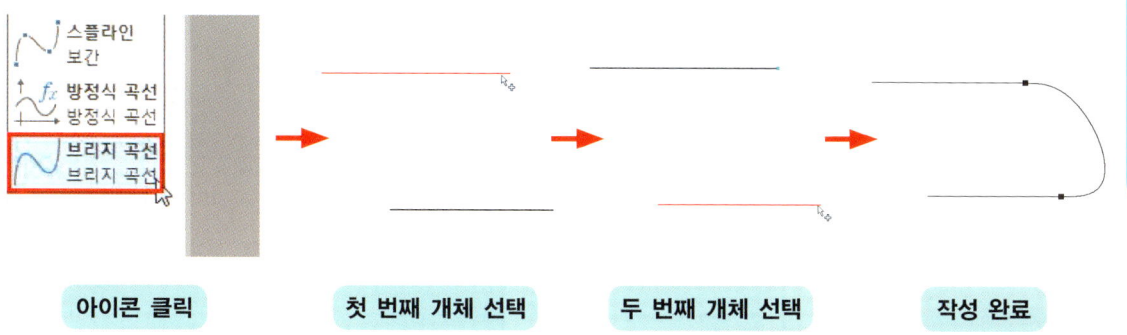

Lesson 7 | 타원

타원 형상의 스케치 요소를 작성한다.

01 타원 아이콘을 클릭한다.

02 타원 중심을 선택한다.

03 첫 번째 축 점을 선택한다.

04 타원의 점을 선택한다.

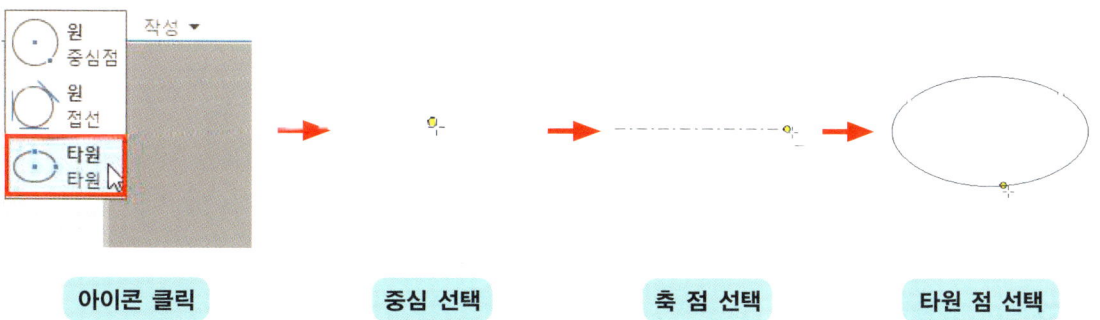

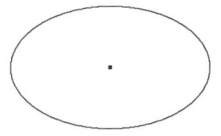

작성 완료

Lesson 8 　점

스케치 점을 작성한다. 중심점 형식으로 작성된 점은 구멍 명령에서 구멍의 중심으로 인식된다. 또한 스케치 요소와의 스냅을 인식하여 우측 그림과 같이 다양한 스냅 포인트에 배치할 수 있다.

01 점 아이콘을 클릭한다.

02 원하는 위치에 클릭해 점을 생성한다.

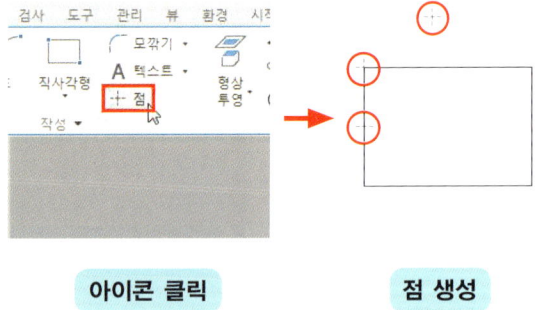

아이콘 클릭　　　점 생성

Lesson 9 　모깎기

스케치 요소의 구석에 라운드를 작성한다.

01　두 개의 선을 선택해서 모깎기하기

01 모깎기 아이콘을 클릭한다.

02 모깎기 반지름을 입력한다.

03 첫 번째 선을 선택한다.

04 두 번째 선을 선택한다.

Section2. 그리기 도구

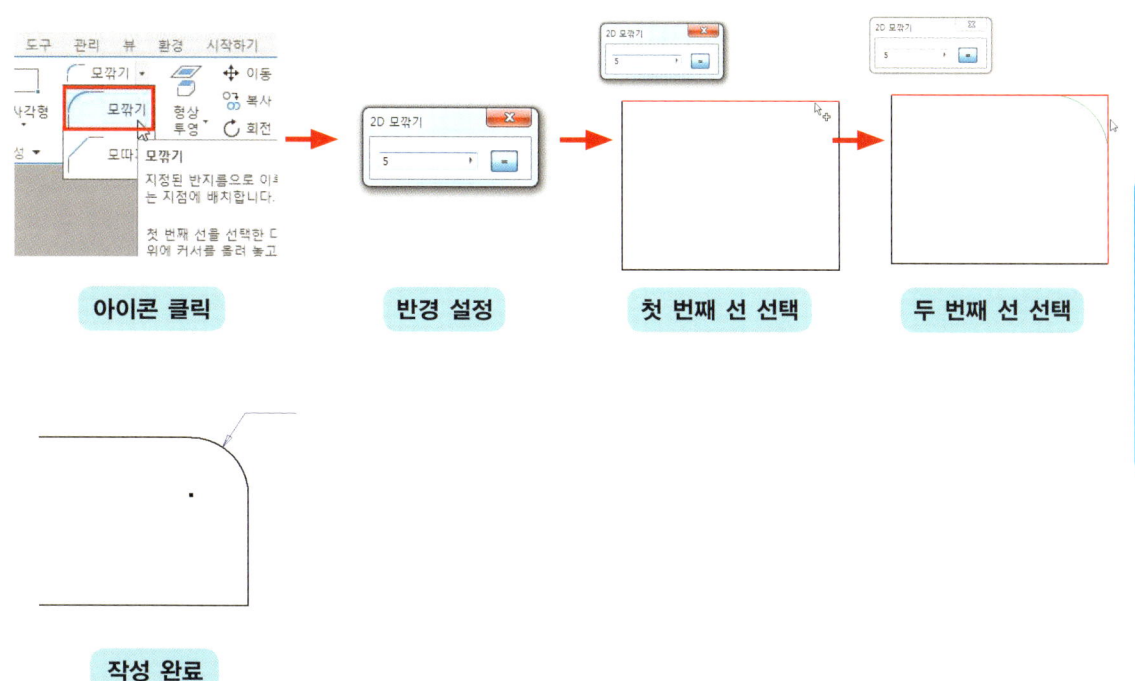

02 꼭지점을 선택해서 모깎기하기

01 모깎기 아이콘을 클릭한다.

02 모깎기 반지름을 입력한다.

03 구석점을 선택한다.

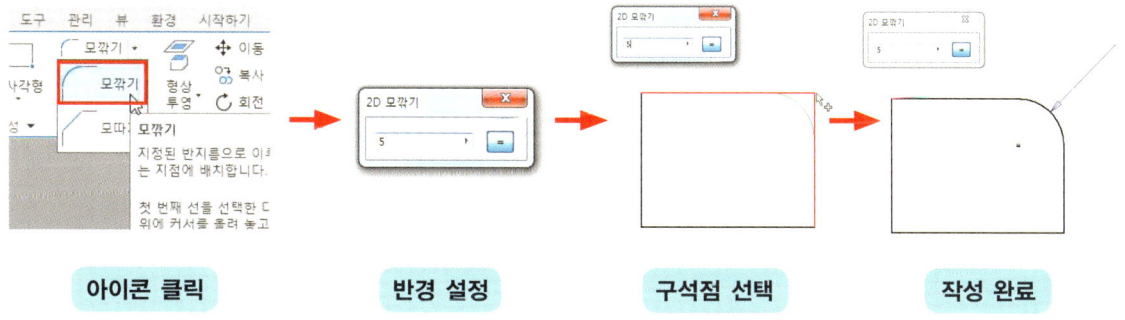

Lesson 10 | 모따기

스케치 요소의 구석에 모따기를 작성한다.

01 두 개의 선을 선택해서 모따기하기

01 모따기 아이콘을 클릭한다.

02 모따기의 유형과 거리를 선택한다.

03 첫 번째 선을 선택한다.

04 두 번째 선을 선택한다.

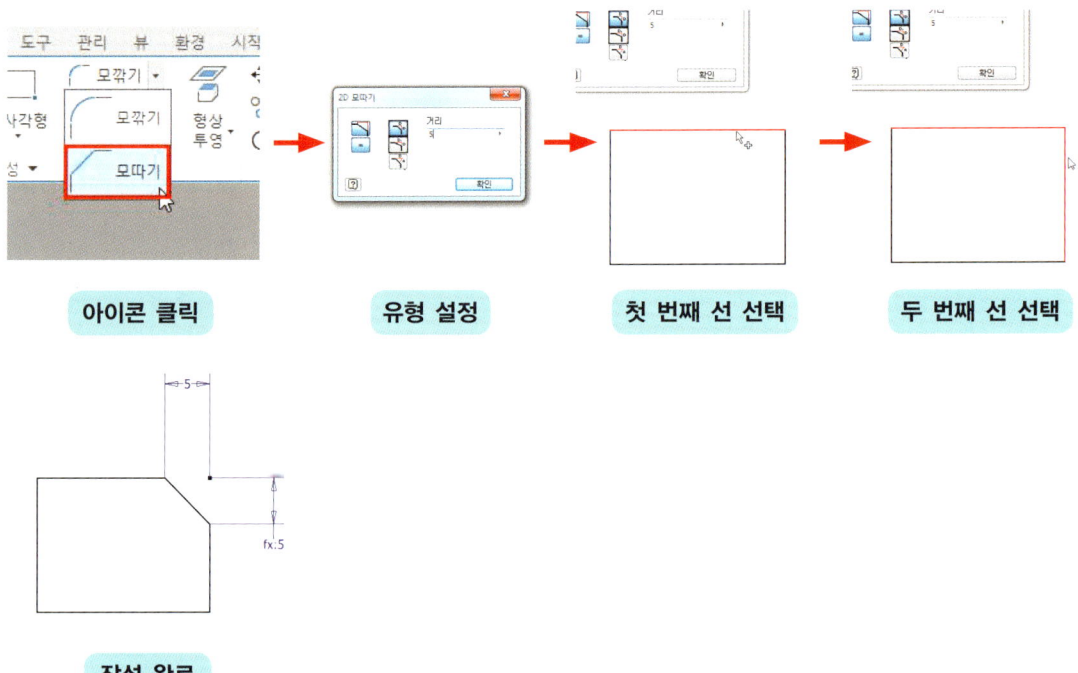

02 꼭지점을 선택해서 모따기하기

01 모따기 아이콘을 클릭한다.

02 모따기의 유형과 거리를 선택한다.

03 구석점을 선택한다.

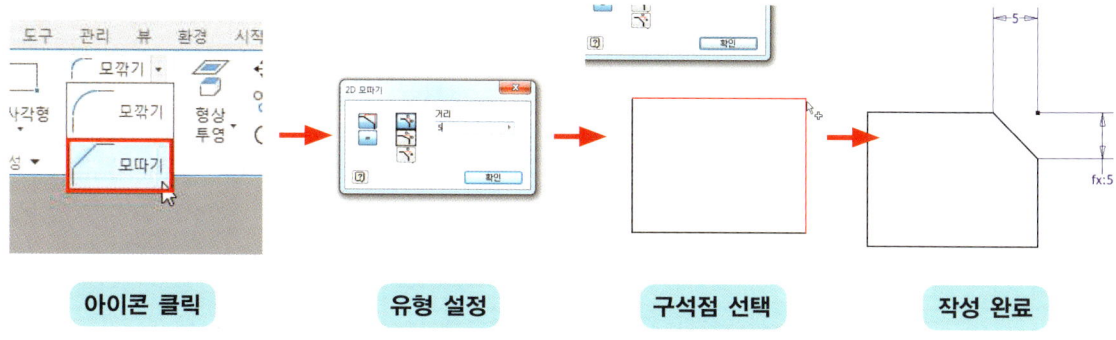

03 유형에 따른 모따기의 종류

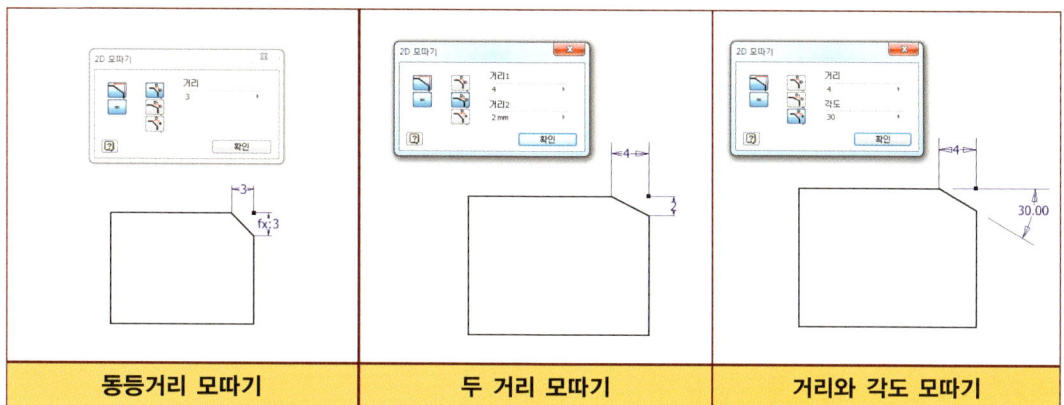

Lesson 11 | 폴리곤

각변이 같은 길이를 가지는 다양한 개수의 변으로 이루어진 다각형을 작성한다.

01 폴리곤 작성하기

01 폴리곤 아이콘을 클릭한다.

02 도형의 각의 개수와 내접/외접 타입을 설정한다.

03 폴리곤의 중심점을 클릭한다.

04 폴리곤의 크기를 나타내는 두 번째 점을 클릭한다.

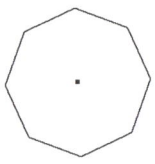

작성 완료

02 유형에 따른 폴리곤의 작성 방법

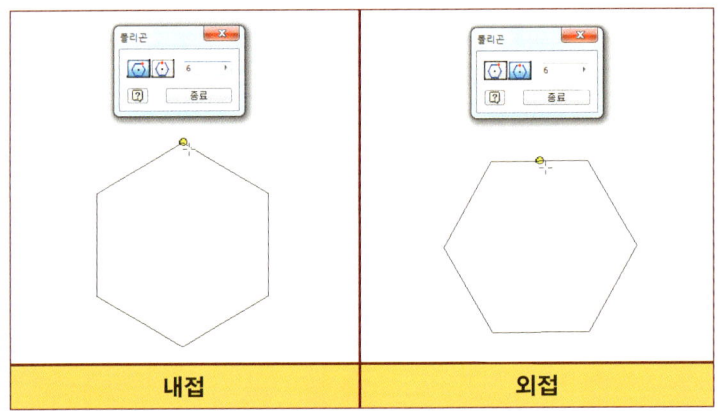

| 내접 | 외접 |

어드바이스 ▶ 폴리곤을 완전구속 시키려면 한 변의 길이와 한변의 고정(수평,수직)구속조건이 필요하다.

Lesson 12 텍스트

일반 문자를 스케치에 배치한다.

01 텍스트

01 텍스트 아이콘을 클릭한다.

02 원하는 위치를 클릭한다.

03 텍스트를 작성한다.

04 작성 버튼을 클릭한다.

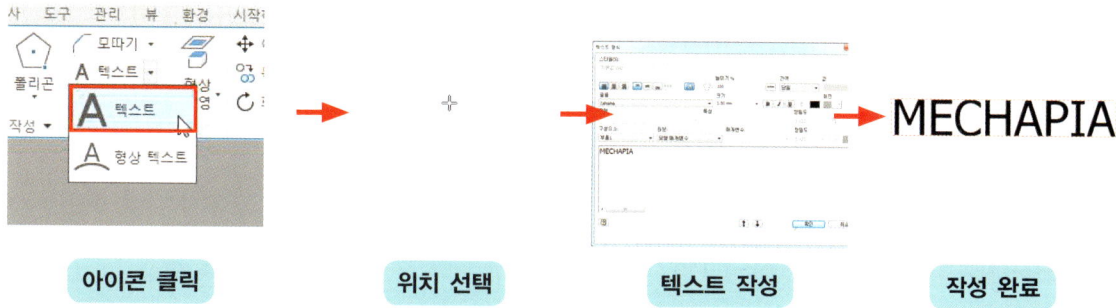

아이콘 클릭 → 위치 선택 → 텍스트 작성 → 작성 완료

02 형상 텍스트

01 형상 텍스트 아이콘을 클릭한다.

02 정렬하고자 하는 선/원호를 클릭한다.

03 텍스트를 작성한다.

04 작성 버튼을 클릭한다.

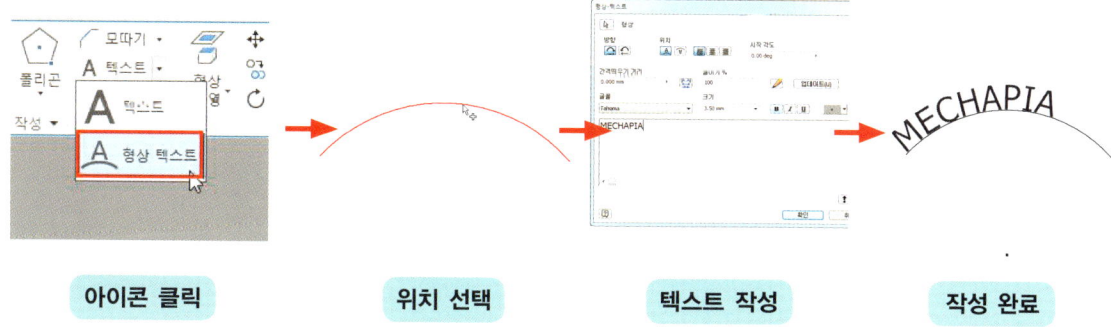

아이콘 클릭 → 위치 선택 → 텍스트 작성 → 작성 완료

03 텍스트 창 인터페이스

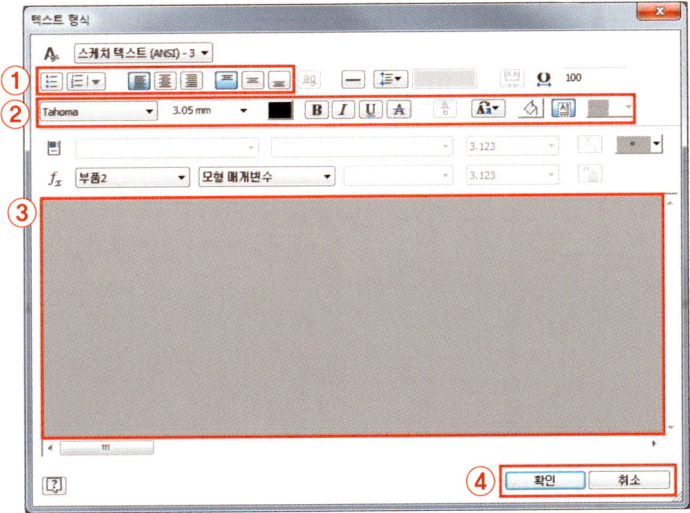

❶ **텍스트 정렬** : 텍스트의 문단 정렬을 설정한다.

❷ **글꼴/크기/유형/색상** : 글꼴과 크기, 유형, 색상, 회전 각도등을 설정한다.

❸ **텍스트 작성창** : 화면에 나타낼 텍스트를 작성한다.

❹ **확인/취소** : 텍스트 작성을 마치거나 텍스트 작성을 취소한다.

04 형상 텍스트 창 인터페이스

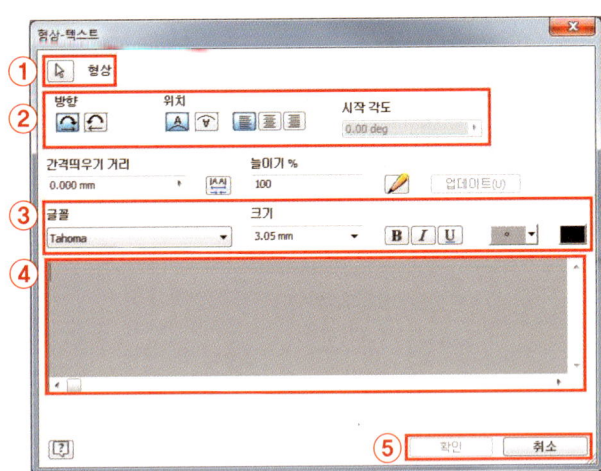

❶ **형상 버튼** : 텍스트를 정렬할 형상을 선택한다.

❷ **방향/위치/시작각도** : 텍스트가 정렬될 방향, 위치 및 시작각도를 설정한다.

❸ **글꼴/크기/유형/색상** : 글꼴과 크기, 유형, 색상을 설정한다.

❹ **텍스트 작성창** : 화면에 나타낼 텍스트를 작성한다.

❺ **확인/취소** : 텍스트 작성을 마치거나 텍스트 작성을 취소한다.

Lesson 13 | 형상 투영

01 형상 투영

모서리, 꼭지점, 작업 피쳐, 루프 및 곡선을 기존 객체에서 현재 스케치 평면으로 투영한다.

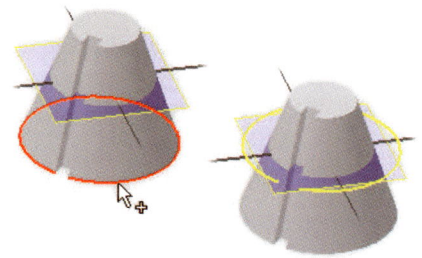

02 절단 모서리 투영

활성 스케치 평면을 교차하는 모형 모서리를 스케치에 투영한다.

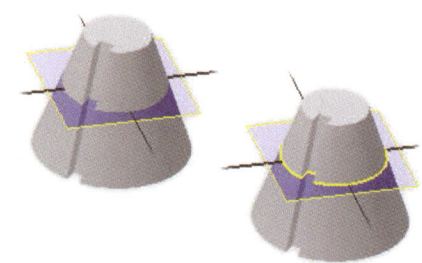

03 플랫 패턴 투영

접힌 면을 현재 스케치에 투영한다.

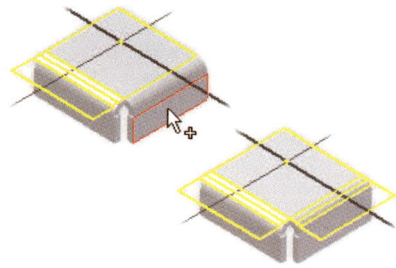

04 3D스케치에 투영

활성 2D스케치의 형상을 선택된 면에 투영한다.

Part 02 2D 스케치

3. 구속조건 도구

전산응용기계제도기능사/산업기사/기사 실기를 위한 인벤터

스케치 요소간의 관계조건을 주기 위한 구속조건을 작성하는 방법에 대해 알아보도록 하자.

Lesson 1 ┃ 구속조건 추가/삭제하기

01 구속조건을 추가하는 법(1)

01 구속조건 명령을 클릭한다.

02 개체를 선택한다.

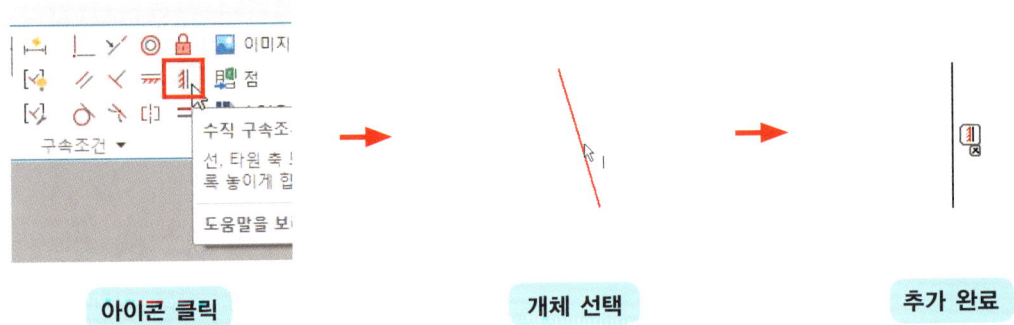

아이콘 클릭   개체 선택   추가 완료

02 구속조건을 추가하는 법(2)

01 개체를 선택한다.

02 구속조건 명령을 클릭한다.

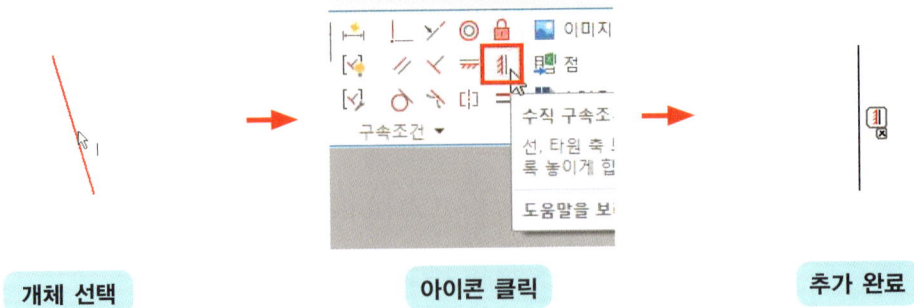

개체 선택   아이콘 클릭   추가 완료

03 구속조건 마크를 화면에 표시하기

01 화면 빈곳에 마우스 우측 버튼을 클릭한다.

02 모든 구속조건 표시 명령을 클릭한다(단축키 F8).

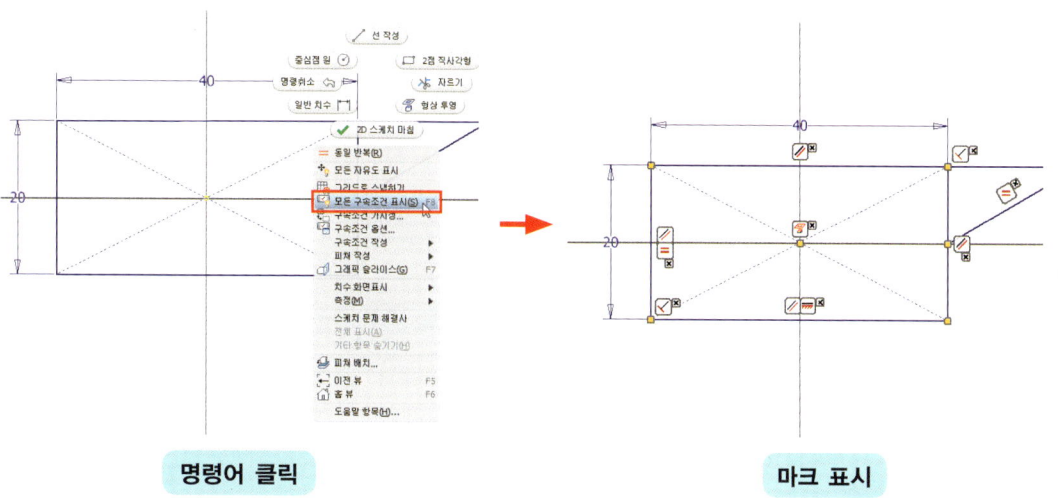

명령어 클릭 → 마크 표시

04 화면에서 구속조건 마크 숨기기

01 화면 빈곳에 마우스 우측 버튼을 클릭한다.

02 전체 구속조건 숨기기 명령을 클릭한다(단축키 F9).

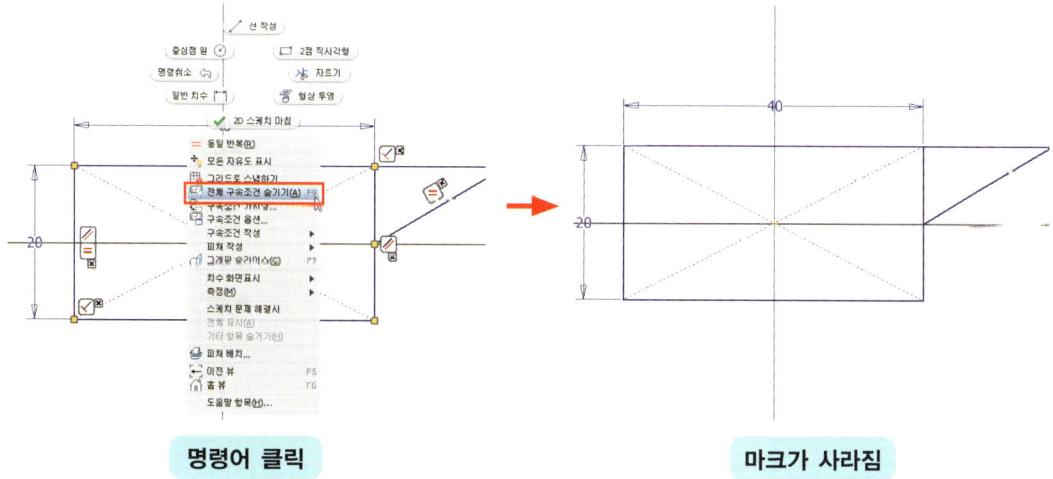

명령어 클릭 → 마크가 사라짐

Part 02 2D 스케치

05 구속조건 삭제하기

01 구속조건을 표시 상태로 변경한다.

02 구속조건 마크를 선택한다.

03 Delete키를 눌러 삭제한다.

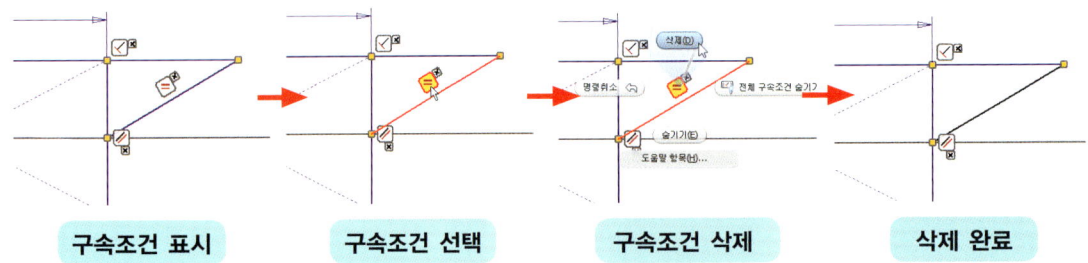

구속조건 표시 → 구속조건 선택 → 구속조건 삭제 → 삭제 완료

Lesson 2 | 기본적인 치수 기입법

스케치 개체간의 거리 구속조건을 주기 위한 치수를 작성하는 방법에 대해 알아보도록 하자.

01 개체 자체의 치수 작성하기

01 치수 명령을 클릭한다.

02 개체를 선택한다.

03 클릭해서 치수 문자가 나타나면 수치를 입력해서 작성을 마친다.

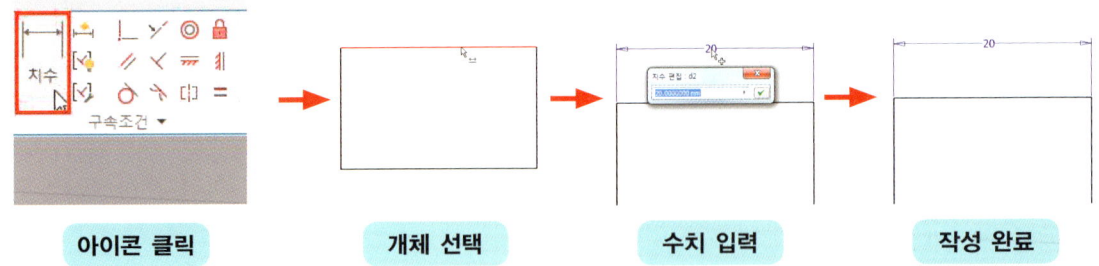

아이콘 클릭 → 개체 선택 → 수치 입력 → 작성 완료

02 두 개의 점을 선택해 치수 작성하기

01 치수 명령을 클릭한다.

02 첫 번째 점을 클릭한다.

03 두 번째 점을 클릭한다.

04 클릭해서 치수 문자가 나타나면 수치를 입력해서 작성을 마친다.

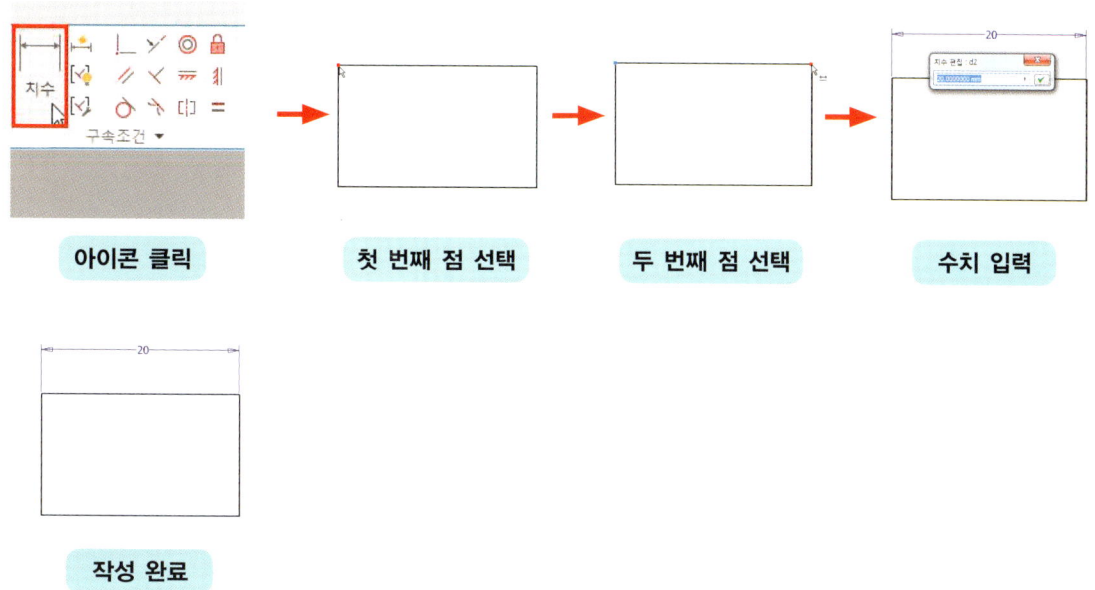

Lesson 3 | 여러가지 타입의 치수 기입하기

여러가지 타입의 치수를 기입하는 방법에 대해 알아보도록 하자.

01 수평 치수 작성하기

01 치수 명령을 클릭한다.

02 개체를 선택한다.

03 마우스를 수직 방향으로 움직인다.

04 클릭해서 치수 입력창이 나타나면 수치를 입력해서 작성을 마친다.

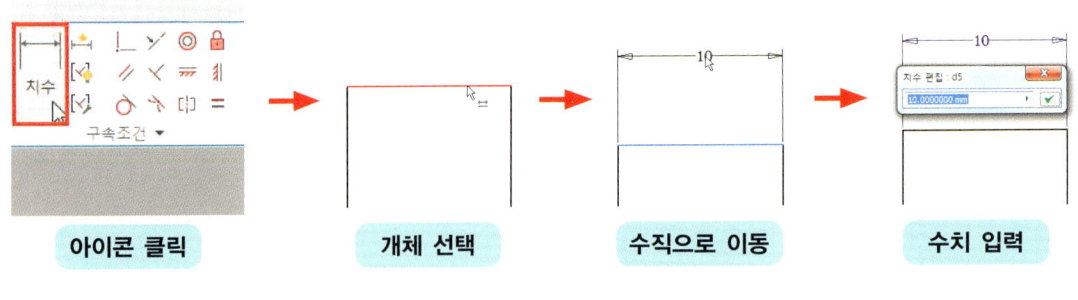

작성 완료

02 수직 치수 작성하기

01 치수 명령을 클릭한다.

02 개체를 선택한다.

03 마우스를 수평 방향으로 움직인다.

04 클릭해서 치수 입력창이 나타나면 수치를 입력해서 작성을 마친다.

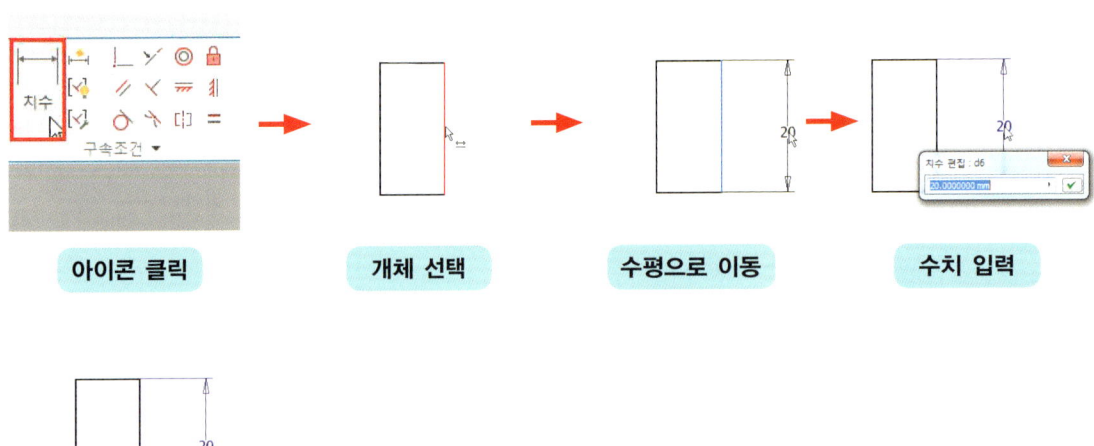

작성 완료

03 사선 치수 작성하기

01 치수 명령을 클릭한다.

02 개체를 선택한다.

03 마우스를 사선 방향으로 움직여 사선 마크가 표시되게 한다.

04 클릭하면 치수가 미리보기가 된다.

05 치수 입력창이 나타나면 수치를 입력해서 작성을 마친다.

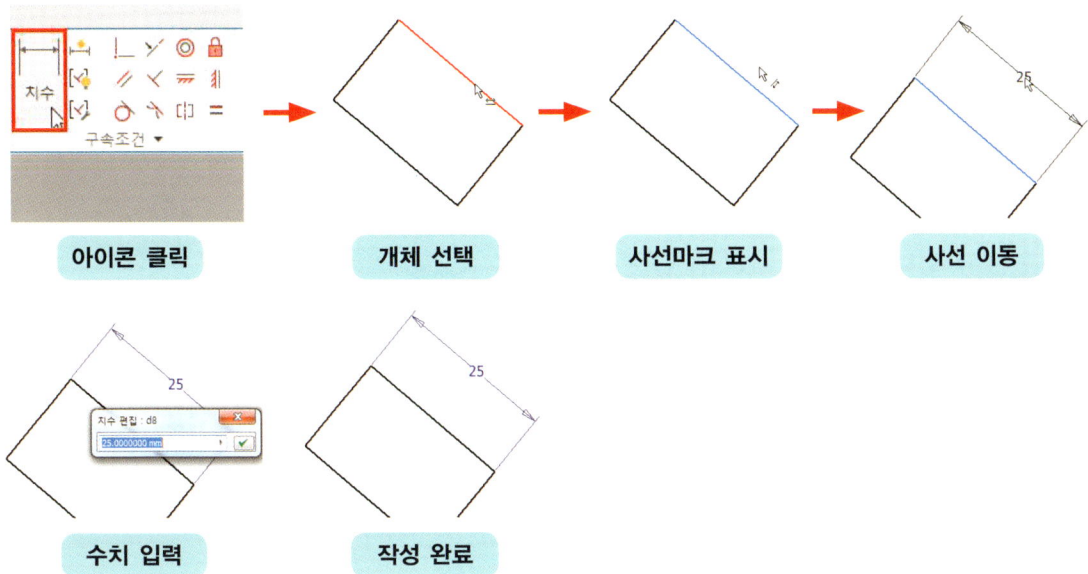

04 일반 각도 치수 작성하기

01 치수 명령을 클릭한다.

02 첫 번째 선을 선택한다.

03 두 번째 선을 선택한다.

04 선의 중간 방향으로 마우스를 움직인다.

05 클릭해서 치수 입력창이 나타나면 수치를 입력해서 작성을 마친다.

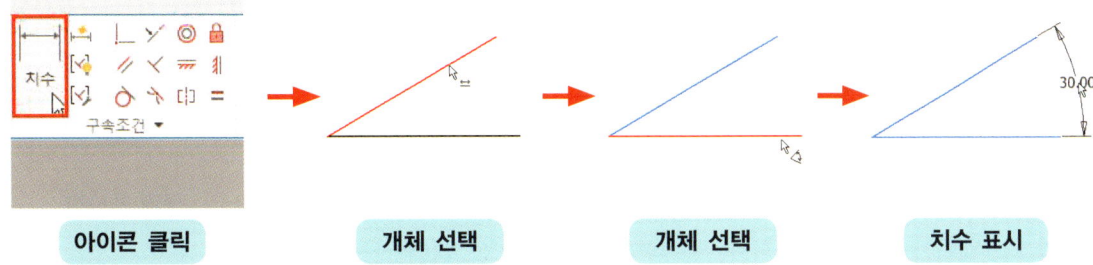

Part 02 2D 스케치

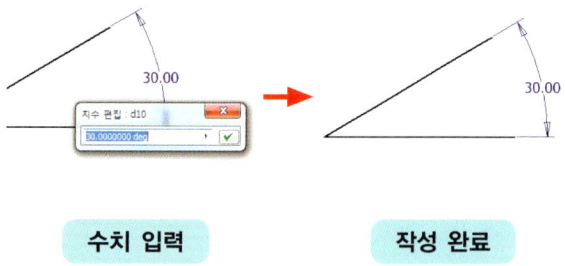

수치 입력 → 작성 완료

05 맞각 치수 작성하기

01 치수 명령을 클릭한다.

02 첫 번째 선을 선택한다.

03 두 번째 선을 선택한다.

04 선의 맞각 방향으로 마우스를 움직인다.

05 클릭해서 치수 입력창이 나타나면 수치를 입력해서 작성을 마친다.

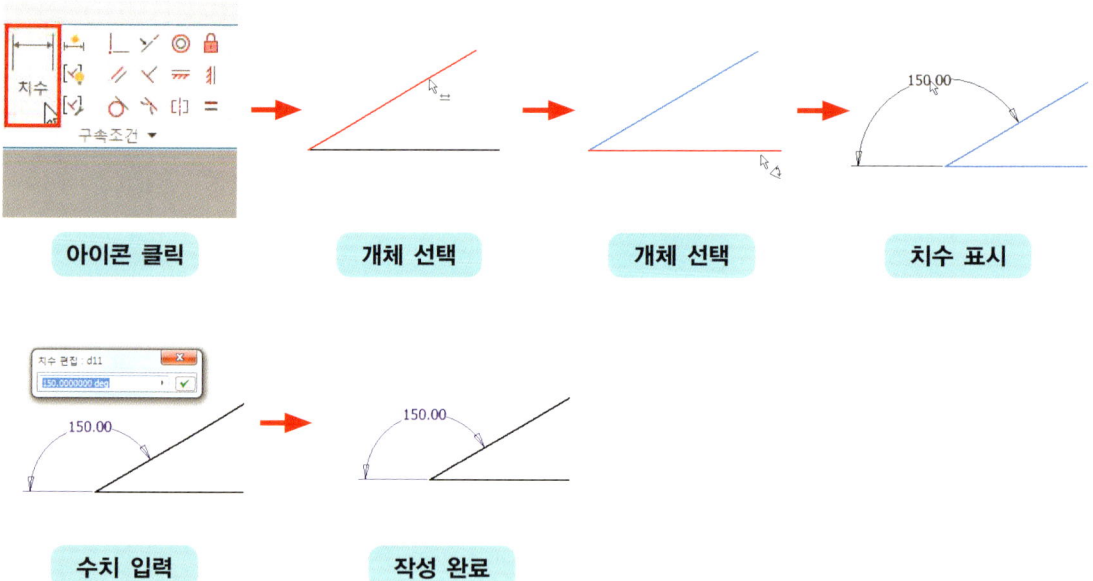

아이콘 클릭 → 개체 선택 → 개체 선택 → 치수 표시

수치 입력 → 작성 완료

06 지름 치수 작성하기

01 치수 명령을 클릭한다.

02 원을 선택한다.

03 치수를 배치할 위치로 마우스 커서를 움직인다.

04 클릭해서 치수 입력창이 나타나면 수치를 입력해서 작성을 마친다.

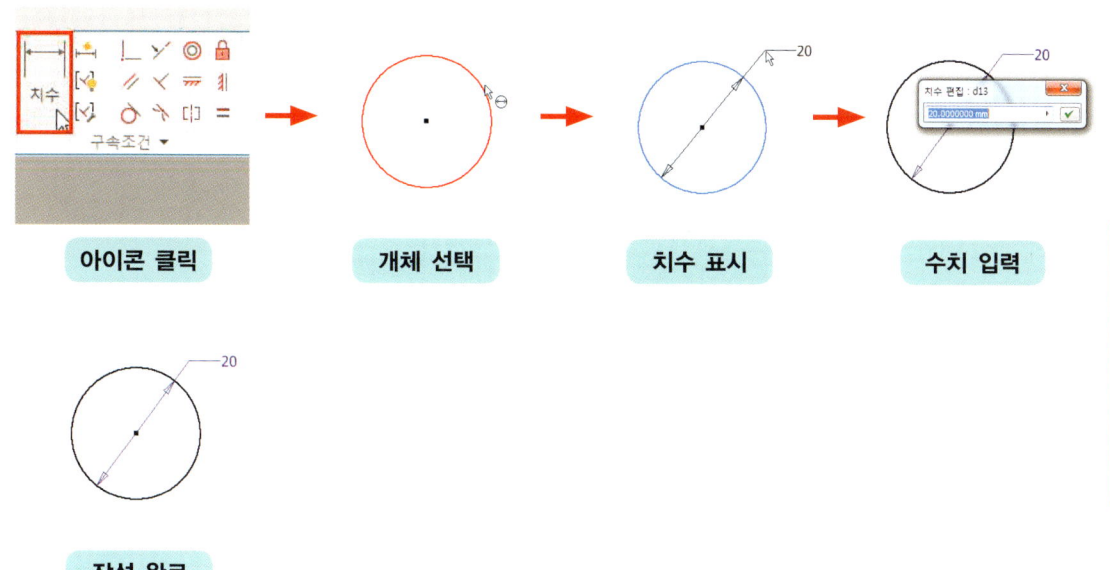

07 반지름 치수 작성하기

01 치수 명령을 클릭한다.

02 원을 선택한다.

03 치수를 배치할 위치로 마우스 커서를 움직인다.

04 클릭해서 치수 입력창이 나타나면 수치를 입력해서 작성을 마친다.

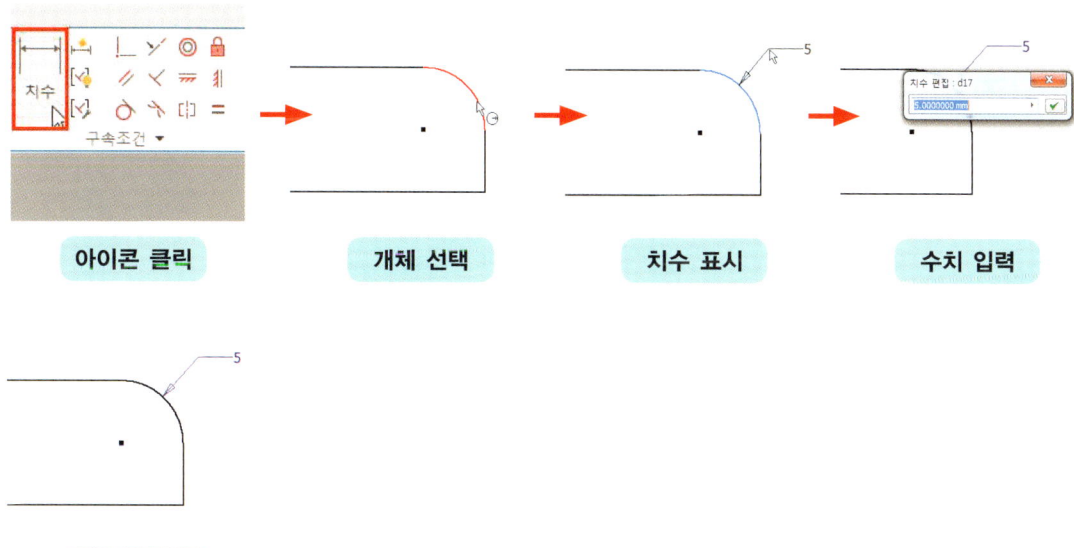

08 원호 길이 치수 작성하기

01 치수 명령을 클릭한다.

02 원호를 선택한다.

03 마우스 우측 버튼을 클릭해 치수 유형-호의 길이를 클릭한다.

04 치수 입력창이 나타나면 수치를 입력해서 작성을 마친다.

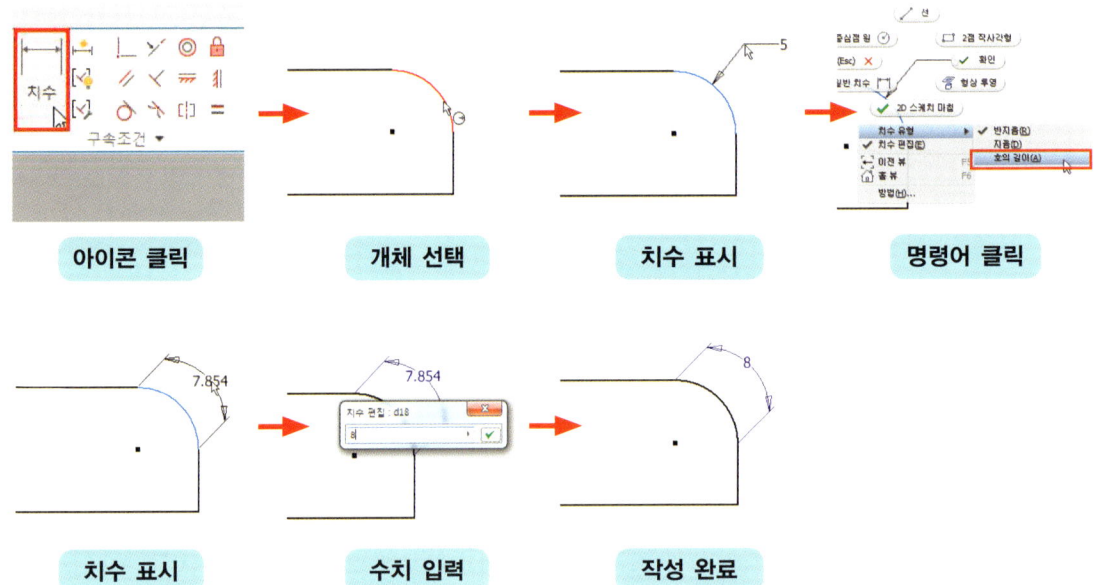

09 간격 치수 작성하기

01 치수 명령을 클릭한다.

02 서로 평행한 첫 번째 선을 선택한다.

03 서로 평행한 두 번째 선을 선택한다.

04 치수를 배치할 위치로 마우스 커서를 움직인다.

05 클릭해서 치수 입력창이 나타나면 수치를 입력해서 작성을 마친다.

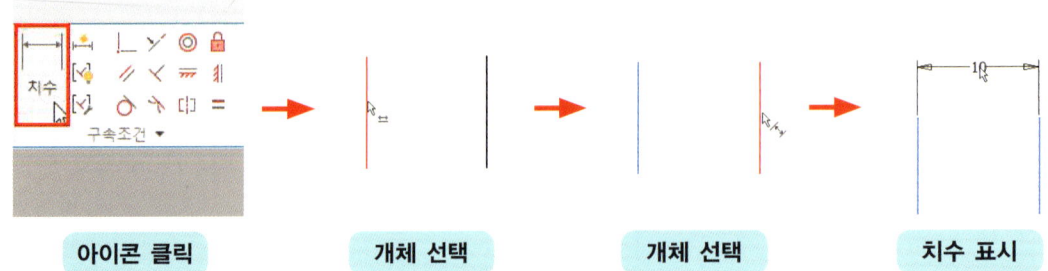

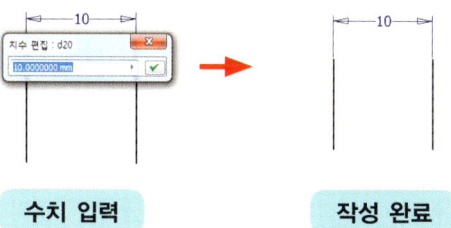

10 원호간의 치수 작성하기

01 치수 명령을 클릭한다.

02 첫 번째 원호의 사분점을 클릭한다.

03 두 번째 원호의 사분점을 클릭한다.

04 치수를 배치할 위치로 마우스 커서를 움직인다.

05 클릭해서 치수 입력창이 나타나면 수치를 입력해서 작성을 마친다.

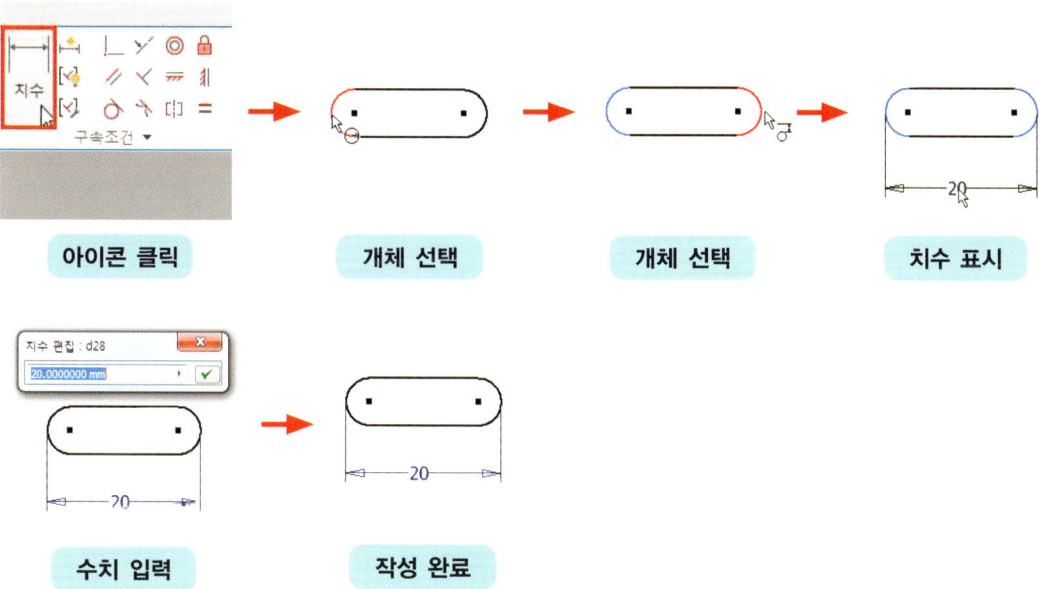

Lesson 4 | 일치 구속조건

01 점과 선을 일치시킨다.

01 일치 구속조건 아이콘을 클릭한다.

02 점을 선택한다.

03 선을 선택한다.

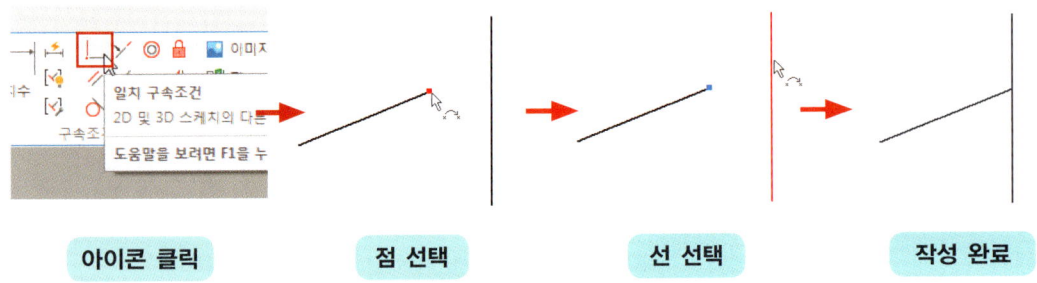

02 점과 점을 일치시킨다.

01 일치 구속조건 아이콘을 클릭한다.

02 점을 선택한다.

03 점을 선택한다.

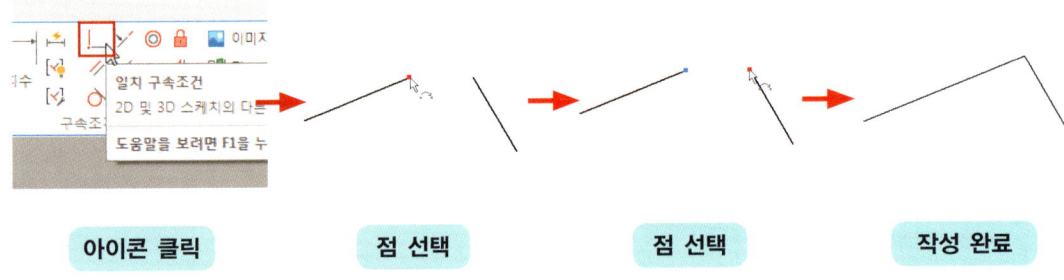

03 점과 선의 중간점을 일치시킨다.

01 일치 구속조건 아이콘을 클릭한다.

02 점을 선택한다.

03 선의 중간점을 선택한다.

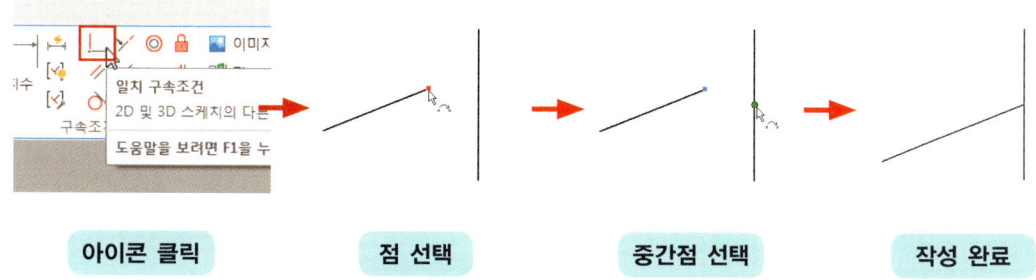

04 선의 중간점과 선의 중간점을 일치시킨다.

01 일치 구속조건 아이콘을 클릭한다.

02 첫 번째 선의 중간점을 선택한다.

03 두 번째 선의 중간점을 선택한다.

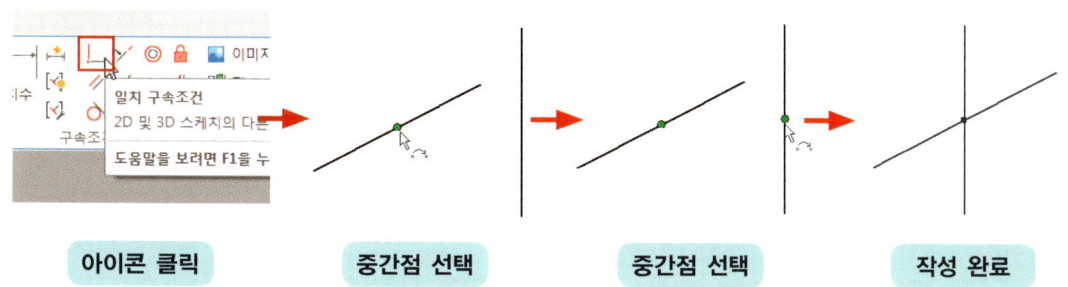

Lesson 5 | 동일선상 구속조건

두 개의 선을 서로 동일선상에 있게 한다.

01 동일선상 구속조건 아이콘을 클릭한다.

02 첫 번째 선을 선택한다.

03 두 번째 선을 선택한다.

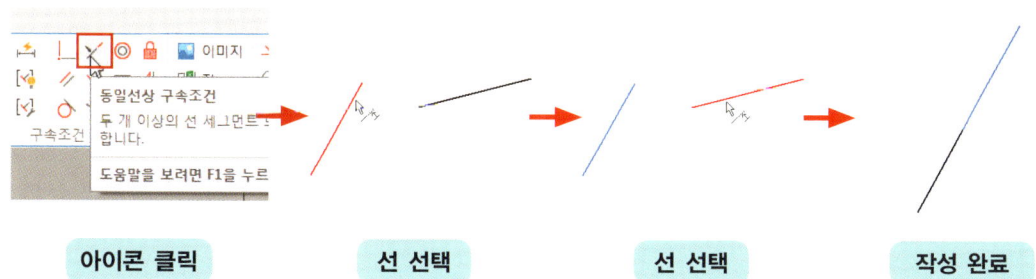

Part 02 2D 스케치

Lesson 6 | 동심 구속조건

두 개의 원의 중심을 서로 일치시킨다.

01 동심 구속조건 아이콘을 클릭한다.

02 첫 번째 원을 선택한다.

03 두 번째 원을 선택한다.

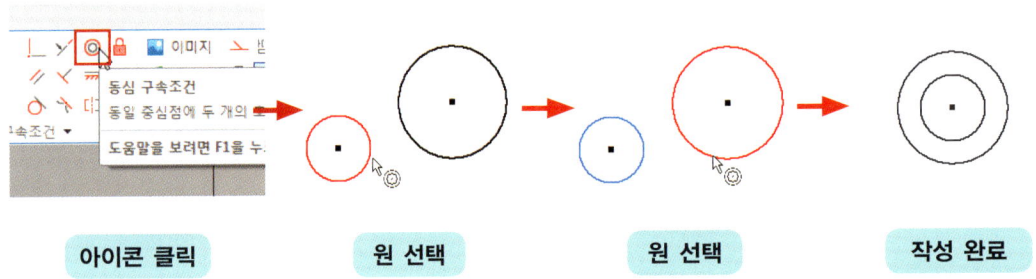

Lesson 7 | 고정 구속조건

선택 요소를 현재 자리에 고정시킨다.

01 고정 구속조건 아이콘을 클릭한다.

02 스케치 개체를 선택한다.

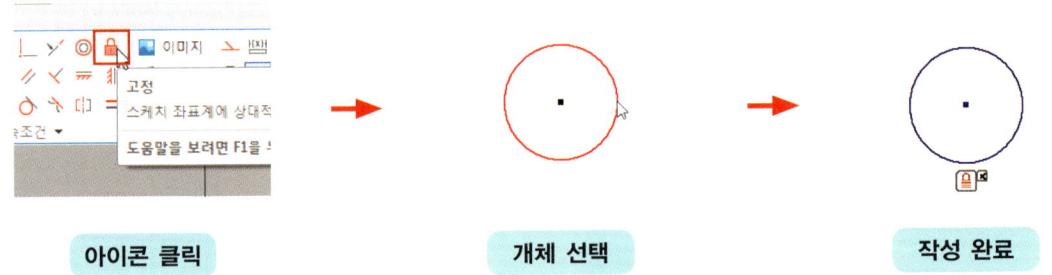

Lesson 8 | 평행 구속조건

두 개의 선을 서로 평행하게 만든다.

01 평행 구속조건 아이콘을 클릭한다.

02 첫 번째 선을 선택한다.

03 두 번째 선을 선택한다.

Section3. 구속조건 도구

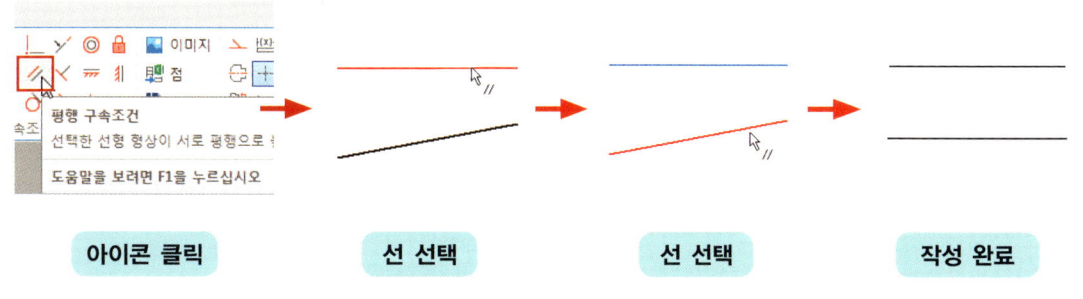

Lesson 9 | 직각 구속조건

두 개의 선을 서로 직각으로 만든다.

01 직각 구속조건 아이콘을 클릭한다.

02 첫 번째 선을 선택한다.

03 두 번째 선을 선택한다.

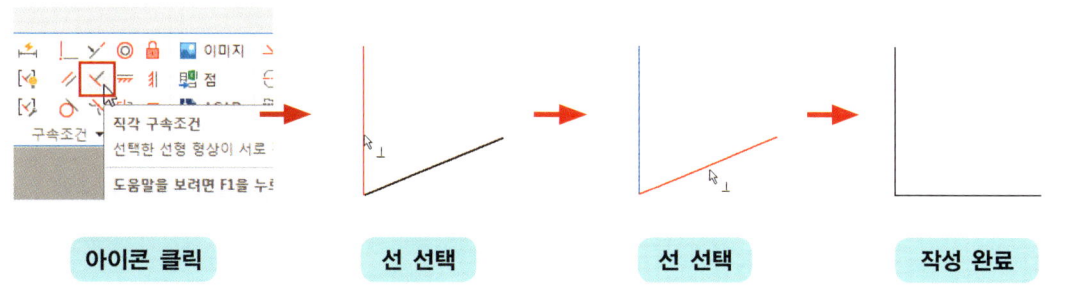

Lesson 10 | 수평 구속조건

01 수평선이 아닌 선을 수평하게 만든다.

01 수평 구속조건 아이콘을 클릭한다.

02 수평선이 아닌 선을 클릭한다.

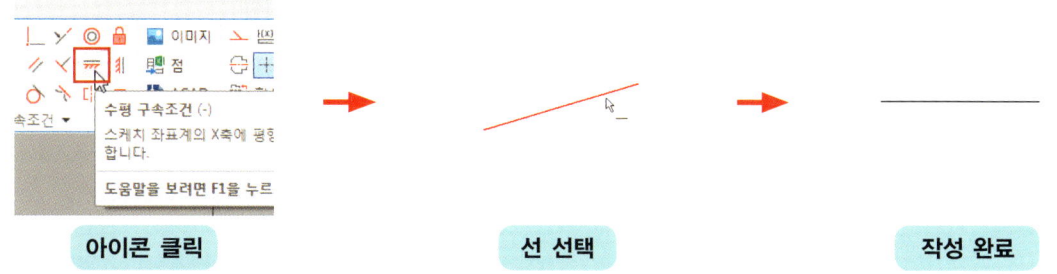

02 두 개의 점을 서로 수평선상에 위치시킨다.

01 수평 구속조건 아이콘을 클릭한다.

02 첫 번째 점을 선택한다.

03 두 번째 점을 선택한다.

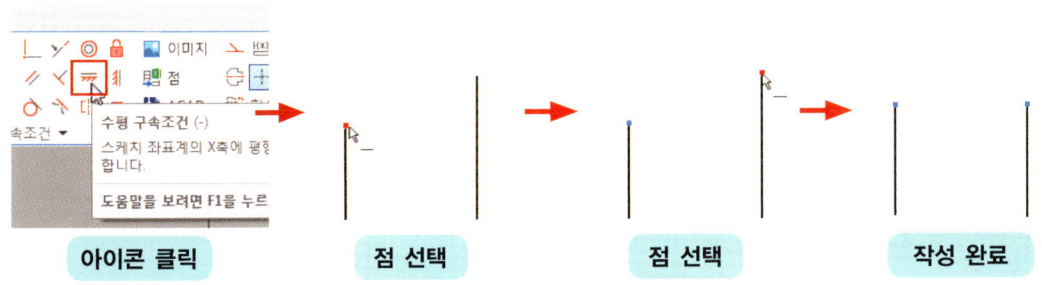

Lesson 11 | 수직 구속조건

01 수직선이 아닌 선을 수직하게 만든다.

01 수직 구속조건 아이콘을 클릭한다.

02 수직선이 아닌 선을 클릭한다.

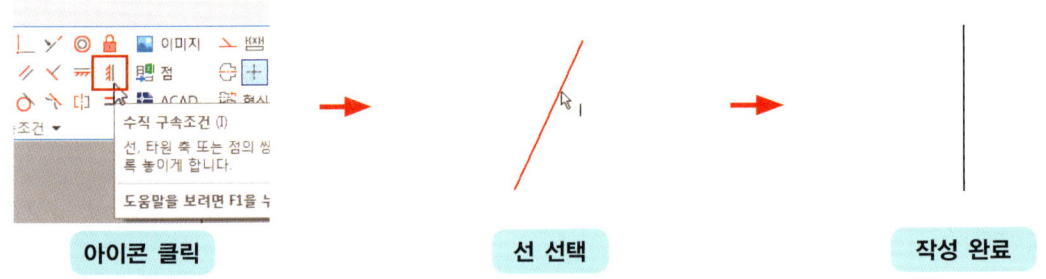

02 두 개의 점을 서로 수직선상에 위치시킨다.

01 수직 구속조건 아이콘을 클릭한다.

02 첫 번째 점을 선택한다.

03 두 번째 점을 선택한다.

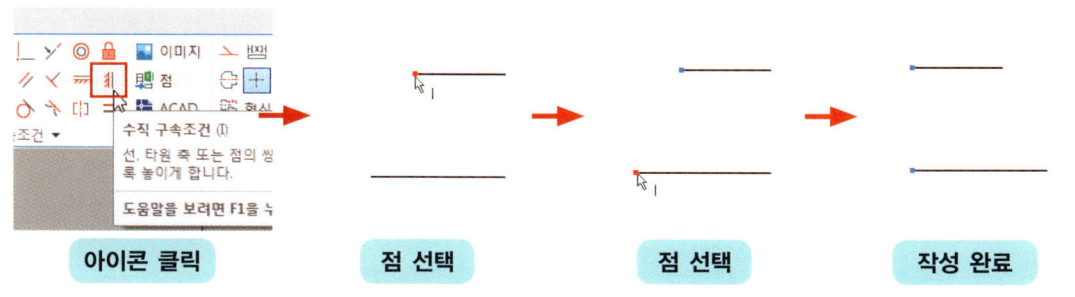

Lesson 12 | 접선 구속조건

원호와 선, 혹은 원호와 원호를 서로 접하게 만든다.

01 접선 구속조건을 클릭한다.

02 첫 번째 개체를 선택한다.

03 두 번째 개체를 선택한다.

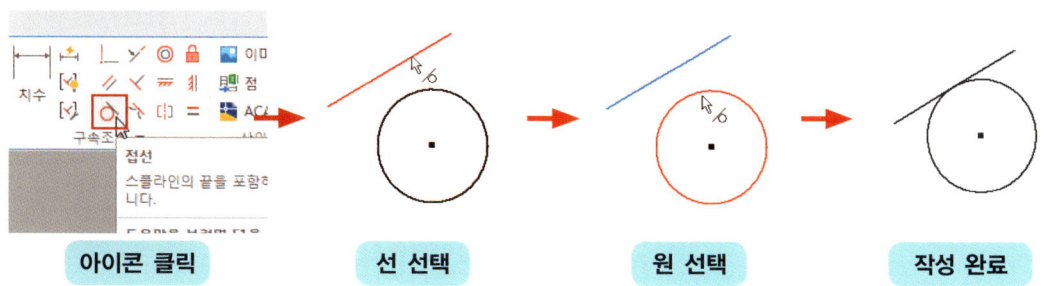

Lesson 13 | 부드럽게 구속조건

곡률 연속(G2) 조건을 스플라인에 적용한다.

01 부드럽게 구속조건을 클릭한다.

02 첫 번째 스플라인을 선택한다.

03 두 번째 선을 선택한다.

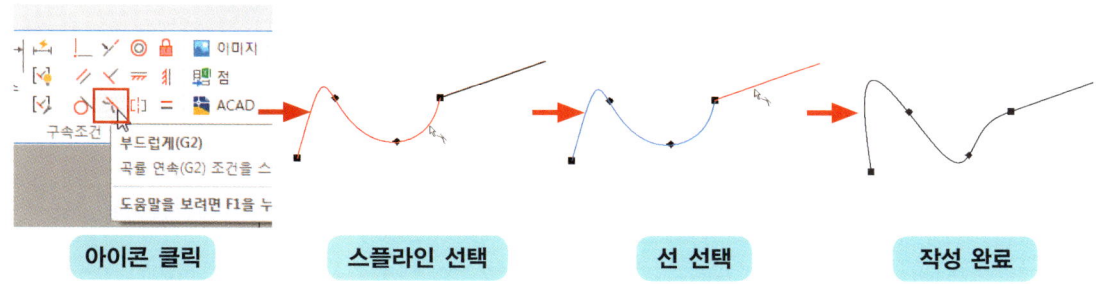

Lesson 14 | 대칭 구속조건

선택한 선 또는 곡선이 선택한 선을 기준으로 대칭되도록 구속한다.

01 대칭 구속조건을 클릭한다.

02 첫 번째 개체를 선택한다.

03 두 번째 개체를 선택한다.

04 대칭 선을 선택한다.

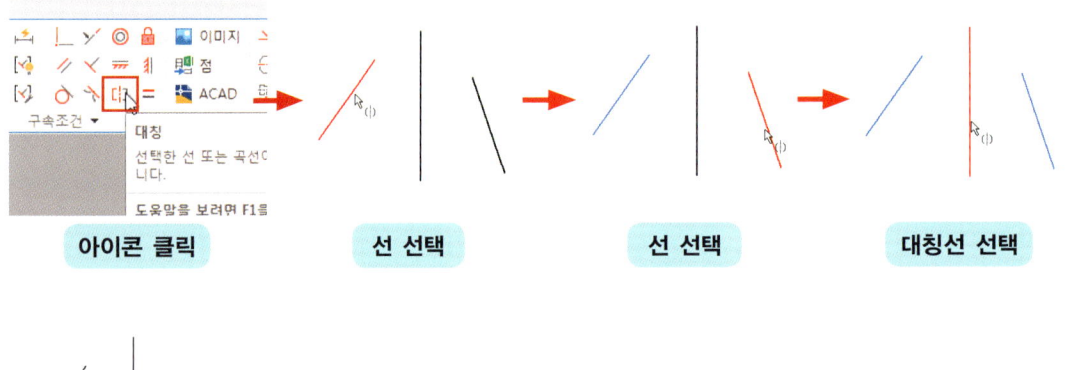

Lesson 15 | 동일 구속조건

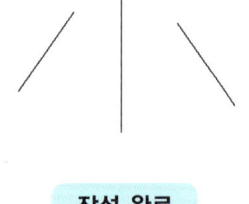 두 개 이상의 선의 길이를 서로 같게 만든다.

01 동일 구속조건을 클릭한다.

02 첫 번째 선을 선택한다.

03 두 번째 선을 선택한다.

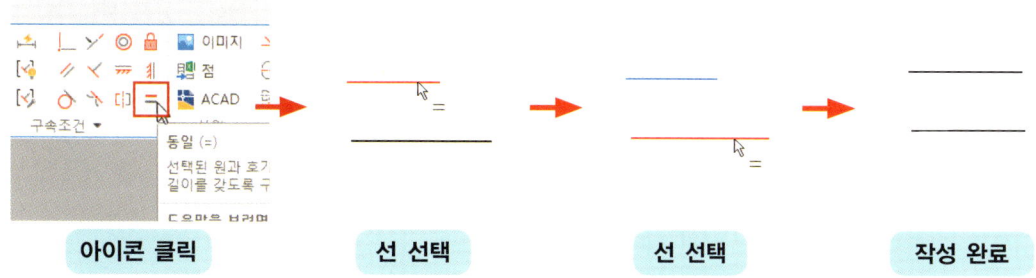

02 두 개 이상의 원 또는 호의 반경을 서로 같게 만든다.

01 동일 구속조건을 클릭한다.

02 첫 번째 원 또는 호를 선택한다.

03 두 번째 원 또는 호를 선택한다.

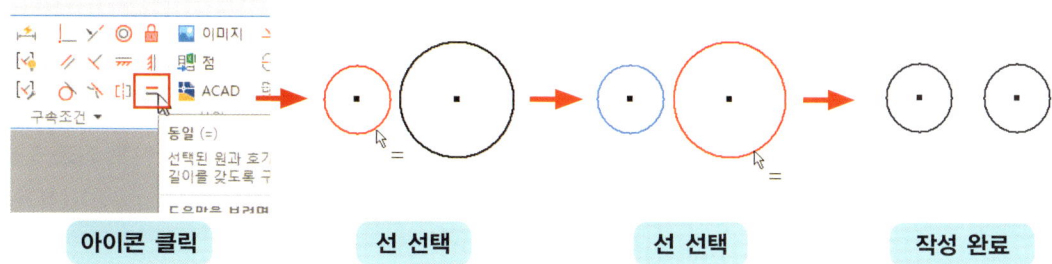

Part 02 2D 스케치

4. 패턴 도구

전산응용기계제도기능사/산업기사/기사 실기를 위한 인벤터

스케치 요소의 패턴 도구에 대해서 알아보도록 하자.

Lesson 1 │ 직사각형 패턴

선택한 스케치 형상을 복제해서 행과 열로 배열한다.

01 직사각형 패턴 아이콘을 클릭한다.

02 형상 버튼이 눌린 상태에서 복제할 개체를 선택한다.

03 방향1의 빨간 화살표를 누름 상태로 바꾼다.

04 직선 개체를 클릭해 복제 방향1의 방향을 설정한다.

05 복제할 개수를 설정한다.

06 복제 요소간의 거리를 설정한다.

07 방향2의 빨간 화살표를 누름 상태로 바꾼다.

08 직선 개체를 클릭해 복제 방향2의 방향을 설정한다.

09 복제할 개수를 설정한다.

10 복제 요소간의 거리를 설정한다.

11 확인 버튼을 클릭한다.

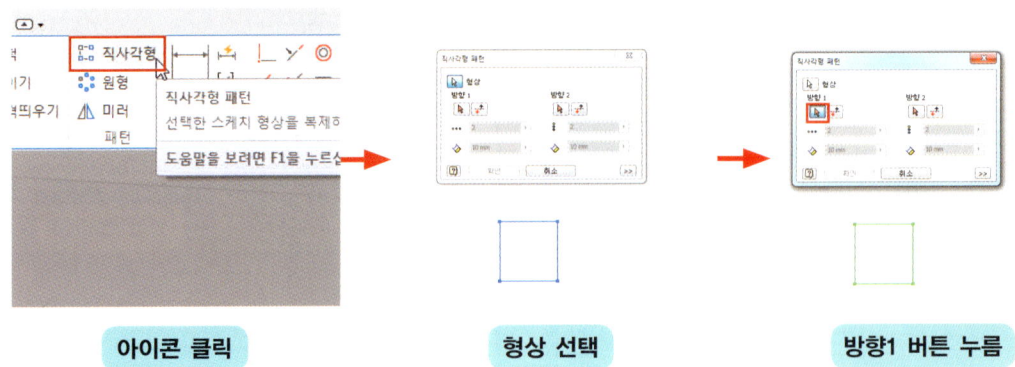

아이콘 클릭 → 형상 선택 → 방향1 버튼 누름

Section4. 패턴 도구

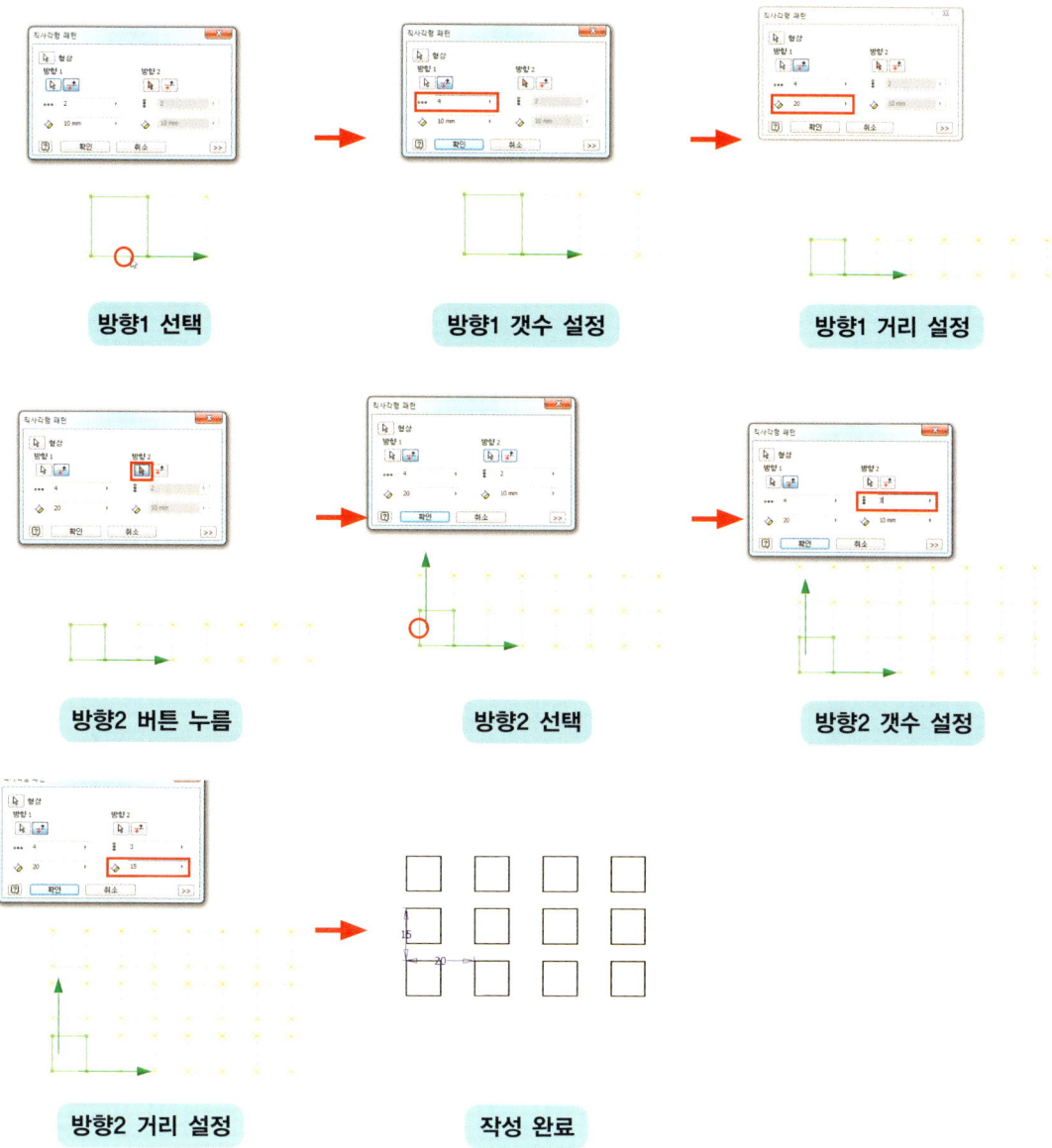

Lesson 2 | 원형 패턴

선택한 스케치 형상을 복제하고 호 또는 원 패턴으로 배열한다.

01 원형 패턴 아이콘을 클릭한다.

02 형상 버튼이 눌린 상태에서 복제할 개체를 선택한다.

03 축 버튼을 클릭해 누름 상태로 바꾼다.

04 점 개체를 클릭해 복제할 중심점을 설정한다.

05 복제할 개수를 설정한다.

06 복제할 영역 각도를 설정한다.

07 확인 버튼을 클릭한다.

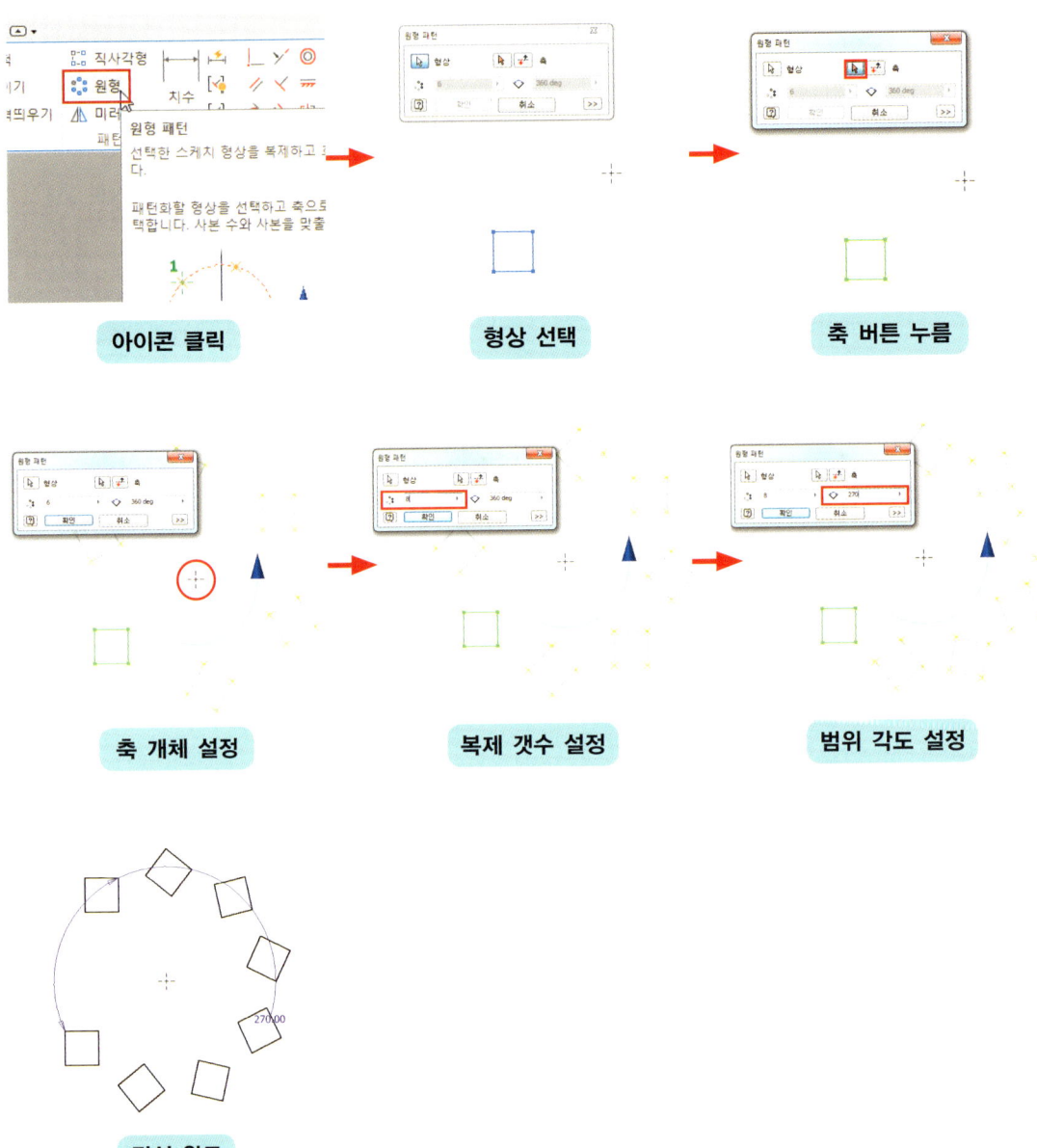

Lesson 3 | 대칭 패턴

축에 대해 대칭된 스케치의 사본을 작성한다.

01 대칭 패턴 아이콘을 클릭한다.

02 선택 버튼이 눌린 상태에서 복제할 개체를 선택한다.

03 대칭 선 버튼을 클릭해 누름 상태로 바꾼다.

04 대칭 선으로 지정할 선 개체를 선택한다.

05 적용 버튼을 클릭한다.

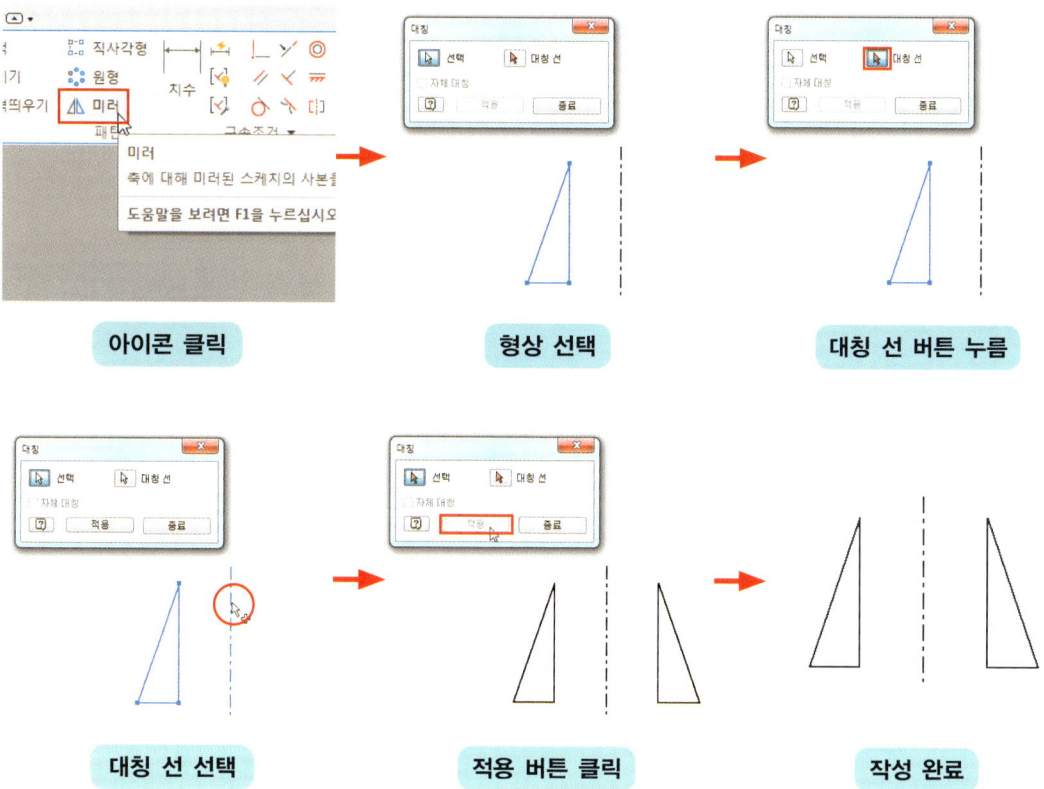

Part 02 2D 스케치

5. 수정 도구

전산응용기계제도기능사/산업기사/기사 실기를 위한 인벤터

스케치 요소의 수정 도구에 대해서 알아보도록 하자.

Lesson 1 | 이동

복사 옵션을 사용하여 지정된 대로 한 점에서 다른 점으로 선택한 스케치 형상을 옮긴다.

01 이동 아이콘을 클릭한다.

02 선택 버튼이 눌린 상태에서 이동할 개체를 선택한다.

03 기준점 버튼을 클릭해 누름 상태로 바꾼다.

04 기준점으로 지정할 점 개체를 선택한다.

05 마우스 커서를 이동할 방향으로 움직인다.

06 위치를 정해 클릭한다.

07 종료 버튼을 클릭한다.

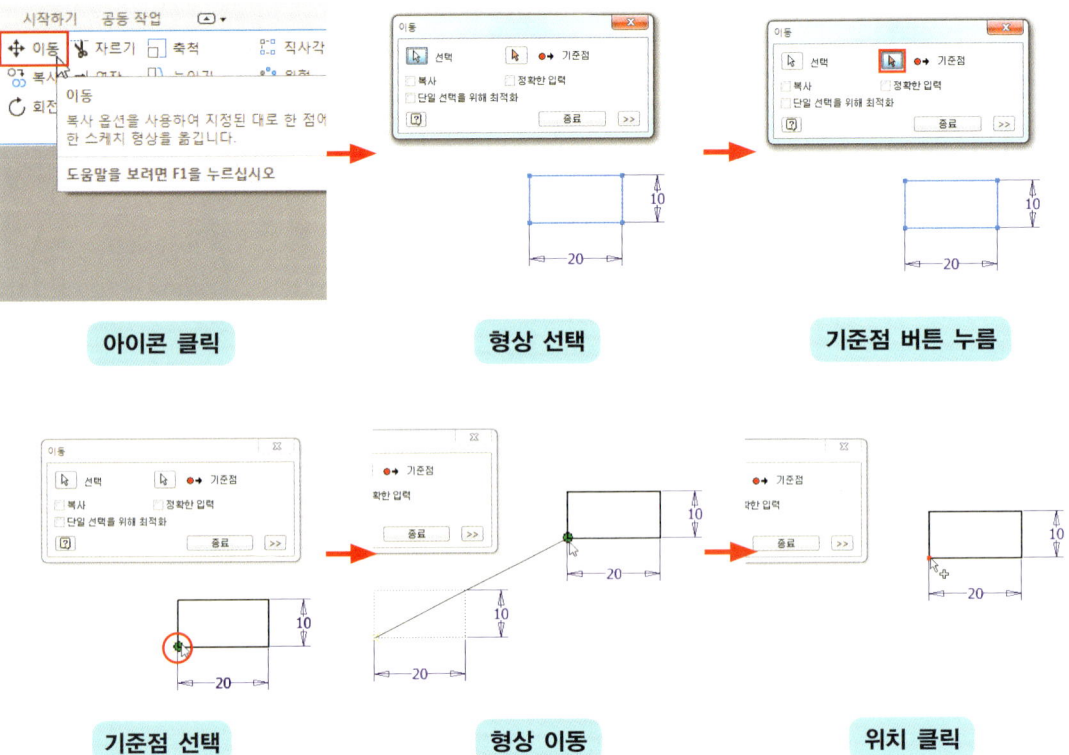

Section5.수정 도구

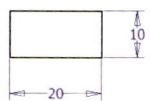

이동 완료

Lesson 2 | 복사

선택한 스케치 형상을 복사하고 스케치에 하나 이상의 복제를 배치한다.

01 복사 아이콘을 클릭한다.

02 선택 버튼이 눌린 상태에서 이동할 개체를 선택한다.

03 기준점 버튼을 클릭해 누름 상태로 바꾼다.

04 기준점으로 지정할 점 개체를 선택한다.

05 마우스 커서를 복사할 방향으로 움직인다.

06 위치를 정해 클릭한다.

07 종료 버튼을 클릭한다.

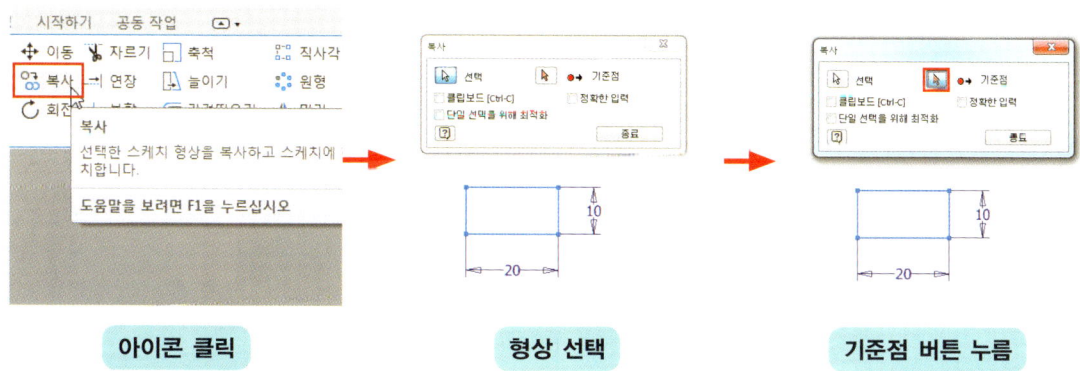

아이콘 클릭 → 형상 선택 → 기준점 버튼 누름

83

Part 02 2D 스케치

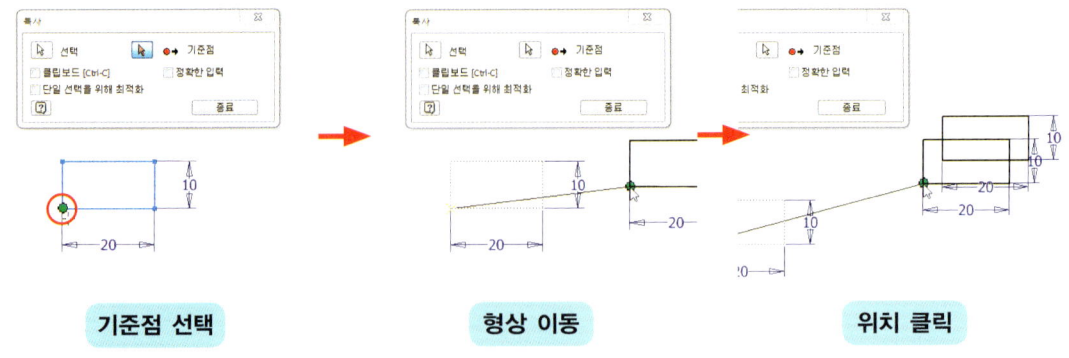

기준점 선택 → 형상 이동 → 위치 클릭

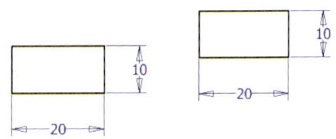

복사 완료

Lesson 3 | 회전

선택한 스케치 형상 또는 해당 형상의 사본을 지정한 중심점을 기준으로 회전시킨다.

01 회전 아이콘을 클릭한다.

02 선택 버튼이 눌린 상태에서 회전할 개체를 선택한다.

03 중심점의 선택 아이콘을 클릭해 누름 상태로 바꾼다.

04 각도를 입력한다.

05 적용 버튼을 클릭한다.

06 종료 버튼을 클릭한다.

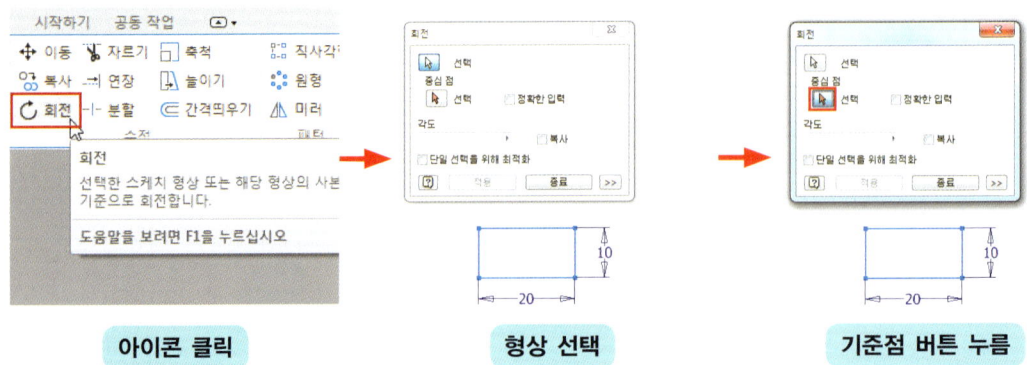

아이콘 클릭 → 형상 선택 → 기준점 버튼 누름

84

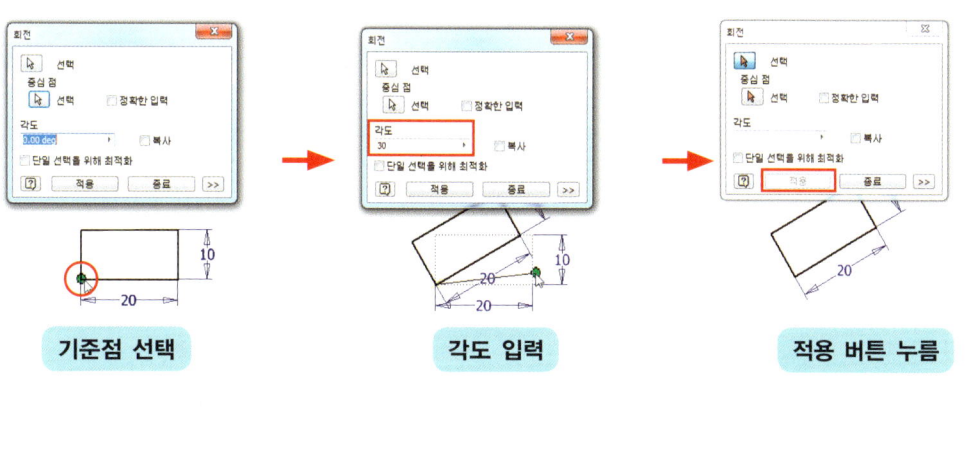

Lesson 4 | 자르기

가장 가까운 교차 곡선 또는 선택한 경계 형상까지 곡선을 자른다.

01 일반 자르기

01 자르기 아이콘을 클릭한다.

02 교차된 요소에 커서를 갖다댄다.

03 클릭해서 교차된 요소를 잘라낸다.

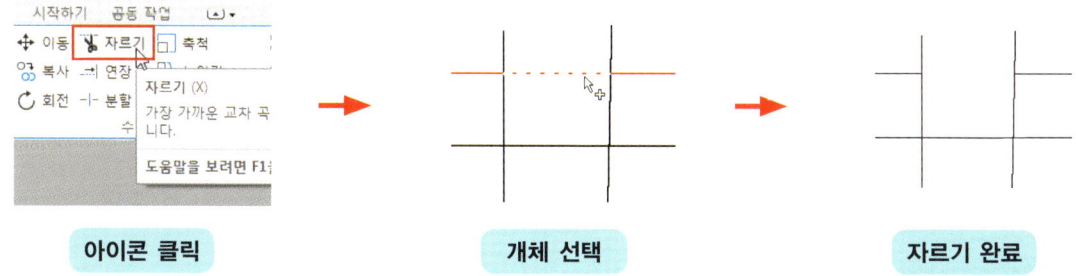

02 끌어서 자르기

01 자르기 아이콘을 클릭한다.

02 마우스를 클릭 드래그해서 교차된 요소를 지나친다.

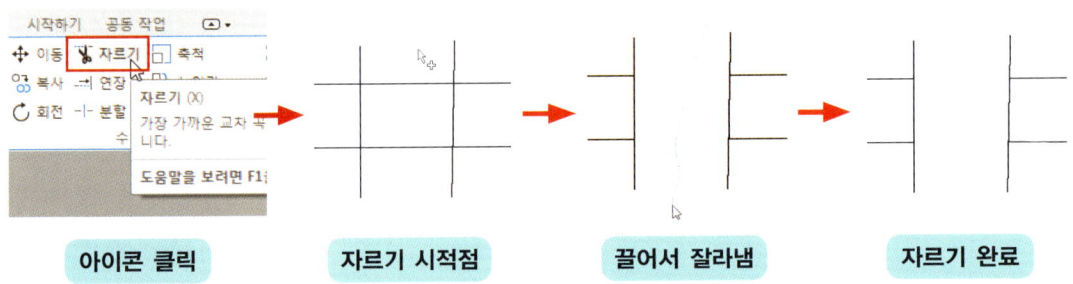

Lesson 5 | 연장

가장 가까운 교차 곡선 또는 선택한 경계 형상까지 곡선을 연장한다.

01 연장 아이콘을 클릭한다.

02 연장할 요소에 커서를 갖다댄다.

03 미리보기가 표시되면 클릭한다.

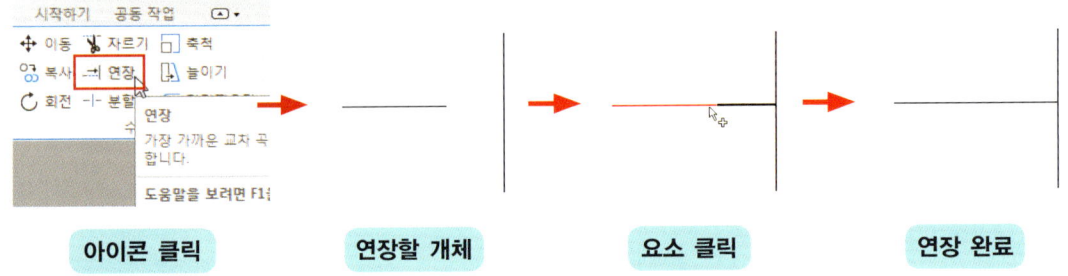

Lesson 6 | 분할

곡선 도면요소를 두 개 이상의 단면으로 분할한다.

01 분할 아이콘을 클릭한다.

02 마우스 커서를 분할할 요소에 갖다댄다.

03 분할할 영역이 보이면 클릭한다.

Section5. 수정 도구

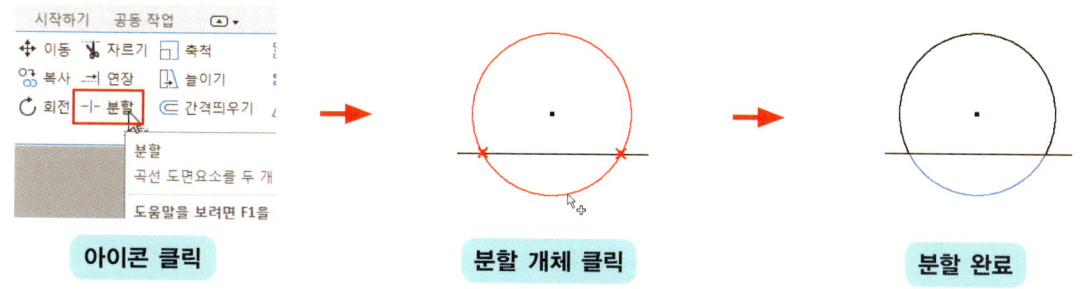

| 아이콘 클릭 | 분할 개체 클릭 | 분할 완료 |

Lesson 7 | 축척

선택한 스케치 형상의 크기를 비례하여 늘이거나 줄인다.

01 축척 아이콘을 클릭한다.

02 선택 버튼이 눌린 상태에서 축척할 객체를 선택한다.

03 기준점 화살표를 클릭해 누름 상태로 한다.

04 기준점으로 쓸 점 객체를 선택한다.

05 축척계수를 입력한다.

06 적용 버튼을 클릭한다.

07 종료 버튼을 클릭한다.

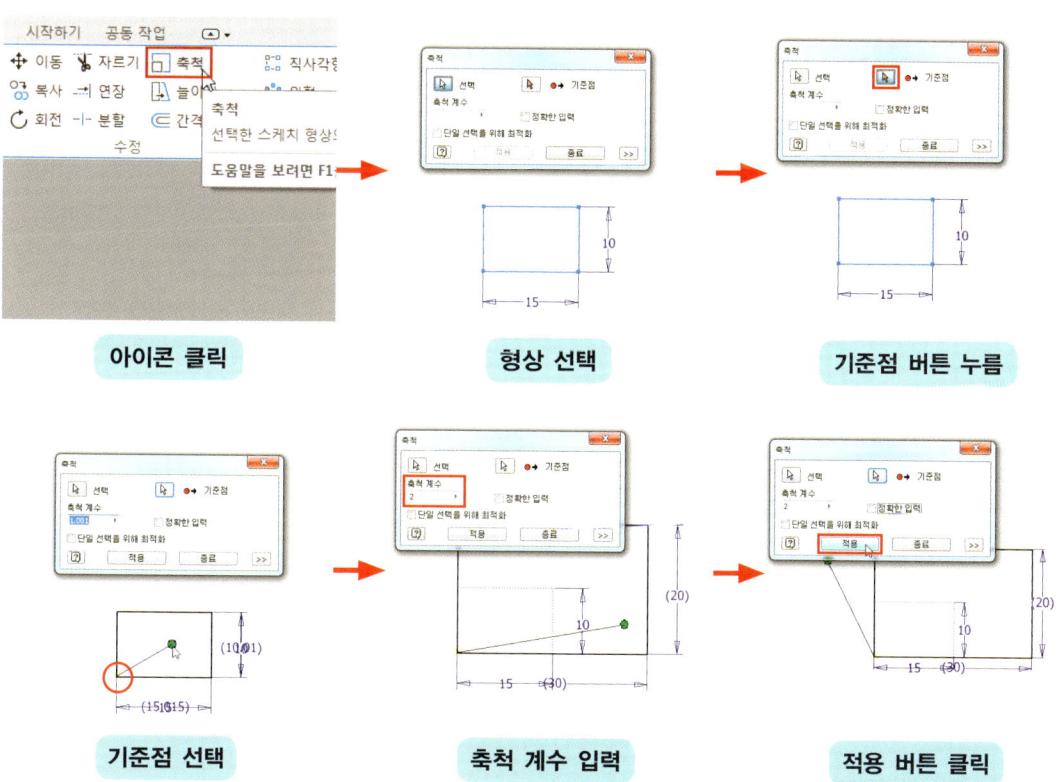

| 아이콘 클릭 | 형상 선택 | 기준점 버튼 누름 |
| 기준점 선택 | 축척 계수 입력 | 적용 버튼 클릭 |

87

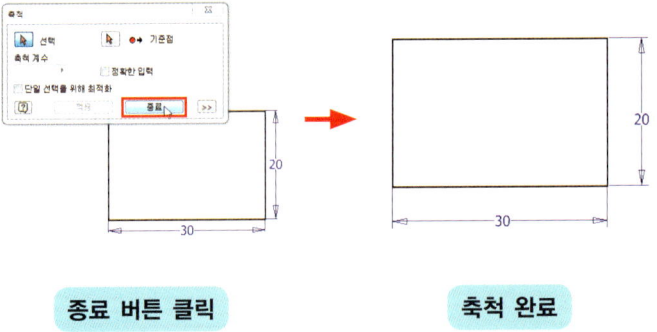

종료 버튼 클릭 　　　　　축척 완료

Lesson 8 ｜ 늘이기

지점된 점을 사용하여 선택한 형상을 늘인다.

01 늘이기 아이콘을 클릭한다.

02 선택 버튼이 눌린 상태에서 늘이기할 객체를 드래그로 선택한다.

03 기준점 화살표를 클릭해 누름 상태로 한다.

04 기준점으로 쓸 점 객체를 선택한다.

05 마우스 커서를 움직여 늘이기 할 위치로 개체를 움직인다.

06 적당한 위치에 클릭한다.

07 종료 버튼을 클릭한다.

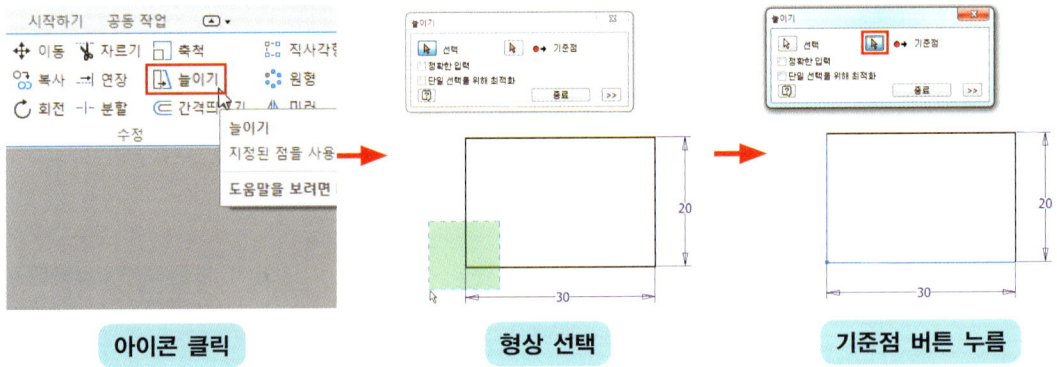

아이콘 클릭 　　　　　형상 선택 　　　　　기준점 버튼 누름

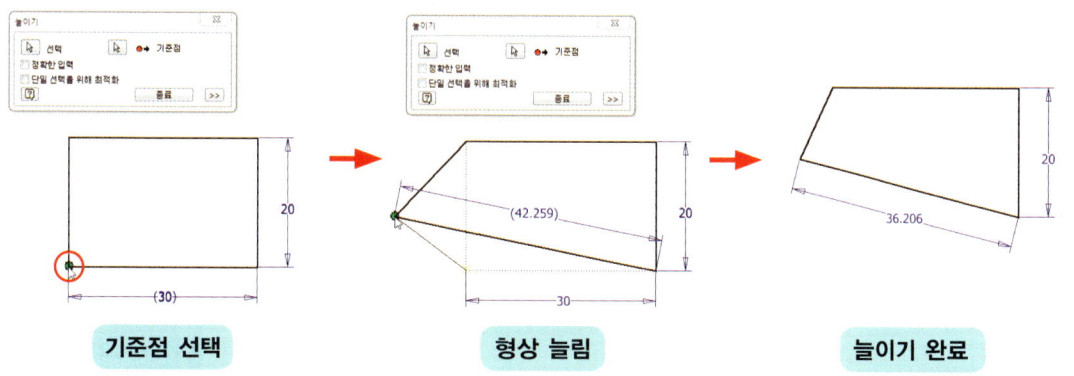

Lesson 9 | 간격 띄우기

선택한 스케치 형상을 복제하고 동적으로 원점에서부터 간격띄우기한다.

01 간격띄우기 아이콘을 클릭한다.

02 간격띄우기 할 객체를 선택한다.

03 마우스 커서를 간격띄우기할 방향으로 움직인다.

04 원하는 위치에 클릭해 간격띄우기를 작성한다.

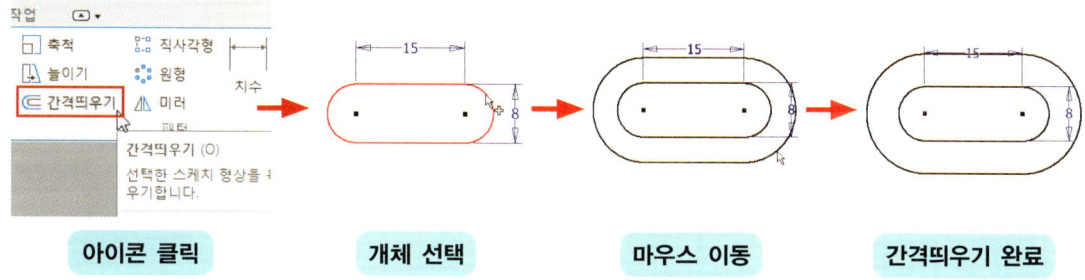

6. 형식 도구

전산응용기계제도기능사/산업기사/기사 실기를 위한 인벤터

형식 도구란 스케치 요소와 치수 요소의 상태를 변화하는 것을 의미한다.

형식 도구의 쓰임새는 크게 두 가지가 있는데 객체를 선택한 상태에서 형식 도구 아이콘을 클릭하면 현재 상태의 개체만 변경하겠다는 의미이다.

반대로 선택하지 않은 상태에서 형식 도구 아이콘을 클릭하면 앞으로 작성할 모든 요소의 형식을 변경한 아이콘 형태로 작성하겠다는 의미이다.

Lesson 1 | 구성선

이 상태는 스케치 요소로써는 존재하지만 피처 작성시의 프로파일 작성에는 영향을 미치지 않는 가상선 상태를 의미한다.

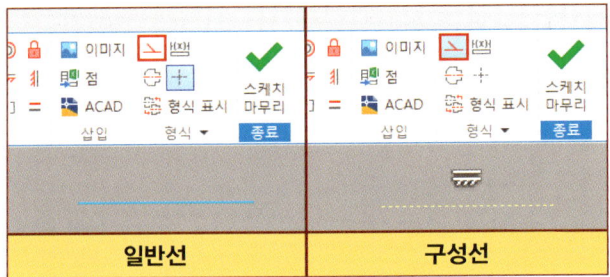

Lesson 2 | 중심선

회전 피처를 작성할 때 자동으로 회전축으로 인식된다. 또한 스케치에서 치수를 작성할 때 중심선을 기준으로 작성하면 지름 치수가 표시된다.

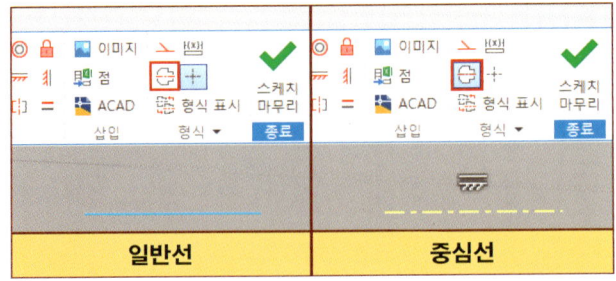

Lesson 3 | 중심점

구멍 명령을 작성할 때 배치 스케치 옵션에서 구멍의 중심으로 자동 인식되는 기능을 하게 된다.

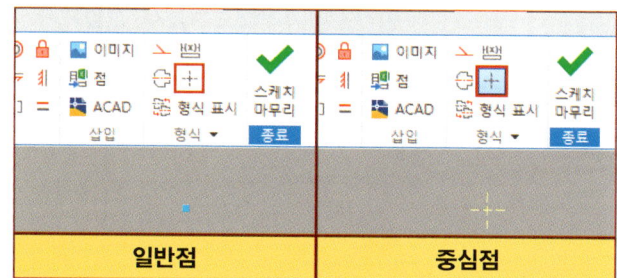

Lesson 4 | 연계 치수

자체로써는 값을 편집할 수 없고 다른 치수나 요소의 변경에 따라 연동되어 치수값이 변하는 상태가 된다.

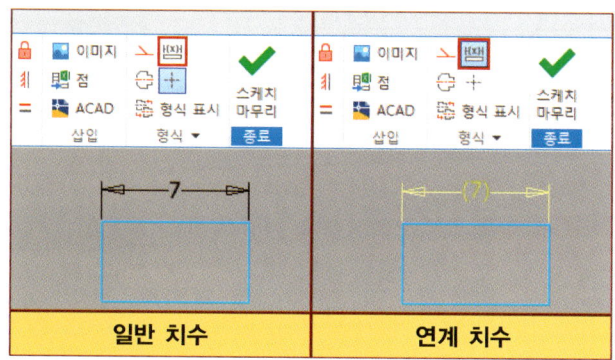

7. 스케치의 상태

전산응용기계제도기능사/산업기사/기사 실기를 위한 인벤터

Lesson 1 | 스케치의 상태

01 완전 정의

가장 바람직한 상태로 스케치 내의 모든 요소가 치수와 구속조건으로 인해 완전 고정된 상태를 의미한다.

완전정의된 상태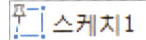

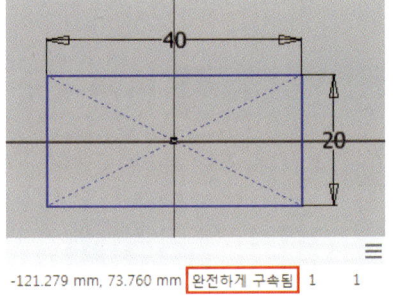

02 불완전 정의

스케치가 완전 구속되어 있지 않은 상태를 의미한다. 작업창 우측 아래를 보면 X개의 치수 필요란 메시지가 뜬다.

불완전 정의된 상태

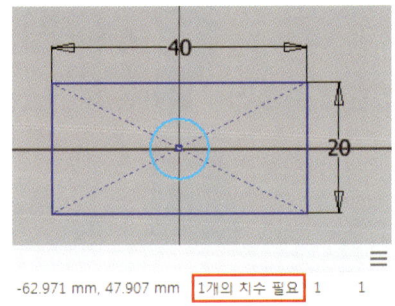

03 초과 정의

치수 내에 충돌되거나 초과된 상태의 치수나 구속조건이 있을 때 이러한 메시지가 표시된다.

Lesson 2 | 스케치 요소의 상태

01 구속된 상태 : 요소가 치수나 구속조건으로 완전 구속된 상태

Section7. 스케치의 상태

02 불완전 구속 상태 : 요소에 치수나 구속조건이 아직 부여되지 않은 상태이거나 완전히 부여되지 않은 상태이다.

03 초과 정의된 상태 : 스케치 요소가 치수 또는 구속조건이 중복되거나 충돌되었을 때의 상태이다.

04 선택 대기중인 상태 : 선택 직전에 스케치 요소에 마우스 커서를 갖다 댔을때의 상태이다.

05 선택된 상태 : 스케치 요소가 선택된 상태이다.

Lesson 3 | 색상 체계에 따른 스케치 요소의 색깔

	구속된 상태	불완전 구속 상태	선택된 상태	선택 대기중인 상태	형상 투영된 개체
겨울 낮	●	●	●	●	●
겨울 밤	●	●	●	○	●
고 대비	●	●	●	●	●
숲	●	●	●	●	●
이상한 나라	●	●	●	●	●
진한 파란색	●	●	●	●	●
천년	●	●	●	●	●
프리젠테이션	●	●	●	●	●
하늘	●	●	●	●	●

Lesson 4 | 스케치 편집

다음의 세 가지 방법으로 편집할 수 있다.

01 검색기 막대에서 원하는 스케치를 선택해 더블클릭

93

02 검색기 막대에서 원하는 스케치를 마우스 우측 버튼으로 클릭해 스케치 편집 명령어 클릭

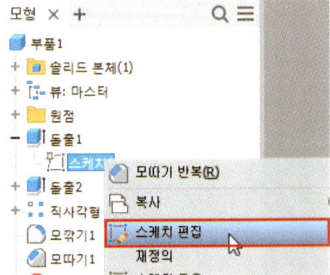

03 해당 피처에 대고 마우스 우측 버튼을 눌러 스케치 편집 클릭

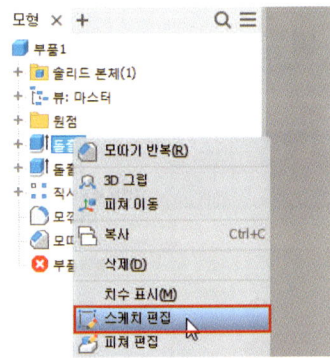

Lesson 5 | 스케치 재정의

스케치가 원하지 않는 평면에 작성되었을 때 스케치의 작성 평면을 변경하는 방법이다.

01 기본 평면이 잘못되었을 때

예를 들어 YZ평면에 작성되어야 할 스케치가 XY평면에 작성되었을 때, 다시 YZ평면으로 옮기려면,

01 피처 트리창에서 해당 스케치 목록을 마우스 우측 버튼으로 클릭한다.

02 재정의 명령을 클릭한다.

03 재정의 할 대상 평면을 클릭한다.

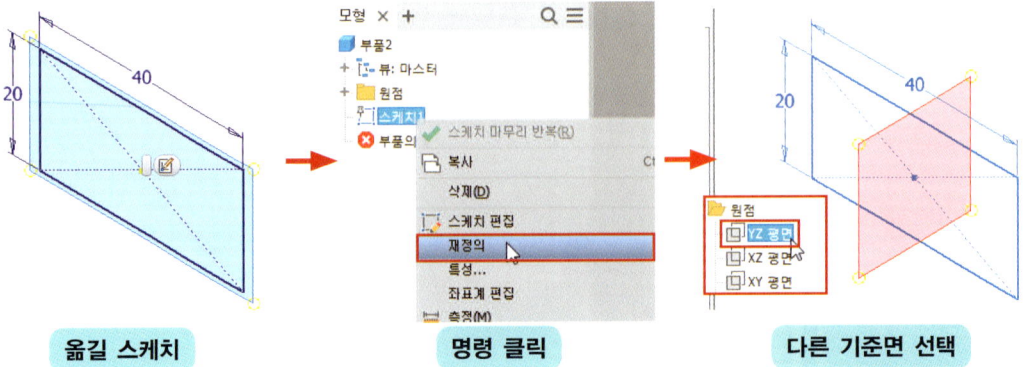

옮길 스케치 → 명령 클릭 → 다른 기준면 선택

Section7. 스케치의 상태

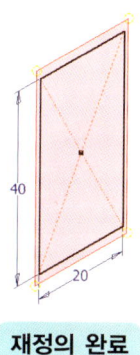

재정의 완료

02 작업 평면으로 옮겨야 할 때

다음과 같이 피처의 평면에 그려진 스케치를 옆면의 작업 평면으로 옮겨야 할 때

01 피처 트리창에서 해당 스케치 목록을 마우스 우측 버튼으로 클릭한다.

02 재정의 명령을 클릭한다.

03 원하는 면을 클릭한다.

옮길 스케치 → 명령 클릭 → 다른 작업 평면 선택

재정의 완료

Example | 실습 예제도면

①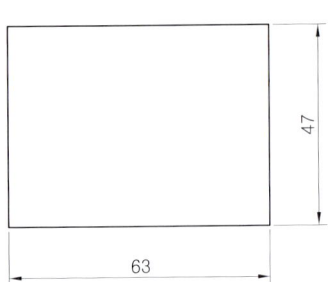

②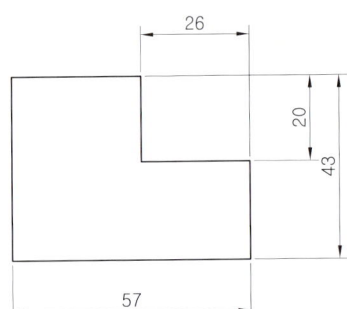

③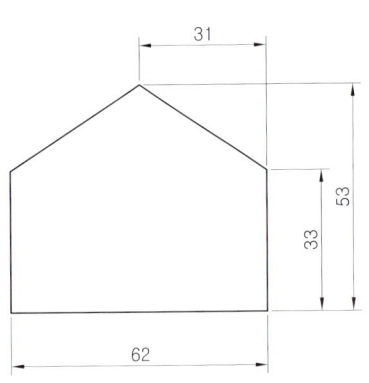

④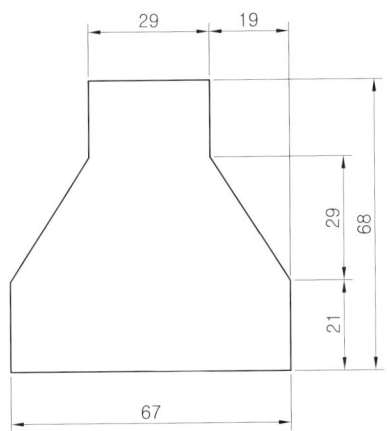

⑤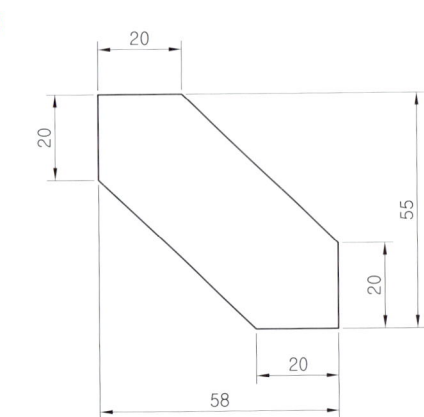

⑥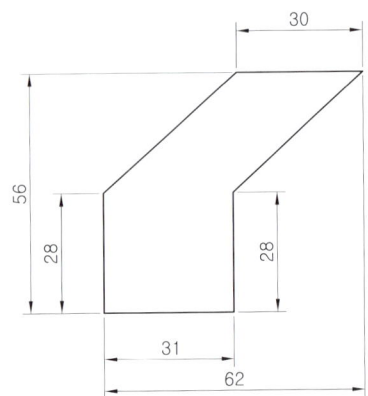

Example | 실습 예제도면

①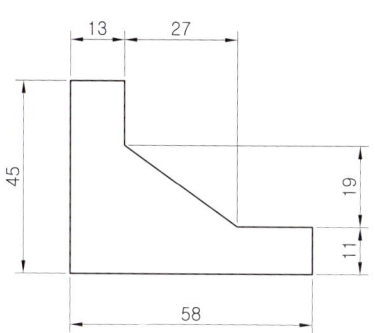

②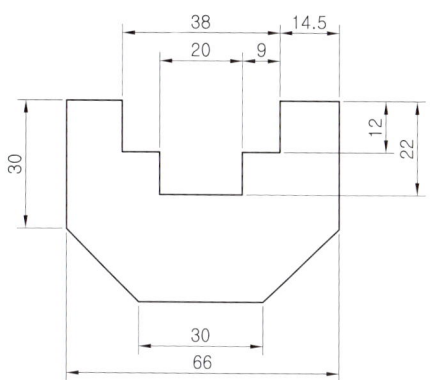

③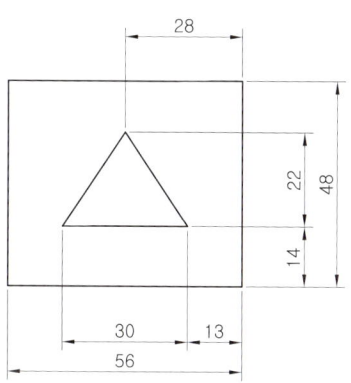

④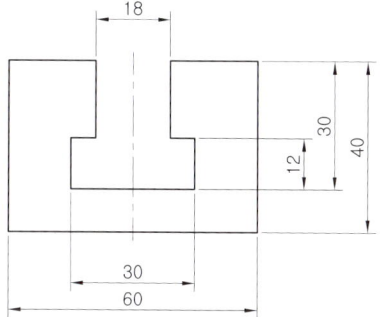

⑤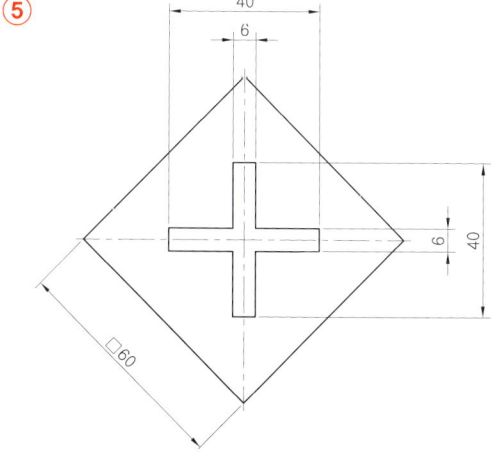

⑥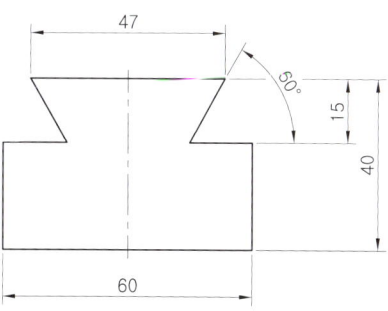

Example | 실습 예제도면

①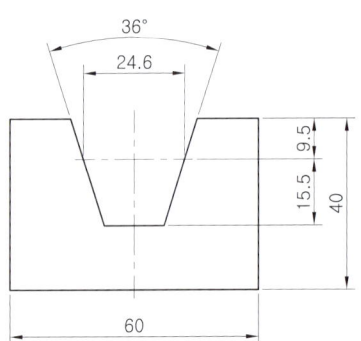

②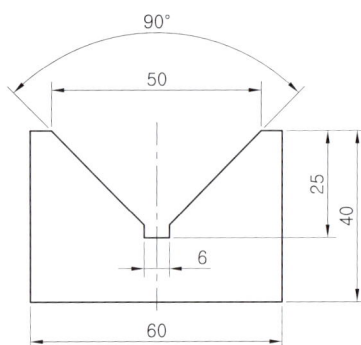

③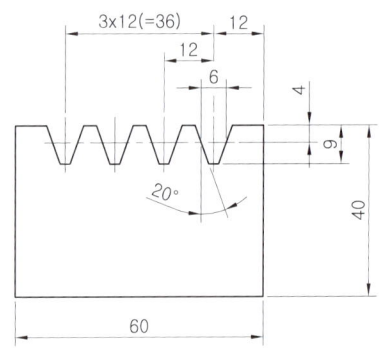

④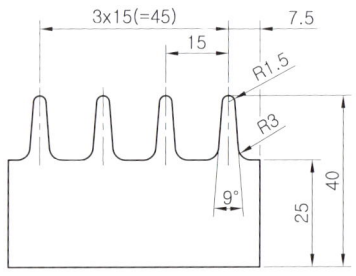

⑤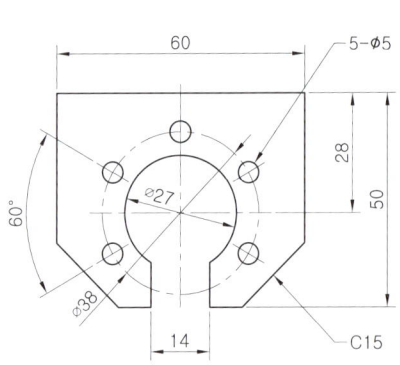

⑥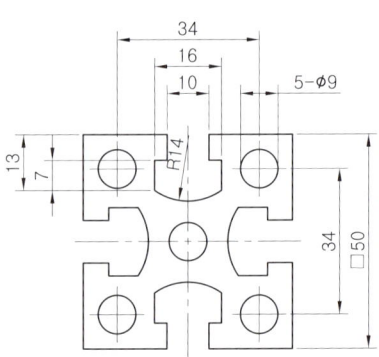

Example | 실습 예제도면

①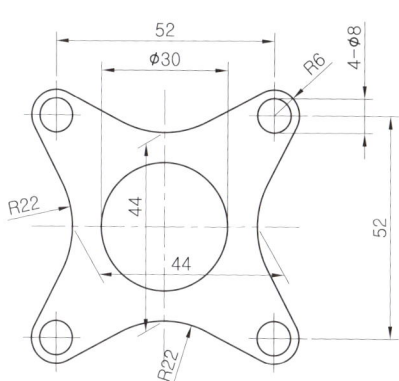

②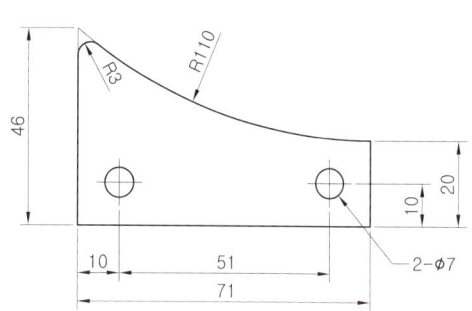

③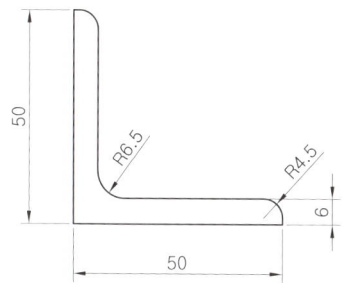

④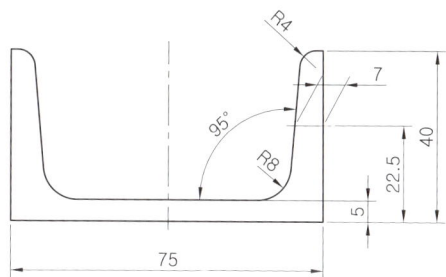

⑤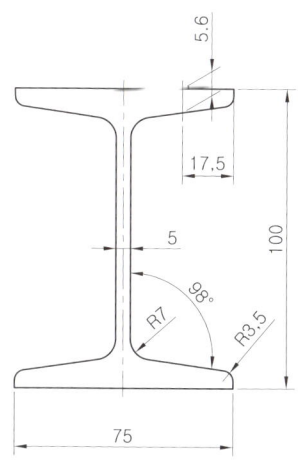

⑥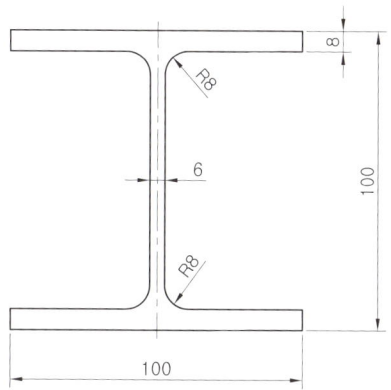

Example 실습 예제도면

①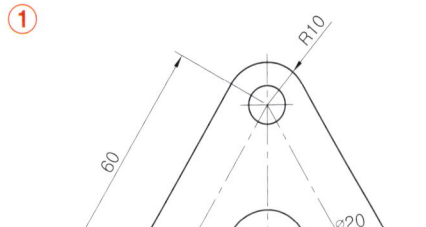

②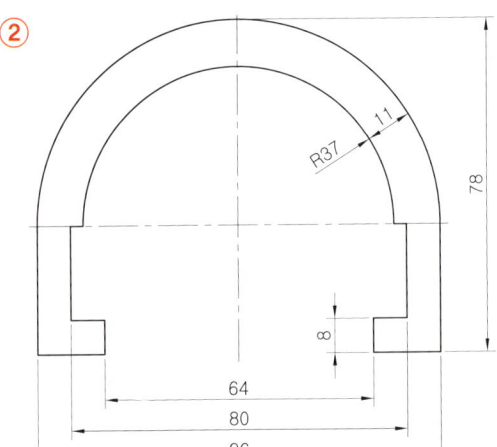

③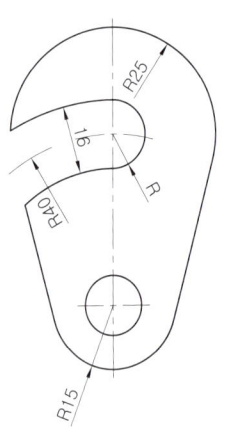

④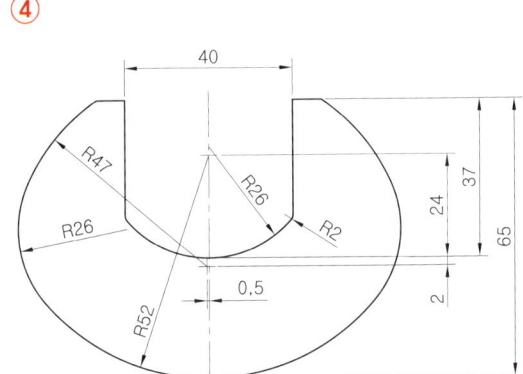

⑤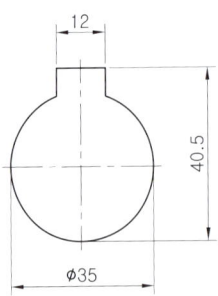

⑥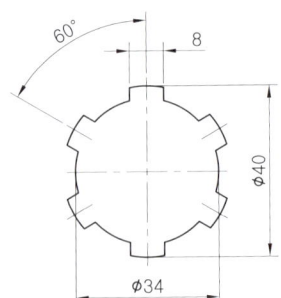

Example | 실습 예제도면

①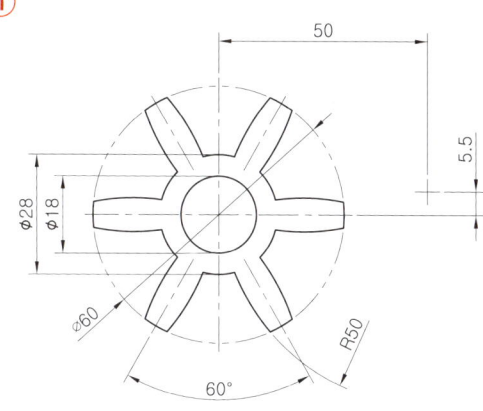

②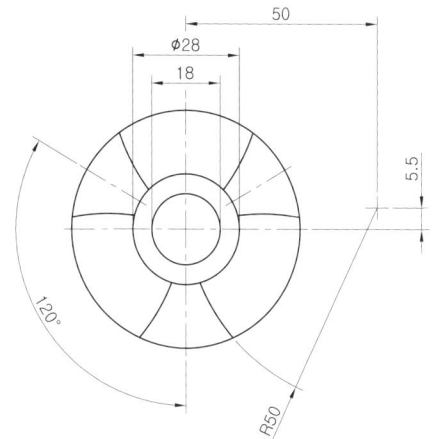

③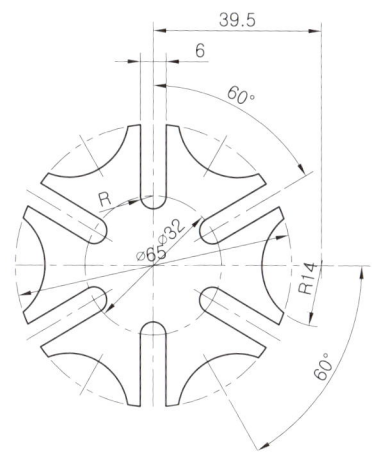

④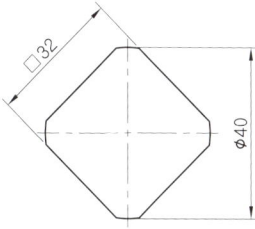

⑤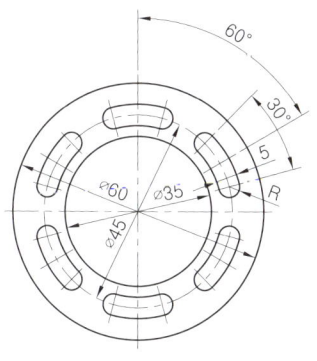

⑥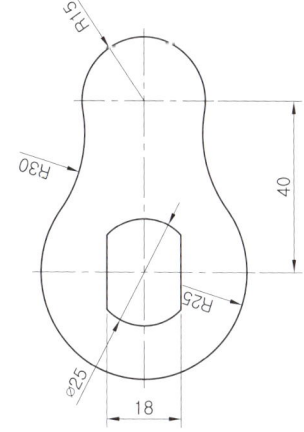

Example | 실습 예제도면

①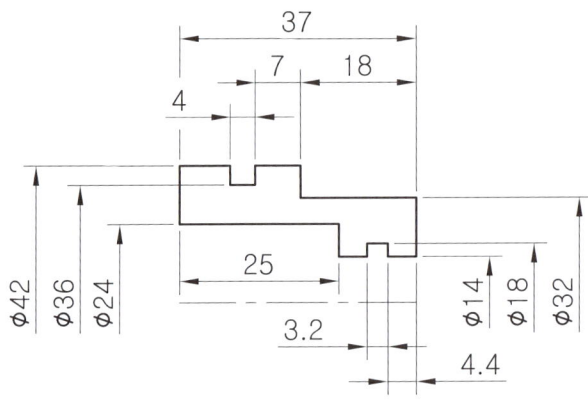

②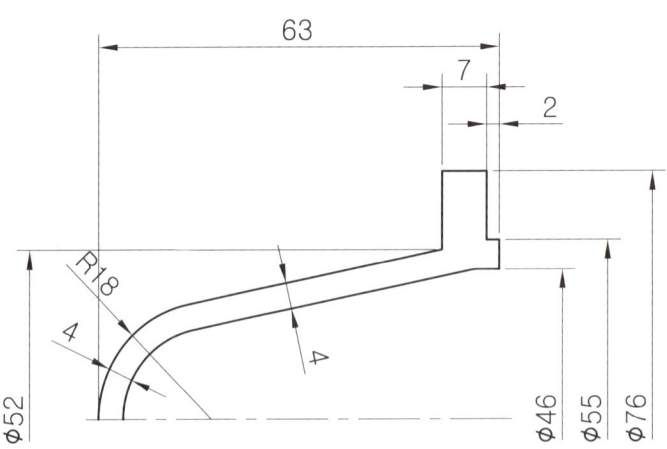

Example | 실습 예제도면

①

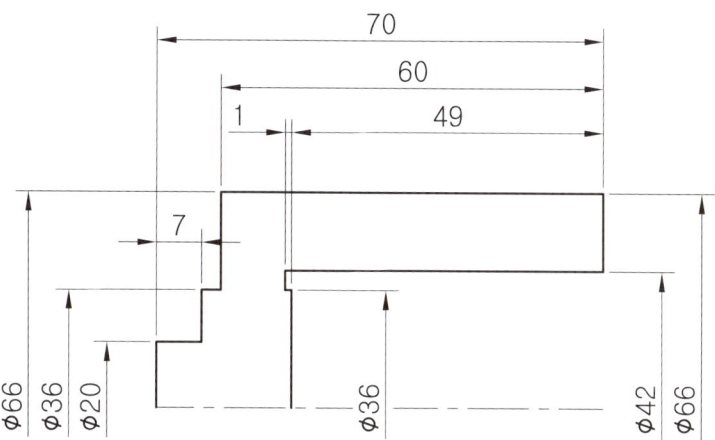

②

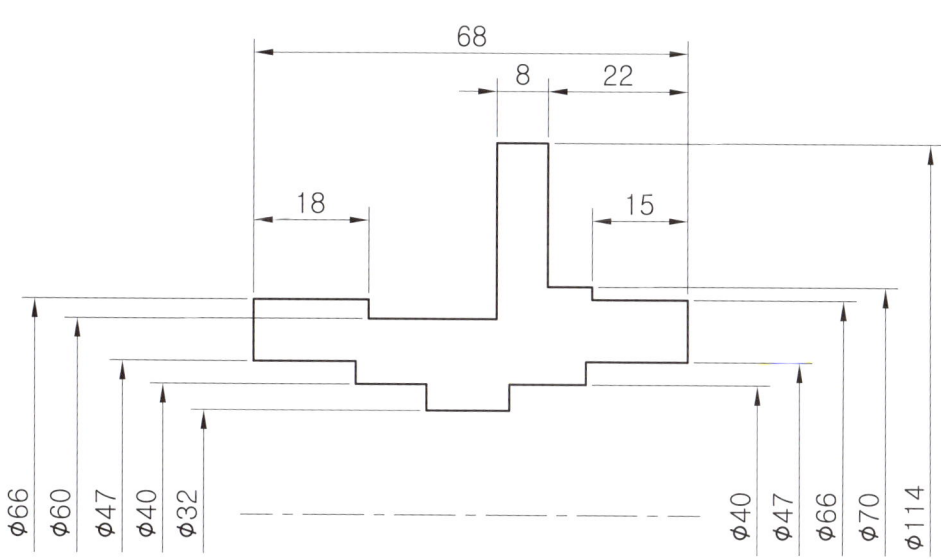

Example 실습 예제도면

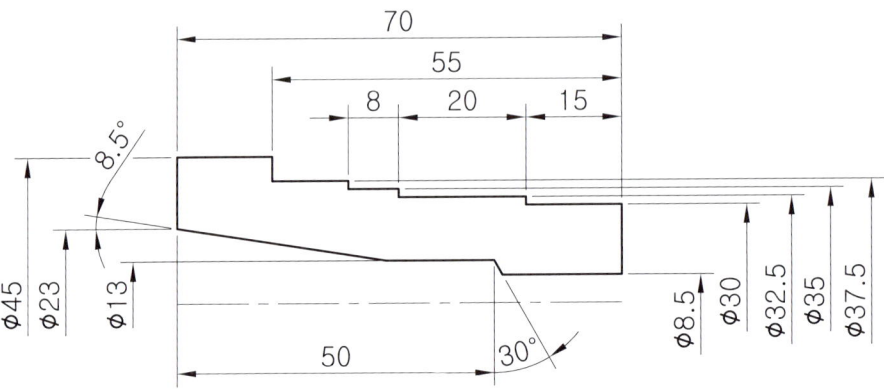

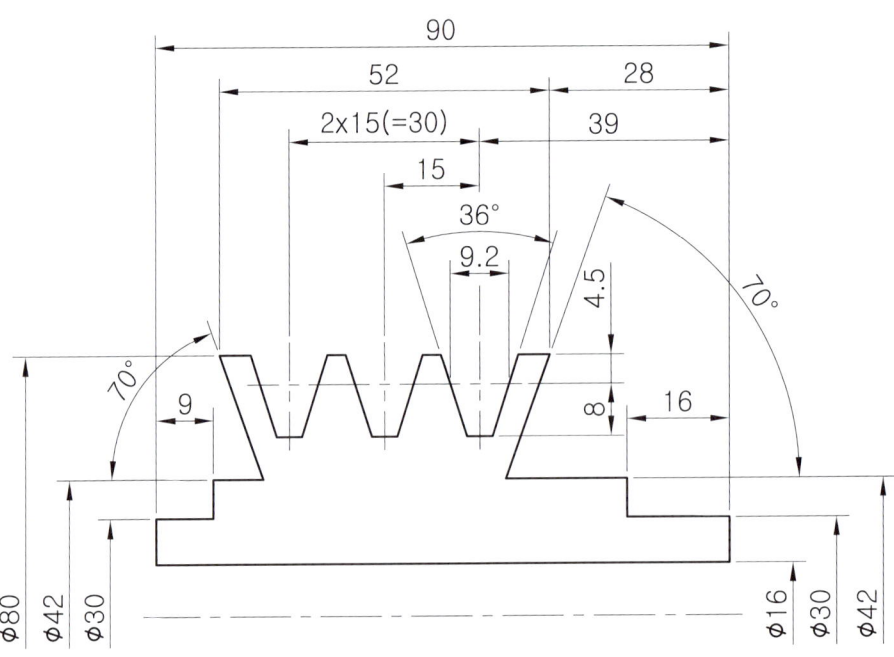

Example 실습 예제도면

①

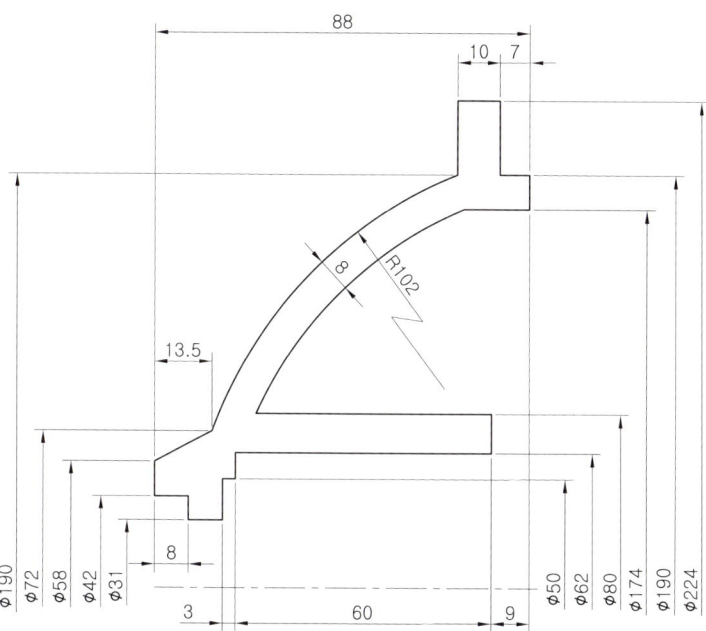

②

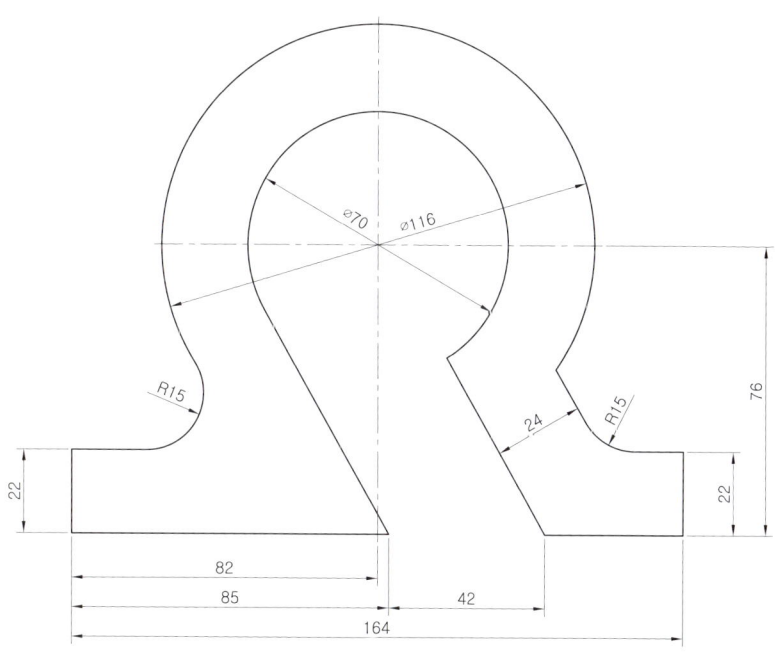

PART 03

피처 명령어

Section 1	작성 명령	110p
Section 2	수정 명령	140p
Section 3	작업 피처	168p
Section 4	패턴 명령	180p

Part 03 피처 명령어

1.작성 명령

전산응용기계제도기능사/산업기사/기사 실기를 위한 인벤터

작성 명령에는 다음과 같은 명령어들이 있다.

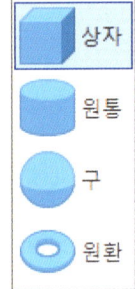 

Lesson 1 | 피처 기본 옵션

먼저 피처의 기본 옵션부터 알아보도록 하자.

01 합집합/차집합/교집합/새 솔리드

① ❶ **합집합** : 기존 솔리드에 더해지는 형상을 작성한다.

② ❷ **차집합** : 기존 솔리드에 삭제하는 형상을 작성한다.

③ ❸ **교집합** : 기존 솔리드와 교차하는 공간만을 남겨둔다.

④ ❹ **새 솔리드** : 기존 솔리드와 차별되는 개별 솔리드를 작성한다.

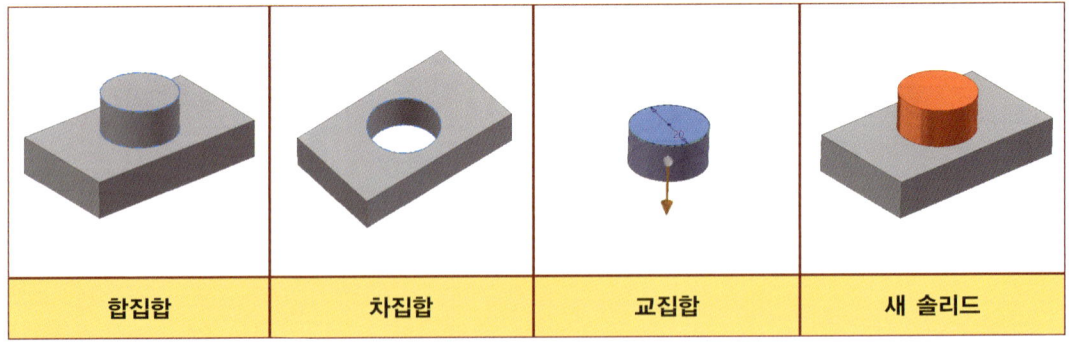

02 출력

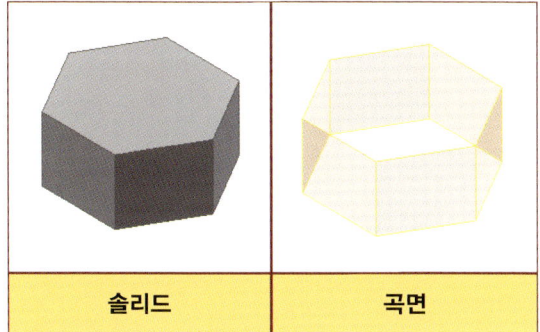

① **솔리드** : 속이 꽉 찬 덩어리인 솔리드를 작성한다.

② **곡면** : 속이 비어있고 면만을 가진 곡면을 작성한다.

03 프로파일

피처가 생성될 영역으로써 솔리드 형상을 작성하기 위해서는 사방이 막힌 폐곡선 영역이 필요하다.

① **단일 프로파일** : 스케치에 단 하나의 영역인 프로파일이 존재하면 피처 명령어 실행시 프로파일은 자동으로 등록된다.

② **다중 프로파일** : 스케치에 여러 영역의 프로파일이 존재하면 직접 프로파일을 선택해 줘야 한다.

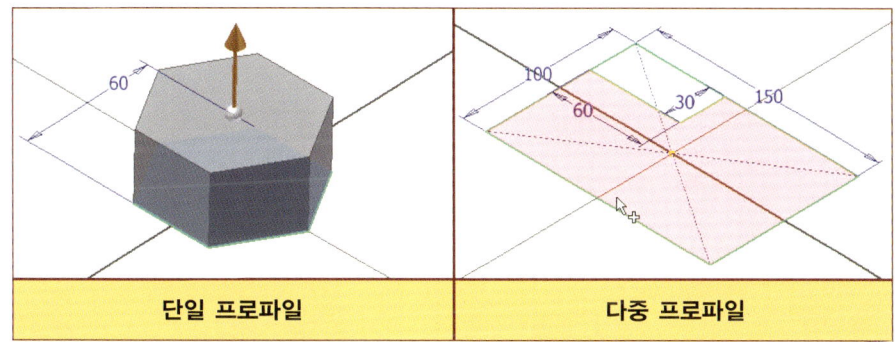

04 선택 화살표 버튼

해당 목록을 선택할 때의 화살표 버튼의 상태이다.

① **붉은색** : 아무것도 선택되지 않은 상태

② **하얀색** : 선택이 끝났거나 하나 이상 선택된 상태

Part 03 피처 명령어

❸ **단일 선택 목록** : 단일 선택 목록일 때에는 해당 목록의 개체를 하나만 선택하면 바로 다음 선택 목록으로 화살표 버튼이 전환된다.

❹ **다중 선택 목록** : 다중 선택 목록일 때에는 해당 개체의 선택이 끝나고 다음 목록의 화살표 버튼을 누르기 전까지는 누름 상태가 유지된다.

05 누름/누름해제

❶ **누름 상태** : 해당 목록을 선택하는 상태

❷ **누름 해제 상태** : 해당 목록을 선택할 수 없는 비활성 상태

Lesson 2 | 기본체

01 상자

상자 모양의 피처를 작성한다.

01 상자 명령어를 클릭한다.

02 프로파일을 작성할 평면을 선택한다.

03 직사각형 명령이 자동 실행되면 직사각형을 작성한다(자동 치수 기입도 함께 하도록 한다.).

04 돌출 명령이 자동 실행되면 거리와 방향을 지정해 돌출 피처를 작성한다.

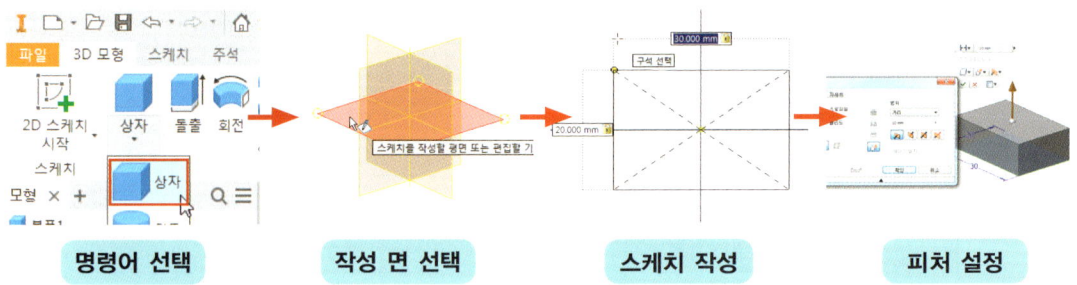

명령어 선택 　　 작성 면 선택 　　 스케치 작성 　　 피처 설정

작성 완료

Section1.작성 명령

02 원통

원통 모양의 피처를 작성한다.

01 원통 명령어를 클릭한다.

02 프로파일을 작성할 평면을 선택한다.

03 원 명령이 자동 실행되면 원을 작성한다(자동 치수 기입도 함께 하도록 한다.).

04 돌출 명령이 자동 실행되면 거리와 방향을 지정해 돌출 피처를 작성한다.

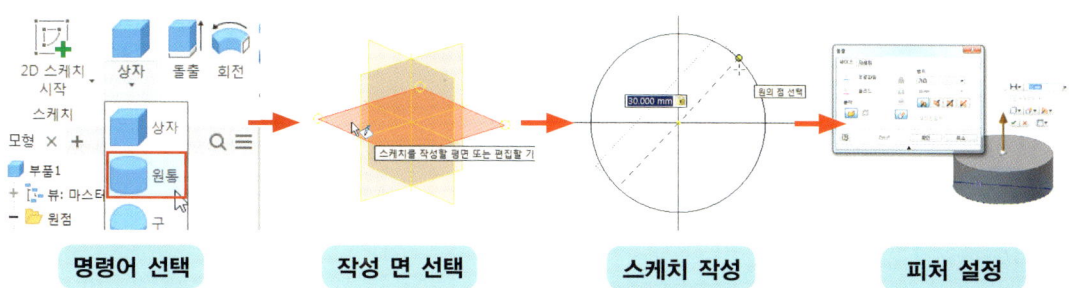

명령어 선택 → 작성 면 선택 → 스케치 작성 → 피처 설정

작성 완료

03 구

구 모양의 피처를 작성한다.

01 구 명령어를 클릭한다.

02 프로파일을 작성할 평면을 선택한다.

03 원 명령이 자동 실행되면 원을 작성한다(자동 치수 기입도 함께 하도록 한다.).

04 회전 명령이 자동 실행되면 각도를 지정해 회전 피처를 작성한다.

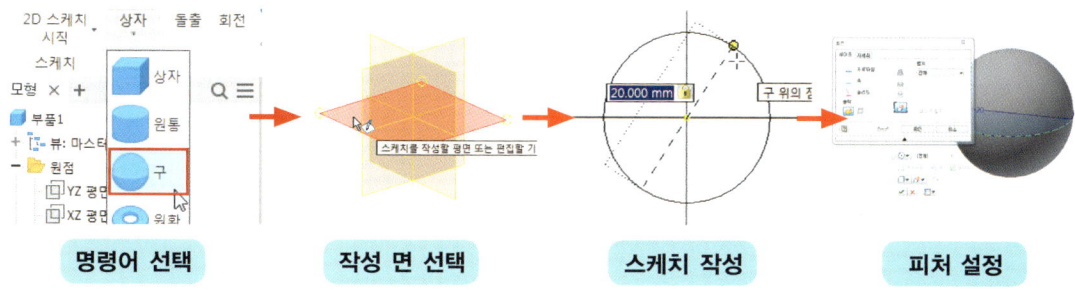

명령어 선택 → 작성 면 선택 → 스케치 작성 → 피처 설정

Part 03 피처 명령어

작성 완료

04 원환

원환 모양의 피처를 작성한다.

01 원환 명령을 클릭한다.

02 프로파일을 작성할 평면을 선택한다.

03 선 명령이 자동 실행되면 선을 작성한다.

04 선 작성이 끝나면 선의 끝점을 중심으로 하는 원 명령이 자동 실행된다.

05 원을 작성한다.

06 회전 명령이 자동 실행되면 각도를 지정해 회전 피처를 작성한다.

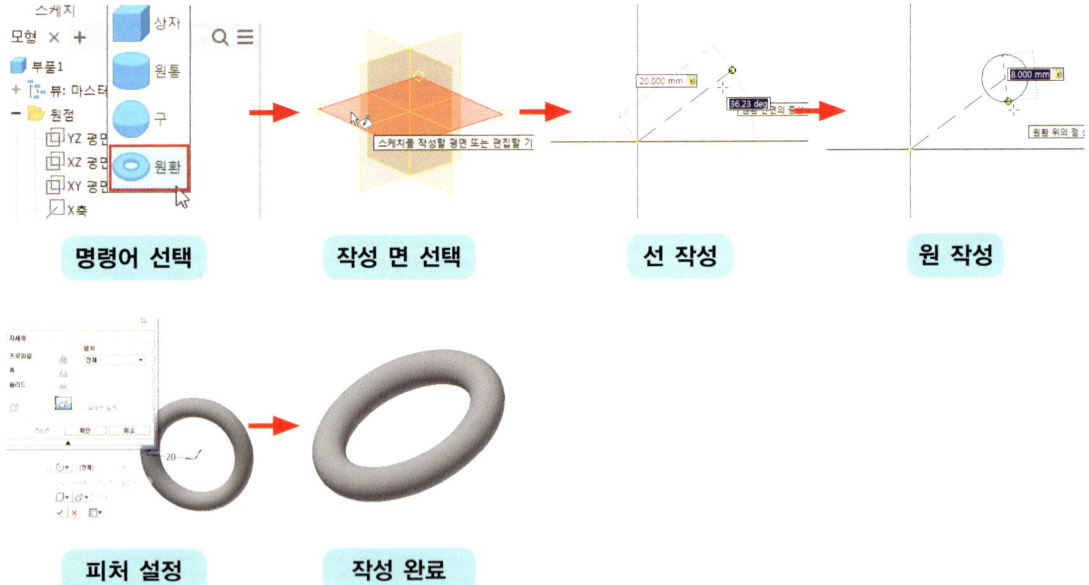

Lesson 3 돌출

프로파일 영역에 깊이나 테이퍼 각도를 주어서 피처를 생성한다.

01 작성방법

01 스케치를 생성해 프로파일을 작성한다.

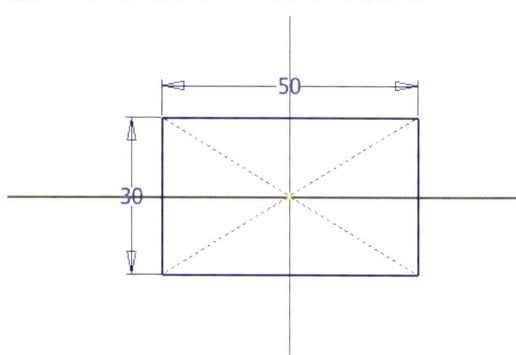

02 돌출 명령을 클릭한다.

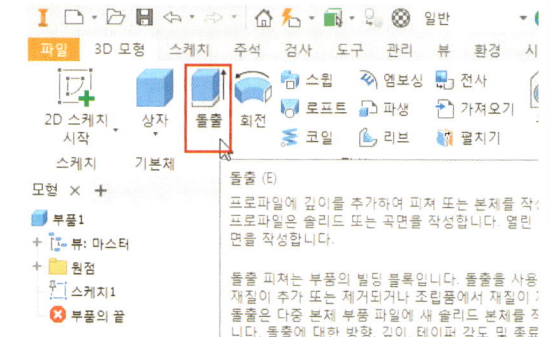

03 프로파일과 거리 및 방향을 지정한다.

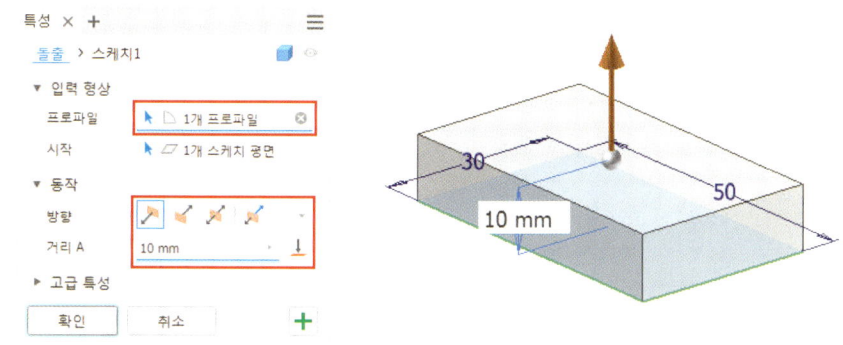

04 확인 버튼을 클릭해 피처 작성을 완료한다.

02 범위

범위 옵션에는 다음과 같은 것들이 있다.

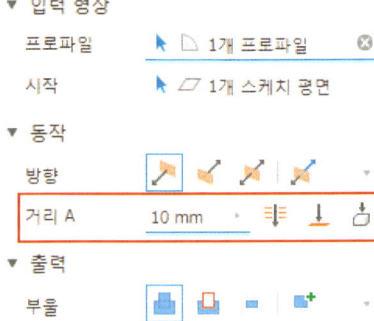

❶ **거리** : 입력된 거리만큼 돌출시킨다.

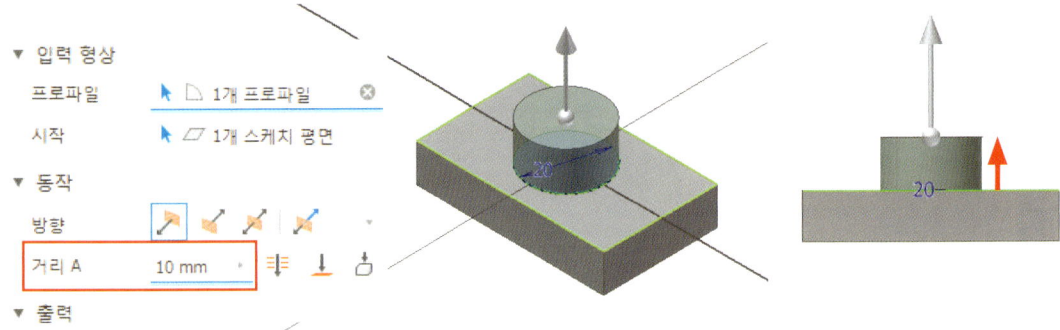

❷ **다음면까지** : 다음면까지 돌출시킨다.

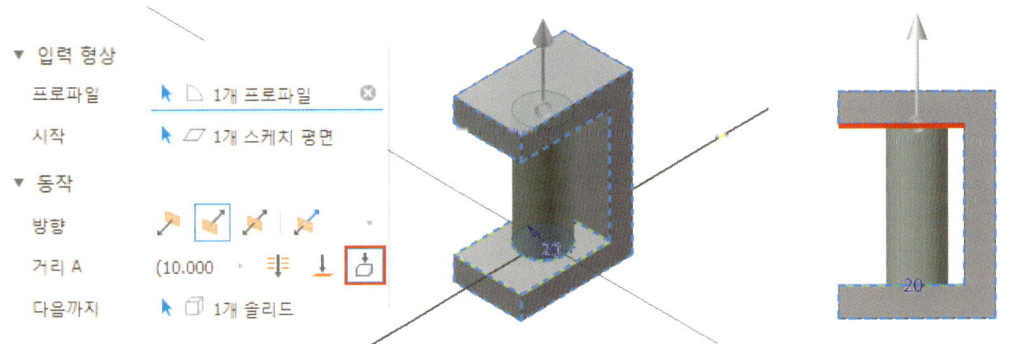

❸ **지정면까지** : 지정한 면까지 돌출시킨다.

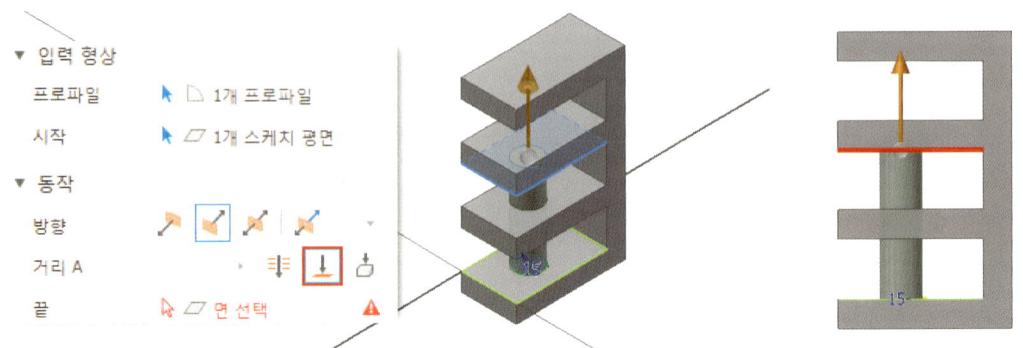

❹ **사이** : 시작면과 끝면을 지정해 그 범위 안에서 돌출시킨다.

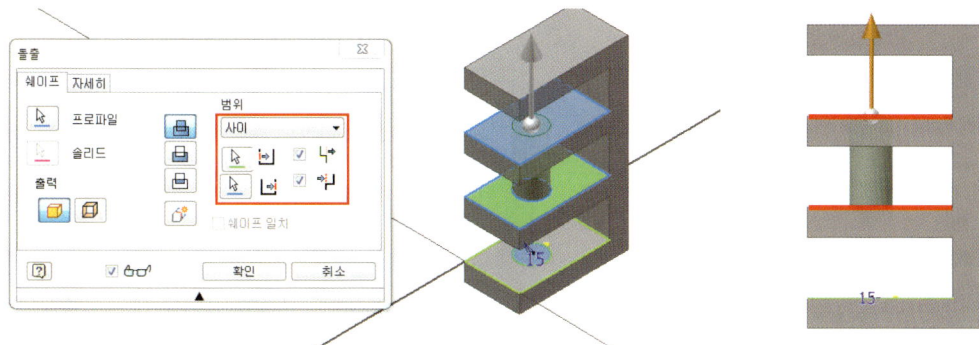

❺ **전체** : 전체 깊이로 돌출시킨다. 주로 차집합 옵션에서 사용한다.

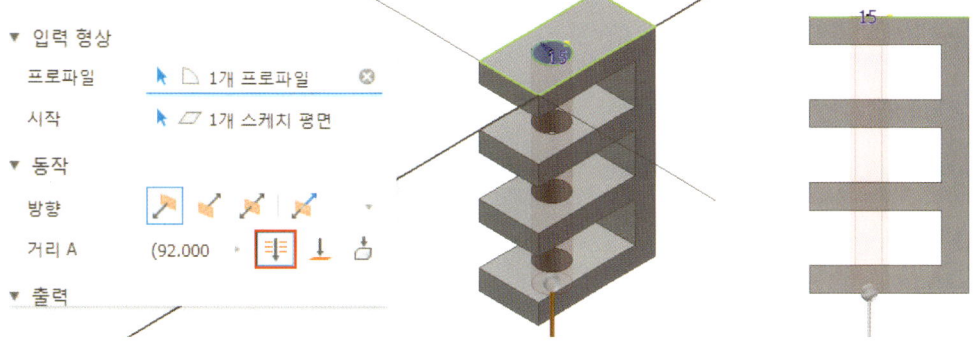

03 방향

방향 옵션에는 다음과 같은 것들이 있다.

❶ **방향1** : +방향으로 돌출한다.

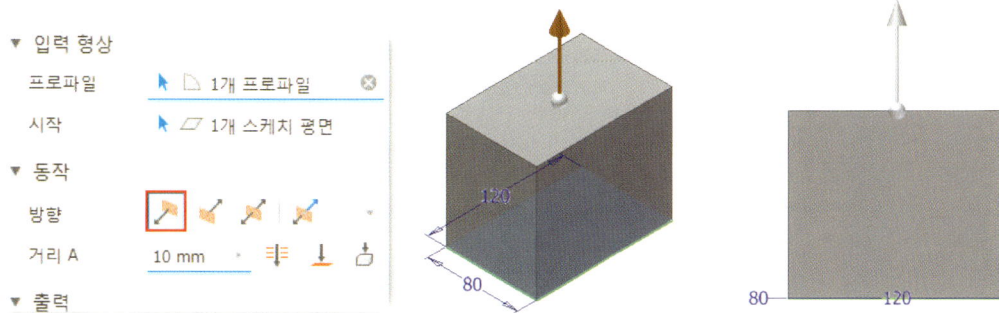

❷ **방향2** : -방향으로 돌출한다.

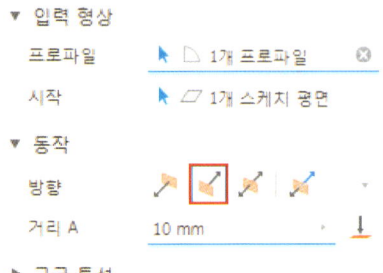 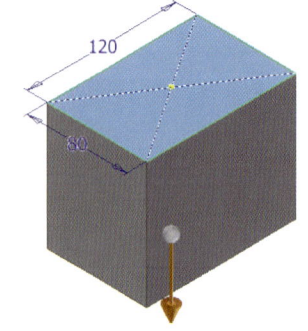 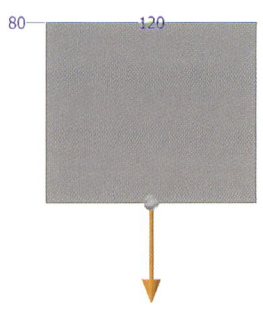

❸ **대칭** : +/- 의 양쪽 방향으로 대칭 돌출한다.

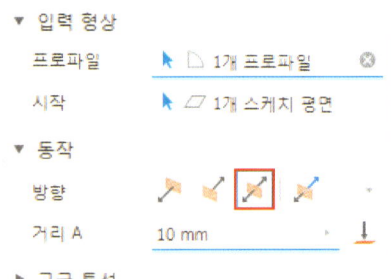 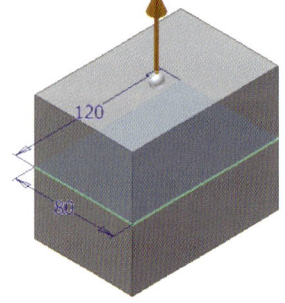 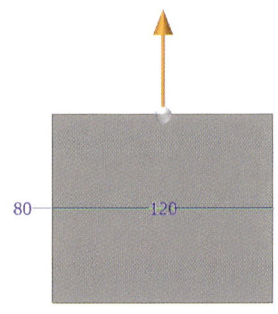

❹ **비대칭** : +방향의 거리와 -방향의 거리를 따로 입력해 돌출한다.

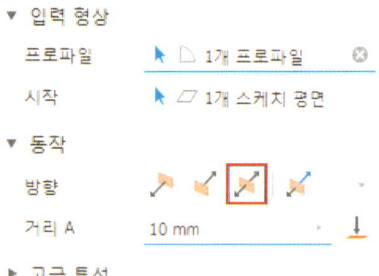 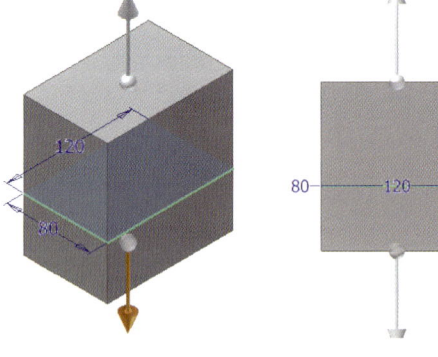

04 고급 특성

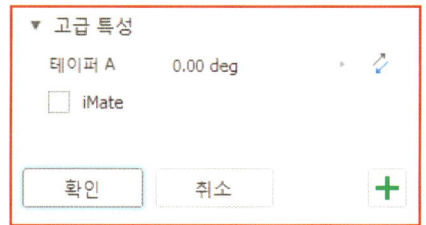

❶ **대체 솔루션** : 지정 면까지 및 사이 범위의 경우 불규칙 곡면 또는 원통의 종료와 같이 솔루션이 모호할 때 대체 종료 평면을 지정한다.

❷ **테이퍼** : 돌출 방향에 각도를 주어 돌출한다.

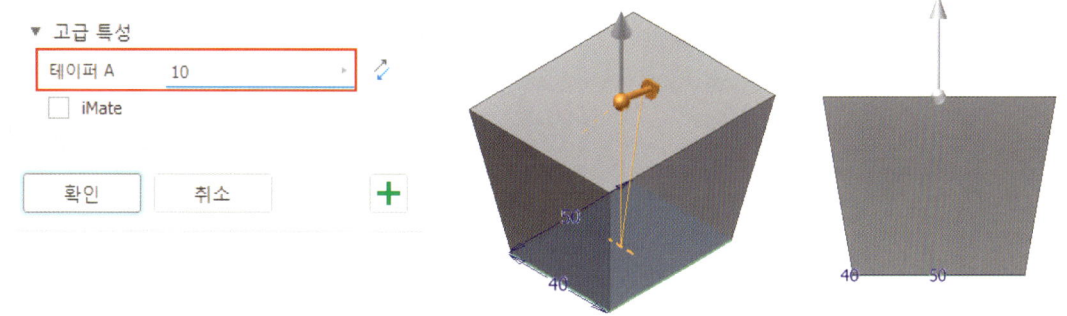

Lesson 4 　회전

선택한 프로파일 영역을 선택한 축을 중심으로 회전시키는 모양의 피처를 작성한다.

01 작성방법

01 스케치를 생성해 프로파일을 작성한다.

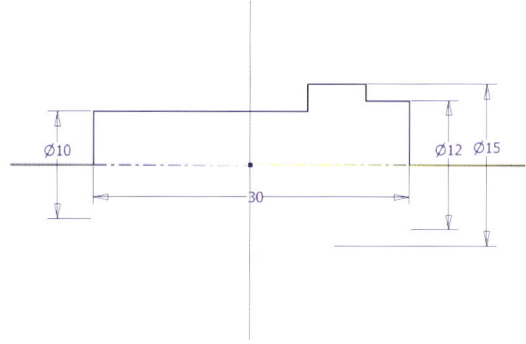

02 회전 명령을 클릭한다.

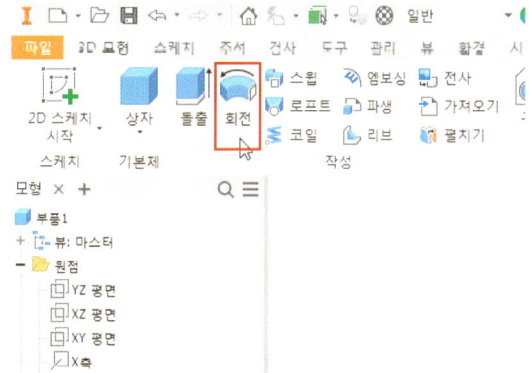

03 프로파일과 축, 그리고 회전 각도를 선택한다.

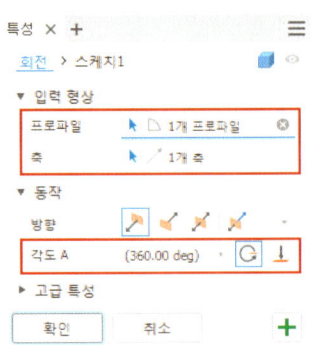 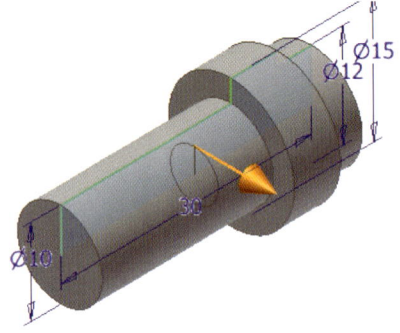

04 확인 버튼을 클릭한다.

02 선택 옵션

❶ **프로파일** : 회전할 프로파일을 선택한다.

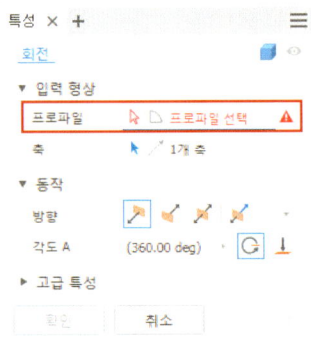 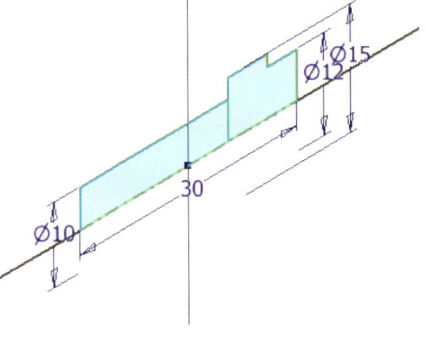

❷ **축** : 회전의 중심으로 쓸 축을 선택한다.

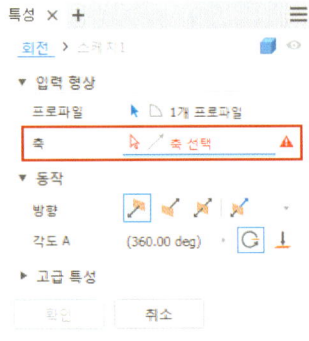 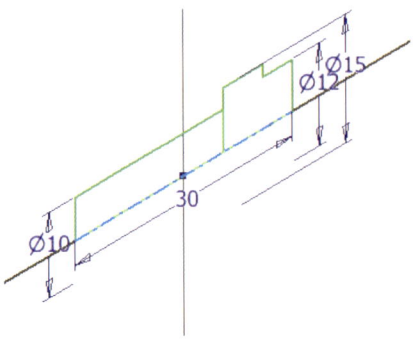

03 범위

❶ 각도 : 입력한 각도만큼 회전한다.

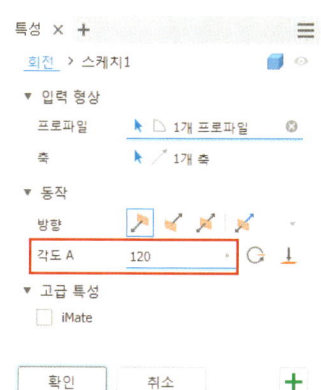 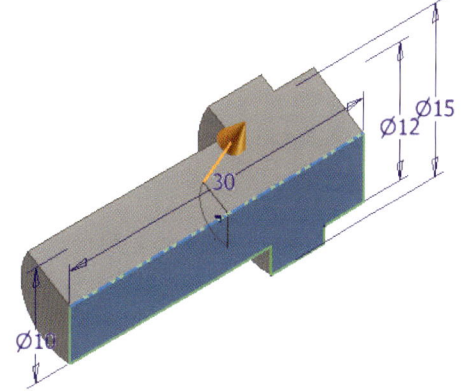

❷ 다음면까지 : 다음에 존재하는 면까지 회전한다.

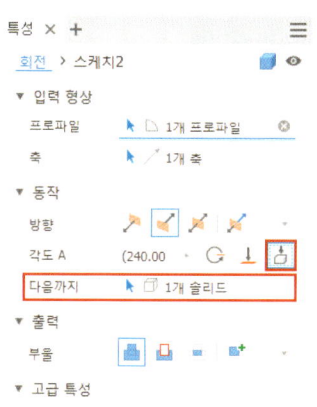 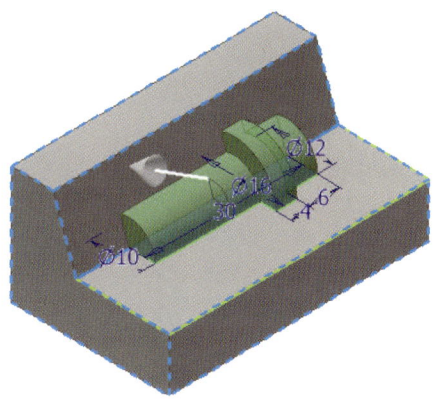

❸ 지정면까지 : 지정한 면까지 회전한다.

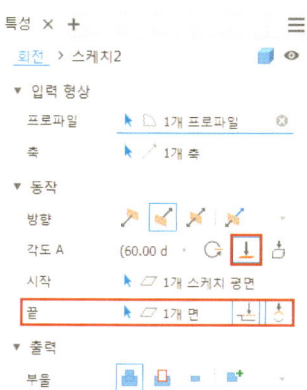 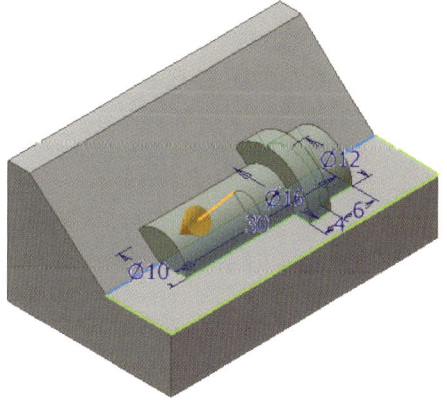

❹ **사이** : 시작면과 끝면을 지정해 그 범위 안에서 회전시킨다.

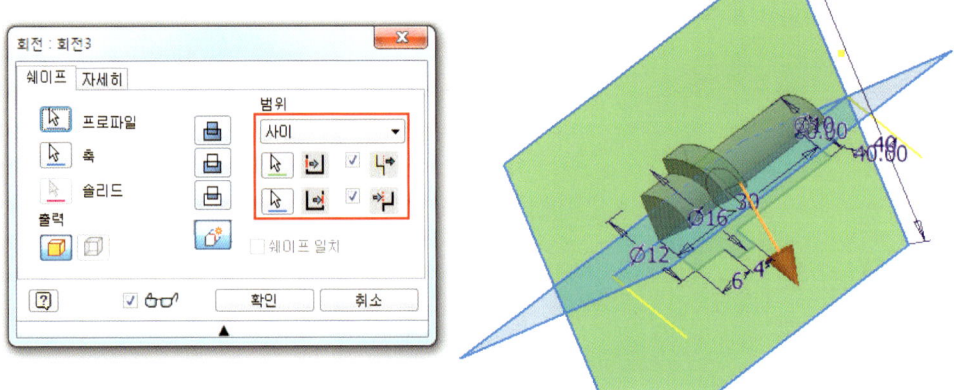

❺ **전체** : 360도 전체 회전한다.

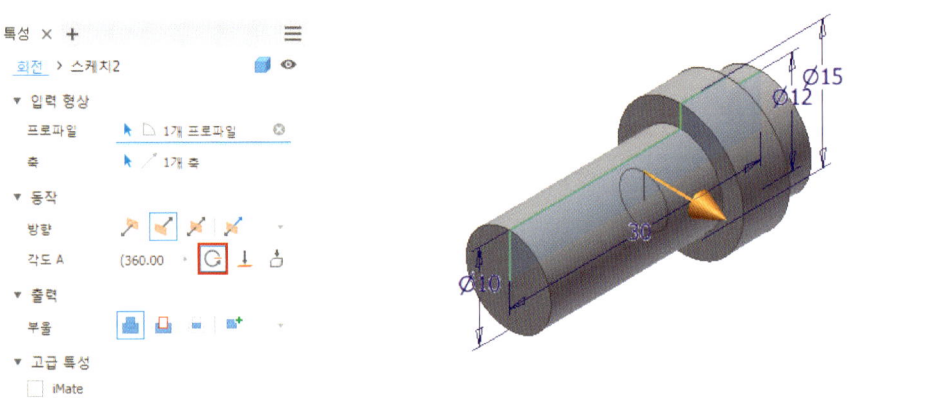

Lesson 5 　 로프트

두 개 이상의 프로파일, 혹은 거기에 경로 레일을 추가하여 피처를 만드는 명령이다.

01 작성방법

01 로프트의 프로파일로 쓸 두 개 이상의 프로파일을 작성한다.

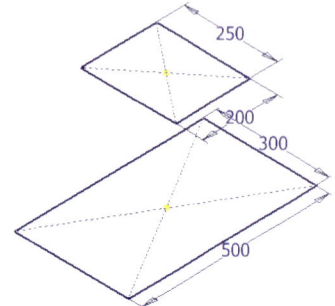

02 로프트의 레일로 쓸 한 개 이상의 스케치 선을 작성한다(필수는 아님).

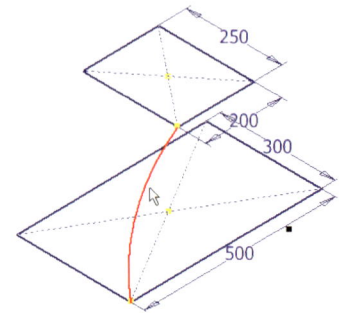

03 로프트 명령을 클릭한다

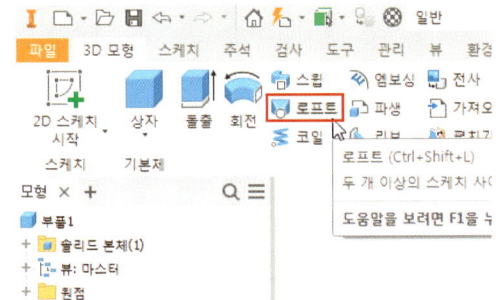

04 단면 탭에서 프로파일을 추가한다.

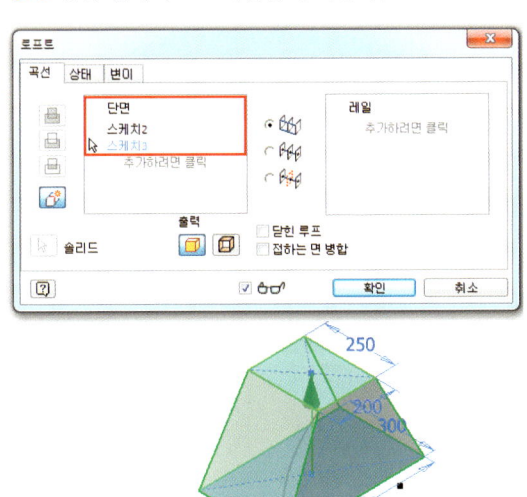

05 레일 탭에서 경로를 추가한다(필수는 아님).

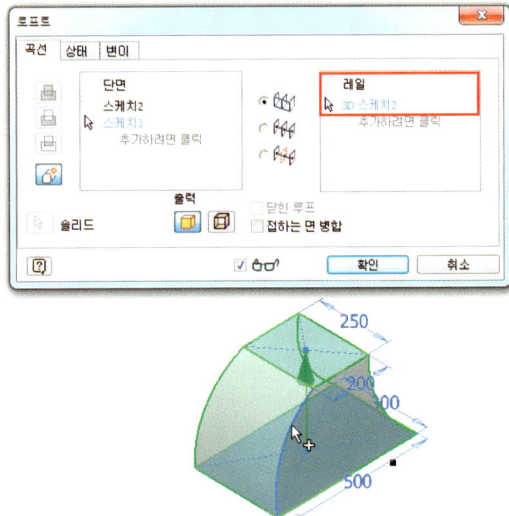

06 기타 옵션을 설정한 후 확인 버튼을 클릭한다.

02 곡선 탭

❶ **단면** : 프로파일로 쓸 단면을 등록한다.

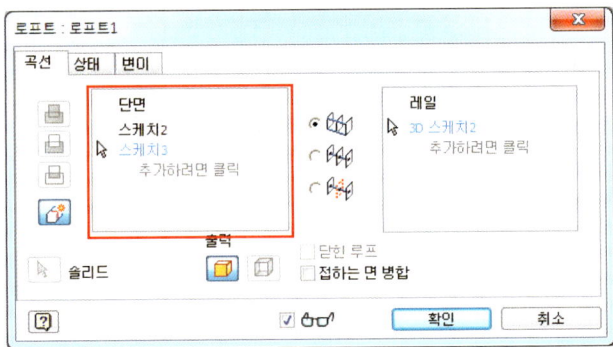

❷ **경로 옵션**

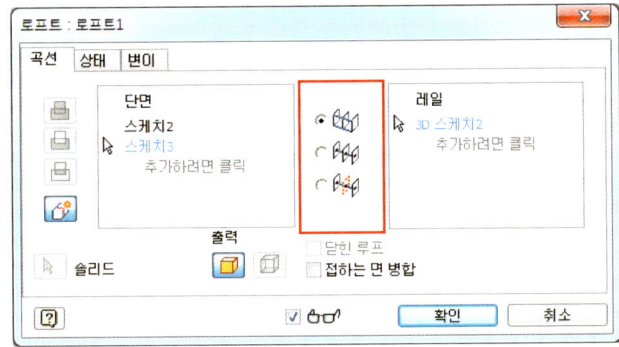

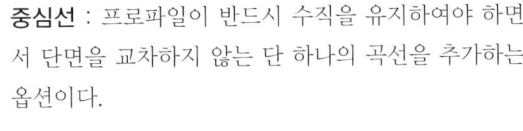

레일 : 프로파일과 프로파일 사이에 반드시 교차되는 곡선을 추가하는 옵션이다.

중심선 : 프로파일이 반드시 수직을 유지하여야 하면서 단면을 교차하지 않는 단 하나의 곡선을 추가하는 옵션이다.

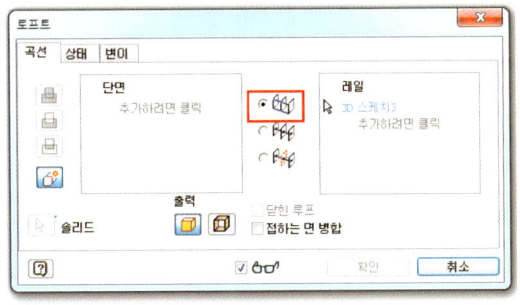

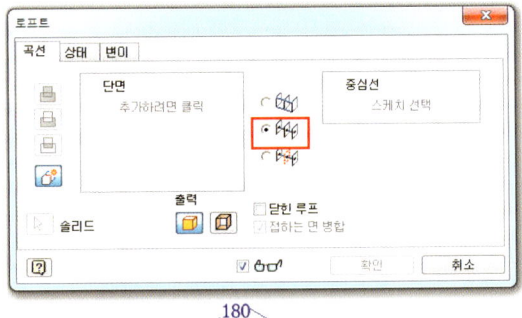

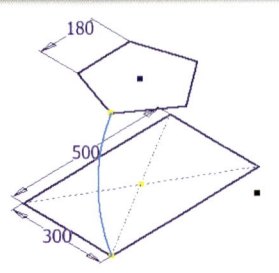

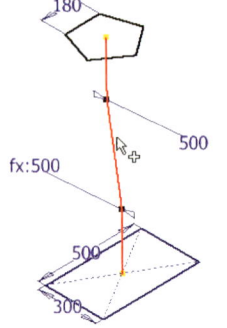

중심선과 배치된 단면 : 프로파일과 프로파일 사이에 지정한 점에서 횡단면 영역을 생성하는 곡선을 추가하는 옵션이다.

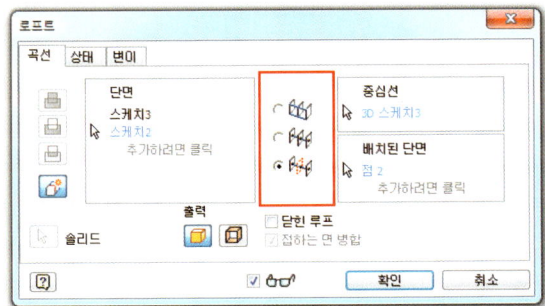 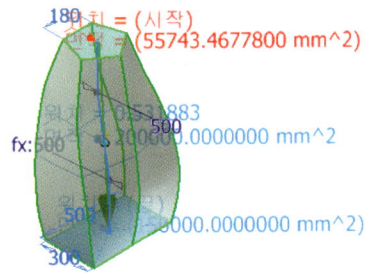

❸ **레일** : 경로로 쓸 곡선을 등록한다.

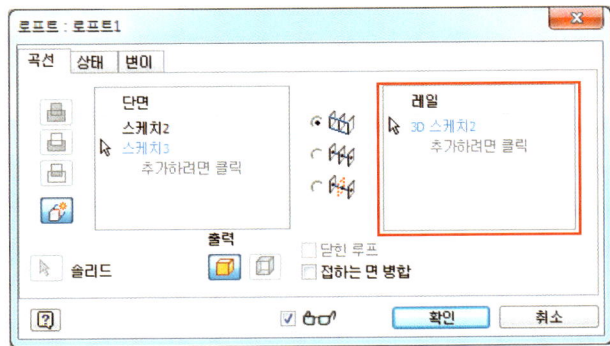

03 상태 탭

마지막 프로파일 혹은 가장 바깥 쪽 레일에 대한 경계 조건을 정의할 수 있는 옵션이다.

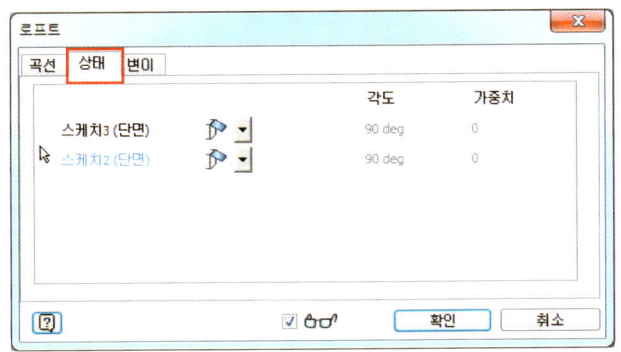

❶ **곡면의 상태**

    자유 상태 : 일반적인 상태이다.

    방향 상태 : 곡선이 2D 스케치일때 사용한다.

    접하는 상태 : 프로파일 혹은 레일이 형상과 접하게 생성할 때 사용한다.

    부드럽게(G2) 조건 : 프로파일 혹은 레일의 시작과 끝에 대한 곡률 및 접하는 상태가 연속성을 가지게 할 때 사용된다.

❷ **시작 혹은 끝 프로파일이 작업점일 때**

뾰족한 점 : 뾰족한 상태로 생성된다.

접선 : 끝면이 둥근 돔 형태로 생성된다.

평면에 접함 : 점이 평면에 접하므로 로프트 형상이 둥금 돔 형태로 생성된다.

❸ **각도** : 방향 상태에서 활성화되면 단면이나 레일이 생성되는 평면과 로프트에 의해 작성된 면 사이의 각도를 입력한다. (기본 각도 90도, 허용 범위 0~180도)

❹ **가중치** : 각도가 로프트 형상에 영향을 줄 수 있게 조정하는 무 차원 계수이다.

04 변이 탭

매핑하는 점, 레일, 중심점, 프로파일의 꼭지점에 대한 연결 세그먼트에 의해 정의되어 생성된다.

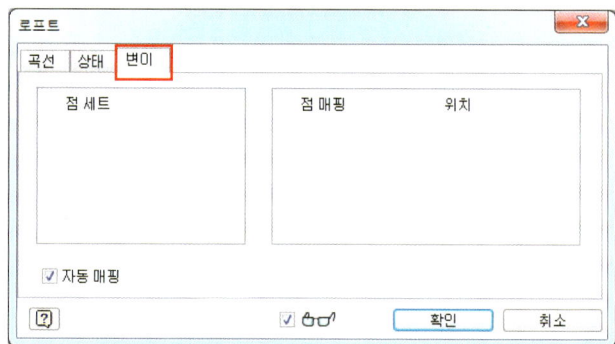

❶ **점 세트** : 자동으로 계산된 점을 각 로프트 프로파일에 자동으로 나열한다.

❷ **점 매핑** : 로프트 피처의 비틀림을 최소화하기 위해 스케치에 자동으로 계산된 점을 나열하여 점을 따라 선형으로 프로파일을 정렬한다.

❸ **위치** : 선택한 점에 상대적인 위치를 단위없는 값으로 지정한다.

❹ **자동 매핑** : 선택하면 점 세트, 점 매핑 및 위치 항목이 비어있다. 점을 수정하거나 수동으로 매핑하려면 확인란의 선택을 취소한다.

Lesson 6   스윕

프로파일이 경로를 따라가는 피처를 작성한다.

01 작성방법

01 프로파일로 쓸 스케치와 경로로 쓸 스케치를 작성한다(두 스케치는 하나의 동일한 평면에 있어서는 안된다.).

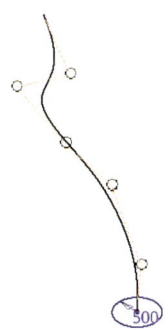

02 스윕 명령을 클릭한다.

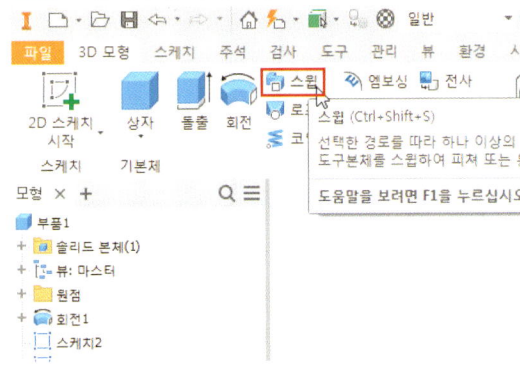

03 프로파일을 선택한다.

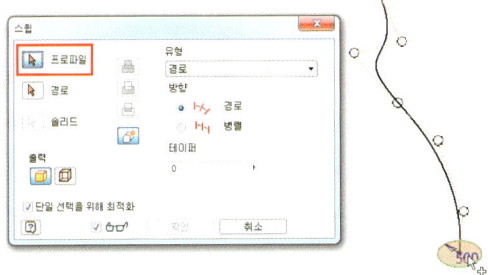

04 경로를 선택한다.

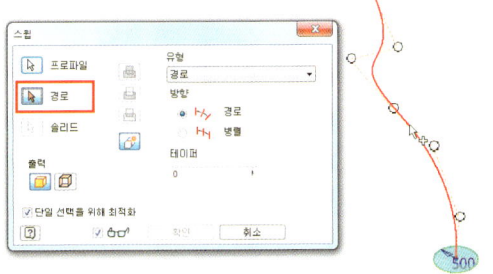

05 세부 옵션을 설정한다(필수는 아님).

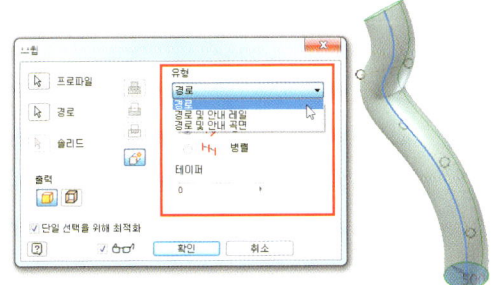

06 확인 버튼을 클릭한다.

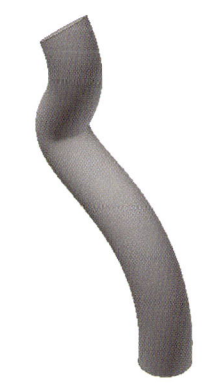

125

02 선택옵션

❶ **프로파일** : 스윕 피처의 단면으로 쓸 프로파일을 선택한다.

❷ **경로** : 스윕 피처의 레일로 쓸 곡선을 선택한다.

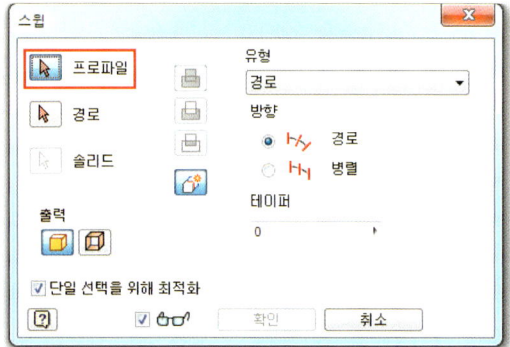
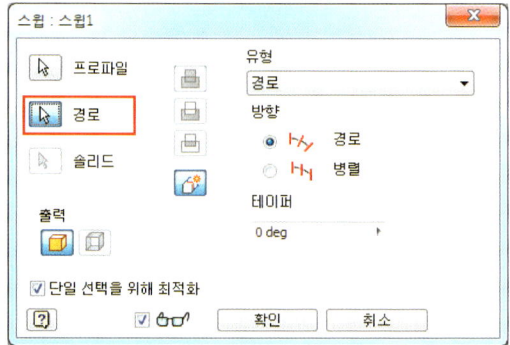

03 경로 유형 : 일반적으로 프로파일이 경로를 따라 생성된다.

❶ **경로** : 프로파일이 경로를 따라 일정한 형태로 생성된다.

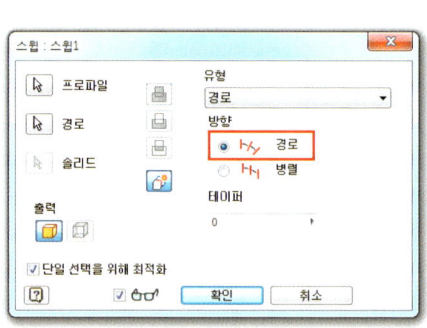
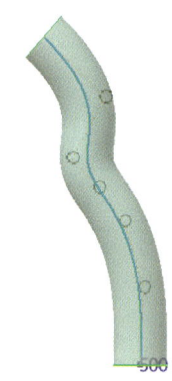

❷ **병렬** : 프로파일 평면과 평행한 상태로 경로를 따라 생성된다.

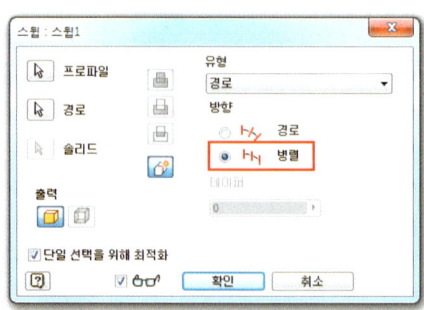
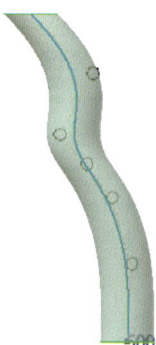

❸ **테이퍼** : 프로파일이 경로를 따라 입력한 각도로 생성된다.

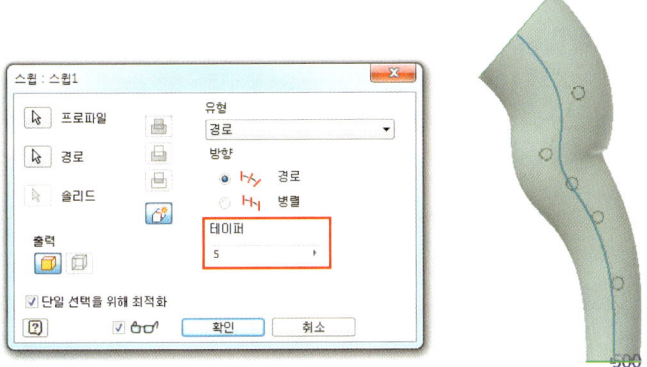

04 **경로 및 안내 레일 유형** : 프로파일이 경로를 따라 생성되면서 안내 레일을 따라 비틀림이 제어된다.

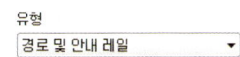

❶ **안내서 레일** : 비틀림을 제어할 레일을 선택한다.

❷ **프로파일 축척** : 프로파일이 안내 레일과 일치되도록 축척되는 방법을 지정한다.

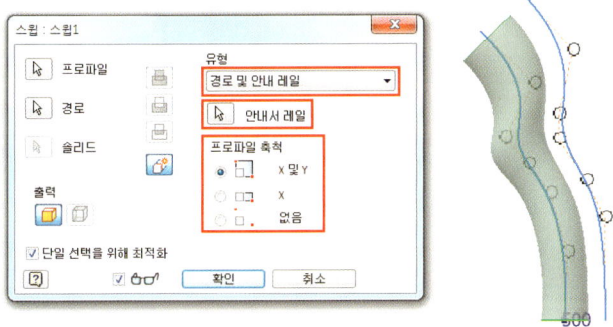

05 **경로 및 안내 곡면** : 프로파일이 경로를 따라 생성되면서 안내 곡면을 따라 비틀림이 제어된다.

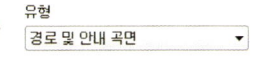

❶ **안내서 곡면** : 비틀림을 제어할 레일을 선택한다.

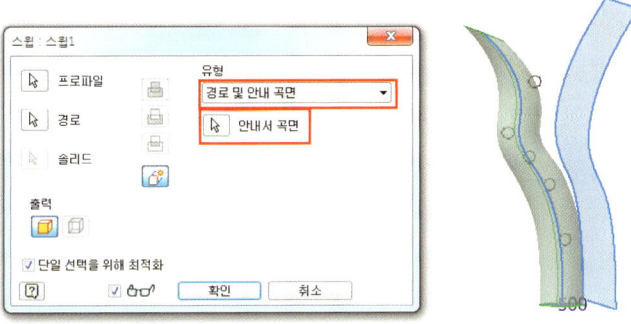

Lesson 7 | 리브

열린 프로파일, 즉 개곡선을 사용하여 두께와 방향을 지정하는 보강대 형태의 피처를 작성한다.

01 작성방법

01 스케치를 생성하여 개곡선을 작성한다.

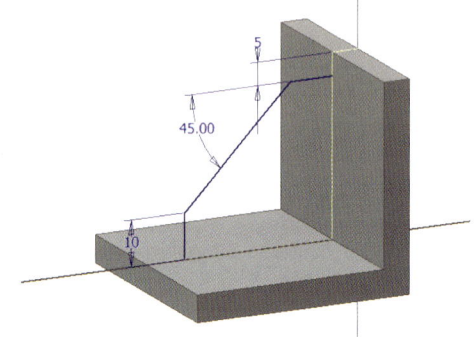

02 리브 명령을 클릭한다.

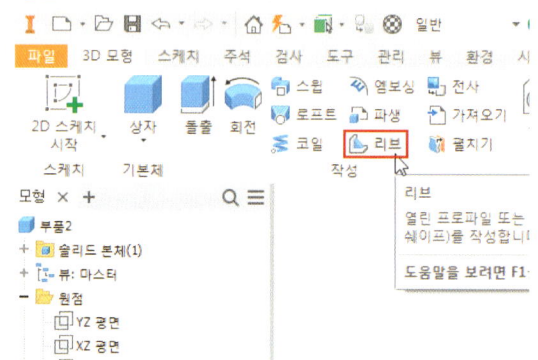

03 프로파일을 선택한다.

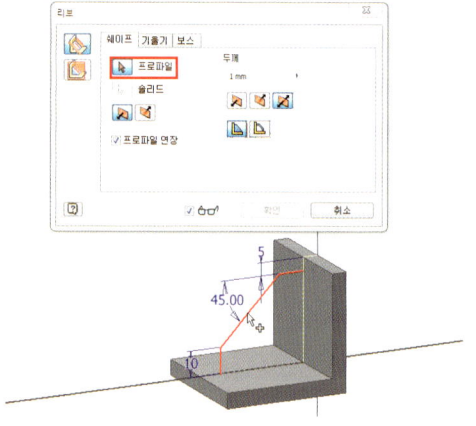

04 생성 방향을 설정한다.

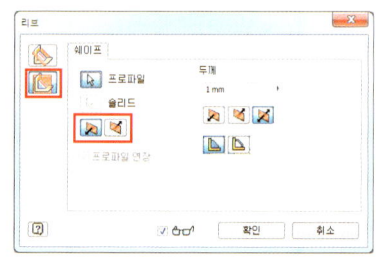

05 두께와 방향을 설정한다.

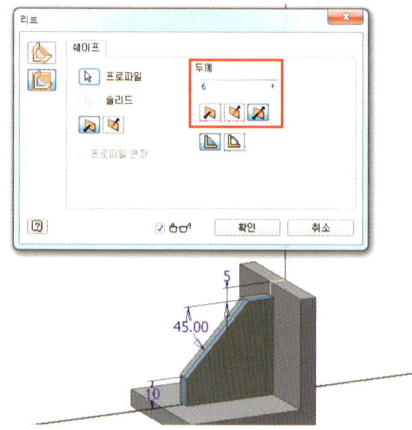

06 두께 유형을 설정한다.

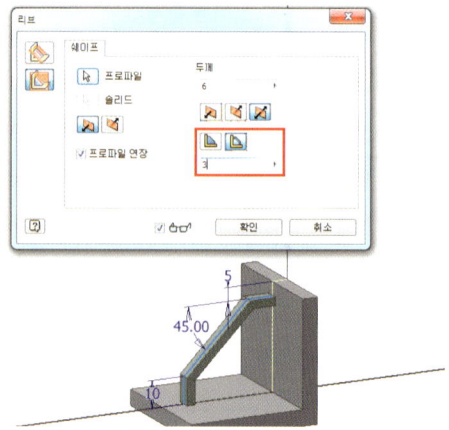

Section1. 작성 명령

07 확인 버튼을 클릭한다.

02 생성 방향

① 스케치 평면에 평행 : 스케치 평면에 평행하게 두께가 생성된다.

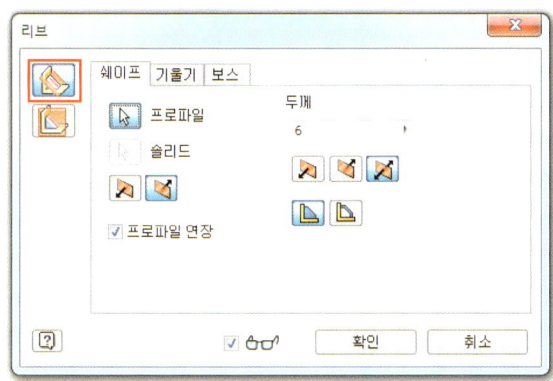 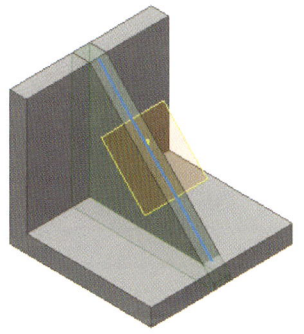

② 스케치 평면에 수직 : 스케치 평면에 수직하게 두께가 생성된다.

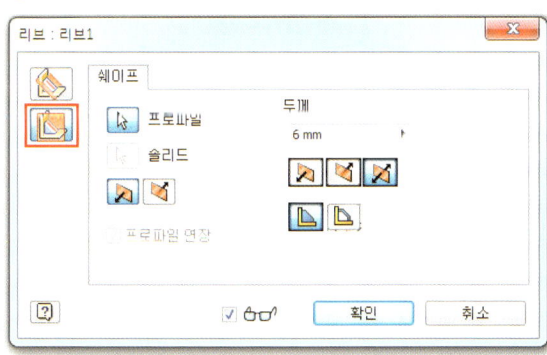 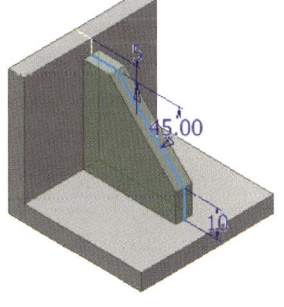

03 두께

1 방향 : +방향/−방향/중간 평면으로 두께가 생성된다.

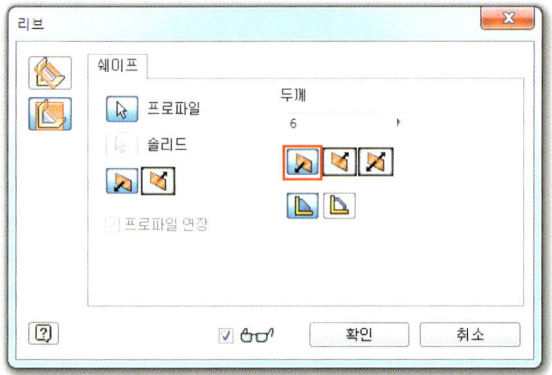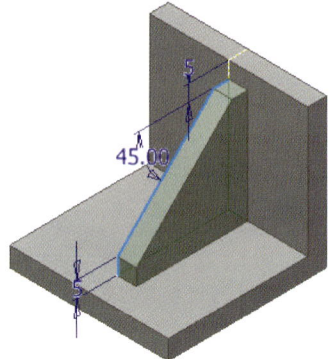

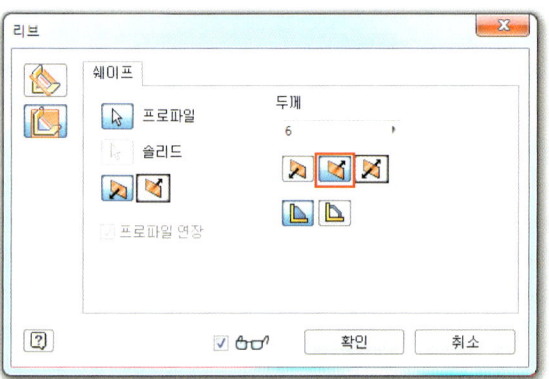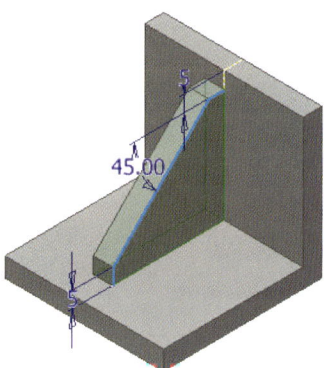

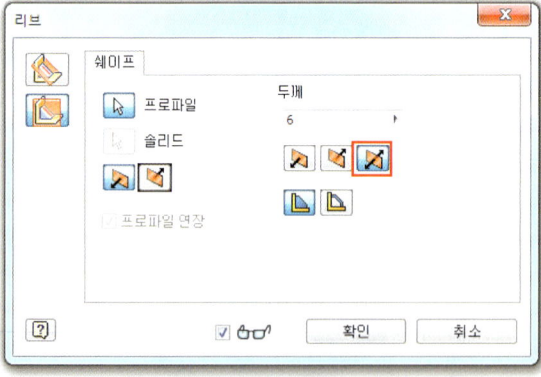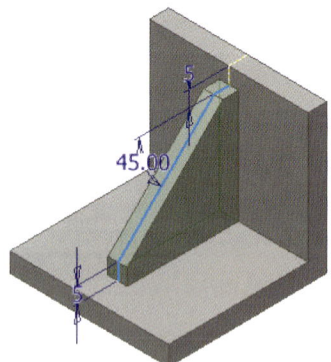

❷ **두께 유형** : 다음면까지/유한 옵션으로 리브 거리가 생성된다.

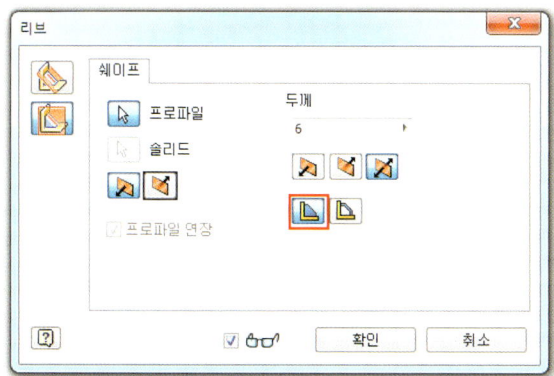 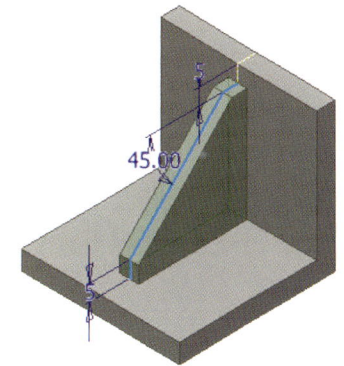

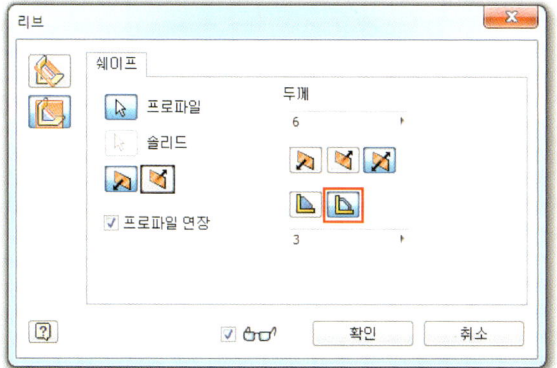 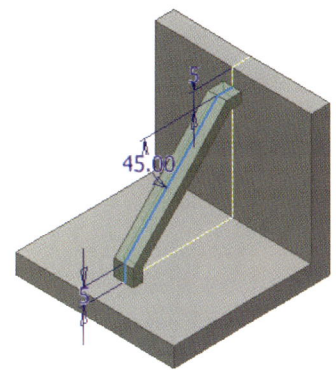

04 기울기 탭

생성되는 리브의 기울기를 지정한다.

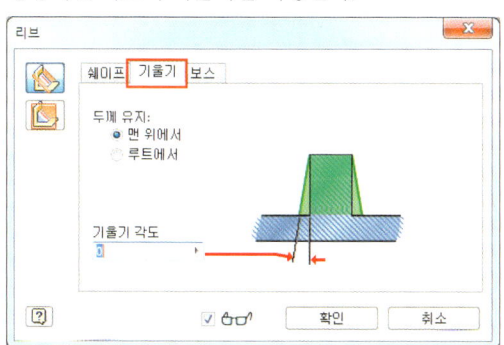

05 보스 탭

작성되는 리브를 중심으로 보스를 생성한다.

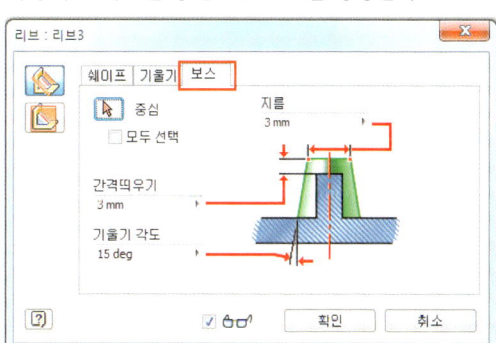

Part 03 피처 명령어

Lesson 8 | 코일

나선형 코일 모양의 피처를 작성한다.

01 작성방법

01 코일의 단면으로 쓰일 프로파일을 작성한다.

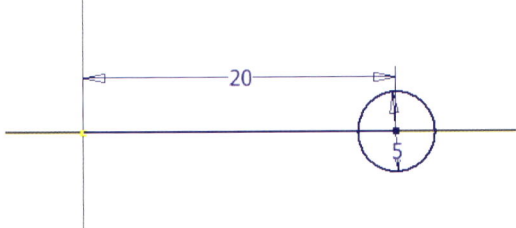

02 코일 명령을 클릭한다.

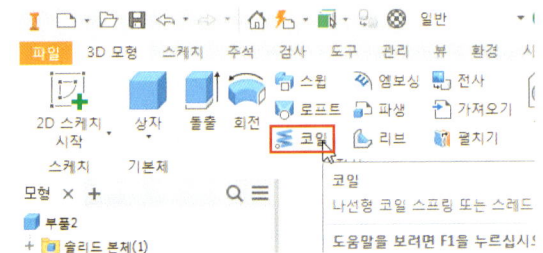

03 코일의 프로파일과 축을 선택한다.

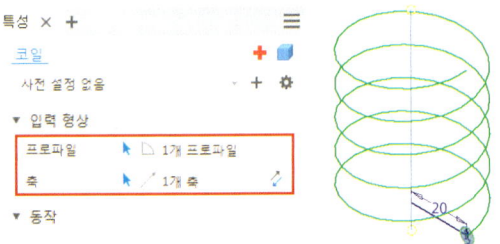

04 코일크기 옵션과 코일엔드 옵션을 설정한다.

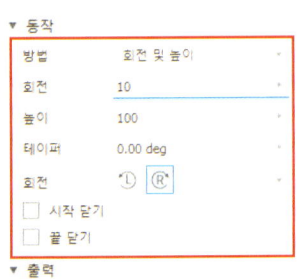 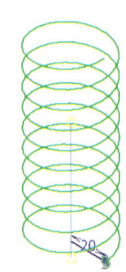

05 확인 버튼을 클릭한다.

02 회전 유형

❶ 시계 방향으로 회전

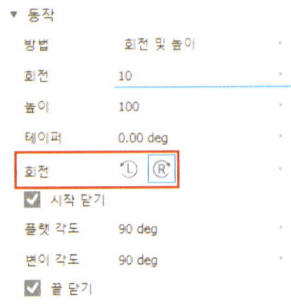 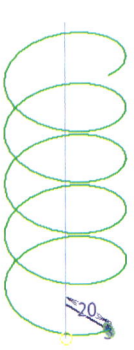

132

Section1. 작성 명령

❷ **시계 반대 방향으로 회전**

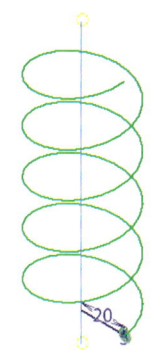

03 코일 크기 유형

❶ **피치 및 회전** : 피치값과 회전값을 정해 코일을 생성한다.

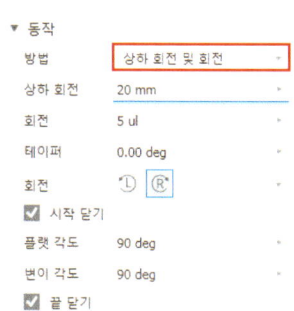
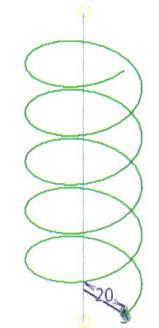

❷ **회전 및 높이** : 회전값과 높이값을 정해 코일을 생성한다.

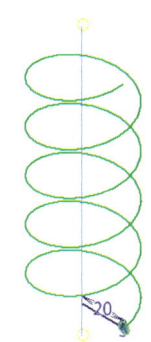

❸ **피치 및 높이** : 피치값과 높이값을 정해 코일을 생성한다.

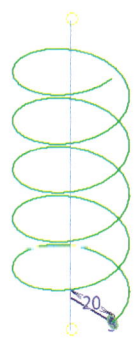

❹ **스파이럴** : 스파이럴 모양의 코일을 생성한다.

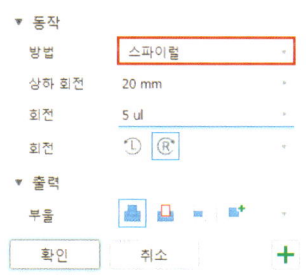
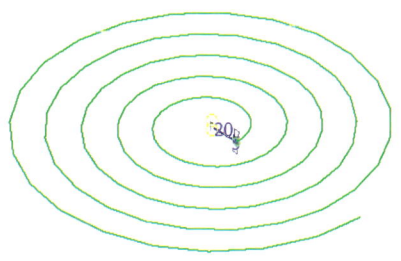

133

04 코일 엔드

① 시작 : 코일 시작 각도를 설정한다.

② 끝 : 코일 끝 각도를 설정한다.

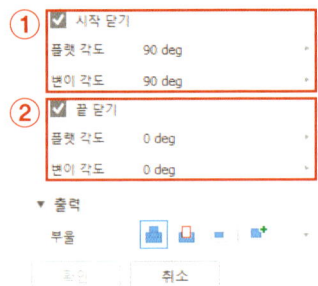
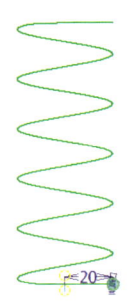

Lesson 9 | 엠보싱

프로파일을 이용해 피처 면으로부터 볼록하거나 오목한 형상을 가지는 피처를 작성한다.

01 작성방법

01 프로파일을 생성한다.

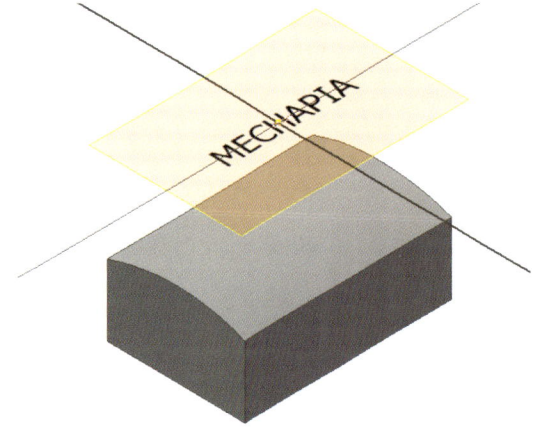

02 엠보싱 명령을 클릭한다.

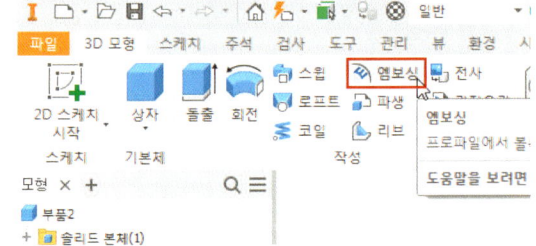

03 프로파일을 선택하고 엠보싱 방향을 설정한다.

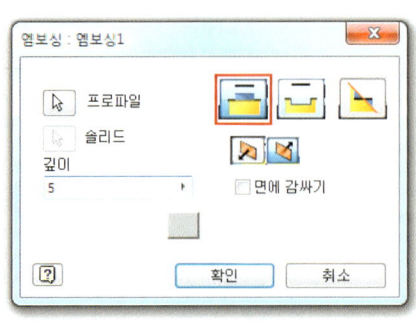

04 확인 버튼을 클릭한다.

02 생성 옵션

❶ 면으로부터 엠보싱

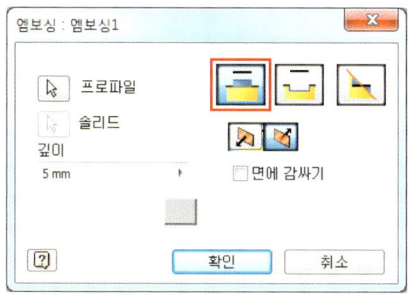

❷ 면으로부터 오목

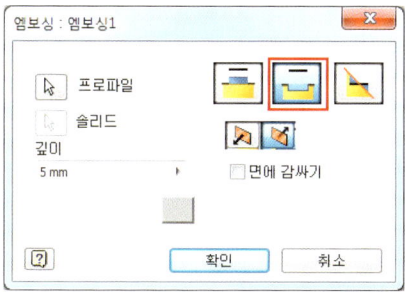

❸ 평면으로부터 볼록/오목

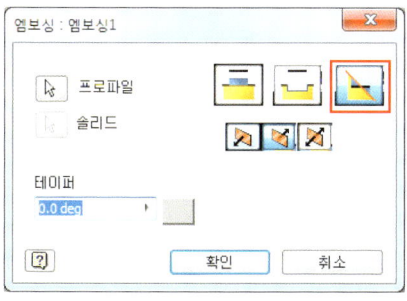

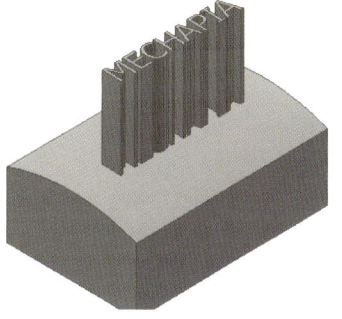

03 생성 옵션

체크시 면 선택

❶ 체크시

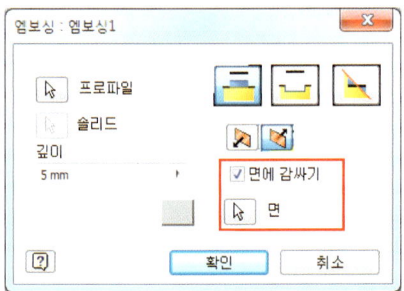 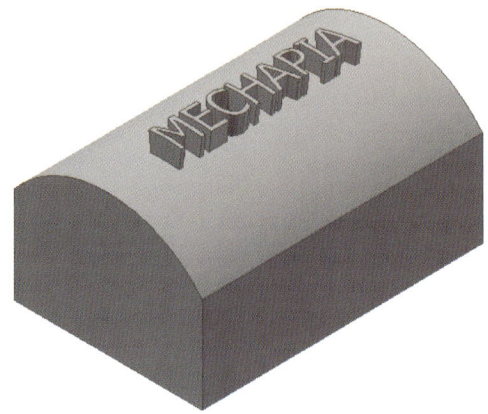

❷ 체크 해제시

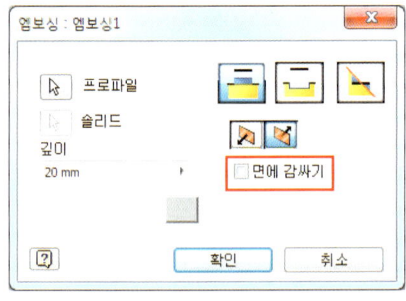 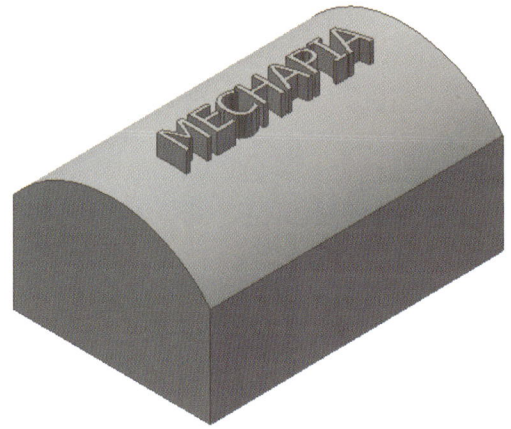

Lesson 10 | 기타 명령어

01 파생

또 다른 인벤터 부품이나 조립품을 사용하여 부품을 기준 구성요소로 작성하거나 기존의 구성요소를 부품 파일에 삽입한다.

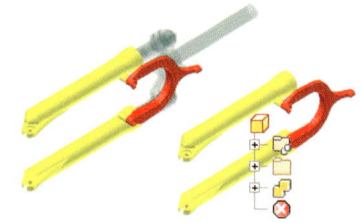

❶ **파생 스타일** : 파생 스타일을 솔리드 본체/다중 솔리드 본체/곡면 중 하나를 선택한다.

❷ **상태** : 리스트의 요소들의 상태를 변환한다.

❸ **리스트** : 해당 부품에 포함된 파생 리스트를 표시한다.

❹ **기타 옵션** : 기타 옵션을 설정한다.

❺ **설계 뷰** : 현재 불러올 설계 뷰를 설정한다.

❻ **축척 계수** : 불러올 형상의 축척 계수를 설정한다.

❼ **대칭 부품** : 불러올 형상을 대칭시킨다.

02 전사

이미지를 부품 면에 씌운다. 이미지 파일, Word 문서 혹은 Excel 문서도 사용할 수 있다.

❶ **이미지** : 면에 씌울 이미지를 선택한다.

❷ **면** : 이미지를 씌울 면을 선택한다.

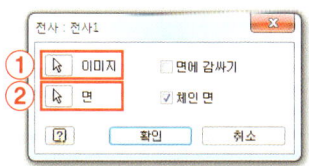
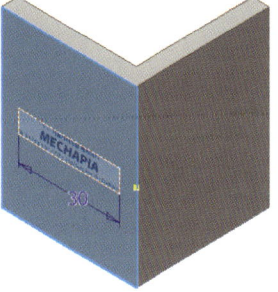

Part 03 피처 명령어

2. 수정 명령

전산응용기계제도기능사/산업기사/기사 실기를 위한 인벤터

수정 명령에는 다음과 같은 명령어들이 있다.

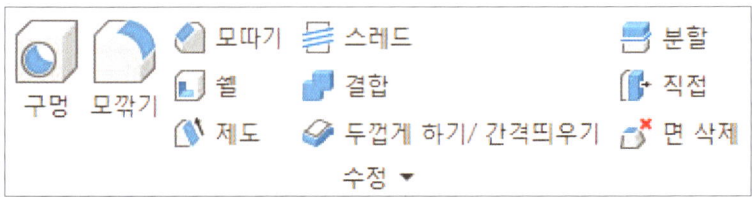

Lesson 1 | 구멍

스케치 점이나 형상을 참고해 구멍을 작성한다.

01 작성방법

01 스케치를 작성해 구멍을 가공할 점을 작성한다.

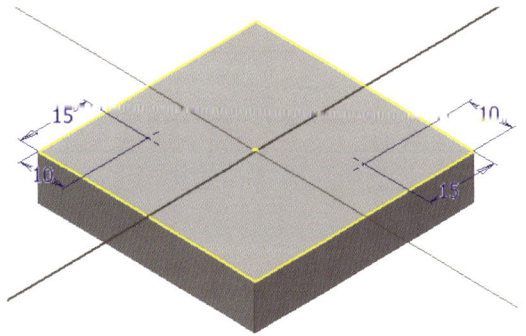

02 구멍 명령을 클릭한다.

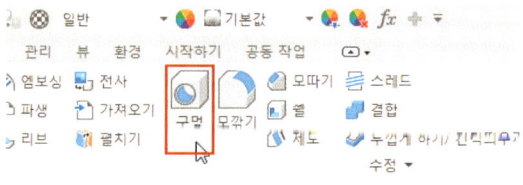

03 구멍의 타입과 기타 설정을 작성한다.

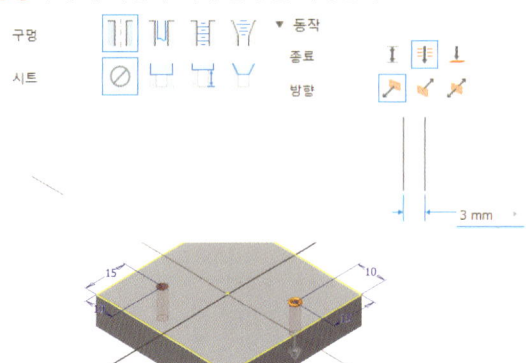

04 확인 버튼을 클릭한다.

02 배치

① 시작 스케치 : 스케치에 작성된 점을 구멍의 중심으로 삼아 작성한다.

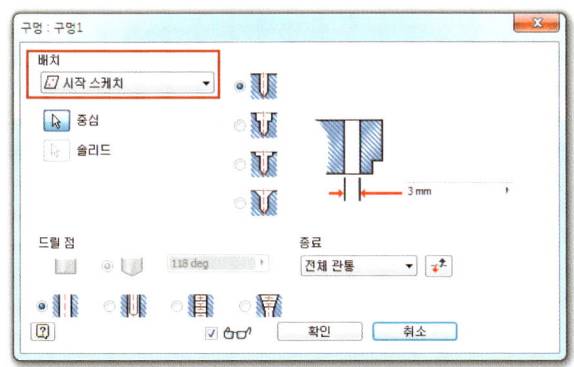 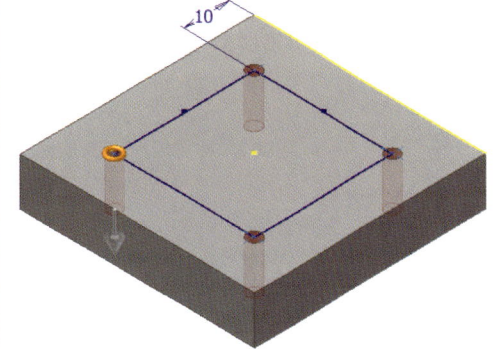

② 선형 : 하나의 구멍을 작성하는 명령으로 피처면의 모서리를 기준으로 거리를 설정해 작성한다.

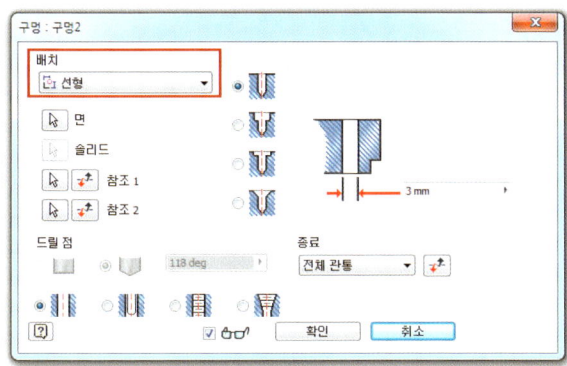 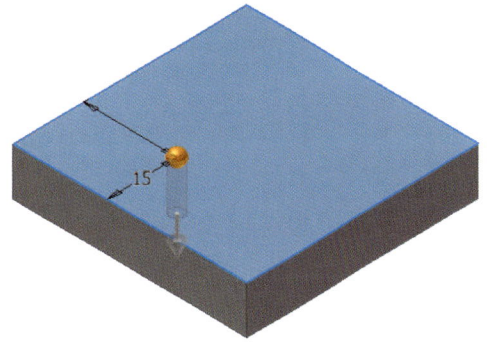

③ 동심 : 하나의 구멍을 작성하는 명령으로 원형면의 동심을 참조해 작성한다.

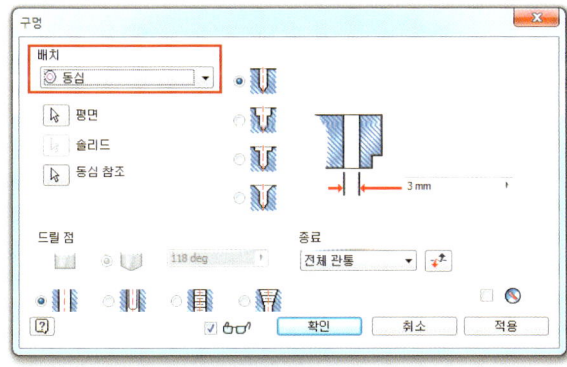 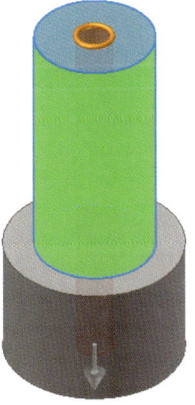

Part 03 피처 명령어

❹ **점위** : 하나의 구멍을 작성하는 명령으로 작업 점을 참조해 작성한다.

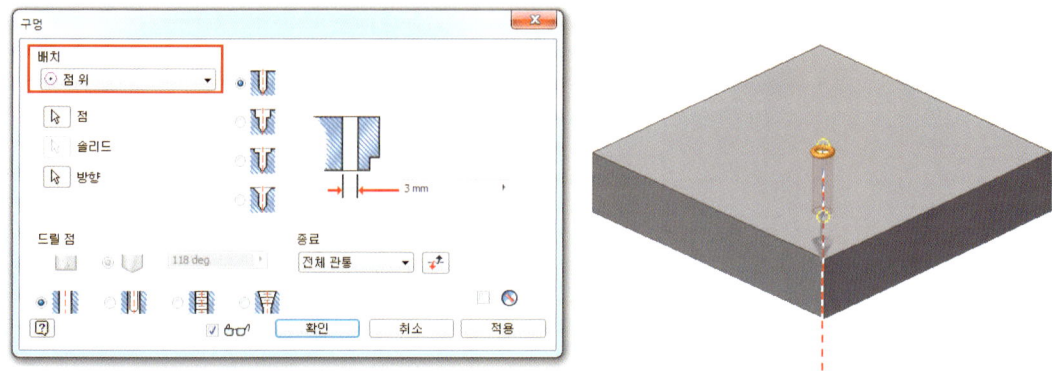

03 구멍 유형

❶ 드릴

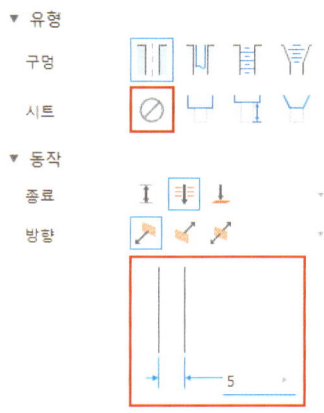
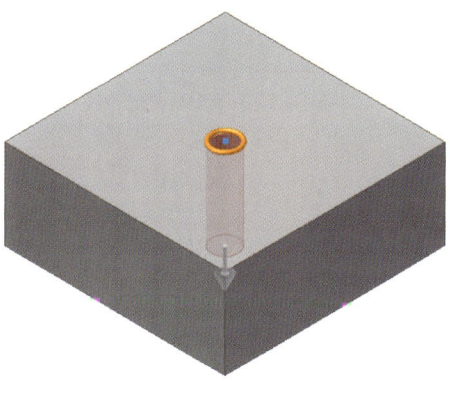

❷ 카운터 보어

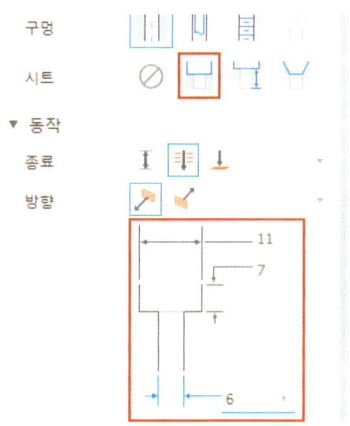
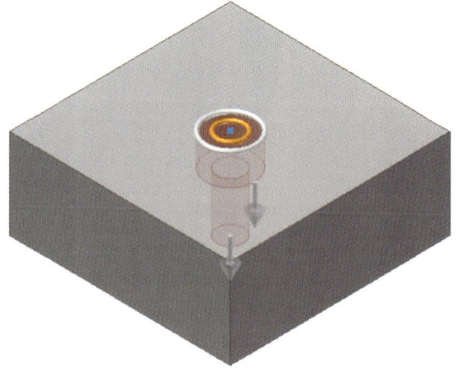

❸ 접촉 공간

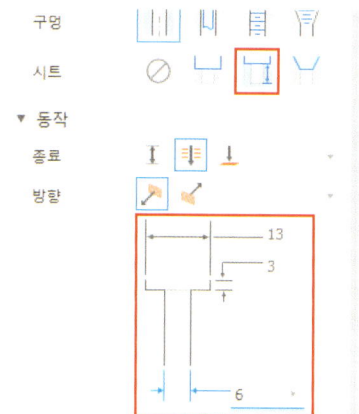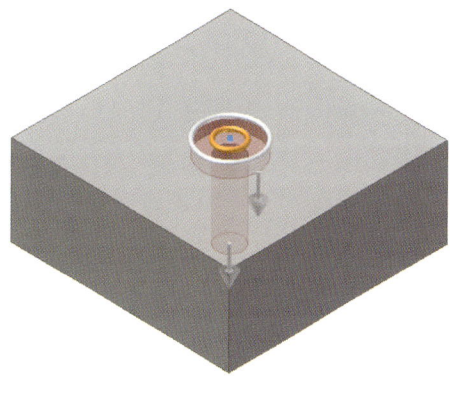

❹ 카운터 싱크

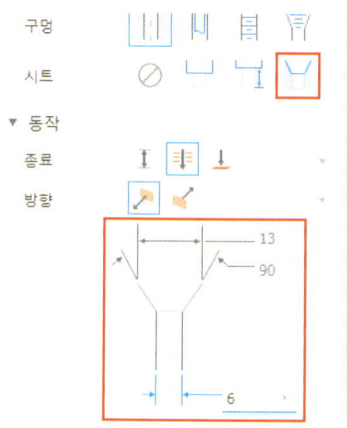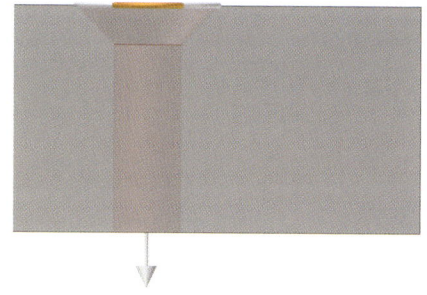

04 드릴 점

❶ 플랫

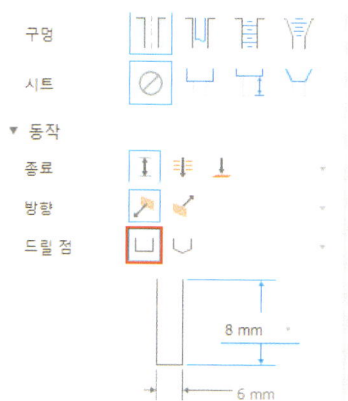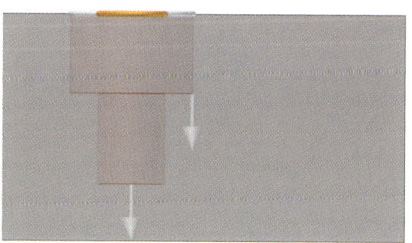

❷ 각도

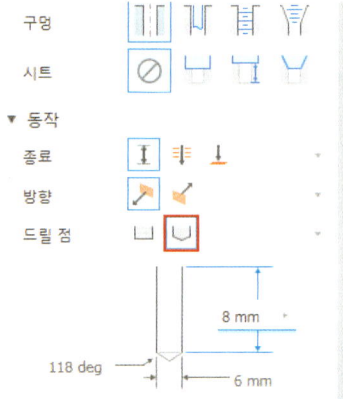
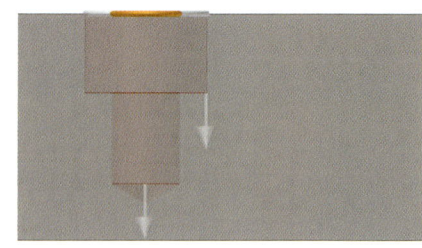

05 종료

❶ 거리

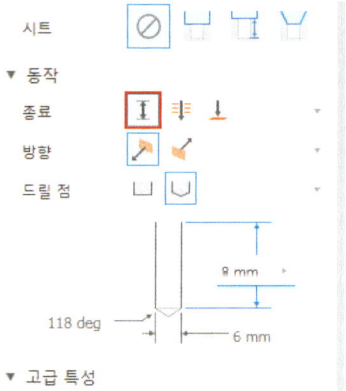
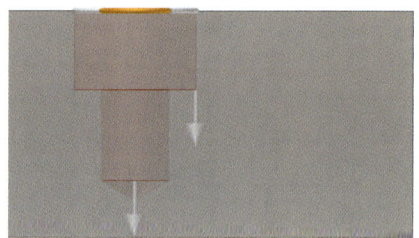

❷ 전체 관통

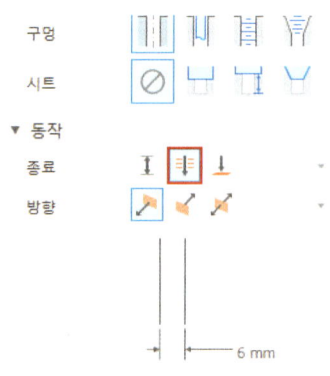
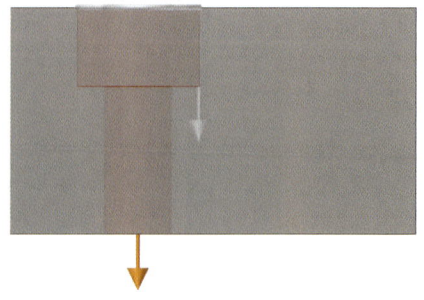

❸ **지정 면까지**

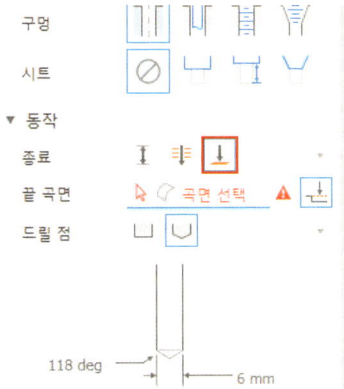 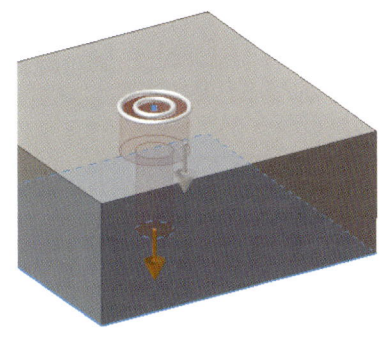

06 구멍 타입

❶ **단순 구멍** : 일반적인 구멍이다.

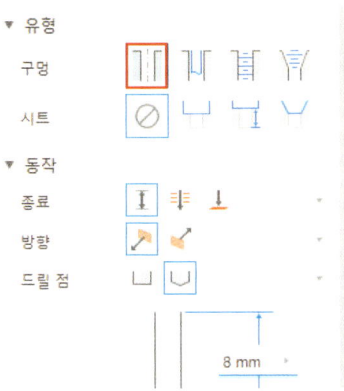 

❷ **틈새 구멍** : 규격에 맞춘 작성 구멍이다.

 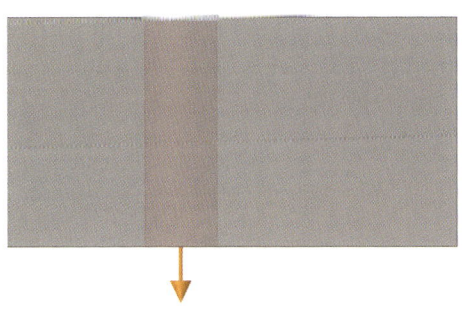

❸ **탭 구멍** : 탭 구멍을 작성하는 옵션이다.

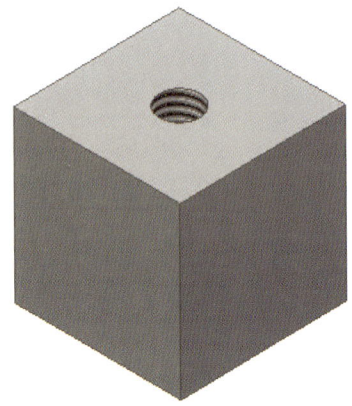

❹ **테이퍼 탭 구멍** : 테이퍼 탭 구멍을 작성하는 옵션이다.

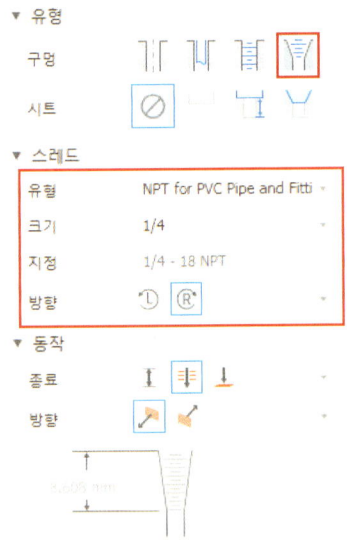
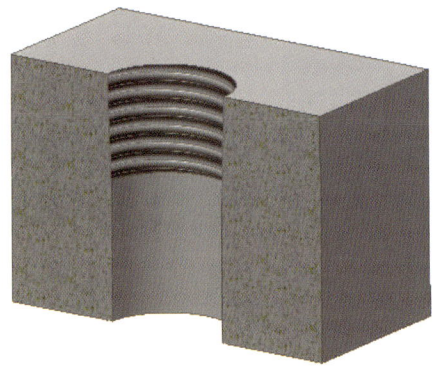

Lesson 2 | 모깎기

하나 이상의 모서리나 면에 모깎기 혹은 라운드를 추가한다.

01 작성방법

01 모깎기 명령을 클릭한다.

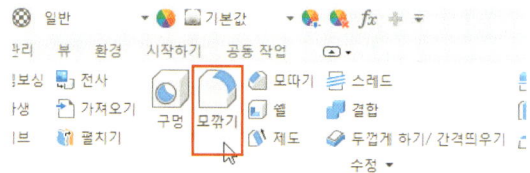

02 모깎기를 할 모서리를 선택한다.

03 반지름을 설정한다.

04 확인 버튼을 클릭한다.

02 다중 반경 모깎기 작성방법

01 모깎기 명령을 클릭한다.

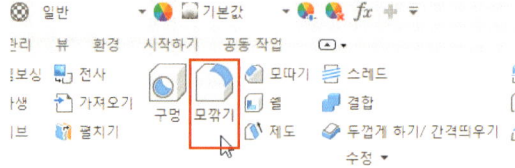

02 모깎기를 할 모서리와 반지름을 설정한다.

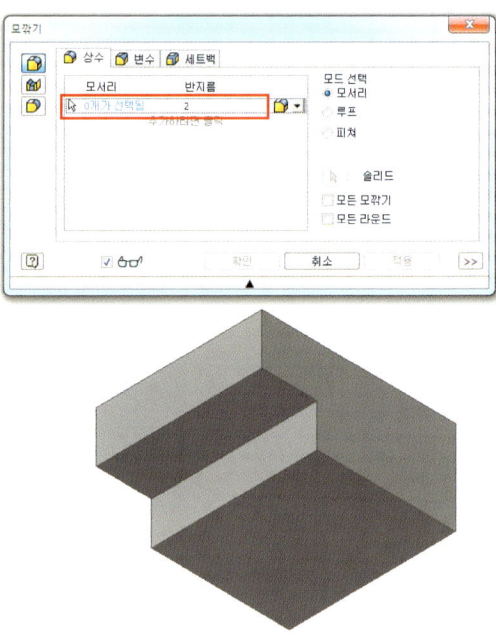

03 추가하려면 클릭을 클릭해 반지름 세트를 추가한다.

04 추가한 반지름 세트에 적용할 반지름을 설정한다.

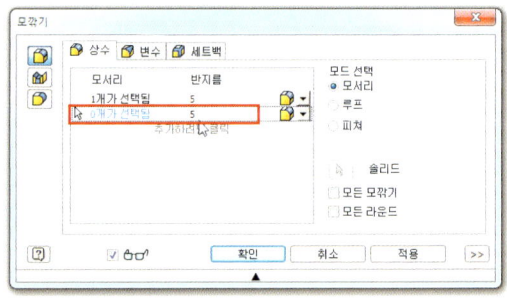

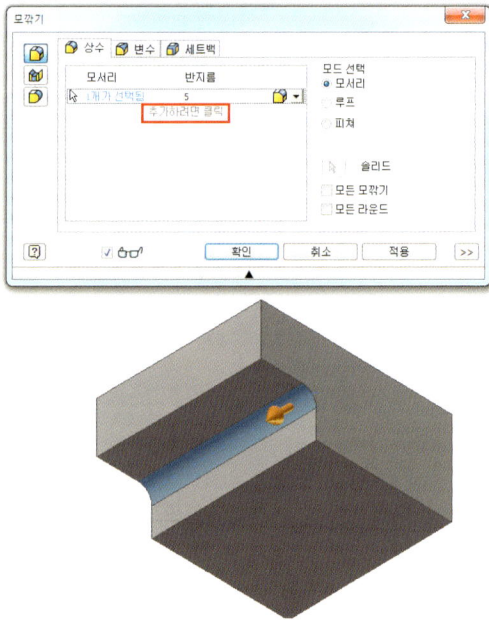

05 모서리를 선택한다.

06 확인 버튼을 클릭한다.

03 선택 옵션

① 모서리 모깎기 : 모서리를 선택해 모깎기를 하는 옵션이다.

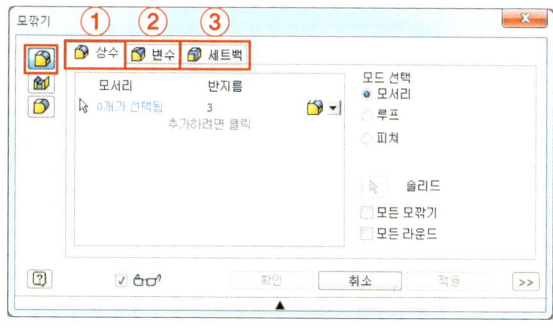

① **상수 탭** : 일반적인 모깎기 옵션이다.

② **변수 탭** : 변수 반지름 모깎기를 작성하는 옵션이다.

③ **세트백** : 모서리의 모깎기가 교차하는 곳의 변이를 설정하는 옵션이다.

② 면 모깎기 : 면을 선택해 모깎기를 하는 옵션이다.

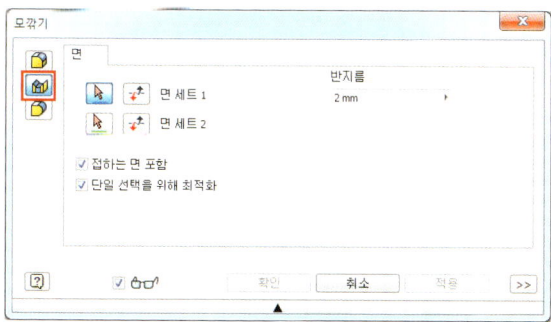

❸ **전체 둥근 모깎기** : 세 개의 인접 면에 접하는 모깎기를 작성한다.

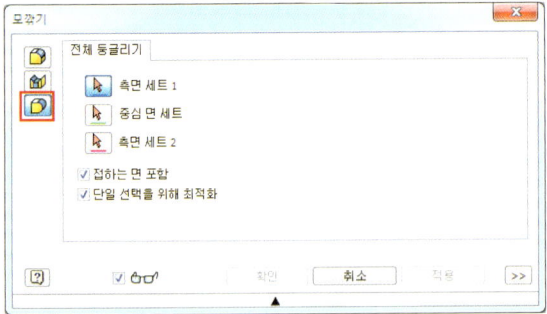

04 상수

❶ **모서리** : 모깎기를 할 모서리를 선택한다.

❷ **반지름** : 모깎기 반지름을 설정한다.

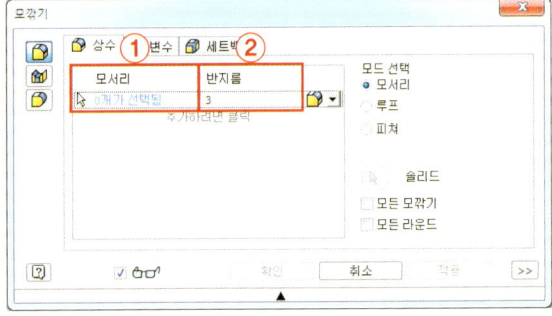

05 모드 선택

❶ **모서리** : 모서리를 선택해 모깎기를 작성한다.

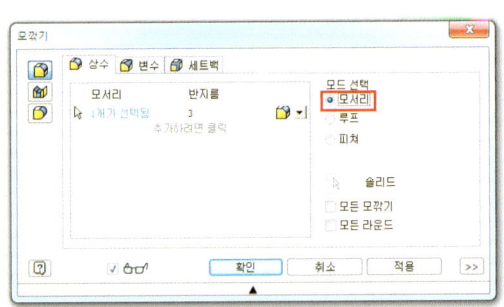 

❷ **루프** : 이어진 모서리 루프를 선택해 모깎기를 작성한다.

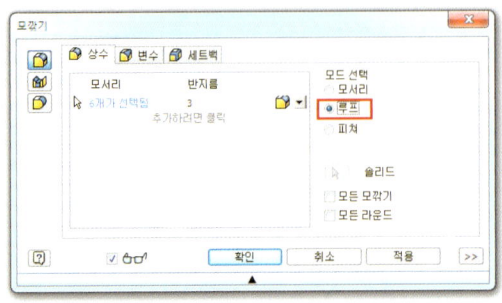 

❸ **피처** : 선택한 피처에 포함된 모든 모서리에 모깎기를 작성한다.

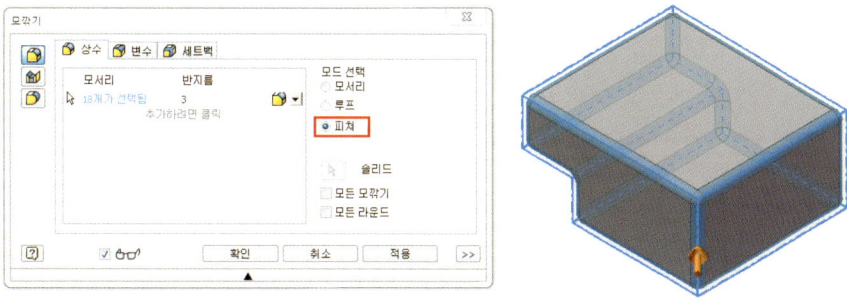

Lesson 3 | 모따기

하나 이상의 모서리에 모따기를 추가한다.

01 작성방법

01 모따기 명령을 클릭한다.

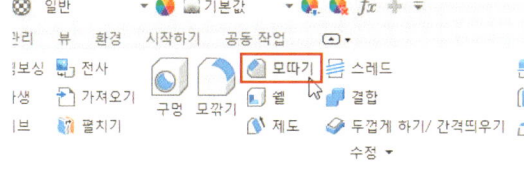

02 모따기할 모드와 거리 및 각도를 입력한다.

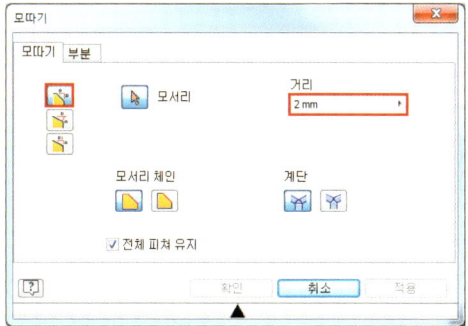

03 모따기할 모서리를 선택한다.

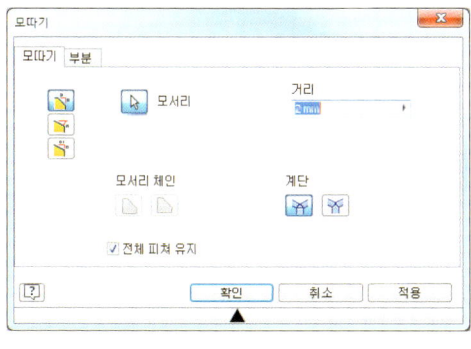

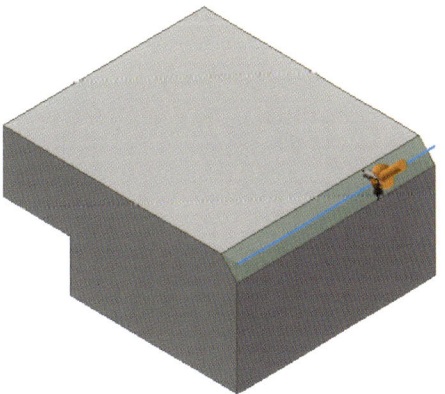

149

04 확인 버튼을 클릭한다.

02 작성 모드

① **거리** : 하나의 거리를 이용해 모따기를 추가한다.

② **거리 및 각도** : 하나의 거리와 각도를 이용해 모따기를 추가한다.

③ **두 거리** : 두 개의 거리를 이용해 모따기를 추가한다.

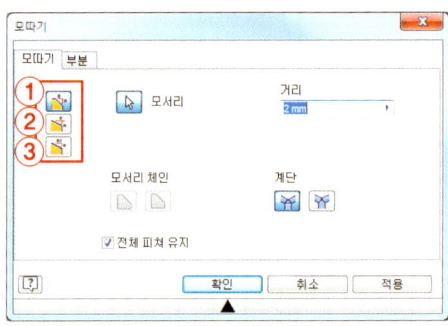

Lesson 4 쉘

부품의 내부 재질을 제거해서 입력한 두께의 벽으로 속이 빈 부품을 작성한다.

01 작성방법

01 쉘 명령을 클릭한다.

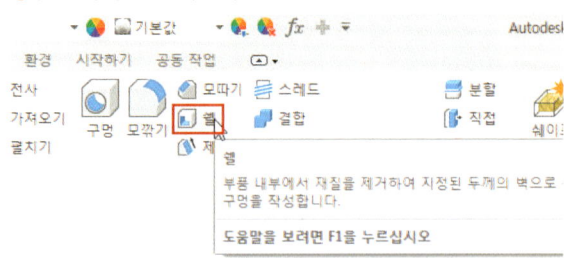

02 쉘 방향을 설정하고 면 제거 항목에서 제거할 면을 선택한다.

03 두께를 설정한다.

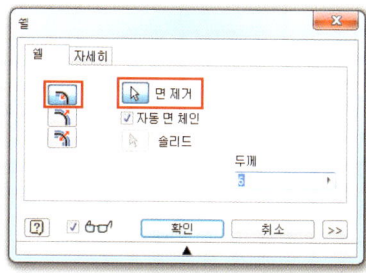

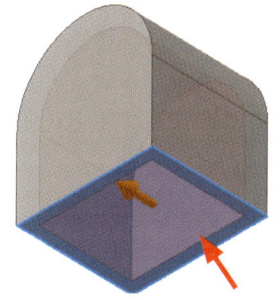

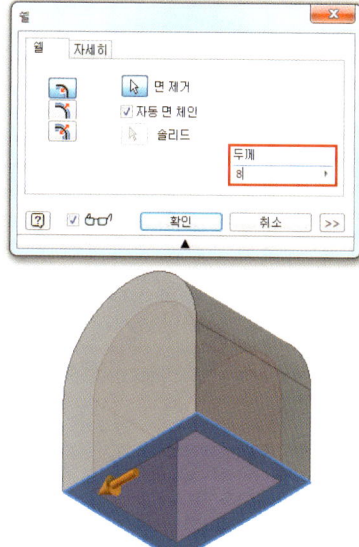

04 확인 버튼을 클릭한다.

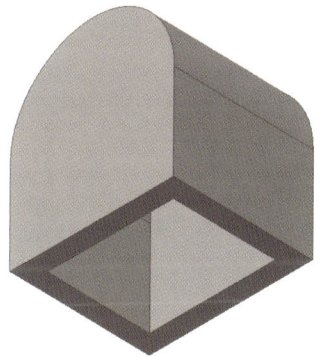

02 작성 모드

❶ **내부** : 쉘이 안쪽으로 생성된다.

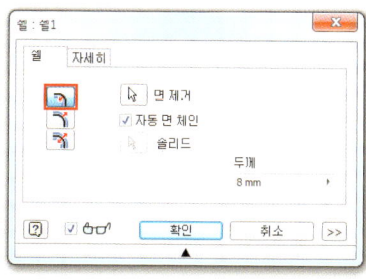
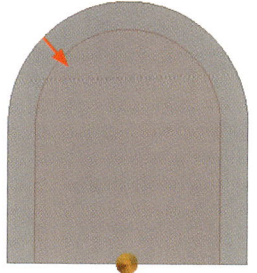

❷ **외부** : 쉘이 바깥쪽으로 생성된다.

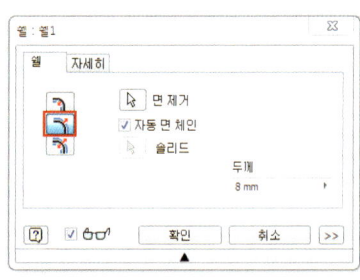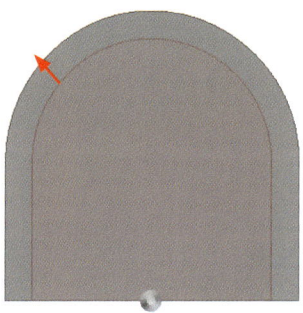

❸ **양쪽** : 쉘이 좌우로 생성된다.

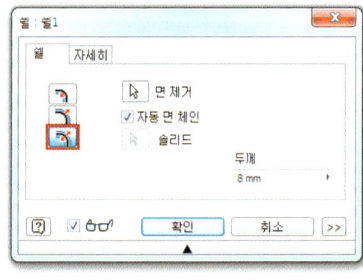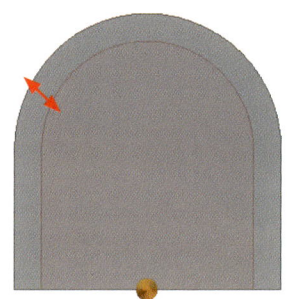

03 선택 옵션

❶ **면 제거** : 제거할 면을 선택한다.

❷ **두께** : 남길 면의 두께를 설정한다.

❸ **고유 면 두께** : 다른 두께를 가지는 면을 설정한다.

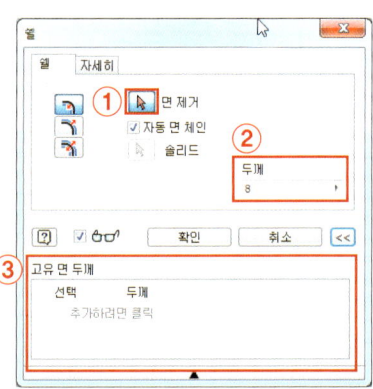

❹ **자세히** : 기타 옵션을 설정한다.

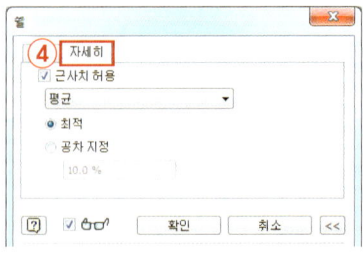

Lesson 5 | 면 기울기

선택한 면에 구배를 주는 명령이다.

01 작성방법

01 면 기울기 명령을 클릭한다.

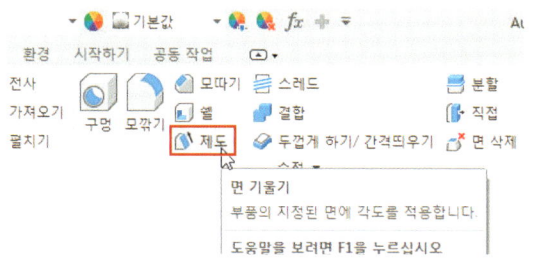

02 면 기울기 방식을 선택한다.

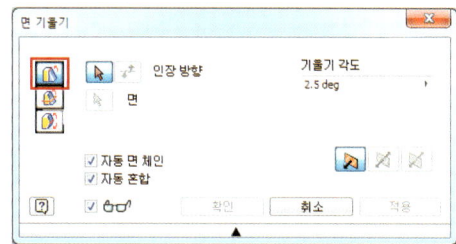

03 인장 방향과 기울기할 면을 선택한다.

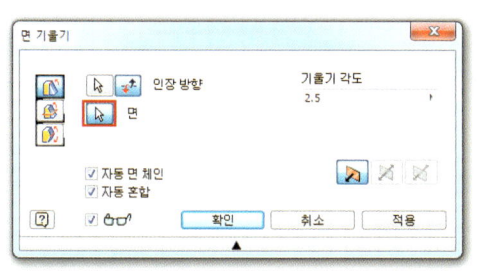
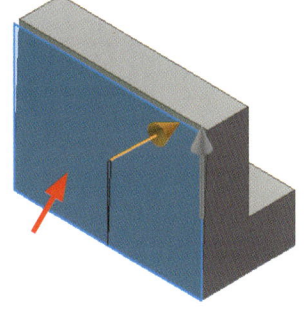

04 기울기할 각도를 설정한다.

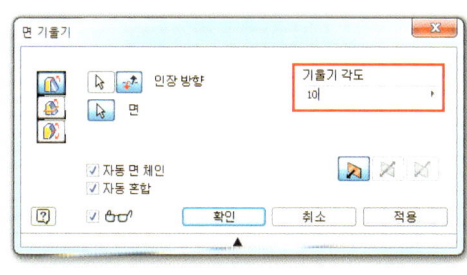
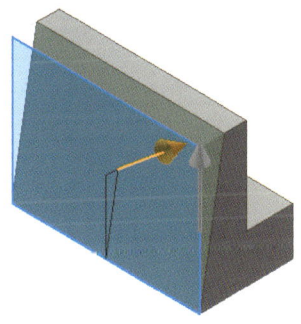

05 확인 버튼을 클릭한다.

02 작성 모드

❶ 고정된 모서리 : 모서리를 기준으로 구배가 형성된다.

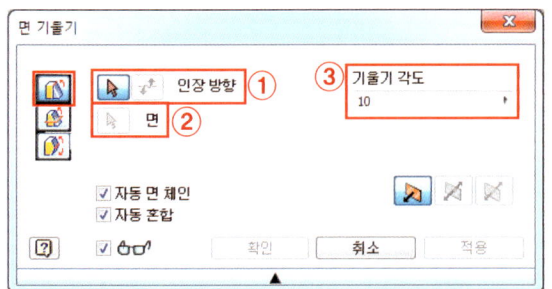

① **인장 방향** : 구배를 줄 방향을 설정한다.

② **면** : 구배를 줄 면을 선택한다.

③ **기울기 각도** : 구배를 줄 각도를 설정한다.

❷ 고정된 평면 : 평면을 기준으로 구배가 생성된다.

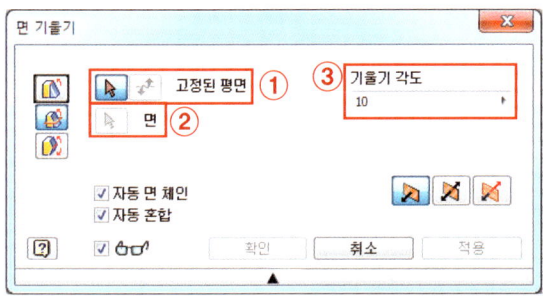

① **고정된 평면** : 고정 평면을 선택한다.

② **면** : 구배를 줄 면을 선택한다.

③ **기울기 각도** : 구배를 줄 각도를 설정한다.

❸ 분할선 : 분할선을 기준으로 양쪽으로 구배가 생성된다.

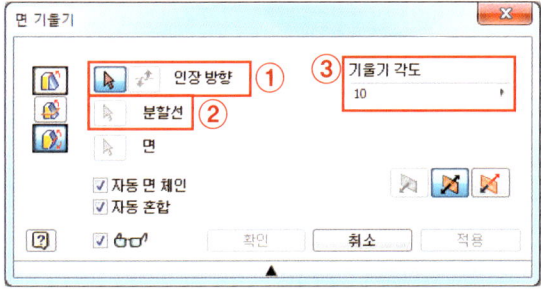

① **인장방향** : 구배를 줄 방향을 설정한다.

② **분할선** : 기준이 되는 분할선을 선택한다.

③ **기울기 각도** : 구배를 줄 각도를 설정한다.

Lesson 6 | 스레드

원통면에 스레드를 작성한다.

01 작성방법

01 스레드 명령을 클릭한다.

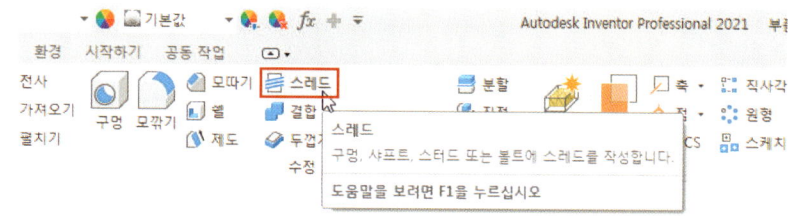

02 스레드를 입힐 면과 길이를 설정한다.

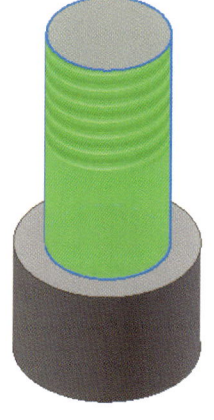

03 사양 탭으로 가서 유형과 크기를 지정한다.

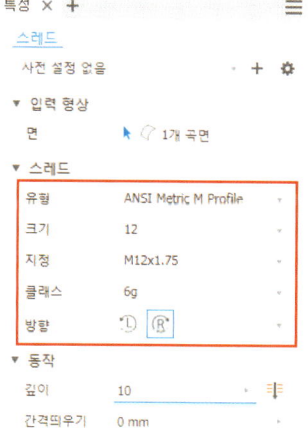

04 확인 버튼을 클릭한다.

02 위치 탭

스레드를 입힐 위치를 지정한다.

❶ **면** : 스레드를 입힐 원통면을 선택한다.

❷ **스레드 길이** : 작성할 스레드의 길이를 선택한다.
  전체 길이 : 체크하면 원통면 전체에 스레드가 작성된다.
  간격띄우기 : 시작면에서 스레드가 시작될 거리를 입력한다.
  길이 : 스레드의 길이를 입력한다.

03 사양 탭

스레드의 사양을 설정한다.

❶ **스레드 유형** : 스레드의 클래스를 설정한다.

❷ **크기** : 스레드의 호칭크기를 설정한다.

❸ **지정** : 스레드의 피치를 설정한다.

❹ **클래스** : 스레드의 가공 공차를 설정한다.

❺ **오른쪽/왼쪽** : 오른나사/왼나사를 설정한다.

Lesson 7 　 분할

부품의 면, 솔리드를 분할하거나 자른다.

01 작성방법

01 분할 도구로 쓸 스케치를 작성한다.

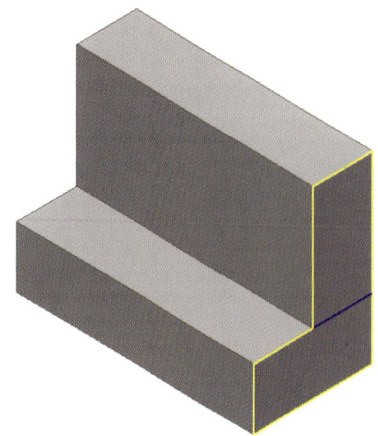

02 분할 명령을 클릭한다.

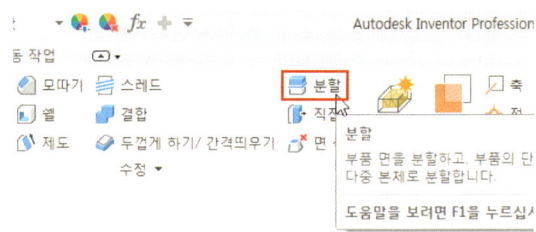

Section2. 수정 명령

03 분할 옵션을 선택한다.

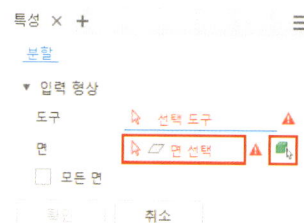

04 분할 도구와 개체를 선택한다.

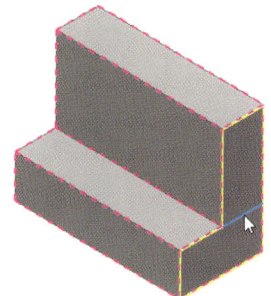

05 확인 버튼을 클릭한다.

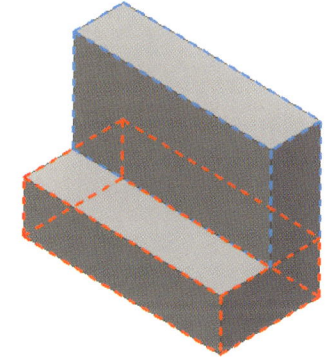

02 면 분할

해당 면을 분할한다.

❶ **분할 도구** : 분할 도구로 쓸 스케치 요소를 선택한다.

❷ **면** : 분할할 면을 선택한다.

❸ **전체** : 전체 면이 선택된다.

❹ **선택** : 선택한 면만 선택된다.

03 솔리드 자르기

자르기 도구를 기준으로 정해진 방향으로 솔리드를 잘라낸다.

❶ **분할 도구** : 분할 도구로 쓸 스케치 요소를 선택한다.
❷ **솔리드** : 분할할 솔리드를 선택한다.
❸ **제거면** : 솔리드를 제거할 방향을 선택한다.

04 솔리드 분할

자르기 도구를 기준으로 정해진 방향으로 솔리드를 분할한다.

❶ **분할 도구** : 분할 도구로 쓸 스케치 요소를 선택한다.
❷ **솔리드** : 분할할 솔리드를 선택한다.

Lesson 8 ｜ 결합

둘 이상의 솔리드 본체를 합치기, 잘라내기, 혹은 교차 명령을 수행할 수 있다.

01 작성방법

01 결합 명령을 클릭한다.

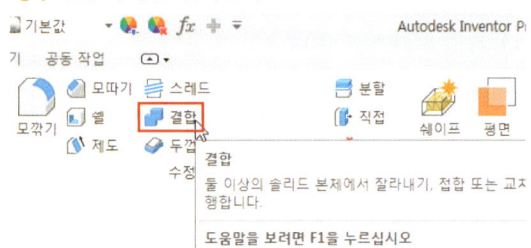

02 생성 옵션을 선택한다.

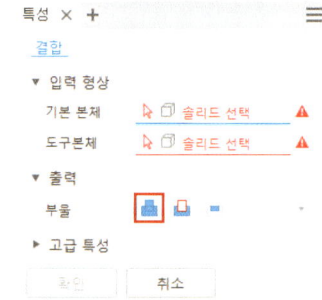

03 기준 솔리드를 선택한다.

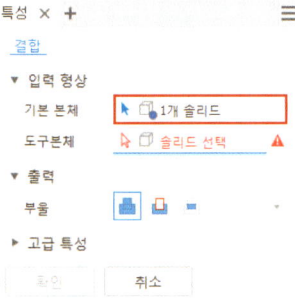

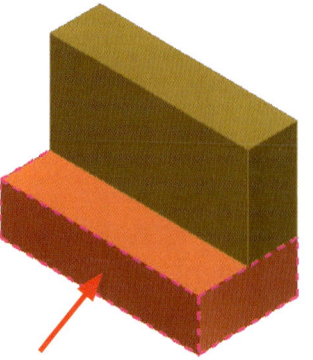

04 도구본체 솔리드를 선택한다.

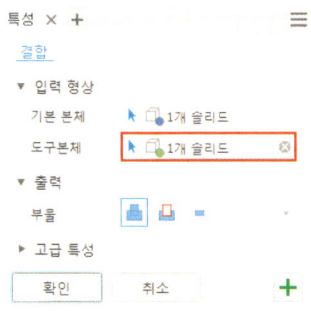

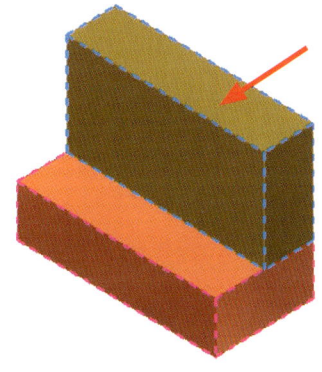

05 확인 버튼을 클릭한다.

02 선택 옵션

① **기준** : 기준이 되는 솔리드를 선택한다.

② **도구본체** : 영향을 줄 솔리드를 선택한다.

③ **도구본체 유지** : 도구본체가 명령 수행 이후에도 보존되어진다.

03 생성 옵션

① **합집합** : 기준 솔리드와 도구본체 솔리드가 결합된다.

② **차집합** : 기준 솔리드에서 도구본체 솔리드가 겹치는 영역을 삭제한다.

③ **교집합** : 기준 솔리드와 도구본체 솔리드가 겹치는 영역을 제외하고 삭제된다.

Lesson 9 | 면 이동

기준 솔리드나 피처 상의 면을 하나 이상 이동한다.

01 작성방법

01 면 이동 명령을 클릭한다.

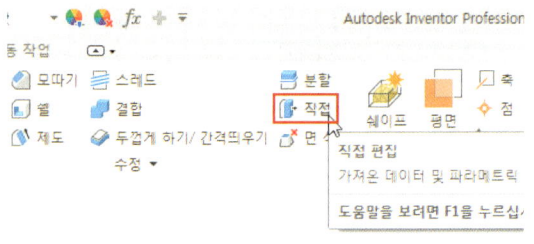

02 이동 타입을 설정한다.

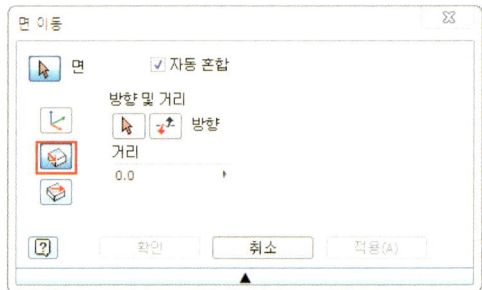

03 이동할 면을 선택한다.

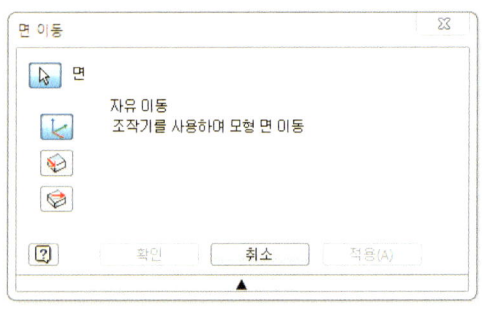

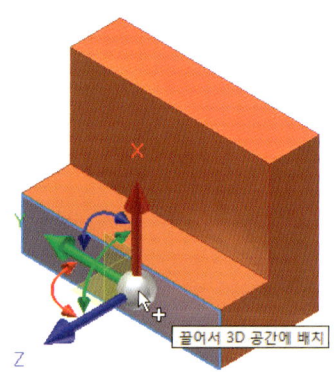

04 이동할 거리를 설정한다

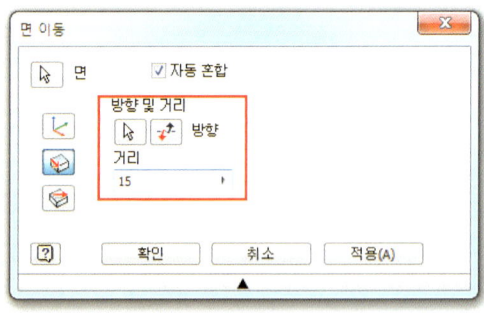

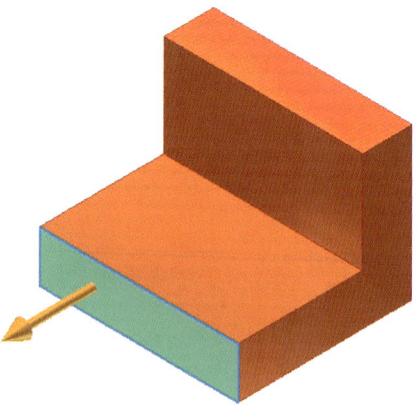

05 확인 버튼을 클릭한다.

02 이동 타입

① 자유 이동 : 조작기를 이용해 이동한다.

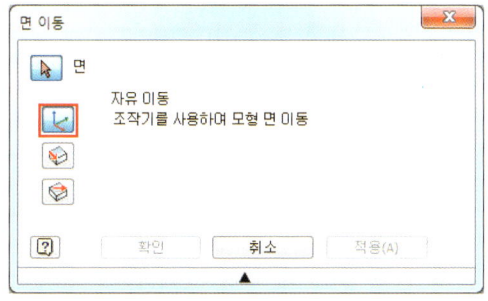

② 방향 및 거리 : 방향과 거리를 설정해 이동한다.

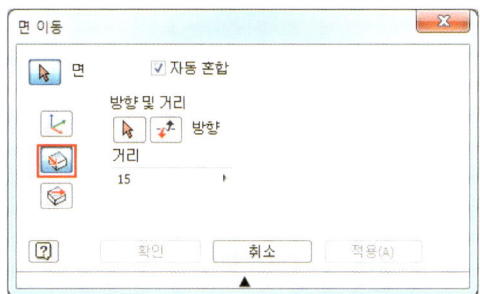

③ 점 및 평면 : 점과 평면을 이용해 이동한다.

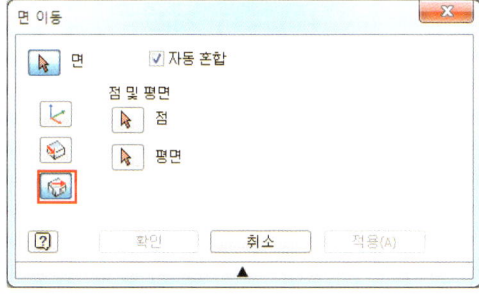

Part 03 피처 명령어

Lesson 10 | 객체 복사

부품 파일에서 형상을 복구 환경의 복합, 기준 곡면 또는 복구 본체로 복사하거나 이동한다.

01 선택 옵션 : 복사할 개체를 선택한다.

① **면** : 면을 선택한다.

② **본체** : 솔리드를 선택한다.

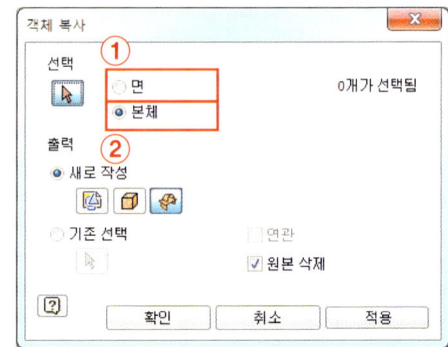

02 출력 : 복사한 객체가 어떻게 출력될지를 설정한다.

① **새로 작성** : 새로운 개체를 작성한다.

③ **기존 선택** : 기존 개체에 포함되어 작성된다.

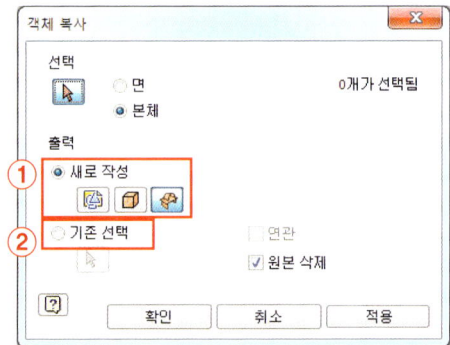

Lesson 11 | 본체 이동

솔리드 본체를 이동한다.

01 작성방법

01 본체 이동 명령을 클릭한다.

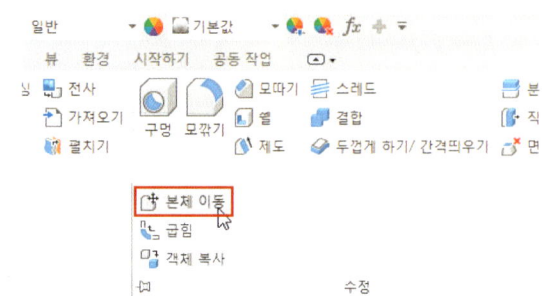

02 본체를 선택한다.

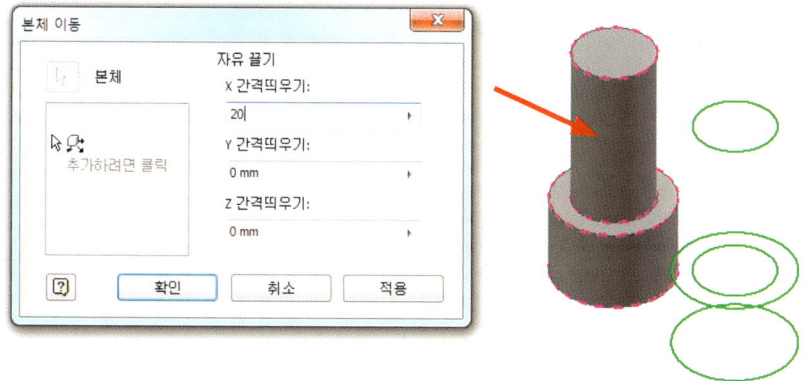

03 각 X,Y,Z 축 방향으로 이동할 거리를 입력한다.

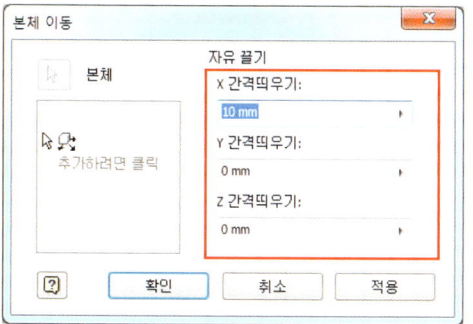

04 확인 버튼을 클릭한다.

02 선택 옵션

❶ **선택 창** : 이동할 본체를 선택한다.

❷ **자유 끌기** : 각각의 X,Y,Z 좌표로 이동활 거리를 입력한다.

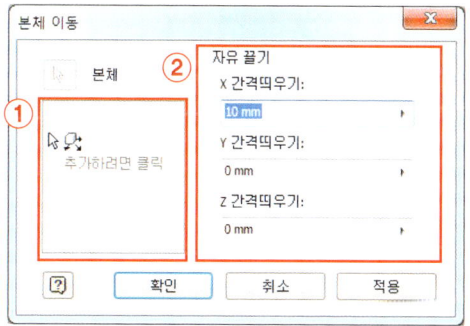

Part 03 피처 명령어

Lesson 12 | 굽힘

부품을 솔리드 스케치를 따라 굽힌다.

01 작성방법

01 절곡부로 쓸 스케치를 작성한다.

02 굽힘 명령을 클릭한다.

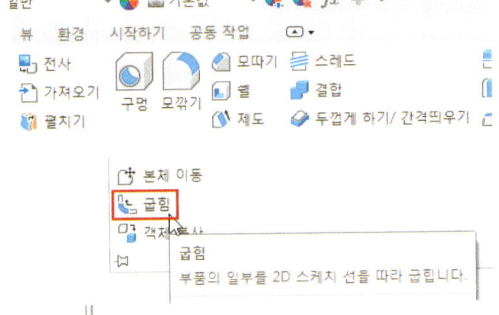

03 절곡부 선을 선택한다.

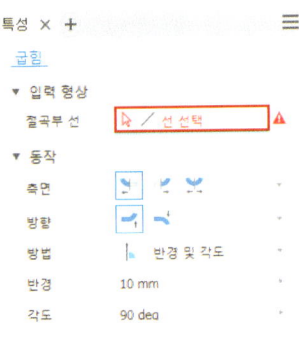
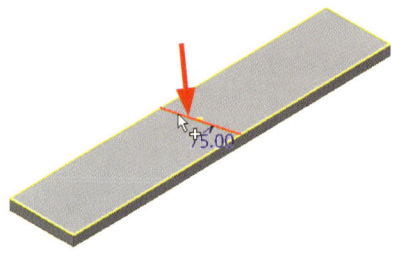

04 절곡할 솔리드를 선택한다.

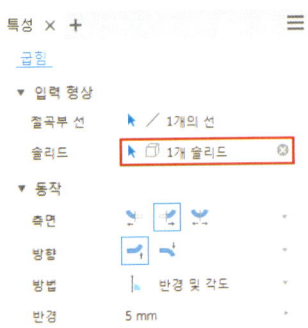
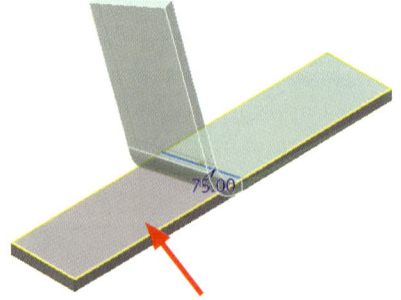

164

05 절곡 반지름과 각도를 선택한다.

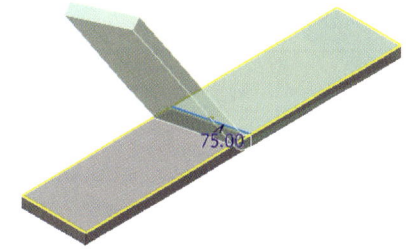

06 절곡 방향을 선택한다.

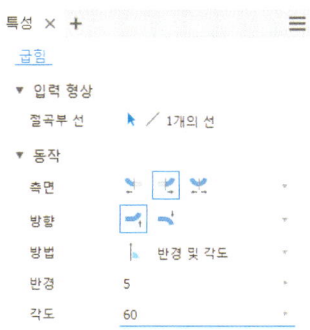

07 확인 버튼을 클릭한다.

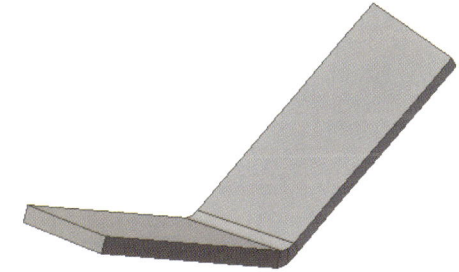

02 선택 옵션

① **절곡부 선** : 절곡할 선을 선택한다.
② **솔리드** : 절곡힐 솔리드를 선택한다.
③ **반지름** : 절곡할 반지름을 설정한다.
④ **각도** : 절곡할 각도를 설정한다.
⑤ **호의 길이** : 절곡해서 생성될 호의 길이를 설정한다.

Part 03 피처 명령어

3. 작업 피처

전산응용기계제도기능사/산업기사/기사 실기를 위한 인벤터

원점 항목의 면, 선, 점을 임의적으로 작성하는 명령이다.

Lesson 1 | 평면

사용자 평면을 작성하는 명령이다.

01 일반 평면

아래 항목에 있는 평면을 모두 작성할 수 있는 명령이다. 어떤 개체를 선택하느냐에 따라 상황에 맞는 평면이 생성된다.

02 평면에서 간격띄우기

01 평면 명령을 클릭한다.

02 면을 선택한다.

03 마우스를 끌어서 면을 이동시킨 다음 거리를 입력한다.

04 확인 버튼을 클릭한다.

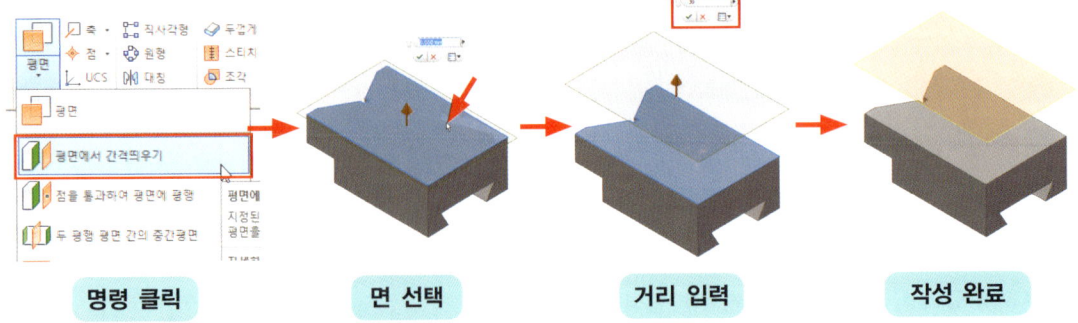

03 점을 통과하여 평면에 평행

01 평면 명령을 클릭한다.

02 점을 선택한다.

03 평면을 선택한다.

04 확인 버튼을 클릭한다.

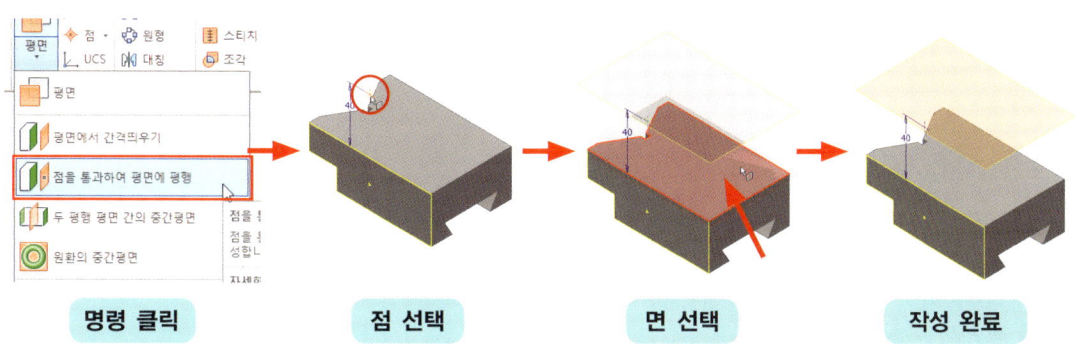

04 두 평행 평면 간의 중간평면

01 평면 명령을 클릭한다.

02 첫 번째 면을 선택한다.

03 두 번째 면을 선택한다.

04 확인 버튼을 클릭한다.

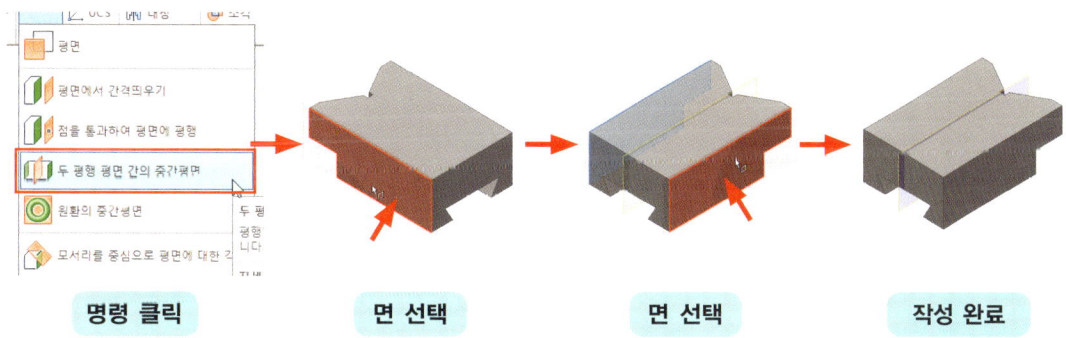

05 원환의 중간 평면

01 평면 명령을 클릭한다.

02 원환 형상을 클릭한다.

06 모서리를 중심으로 평면에 대한 각도

01 평면 명령을 클릭한다.

02 모서리를 선택한다.

03 평면을 선택한다.

04 각도를 입력한다.

05 확인 버튼을 클릭한다.

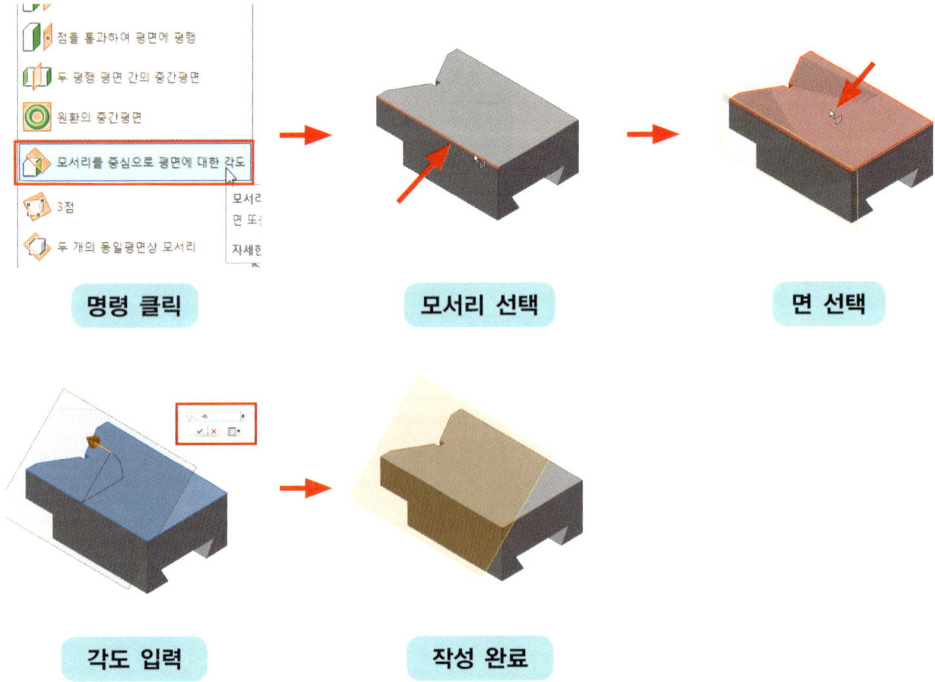

07 3점

01 평면 명령을 클릭한다.

02 첫 번째 점을 클릭한다.

03 두 번째 점을 클릭한다.

04 세 번째 점을 클릭한다.

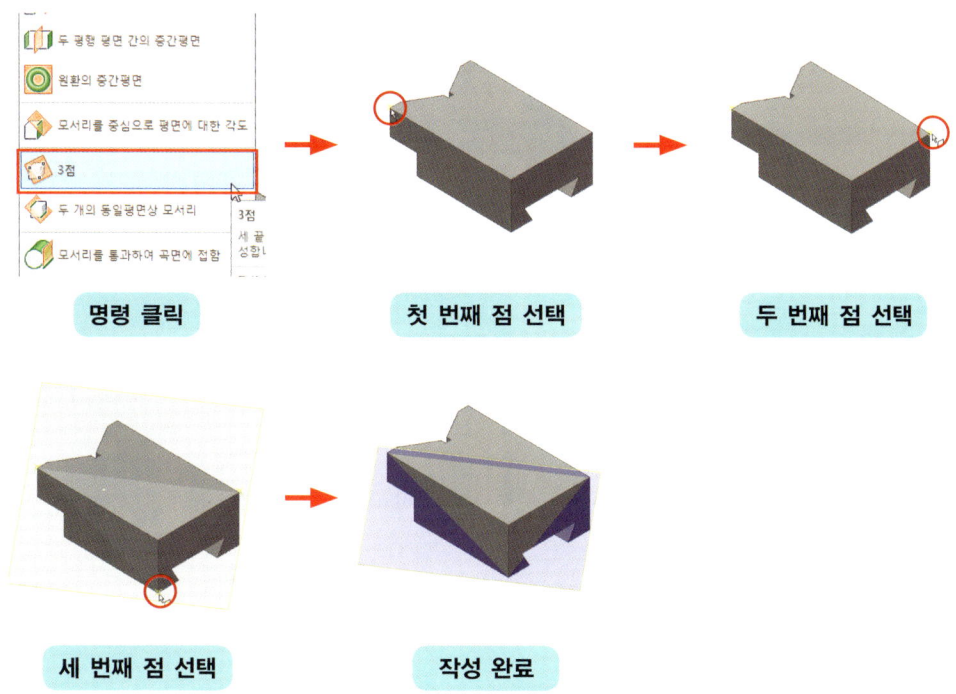

08 두 개의 동일평면상 모서리

01 첫 번째 모서리를 클릭한다.

02 두 번째 모서리를 클릭한다.

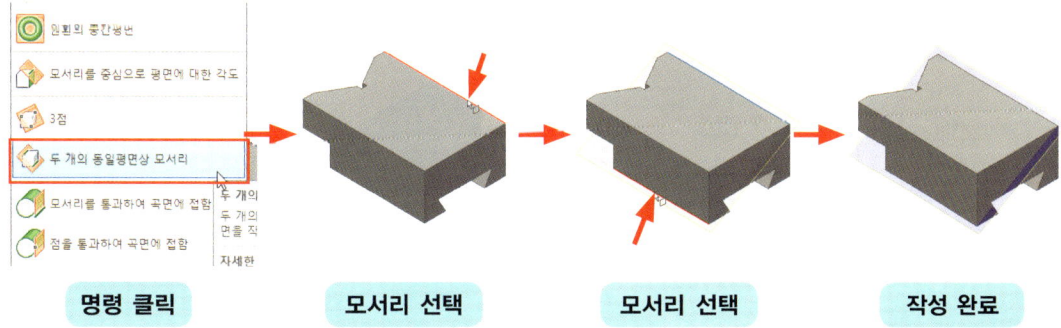

09 모서리를 통과하여 곡면에 접합

01 평면 명령을 클릭한다.

02 모서리를 선택한다.

03 곡면을 선택한다.

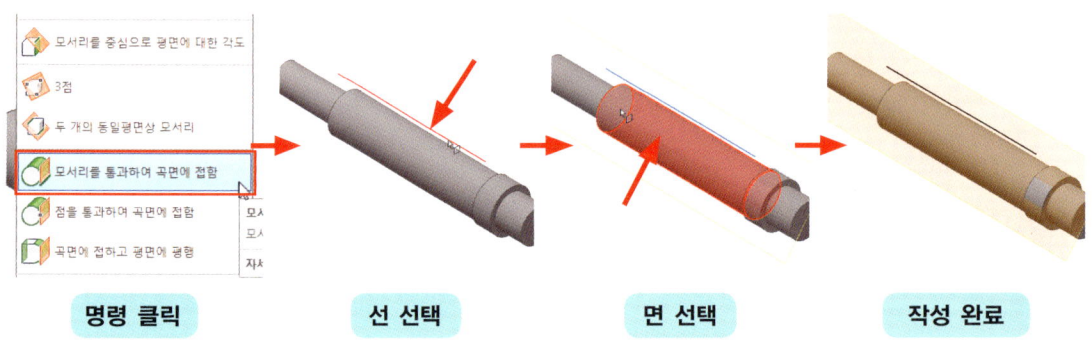

10 점을 통과하여 곡면에 접함

01 평면 명령을 클릭한다.

02 점을 선택한다.

03 곡면을 선택한다.

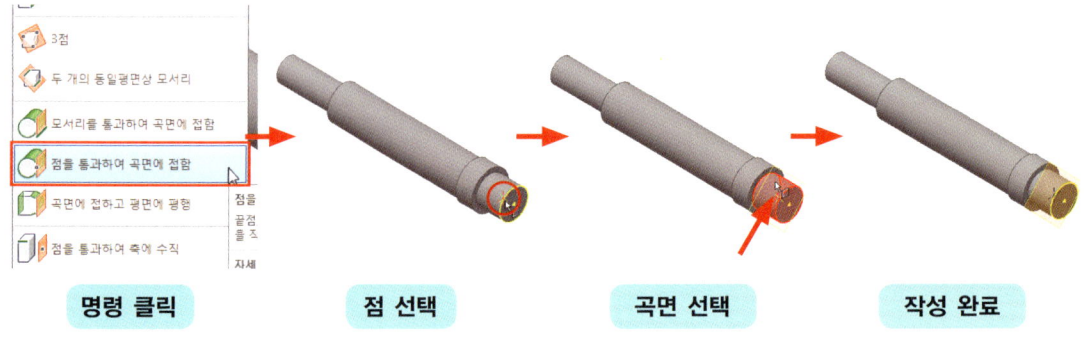

11 곡면에 접하고 평면에 평행

01 평면 명령을 클릭한다.

02 평면을 선택한다.

03 곡면을 선택한다.

Section3. 작업 피처

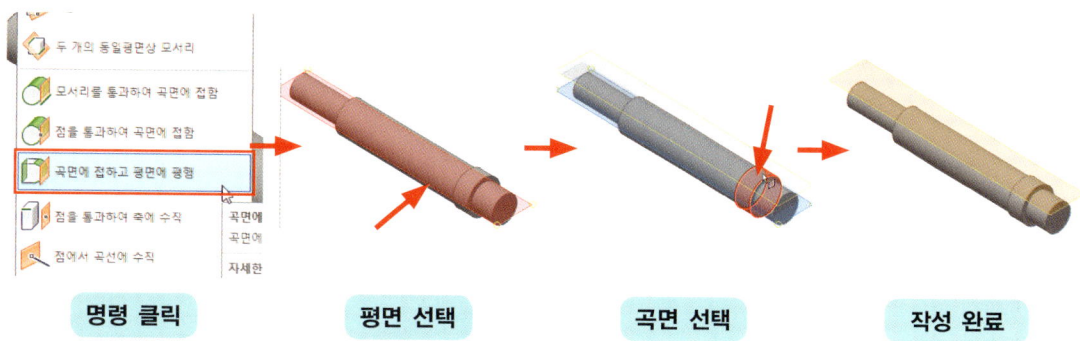

12 점을 통과하여 축에 수직

01 평면 명령을 클릭한다.

02 점을 선택한다.

03 축을 선택한다.

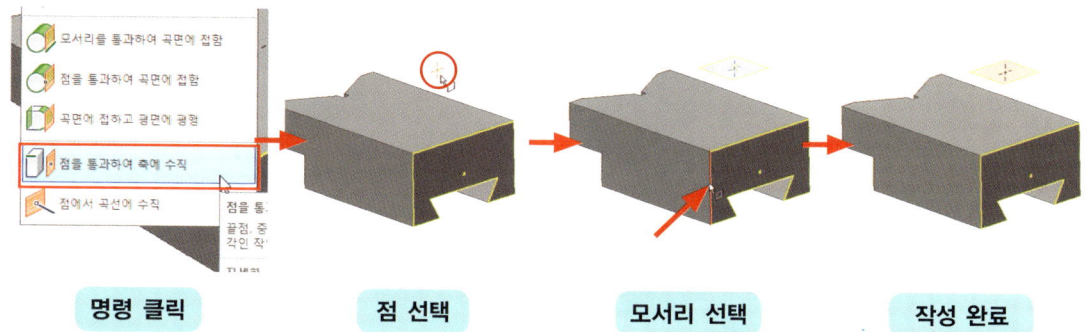

13 점에서 곡선에 수직

01 평면 명령을 클릭한다.

02 곡선이나 모서리를 선택한다.

03 점을 선택한다.

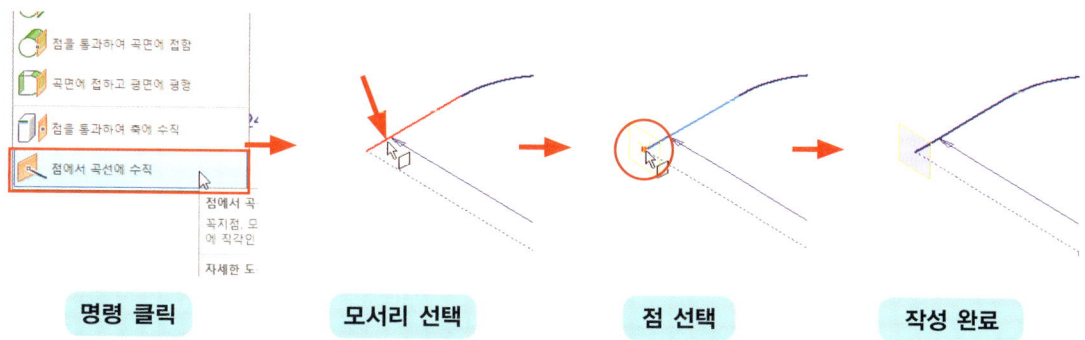

Lesson 2 축

사용자 축을 작성하는 명령이다.

01 일반 축

아래 항목에 있는 축을 모두 작성할 수 있는 명령이다. 어떤 개체를 선택하느냐에 따라 상황에 맞는 축이 생성된다.

02 선 또는 모서리에 있음

01 축 명령을 클릭한다.

02 선이나 모서리를 선택한다.

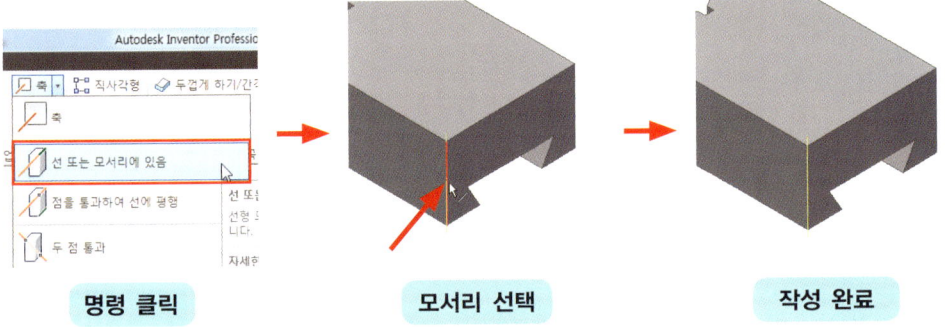

03 점을 통과하여 선에 평행

01 축 명령을 클릭한다.

02 점을 선택한다.

03 선을 선택한다.

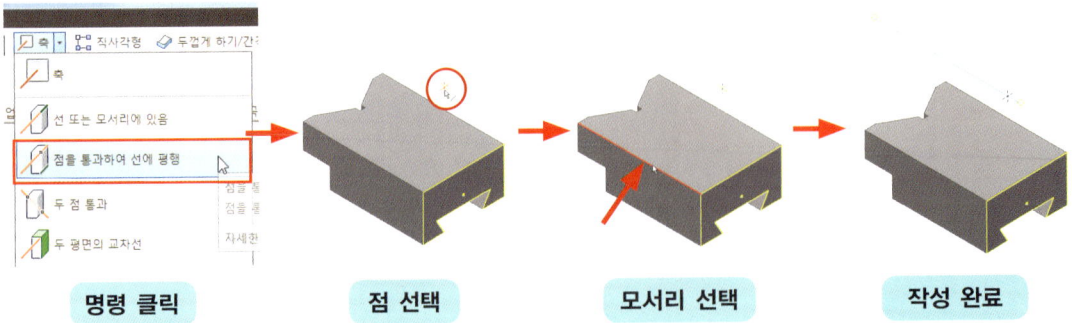

04 두 점 통과

01 축 명령을 클릭한다.

02 첫 번째 점을 선택한다.

03 두 번째 점을 선택한다.

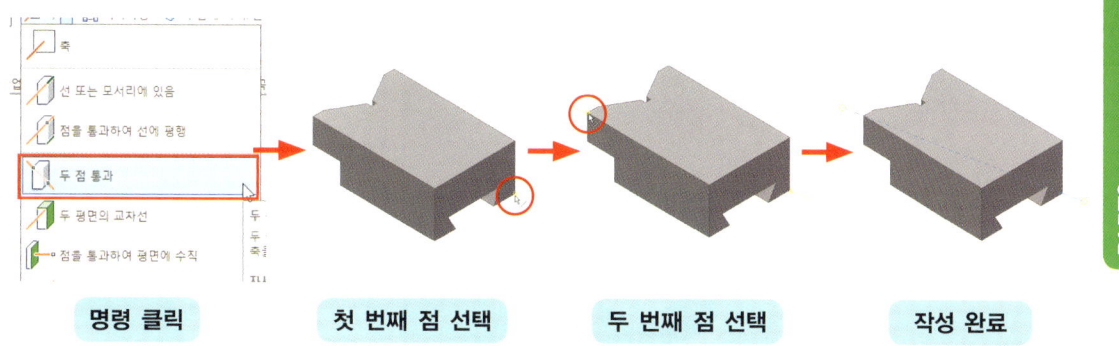

05 두 평면의 교차선

01 축 명령을 클릭한다.

02 첫 번째 평면을 선택한다.

03 두 번째 평면을 선택한다.

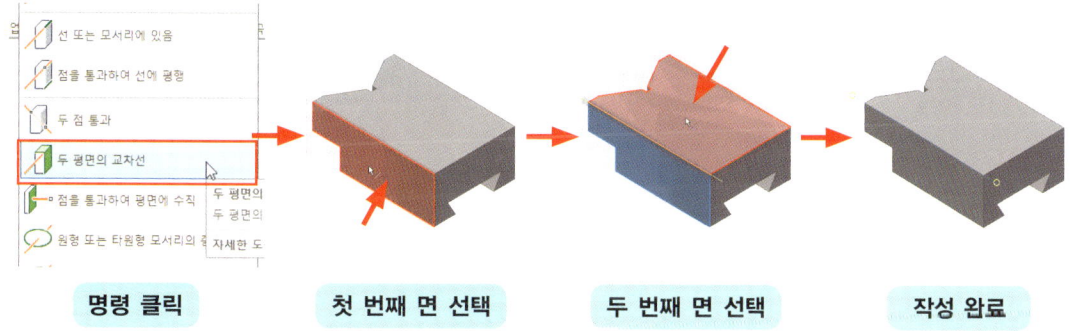

06 점을 통과하여 평면에 수직

01 축 명령을 클릭한다.

02 점을 선택한다.

03 평면을 선택한다.

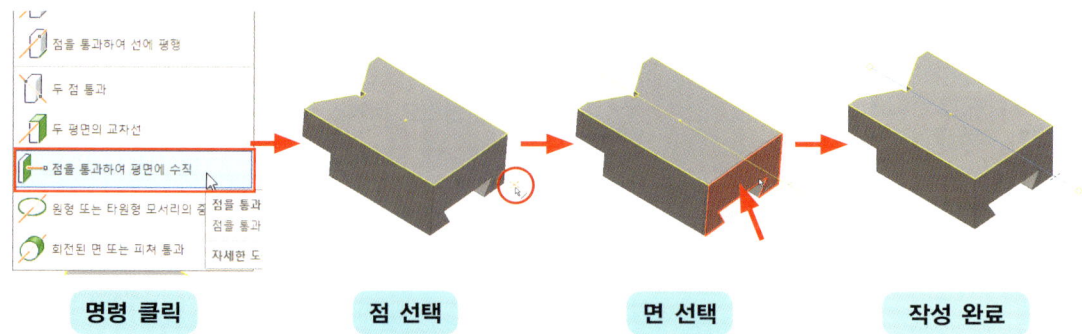

07 원형 또는 타원형 모서리의 중심 통과

01 축 명령을 클릭한다.

02 원형 또는 타원형 모서리를 선택한다.

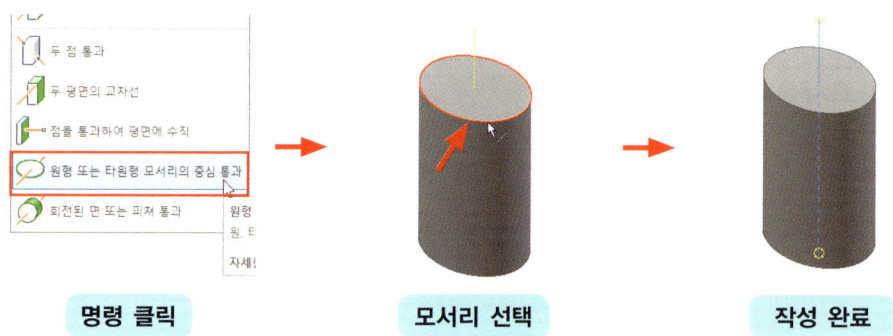

08 회전된 면 또는 피처 통과

01 축 명령을 클릭한다.

02 회전된 면을 선택한다.

Lesson 3 | 점

사용자 점을 작성하는 명령이다.

01 일반 점

아래 항목에 있는 점을 모두 작성할 수 있는 명령이다. 어떤 개체를 선택하느냐에 따라 상황에 맞는 점이 생성된다.

02 고정 점

01 점 명령을 클릭한다.

02 기존의 고정점이나 작업점을 선택한다.

03 자유 이동 축 도구로 이동할 거리를 입력한다.

04 확인 버튼을 클릭한다.

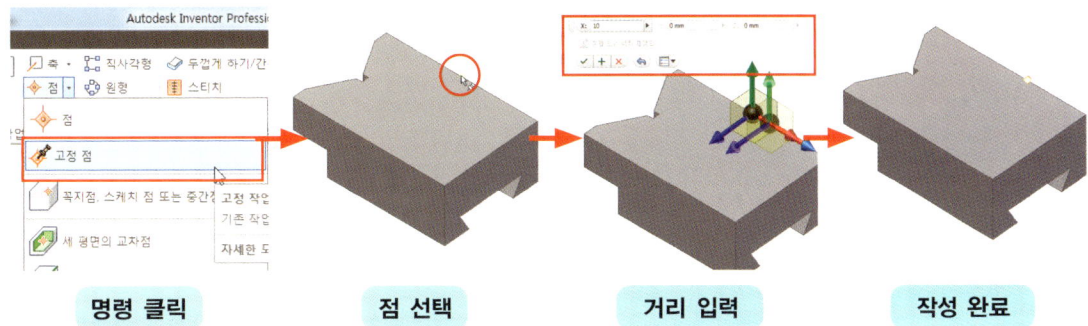

명령 클릭 → 점 선택 → 거리 입력 → 작성 완료

03 꼭지점, 스케치 점 또는 중간점에 있음

01 점 명령을 클릭한다.

02 꼭지점 혹은 스케치 점이나 중간점을 선택한다.

명령 클릭 → 점 선택 → 작성 완료

04 세 평면의 교차점

01 점 명령을 클릭한다.

02 첫 번째 평면을 선택한다.

03 두 번째 평면을 선택한다.

04 세 번째 평면을 선택한다.

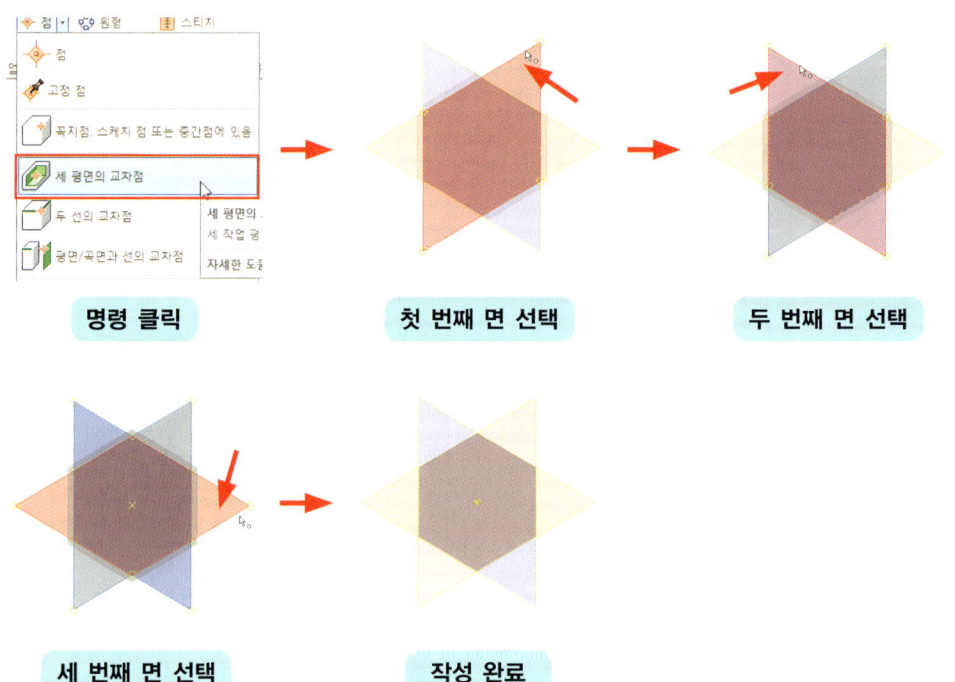

05 두 선의 교차점

01 점 명령을 클릭한다.

02 첫 번째 선을 선택한다.

03 두 번째 선을 선택한다.

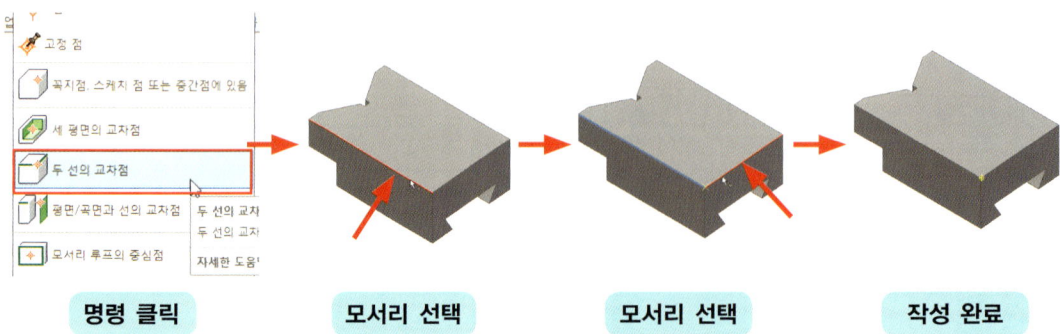

06 평면/곡면과 선의 교차점

01 점 명령을 클릭한다.

02 평면/곡면을 선택한다.

03 선을 선택한다.

07 형상의 중심점

① 모서리 루프의 중심점

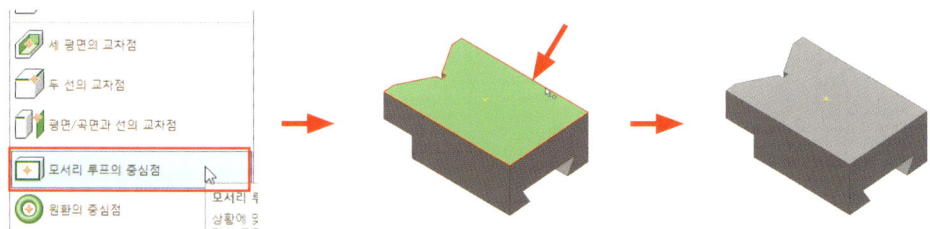

② 원환의 중심점

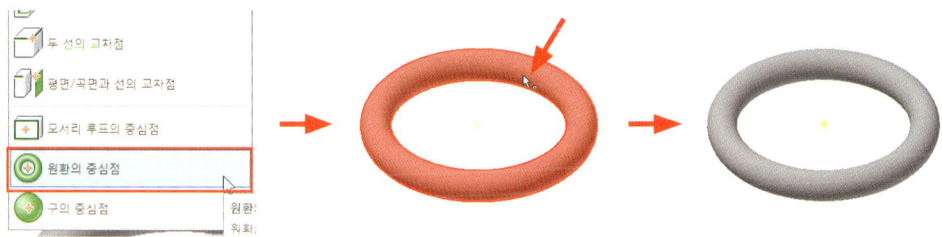

③ 구의 중심점

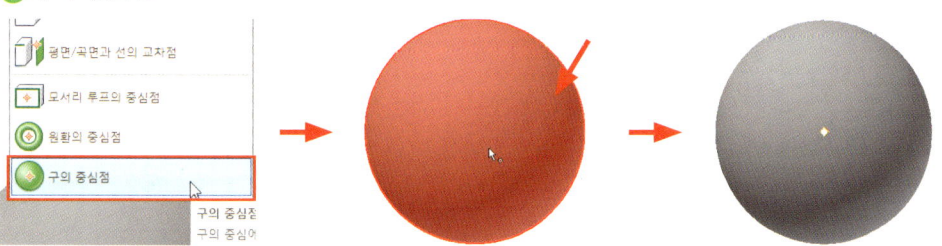

Part 03 피처 명령어

4. 패턴 명령

전산응용기계제도기능사/산업기사/기사 실기를 위한 인벤터

피처 혹은 솔리드를 패턴하는 명령이다.

- 직사각형
- 미러
- 원형
- 스케치 연계

패턴

Lesson 1 직사각형 패턴

선택한 피처/솔리드 개체를 선형 방향으로 패턴하는 명령이다.

01 작성방법

01 직사각형 패턴 명령을 클릭한다.

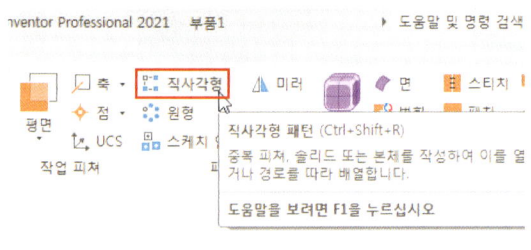

02 패턴 유형을 선택한다.

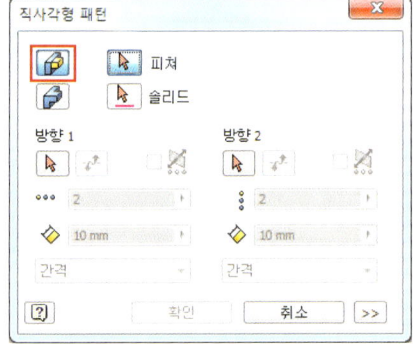

03 패턴할 피처를 선택한다.

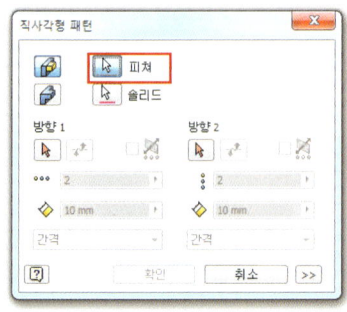

178

04 패턴할 첫 번째 방향을 지정하고 개수와 거리를 지정한다.

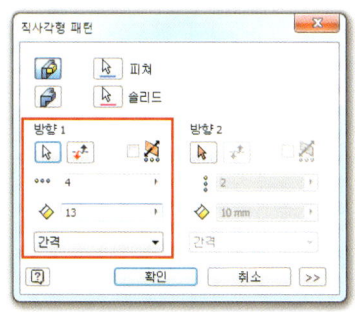 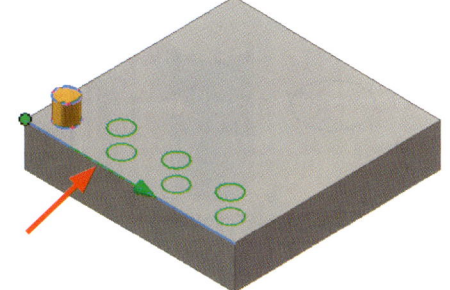

05 패턴할 두 번째 방향을 지정하고 개수와 거리를 지정한다.

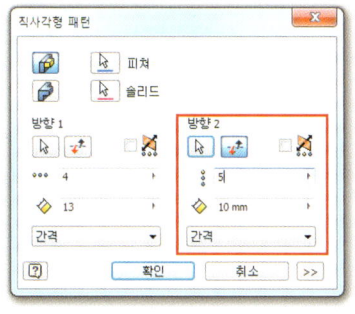 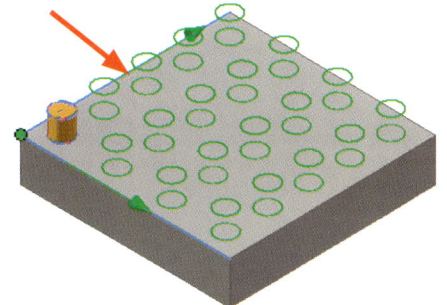

06 확인 버튼을 클릭한다.

02 생성 유형

❶ 피처 패턴 : 피처를 패턴한다.

① **피처** : 패턴할 피처를 선택한다.

② **솔리드** : 패턴 피처가 어느 솔리드에 종속될지를 지정한다.

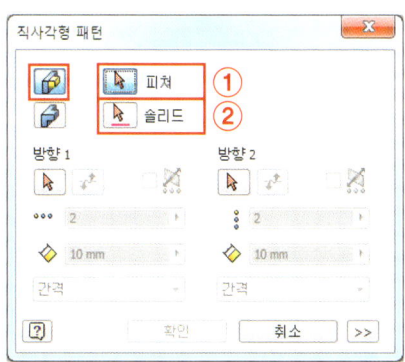

❷ **솔리드 패턴** : 솔리드를 패턴한다.

① **솔리드** : 패턴할 솔리드를 선택한다.

② **작업 피처/곡면 피처 포함** : 패턴에 포함할 작업 피처/곡면 피처를 선택한다.

③ **접합/새 본체 작성** : 패턴한 개체들이 하나의 솔리드일지 개별 솔리드일지를 선택한다.

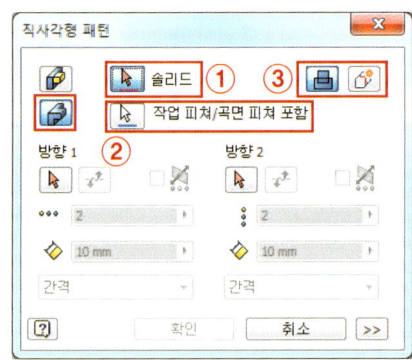

03 방향 옵션

❶ **방향** : 원형 패턴할 방향 모서리/면을 선택한다.

❷ **방향 반전** : 패턴 방향을 반전한다.

❸ **중간 평면** : 좌우로 패턴된다.

❹ **개수** : 패턴할 개수를 지정한다.

❺ **거리** : 패턴할 거리를 지정한다.

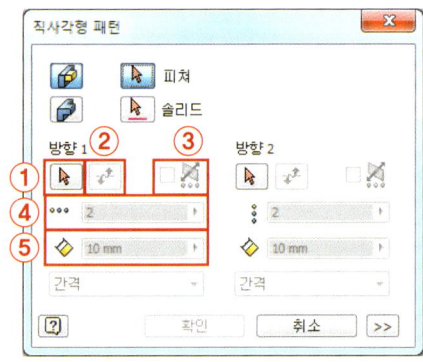

Lesson 2 │ 원형 패턴

선택한 피처/솔리드를 패턴 축을 중심으로 허용 각도안에서 지정 개수만큼 원형으로 배열 복사하는 명령이다.

01 작성방법

01 원형 패턴 명령을 클릭한다.

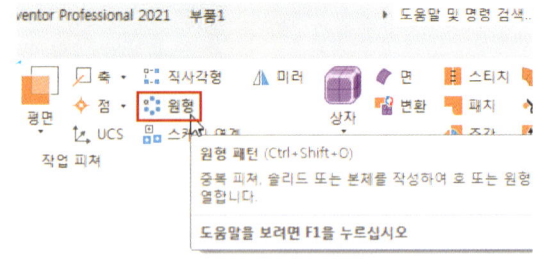

02 패턴 유형을 선택한다.

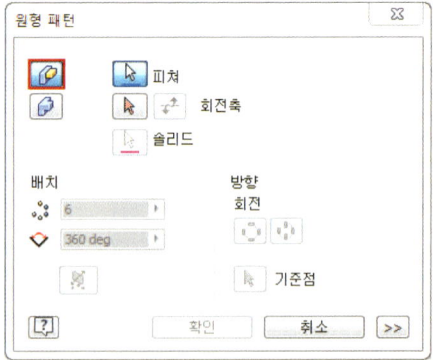

03 패턴할 피처를 선택한다.

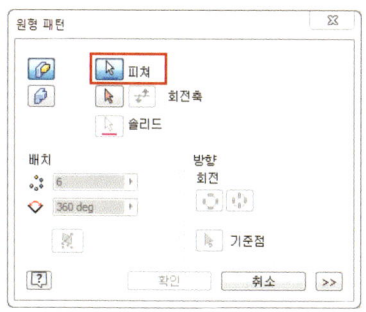 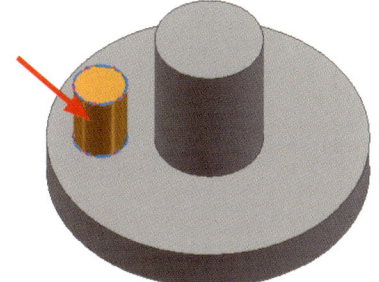

04 패턴의 중심으로 쓸 회전축을 선택한다.

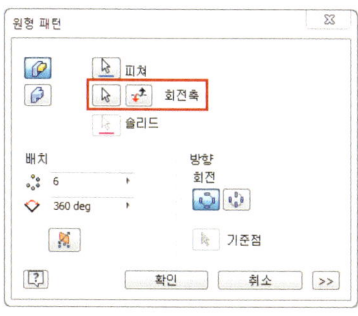 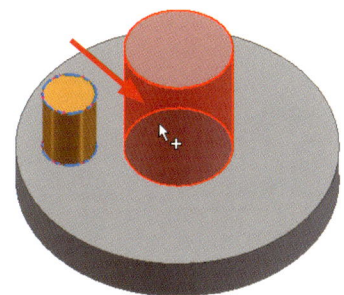

05 패턴할 개수를 지정한다.

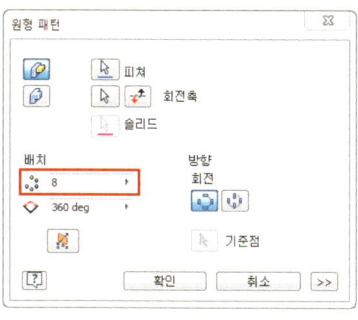 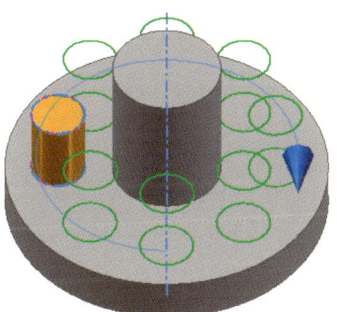

06 패턴할 범위 각도를 지정한다.

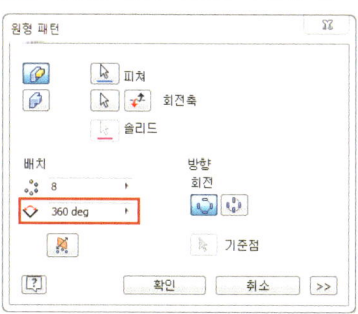 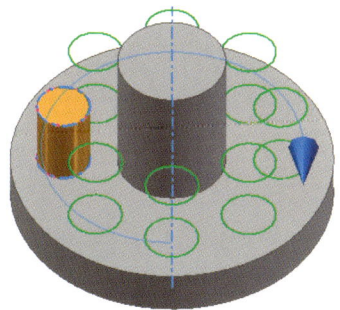

07 확인 버튼을 클릭한다.

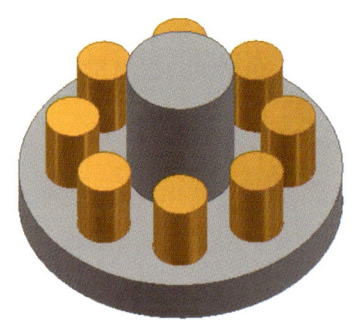

02 생성 유형

① 피처 패턴 : 피처를 패턴한다.

① 피처 : 패턴할 피처를 선택한다.

② 회전 축 : 중심으로 쓸 회전축을 선택한다.

③ 솔리드 : 패턴 피처가 어느 솔리드에 종속될지를 지정한다.

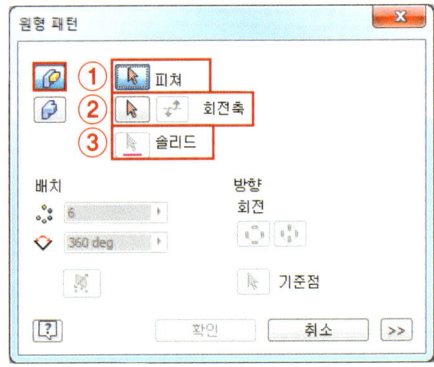

② 솔리드 패턴 : 솔리드를 패턴한다.

① 솔리드 : 패턴할 솔리드를 선택한다.

② 작업 피처/곡면 피처 포함 : 패턴에 포함할 작업 피처/곡면 피처를 선택한다.

③ 회전 축 : 중심으로 쓸 회전축을 선택한다.

④ 접합/새 본체 작성 : 패턴한 개체들이 하나의 솔리드일지 개별 솔리드일지를 선택한다.

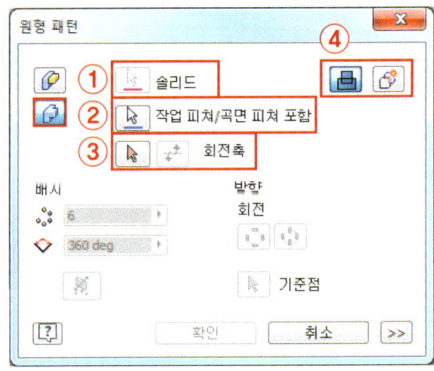

03 배치 옵션

① 개수 : 패턴할 개수를 지정한다.

② 범위 각도 : 패턴할 범위 각도를 지정한다.

③ 중간 평면 : 좌우로 패턴된다.

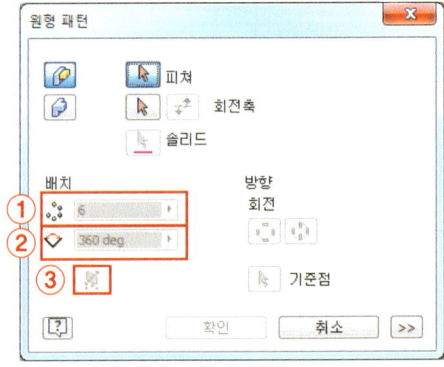

Lesson 3 | 대칭 패턴

선택한 피처/솔리드 개체를 기준 평면에 대칭되게 복사하는 명령이다.

01 작성방법

01 대칭 패턴 명령을 클릭한다.

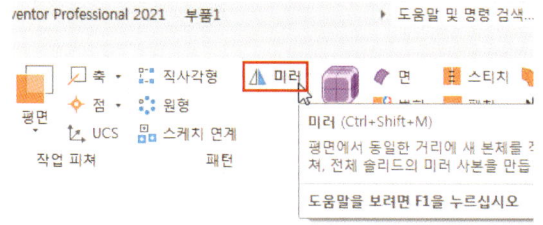

02 대칭 타입을 설정한다.

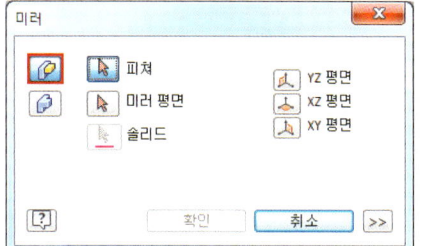

03 대칭할 피처를 선택한다.

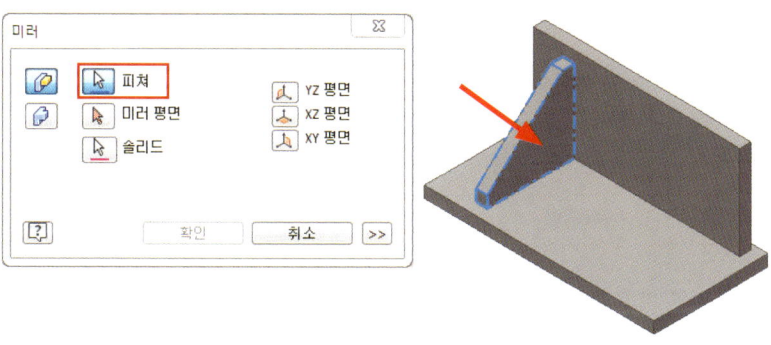

04 대칭 평면을 선택한다.

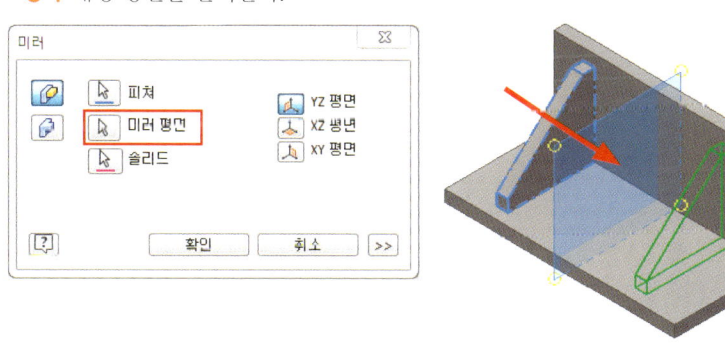

05 확인 버튼을 클릭한다.

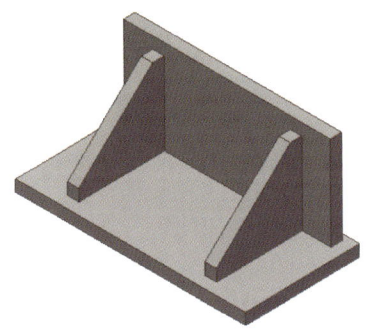

02 생성 유형

❶ 피처 패턴 : 피처를 패턴한다.

① 피처 : 패턴할 피처를 선택한다.

② 대칭 평면 : 대칭의 기준이 될 평면을 선택한다.

③ 솔리드 : 패턴 피처가 어느 솔리드에 종속될지를 지정한다.

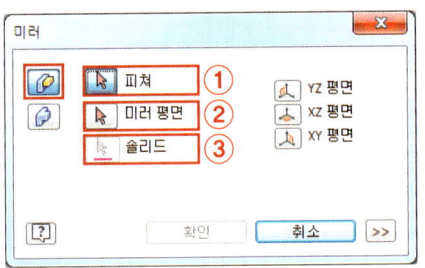

❷ 솔리드 패턴 : 솔리드를 패턴한다.

① 솔리드 : 패턴할 솔리드를 선택한다.

② 작업 피처/곡면 피처 포함 : 패턴에 포함할 작업 피처/곡면 피처를 선택한다.

③ 대칭 평면 : 대칭의 중심으로 쓸 평면을 선택한다.

④ 원본 제거 : 대칭의 원본 피처/솔리드를 제거한다.

⑤ 접합/새 본체 작성 : 패턴한 개체들이 하나의 솔리드일지 개별 솔리드일지를 선택한다.

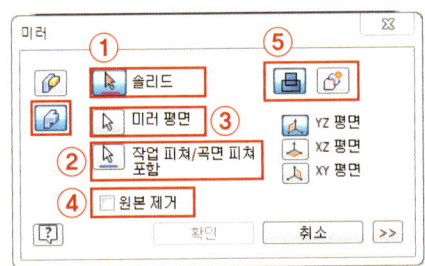

Lesson 4 | 사용자 재질 작성하기

01 재질 작성하기

다음과 같이 도구 탭에서 재질 명령을 클릭한다.

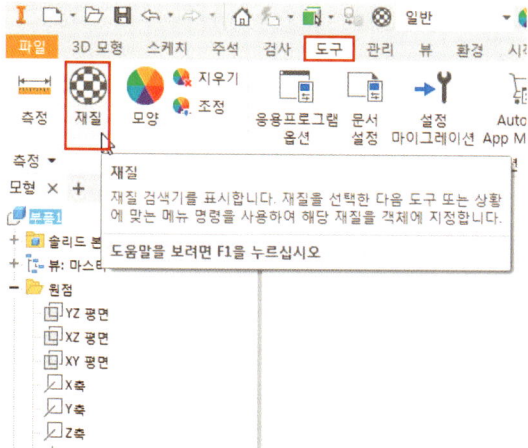

작성하려는 재질과 유사한 물성치의 재질을 마우스 우측 버튼으로 선택해 문서 재료에 추가한다.

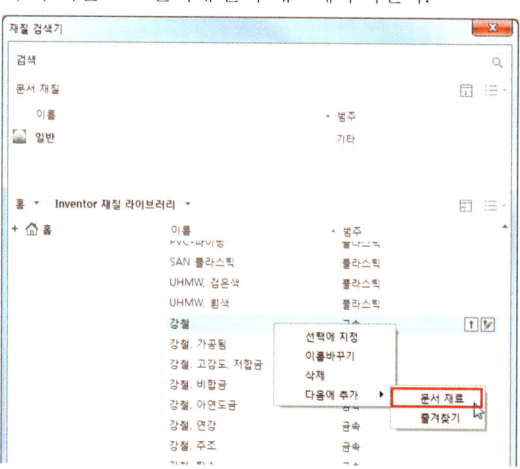

추가된 재질을 마우스 우측 버튼으로 선택해 복제 명령을 클릭한다.

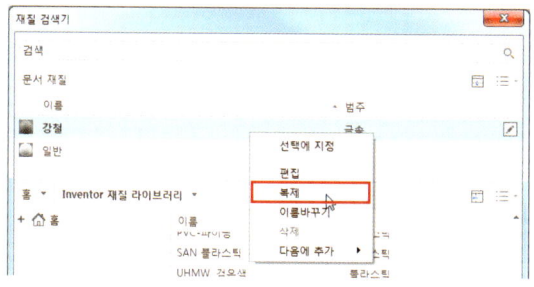

다음과 같이 재질이 복제된다.

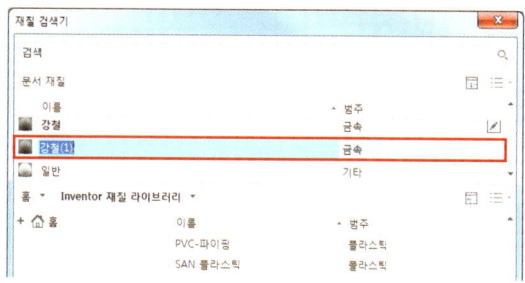

복제된 재질을 마우스 우측 버튼으로 선택해 편집 명령을 클릭한다.

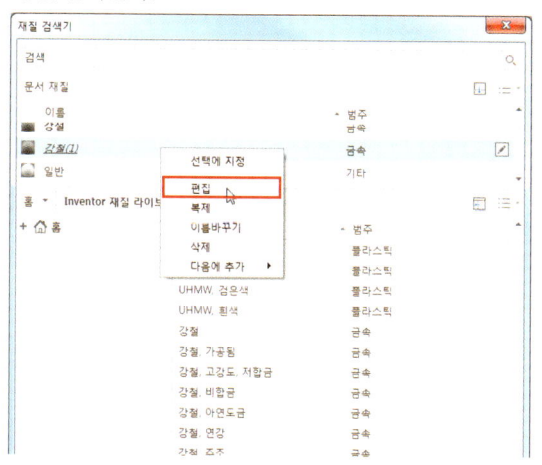

ID탭에서 이름을 다음과 같이 수정한다.

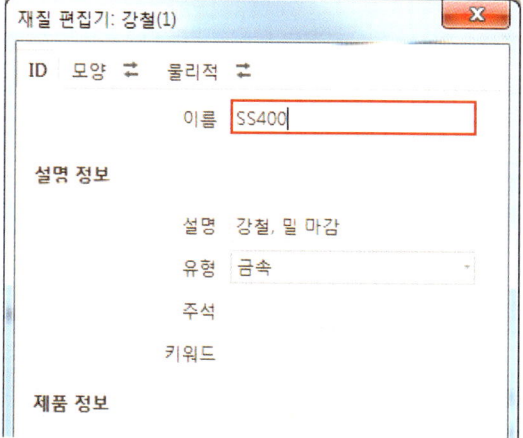

물리적 탭에서 원하는 물성치로 수정한다.

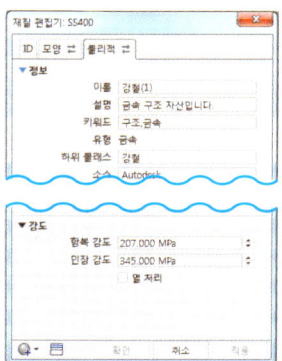

확인 버튼을 누르면 다음과 같이 재질이 작성된다.

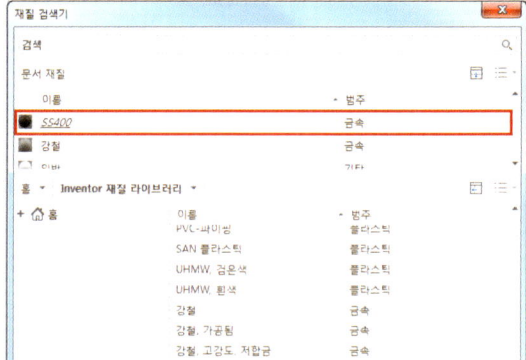

02 재질 적용하기 및 물성치 확인하기

리스트에서 원하는 재질을 선택하면 해당 파일에 재질이 적용된다.

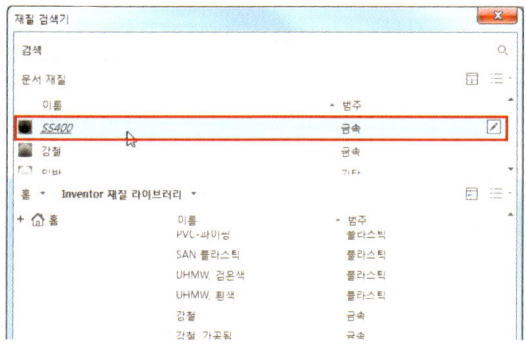

어플리케이션 버튼을 클릭해 iPrpperties를 클릭한다.

다음과 같이 재질이 적용된 것을 볼 수 있고 일반 특성과 관성 특성 란에서 부품의 물성치를 확인할 수 있다.

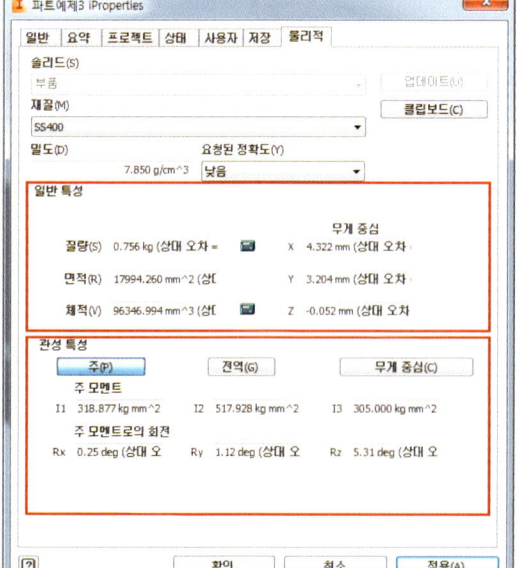

재질란을 확장해 다른 재질을 선택하면 재질을 변경할 수 있다.

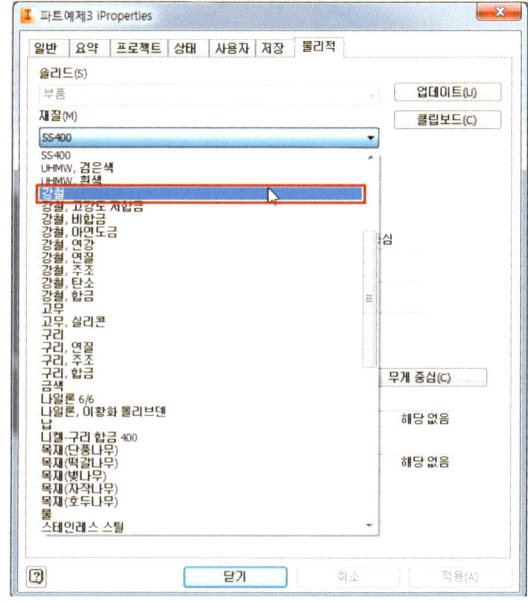

03 스타일 라이브러리에 재질 저장하기

작성한 재질을 스타일 라이브러리에 저장하기 위해서 관리탭의 스타일 저장 버튼을 클릭한다.

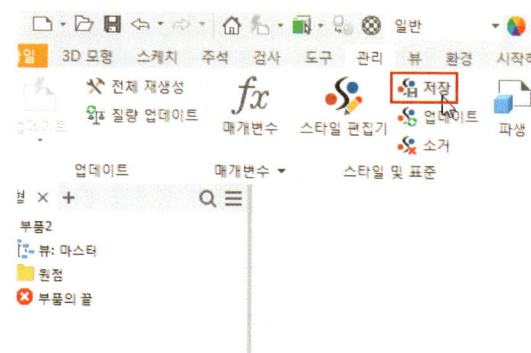

라이브러리에 저장할 항목만 "예" 상태로 만든 다음 확인 버튼을 클릭한다.

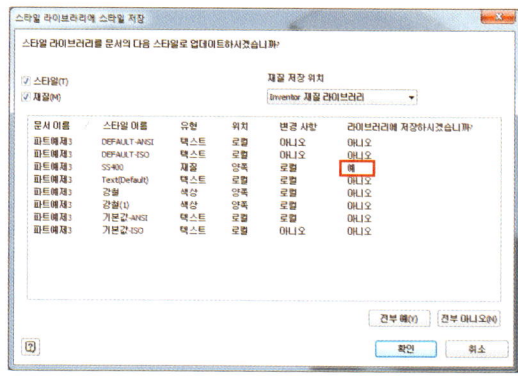

어드바이스 ▶ 저장 버튼은 해당 프로젝트의 하위 항목에 스타일 라이브러리 사용이 읽기-쓰기 상태가 되어야 활성화된다.

PART 04

파트 모델링

Section 1	블럭 타입의 부품 그리기	192p
Section 2	핀, 볼트 타입의 부품 그리기	224p
Section 3	축 타입의 부품 그리기	248p
Section 4	동력전달용 부품 그리기	274p
Section 5	본체 타입의 부품 그리기	312p
Section 6	기타 부품 그리기	350p

Part 04 파트 모델링

1.블럭 타입의 부품 그리기

전산응용기계제도기능사/산업기사/기사 실기를 위한 인벤터

돌출 명령을 이용하는 사각 박스 타입의 블럭 부품을 작성하는 방법을 알아보도록 하자.

Lesson 1 │ 클램핑 블록

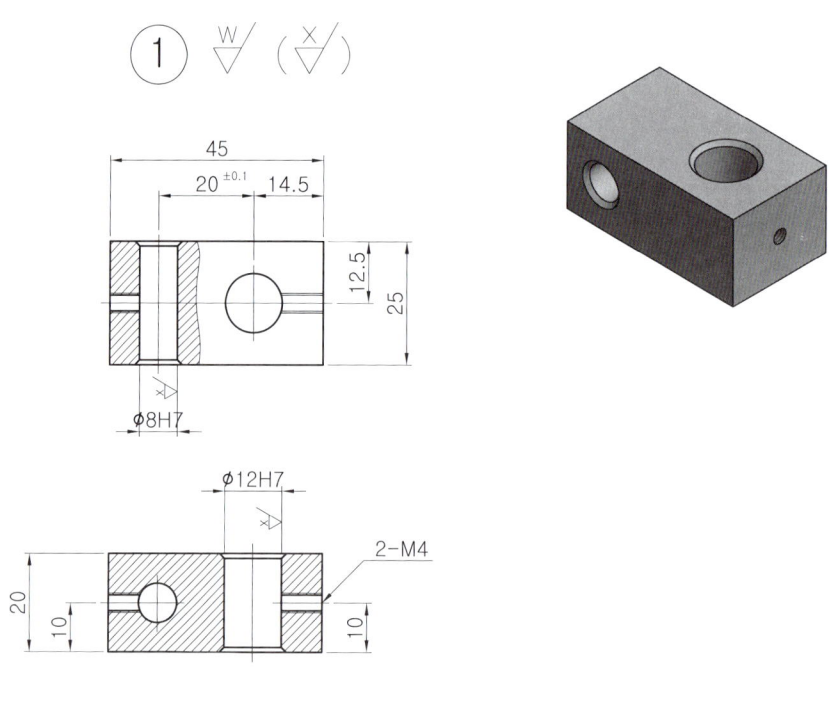

주 석 ▶ 도시되고 지시하지 않은 모따기 1X45°

01 베이스 피처 작성

01 XY평면에 스케치를 작성한다.

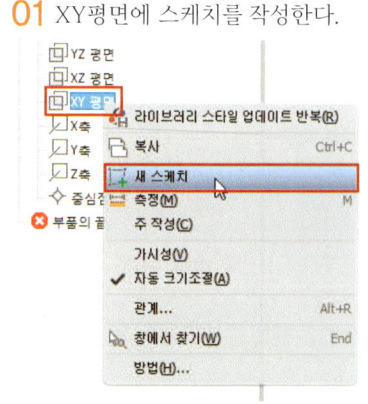

02 두 점 중심 직사각형 명령을 클릭한다.

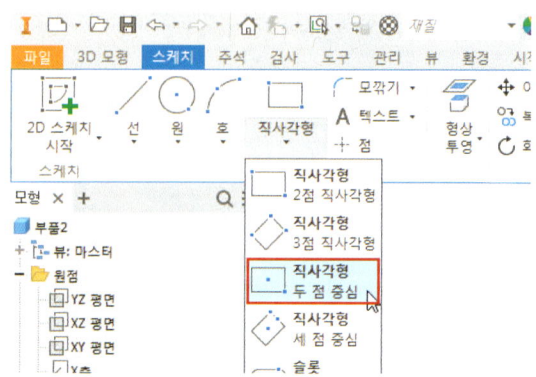

Section1.블럭 타입의 부품 그리기

03 중심점을 원점으로 직사각형을 작성한다.

04 치수 명령으로 가로 세로의 치수를 작성한다.

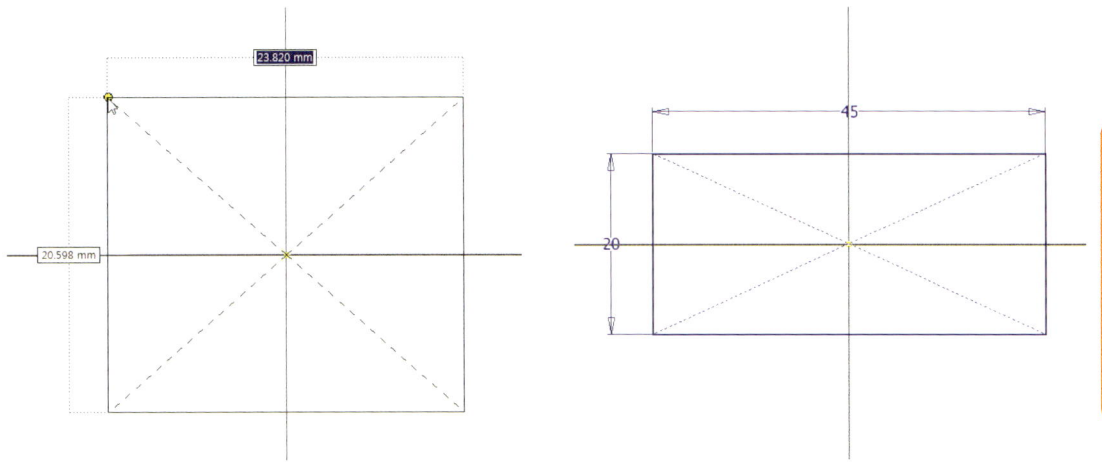

05 돌출 명령 클릭 ▶ 거리 : 25mm ▶ 방향 : 대칭 ▶ 확인 버튼 클릭

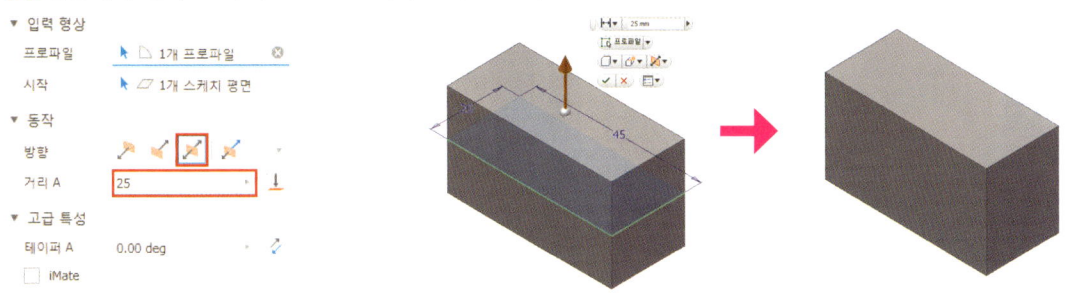

02 서브 피처 작성

01 박스 윗면을 클릭해 스케치 작성을 클릭한다.

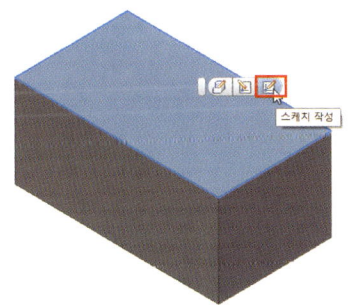

02 원 명령을 클릭한다.

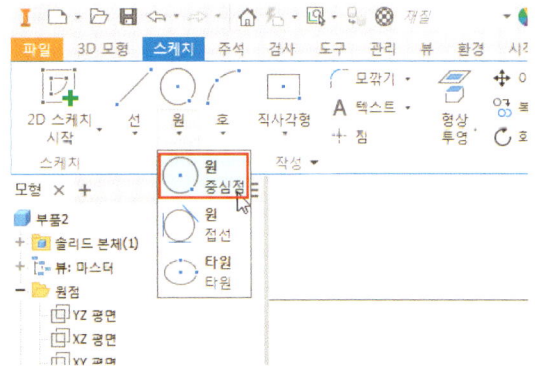

191

03 원을 작성한다.

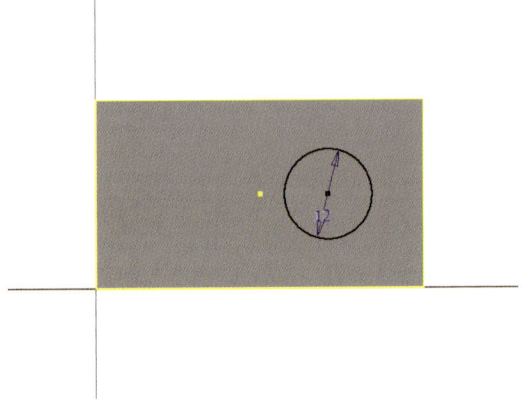

04 원과 우측 모서리의 중간점을 수평 구속조건으로 구속한다.

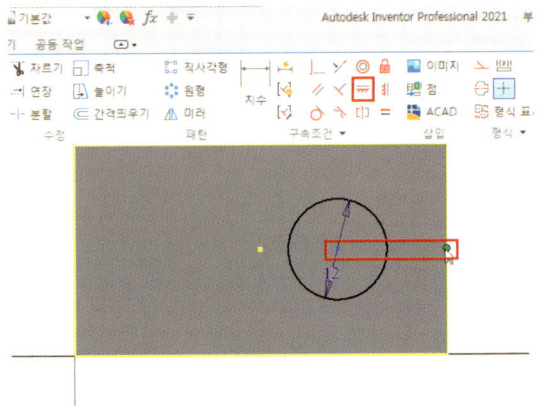

05 원과 우측 모서리와의 치수를 작성한다.

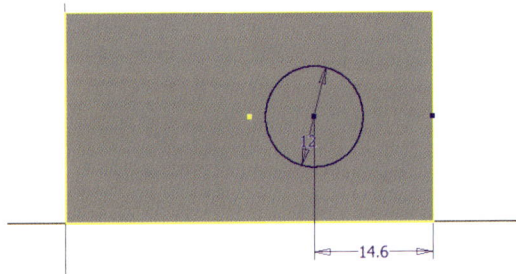

06 돌출 명령 클릭 ▶ 유형 : 차집합 ▶ 거리 : 다음 면까지 ▶ 확인 버튼 클릭

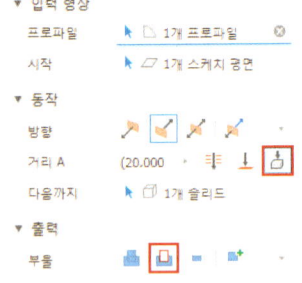

07 박스 앞면을 선택해 스케치 작성을 클릭한다.

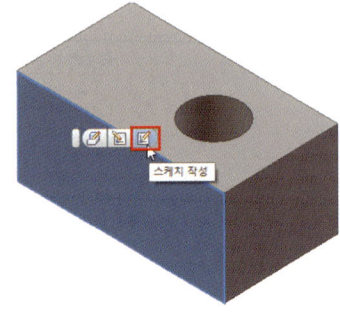

08 원을 작성한다.

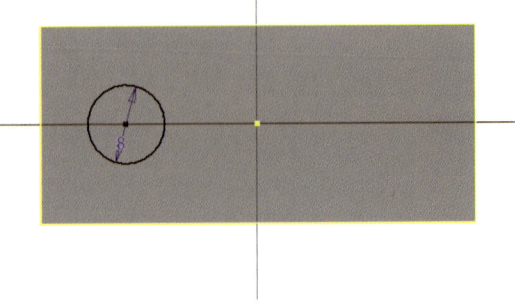

Section1.블럭 타입의 부품 그리기

09 원과 좌측 모서리의 중간점을 수평 구속조건으로 구속한다.

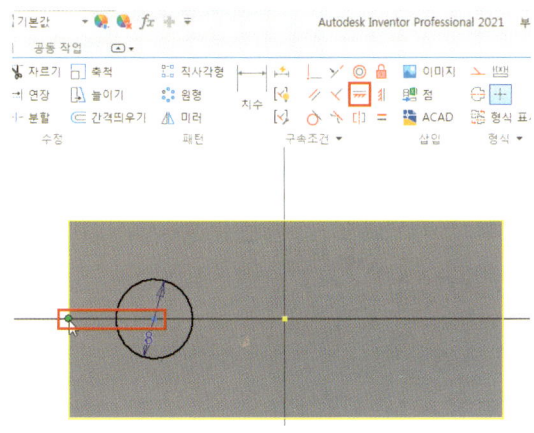

10 원과 좌측 모서리와의 치수를 작성한다

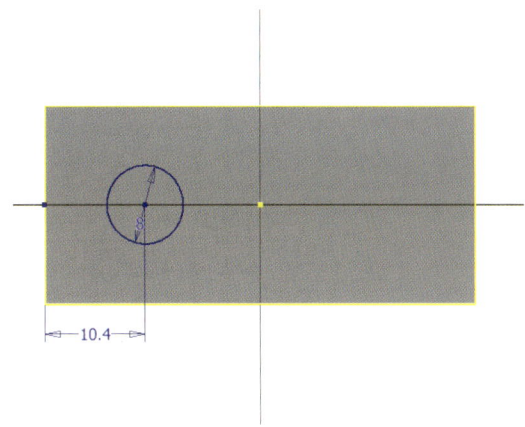

11 돌출 명령 클릭 ▶ 프로파일 선택 ▶ 유형 : 차집합 ▶ 거리 : 다음 면까지 ▶ 확인 버튼 클릭

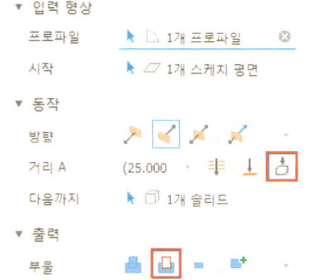

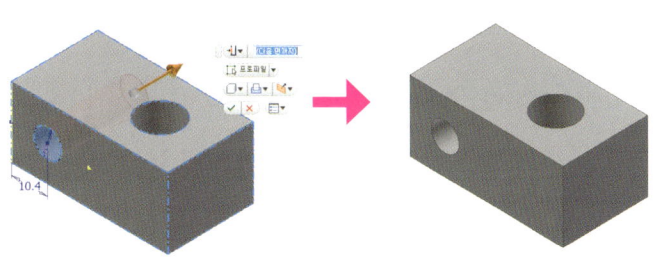

03 구멍 피처 작성

01 박스 옆면을 클릭해 스케치 작성을 클릭한다.

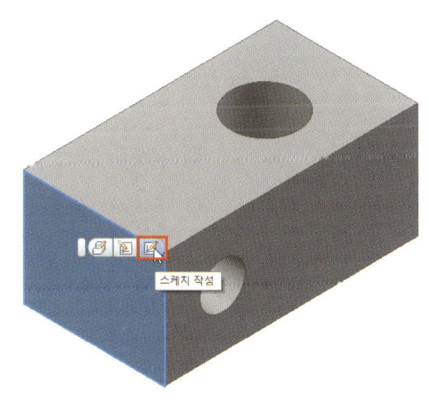

02 점 명령으로 원점 위치에 점을 작성한다.

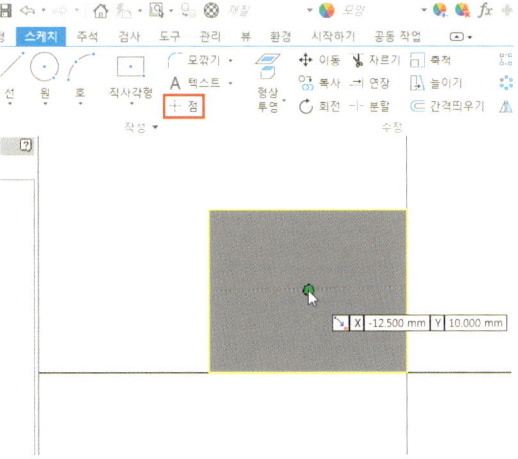

03 구멍 명령을 클릭해 다음과 같이 작성한다.

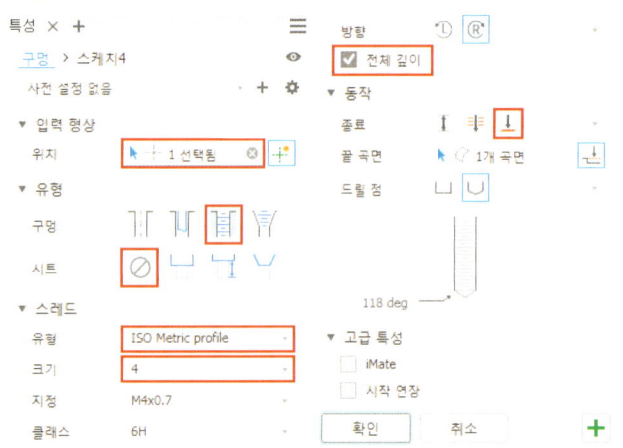

배치 : 시작 스케치 ▶ **구멍 유형** : 드릴 ▶ **거리** : 지정 면까지(면 지정)
▶ **구멍 타입** : 탭 구멍(ISO Metric profile, M4x0.7) ▶ **확인** 버튼 클릭

04 박스 옆면을 클릭해 스케치 작성을 클릭한다.

05 점 명령으로 원점 위치에 점을 작성한다.

06 구멍 명령을 클릭해 다음과 같이 작성한다.

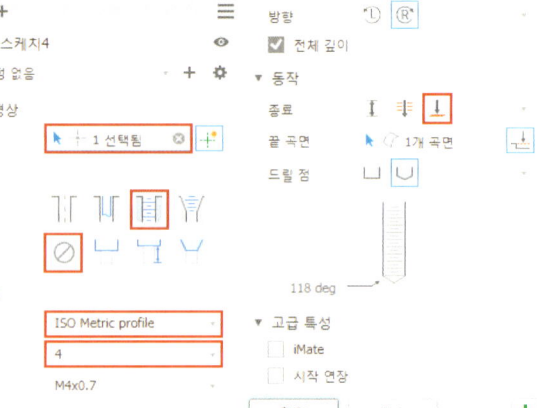

배치 : 시작 스케치 ▶
구멍 유형 : 드릴 ▶
종료 : 지정 면까지(면 지정)▶
구멍 타입 : 탭 구멍(ISO Metric profile, M4x0.7) ▶
확인 버튼 클릭

Section1. 블럭 타입의 부품 그리기

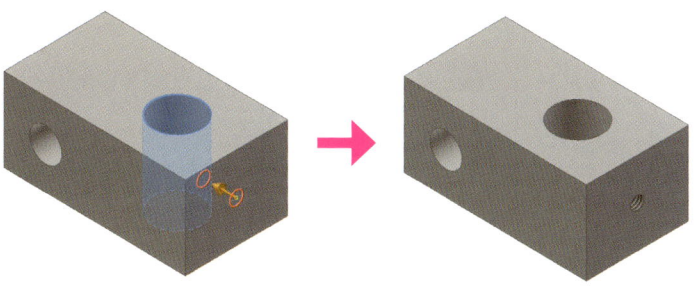

04 모따기 피처 작성

01 모따기 명령 클릭 ▶ 모따기 타입 : 거리 ▶ 모따기 거리 : 1mm ▶ 모서리 선택 ▶ 확인 버튼 클릭

Lesson 2 | 클램프 링크

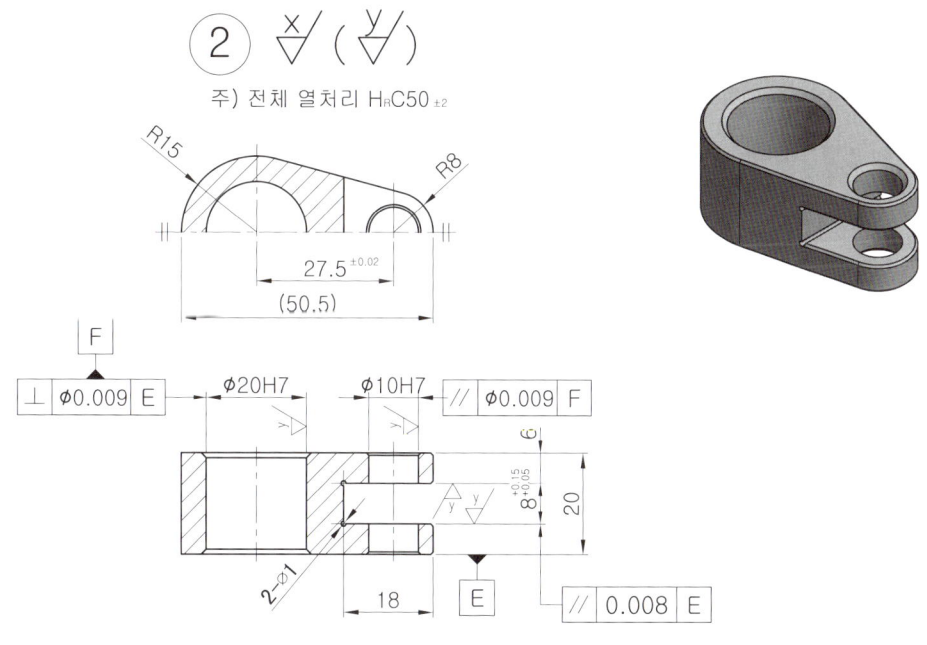

주 석 ▶ 도시되고 지시하지 않은 모따기 1X45°

195

01 베이스 피처 작성

01 XY평면에 스케치를 작성해 가상선을 작성한다.

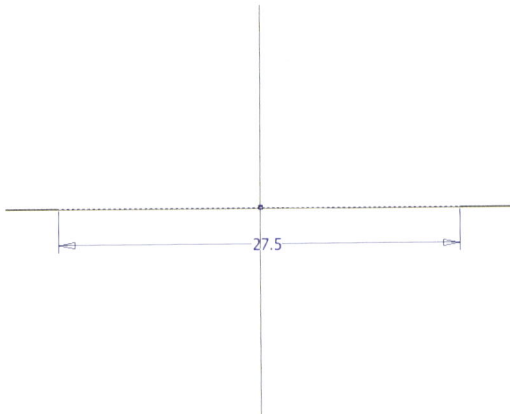

02 선의 끝점에 다음과 같은 원을 작성한다.

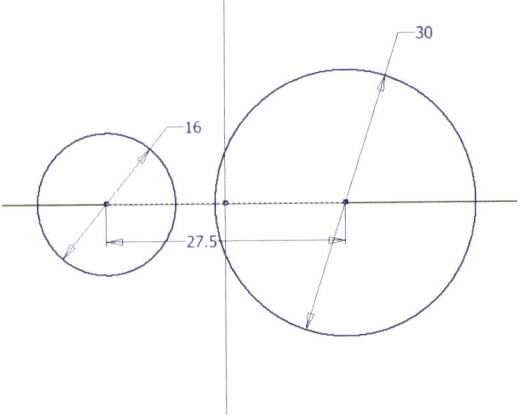

03 선을 작성한다.

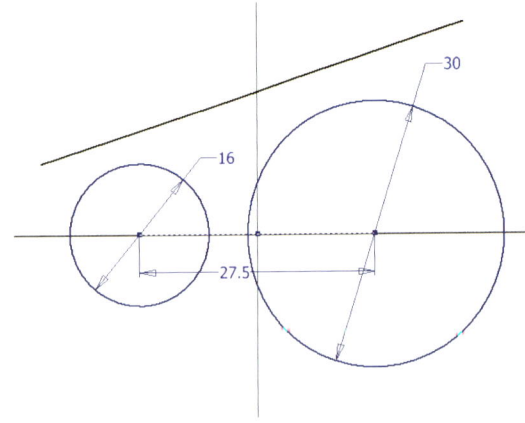

04 접선 구속조건으로 선과 원을 접하게 한다.

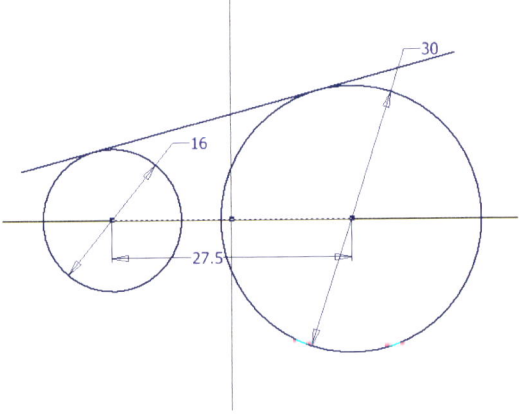

05 잘라내기 명령으로 튀어나온 부분을 잘라낸다.

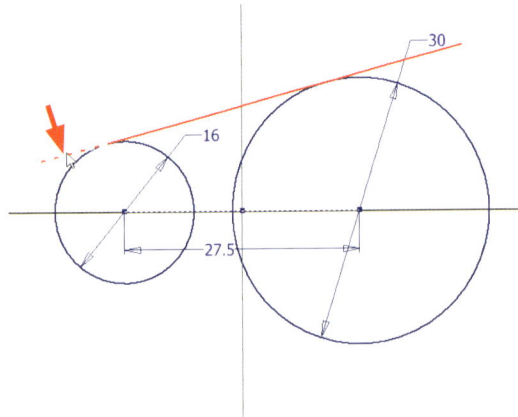

06 반대쪽도 마찬가지 방법으로 잘라낸다.

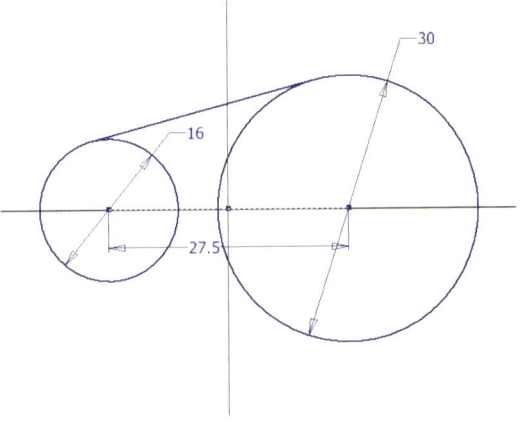

어드바이스 ▶ 대칭 명령으로 선을 작성하면 스케치 프로파일이 닫히지 않는다.

07 아래쪽도 마찬가지로 작성한다.

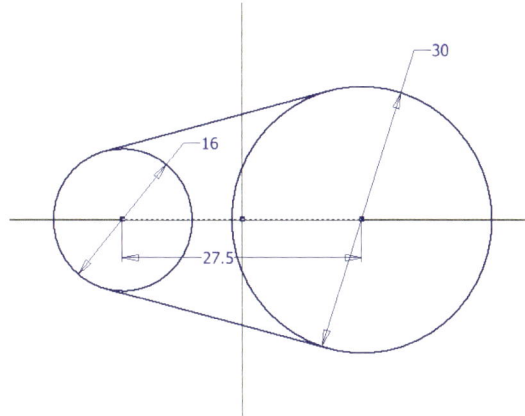

08 돌출 명령 클릭 ▶ 프로파일 선택 ▶ 거리 : 20mm ▶ 방향 : 대칭 ▶ 확인 버튼 클릭

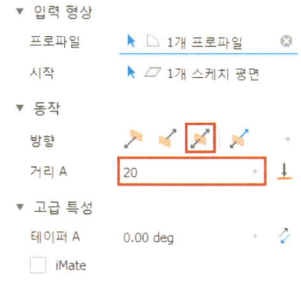 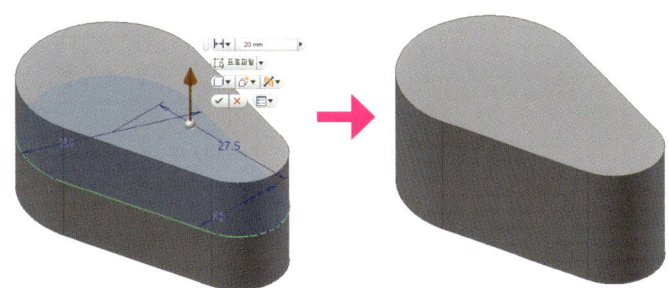

02 서브 피처 작성

01 XZ평면에 스케치를 작성한다.

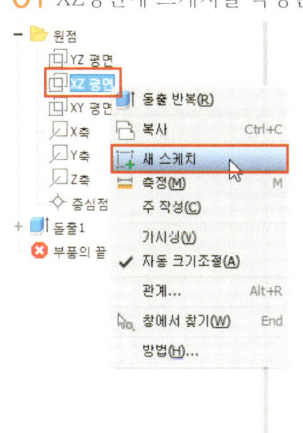

02 F7키를 클릭한다.

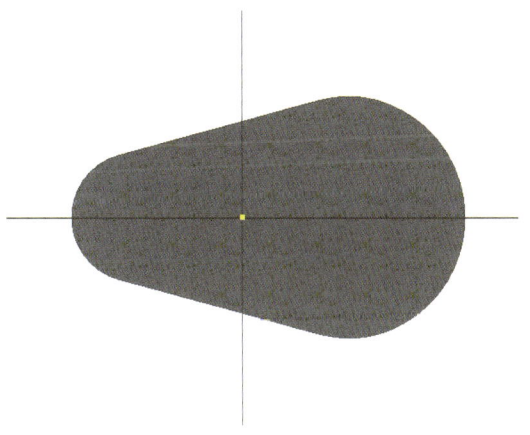

> 어드바이스 ▶ F7 키를 누르면 해당 스케치가 슬라이스 모드로 전환된다.

03 형상 투영 명령으로 모서리를 투영한다.   04 투영 모서리를 잇는 선을 작성한다.

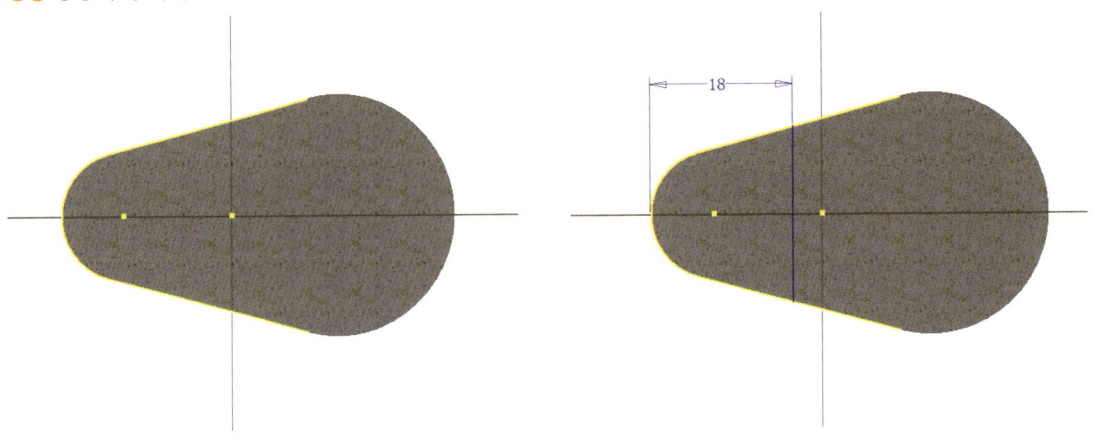

05 돌출 명령 클릭 ▶ 프로파일 선택 ▶ 유형 : 차집합 ▶ 거리 : 8mm ▶ 확인 버튼 클릭

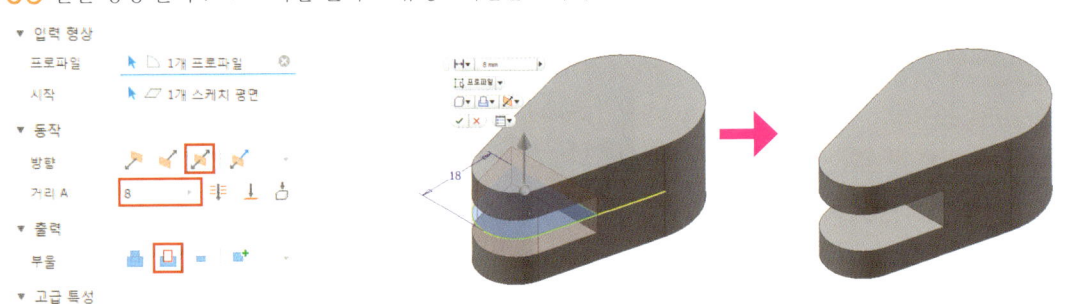

06 윗면에 스케치를 작성한다.   07 윗면에 스케치가 작성된다.

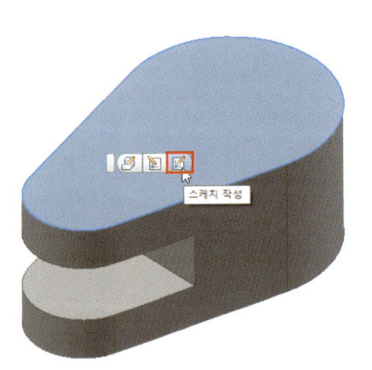 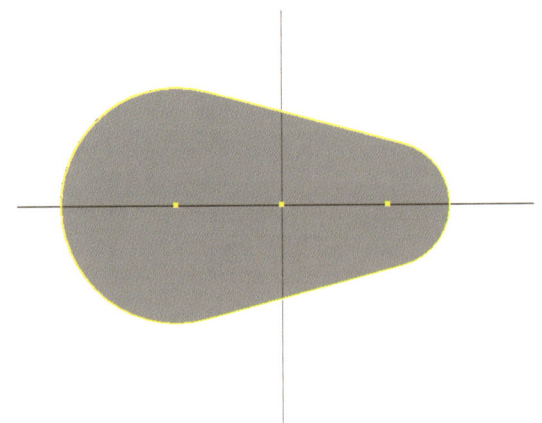

어드바이스 ▶ 돌출 명령에서의 대칭 방향은 같은 거리로 좌우 대칭 돌출을 할 때 사용한다.

08 자동 투영된 원의 중심점에 두 개의 원을 작성한다.

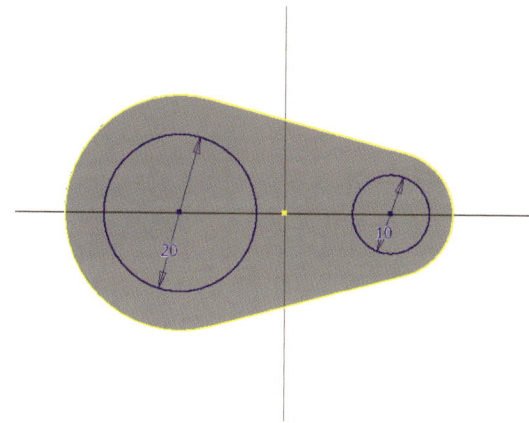

09 돌출 명령 클릭 ▶ 프로파일 선택 ▶ 유형 : 차집합 ▶ 거리 : 전체 ▶ 확인 버튼 클릭

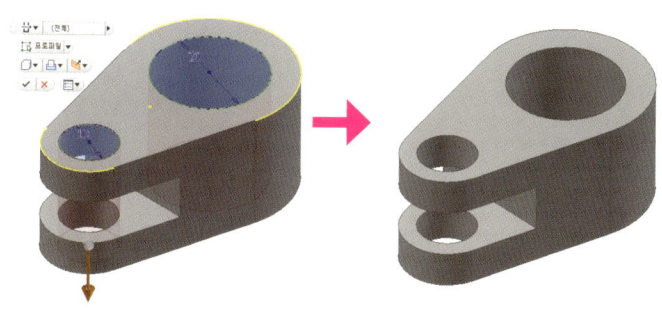

10 XY평면에 스케치를 작성한다.

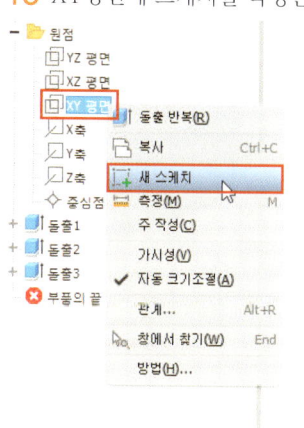

11 안쪽 모서리를 투영해 투영된 선의 꼭지점에 원을 작성한다.

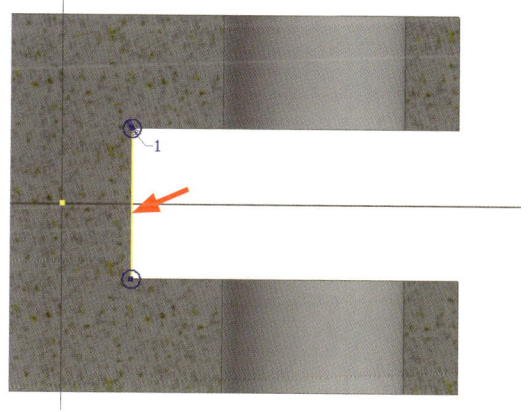

어드바이스 ▶ 모서리를 형상투영해서 그 꼭지점에 원을 작성한다.

Part 04 파트 모델링

12 돌출 명령 클릭 ▶ 프로파일 선택 ▶ 유형 : 차집합 ▶ 범위 : 전체 ▶ 방향 : 대칭 ▶ 확인 버튼 클릭

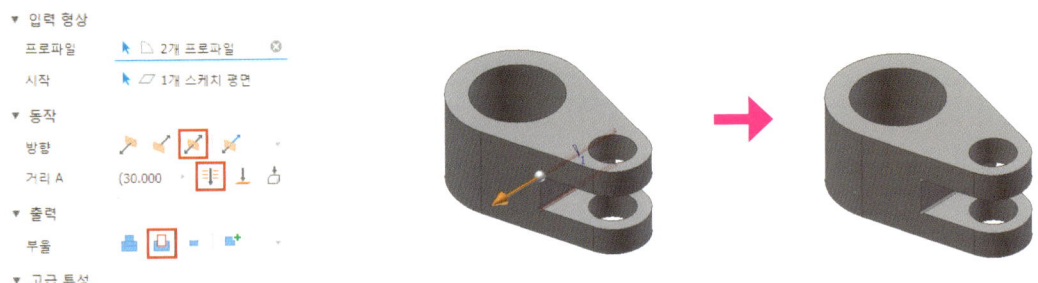

03 마무리 피처 작성

01 모따기 명령 클릭 ▶ 유형 : 거리 ▶ 거리 : 1mm ▶ 모서리 선택 ▶ 확인 버튼 클릭

02 모따기 명령 클릭 ▶ 유형 : 거리 ▶ 거리 : 0.5mm ▶ 모서리 선택 ▶ 확인 버튼 클릭

어드바이스 ▶ 모따기는 모따기 거리가 큰 피처부터 우선 순위로 작성한다.

Lesson 3 | 기어박스 커버

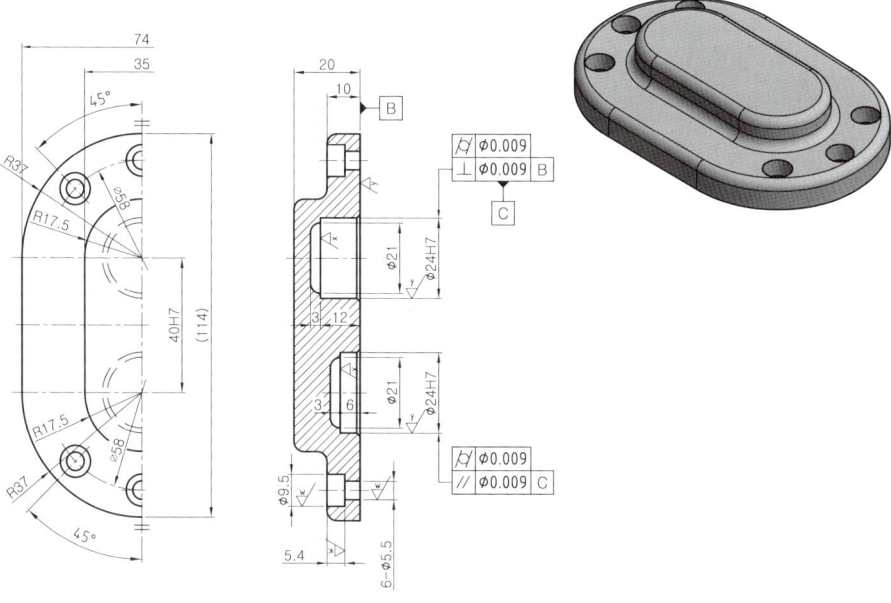

01 베이스 피처 작성

01 평면인 XZ평면에 스케치를 작성한다.

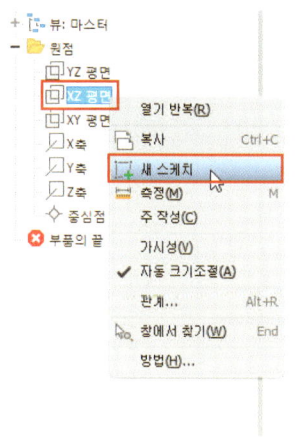

02 가상선을 작성해서 중간점과 원점을 일치시킨다.

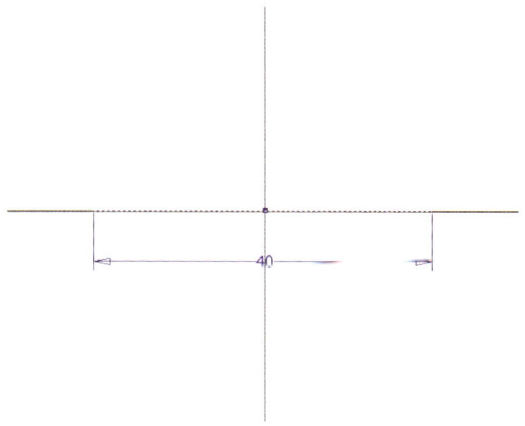

어드바이스 ▶ 선의 중간점과 원점을 일치 구속조건으로 중간 맞춤한다.

03 다음과 같이 스케치를 작성한다.

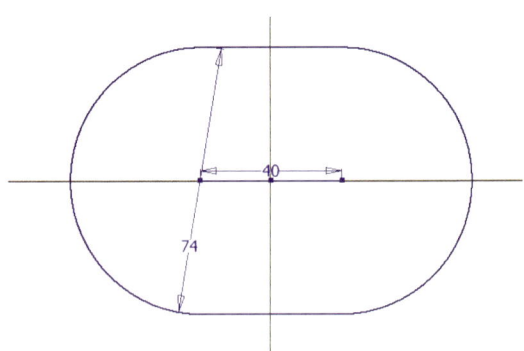

04 돌출 명령 클릭 ▶ 프로파일 선택 ▶ 거리 : 10mm ▶ 확인 버튼 클릭

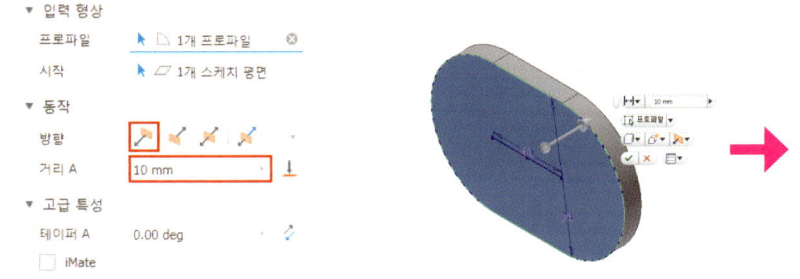

05 윗면에 스케치를 작성한다.

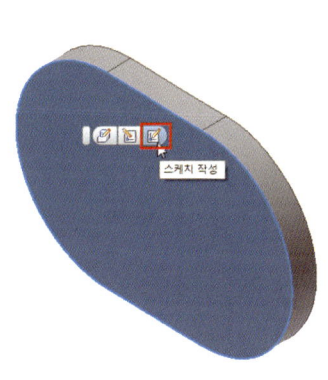

06 다음과 같이 프로파일을 작성한다.

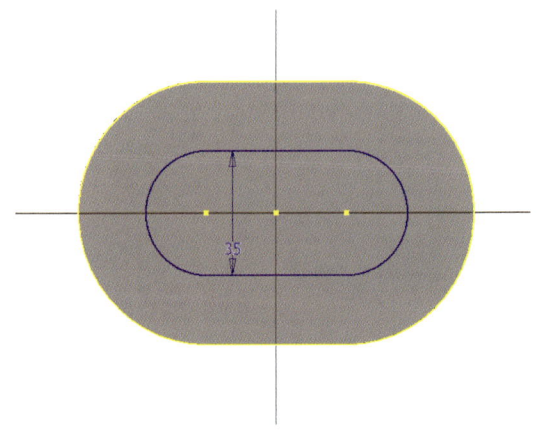

07 돌출 명령 클릭 ▶ 프로파일 선택 ▶ 유형 : 합집합 ▶ 거리 : 10mm ▶ 확인 버튼 클릭

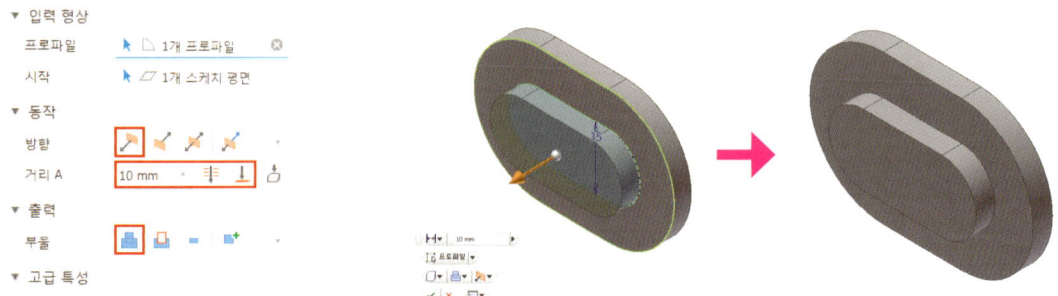

Section1. 블럭 타입의 부품 그리기

02 서브 피처 작성

01 밑면에 스케치를 작성한다.

02 다음과 같이 원을 작성한다.

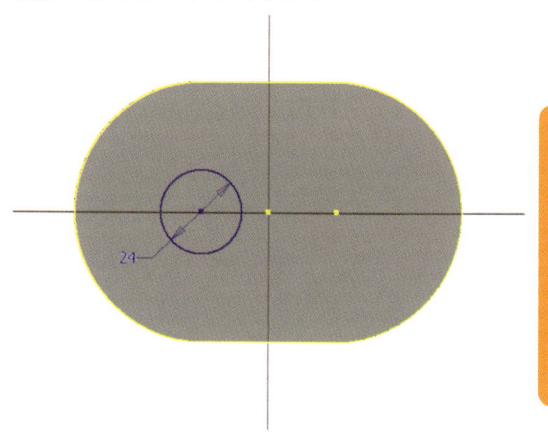

03 돌출 명령 클릭 ▶ 프로파일 선택 ▶ 유형 : 차집합 ▶ 거리 : 6mm ▶ 확인 버튼 클릭

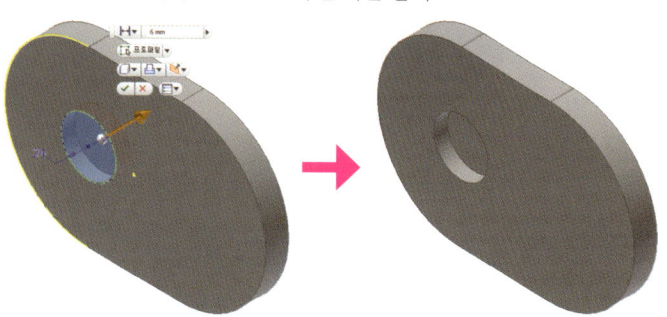

04 밑면에 다시 한번 스케치를 작성한다.

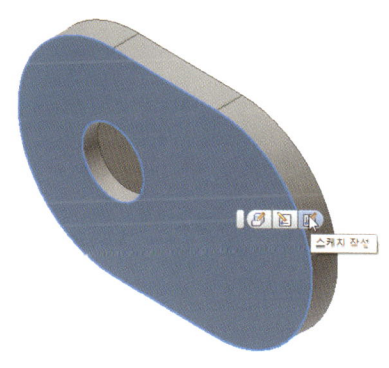

05 원을 작성해 왼쪽 원 모서리와 동일 구속한다.

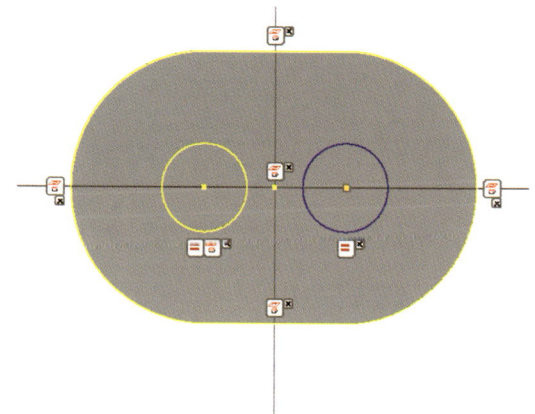

> 어드바이스 ▶ 같은 컨셉의 원의 직경은 동일 구속조건으로 직경을 동등하게 맞춘다.

06 돌출 명령 클릭 ▶ 프로파일 선택 ▶ 유형 : 차집합 ▶ 거리 : 12mm ▶ 확인 버튼 클릭

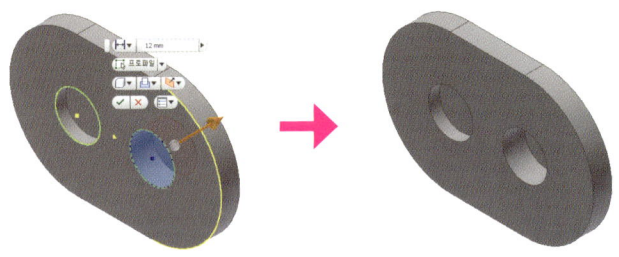

07 작성된 안쪽면에 스케치를 작성한다.

08 투영된 원의 중심점에 맞추어 원을 작성한다.

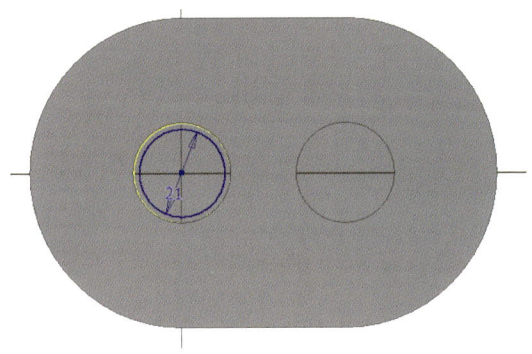

09 돌출 명령 클릭 ▶ 프로파일 선택 ▶ 유형 : 차집합 ▶ 거리 : 3mm ▶ 확인 버튼 클릭

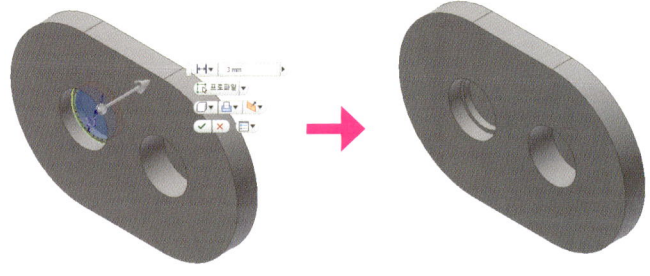

10 작성된 안쪽면에 스케치를 작성한다.

11 투영된 원의 중심점에 맞추어 원을 작성한다.

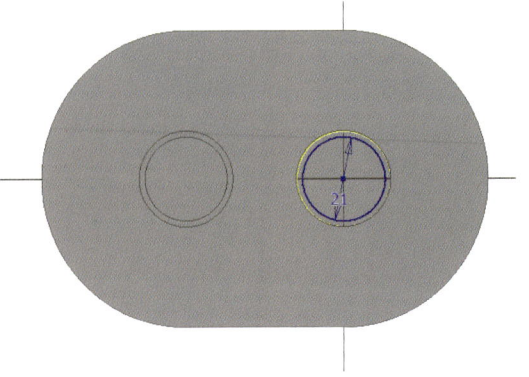

Section1.블럭 타입의 부품 그리기

12 돌출 명령 클릭 ▶ 프로파일 선택 ▶ 유형 : 차집합 ▶ 거리 : 3mm ▶ 확인 버튼 클릭

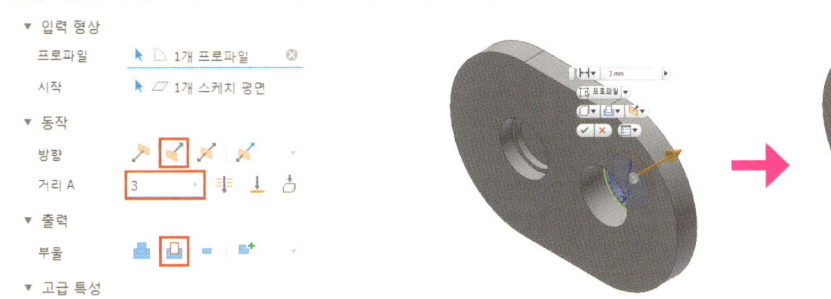

03 구멍 피처 작성

01 부품 베이스 윗면에 스케치를 작성한다.   02 점 명령으로 다음과 같이 작성한다.

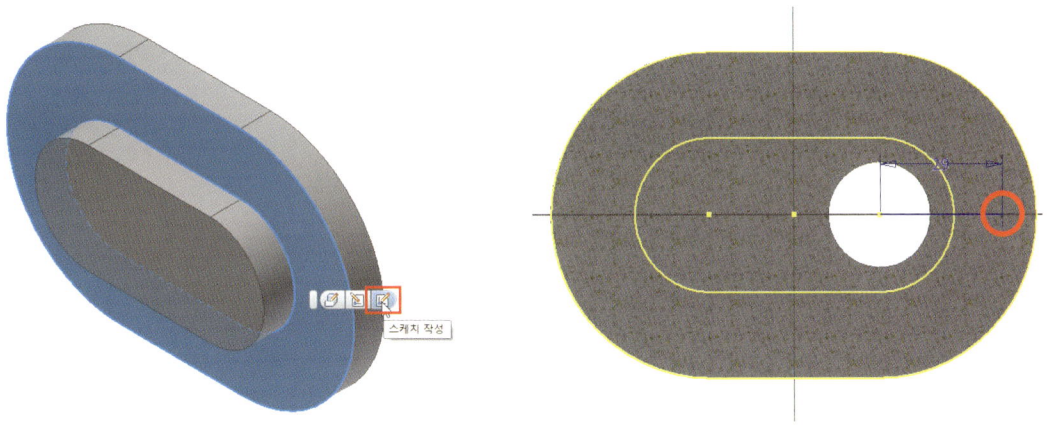

03 구멍 명령을 클릭해 다음과 같이 작성한다.

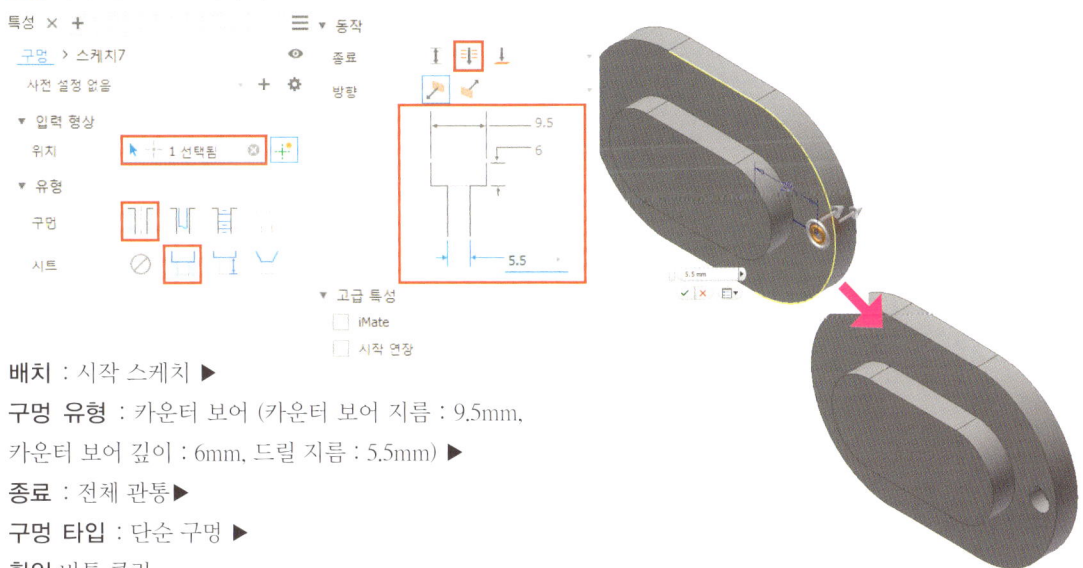

배치 : 시작 스케치 ▶

구멍 유형 : 카운터 보어 (카운터 보어 지름 : 9.5mm, 카운터 보어 깊이 : 6mm, 드릴 지름 : 5.5mm) ▶

종료 : 전체 관통 ▶

구멍 타입 : 단순 구멍 ▶

확인 버튼 클릭

04 원형 패턴 명령 클릭 ▶ 패턴 피처와 회전축 선택 ▶ 갯수 : 3개, 범위 각도 : 90도, 중간 평면 체크▶ 확인 버튼 클릭

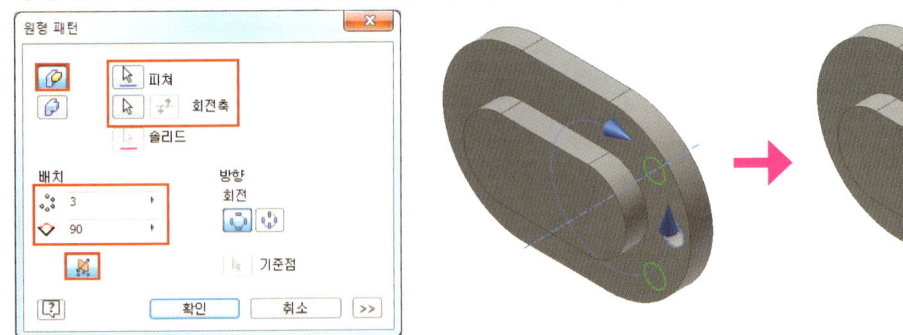

05 대칭 패턴 명령 클릭 ▶ 대칭할 피처와 대칭 평면 선택 ▶ 확인 버튼 클릭

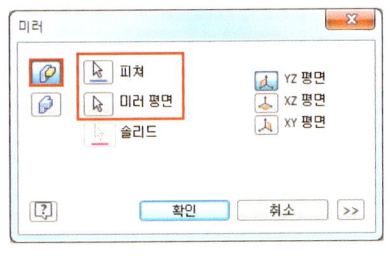
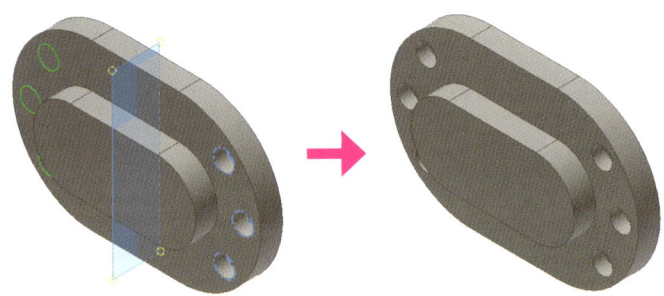

04 마무리 피처 작성

01 모따기 명령 클릭 ▶ 유형 : 거리 ▶ 거리 : 1mm ▶ 모서리 선택 ▶ 확인 버튼 클릭

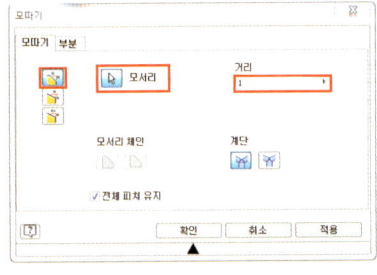
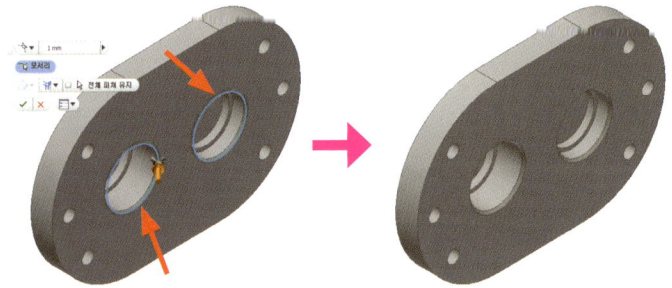

02 모깎기 명령 클릭 ▶ 반지름 : 3mm ▶ 모서리 선택 ▶ 확인 버튼 클릭

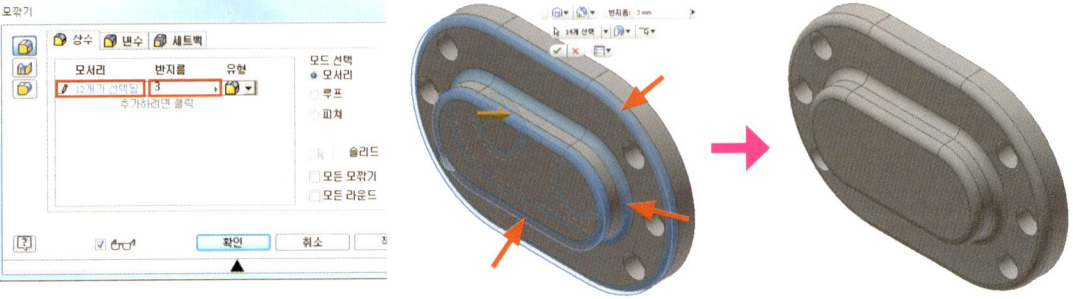

Lesson 4 　V-블록

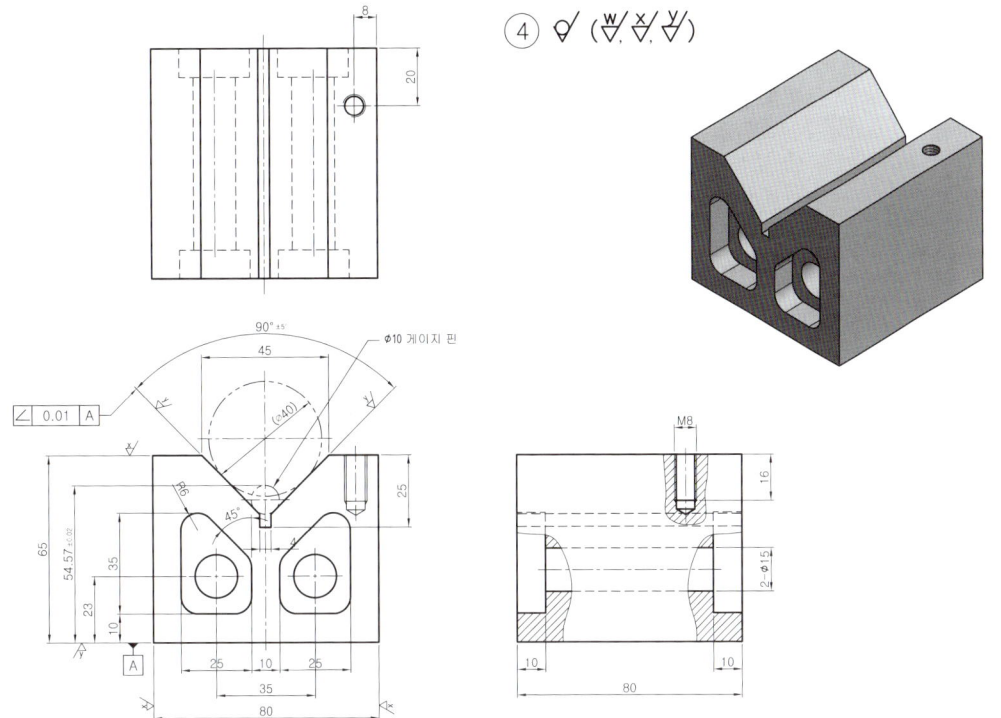

01 베이스 피처 작성

01 XY평면에 스케치를 작성해 사각형을 작성한다.

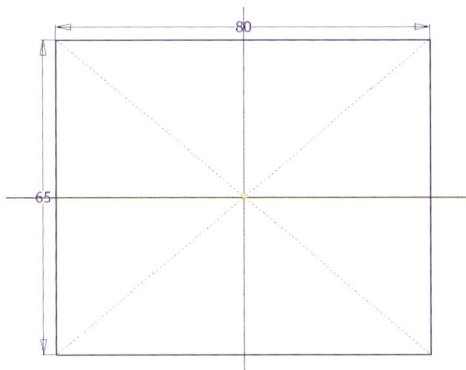

02 돌출 명령 클릭 ▶ 프로파일 선택 ▶ 거리 : 80mm ▶ 방향 : 대칭 ▶ 확인 버튼 클릭

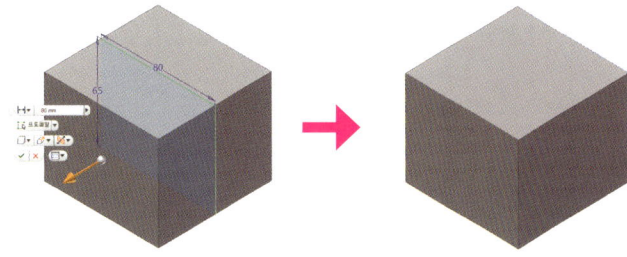

02 서브 피처 작성

01 앞면에 스케치를 작성한다.

02 다음과 같이 스케치 프로파일을 작성한다.

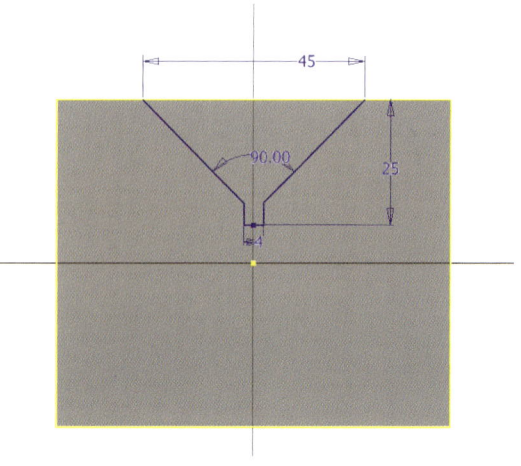

03 스케치의 구속조건 적용 상태는 다음과 같다.

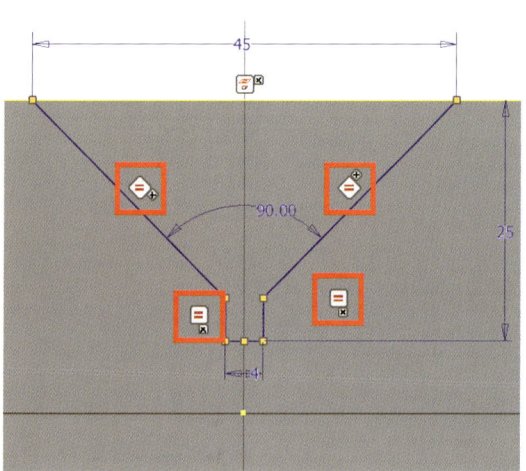

04 돌출 명령 클릭 ▶ 프로파일 선택 ▶ 유형 : 차집합 ▶ 거리 : 다음 면까지 ▶ 확인 버튼 클릭

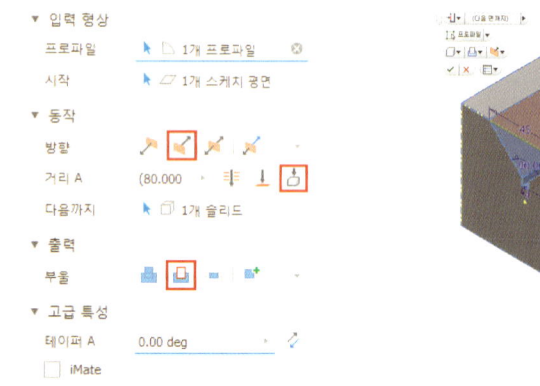
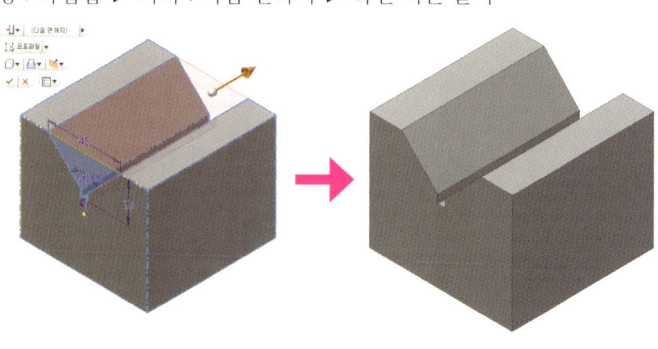

어드바이스 ▶ 동등 구속조건은 사선끼리의 좌우 대칭 상태를 만들 수도 있다.

Section1. 블럭 타입의 부품 그리기

05 다시 앞면에 스케치를 작성한다.

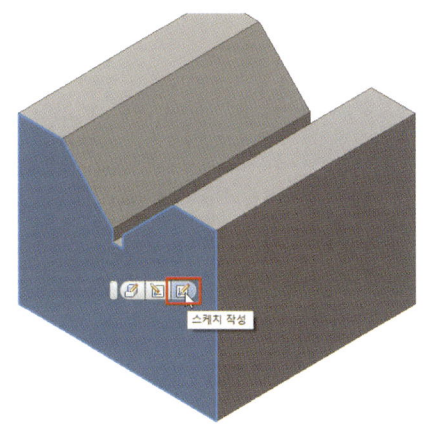

06 다음과 같이 스케치 프로파일을 작성한다.

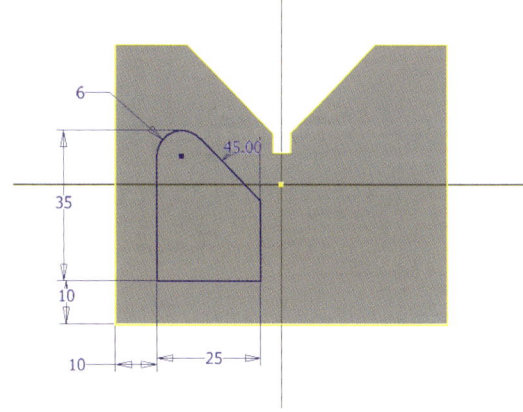

07 돌출 명령 클릭 ▶ 프로파일 선택 ▶ 유형 : 차집합 ▶ 거리 : 10mm ▶ 확인 버튼 클릭

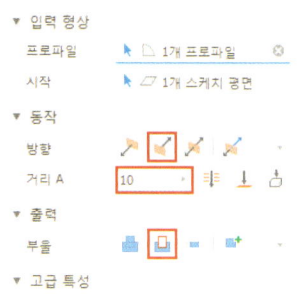

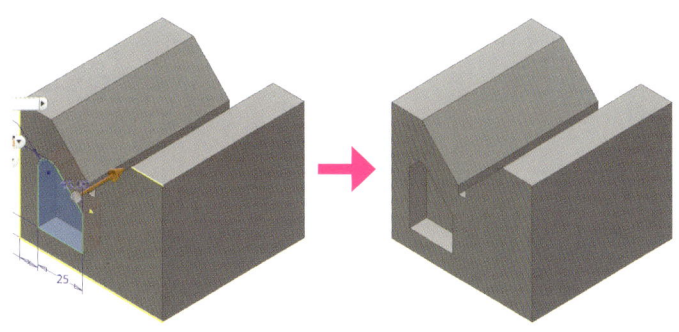

08 작성된 면에 스케치를 작성한다.

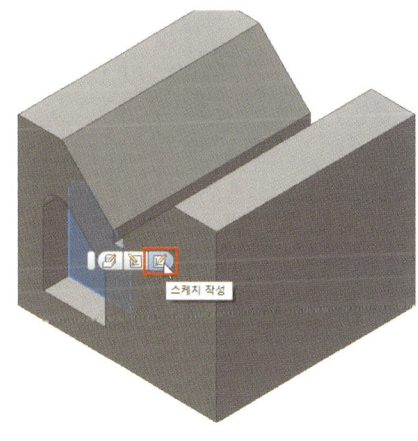

09 다음과 같이 스케치 프로파일을 작성한다.

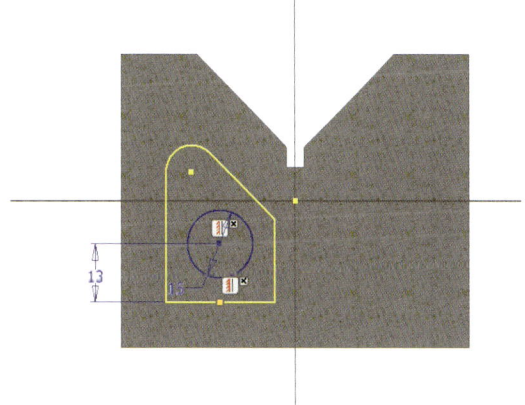

어드바이스 ▶ 수평/수직 구속조건은 점과 점을 수평/수직 정렬시키는 역할도 한다.

10 돌출 명령 클릭 ▶ 프로파일 선택 ▶ 유형 : 차집합 ▶ 거리 : 다음면까지 ▶ 확인 버튼 클릭

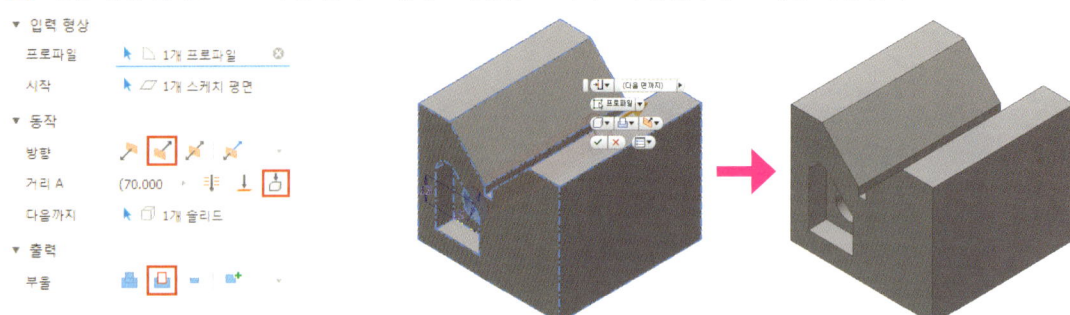

11 필렛 명령 클릭 ▶ 반지름 선택 ▶ 모서리 선택 ▶ 확인 버튼 클릭

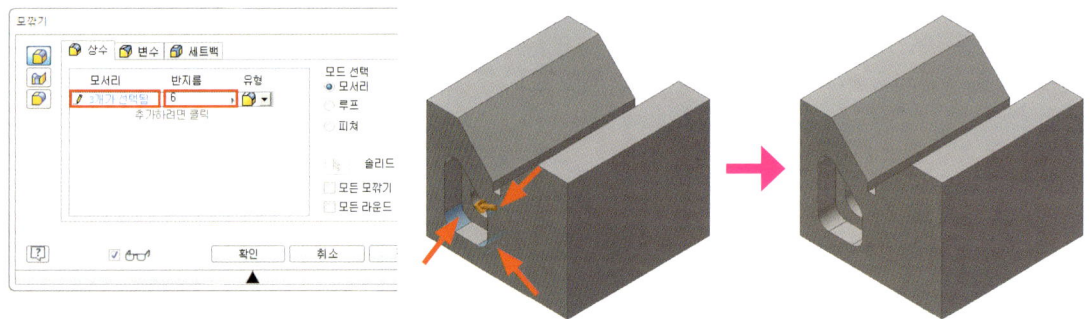

12 대칭 패턴 명령 클릭 ▶ 대칭할 피처와 대칭 평면 선택 ▶ 확인 버튼 클릭

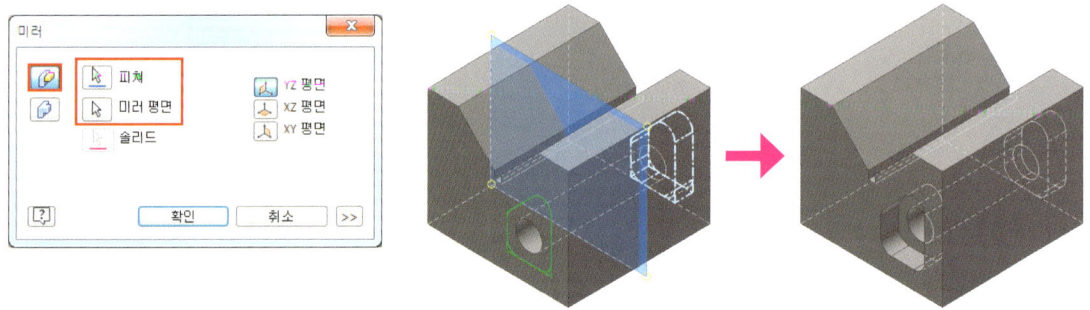

13 대칭 패턴 명령 클릭 ▶ 대칭할 피처와 대칭 평면 선택 ▶ 확인 버튼 클릭

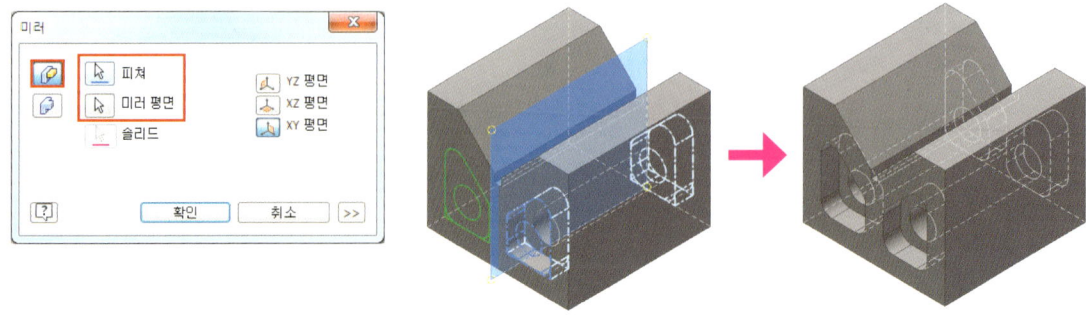

03 구멍 피처 작성

01 구멍 명령을 클릭한다.

03 윗면을 선택한다.

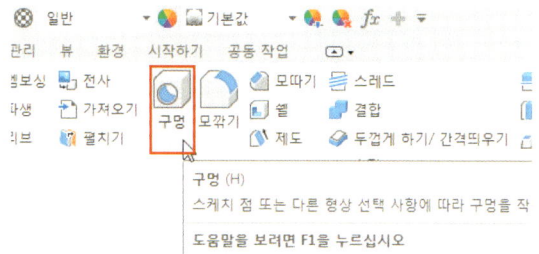

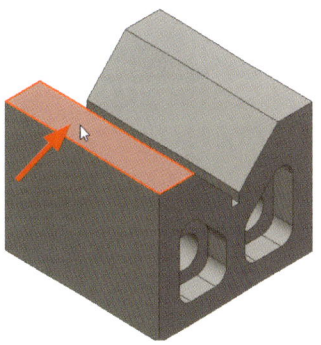

03 다음과 같이 구멍을 작성한다.

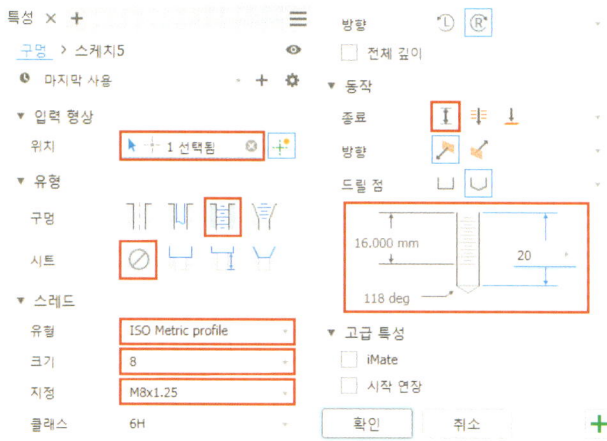

배치 : 선형 ▶
참조1 : 20mm, **참조2** : 8mm
구멍 유형 : 드릴 (드릴깊이 : 20mm, 탭 깊이:16mm) ▶
종료 : 거리 ▶
구멍 타입 : 탭 구멍(ISO Metric Profile, M8x1.25) ▶
확인 버튼 클릭

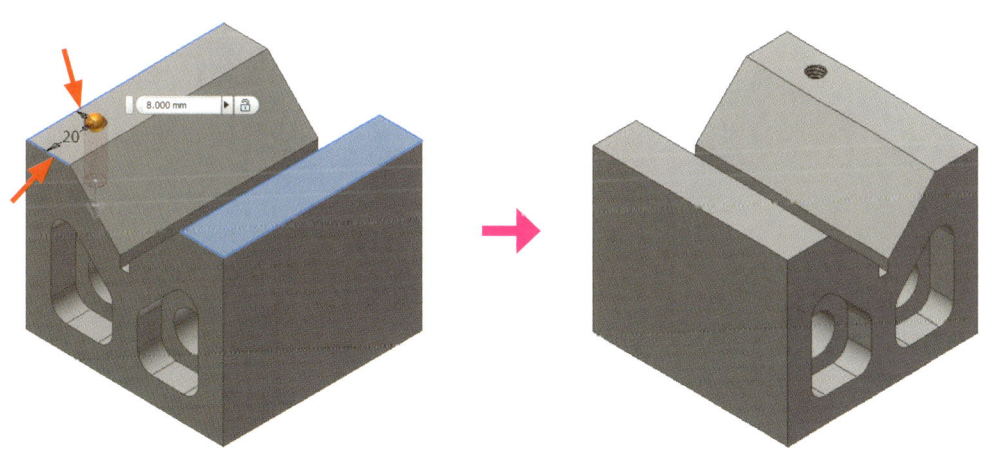

Lesson 5 | 연습 예제도면

01 플레이트

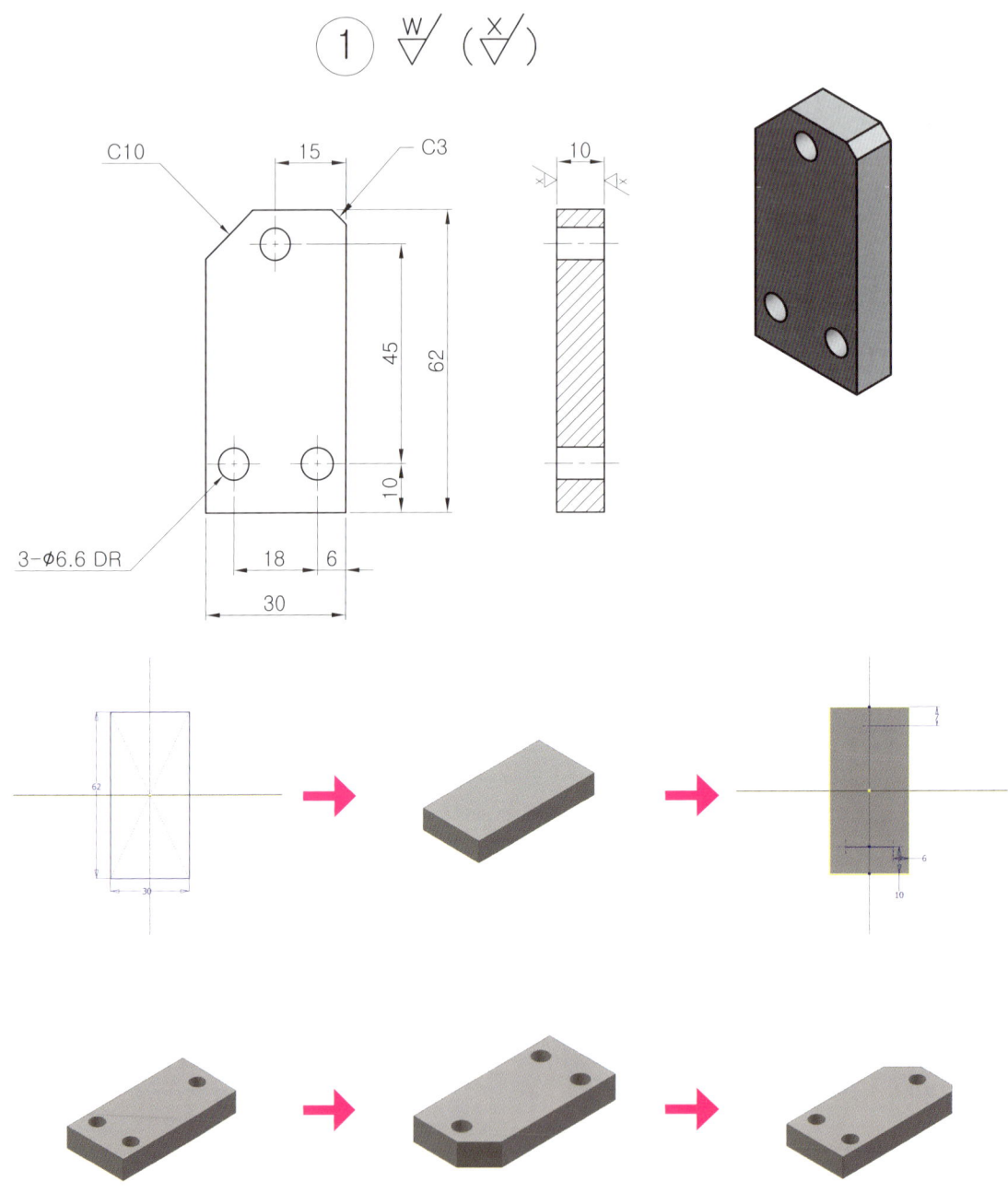

02 핑거

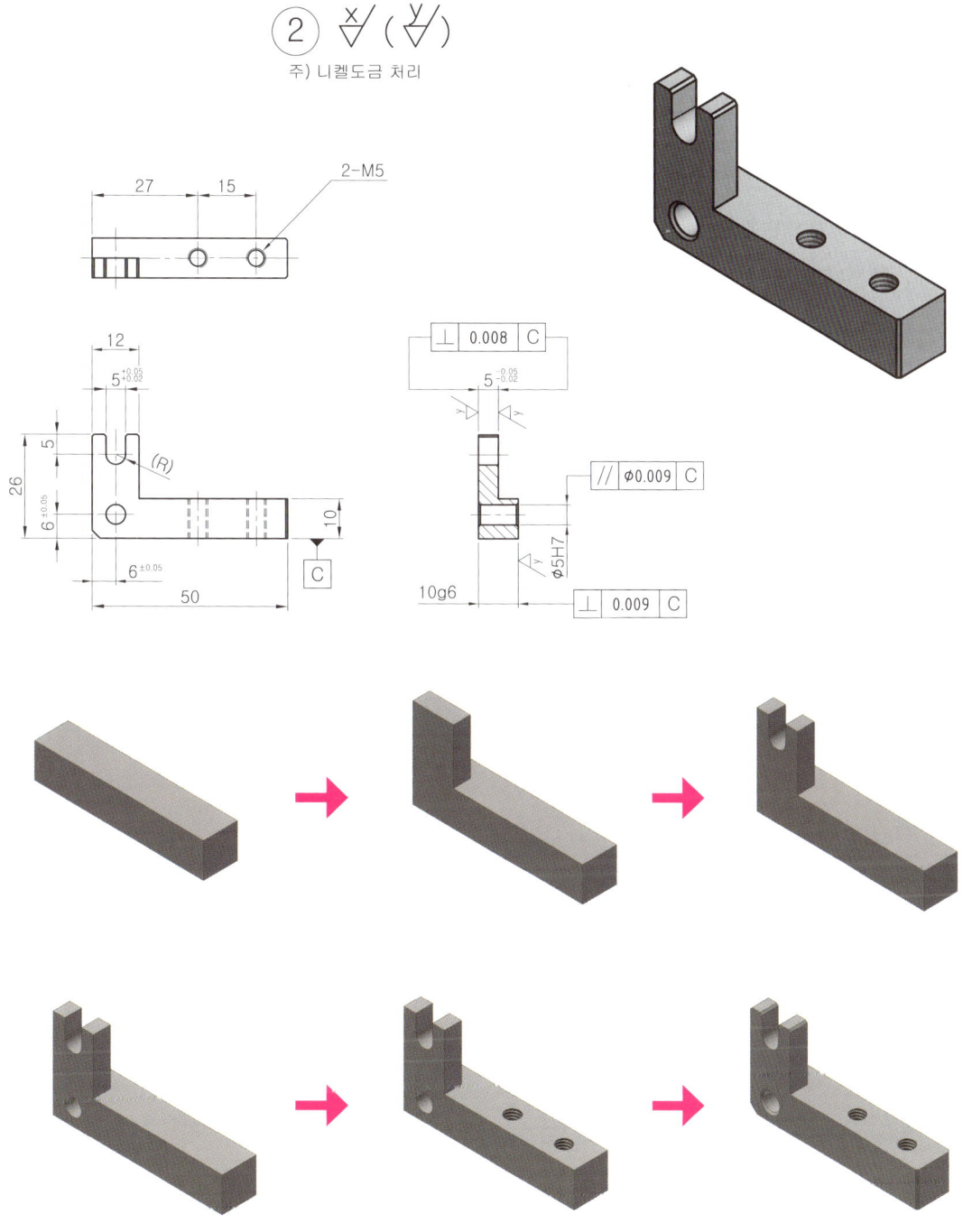

주) 니켈도금 처리

03 커버

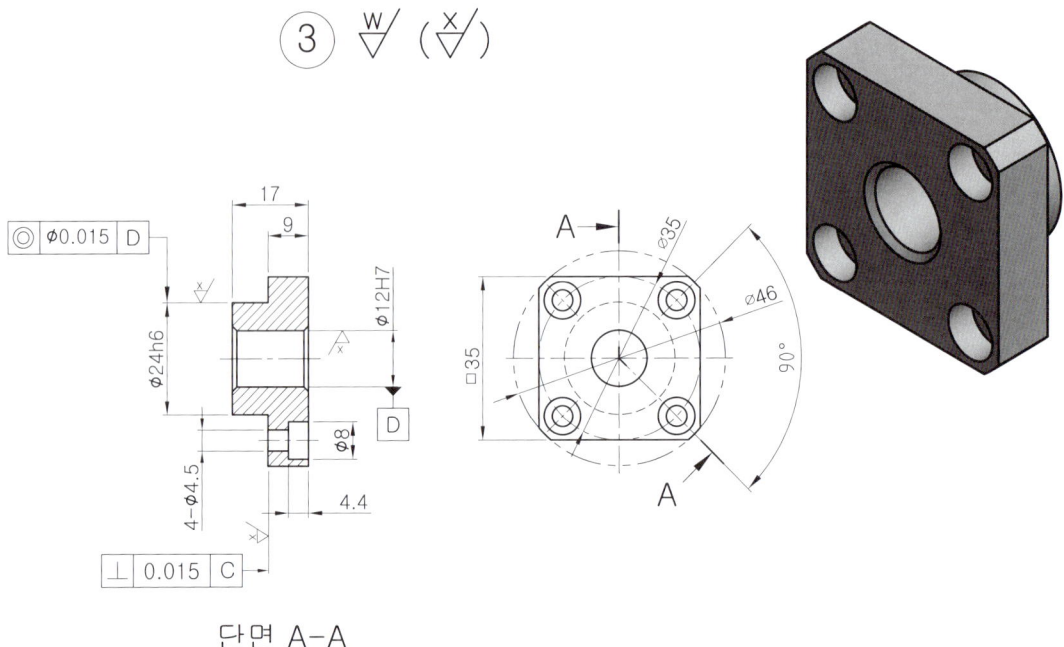

단면 A-A

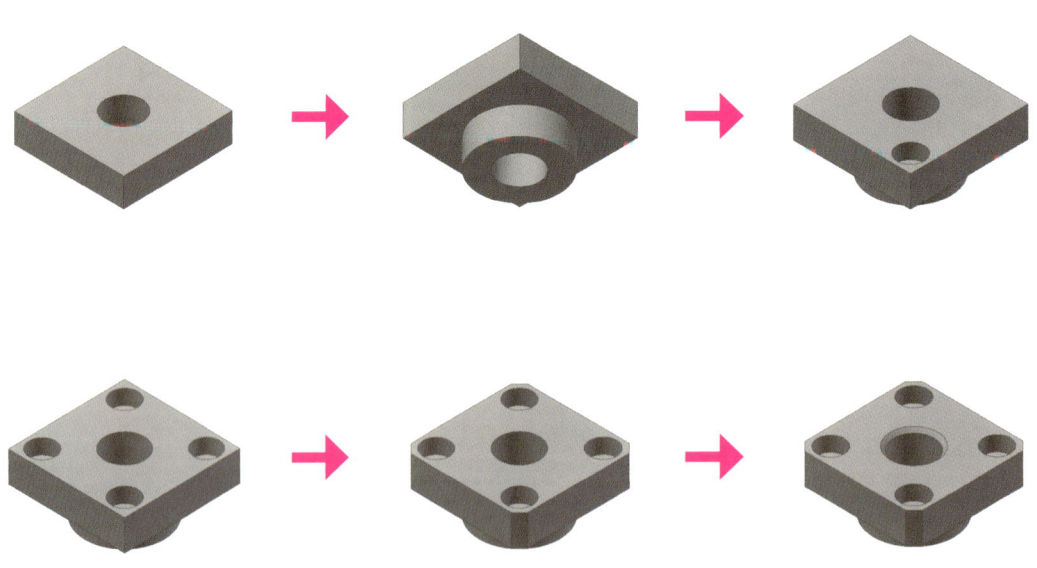

04 베이스

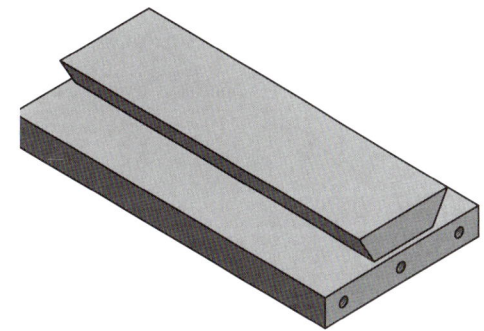

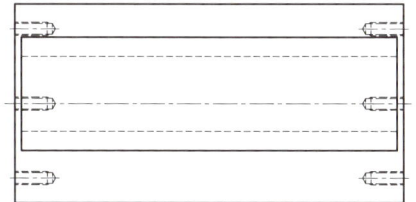

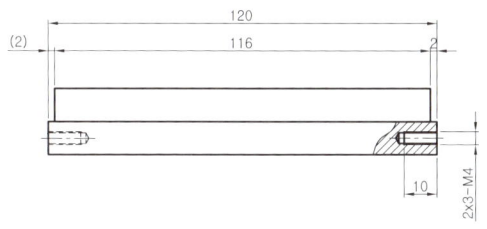

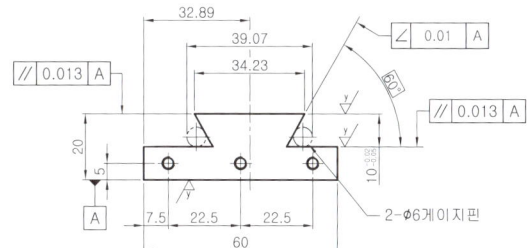

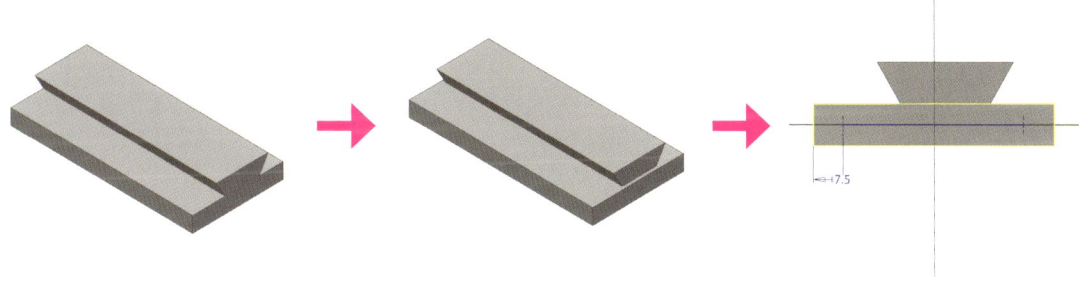

05 클램프 가이드

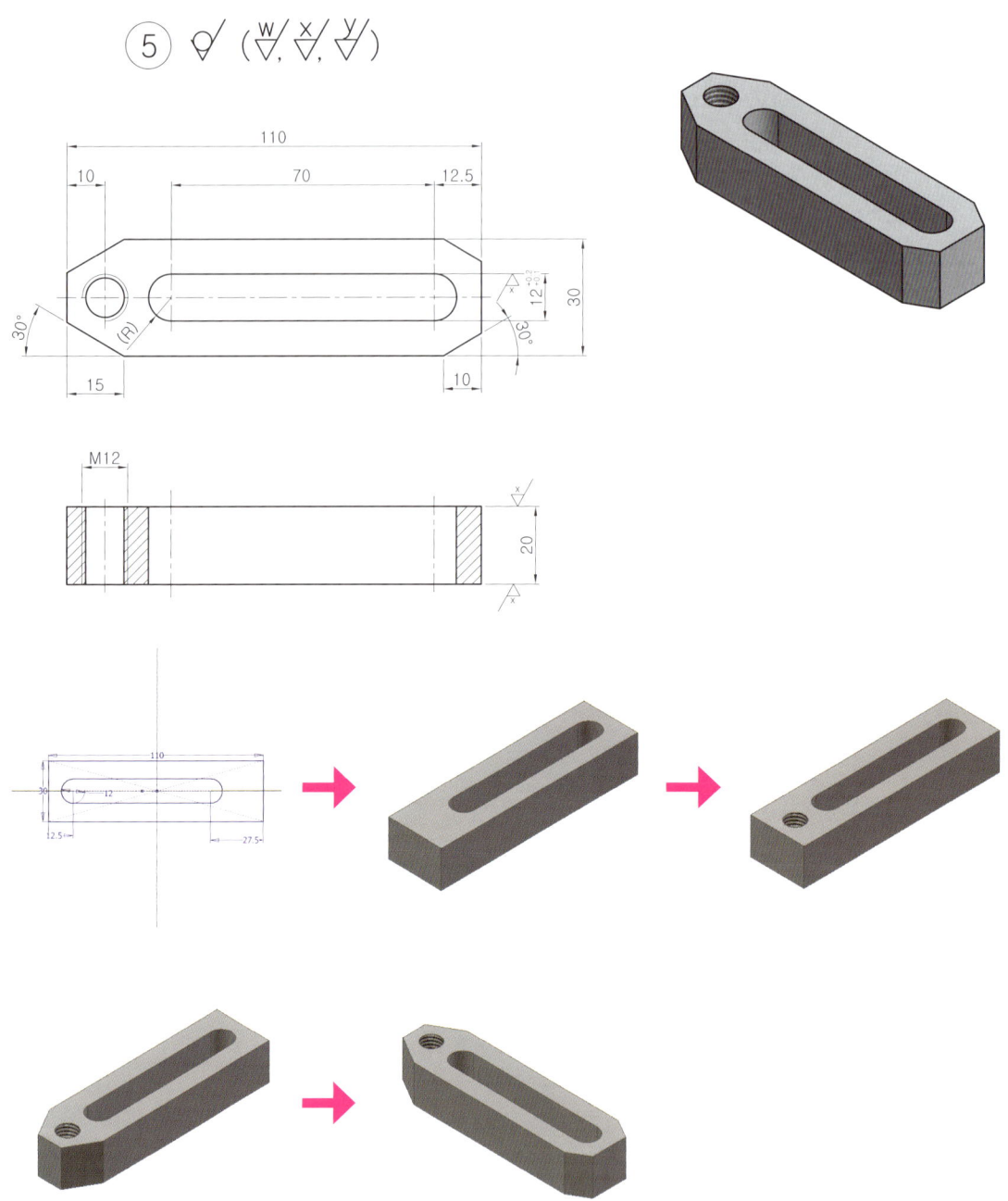

06 클램프 암

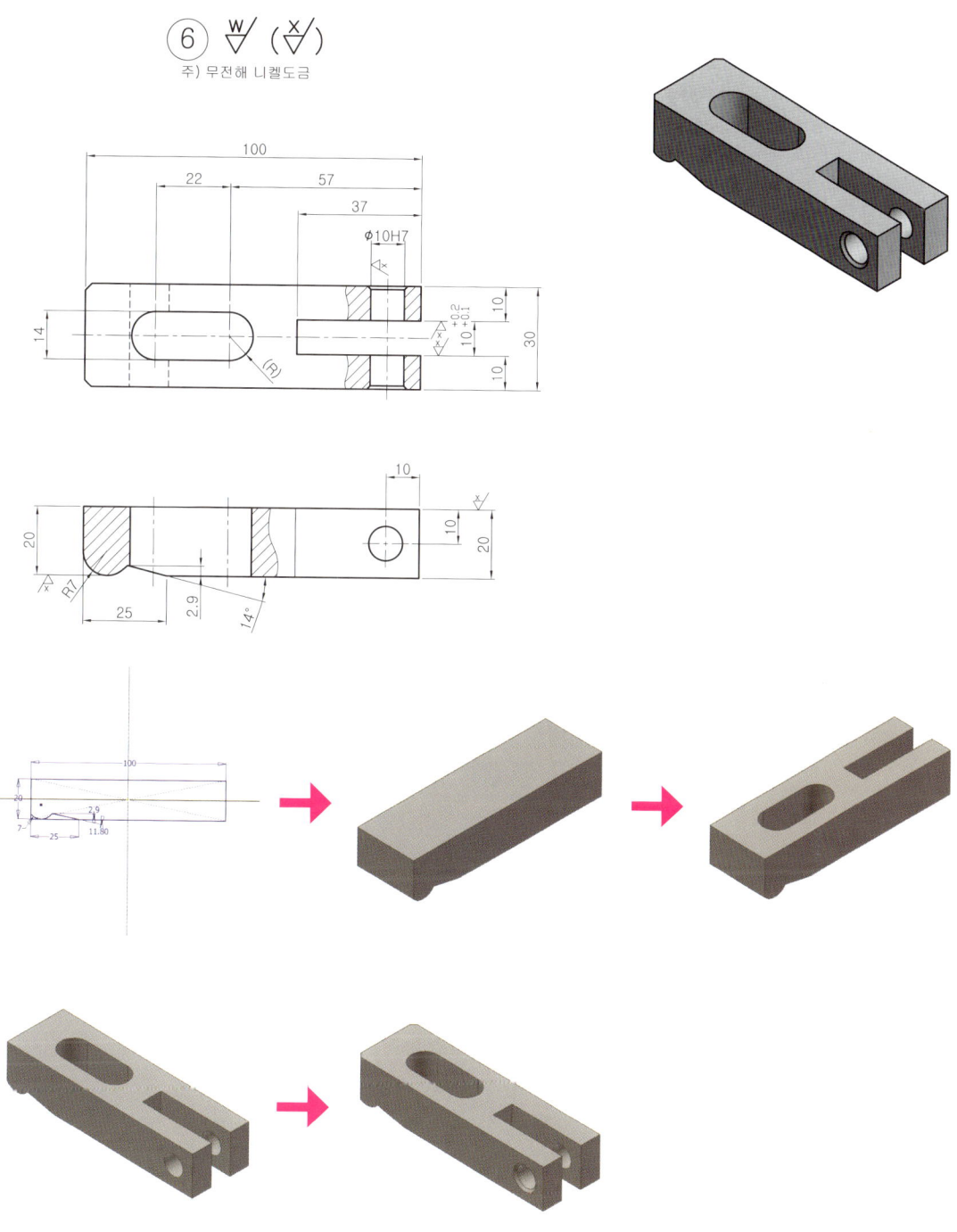

07 고정 클램프

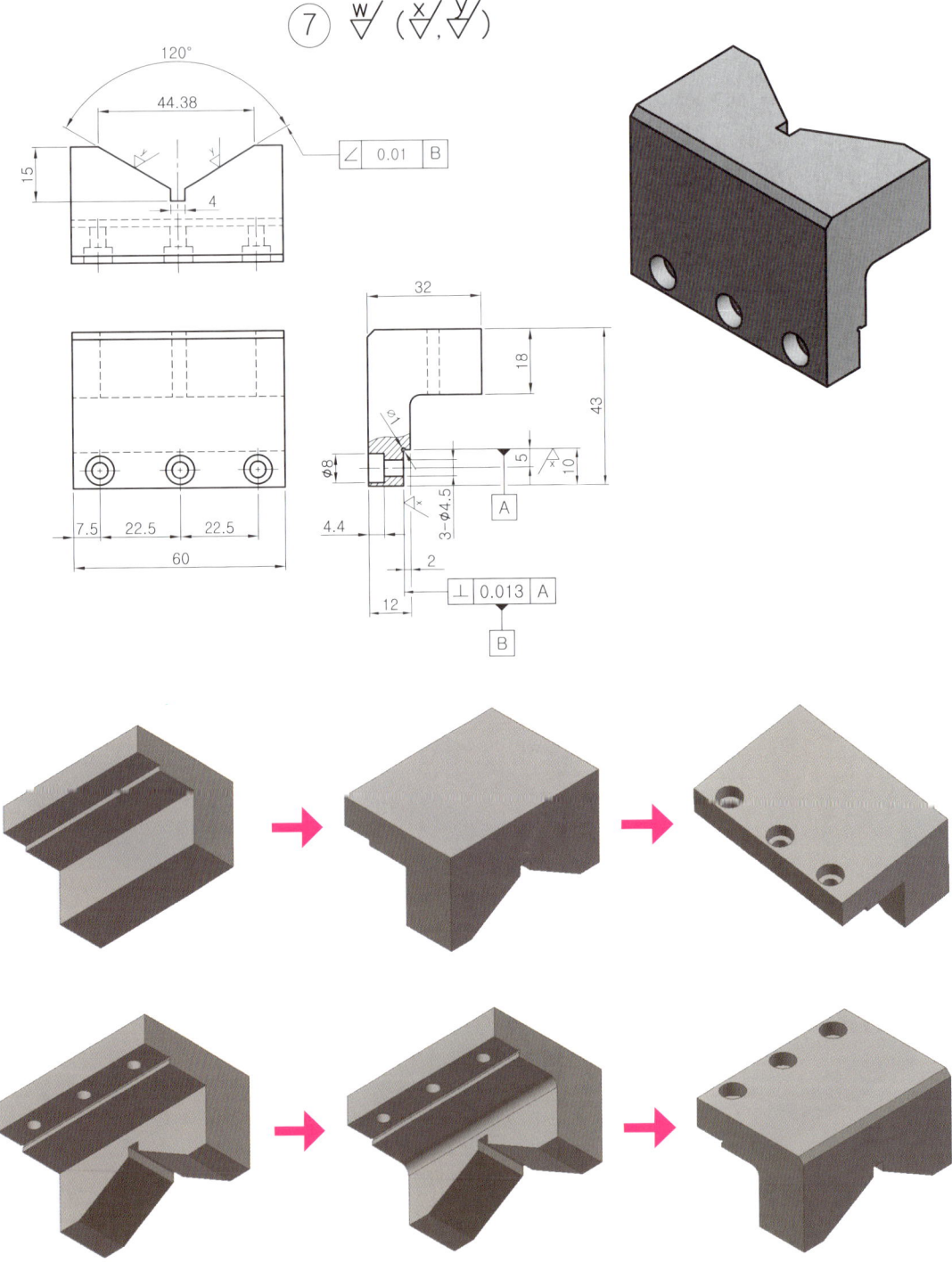

08 몸체

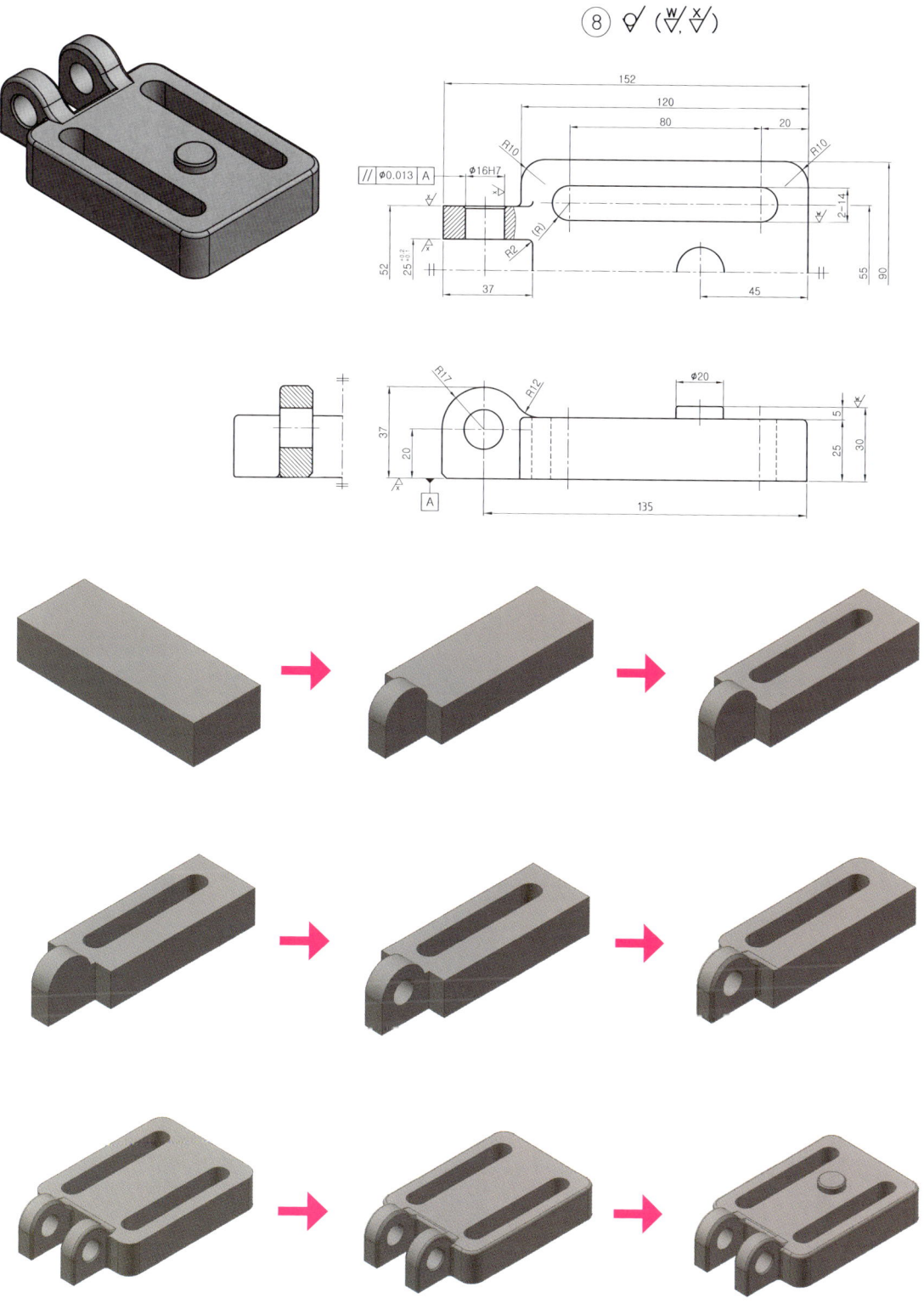

09 WORK 가이드

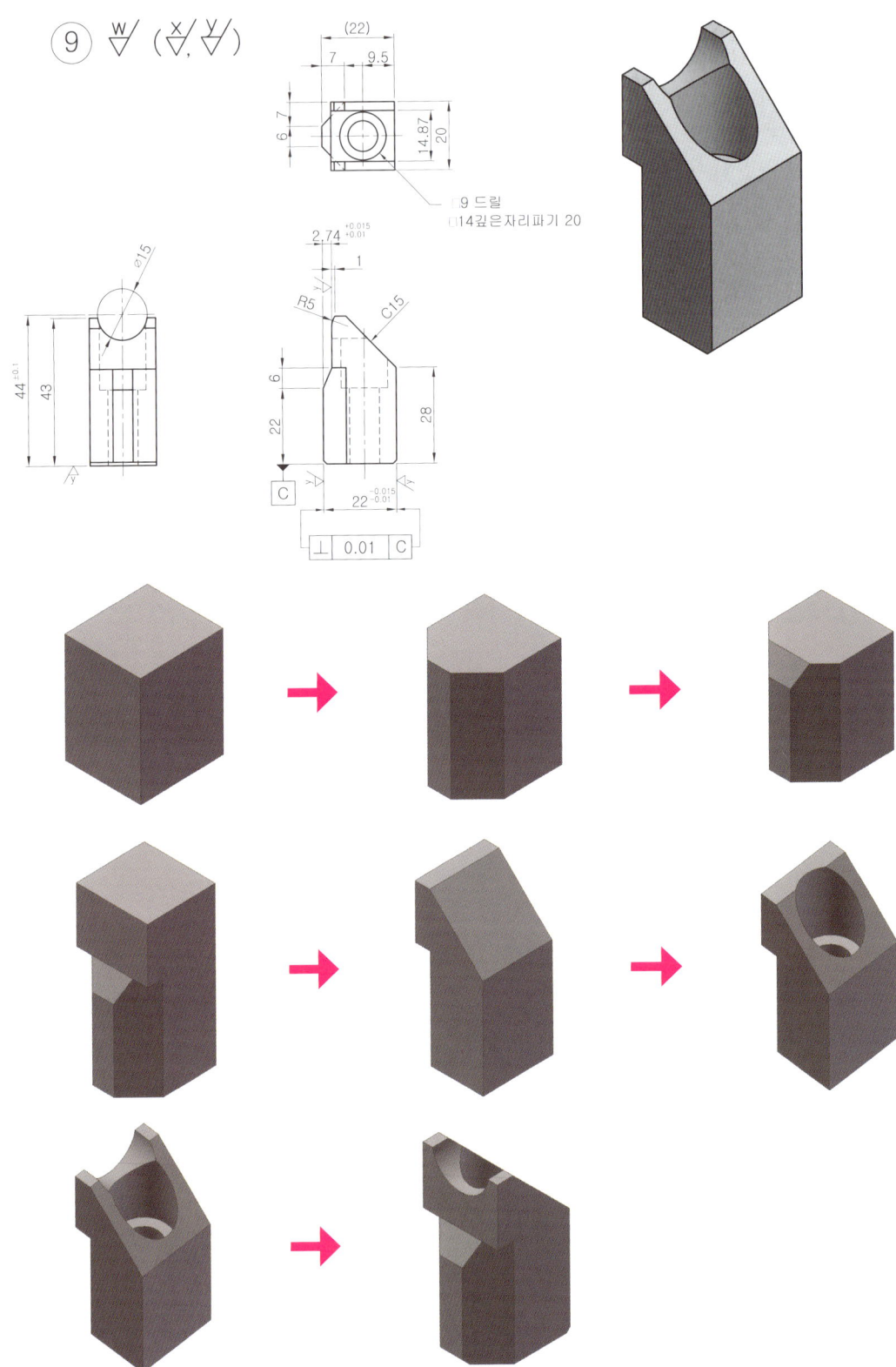

10 네스트 지그

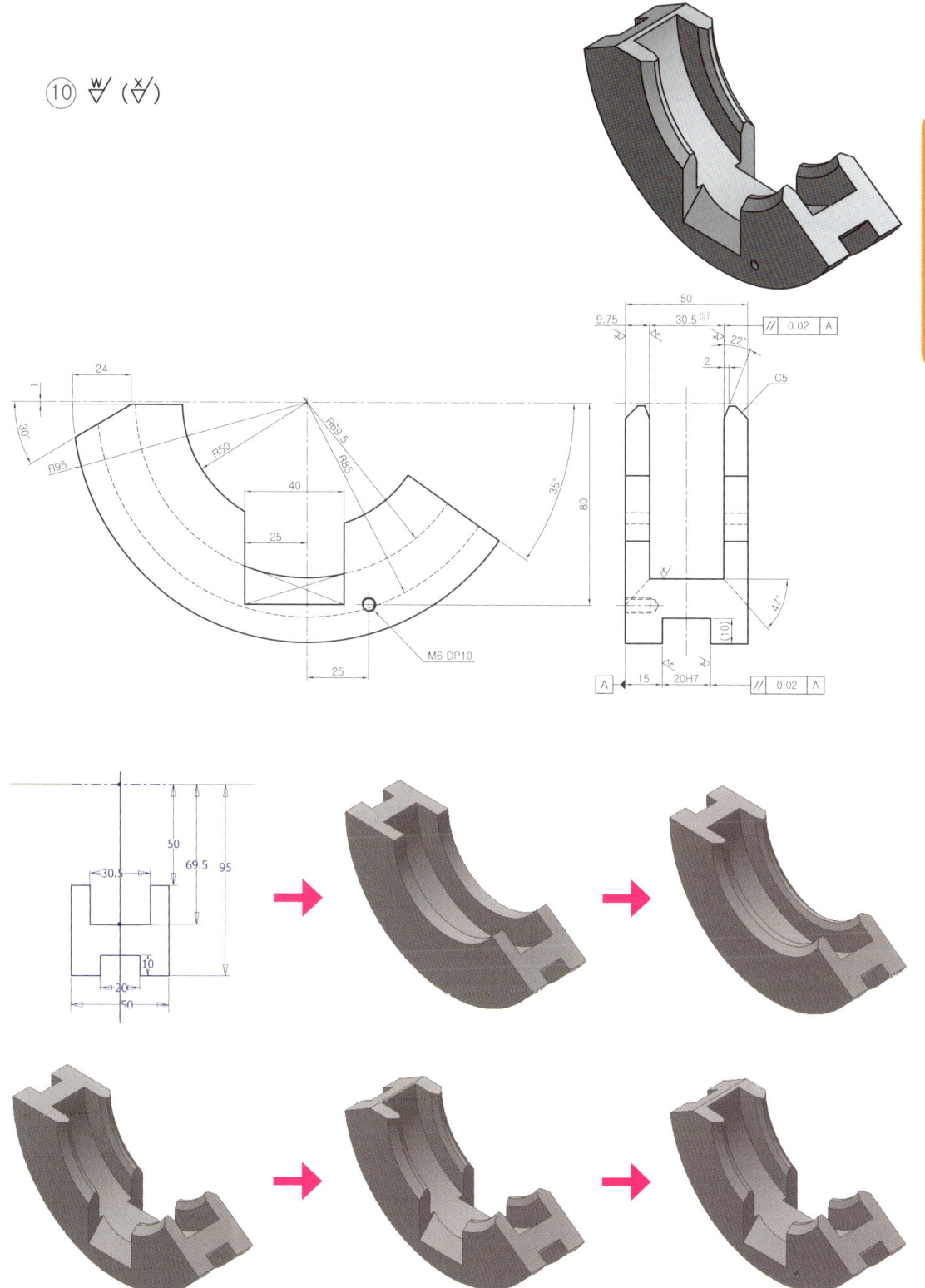

2. 핀, 볼트 타입의 부품 그리기

전산응용기계제도기능사/산업기사/기사 실기를 위한 인벤터

핀, 혹은 볼트 타입의 단순한 원통 종류의 부품을 그리는 방법을 알아보도록 하자.

Lesson 1 | 슬라이더

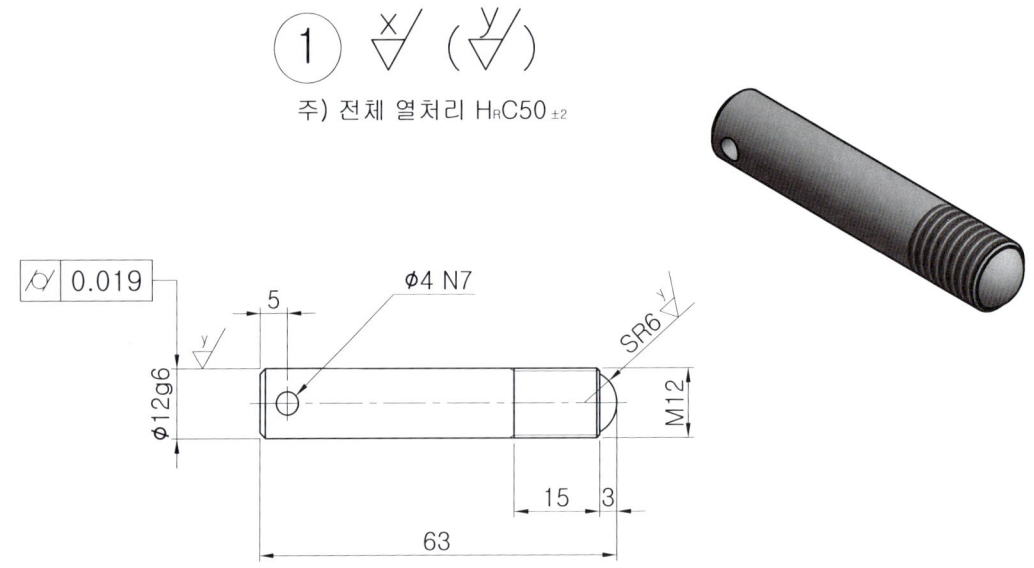

주 석 ▶ 도시되고 지시하지 않은 모따기 1X45°

01 베이스 피처 작성

01 YZ평면에 스케치를 작성한다. **02** 원을 작성한다.

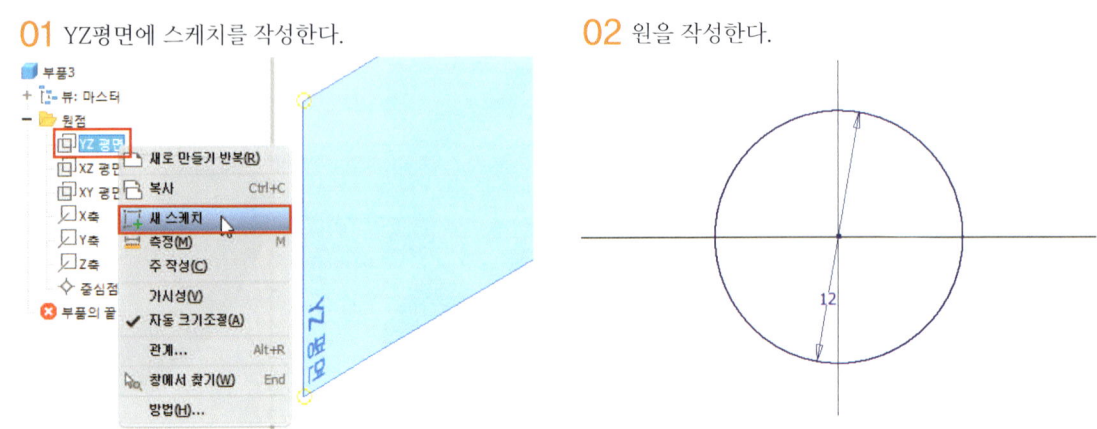

03 돌출 명령 클릭 ▶ 거리 : 60mm ▶ 방향 : 대칭 ▶ 확인 버튼 클릭

02 서브 피처 작성

01 XY평면에 스케치를 작성한다.

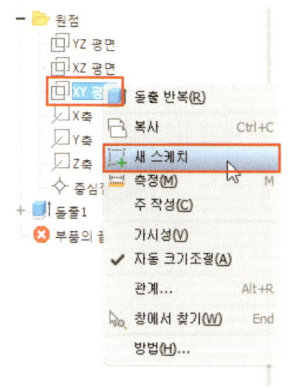

02 스케치를 프로파일을 작성한다.

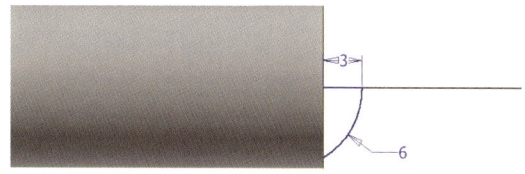

03 회전 명령 클릭 ▶ 프로파일과 축 선택 ▶ 범위 : 전체 ▶ 확인 버튼 클릭

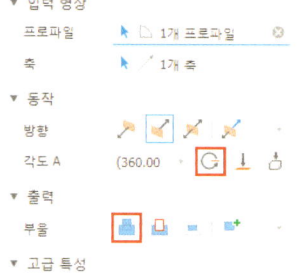

04 스레드 명령 클릭 ▶ 면 선택 ▶ 길이 : 15mm ▶ 확인 버튼 클릭

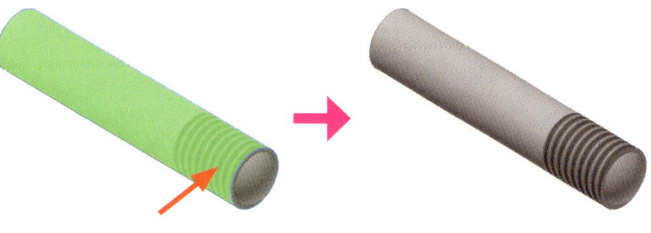

05 XY평면에 스케치를 작성한다.

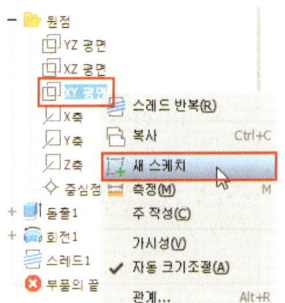

06 원을 작성한다.

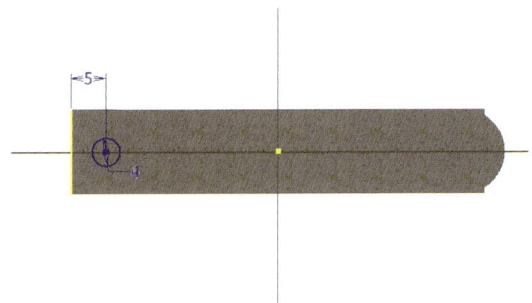

07 돌출 명령 클릭 ▶ 유형 : 차집합 ▶ 범위 : 전체 ▶ 방향 : 대칭 ▶ 확인 버튼 클릭

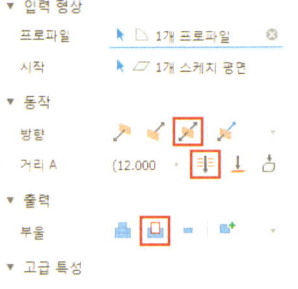
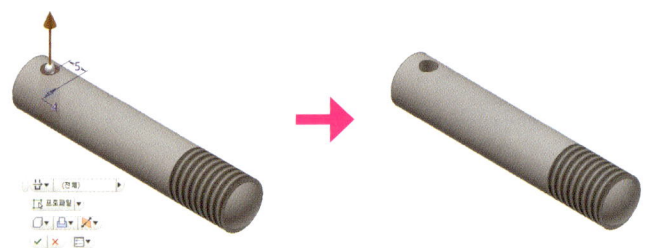

03 마무리 피처 작성

01 모따기 명령 클릭 ▶ 유형 : 거리 ▶ 거리 : 1mm ▶ 모서리 선택 ▶ 확인 버튼 클릭

02 모따기 명령 클릭 ▶ 유형 : 거리 ▶ 거리 : 0.5mm ▶ 모서리 선택 ▶ 확인 버튼 클릭

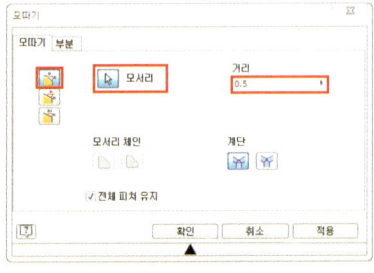
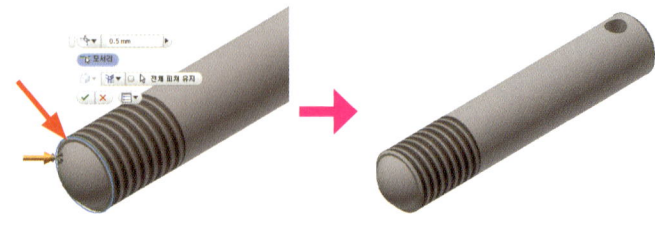

Section2. 핀, 볼트 타입의 부품 그리기

Lesson 2 | 칼라

주) 전체 조질처리 H_RC22~28

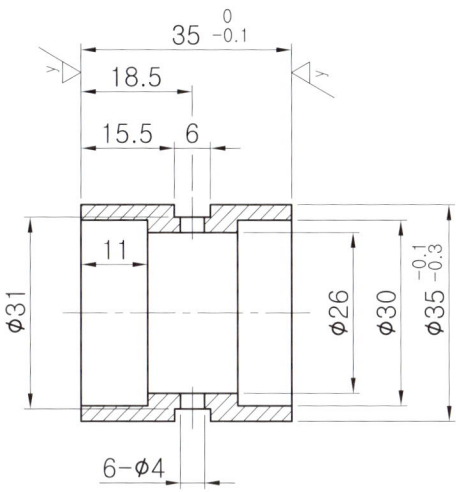

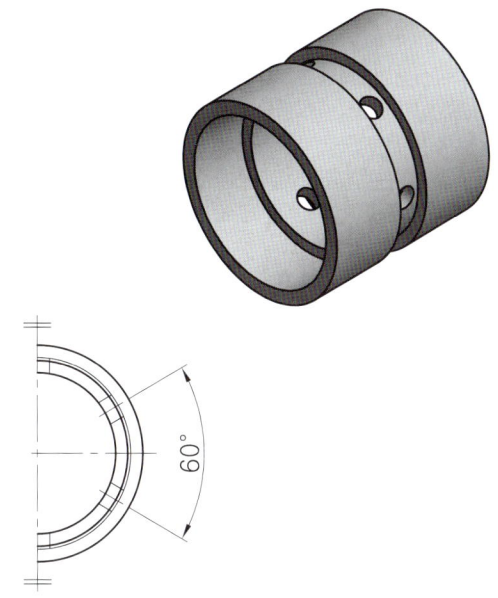

01 베이스 피처 작성

01 XY평면에 스케치를 작성한다.

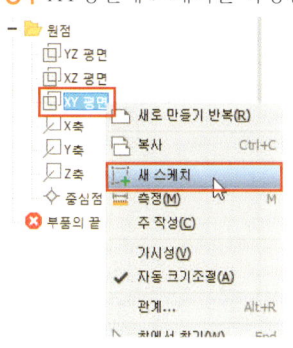

02 전체 길이에 해당하는 중심선을 작성한다.

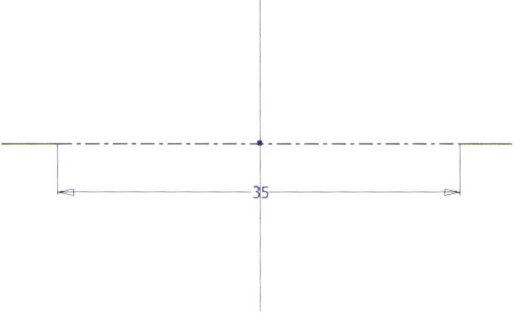

03 프로파일을 작성한다.

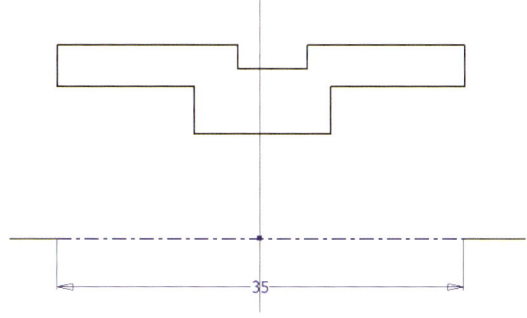

04 왼쪽 끝점끼리 수직 구속조건으로 정렬시킨다.

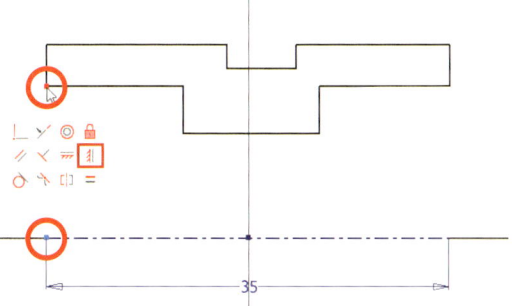

05 오른쪽 끝점끼리 수직 구속조건으로 정렬시킨다.

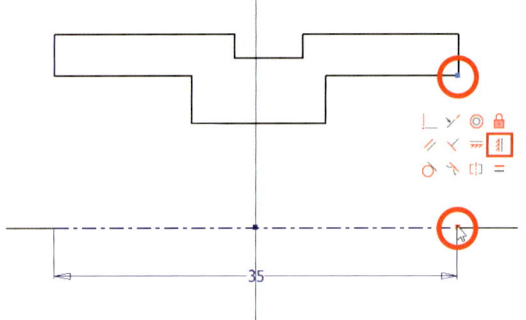

06 치수 명령으로 안쪽 모서리와 중심선을 클릭한다.

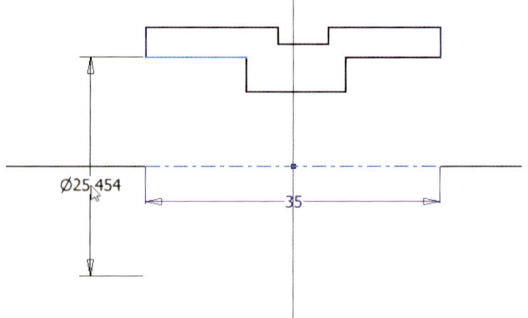

07 원하는 지름 치수로 편집한다.

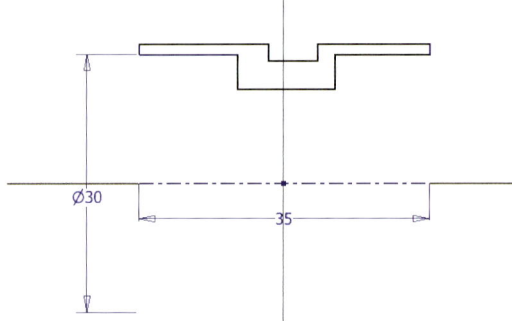

08 마찬가지 방법으로 다른 지름 치수도 작성한다.

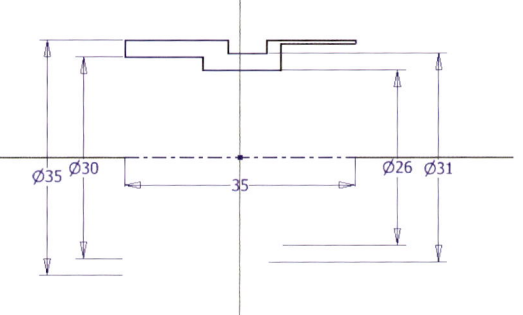

09 폭 치수들을 작성한다.

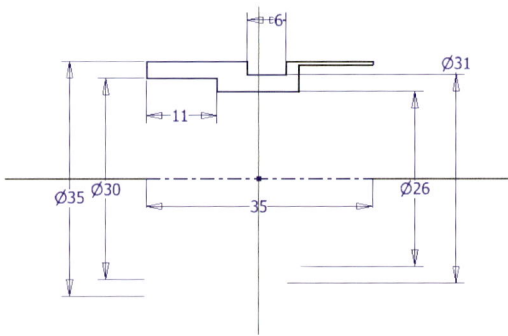

10 두 개의 선을 선택해 동일 구속조건을 부여한다.

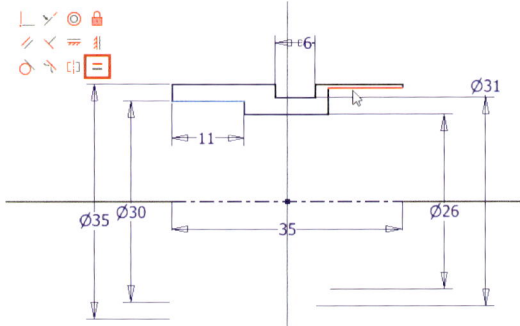

11 두 개의 선을 선택해 동일 구속조건을 부여한다.

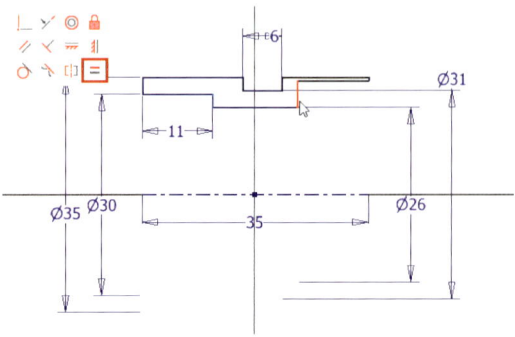

12 두 개의 선을 선택해 동일 구속조건을 부여한다.

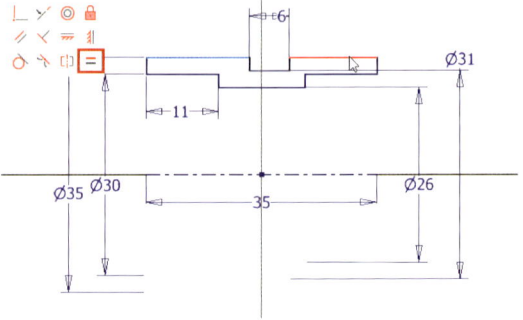

Section2. 핀, 볼트 타입의 부품 그리기

13 두 개의 선을 선택해 동일 구속조건을 부여한다.

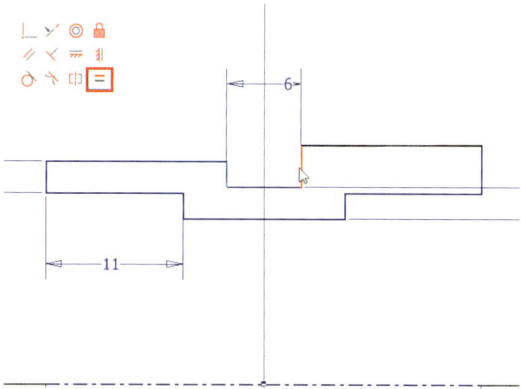

14 회전 명령 클릭 ▶ 프로파일과 축 선택 ▶ 범위 : 전체 ▶ 확인 버튼 클릭

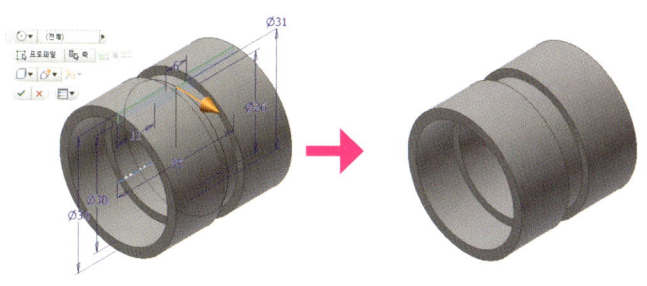

02 서브 피처 작성

01 XY평면에 스케치를 작성한다.

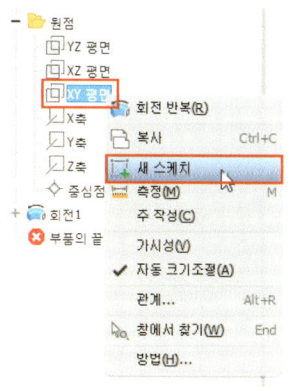

02 중심점에 점을 작성한다.

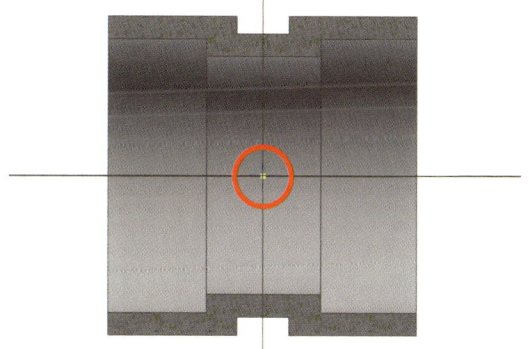

227

Part 04 파트 모델링

03 구멍 명령 클릭 ▶ 구멍 유형 : 드릴 ▶ 구멍 지름 : 4mm ▶ 종료 : 전체관통 ▶ 확인 버튼 클릭

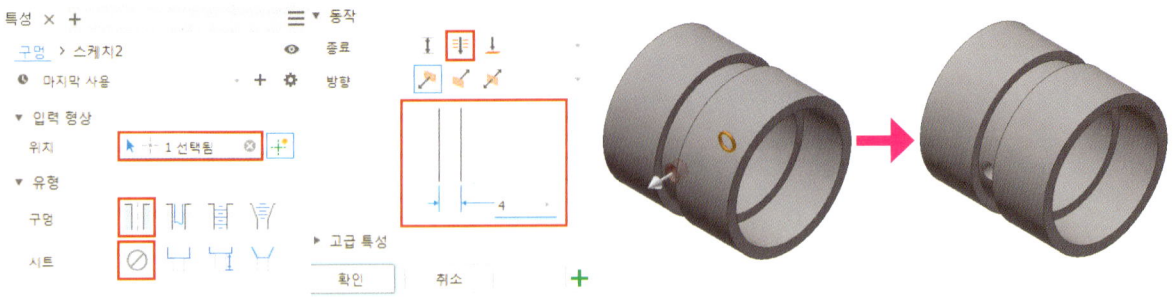

04 원형 패턴 명령 클릭 ▶ 패턴 피처와 회전축 선택 ▶ 갯수 : 6개, 범위 각도 : 360도 ▶ 확인 버튼 클릭

Lesson 3 　회전 삽입 부시

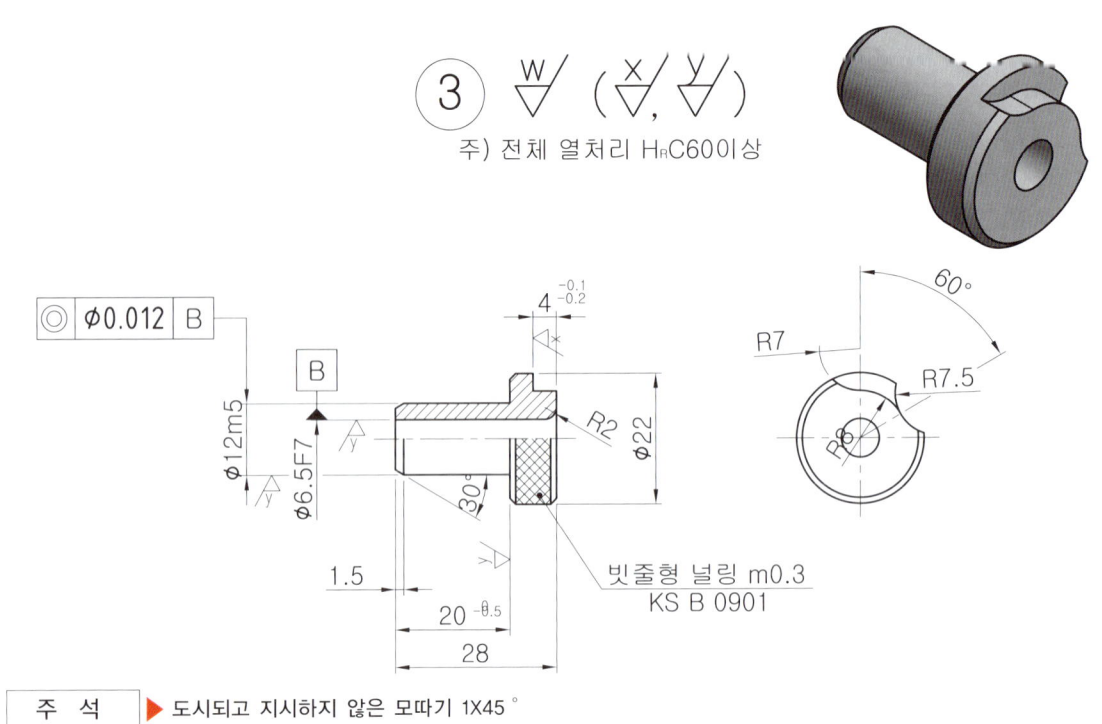

주) 전체 열처리 H_RC60이상

빗줄형 널링 m0.3
KS B 0901

주 석 ▶ 도시되고 지시하지 않은 모따기 1X45°

01 베이스 피처 작성

01 XY평면에 스케치를 작성한다.

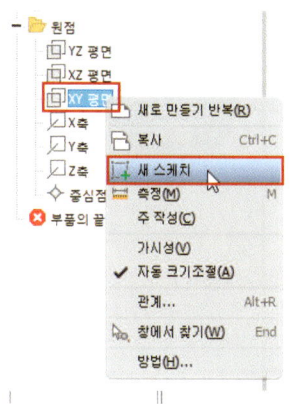

02 스케치 프로파일을 작성한다.

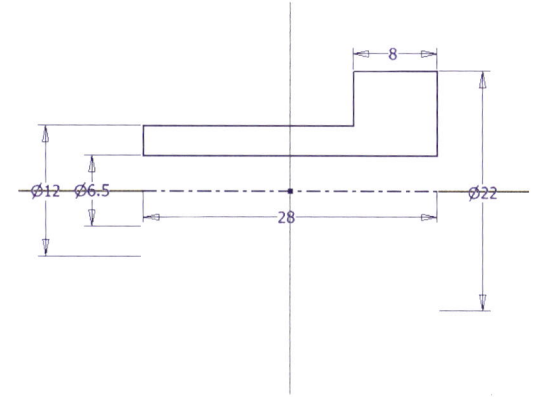

03 회전 명령 클릭 ▶ 프로파일과 축 선택 ▶ 범위 : 전체 ▶ 확인 버튼 클릭

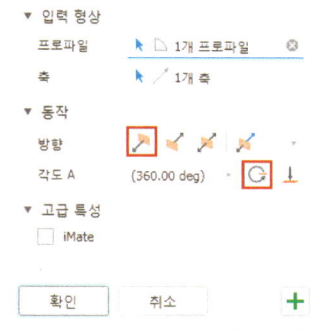

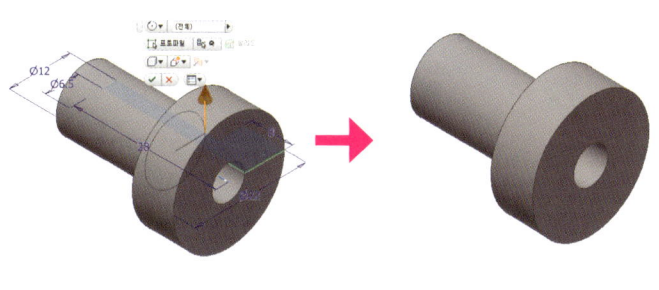

02 서브 피처 작성

01 XY평면에 스케치를 작성한다.

02 스케치 프로파일을 작성한다.

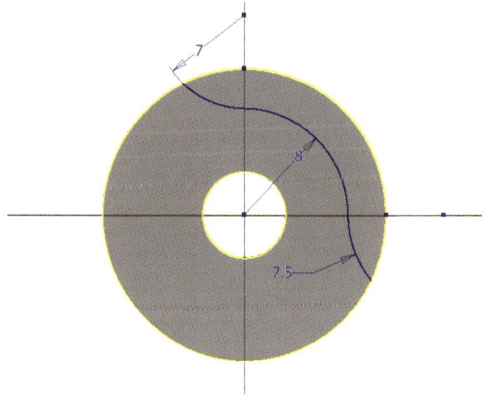

어드바이스 ▶ 솔리드 면에 스케치를 작성하면 자동으로 면의 모서리가 투영선으로 작성되므로 이를 이용해 프로파일을 작성한다.

229

03 돌출 명령 클릭 ▶ 프로파일 선택 ▶ 유형 : 차집합 ▶ 거리 : 4mm ▶ 확인 버튼 클릭

04 작성된 솔리드면을 선택해 스케치를 작성한다.   05 스케치 프로파일을 작성한다.

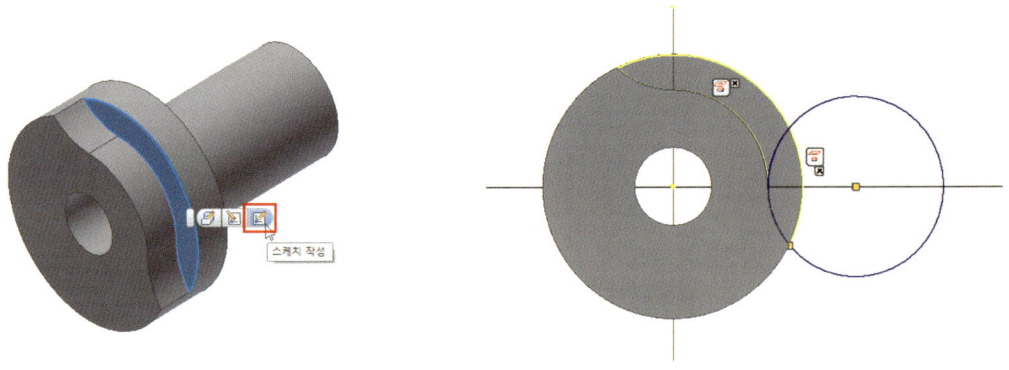

06 돌출 명령 클릭 ▶ 유형 : 차집합 ▶ 거리:다음 면까지 ▶ 확인 버튼 클릭

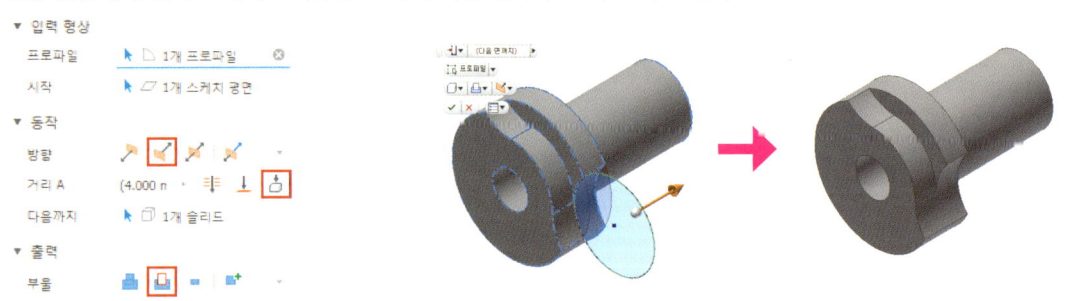

03 마무리 피처 작성

01 모따기 명령 클릭 ▶ 유형 : 거리 ▶ 거리 : 1mm ▶ 모서리 선택 ▶ 확인 버튼 클릭

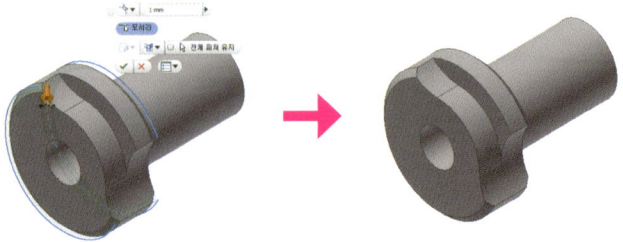

02 모따기 명령 클릭 ▶ 유형:거리 및 각도 ▶ 거리 : 1.5mm, 각도:30도 ▶ 면과 모서리 선택 ▶ 확인 버튼 클릭

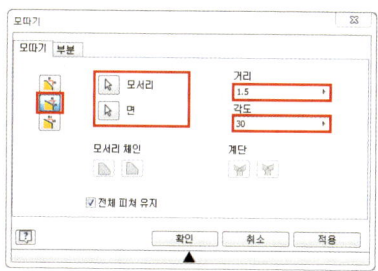

Lesson 4 　 클램핑 볼트

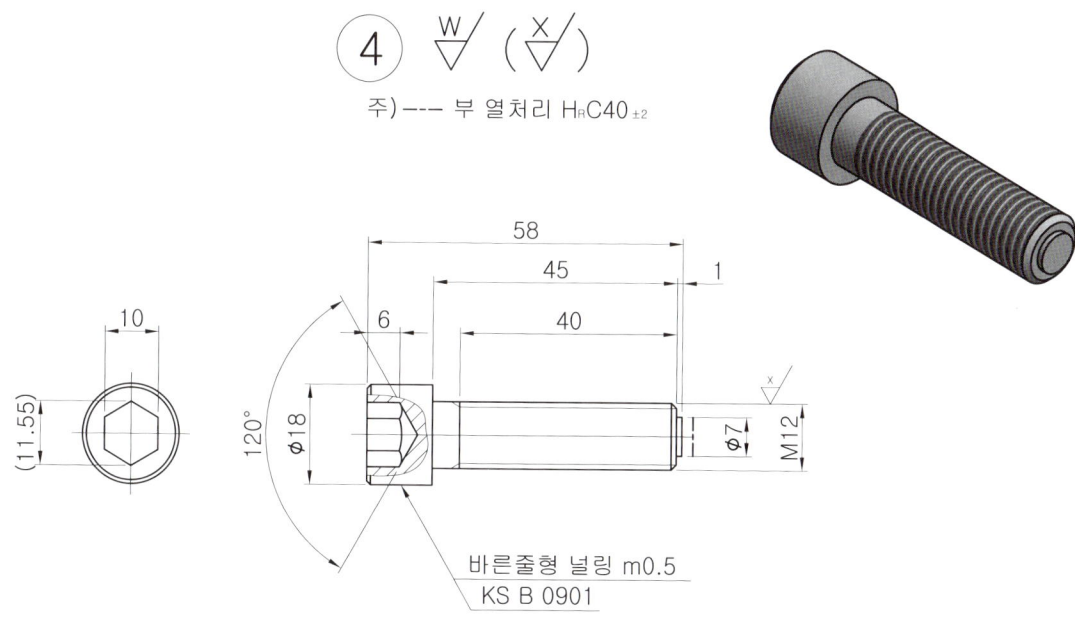

01 베이스 피처 작성

01 XY평면에 스케치를 작성한다.

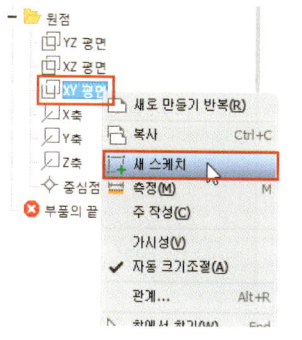

02 스케치 프로파일을 작성한다.

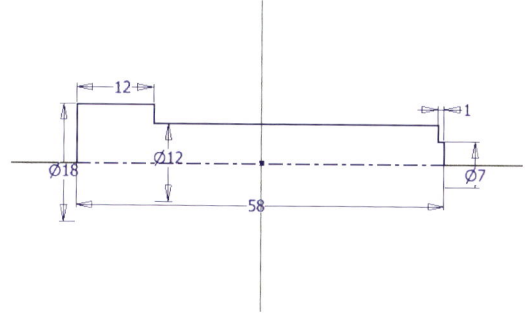

03 회전 명령 클릭 ▶ 프로파일과 축 선택 ▶ 범위 : 전체 ▶ 확인 버튼 클릭

02 서브 피처 작성

01 작성된 솔리드 면에 스케치를 작성한다.

02 스케치 프로파일을 작성한다.

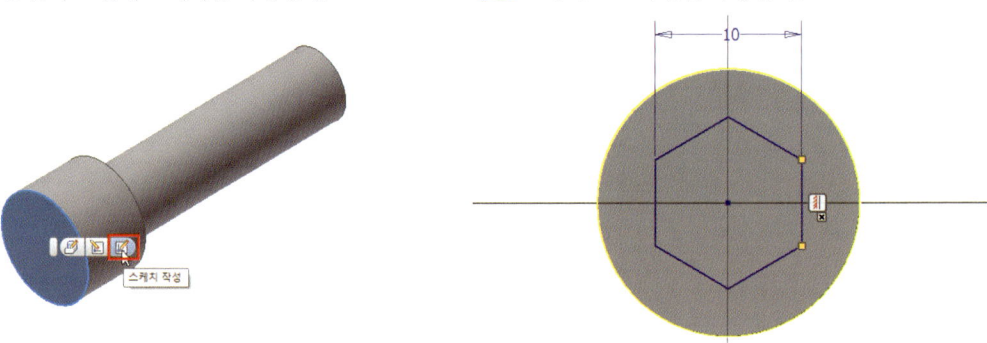

03 돌출 명령 클릭 ▶ 프로파일 선택 ▶ 유형 : 차집합 ▶ 거리 : 6mm ▶ 확인 버튼 클릭

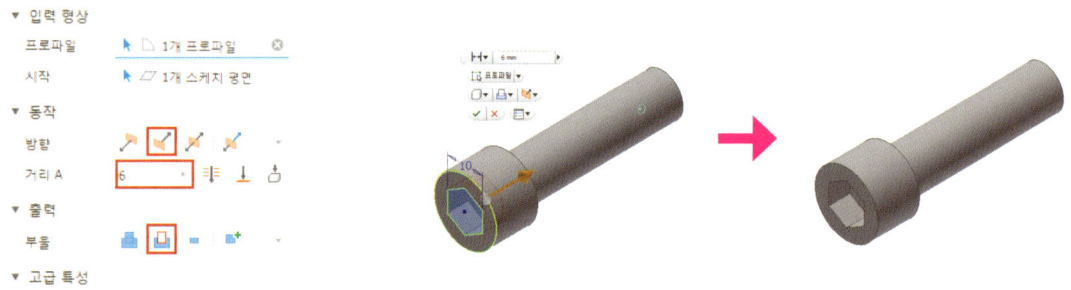

04 작성된 솔리드 면에 스케치를 작성한다.

05 솔리드면의 모서리가 투영선으로 변경된다.

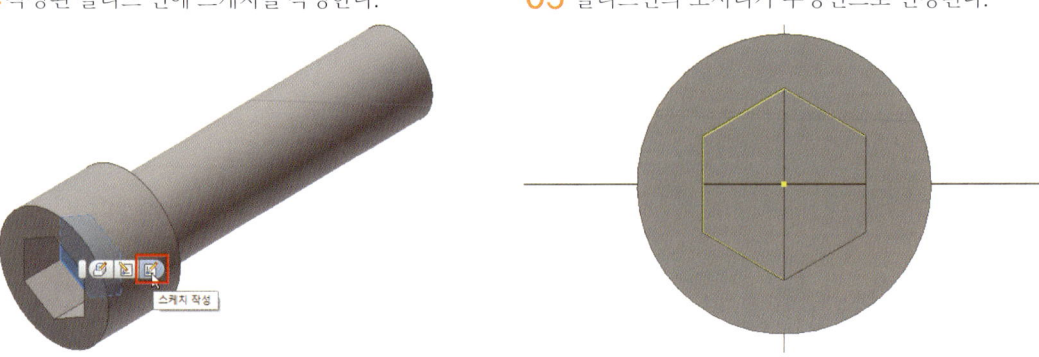

Section2. 핀, 볼트 타입의 부품 그리기

06 돌출 명령 클릭 ▶ 유형 : 차집합 ▶ 거리 : 6mm

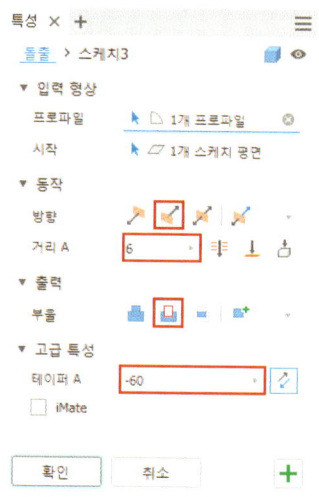
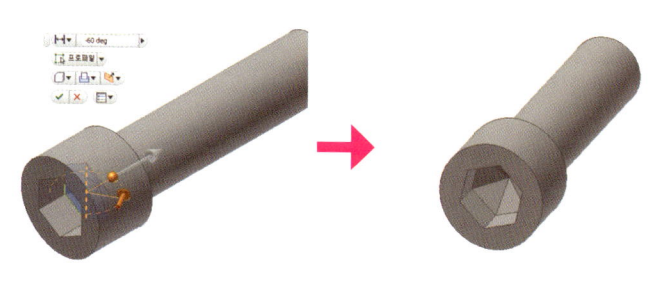

자세히 탭 클릭 ▶ 테이퍼 : -60도 ▶ 확인 버튼 클릭

07 스레드 명령 클릭 ▶ 면 선택 ▶ 길이 : 40mm ▶

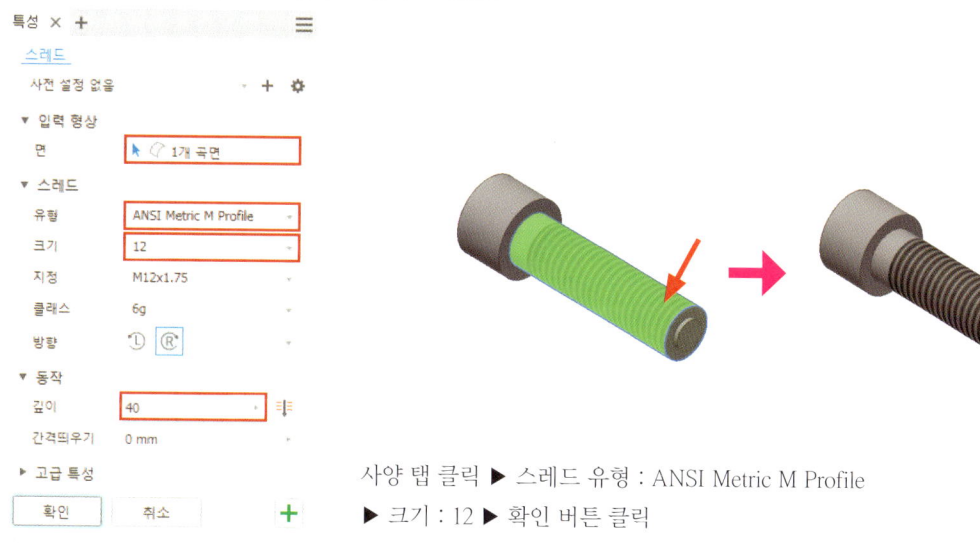

사양 탭 클릭 ▶ 스레드 유형 : ANSI Metric M Profile
▶ 크기 : 12 ▶ 확인 버튼 클릭

03 마무리 피치 작성

01 모따기 명령 클릭 ▶ 유형 : 거리 ▶ 거리 : 1mm ▶ 모서리 선택 ▶ 확인 버튼 클릭

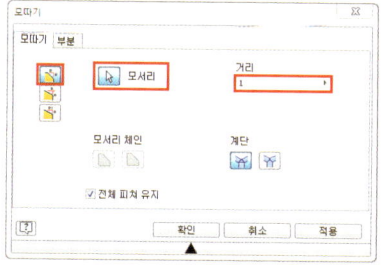

233

Lesson 5 | 누름 볼트

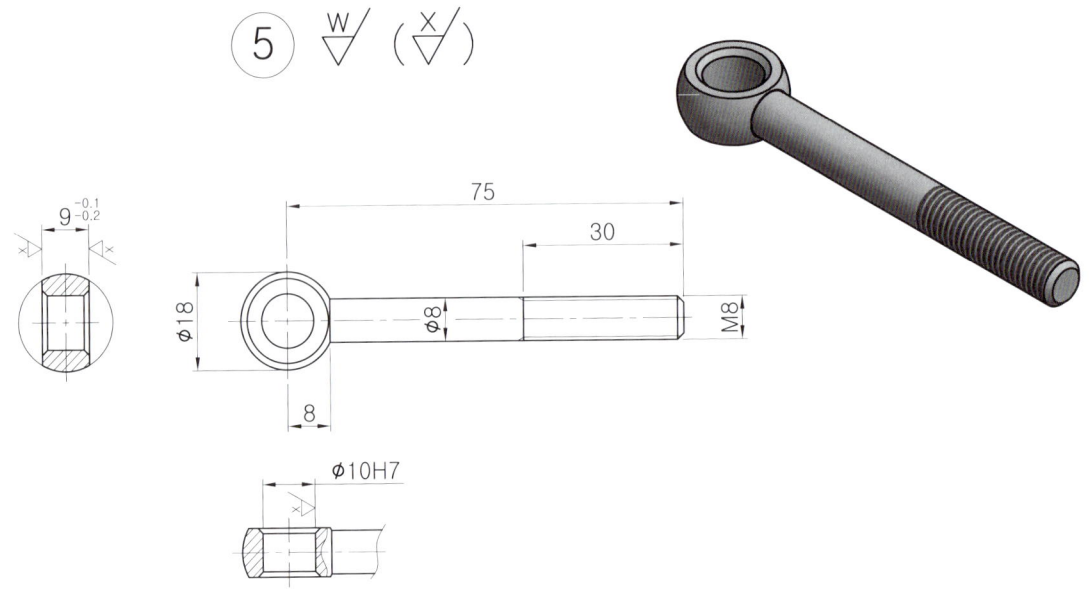

주 석 ▶ 도시되고 지시하지 않은 모따기 1X45°

01 베이스 피처 작성

01 XY평면에 스케치를 작성한다.

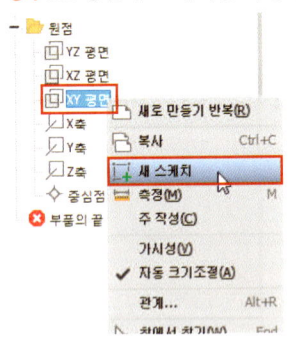

02 스케치 프로파일을 작성한다.

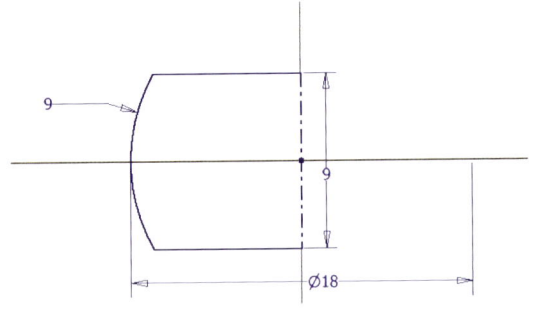

03 회전 명령 클릭 ▶ 프로파일과 축 선택 ▶ 범위 : 전체 ▶ 확인 버튼 클릭

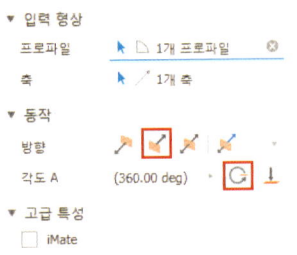

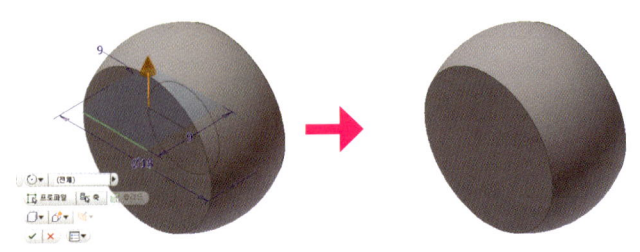

04 작성된 솔리드 면에 스케치를 작성한다.

05 스케치 프로파일을 작성한다.

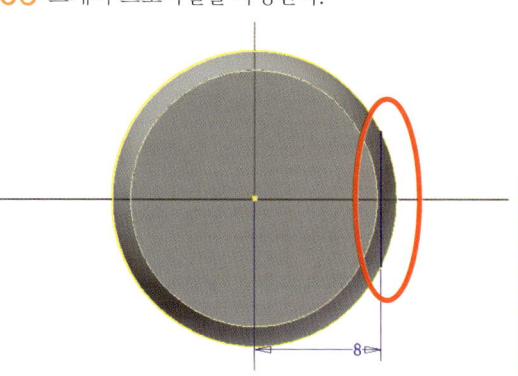

06 돌출 명령 클릭 ▶ 프로파일 선택 ▶ 유형 : 차집합 ▶ 거리 : 다음 면까지 ▶ 확인 버튼 클릭

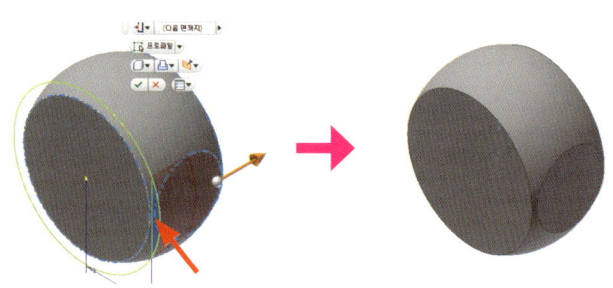

07 작성된 솔리드 면에 스케치를 작성한다.

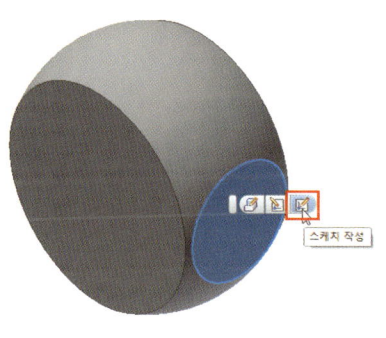

08 원을 작성한다.

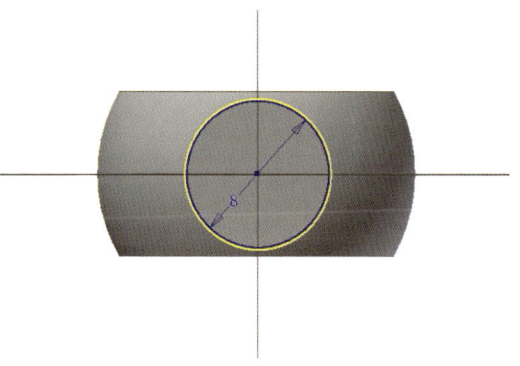

09 돌출 명령 클릭 ▶ 프로파일 선택 ▶ 유형 : 합집합 ▶ 거리 : 67mm ▶ 확인 버튼 클릭

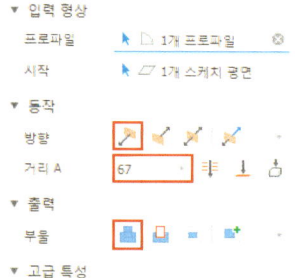

02 서브 피처 작성

01 스레드 명령 클릭 ▶ 면 선택 ▶ 길이 : 30mm ▶

사양 탭 클릭 ▶ 스레드 유형 : ANSI Metric M Profile
▶ 크기 : 8 ▶ 확인 버튼 클릭

02 모따기 명령 클릭 ▶ 유형 : 거리 ▶ 거리 : 1mm ▶ 모서리 선택 ▶ 확인 버튼 클릭

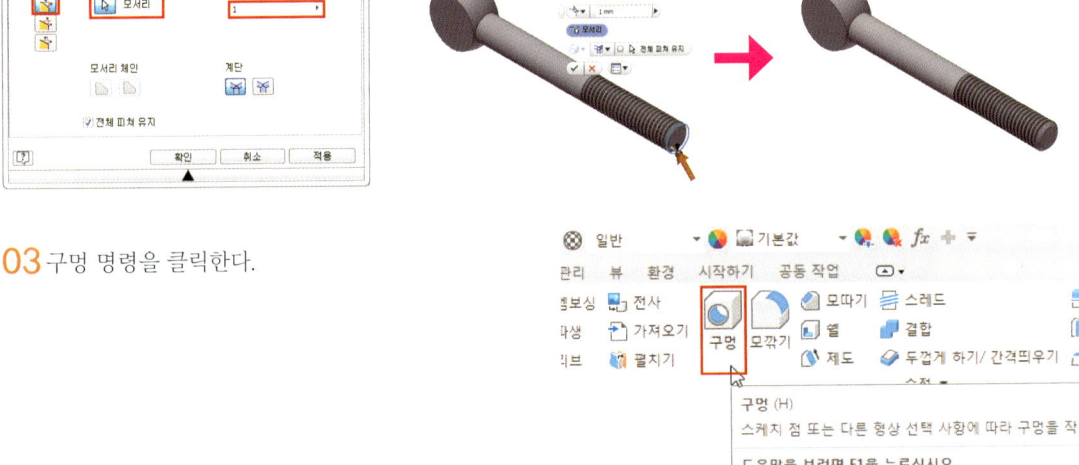

03 구멍 명령을 클릭한다.

어드바이스 ▶ 구멍 명령은 배치 타입이 시작 스케치인 경우를 제외하고는 명령어를 먼저 클릭해서 실행한다.

04 배치 타입을 동심으로 하고 면을 선택한다.

05 동심 참조를 원형 모서리를 선택한다.

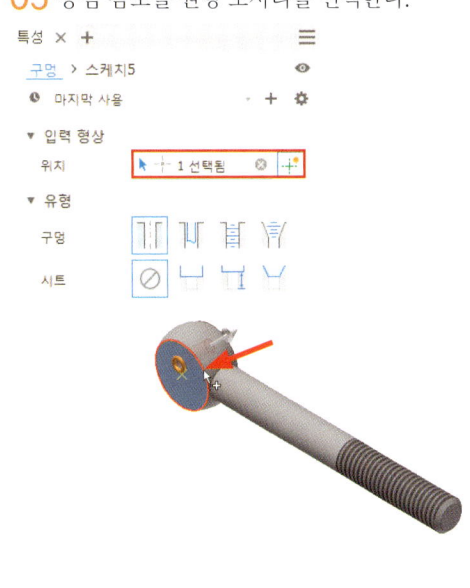

06 다음 유형으로 구멍을 작성한다.

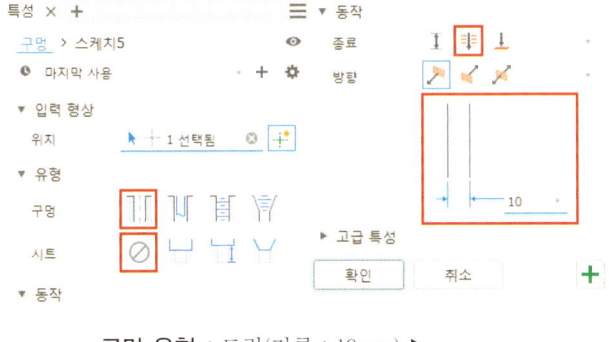

구멍 유형 : 드릴(지름 : 10mm) ▶
종료 : 전체 관통 ▶
구멍 타입 : 단순 구멍 ▶
확인 버튼 클릭

07 모따기 명령 클릭 ▶ 유형 : 거리 ▶ 거리 : 1mm ▶ 모서리 선택 ▶ 확인 버튼 클릭

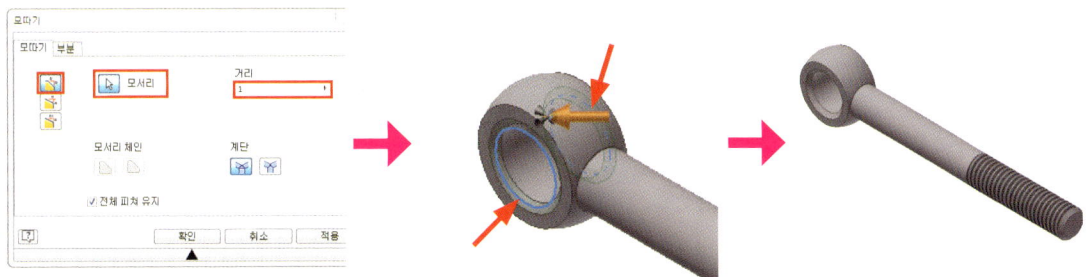

Lesson 6 | 연습 예제도면

01 클램핑 볼트

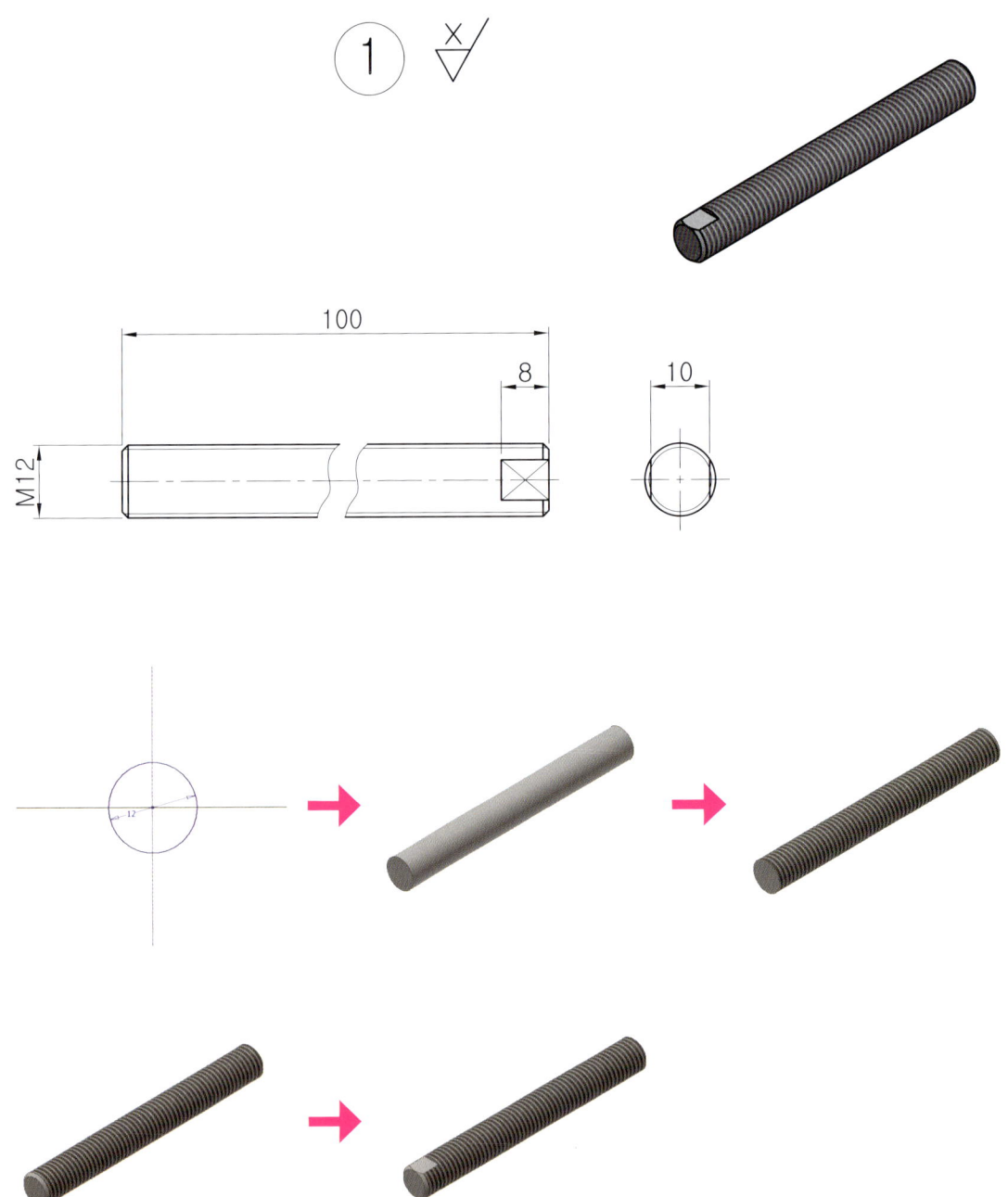

02 지지 너트

주) 전체 열처리 H$_R$C40 ±2

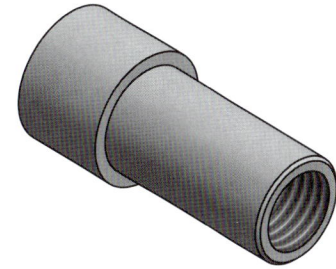

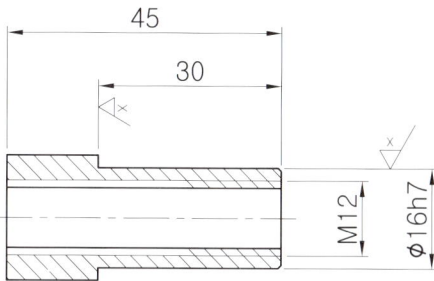

03 힌지 핀

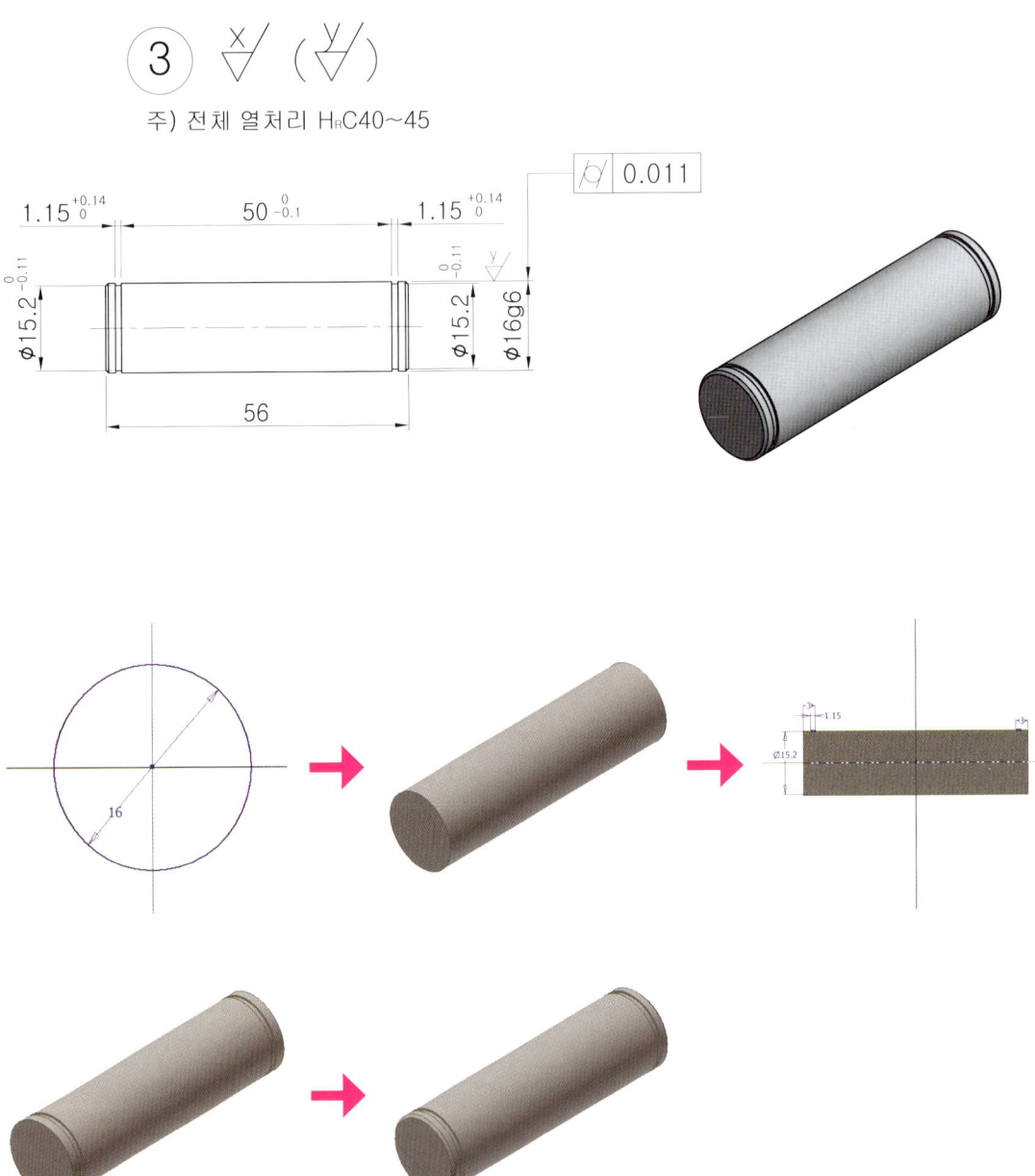

04 슬라이드

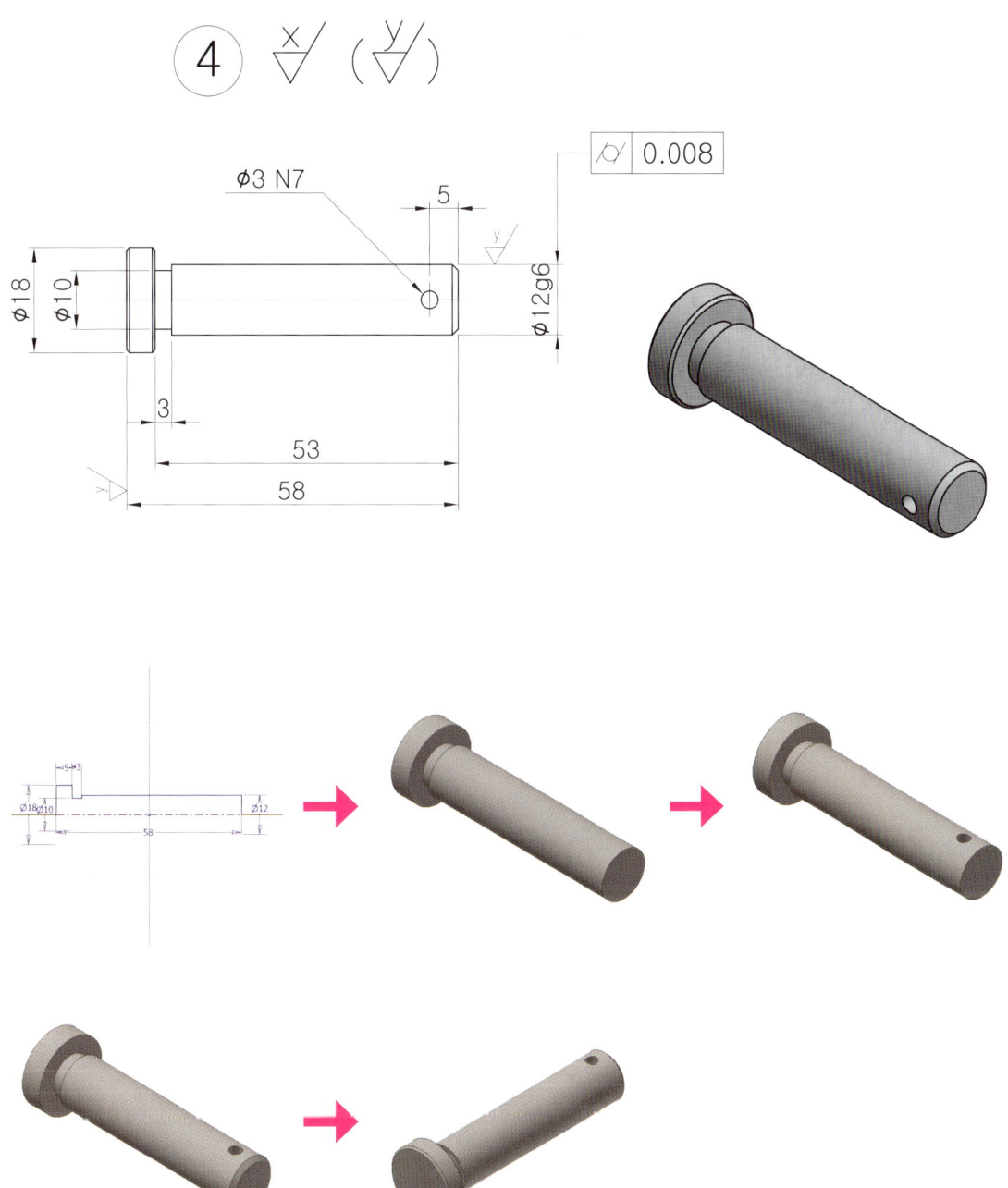

05 지지 볼트

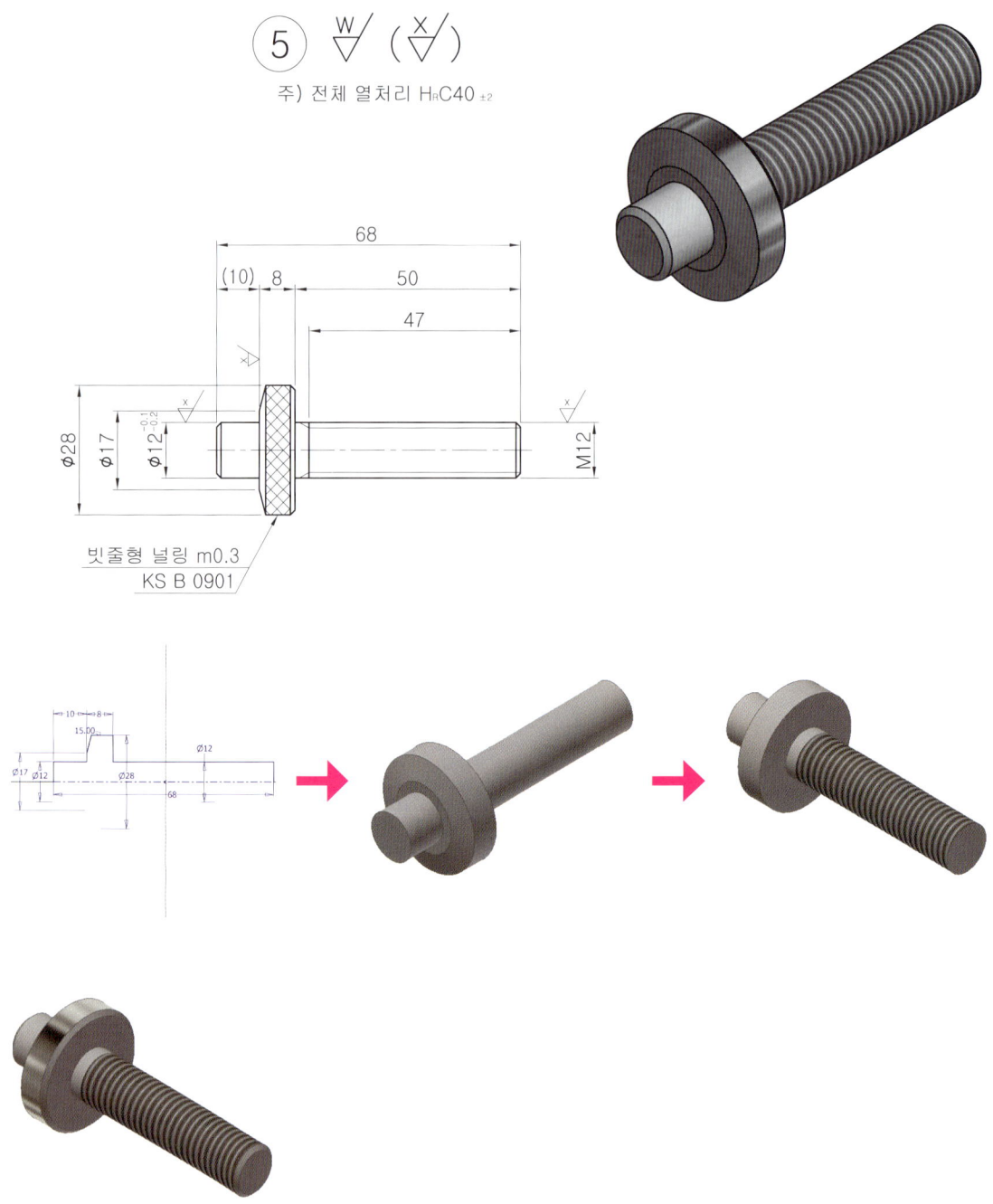

06 잠금 나사

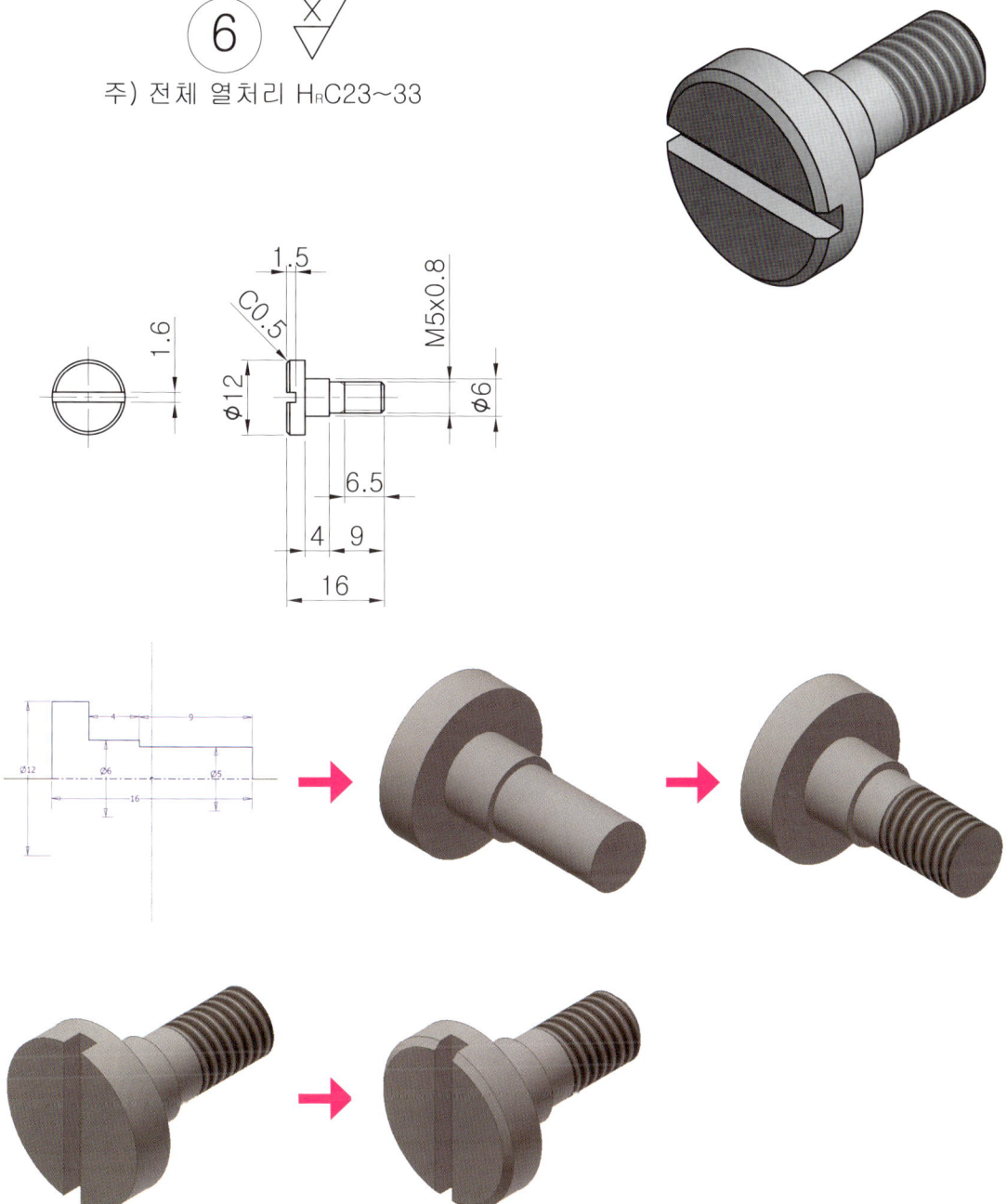

07 클램프 볼트

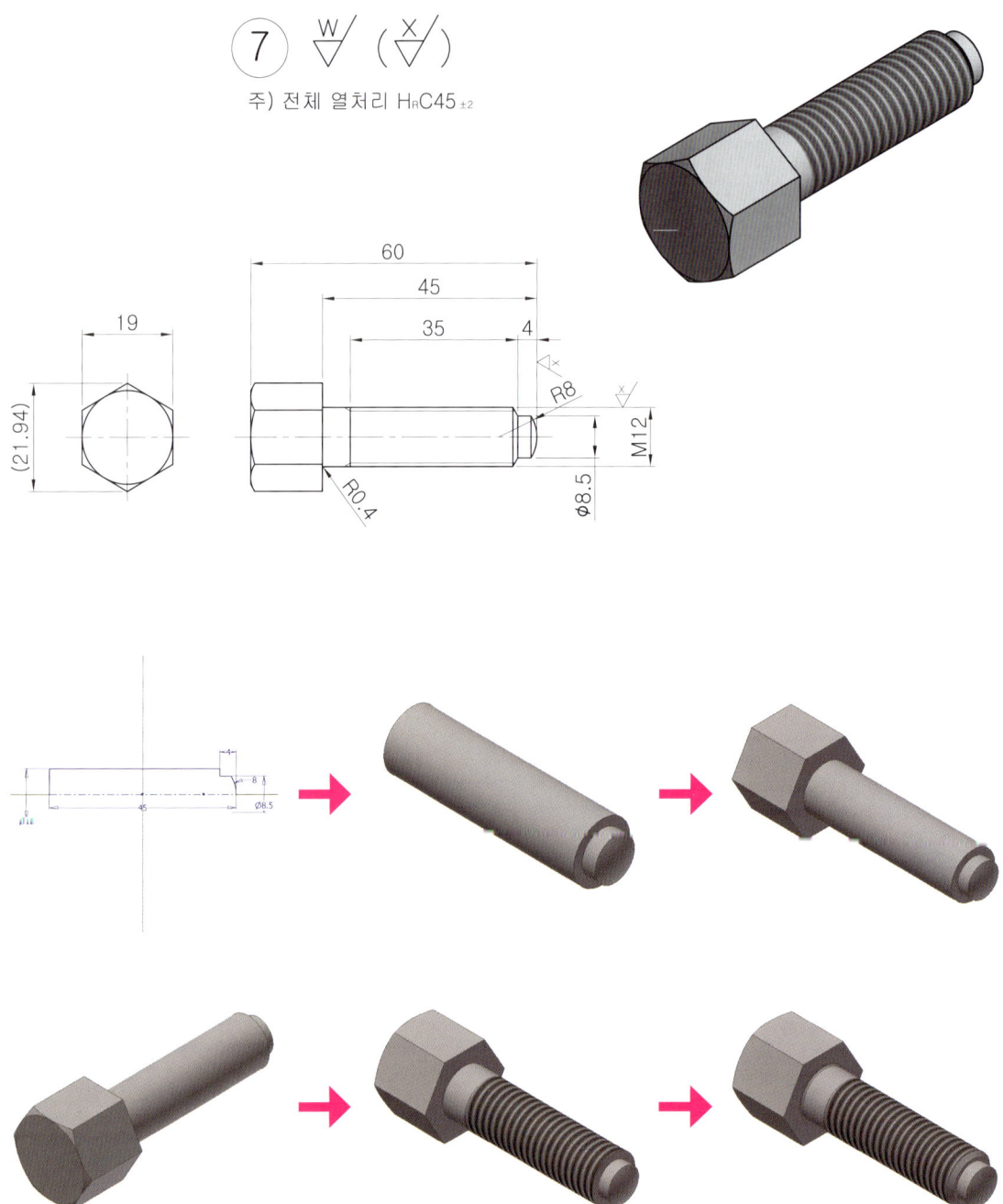

08 피스톤 로드

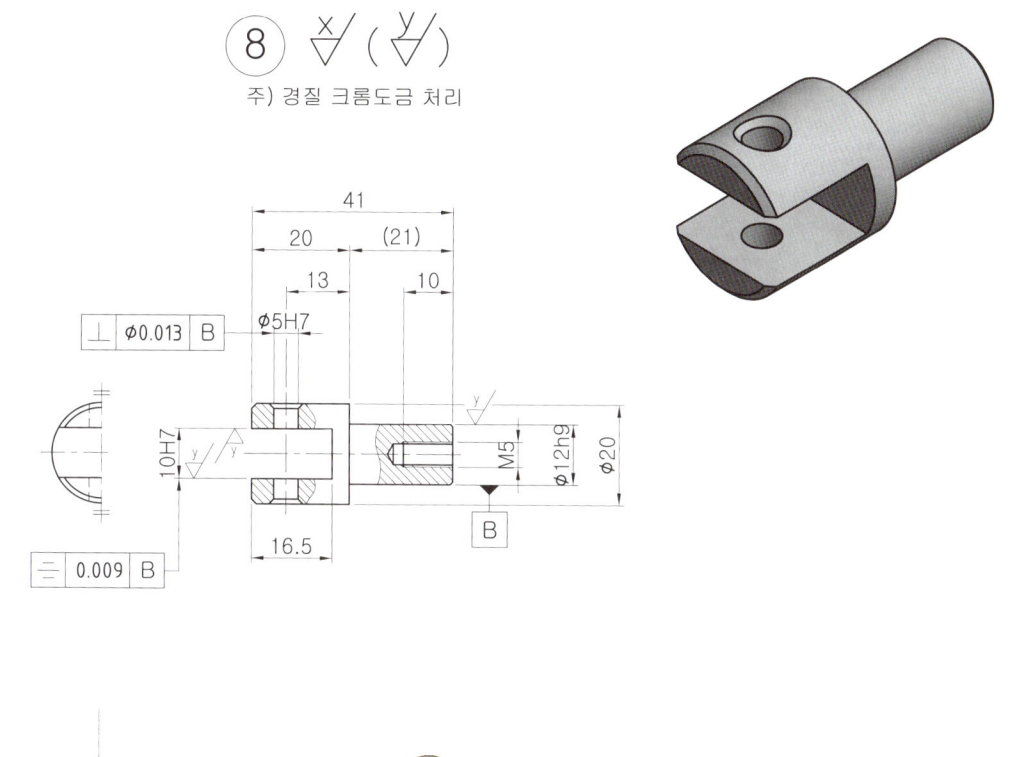

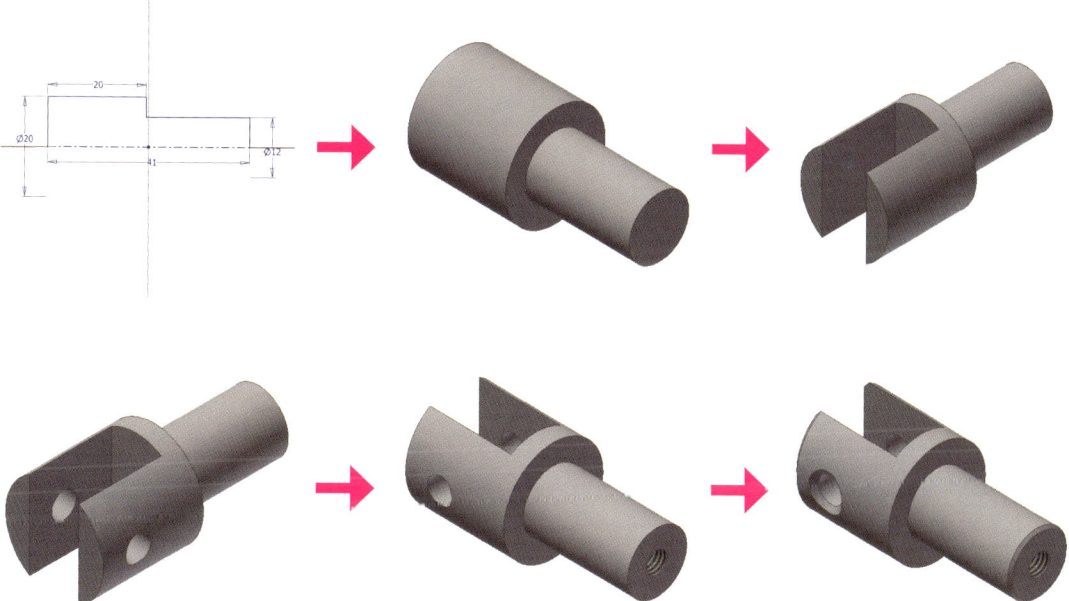

Part 04 파트 모델링

3.축 타입의 부품 그리기

전산응용기계제도기능사/산업기사/기사 실기를 위한 인벤터

축 타입의 부품을 회전 명령을 이용해 작성하는 방법을 알아보도록 하자.

Lesson 1 | 축

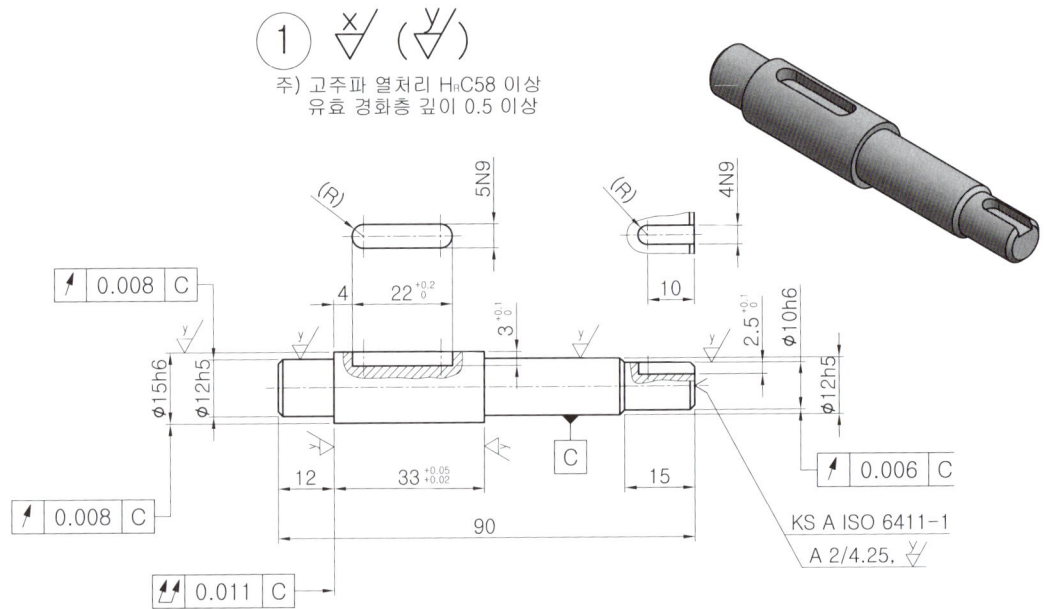

주 석 ▶ 도시되고 지시하지 않은 모따기 1X45°

01 베이스 피처 작성

01 XY평면에 스케치를 작성한다.

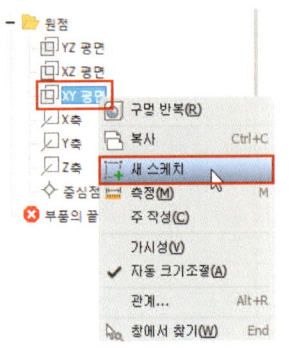

02 중심선을 작성한다.

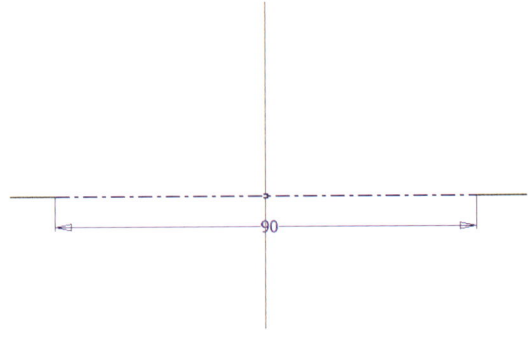

03 선 명령으로 대략적인 프로파일을 작성한다.

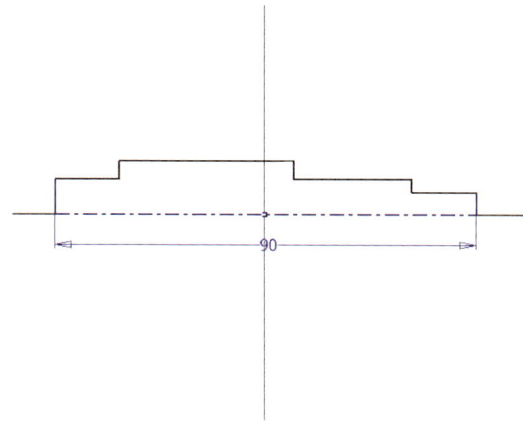

04 지름 치수를 작성한다.

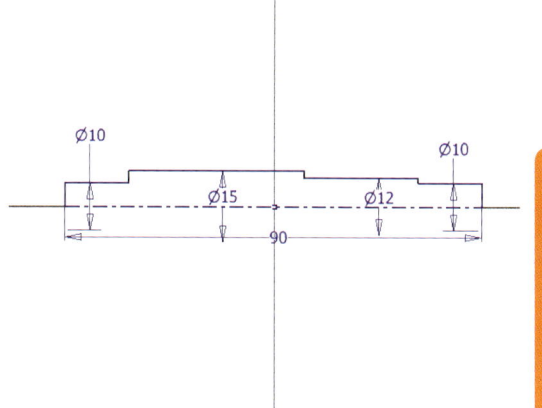

05 폭 치수를 작성해서 스케치를 마무리한다.

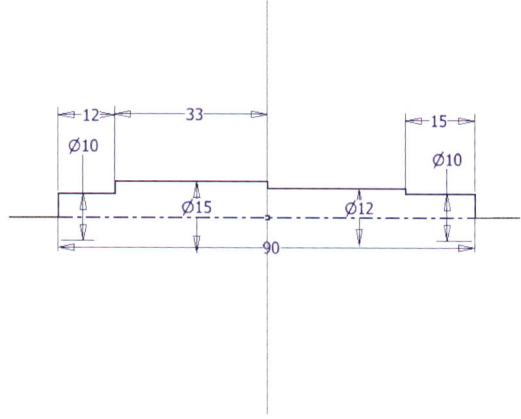

06 회전 명령 클릭 ▶ 프로파일과 축 선택 ▶ 범위 : 전체 ▶ 확인 버튼 클릭

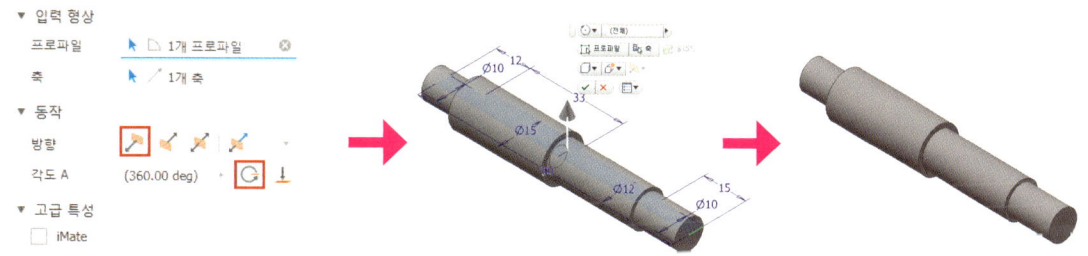

어드바이스 ▶ 스케치에 프로파일 영역과 중심선이 각각 하나씩 존재하면 회전 명령 실행시 자동 선택된다.

02 서브 피처 작성

01 평면 명령을 클릭한다.

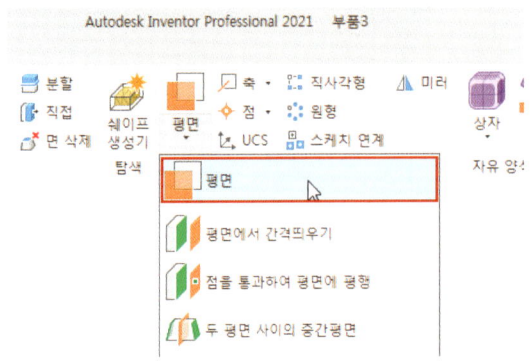

02 XZ평면을 선택한다.

03 원통면을 선택하면 평면이 작성된다.

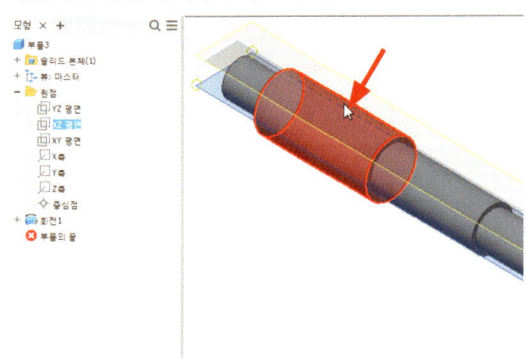

04 작성된 평면을 선택해 스케치를 작성한다.

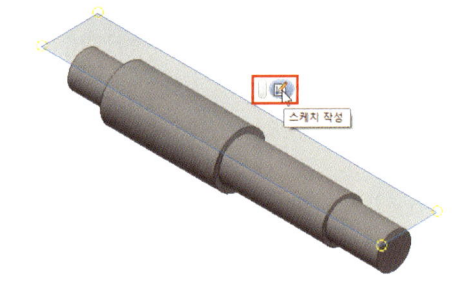

05 슬롯 명령으로 프로파일을 작성한다.

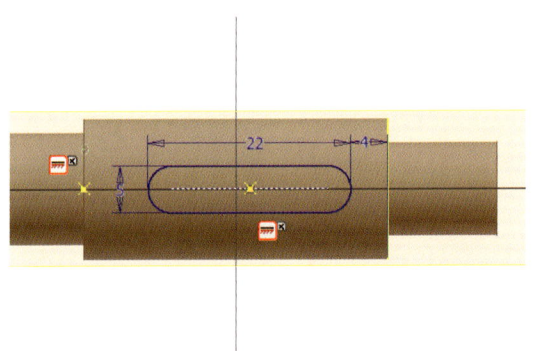

06 돌출 명령 클릭 ▶ 프로파일 선택 ▶ 유형 : 차집합 ▶ 거리 : 3mm ▶ 확인 버튼 클릭

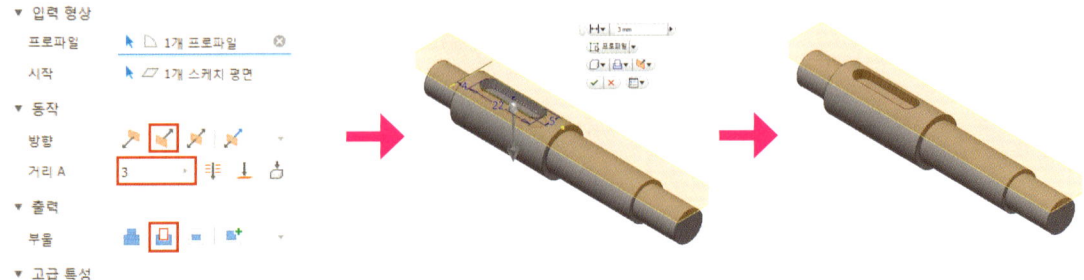

07 작업 평면을 마우스 우측 버튼으로 클릭해 가시성을 클릭한다.

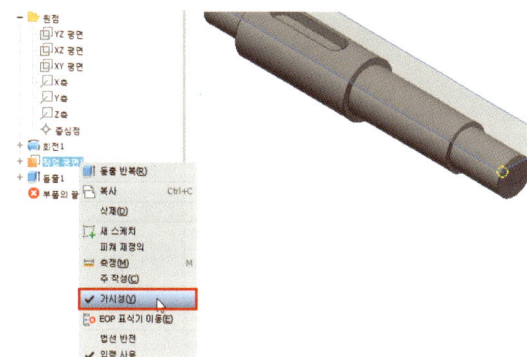

08 평면이 화면에서 사라진다.

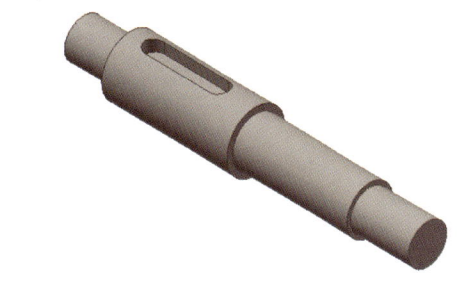

09 평면 명령을 클릭한다.

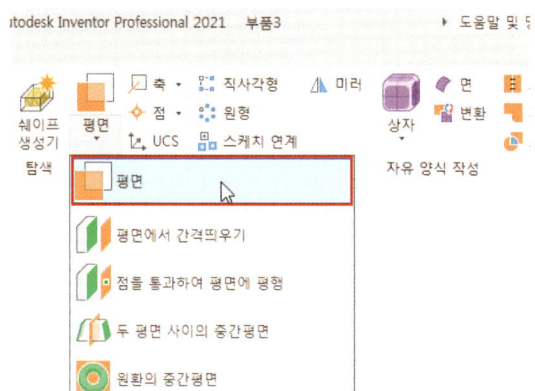

10 XZ평면을 클릭한다.

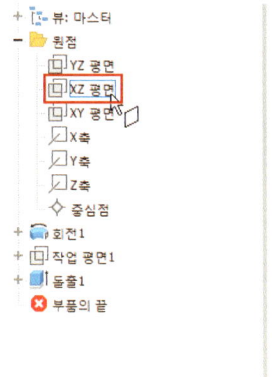

11 원통면을 선택하면 평면이 작성된다.

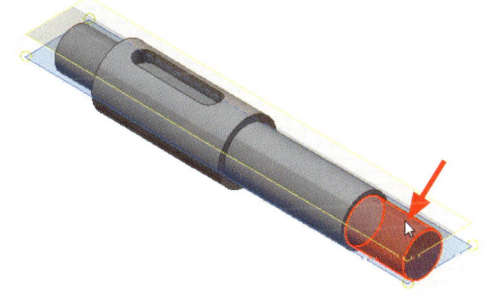

12 작성된 평면을 선택해 스케치를 작성한다.

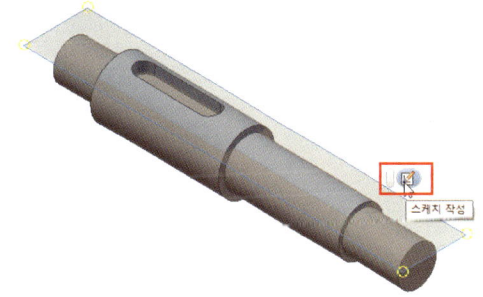

어드바이스 ▶ 원통을 선택할 때 원통 아랫면을 선택하느냐, 윗면을 선택하느냐에 따라서 평면이 생성되는 위치가 달라진다.

13 형상 투영 명령으로 다음 모서리를 투영한다.

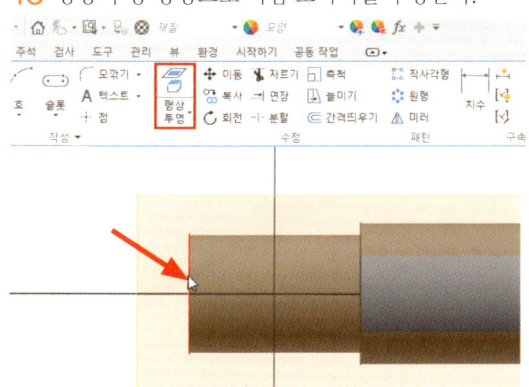

14 슬롯 명령으로 프로파일을 작성한다.

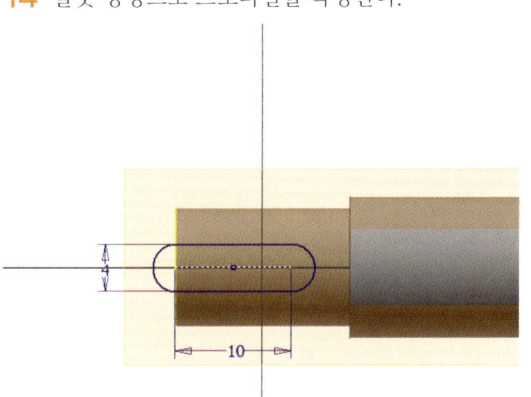

15 돌출 명령 클릭 ▶ 유형 : 차집합 ▶ 거리 : 2.5mm ▶ 확인 버튼 클릭

16 작업 평면을 마우스 우측 버튼으로 클릭해 가시성을 클릭한다.

17 평면이 화면에서 사라진다.

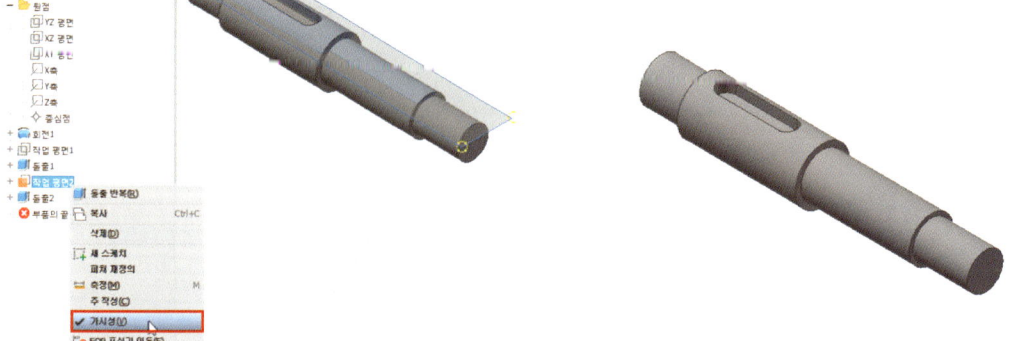

18 모따기 명령 클릭 ▶ 유형 : 거리 ▶ 거리 : 1mm ▶ 모서리 선택 ▶ 확인 버튼 클릭

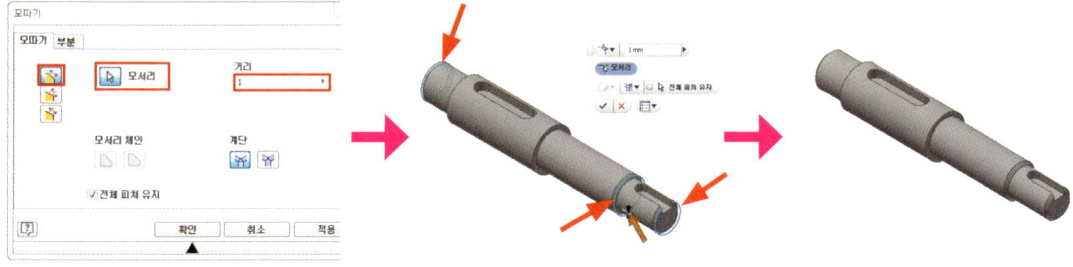

Lesson 2 │ 편심축

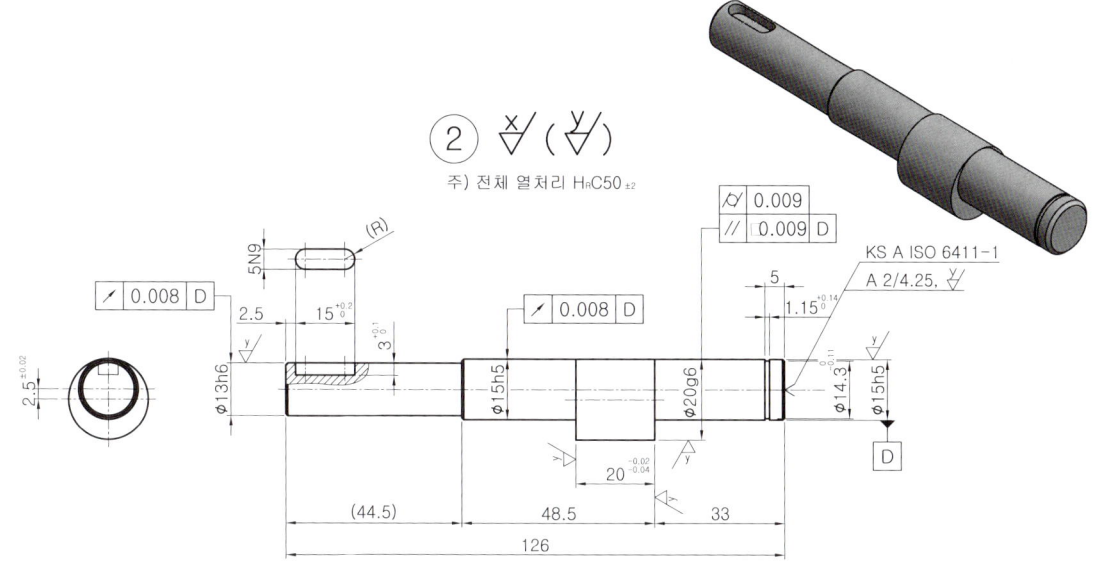

| 주　석 | ▶ 도시되고 지시하지 않은 모따기 1X45° |

01 베이스 피처 작성

01 XY평면에 스케치를 작성한다.

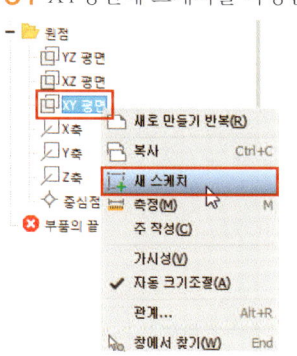

02 전체 길이에 해당하는 중심선을 작성한다.

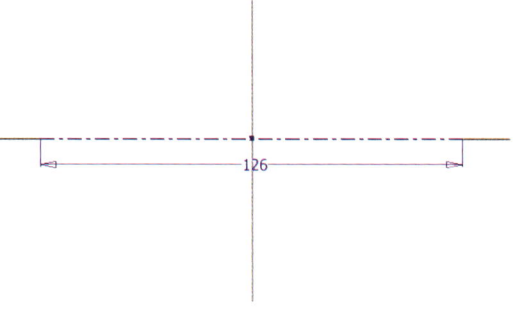

03 프로파일을 작성한다.

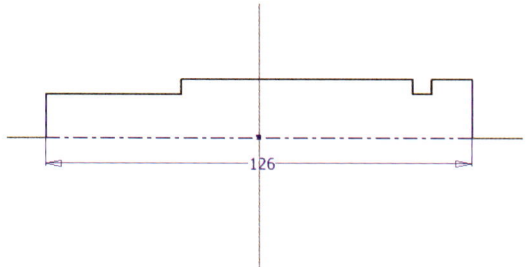

04 각 단의 지름 치수를 작성한다.

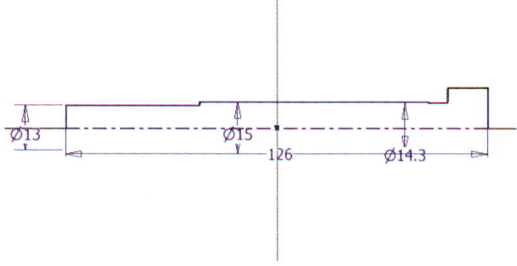

251

05 오른쪽 끝단의 두 선을 동일선상 구속조건을 부여한다.

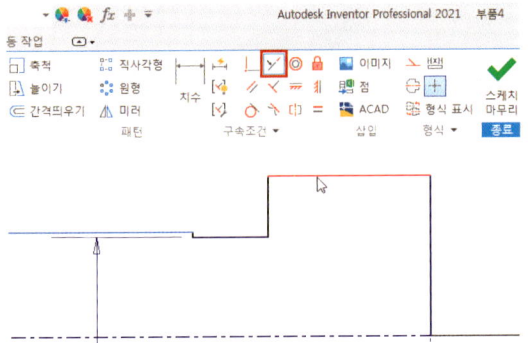

06 나머지 치수를 작성해 완료한다.

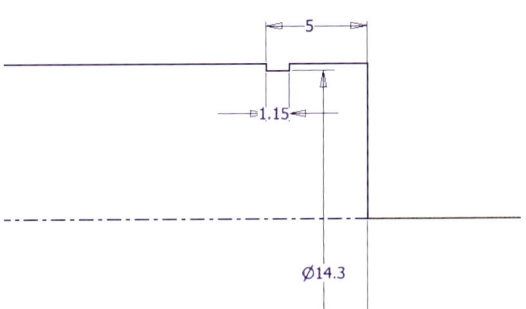

07 다음과 같이 편심축용 프로파일을 작성한다.

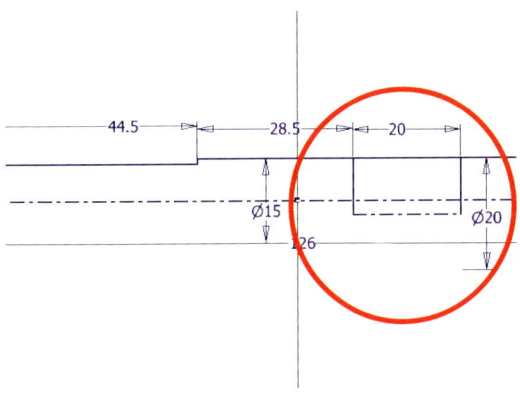

08 회전 명령을 클릭한다.

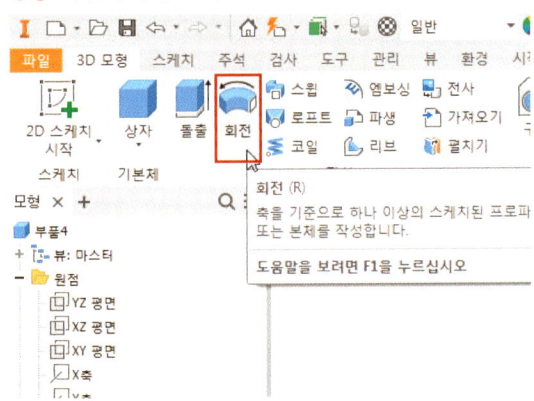

09 프로파일을 선택한다.

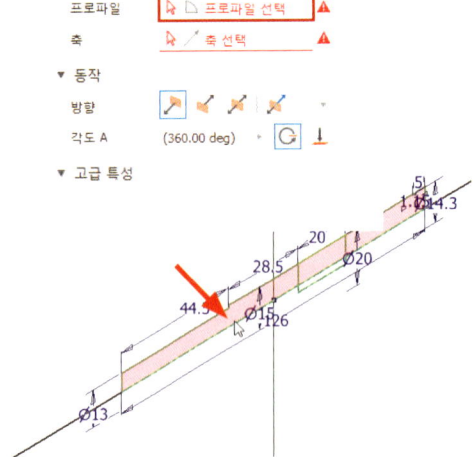

10 축을 선택한다.

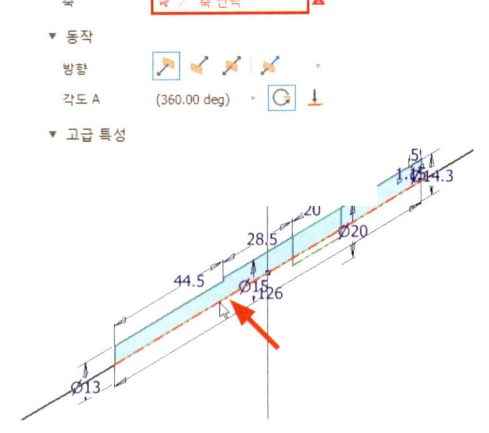

어드바이스 ▶ 회전 명령에서 프로파일이 두개 이상이면 수동으로 선택을 해줘야 한다.

11 회전 피처가 미리보기가 된다.

12 확인 버튼을 클릭하면 회전 피처가 작성된다.

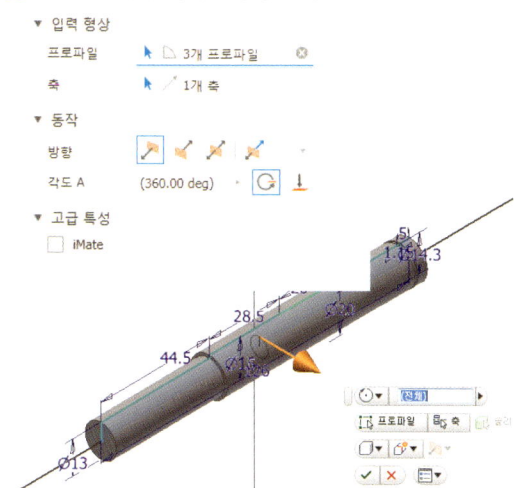

13 스케치1 항목을 마우스 우측 버튼으로 스케치 공유를 클릭한다.

14 스케치가 공유 상태가 된다.

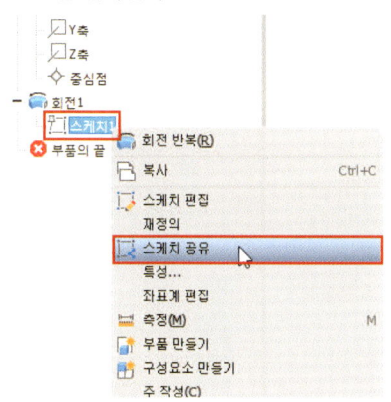

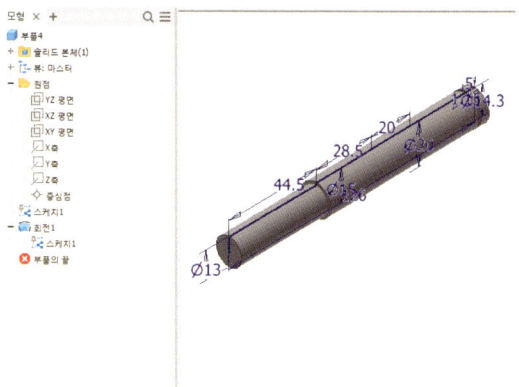

15 회전 명령 클릭 ▶ 프로파일과 축 선택 ▶ 범위:전체 ▶ 확인 버튼 클릭

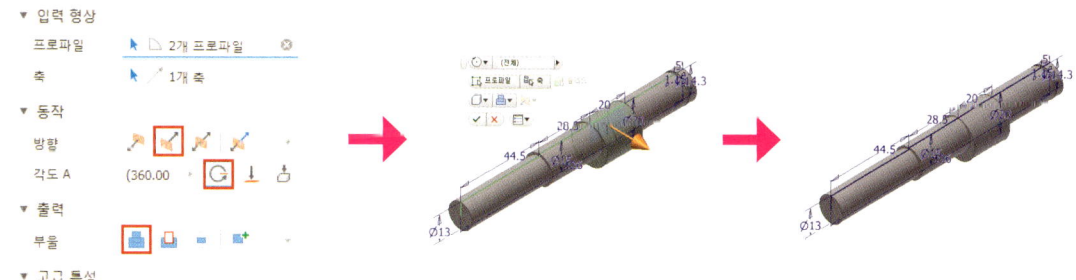

어드바이스 ▶ 스케치 공유 기능을 이용하면 하나의 스케치로 여러개의 피처를 만들 수 있다.

02 서브 피처 작성

01 공유 상태인 스케치1을 마우스 우측 버튼으로 선택해 가시성을 체크 해제한다.

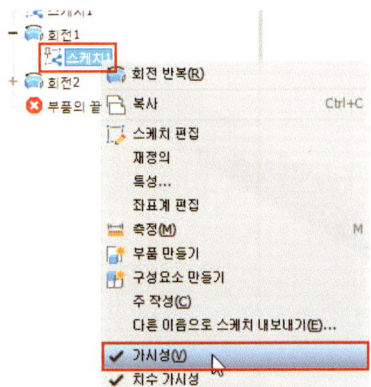

02 스케치가 화면에서 사라지게 된다.

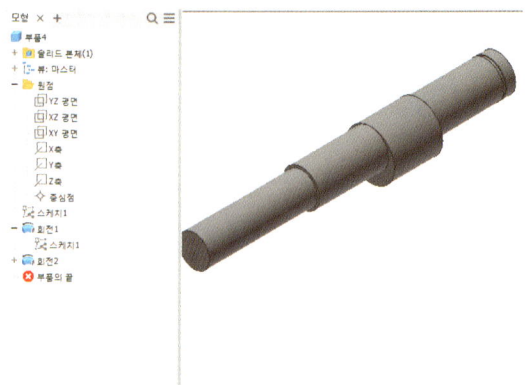

03 평면 명령을 클릭한다.

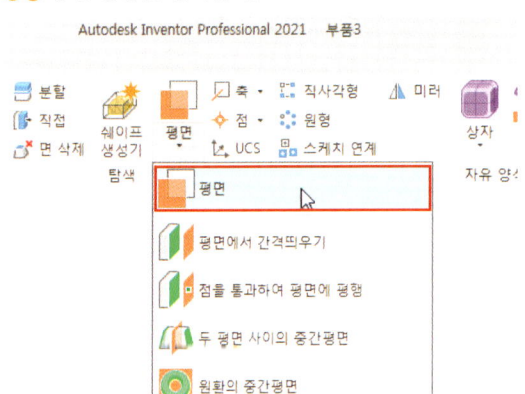

04 XZ평면을 선택한다.

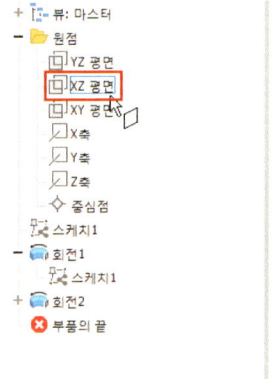

05 원통 윗면을 선택한다.

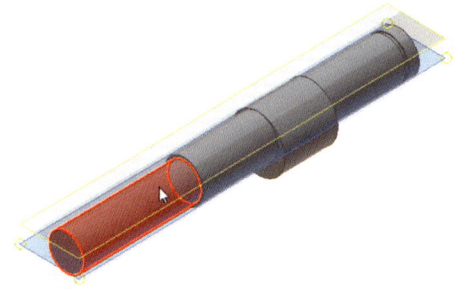

06 평면이 작성된다.

어드바이스 ▶ XZ평면을 미리 선택한 후에 평면 명령을 클릭해도 된다.

07 작성된 평면을 선택해 스케치 작성을 클릭한다.

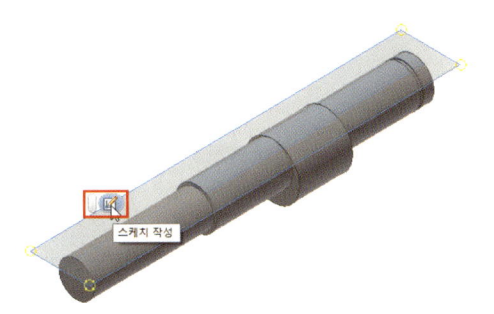

08 슬롯 명령을 클릭한다.

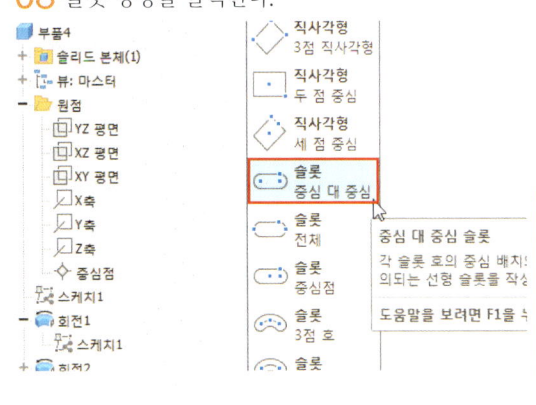

09 프로파일을 작성한다.

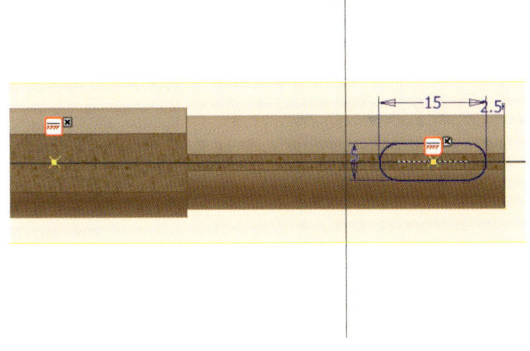

10 돌출 명령 클릭 ▶ 유형 : 차집합 ▶ 거리 : 3mm ▶ 확인 버튼 클릭

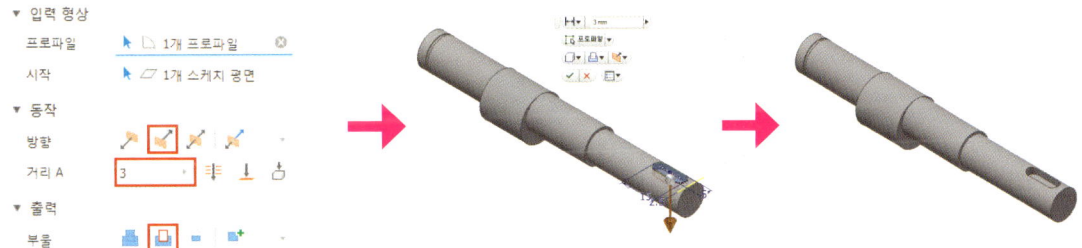

11 모따기 명령 클릭 ▶ 유형 : 거리 ▶ 거리 : 1mm ▶ 모서리 선택 ▶ 확인 버튼 클릭

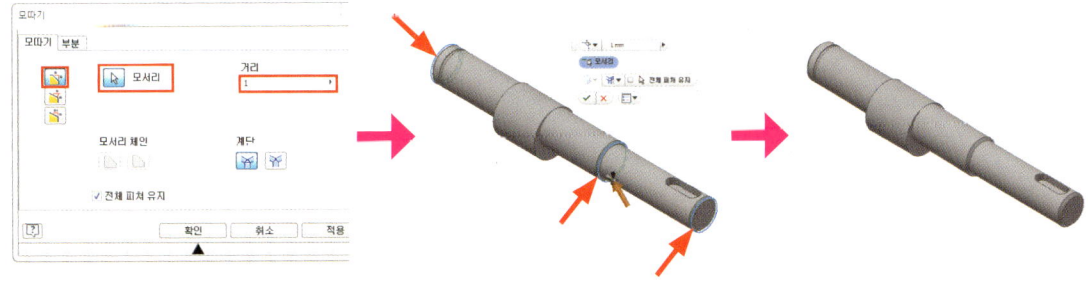

255

Lesson 3 | 커버

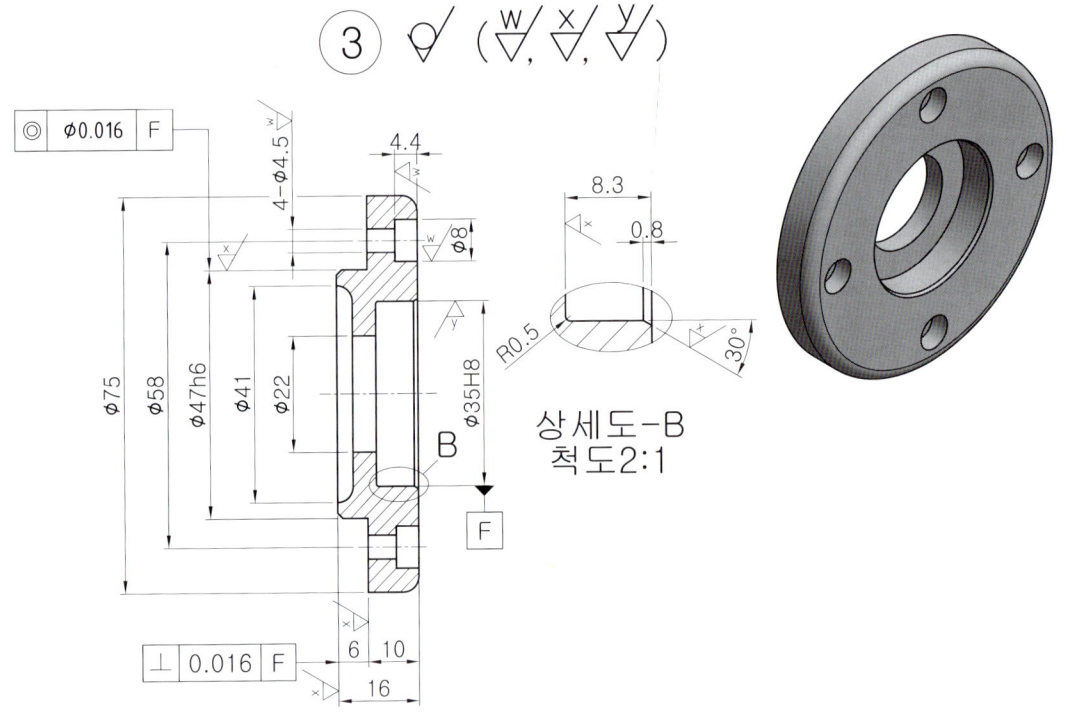

주 석 ▶ 도시되고 지시하지 않은 모따기 1X45°

01 베이스 피처 작성

01 XY평면에 스케치를 작성한다.

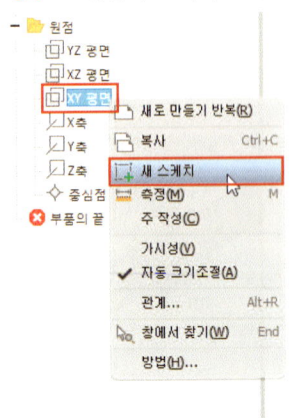

02 중심선을 작성하고 대략적인 프로파일을 작성한다.

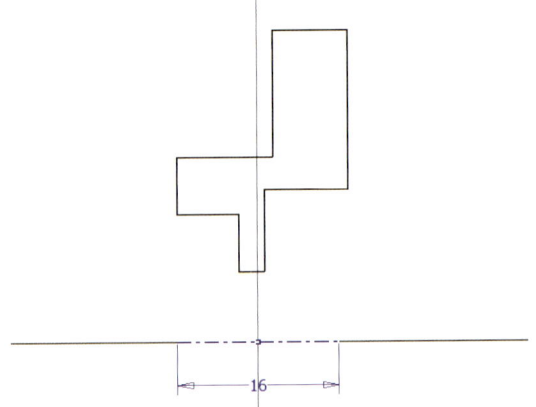

Section3.축 타입의 부품 그리기

03 수직 구속조건으로 양쪽 끝점끼리 수직 정렬한다.

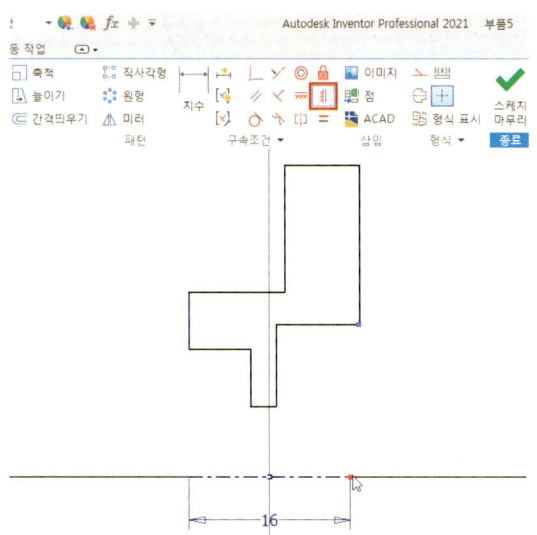

04 지름 치수를 작성한다.

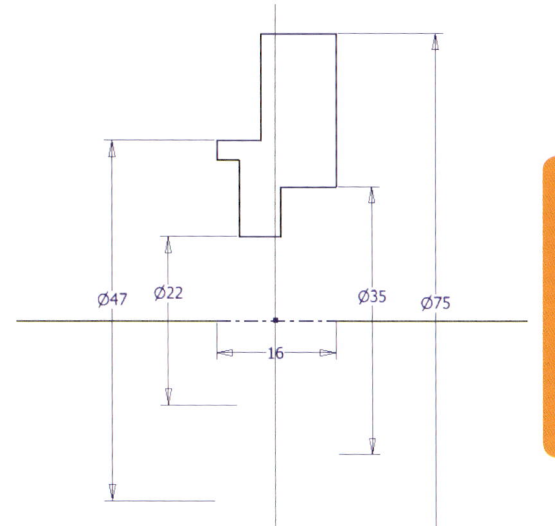

05 단 치수를 작성한다.

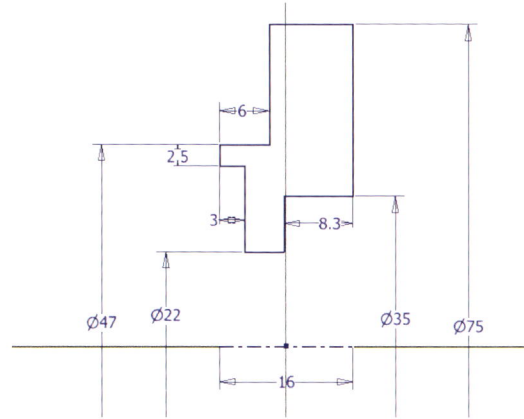

06 회전 명령 클릭 ▶ 프로파일과 축 선택 ▶ 범위:전체 ▶ 확인 버튼 클릭

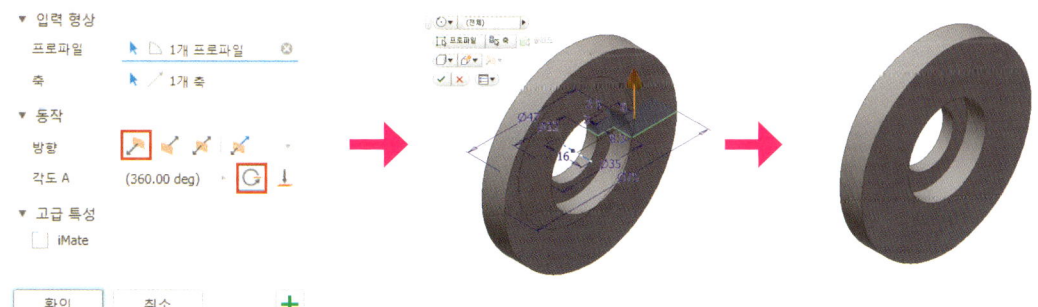

257

07 작성된 솔리드 면을 선택해 스케치를 작성한다.　　**08** 점을 작성한다.

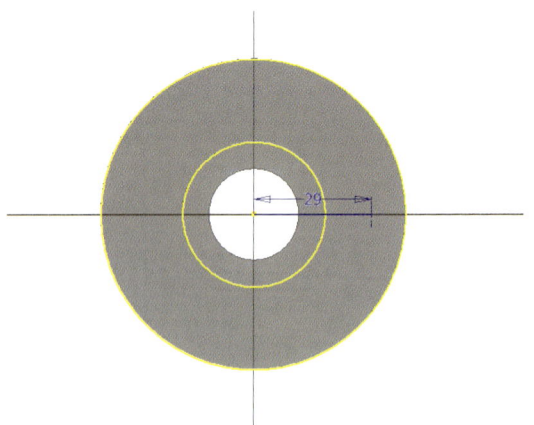

09 구멍 명령을 클릭해 다음과 같이 작성한다.

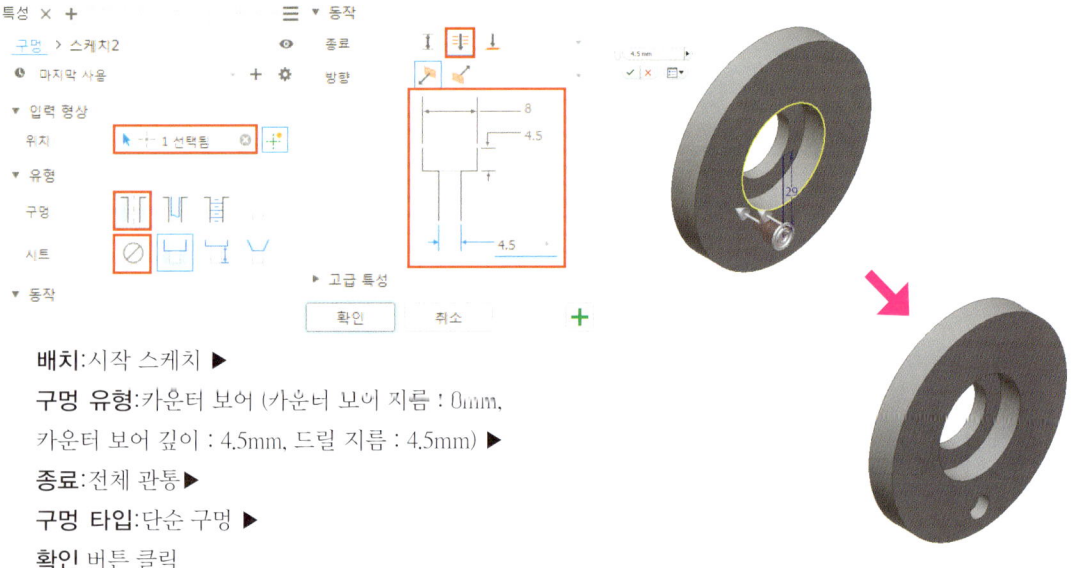

배치:시작 스케치 ▶
구멍 유형:카운터 보어 (카운터 보어 지름 : 0mm,
카운터 보어 깊이 : 4.5mm, 드릴 지름 : 4.5mm) ▶
종료:전체 관통▶
구멍 타입:단순 구멍 ▶
확인 버튼 클릭

10 원형 패턴 명령 클릭 ▶ 패턴 피처와 회전축 선택 ▶ 갯수 : 4개, 범위 각도 : 360도 ▶ 확인 버튼 클릭

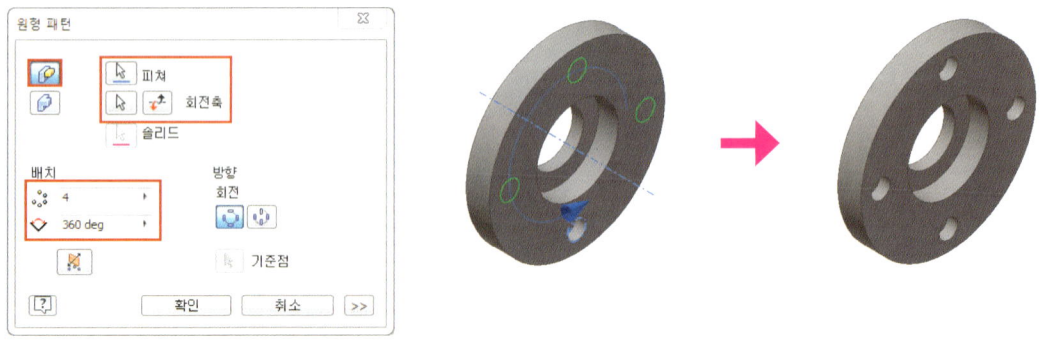

어드바이스 ▶ 스케치 원형 패턴보다는 피처 원형 패턴이 부품 제어하기에 훨씬 낫다.

Section3. 축 타입의 부품 그리기

11 모깎기 명령 클릭 ▶ 반지름 : 3mm ▶ 모서리 선택 ▶ 확인 버튼 클릭

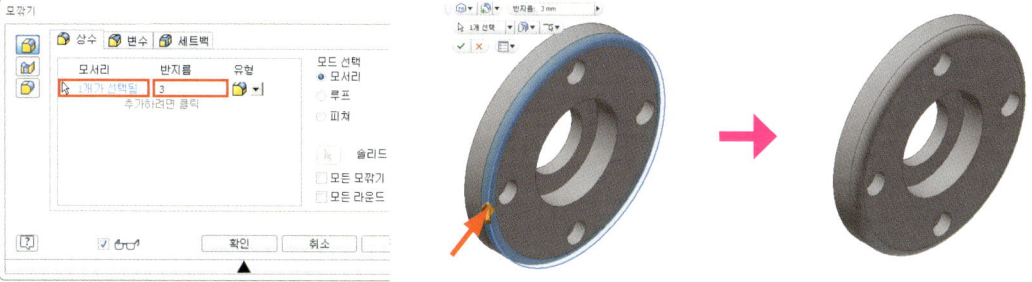

12 모깎기 명령 클릭 ▶ 반지름 : 2mm ▶ 모서리 선택 ▶ 확인 버튼 클릭

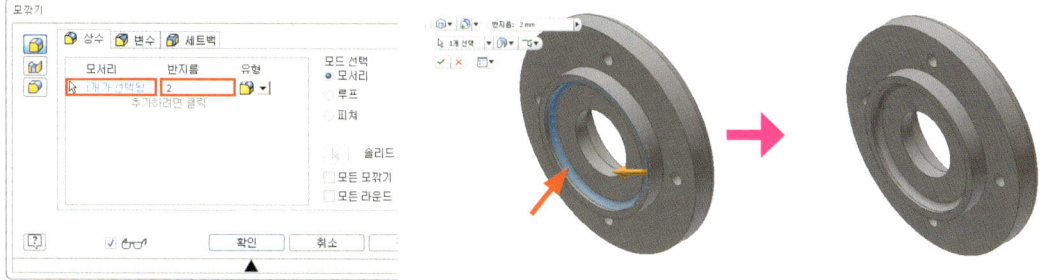

13 모따기 명령 클릭 ▶ 유형:거리 및 각도 ▶거리:0.8mm, 각도 : 30도 ▶ 면과 모서리 선택 ▶ 확인 버튼 클릭

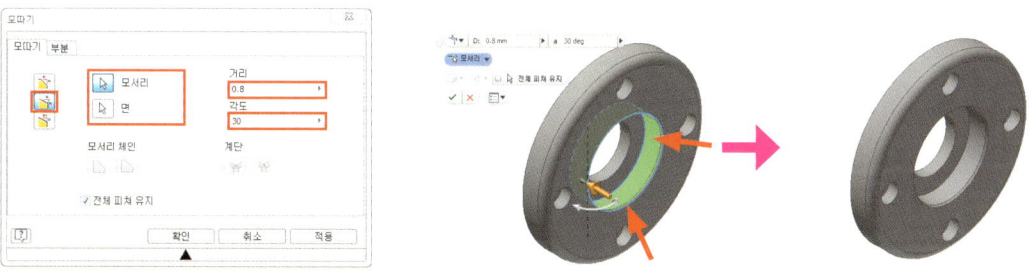

14 모따기 명령 클릭 ▶ 유형:거리▶거리:1mm ▶ 모서리 선택 ▶ 확인 버튼 클릭

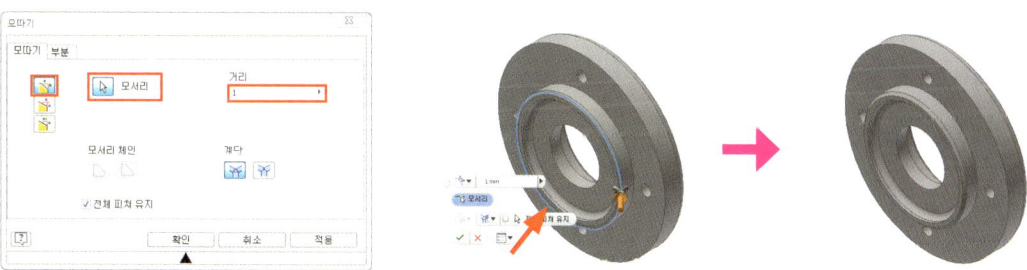

어드바이스 ▶ 모따기의 거리 및 각도 유형에서는 모따기할 거리에 해당하는 면을 선택한다.

259

Lesson 4 | 내경 콜렛

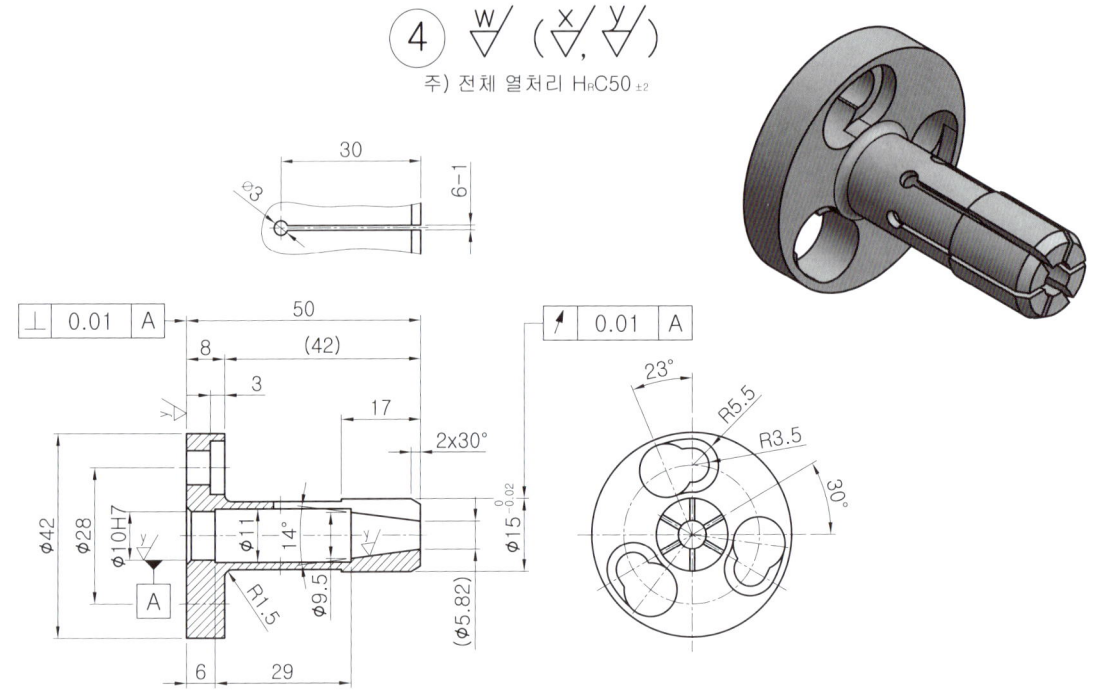

주석 ▶ 도시되고 지시하지 않은 모따기 1X45°

01 베이스 피처 작성

01 XY평면에 스케치를 작성한다.

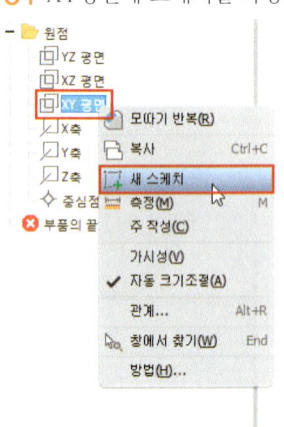

02 스케치 프로파일을 작성한다.

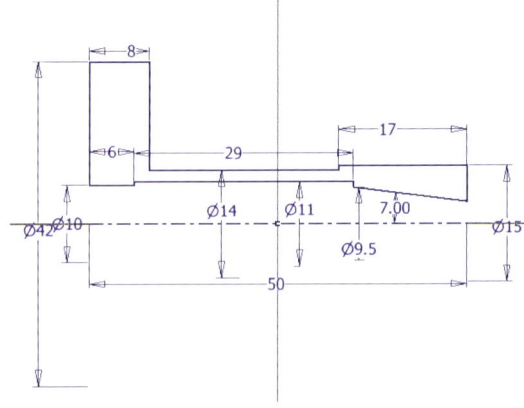

Section3. 축 타입의 부품 그리기

03 회전 명령 클릭 ▶ 프로파일과 축 선택 ▶ 범위:전체 ▶ 확인 버튼 클릭

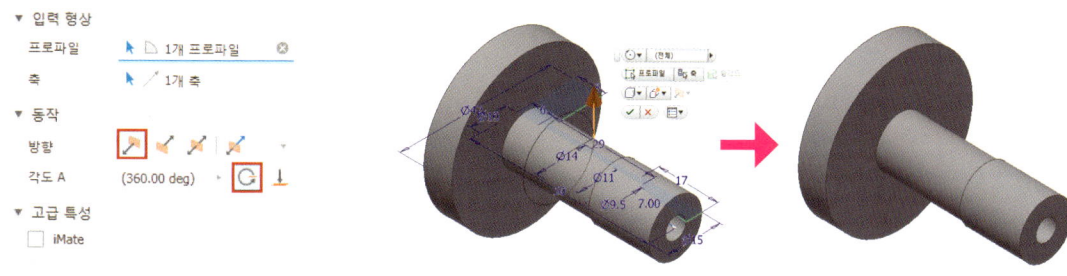

04 모따기 명령 클릭 ▶ 유형:거리 및 각도 ▶거리:2mm, 각도 : 30도 ▶ 면과 모서리 선택 ▶ 확인 버튼 클릭

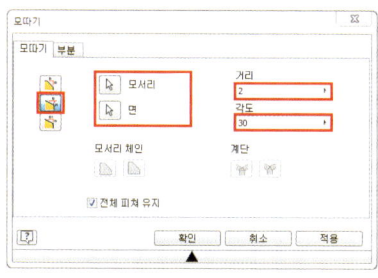
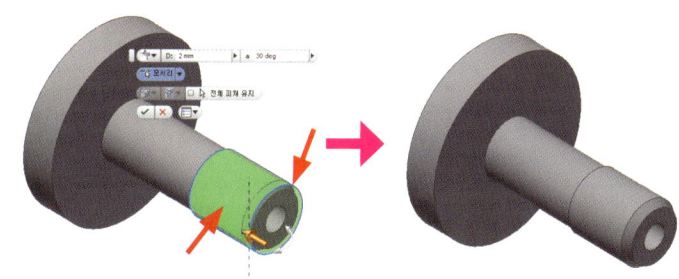

02 서브 피처 작성

01 XY평면에 스케치를 작성한다.

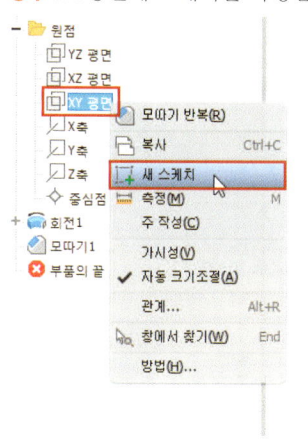

02 프로파일을 작성한다.

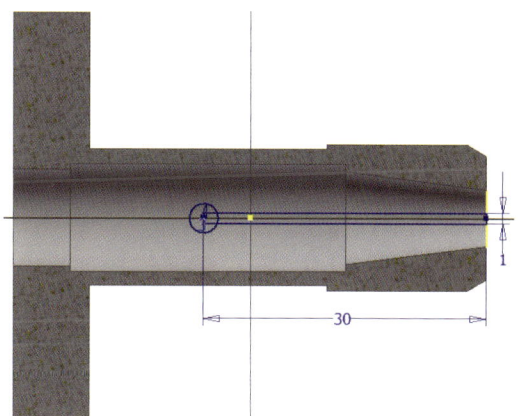

03 돌출 명령 클릭 ▶ 프로파일 선택 ▶ 유형 : 차집합 ▶ 범위 : 다음 면까지 ▶ 확인 버튼 클릭

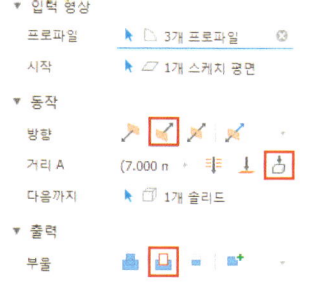

261

04 작성된 솔리드 면을 선택해 스케치를 작성한다.

05 프로파일을 작성한다.

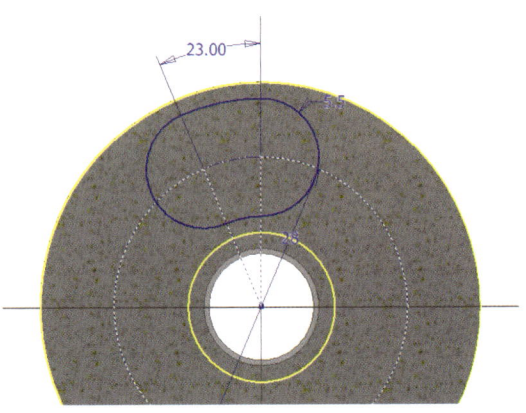

06 돌출 명령 클릭 ▶ 프로파일 선택 ▶ 유형 : 차집합 ▶ 거리 : 3mm ▶ 확인 버튼 클릭

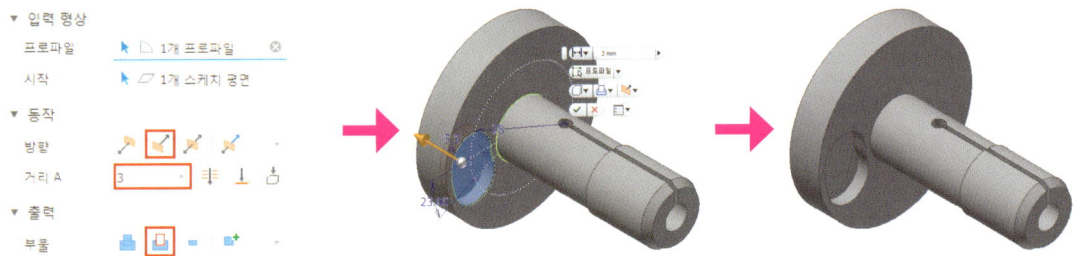

07 작성된 솔리드 면을 선택해 스케치를 작성한다.

08 스케치 프로파일을 작성한다.

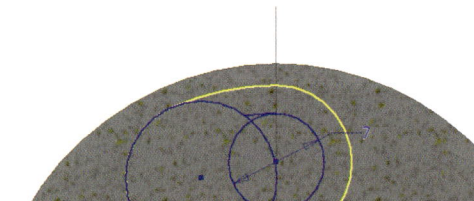

09 돌출 명령 클릭 ▶ 프로파일 선택 ▶ 유형 : 차집합 ▶ 범위 : 다음 면까지 ▶ 확인 버튼 클릭

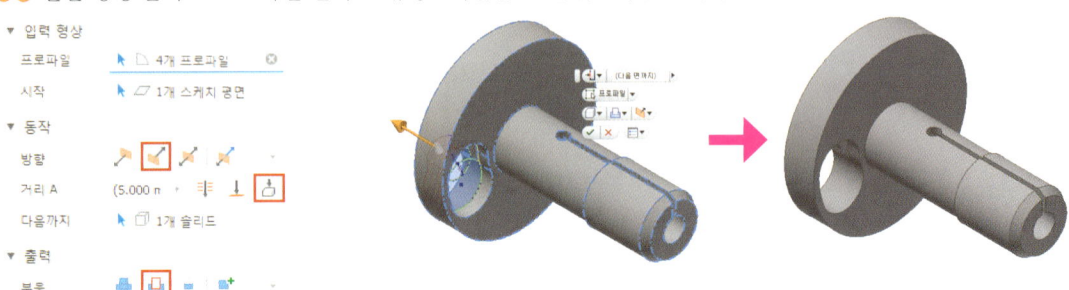

Section3. 축 타입의 부품 그리기

10 원형 패턴 명령 클릭 ▶ 패턴 피처와 회전축 선택 ▶ 갯수 : 6개, 범위 각도 : 360도 ▶ 확인 버튼 클릭

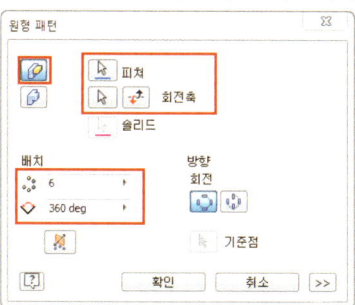
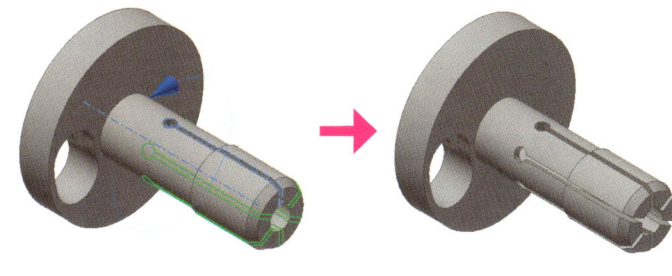

11 원형 패턴 명령 클릭 ▶ 패턴 피처와 회전축 선택 ▶ 갯수 : 3개, 범위 각도 : 360도 ▶ 확인 버튼 클릭

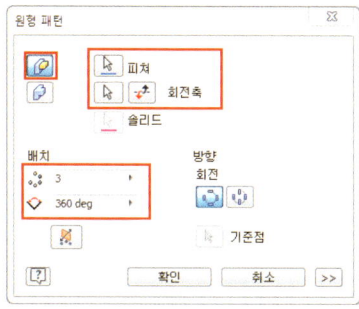
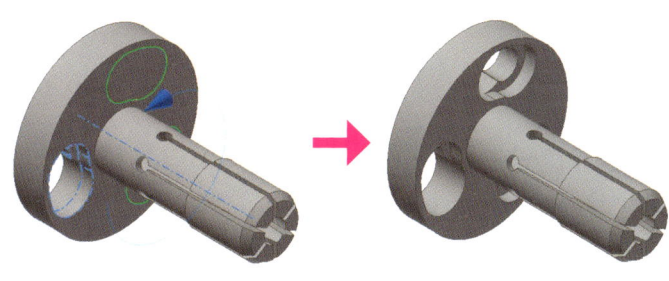

12 모따기 명령 클릭 ▶ 유형:거리 ▶ 거리:1.5mm ▶ 모서리 선택 ▶ 확인 버튼 클릭

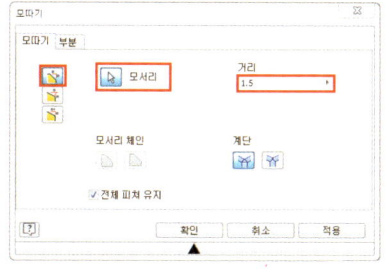
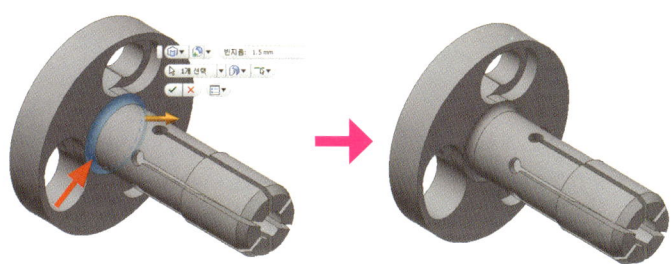

13 모따기 명령 클릭 ▶ 유형:거리 ▶ 거리:1mm ▶ 모서리 선택 ▶ 확인 버튼 클릭

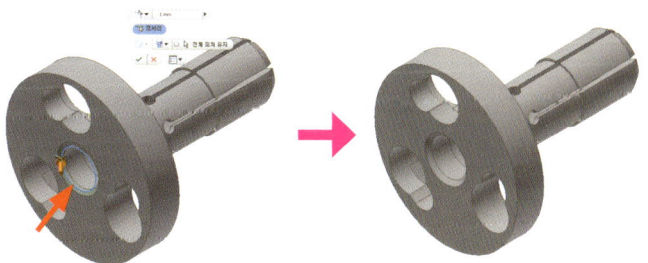

Lesson 5 | 연습 예제도면

01 축

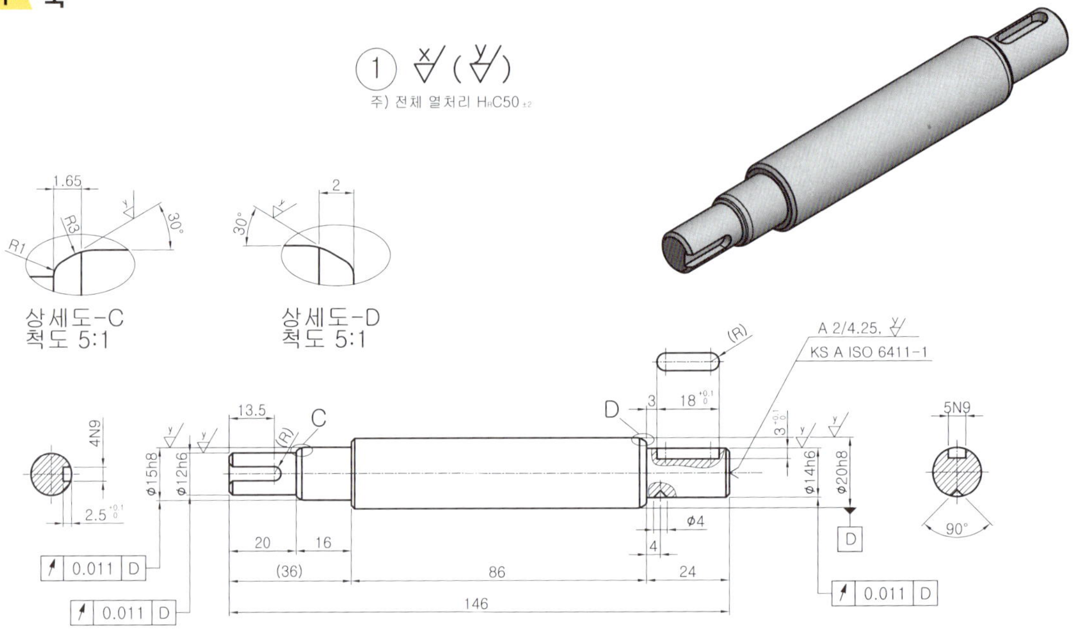

02 슬라이더

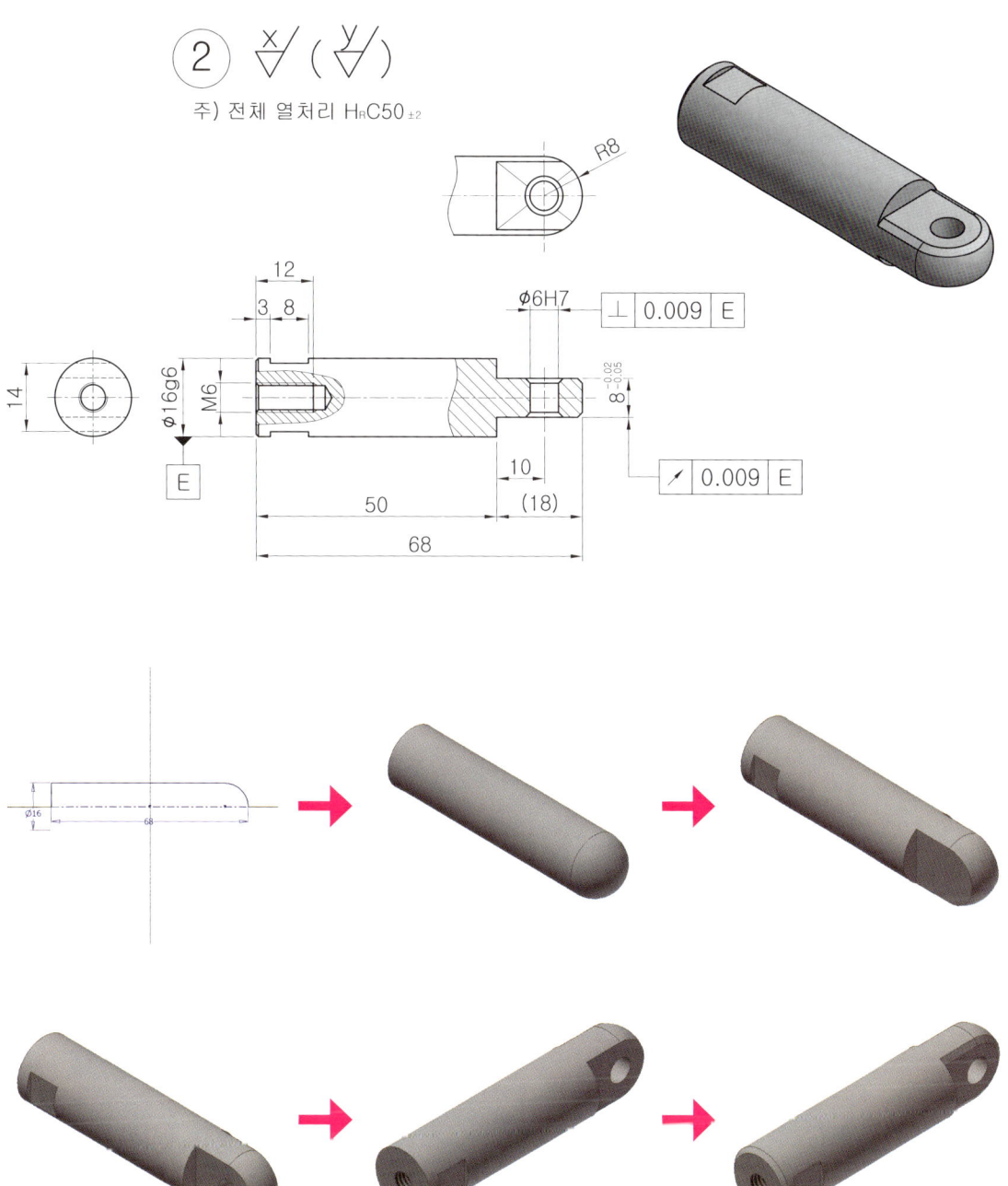

03 편심축

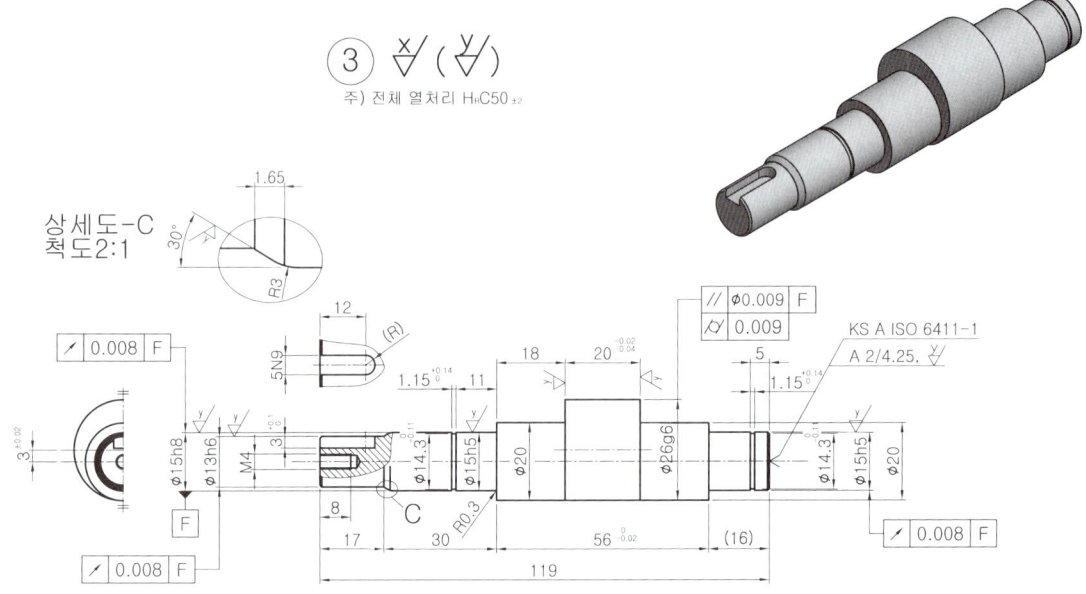

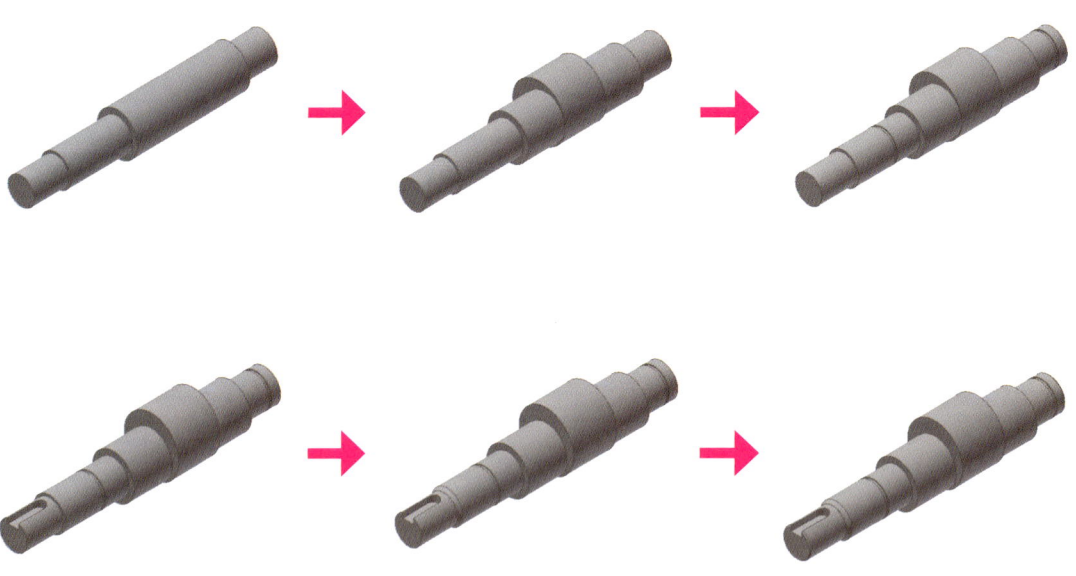

04 위치결정 핀

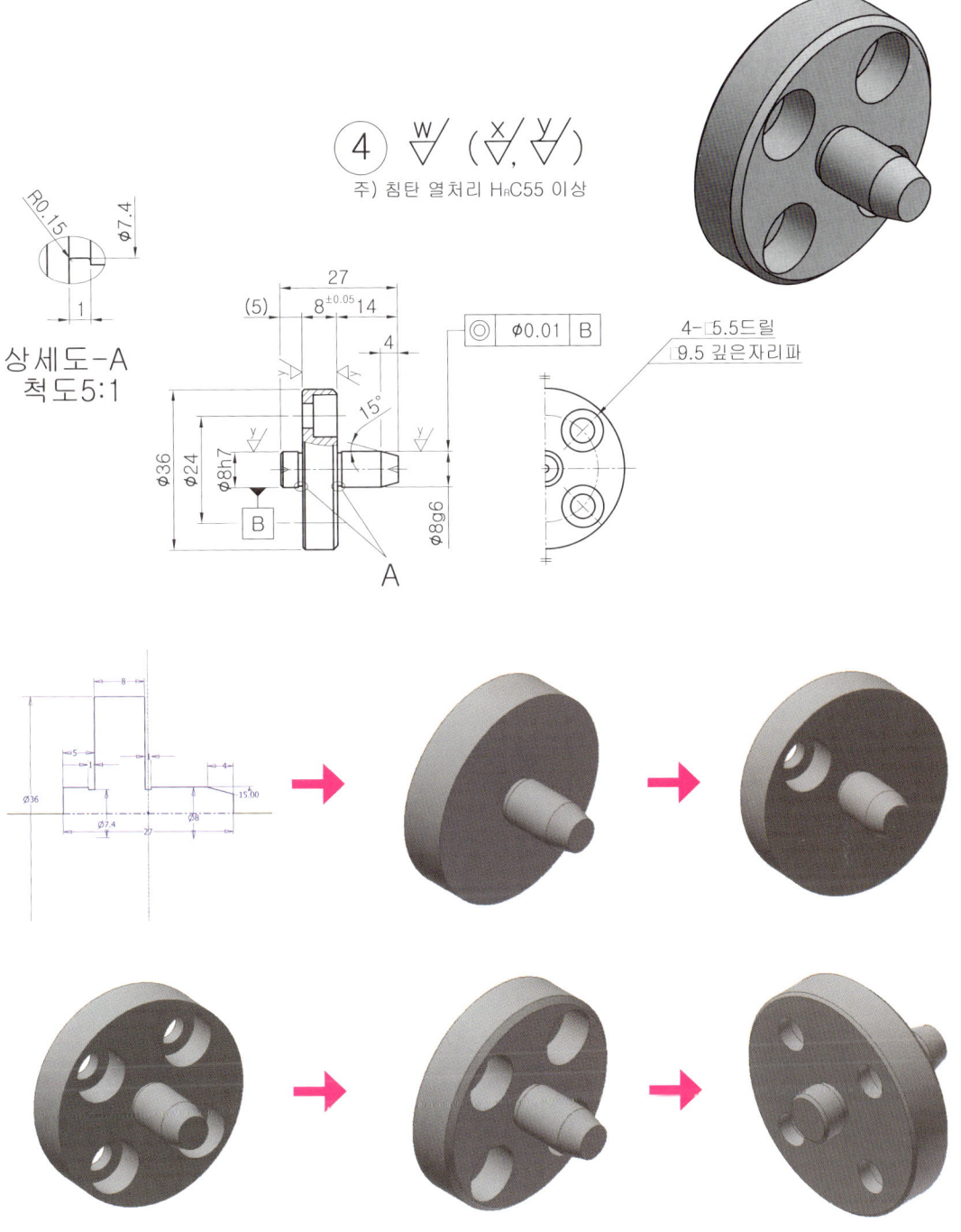

05 하우징

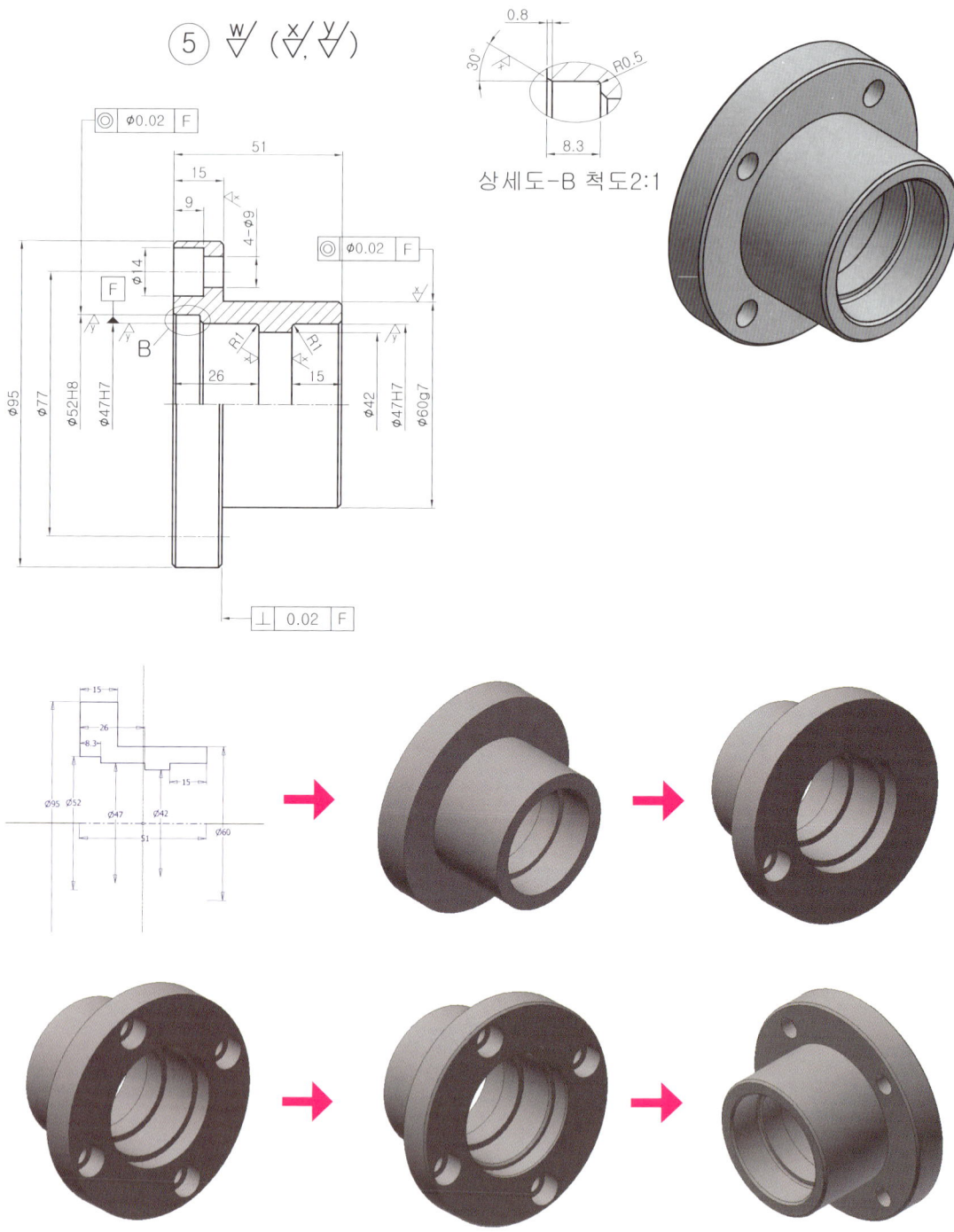

상세도-B 척도2:1

06 커버

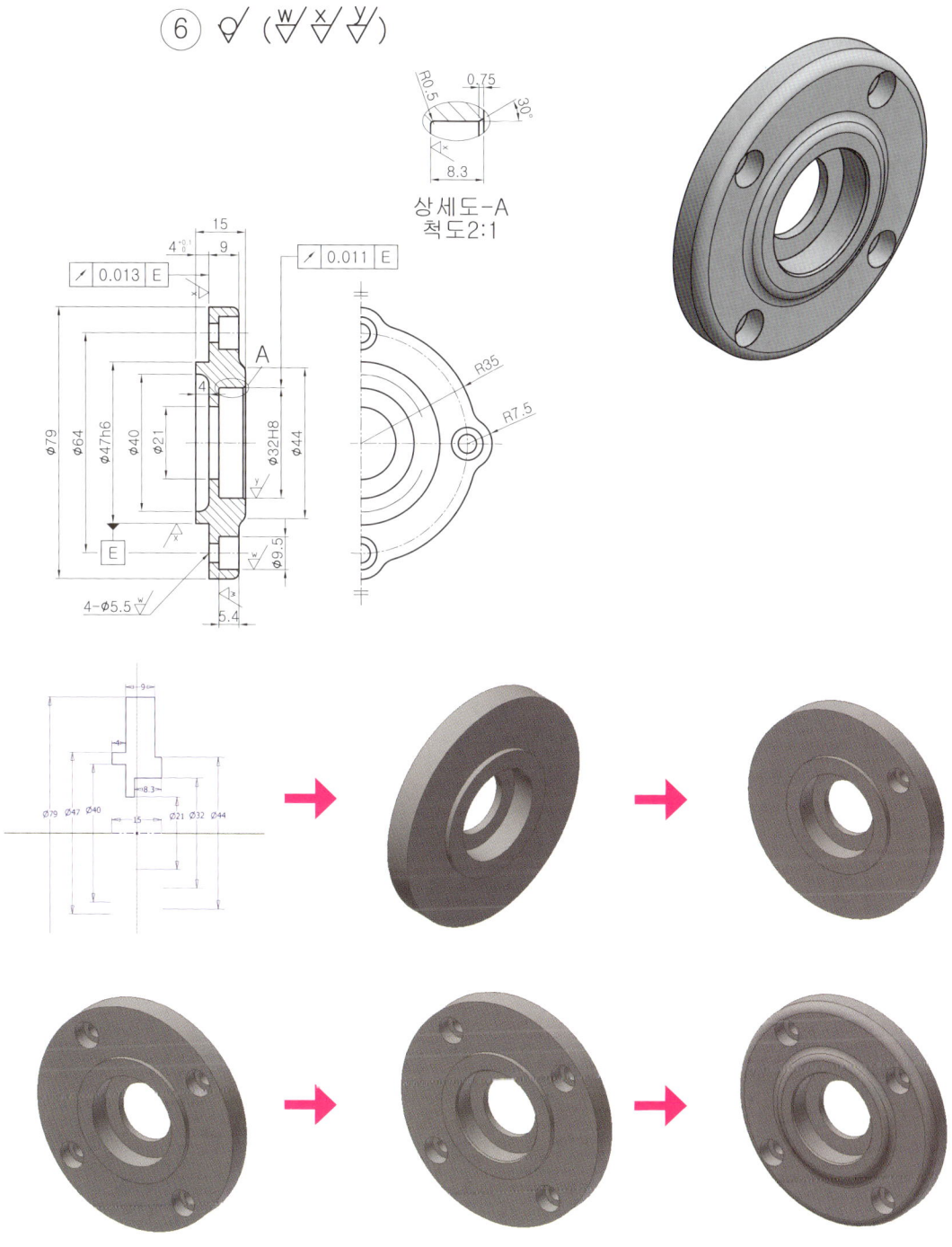

07 커플링

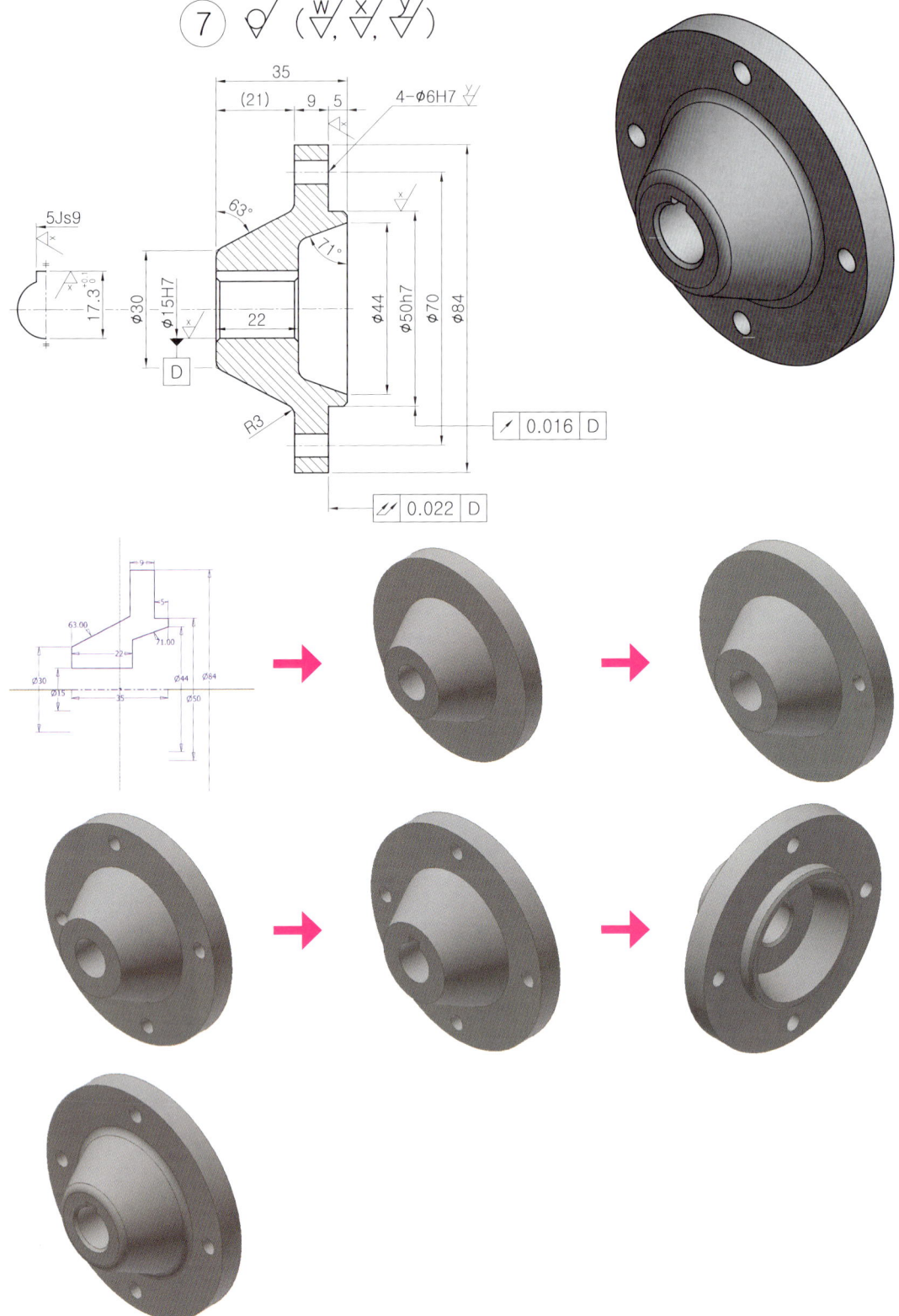

08 기준 패드

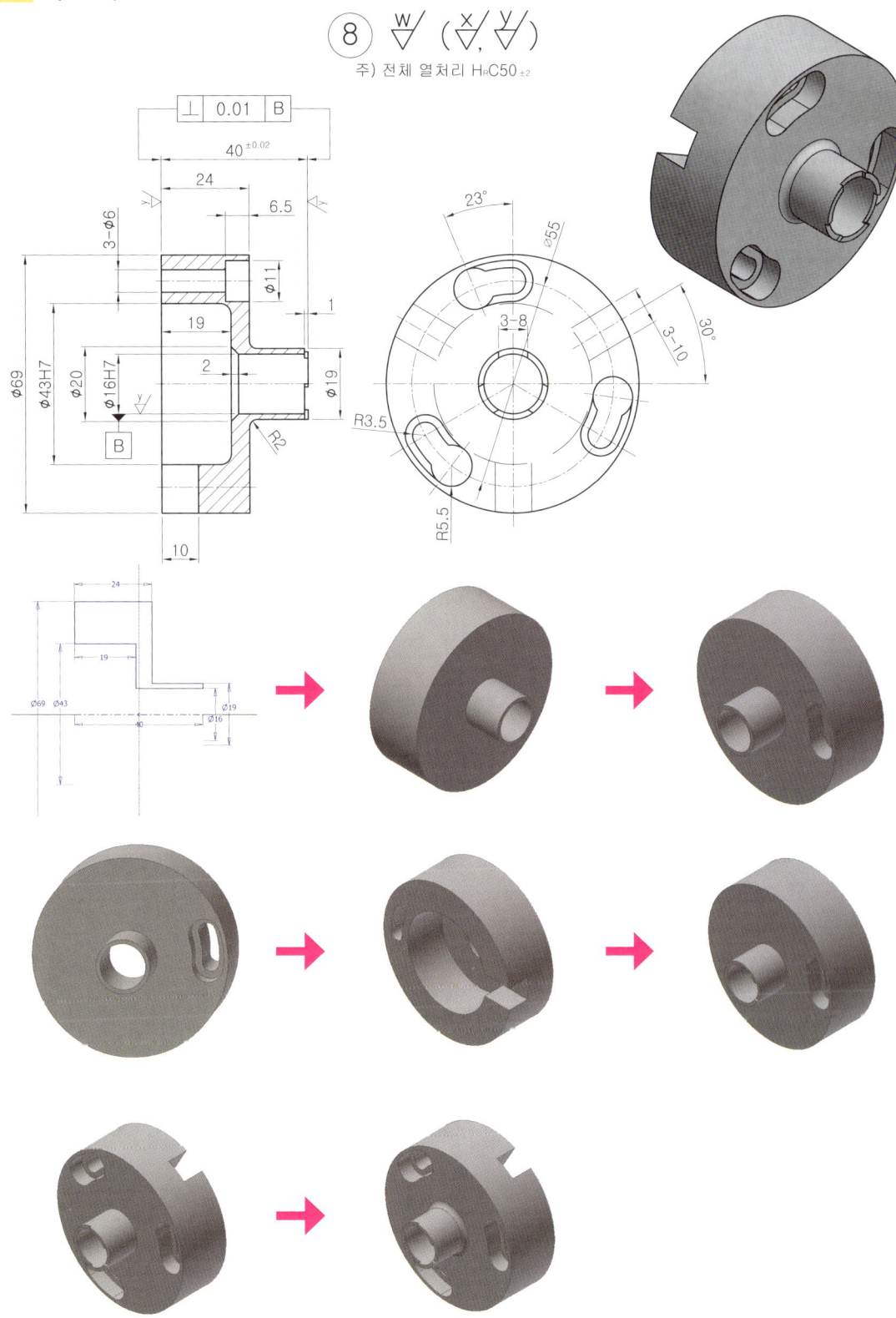

Part 04 파트 모델링

4.동력전달용 부품 작성하기

전산응용기계제도기능사/산업기사/기사 실기를 위한 인벤터

기어, 풀리, 스프로킷 등 동력전달용 부품을 작성하는 방법에 대해 알아보도록 하자.

Lesson 1 | 스퍼기어

주) 기어 치부 열처리 H$_R$C50±2

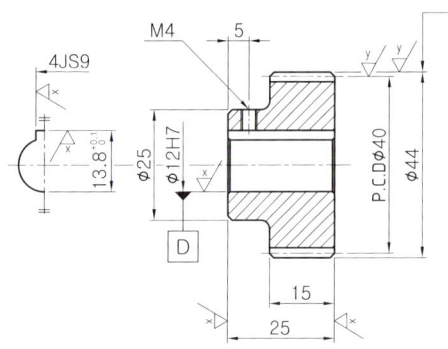

스 퍼 기 어		
구 분	품 번	1
기어치형		표준
공 구	치 형	보통이
	모 듈	2
	압력각	20°
잇 수		20
피치원 지름		Ø40
전체 이 높이		4.5
다듬질 방법		호브절삭
정밀도		KS B ISO 1328-1,4급

주 석 ▶ 도시되고 지시하지 않은 모따기 1X45°

01 베이스 피처 작성

01 XY평면에 스케치를 작성한다.

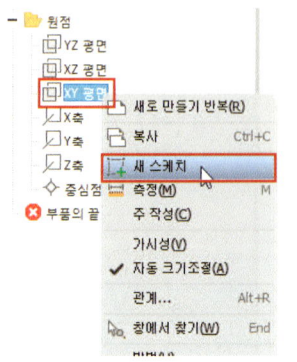

02 스케치 프로파일을 작성한다.

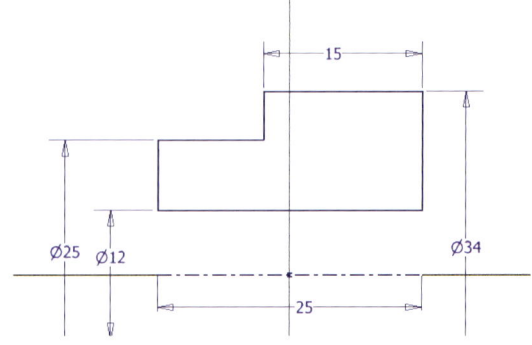

Section4. 동력전달용 부품 작성하기

03 회전 명령 클릭 ▶ 프로파일과 축 선택 ▶ 범위 : 전체 ▶ 확인 버튼 클릭

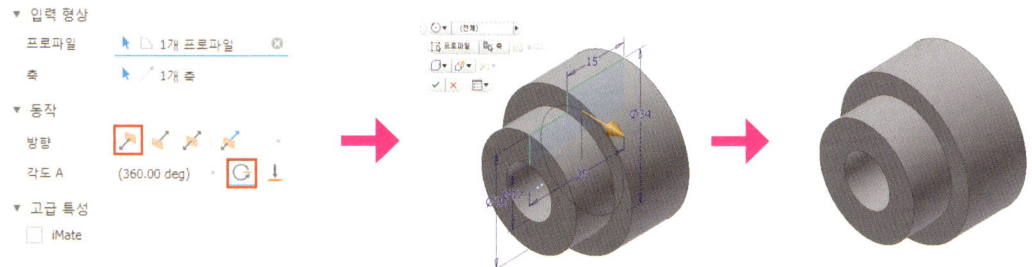

02 기어 이빨 작성하기

01 작성한 솔리드 면에 스케치를 작성한다.

02 스케치 프로파일을 작성한다.

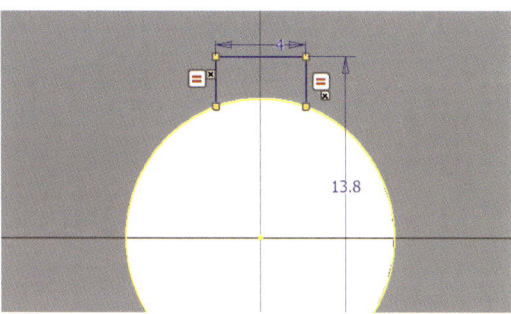

03 돌출 명령 클릭 ▶ 프로파일 선택 ▶ 유형 : 차집합 ▶ 범위 : 다음 면까지 ▶ 확인 버튼 클릭

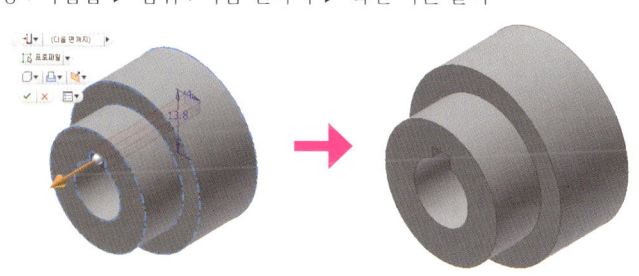

04 작성한 솔리드 면에 스케치를 작성한다.

05 가상선으로 P.C.D원과 O.D원을 작성한다.

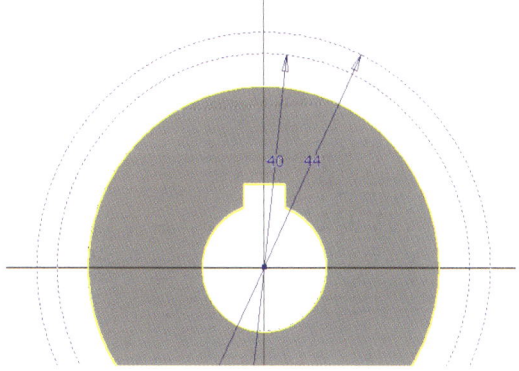

273

06 구분선 3개와 중간선을 작성한다.

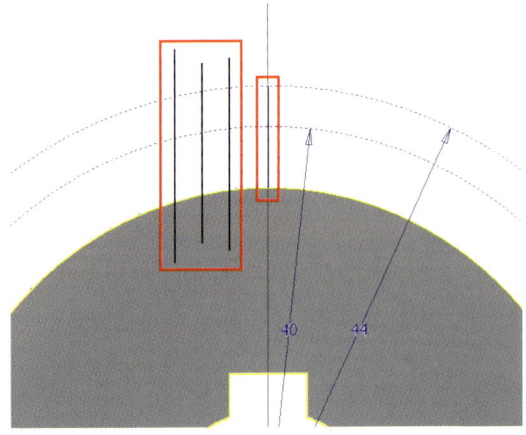

07 자르기 명령으로 선을 정리한다.

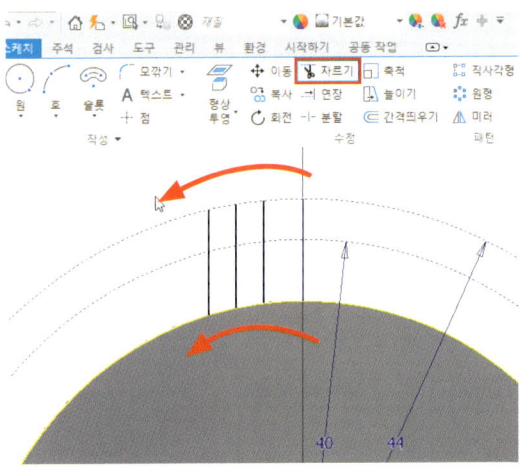

08 중간선과 두 번째 구분선과의 치수를 작성한다.

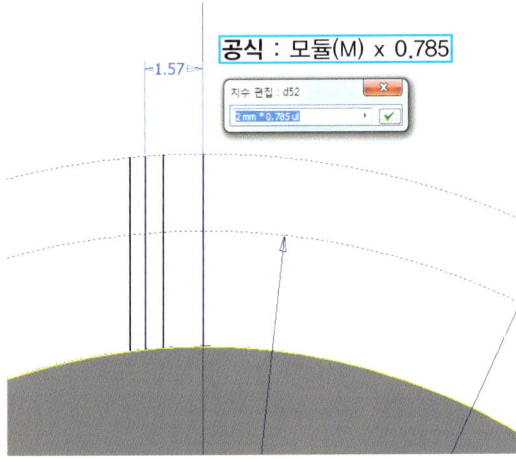

09 두 번째 구분선과 세 번째 구분선과의 치수를 작성한다.

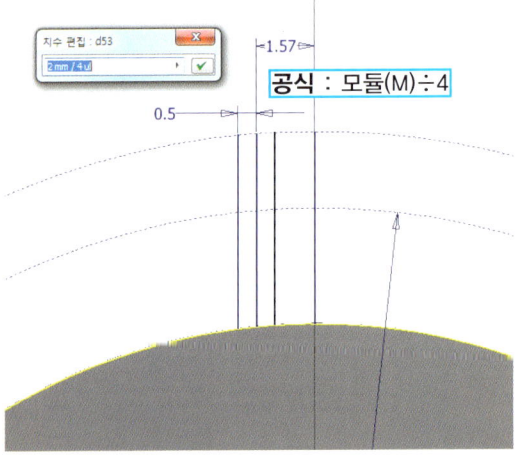

10 두 번째 구분선과 첫 번째 구분선과의 치수를 작성한다.

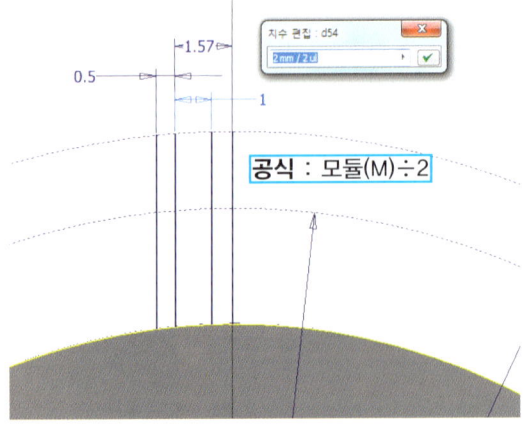

11 두 번째 구분선과 P.C.D 원과의 교차점에 점을 작성한다.

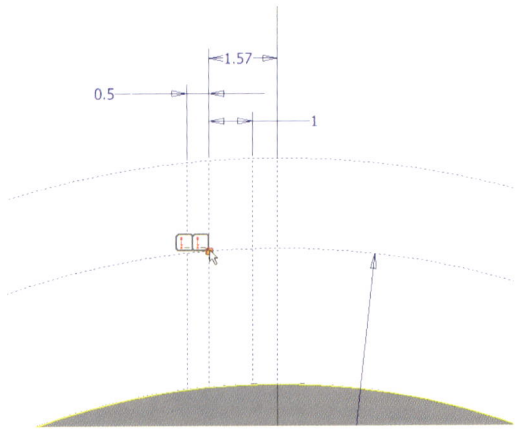

Section4.동력전달용 부품 작성하기

12 다음 세 점을 잇는 3점 호를 작성한다.

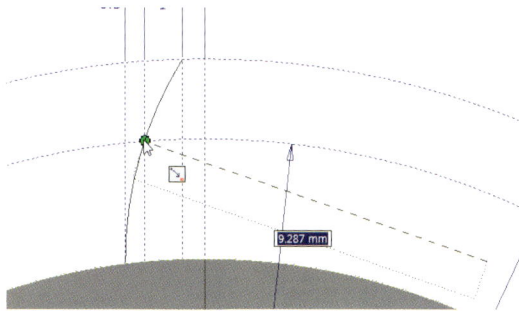

13 3점 호가 작성되었다.

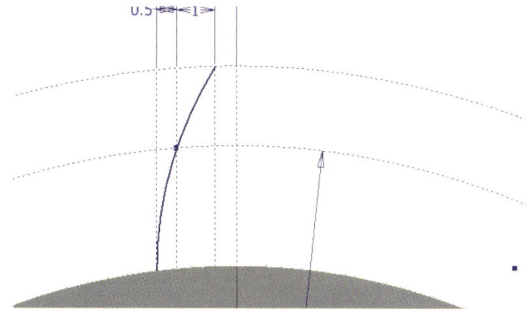

14 대칭 명령으로 3점호를 중간선을 기준으로 대칭한다.

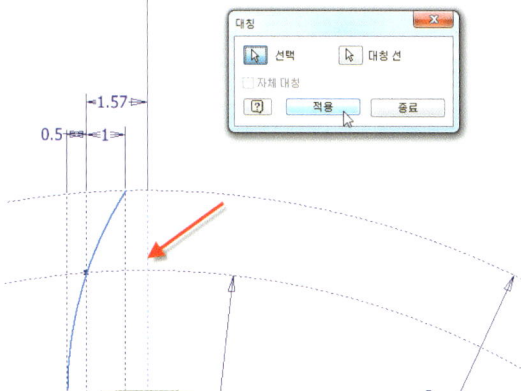

15 3점 호가 대칭되었다.

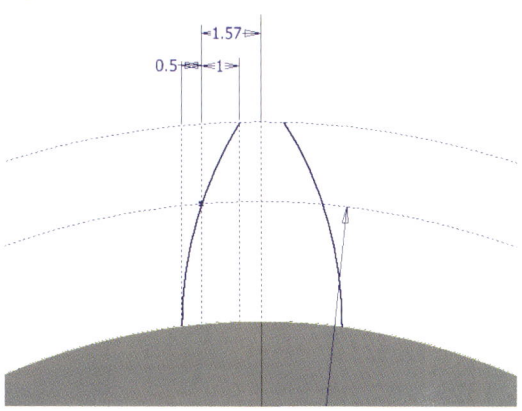

16 중심점 호 명령으로 원점을 중심으로 하고 서로 대칭된 3점 호의 위, 아래를 닫는 호를 작성한다.

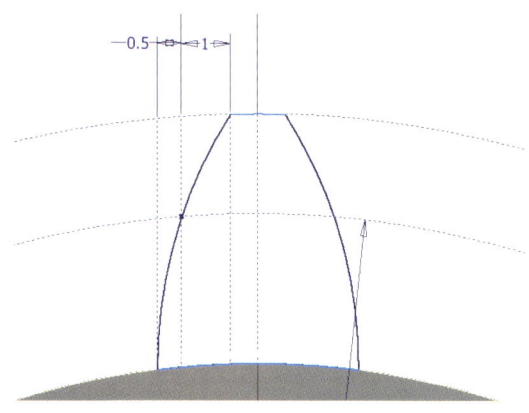

17 돌출 명령 클릭 ▶거리 : 지정 면까지(면 선택) ▶ 확인 버튼 클릭

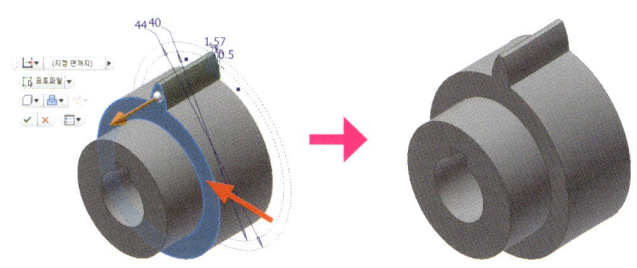

275

18 모따기 명령 클릭 ▶ 유형 : 거리 ▶ 거리 : 1mm ▶ 모서리 선택 ▶ 확인 버튼 클릭

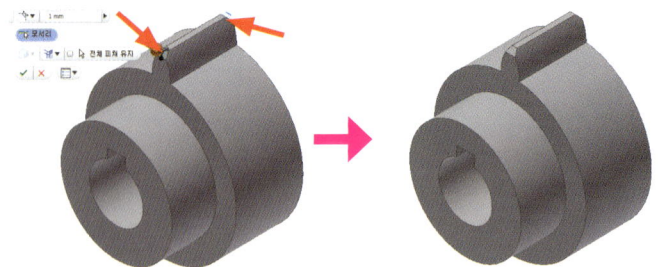

19 모깎기 명령 클릭 ▶ 반지름 : 0.5mm ▶ 모서리 선택 ▶ 확인 버튼 클릭

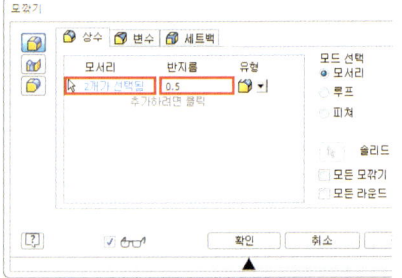
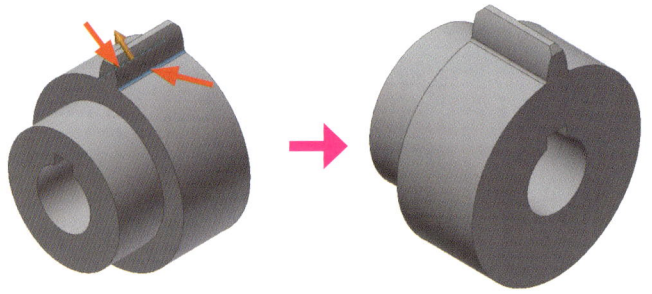

20 원형 패턴 명령 클릭 ▶ 패턴 피처와 회전축 선택 ▶ 갯수 : 20개, 범위 각도 : 360도 ▶ 확인 버튼 클릭

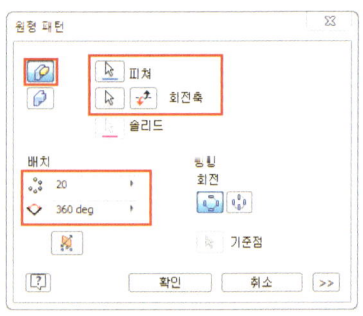
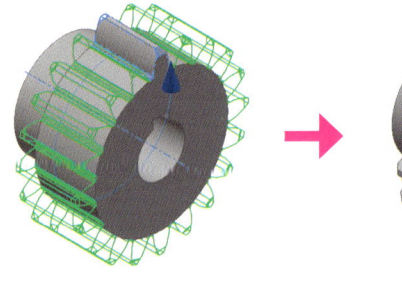

03 마무리 피처 작성하기

01 평면 명령을 클릭한다.

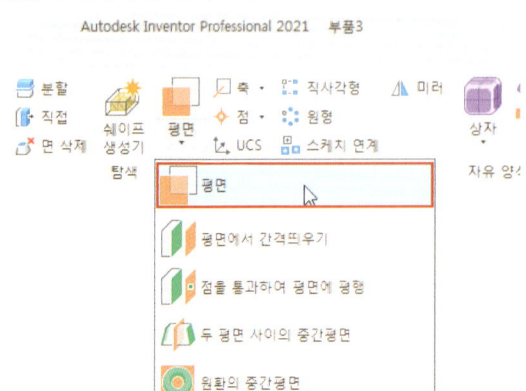

02 XZ평면을 클릭한다.

03 원통면을 선택한다.

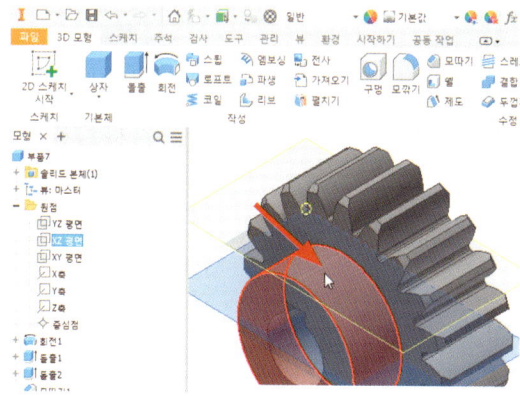

04 작성된 평면을 선택해 스케치를 작성한다.

05 구멍의 중심으로 쓸 점을 작성한다.

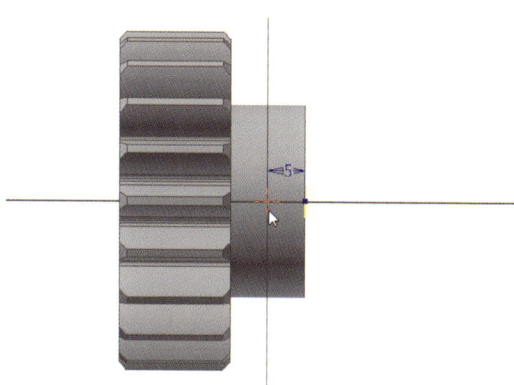

06 구멍 명령을 클릭해 다음과 같이 작성한다.

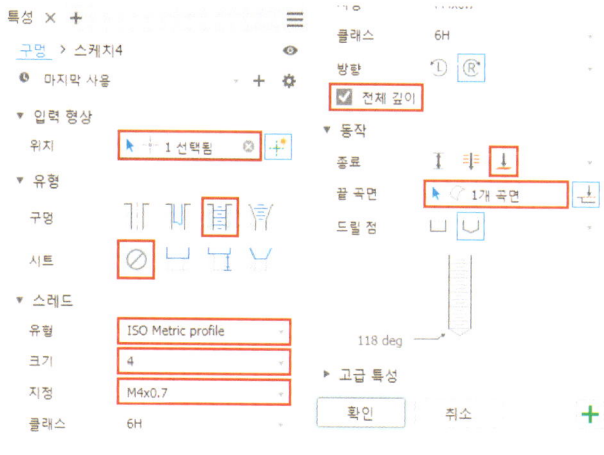

배치 : 시삭 스케치 ▶

구멍 유형 : 드릴 ▶

종료 : 지정 면까지(면 선택)▶

구멍 타입 : 탭 구멍(ISO Metric profile, M4x0.7) ▶

확인 버튼 클릭

07 모따기 명령 클릭 ▶ 유형 : 거리 ▶ 거리 : 1mm ▶ 모서리 선택 ▶ 확인 버튼 클릭

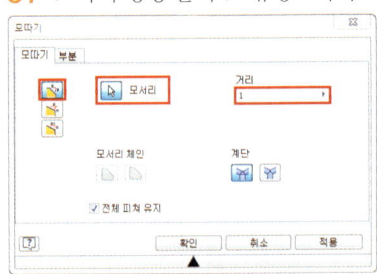

08 모따기 명령 클릭 ▶ 유형 : 거리 ▶ 거리 : 0.5mm ▶ 모서리 선택 ▶ 확인 버튼 클릭

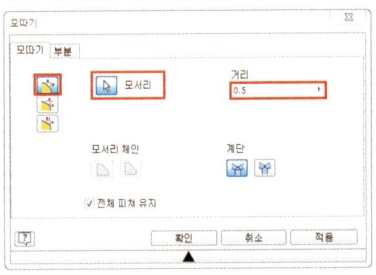

Lesson 2 | V벨트 풀리

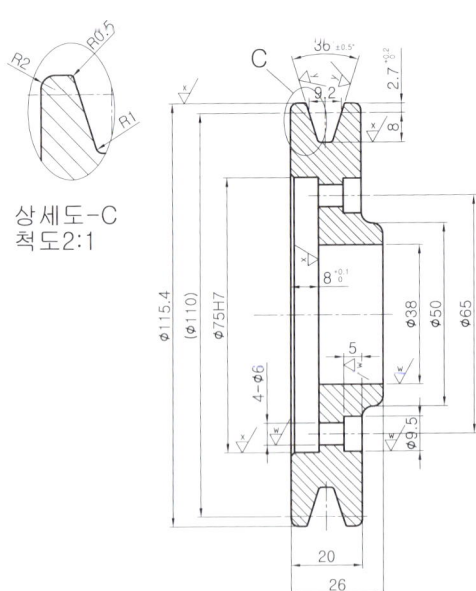

주 석 ▶ 도시되고 지시하지 않은 모따기 1X45°

Section4.동력전달용 부품 작성하기

01 베이스 피처 작성

01 XY평면에 스케치를 작성한다.

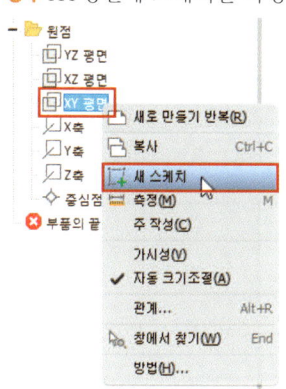

02 중심선을 작성한다.

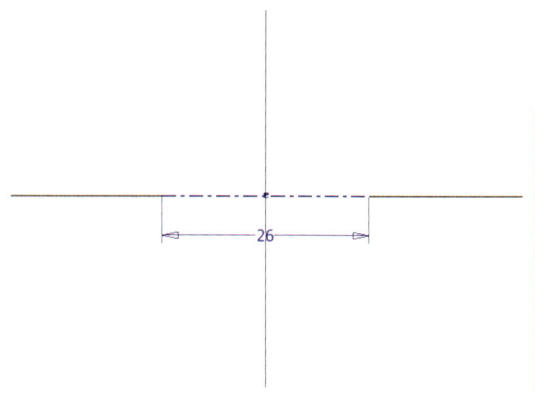

03 위쪽의 대략적인 프로파일을 작성한다.

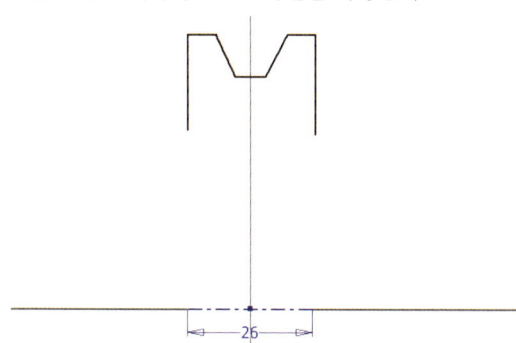

04 가상선으로 다음과 같이 작성한다.

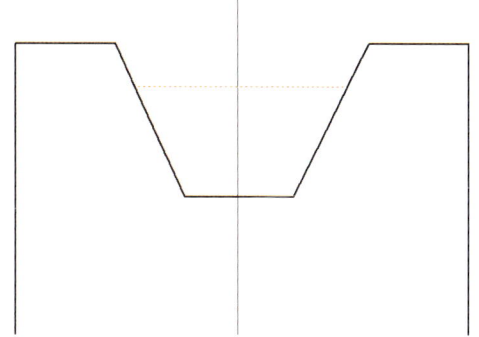

05 외곽의 지름 치수와 가상선과의 지름 치수를 입력한다.

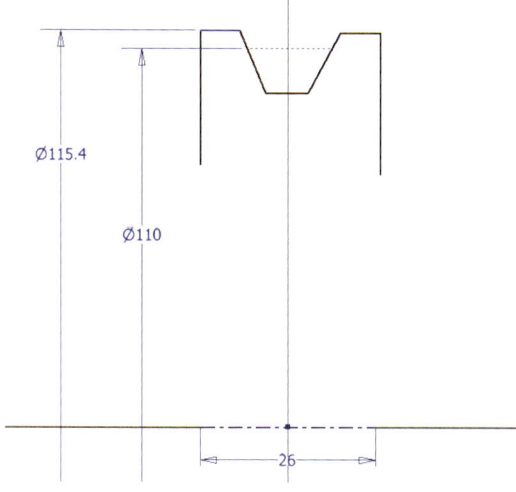

06 V홈의 치수를 입력한다.

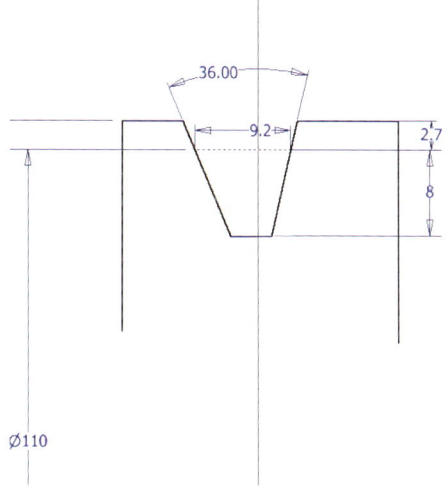

> 어드바이스 ▶ 가상선은 풀리의 P.C.D 치수를 제어하기 위해 작성한다.

07 좌우에 있는 선끼리 동일 구속조건을 부여한다.

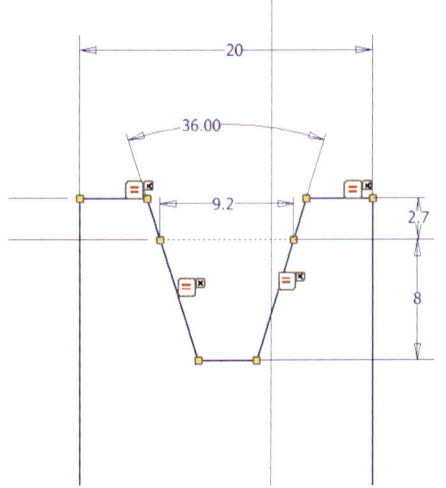

08 선 명령으로 나머지 프로파일 형상을 작성한다.

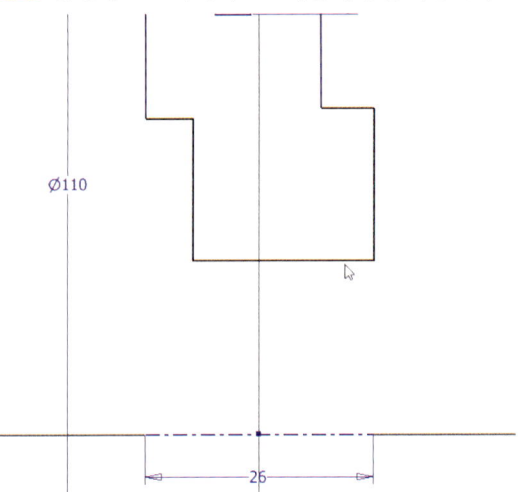

09 나머지 치수를 작성해 스케치를 완성한다.

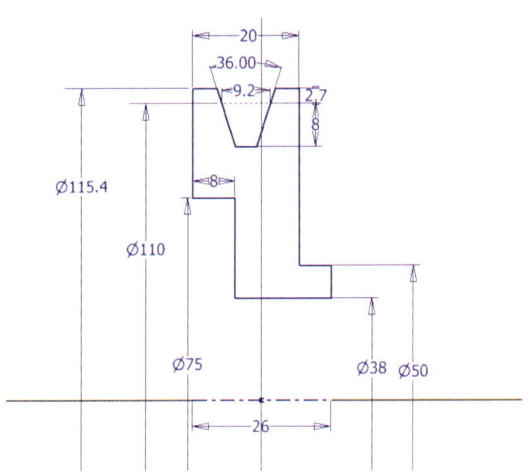

10 회전 명령 클릭 ▶ 프로파일과 축 선택 ▶ 범위 : 전체 ▶ 확인 버튼 클릭

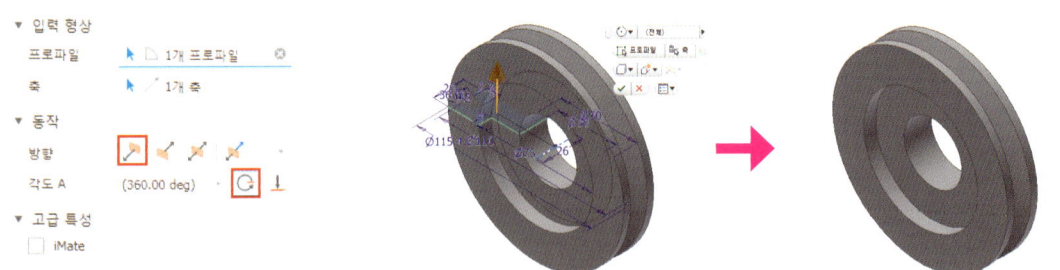

| 어드바이스 | ▶ 스케치 작성 순서는 굳이 위의 순서를 따를 필요는 없다.

02 구멍 피처 작성

01 작성한 솔리드 면에 스케치를 작성한다.

02 구멍의 중심으로 쓸 점을 작성한다.

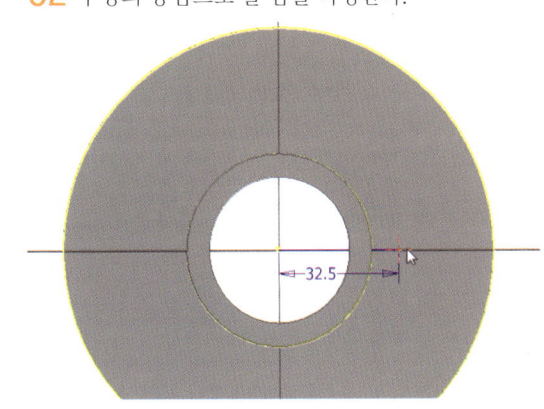

03 구멍 명령을 클릭해 다음과 같이 작성한다.

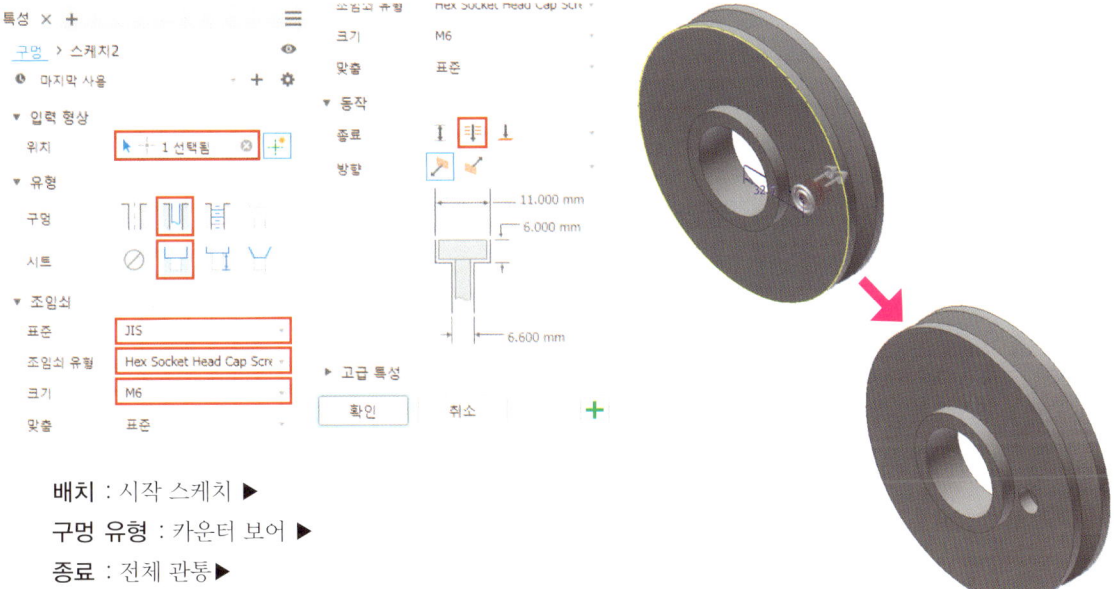

배치 : 시작 스케치 ▶
구멍 유형 : 카운터 보어 ▶
종료 : 전체 관통 ▶
구멍 타입 : 틈새 구멍(표준 : JIS, 조임쇠 유형 : Hex Socket Head Cap Screw, 크기 : M6) ▶
확인 버튼 클릭

04 원형 패턴 명령 클릭 ▶ 패턴 피처와 회전축 선택 ▶ 갯수 : 4개, 범위 각도 : 360도 ▶ 확인 버튼 클릭

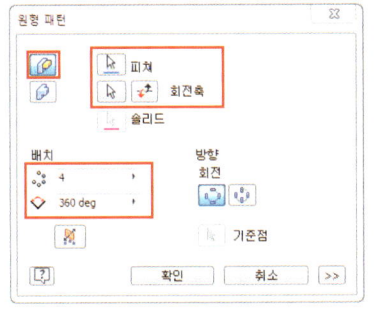
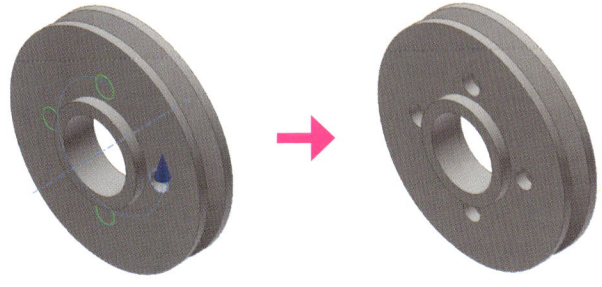

03 마무리 피처 작성

01 모깎기 명령 클릭 ▶ 반지름 : 2mm ▶ 모서리 선택

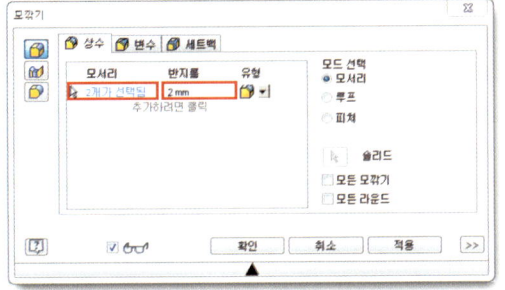

02 "추가하려면 클릭" 단추를 클릭 ▶ 반지름 : 1mm ▶ 모서리 선택

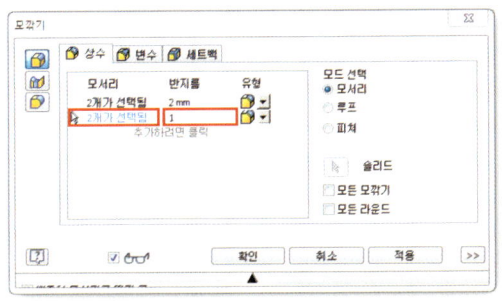
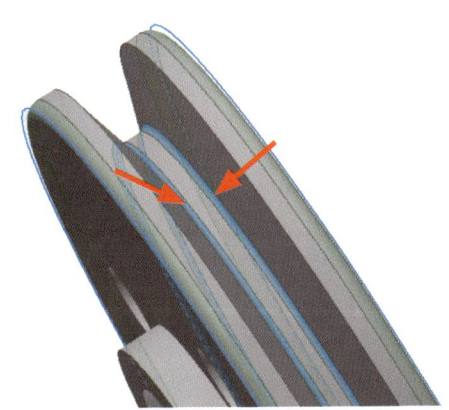

03 "추가하려면 클릭" 단추를 클릭 ▶ 반지름 : 0.5mm ▶ 모서리 선택 ▶ 확인 버튼 클릭

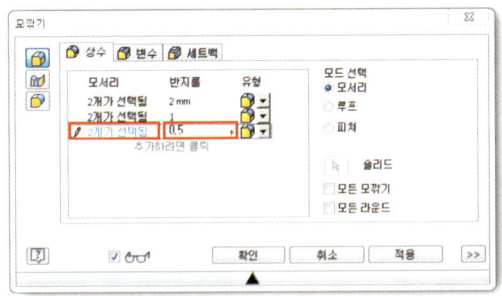
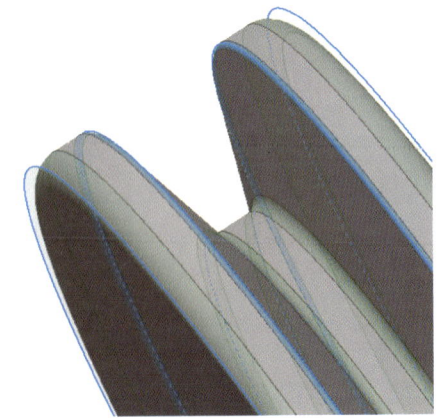

04 모깎기 피처가 작성되었다.

05 모깎기 명령 클릭 ▶ 반지름 : 3mm ▶ 모서리 선택 ▶ 확인 버튼 클릭

06 모따기 명령 클릭 ▶ 유형 : 거리 ▶ 거리 : 1mm ▶ 모서리 선택 ▶ 확인 버튼 클릭

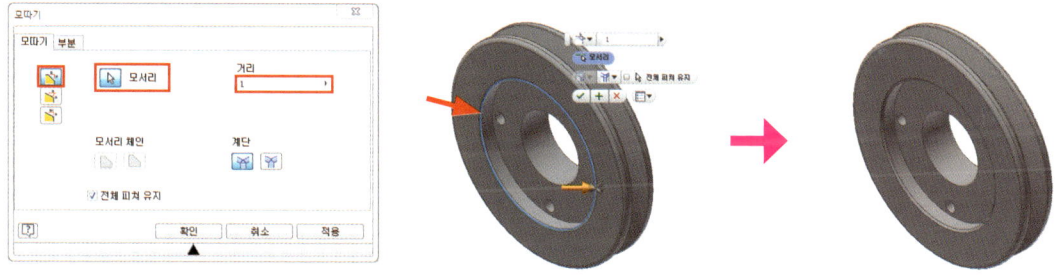

Lesson 3 | 체인 스프로킷

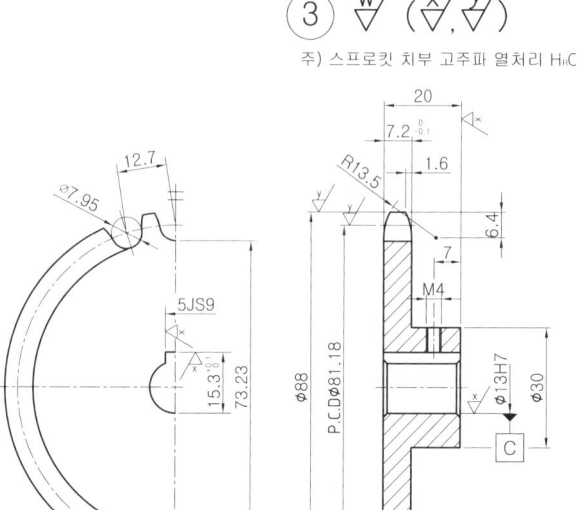

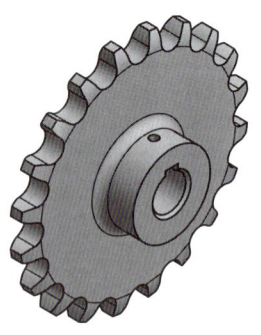

체인 과 스프로킷		
종류	구분 품번	3
체 인	호칭	40
	원주피치	12.7
	롤러외경	⌀7.95
스프로킷	치형	U형
	잇수	20
	피치원 지름	⌀81.18

주 석 ▶ 도시되고 지시하지 않은 모따기 1X45°

01 베이스 피처 작성

01 XY평면에 스케치를 작성한다.

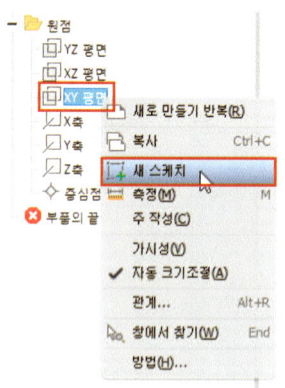

02 중심선을 작성한다.

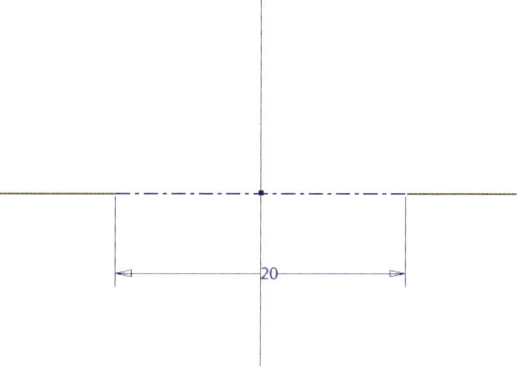

Section4.동력전달용 부품 작성하기

03 선 명령으로 위쪽의 프로파일 형상을 작성한다.

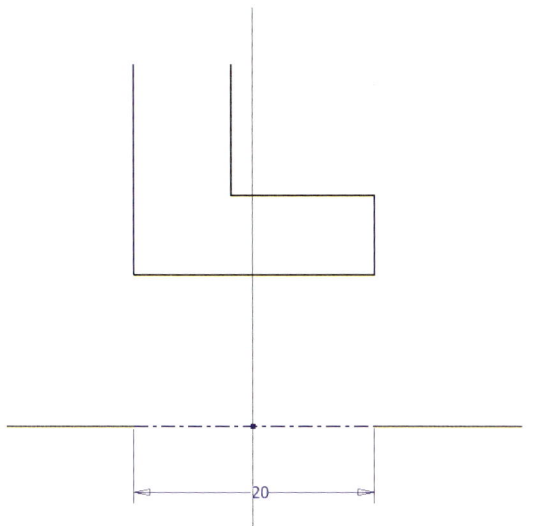

04 탄젠트 호 명령을 클릭한다.

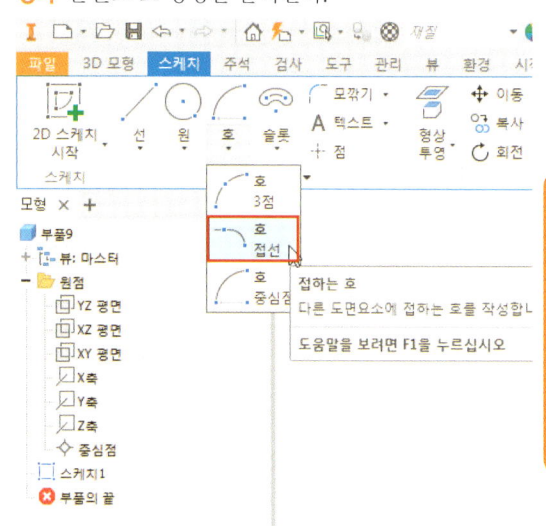

05 기존 선을 선택해 탄젠트 호를 작성한다.

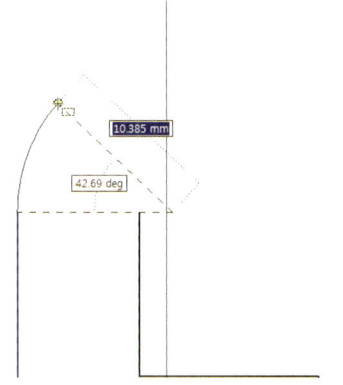

06 탄젠트 호가 작성되었다.

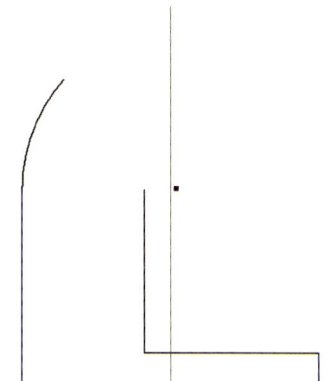

07 반대편 선을 선택해 다시 탄젠트 호를 작성한다.

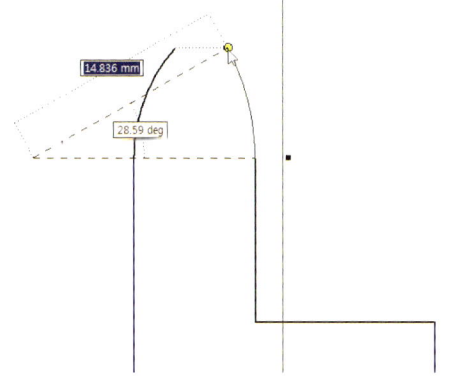

08 탄젠트 호가 작성되었다.

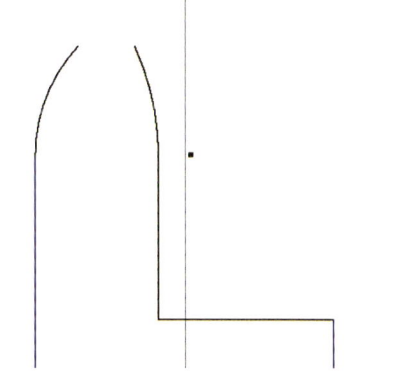

어드바이스 ▶ 일반 3점 호를 작성해 기존 선과 접선 구속조건을 부여해도 된다.

09 선 명령으로 호의 윗점끼리 잇는다.

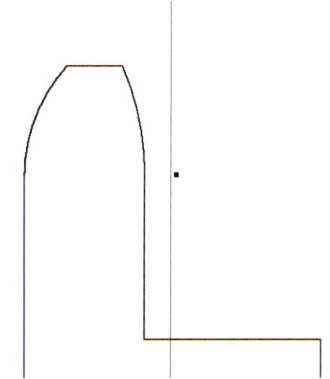

10 탄젠트 호의 반지름 치수를 작성한다.

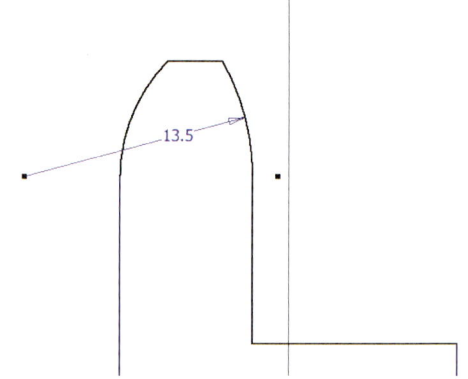

11 양쪽 호를 선택해 동일 구속조건을 부여한다.

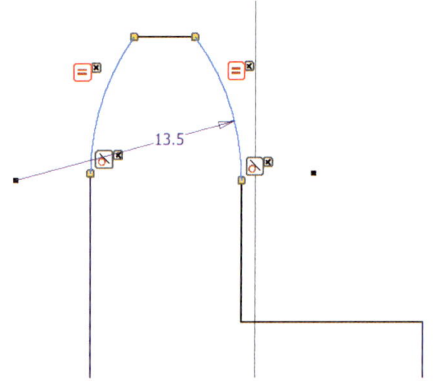

12 세부 치수를 작성한다.

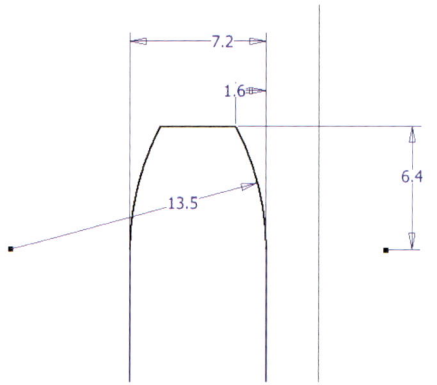

13 나머지 치수를 작성해 스케치 프로파일을 마무리한다.

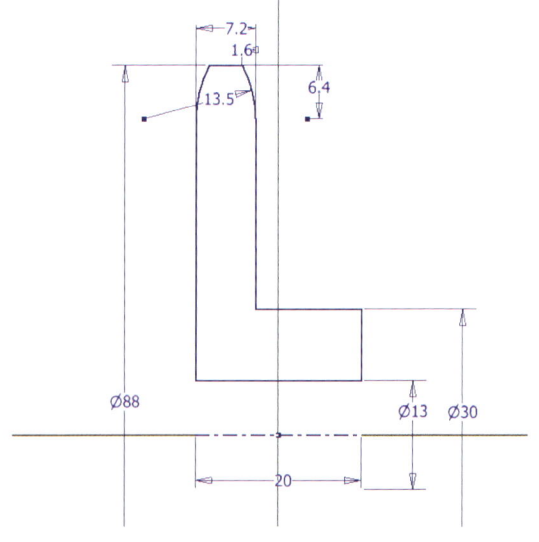

어드바이스 ▶ 프로파일의 양쪽 끝 점은 반드시 중심선의 끝점들과 수직 구속조건으로 정렬시켜야 한다.

Section4. 동력전달용 부품 작성하기

14 회전 명령 클릭 ▶ 프로파일과 축 선택 ▶ 범위 : 전체 ▶ 확인 버튼 클릭

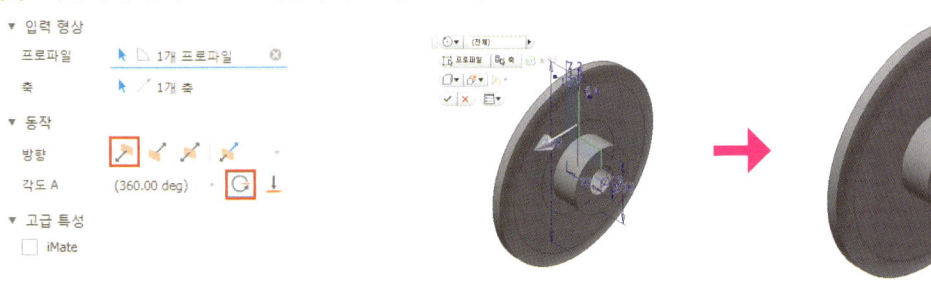

02 스프로킷 이빨 작성

01 작성된 솔리드 면에 스케치를 작성한다.

02 P.C.D 원과 이뿌리 원을 작성한다.

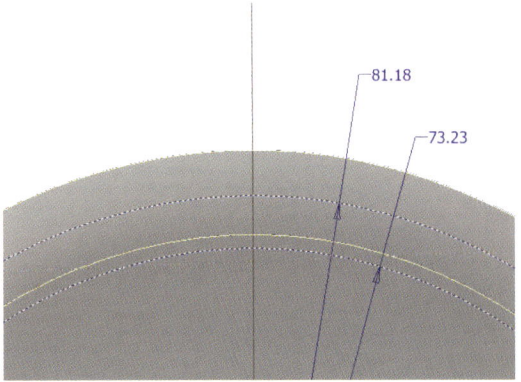

03 중심점으로부터 이뿌리원까지 접하는 선을 작성한다.

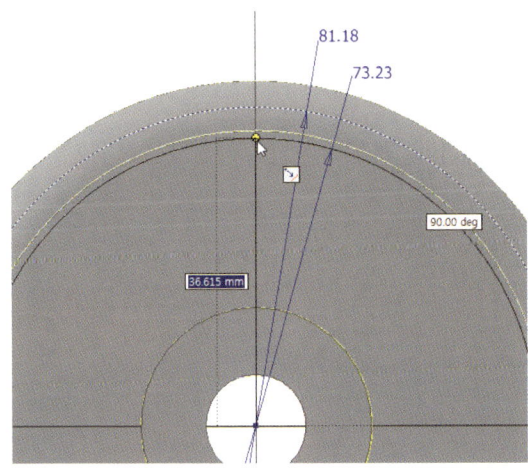

04 중심선 호 명령을 클릭한다.

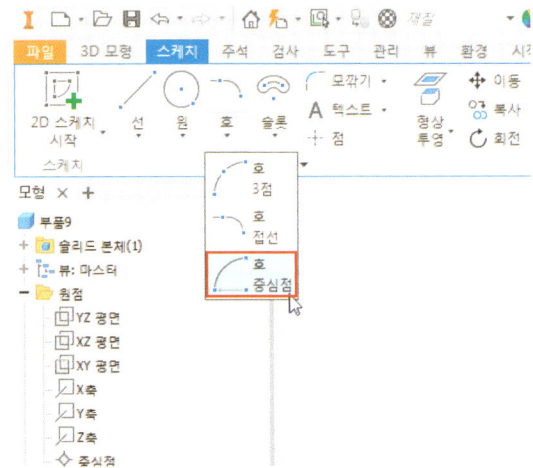

> **어드바이스** ▶ 가상선으로 작성한 스케치 요소는 프로파일 영역에 해당하지 않는다.

287

05 다음 첫 점을 중심점과 두 번째 점을 선택한다.

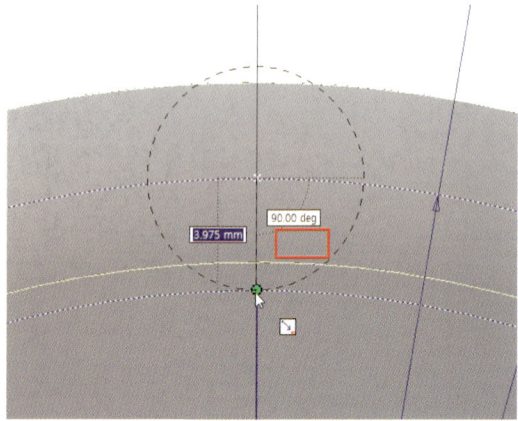

06 마우스를 움직여 세 번째 점을 선택한다.

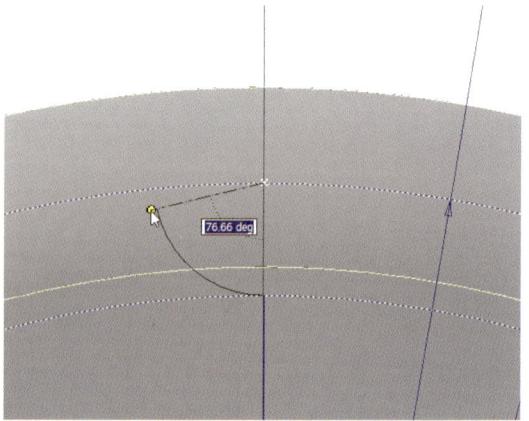

07 이어서 탄젠트 호 명령으로 외곽에 닿는 호를 작성한다.

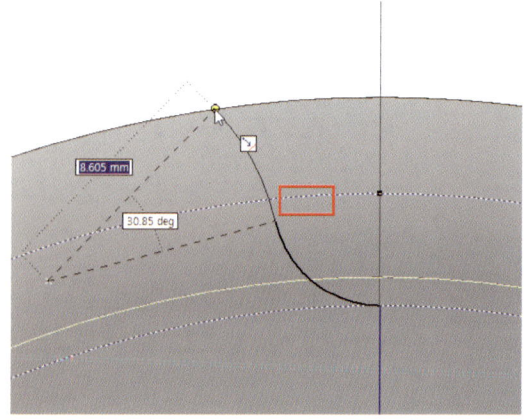

08 탄젠트 호에 반지름 치수를 작성한다.

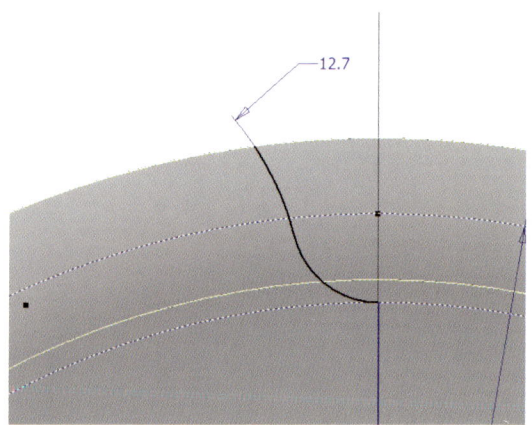

09 원호의 중심점과 선의 끝점을 수직 구속조건으로 정렬한다.

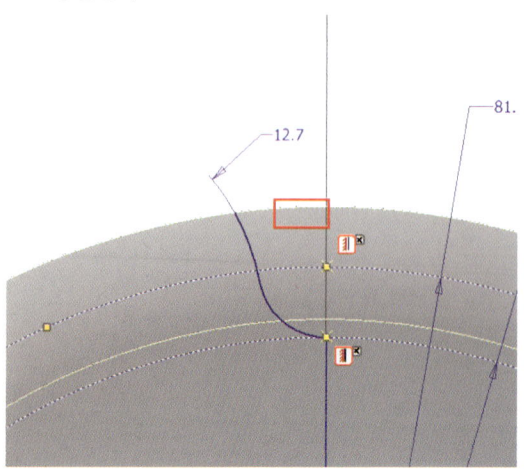

10 대칭 명령으로 호를 대칭 복사한다.

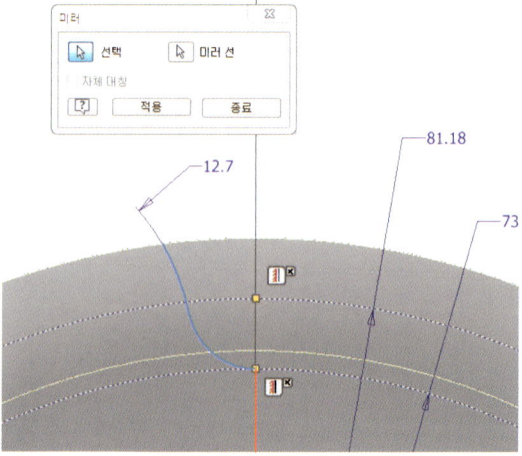

11 호가 대칭복사 되었다.

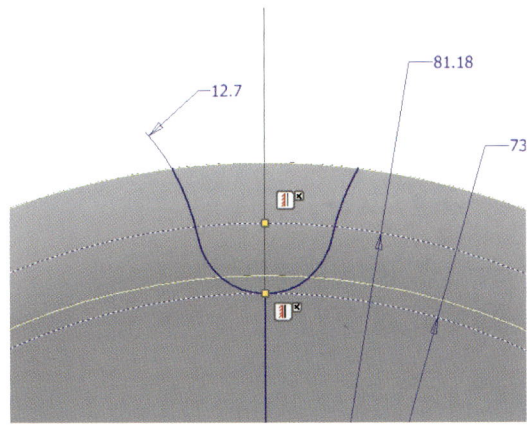

12 중심점 호 명령으로 위쪽 프로파일을 닫는다.

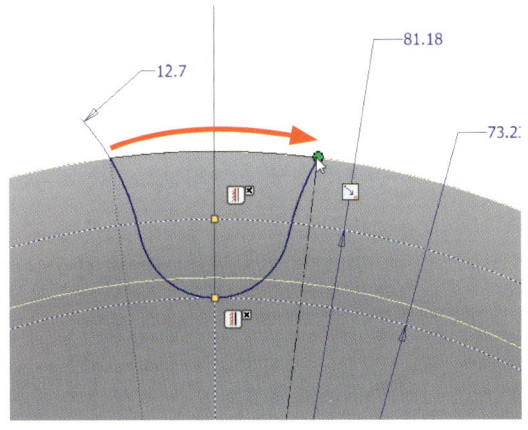

13 프로파일이 완성되었다.

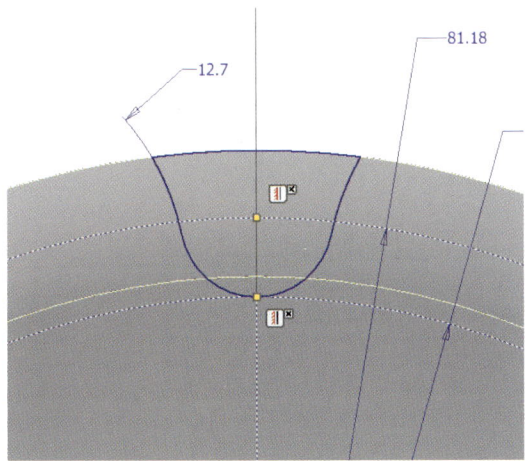

14 돌출 명령 클릭 ▶ 유형 : 차집합 ▶ 범위 : 다음 면까지 ▶ 확인 버튼 클릭

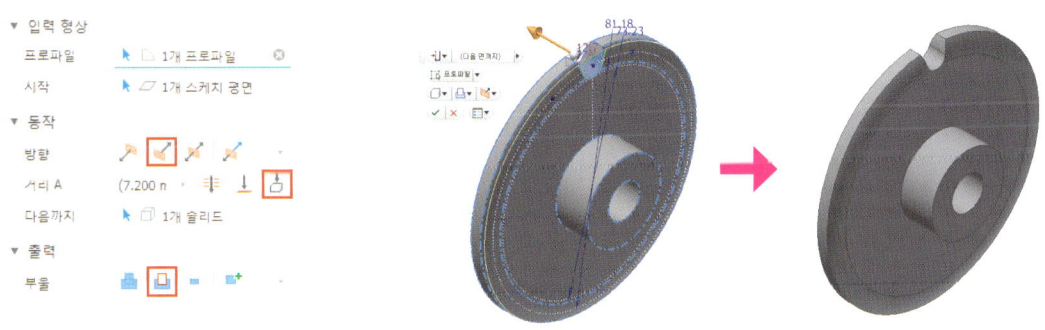

어드바이스 ▶ 범위 옵션을 다음 면까지로 지정하면 방향이 알아서 수정된다.

15 원형 패턴 명령 클릭 ▶ 패턴 피처와 회전축 선택 ▶ 갯수 : 20개, 범위 각도 : 360도 ▶ 확인 버튼 클릭

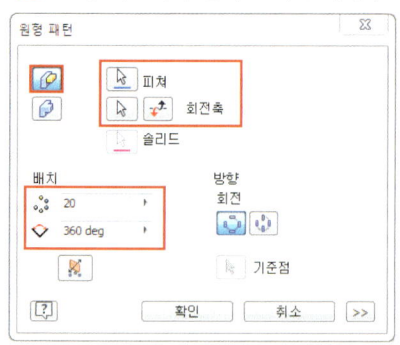
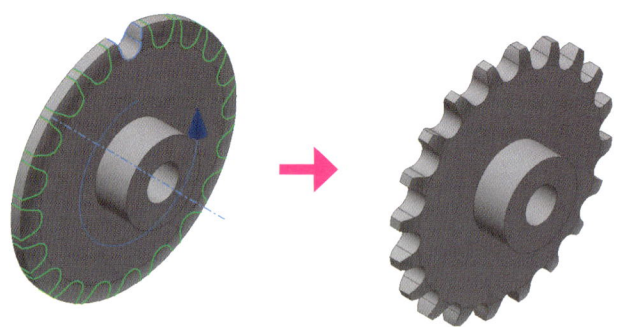

03 마무리 피처 작성

01 작성한 솔리드 면을 선택해 스케치를 작성한다.

02 스케치 프로파일을 작성한다.

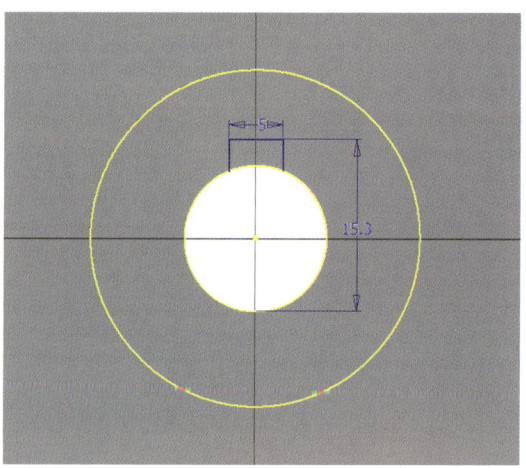

03 돌출 명령 클릭 ▶ 프로파일 선택 ▶ 유형 : 차집합 ▶ 범위 : 다음 면까지 ▶ 확인 버튼 클릭

어드바이스 ▶ 키 모양의 프로파일을 작성할 때는 좌우의 선에 동일 구속조건을 부여하면 자연스럽게 좌우대칭이 된다.

Section4. 동력전달용 부품 작성하기

04 평면 명령을 클릭한다.

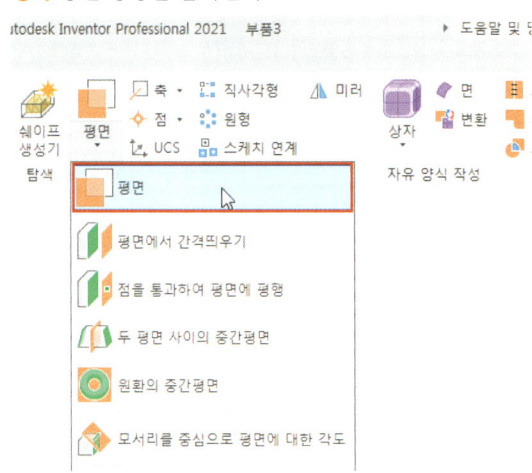

05 XZ평면을 선택한다.

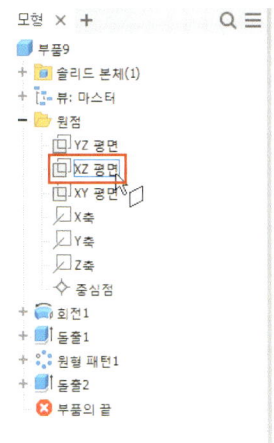

06 원통면을 선택한다.

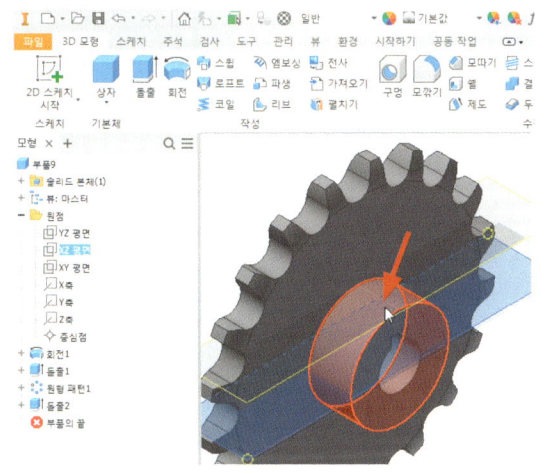

07 작성된 평면을 선택해 스케치를 작성한다.

08 구멍의 중심으로 쓸 점을 작성한다.

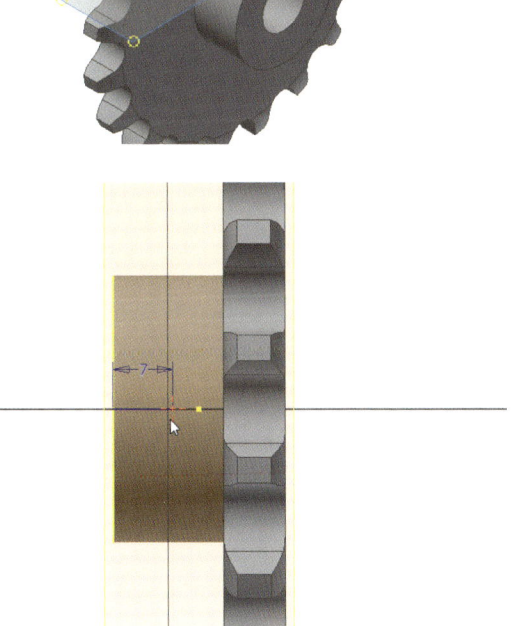

어드바이스 ▶ 점의 Y좌표는 중심선이나 수직 모서리의 중간점과 수평 구속조건으로 정렬하면 된다.

Part 04 파트 모델링

09 구멍 명령을 클릭해 다음과 같이 작성한다.

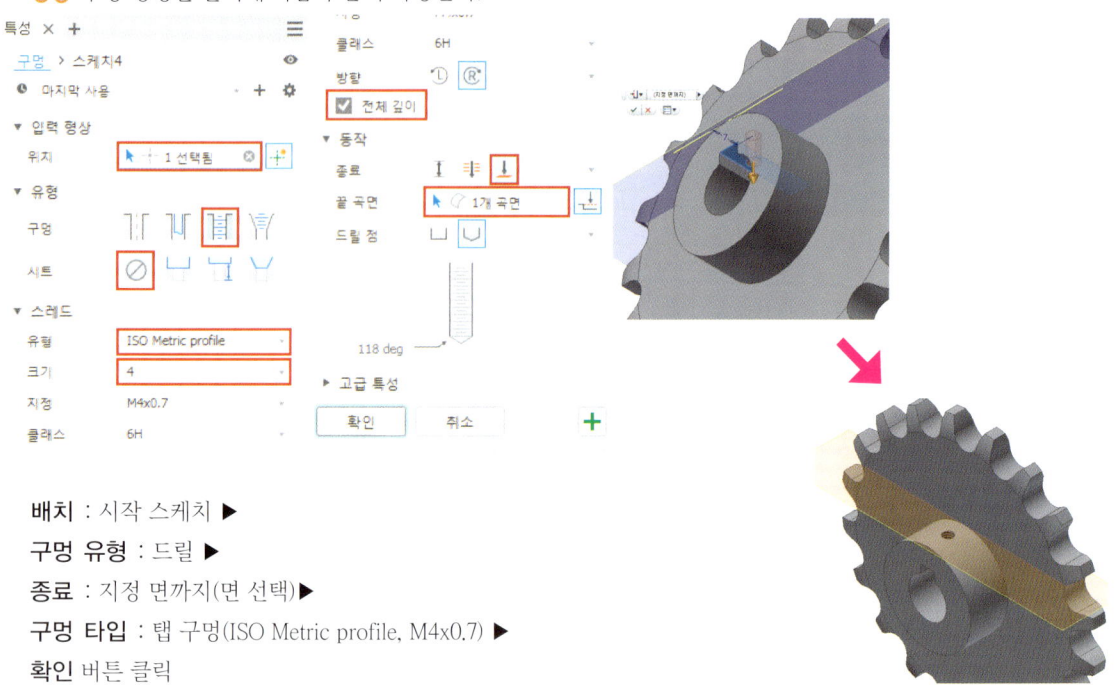

배치 : 시작 스케치 ▶
구멍 유형 : 드릴 ▶
종료 : 지정 면까지(면 선택) ▶
구멍 타입 : 탭 구멍(ISO Metric profile, M4x0.7) ▶
확인 버튼 클릭

10 모따기 명령 클릭 ▶ 유형 : 거리 ▶ 거리 : 1mm ▶ 모서리 선택 ▶ 확인 버튼 클릭

11 모깎기 명령 클릭 ▶ 반지름 : 3mm ▶ 모서리 선택 ▶ 확인 버튼 클릭

Section4. 동력전달용 부품 작성하기

Lesson 4 | 헬리컬 기어

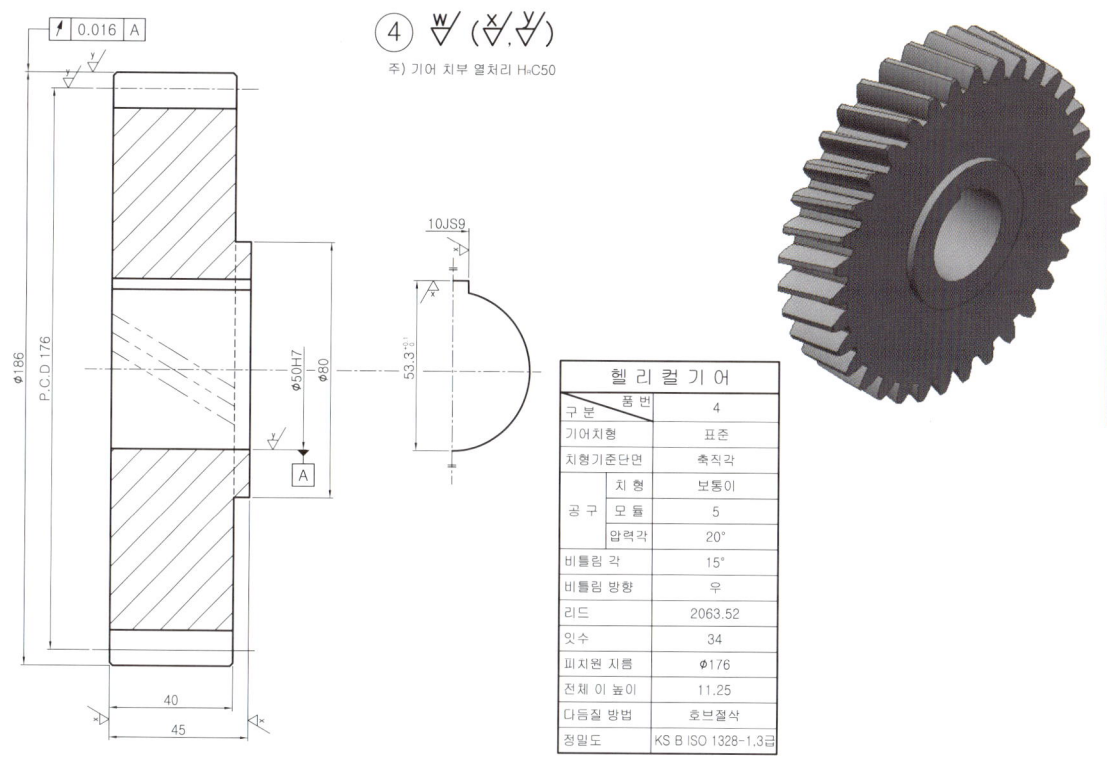

헬리컬 기어		
구분	품번	4
기어치형		표준
치형기준단면		축직각
공구	치형	보통이
	모듈	5
	압력각	20°
비틀림 각		15°
비틀림 방향		우
리드		2063.52
잇수		34
피치원 지름		Ø176
전체 이 높이		11.25
다듬질 방법		호브절삭
정밀도		KS B ISO 1328-1,3급

주 석 ▶ 도시되고 지시하지 않은 모따기 1X45°

01 베이스 피처 작성

01 XY평면에 스케치를 작성한다.

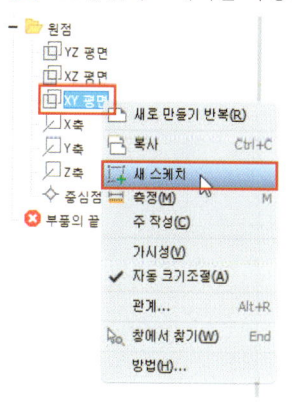

02 스케치 프로파일을 작성한다.

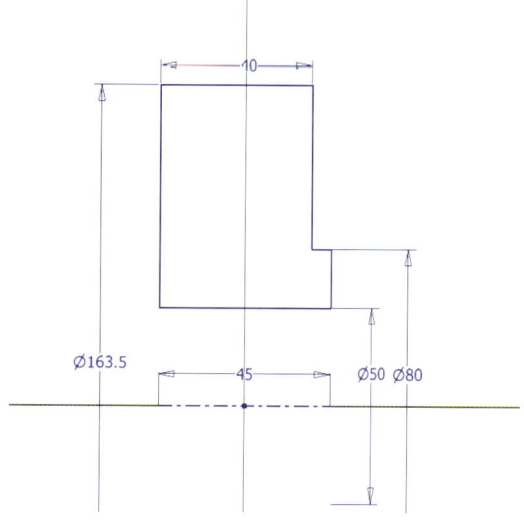

293

03 회전 명령 클릭 ▶ 프로파일과 축 선택 ▶ 범위 : 전체 ▶ 확인 버튼 클릭

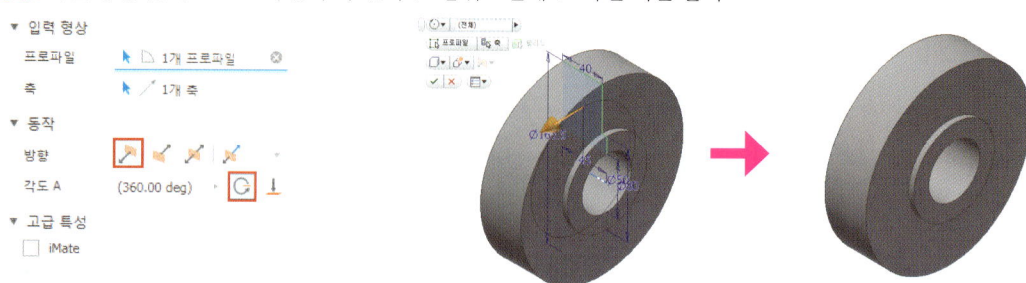

02 기어 이빨 피처 작성

01 프로파일을 작성한다.(스퍼 기어와 동일)

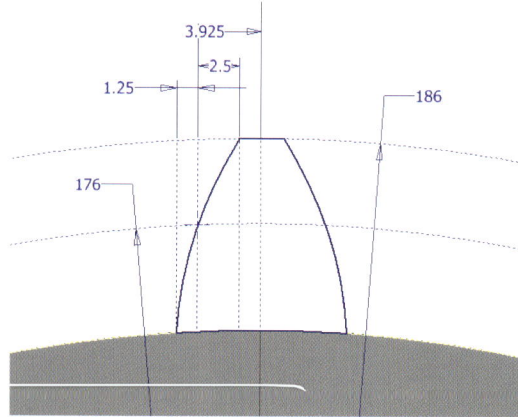

02 스케치를 마무리한 후 선과 점을 선택해 작업평면을 작성한다.

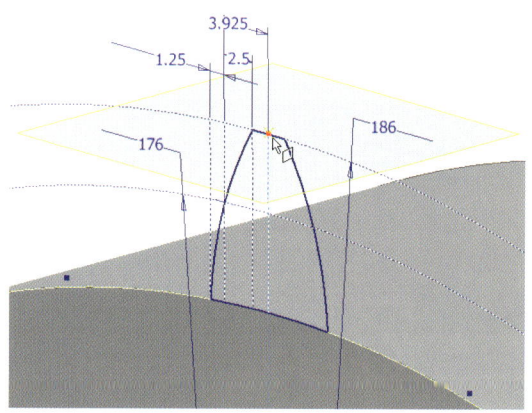

03 다음과 같이 작업평면이 작성된다.

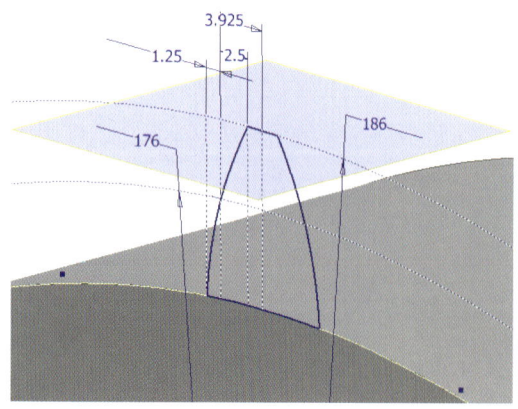

04 작성된 작업평면을 선택해 스케치를 다음과 같이 작성한다.

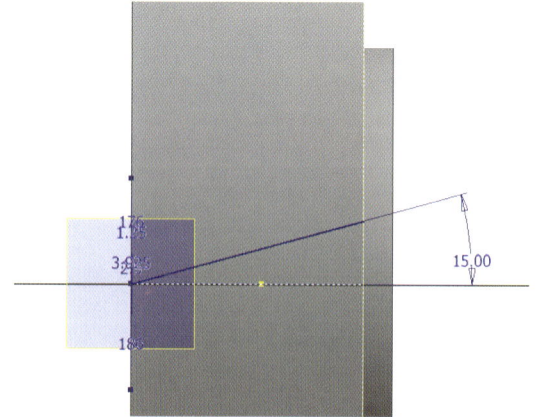

Section4.동력전달용 부품 작성하기

05 3D 스케치 작성 명령을 클릭한다.

06 곡면에 투영 명령을 클릭한다.

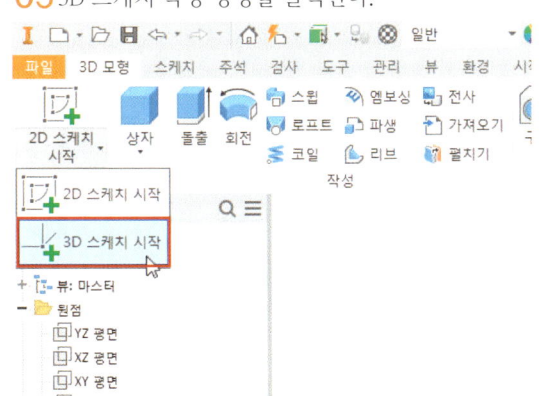
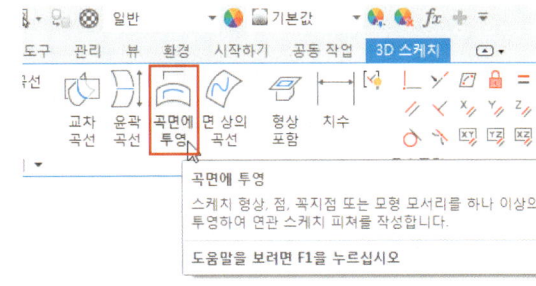

07 면과 곡선을 선택하고 출력 옵션을 다음과 같이 설정한다.

08 확인 버튼을 클릭하면 곡면에 투영 곡선이 작성된다.

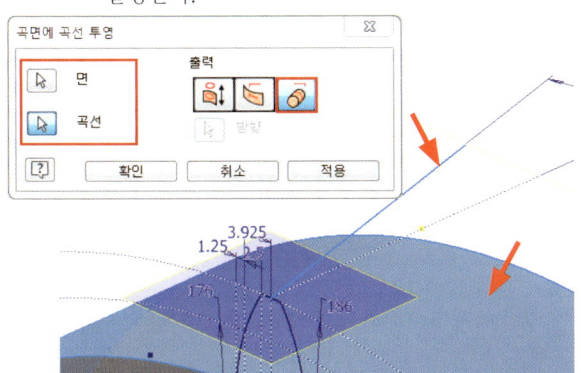
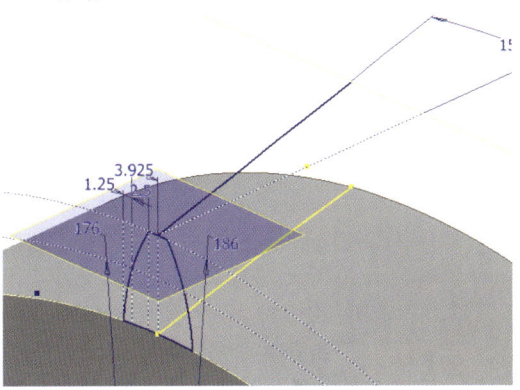

09 스윕 명령 클릭 ▶프로파일과 경로 선택 ▶ 유형 : 경로 및 안내 곡면(곡면 선택) ▶ 확인 버튼 클릭

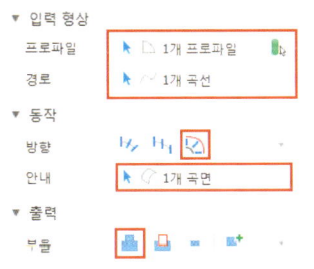
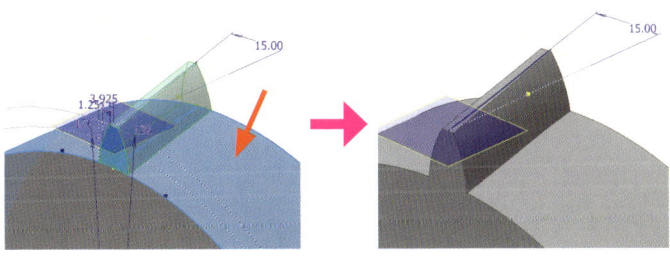

10 모따기 명령 클릭 ▶ 유형 : 거리 ▶ 거리 : 1mm ▶ 모서리 선택 ▶ 확인 버튼 클릭

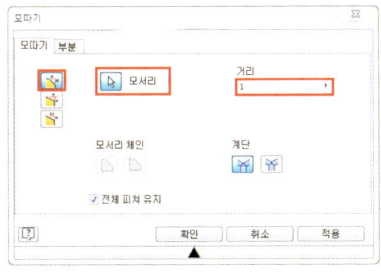
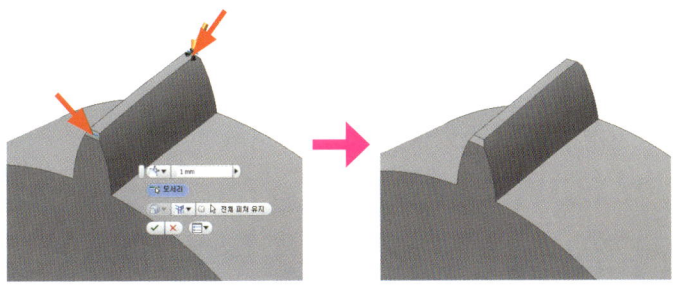

11 모깎기 명령 클릭 ▶ 반지름 : 0.5mm ▶ 모서리 선택 ▶ 확인 버튼 클릭

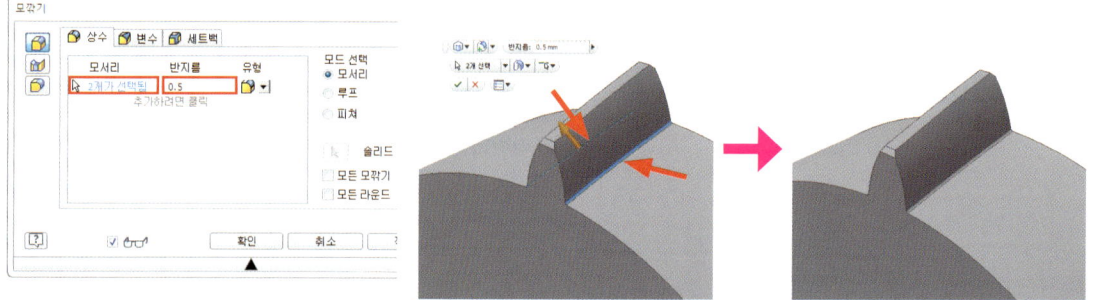

12 원형 패턴 명령 클릭 ▶ 패턴 피처와 회전축 선택 ▶ 갯수 : 34개, 범위 각도 : 360도 ▶ 확인 버튼 클릭

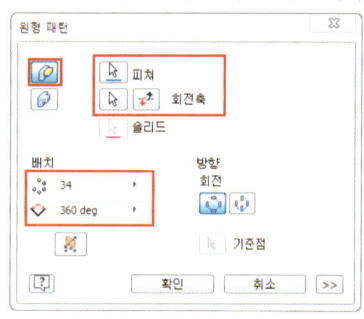
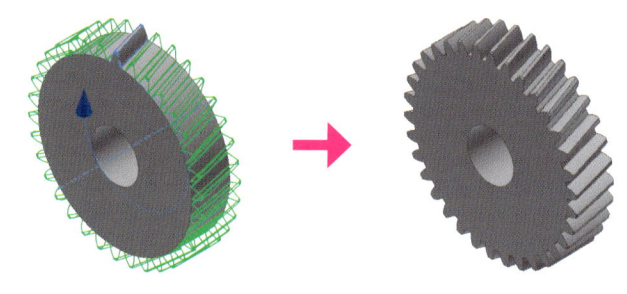

03 마무리 피처 작성

01 작성된 솔리드 면에 스케치를 작성한다.

02 스케치 프로파일을 작성한다.

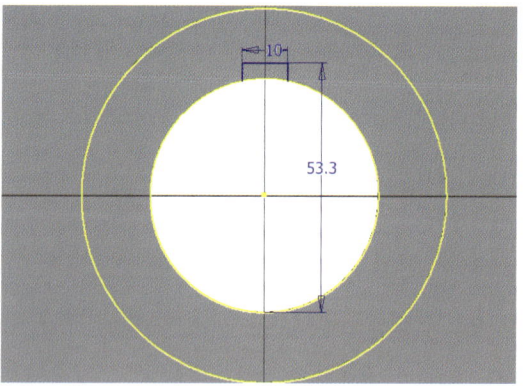

03 돌출 명령 클릭 ▶ 프로파일 선택 ▶ 유형 : 차집합 ▶ 범위 : 다음 면까지 ▶ 확인 버튼 클릭

Lesson 5 | 래크 기어

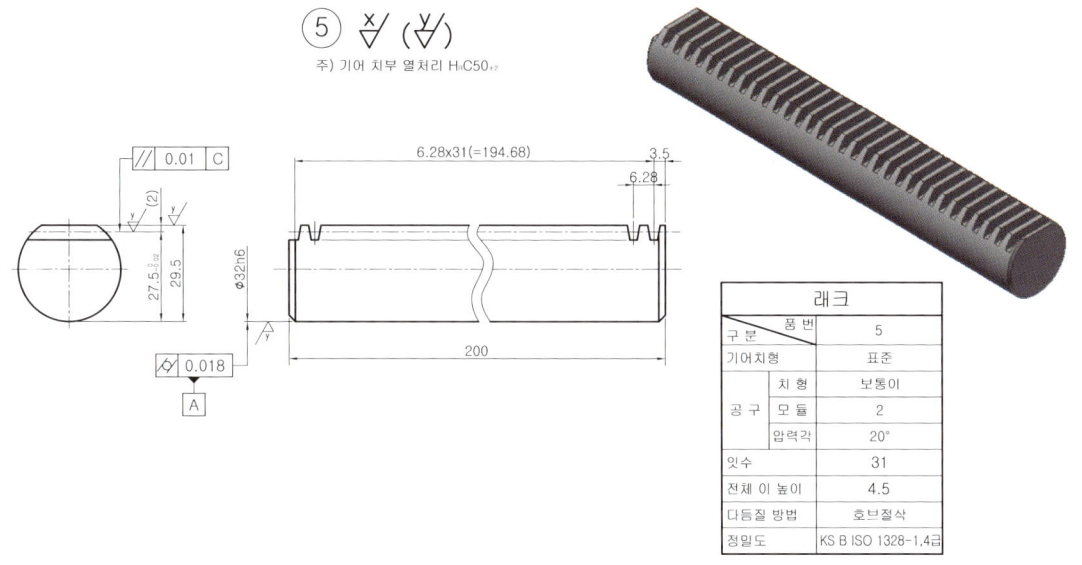

| 주 석 | ▶ 도시되고 지시하지 않은 모따기 2X45° |

01 베이스 피처 작성

01 XY평면에 스케치를 작성한다.

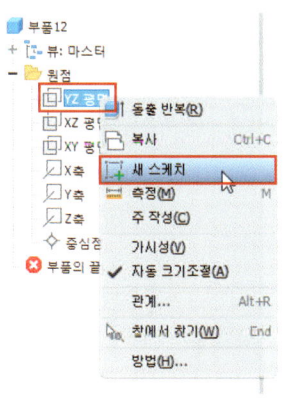

02 스케치 프로파일을 작성한다.

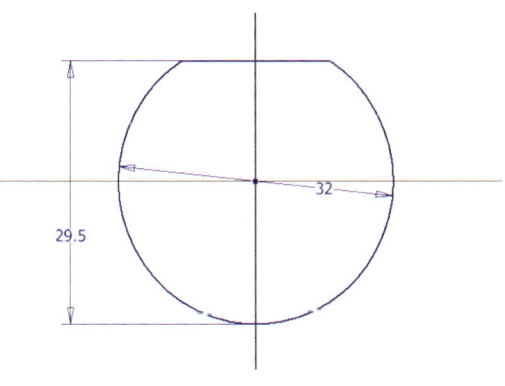

03 돌출 명령 클릭 ▶ 거리 : 200mm ▶ 방향 : 대칭 ▶ 확인 버튼 클릭

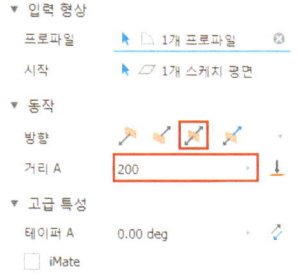

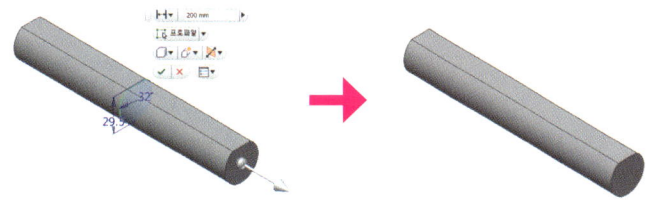

04 XY평면에 스케치를 작성한다.

05 프로파일을 작성한다.

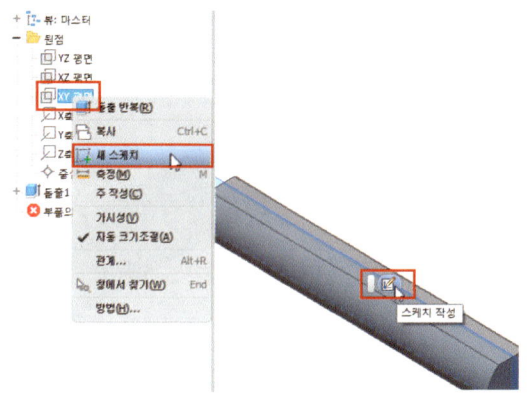
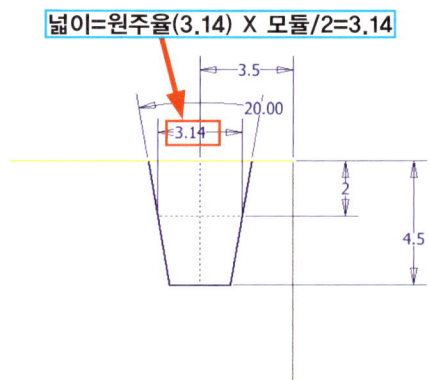

넓이=원주율(3.14) X 모듈/2=3.14

06 돌출 명령 클릭 ▶ 프로파일 선택 ▶ 유형 : 차집합 ▶ 범위 : 전체 ▶ 방향 : 대칭 ▶ 확인 버튼 클릭

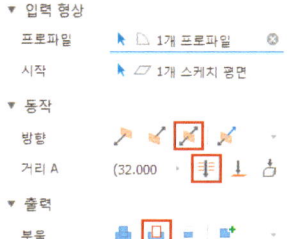
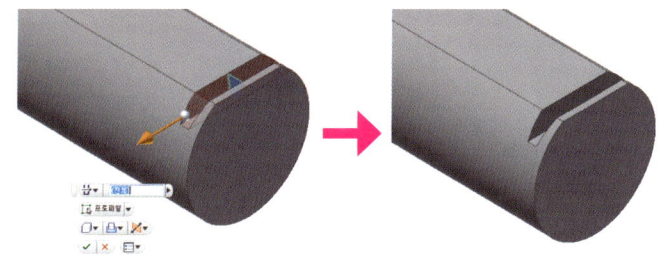

07 직사각형 패턴 명령 클릭 ▶ 패턴할 피처 선택 ▶ 개수 33개 ▶ 거리 : 6.28mm ▶ 방향 모서리 선택 ▶ 확인 버튼 클릭

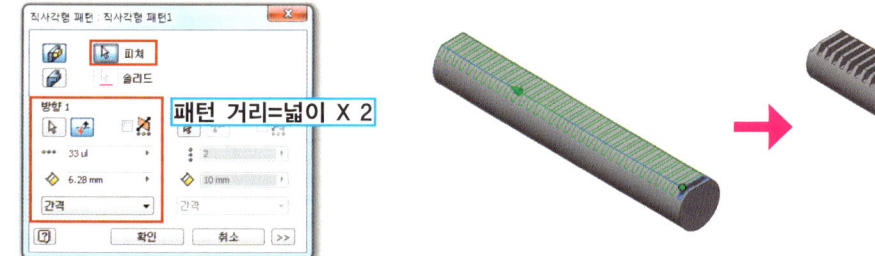

패턴 거리=넓이 X 2

08 모따기 명령 클릭 ▶ 유형 : 거리 ▶ 거리 : 1mm ▶ 모서리 선택 ▶ 확인 버튼 클릭

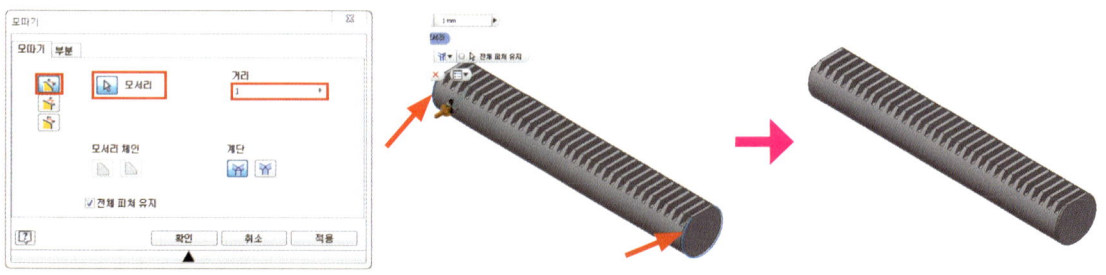

Lesson 6   베벨 기어

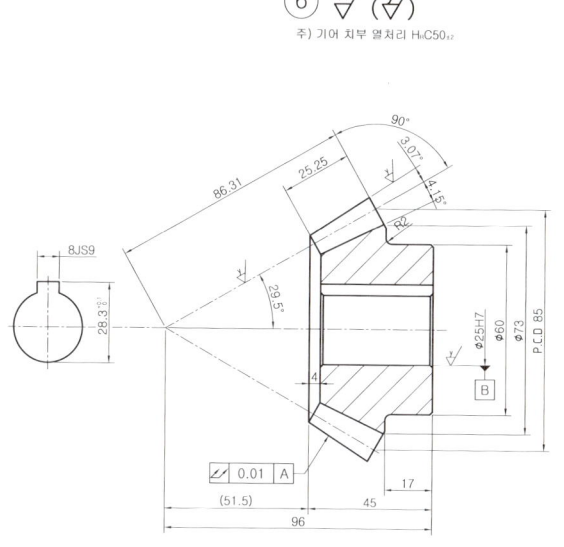

베 벨 기 어	
품 번 구 분	6
기어치형	글리슨 식
모듈	5
압력각	20°
잇수	17
피치원 지름	∅85
피치원 추각	29.5
축각	90°
다듬질 방법	절삭
정밀도	KS B 1412, 3급

주 석 ▶ 도시되고 지시하지 않은 모따기 1X45°

01 이빨 피처 작성

01 XY평면에 스케치를 작성한다.

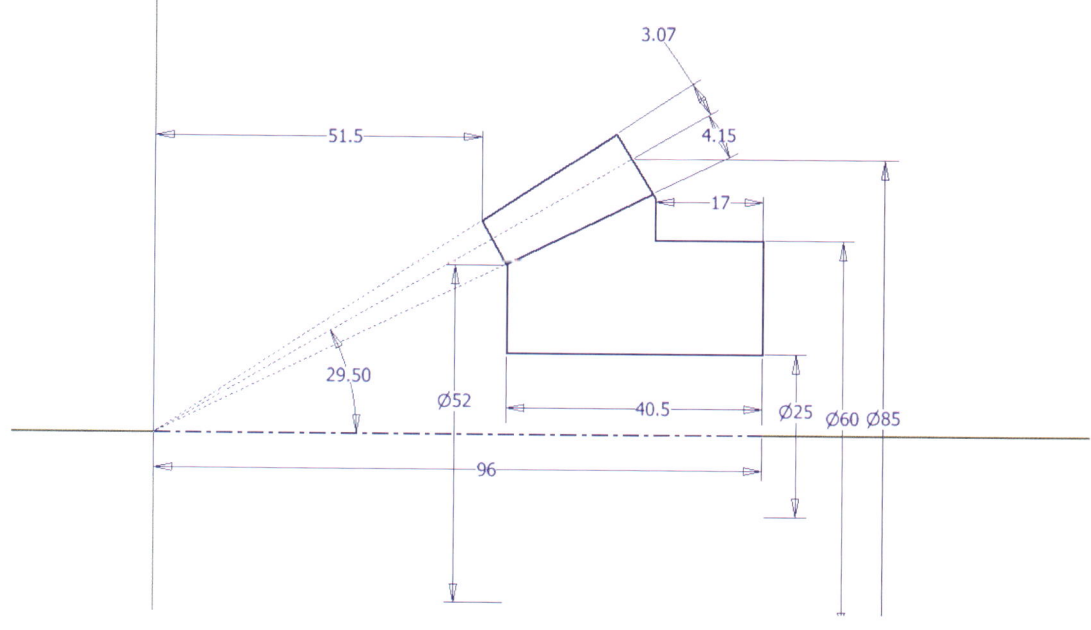

299

02 회전 명령 클릭 ▶ 프로파일과 축 선택 ▶ 범위 : 전체 ▶ 확인 버튼 클릭

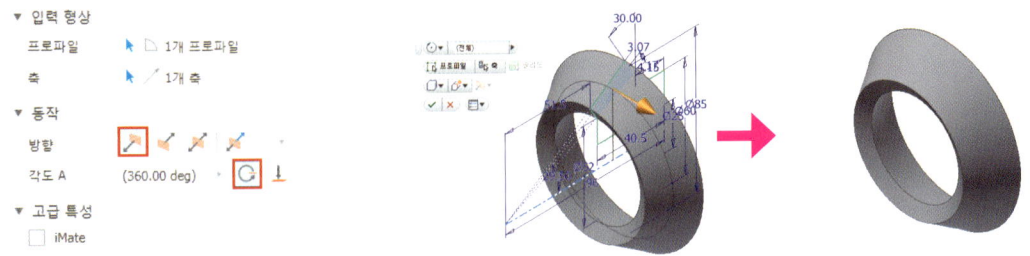

03 스케치1을 가시성으로 보여지게 한 다음 선과 선 끝의 점을 선택해 작업평면을 작성한다.

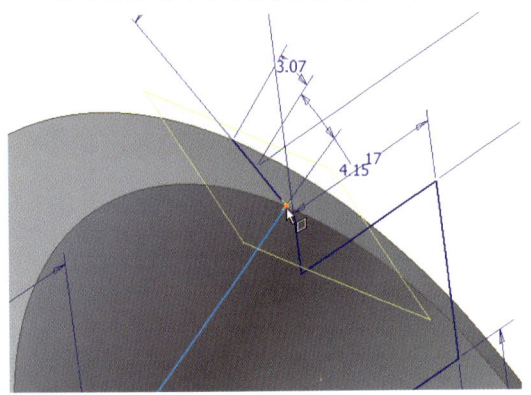

04 작성된 작업평면을 선택해 스케치를 작성한다.

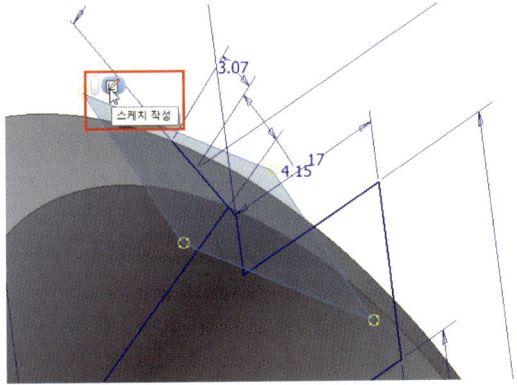

05 스케치 프로파일을 작성한다.

어드바이스 ▶ 작성방법은 스퍼기어와 동일하나, 이빨 위아래의 참조 모서리는 다음 그림과 같이 외곽 모서리를 형상투영한 것을 참조해서 그린다.

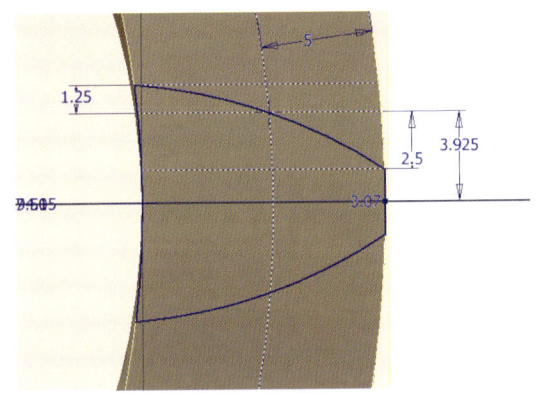

06 로프트 명령 클릭 ▶ 옵션 : 교집합 ▶ 단면 : 스케치 선택, 원점 선택 ▶ 확인 버튼 클릭

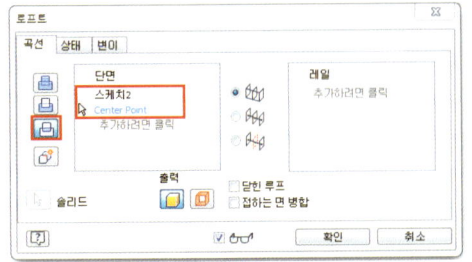
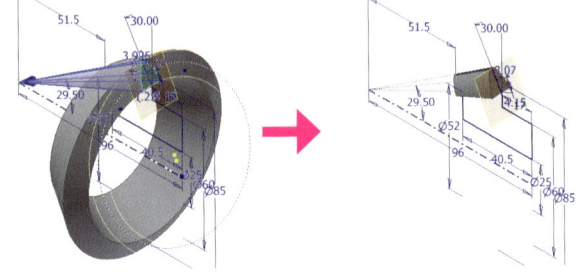

Section4. 동력전달용 부품 작성하기

07 원형 패턴 명령 클릭 ▶ 솔리드 패턴 옵션 선택 ▶ 회전축 선택 ▶ 개수 : 17개 ▶ 범위 각도 : 360도 ▶ 확인 버튼 클릭

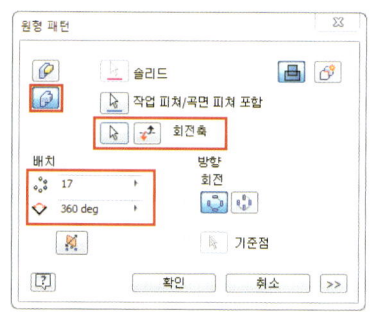
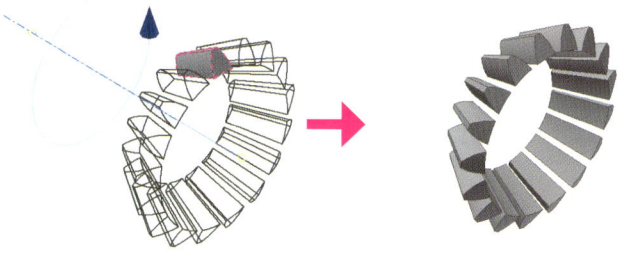

02 본체 피처 작성

01 스케치1을 마우스 우측 버튼으로 클릭해 가시성을 클릭한다.

02 스케치1이 화면에 표시된다.

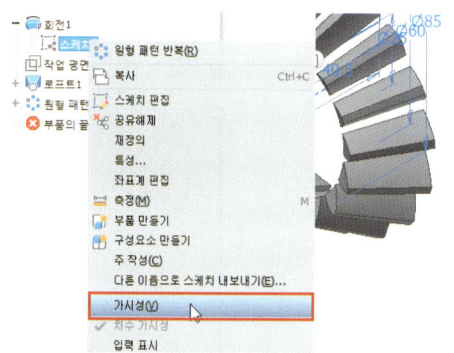
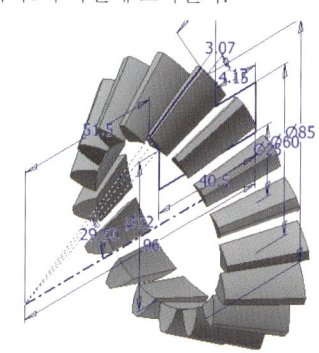

03 회전 명령 클릭 ▶ 프로파일과 축 선택 ▶ 옵션 : 합집합 ▶ 범위 : 전체 ▶ 확인 버튼 클릭

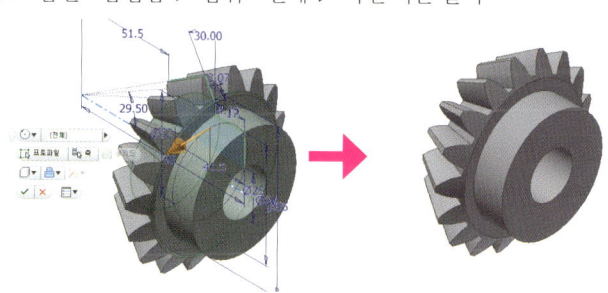

04 작성된 솔리드 면에 스케치를 작성한다.

05 스케치 프로파일을 작성한다.

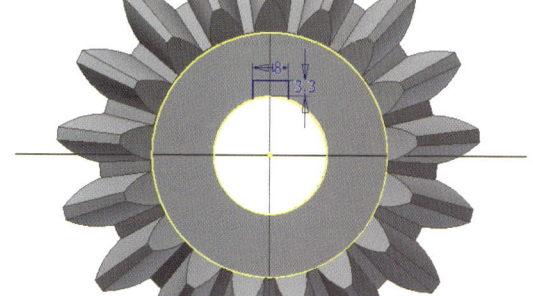

301

06 돌출 명령 클릭 ▶ 프로파일 선택 ▶ 옵션 : 차집합 ▶ 범위 : 다음 면까지 ▶ 확인 버튼 클릭

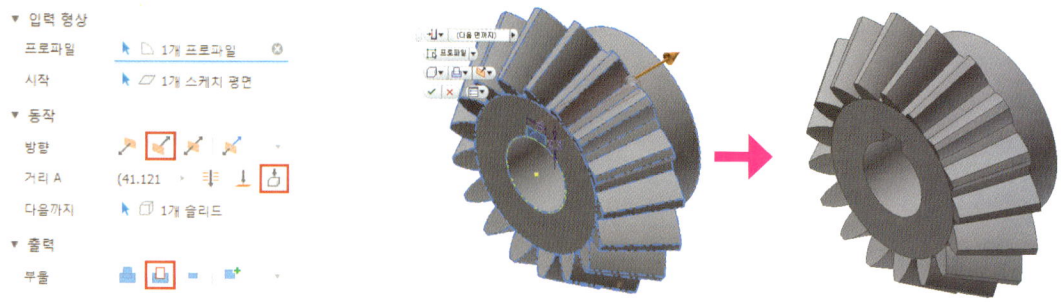

07 모따기 명령 클릭 ▶ 유형 : 거리 ▶ 거리 : 1mm ▶ 모서리 선택 ▶ 확인 버튼 클릭

08 모따기 명령 클릭 ▶ 유형 : 거리 ▶ 거리 : 1mm ▶ 모서리 선택 ▶ 확인 버튼 클릭

09 모깎기 명령 클릭 ▶ 반지름 : 2mm ▶ 모서리 선택 ▶ 확인 버튼 클릭

Lesson 7   웜 축

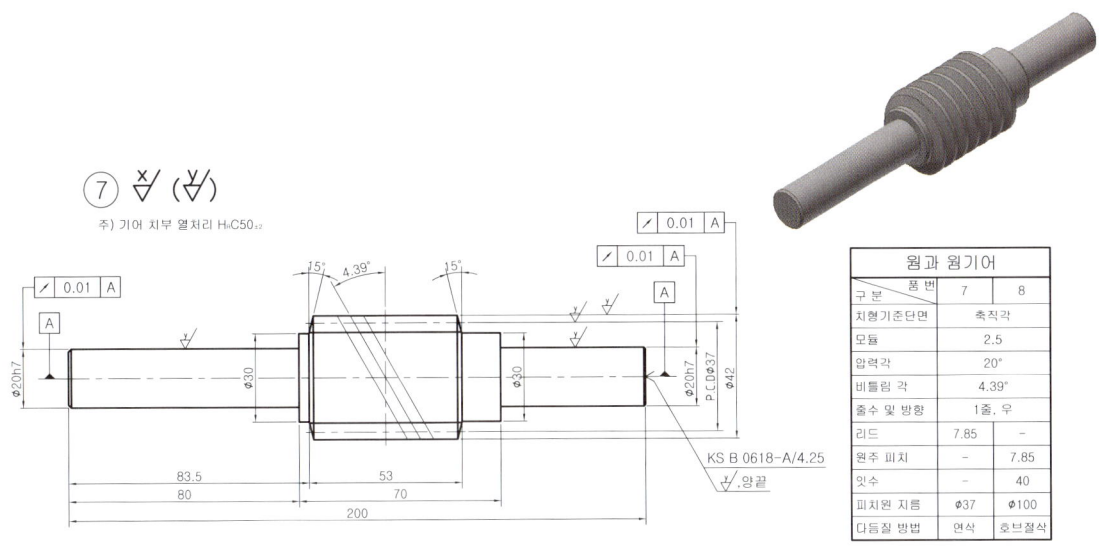

| 주 석 | ▶ 도시되고 지시하지 않은 모따기 1X45° |

01   베이스 피처 작성

01 XY평면에 스케치를 작성한다.

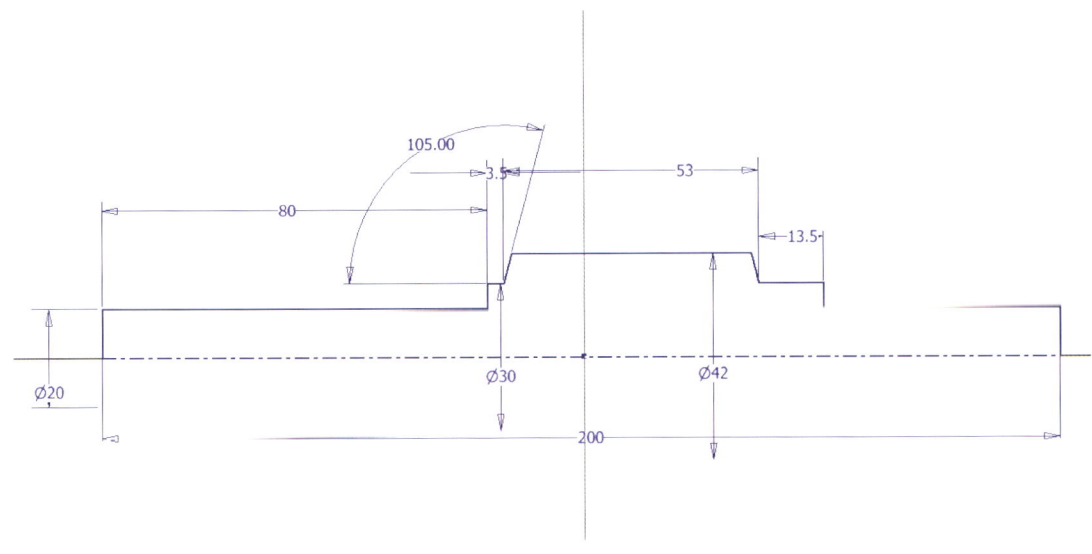

02 회전 명령 클릭 ▶ 프로파일과 축 선택 ▶ 범위 : 전체 ▶ 확인 버튼 클릭

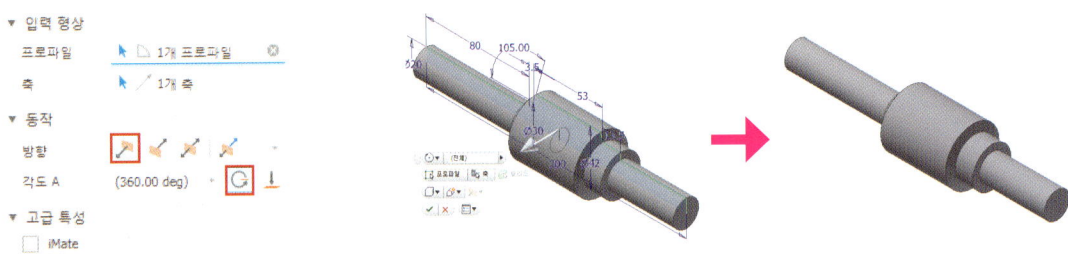

02 이빨 피처 작성

01 XY평면에 스케치를 작성한다.

02 스케치 프로파일을 작성한다.

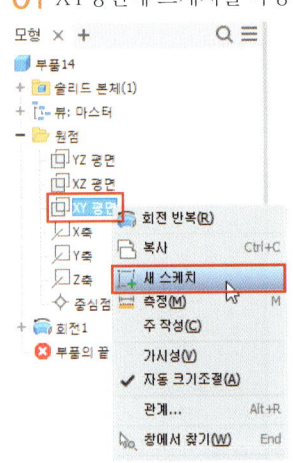
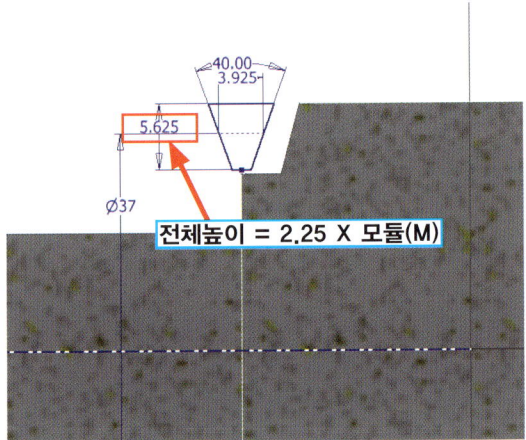

전체높이 = 2.25 X 모듈(M)

03 코일 명령 클릭 ▶ 프로파일과 축 선택 ▶ 유형 : 차집합 ▶

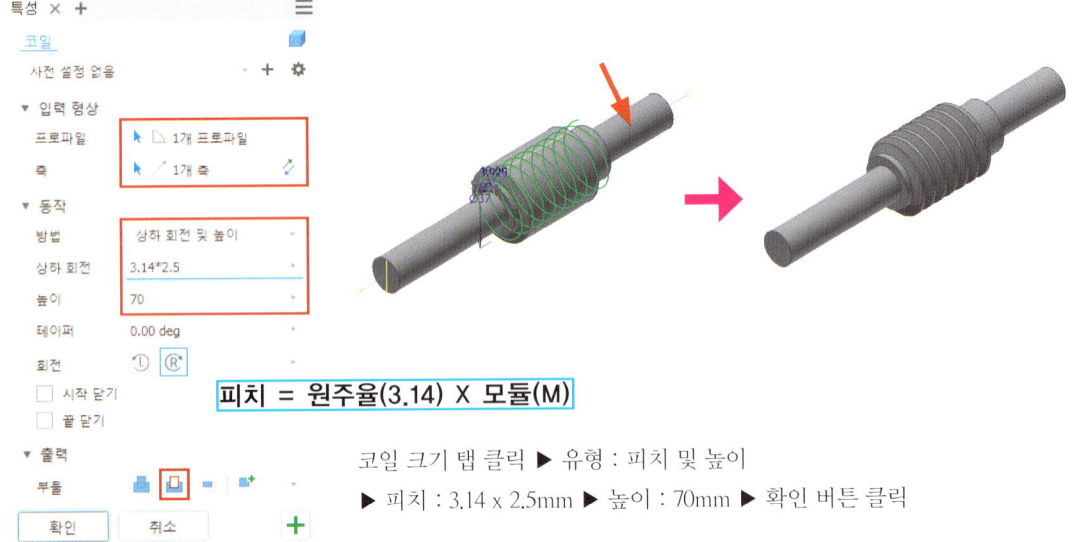

피치 = 원주율(3.14) X 모듈(M)

코일 크기 탭 클릭 ▶ 유형 : 피치 및 높이
▶ 피치 : 3.14 x 2.5mm ▶ 높이 : 70mm ▶ 확인 버튼 클릭

Section4. 동력전달용 부품 작성하기

04 모따기 명령 클릭 ▶ 유형 : 거리 ▶ 거리 : 1mm ▶ 모서리 선택 ▶ 확인 버튼 클릭

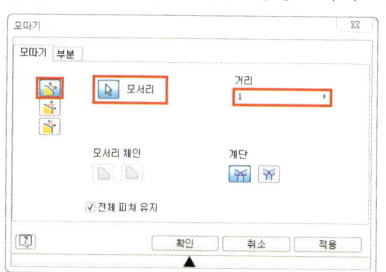
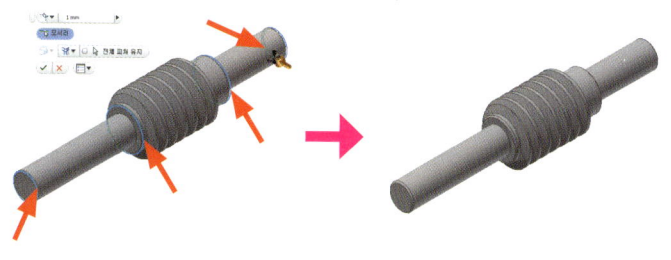

Lesson 8 웜 휠

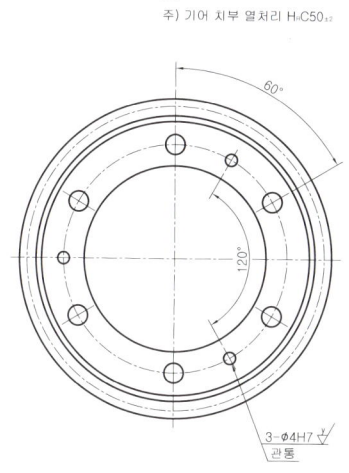
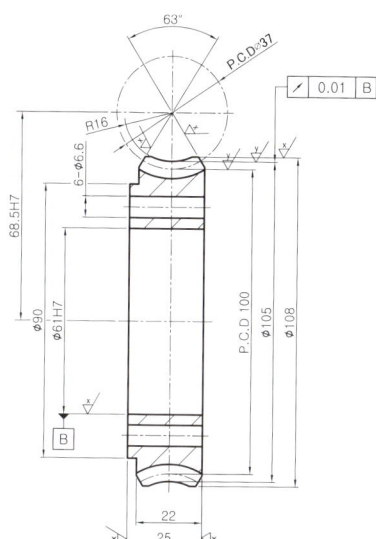

웜과 웜기어		
품 번 구 분	7	8
치형기준단면	축직각	
모듈	2.5	
압력각	20°	
비틀림 각	4.39°	
줄수 및 방향	1줄, 우	
리드	7.85	–
원주 피치	–	7.85
잇수	–	40
피치원 지름	Ø37	Ø100
다듬질 방법	연삭	호브절삭

01 베이스 피처 작성

01 XY평면에 스케치를 작성한다.

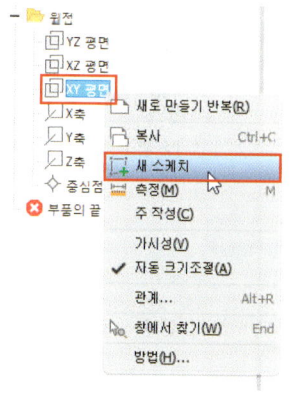

02 스케치 프로파일을 작성한다.

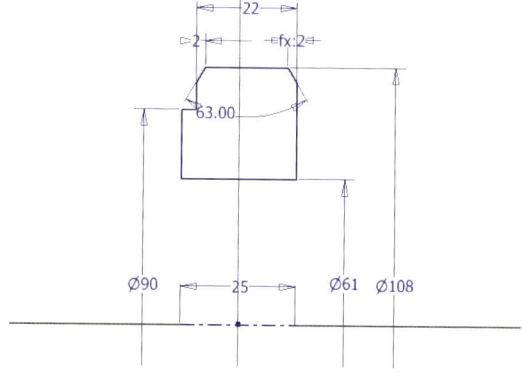

305

03 회전 명령 클릭 ▶ 프로파일과 축 선택 ▶ 범위 : 전체 ▶ 확인 버튼 클릭

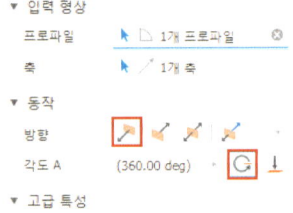
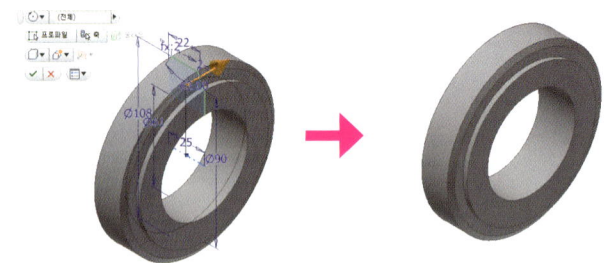

04 XY평면에 스케치를 작성한다.

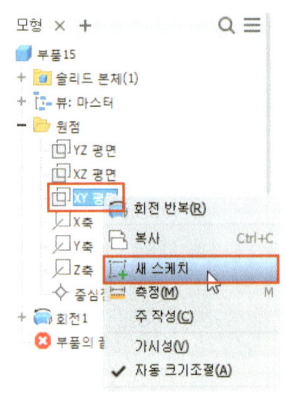

05 스케치 프로파일을 작성한다.

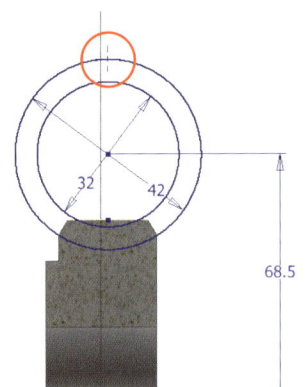

06 회전 명령 클릭 ▶ 옵션 : 차집합 ▶ 프로파일과 축 선택 ▶ 범위 : 전체 ▶ 확인 버튼 클릭

02 이빨 피처 작성

01 원과 점을 선택해 작업 평면을 작성한다.

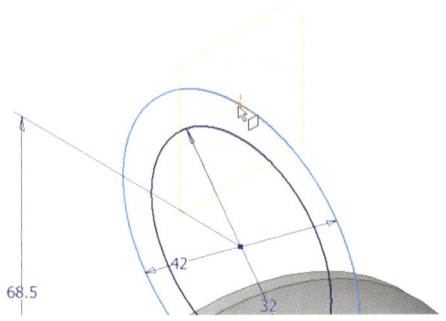

02 작성한 작업 평면을 선택해 스케치를 작성한다.

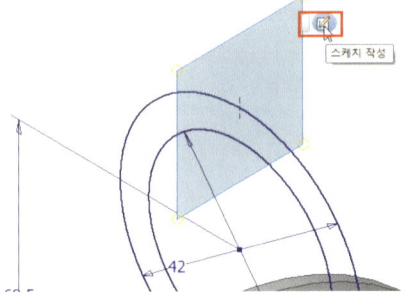

03 다음과 같이 스케치 프로파일을 작성한다.

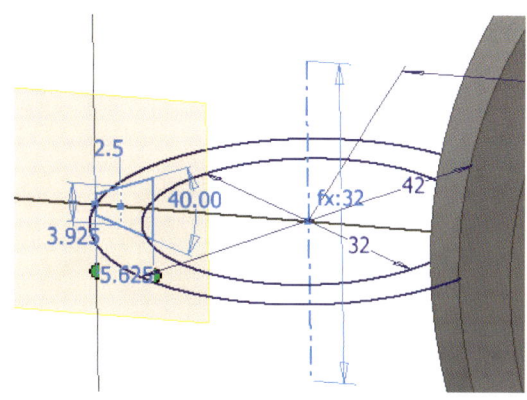

04 코일 명령 클릭 ▶ 프로파일과 축 선택 ▶ 유형 : 차집합 ▶

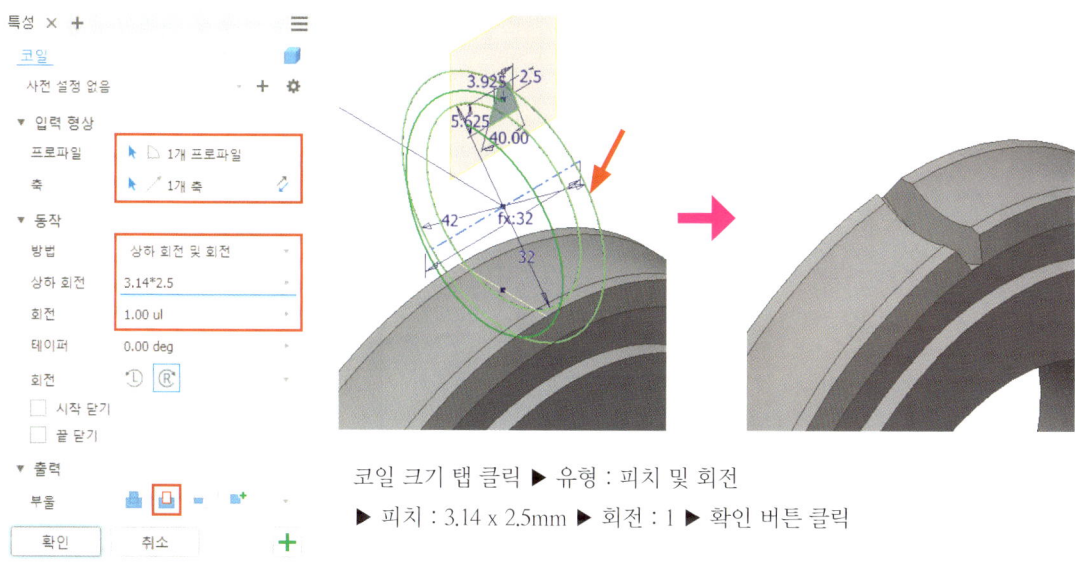

코일 크기 탭 클릭 ▶ 유형 : 피치 및 회전
▶ 피치 : 3.14 x 2.5mm ▶ 회전 : 1 ▶ 확인 버튼 클릭

05 원형 패턴 명령 클릭 ▶ 패턴 피처와 회전축 선택 ▶ 갯수 : 40개, 범위 각도 : 360도 ▶ 확인 버튼 클릭

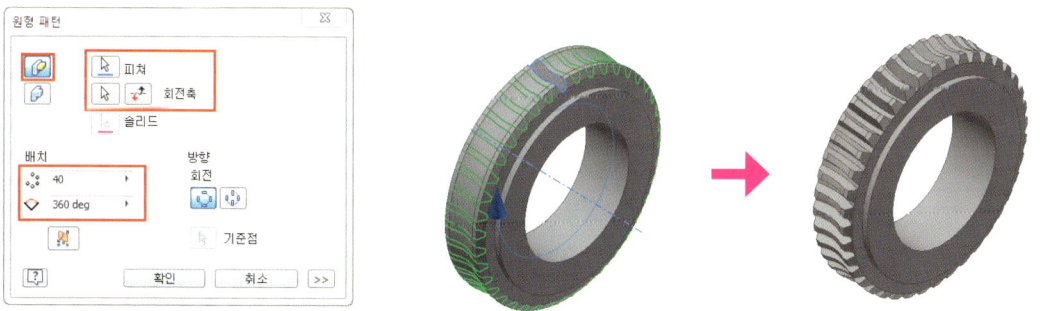

03 구멍 피처 작성

01 작성된 솔리드 면에 스케치를 작성한다.

02 구멍의 중심으로 쓸 스케치 점을 작성한다.

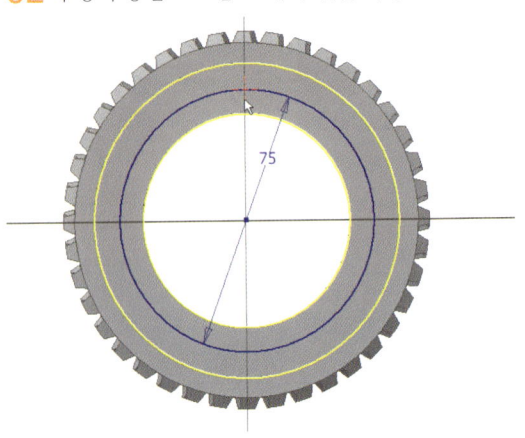

03 구멍 명령을 클릭해 다음과 같이 작성한다.

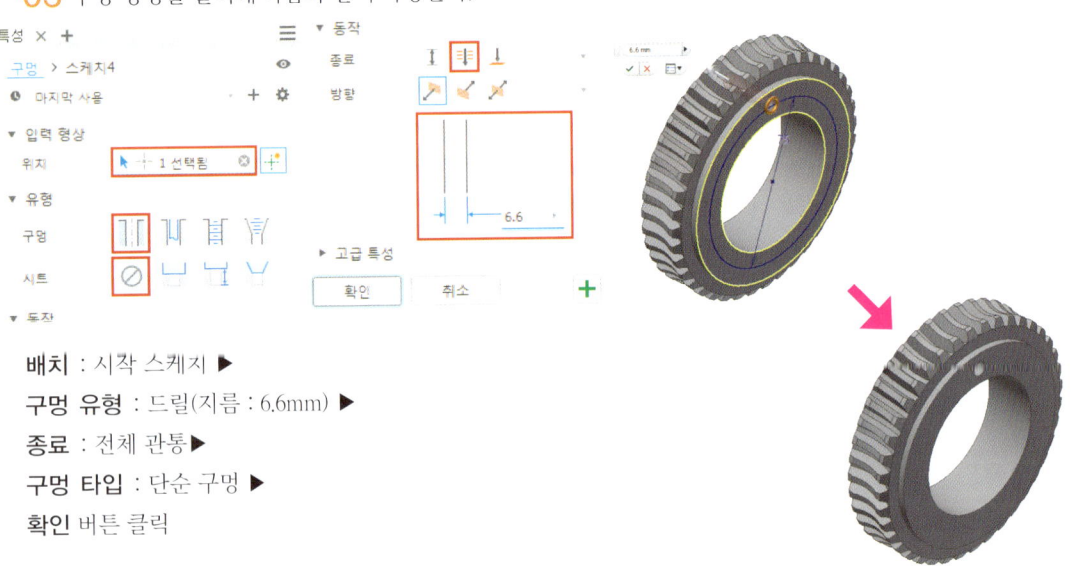

배치 : 시작 스케치 ▶
구멍 유형 : 드릴(지름 : 6.6mm) ▶
종료 : 전체 관통 ▶
구멍 타입 : 단순 구멍 ▶
확인 버튼 클릭

04 원형 패턴 명령 클릭 ▶ 패턴 피처와 회전축 선택 ▶ 갯수 : 6개, 범위 각도 : 360도 ▶ 확인 버튼 클릭

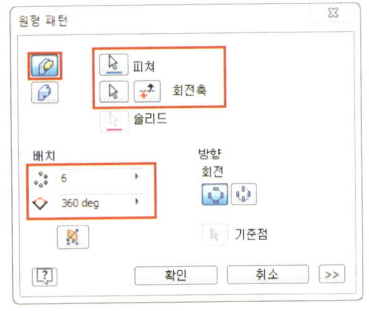
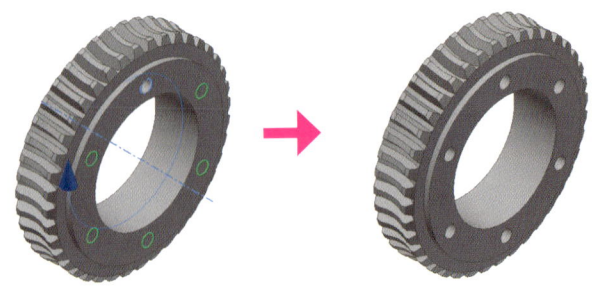

Section4.동력전달용 부품 작성하기

05 작성된 솔리드면에 스케치를 작성한다.

06 구멍의 중심으로 쓸 스케치 점을 작성한다.

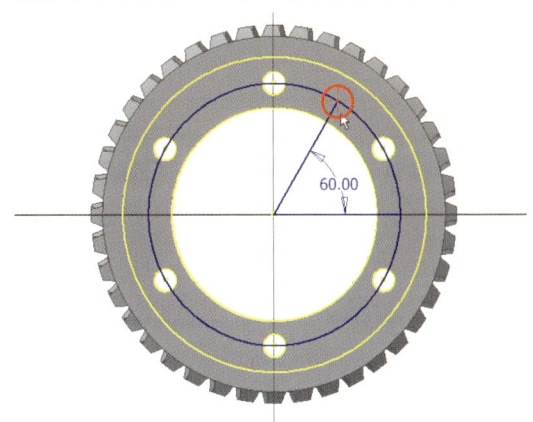

07 구멍 명령을 클릭해 다음과 같이 작성한다.

배치 : 시작 스케치 ▶
구멍 유형 : 드릴(지름 : 4mm) ▶
종료 : 전체 관통▶
구멍 타입 : 단순 구멍 ▶
확인 버튼 클릭

08 원형 패턴 명령 클릭 ▶ 패턴 피처와 회전축 선택 ▶ 갯수 : 3개, 범위 각도 : 360도 ▶ 확인 버튼 클릭

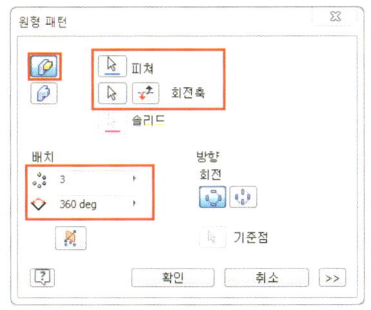

Part 04 파트 모델링

5.본체 타입의 부품 그리기

전산응용기계제도기능사/산업기사/기사 실기를 위한 인벤터

본체 또는 케이스 타입의 부품을 작성하는 방법에 대해 알아보도록 하자.

Lesson 1 │ 지지대

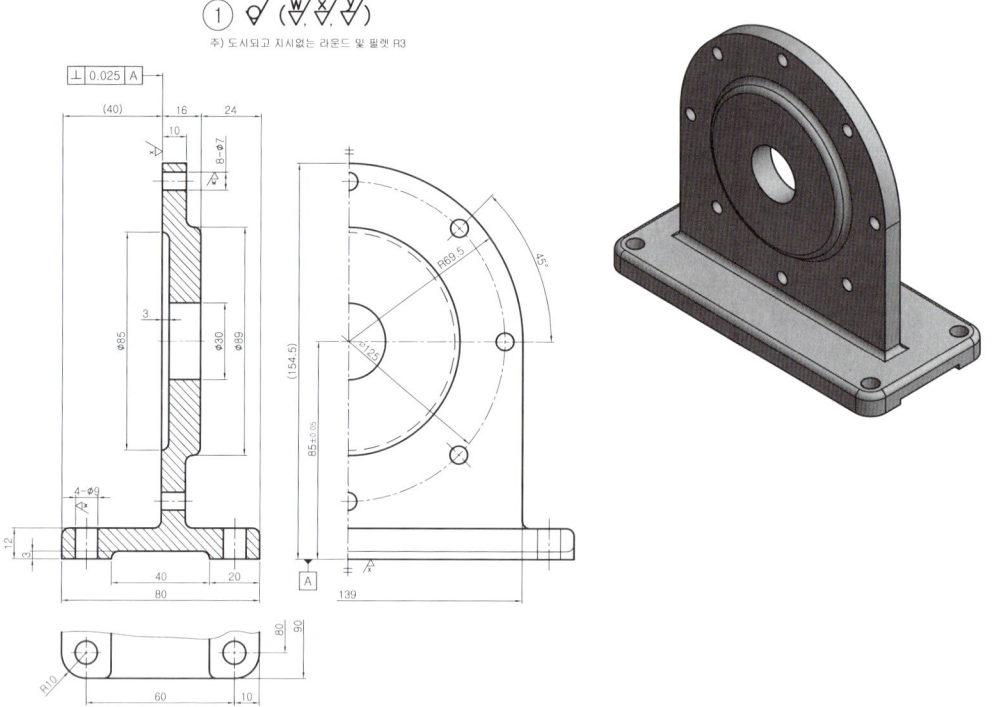

01 베이스 피처 작성

01 XY평면에 스케치를 작성한다.

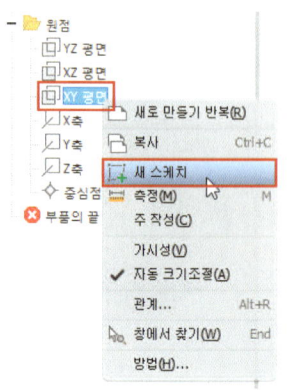

02 스케치 프로파일을 작성한다.

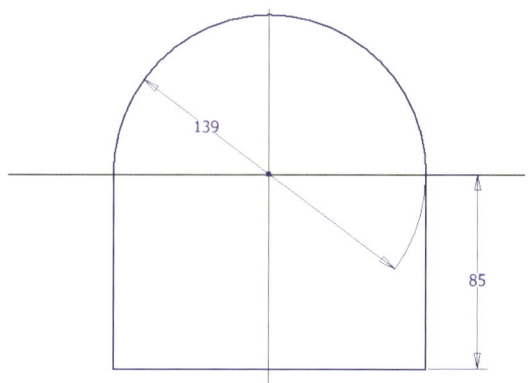

03 돌출 명령 클릭 ▶ 거리 : 10mm ▶ 방향 : 대칭 ▶ 확인 버튼 클릭

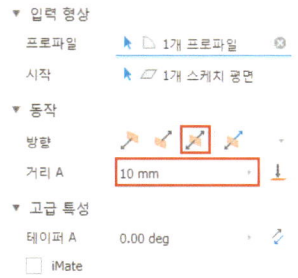

04 작성한 솔리드 면에 스케치를 작성한다.

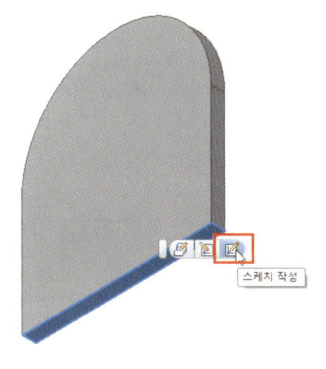

05 스케치 프로파일을 작성한다.

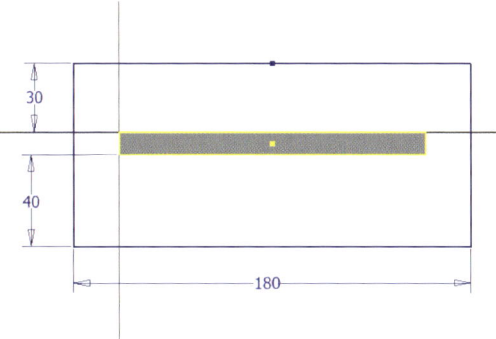

06 돌출 명령 클릭 ▶ 프로파일 선택 ▶ 유형 : 합집합 ▶ 거리 : 12mm ▶ 방향 : 방향2 ▶ 확인 버튼 클릭

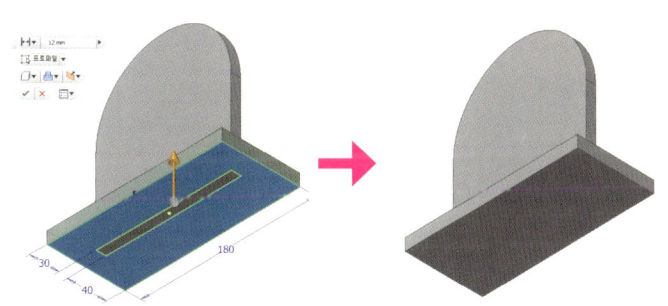

07 작성한 솔리드 면에 스케치를 작성한다.

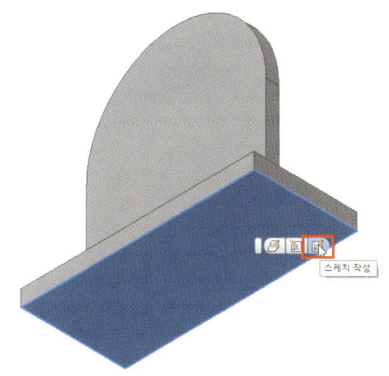

08 스케치 프로파일을 작성한다.

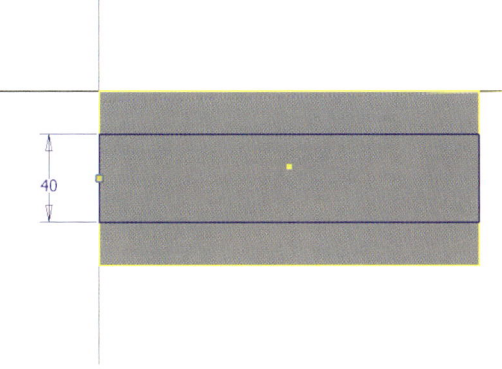

09 돌출 명령 클릭 ▶ 프로파일 선택 ▶ 유형 : 차집합 ▶ 거리 : 3mm ▶ 확인 버튼 클릭

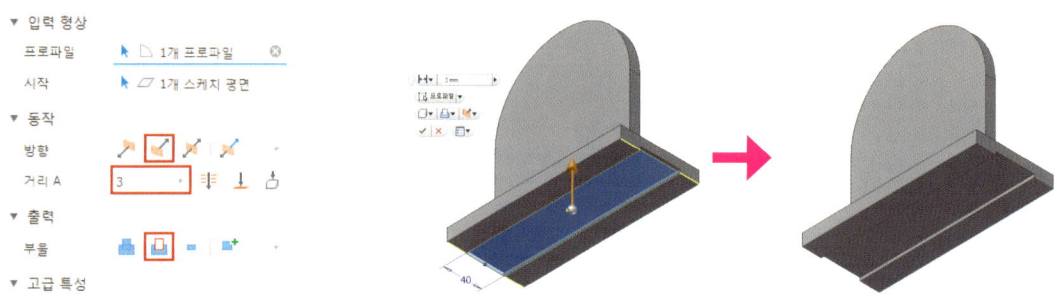

어드바이스 ▶ 돌출 명령에서 차집합 옵션으로 바꾸면 방향이 자동으로 방향2(-방향)으로 전환된다.

02 서브 피처 작성

01 YZ 평면에 스케치를 작성한다.

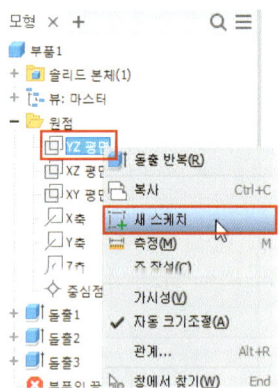

02 회전용 스케치 프로파일을 작성한다.

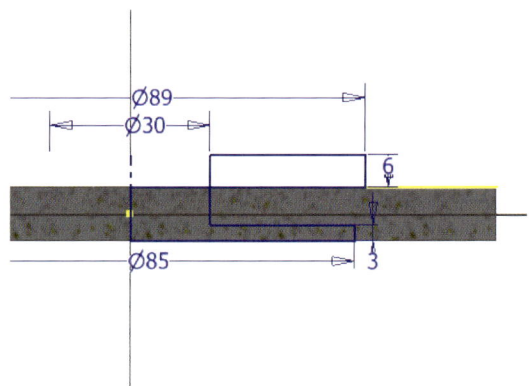

03 회전 명령 클릭 ▶ 프로파일과 축 선택 ▶ 범위 : 전체 ▶ 확인 버튼 클릭

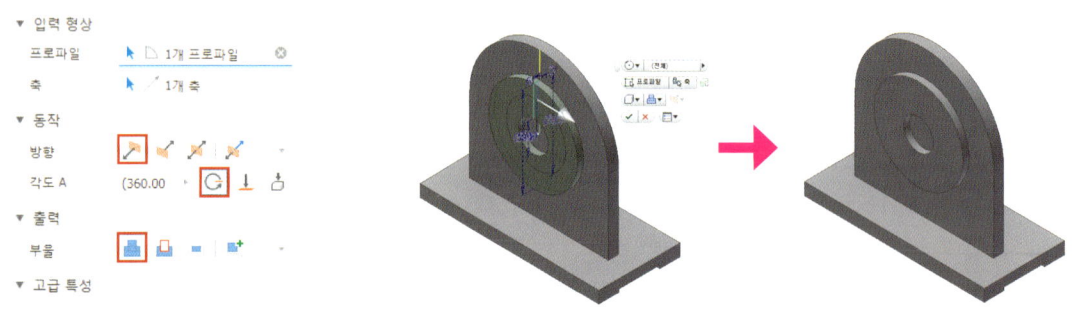

04 회전 피처에 쓴 스케치를 마우스 우측 버튼으로 선택해 스케치 공유를 클릭한다.

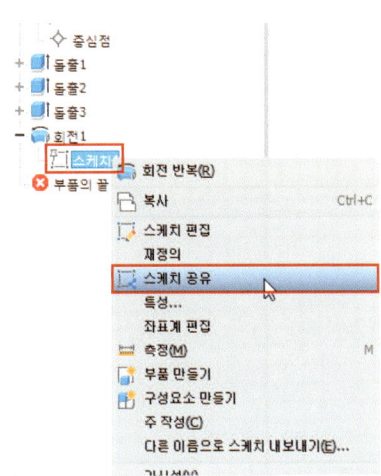

05 회전 명령 클릭 ▶ 프로파일과 축 선택 ▶ 옵션 : 차집합 ▶ 범위 : 전체 ▶ 확인 버튼 클릭

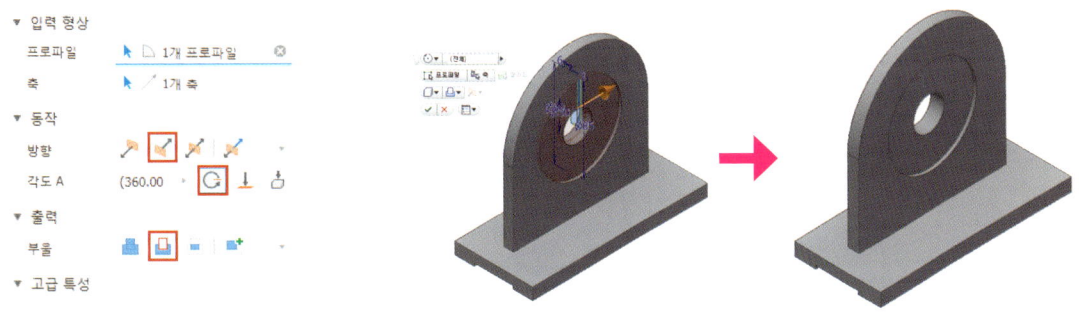

06 작성한 솔리드 면에 스케치를 작성한다.

07 구멍의 중심으로 쓸 점을 다음과 같이 작성한다.

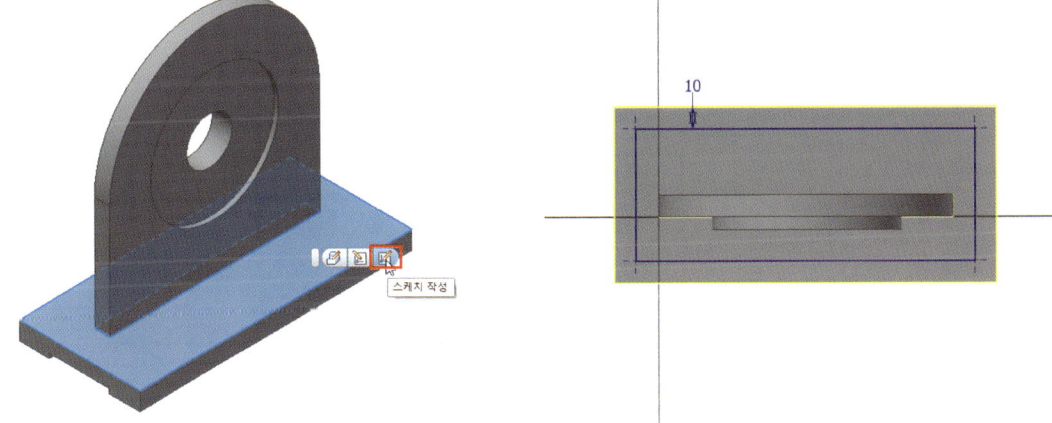

어드바이스 ▶ 간격 띄우기 명령을 사용하면 외곽 모서리와 좌우 사방으로 동등한 거리를 유지할 수 있기 때문에 하나의 치수만 입력해서 스케치를 완성할 수 있다.

08 구멍 명령을 클릭해 다음과 같이 작성한다.

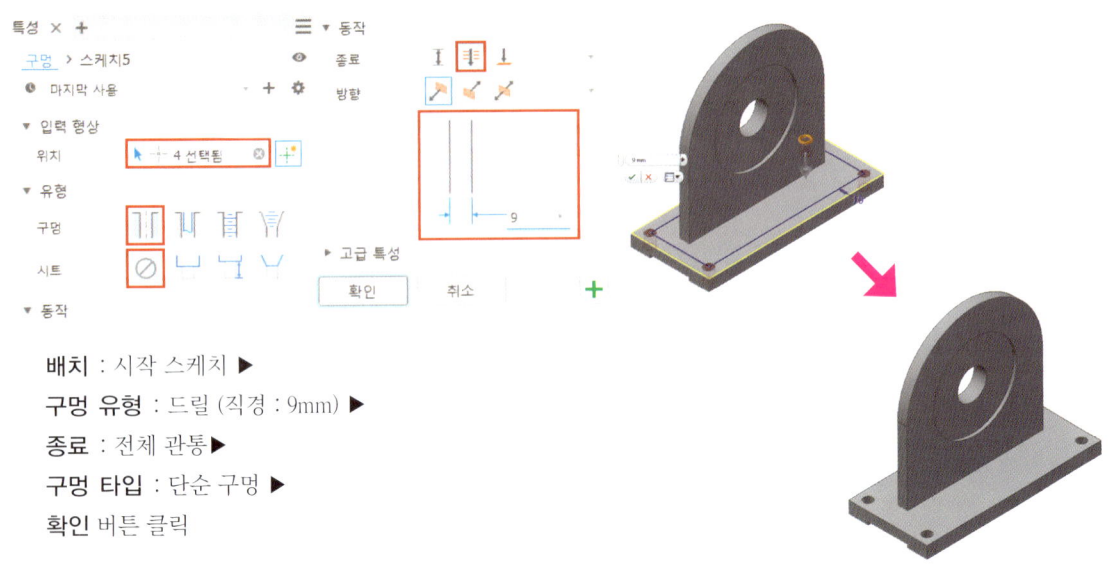

배치 : 시작 스케치 ▶
구멍 유형 : 드릴 (직경 : 9mm) ▶
종료 : 전체 관통 ▶
구멍 타입 : 단순 구멍 ▶
확인 버튼 클릭

09 작성한 솔리드 면에 스케치를 작성한다.

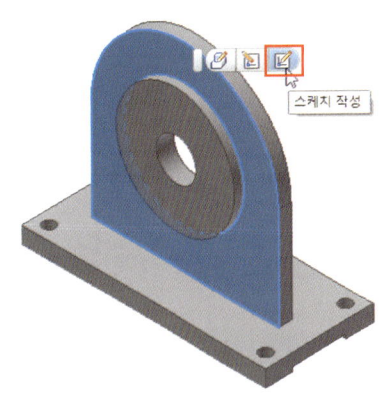

10 구멍의 중심으로 쓸 점을 다음과 같이 작성한다.

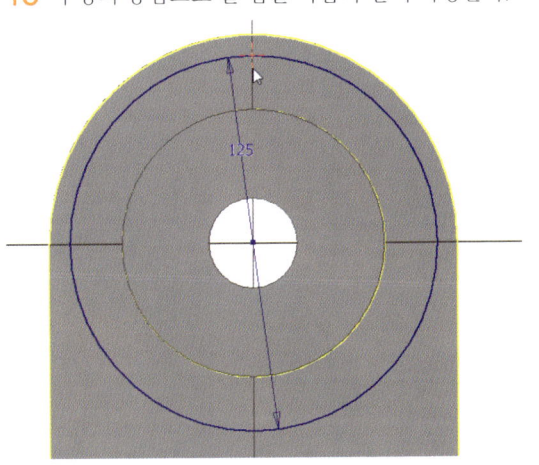

11 구멍 명령을 클릭해 다음과 같이 작성한다.

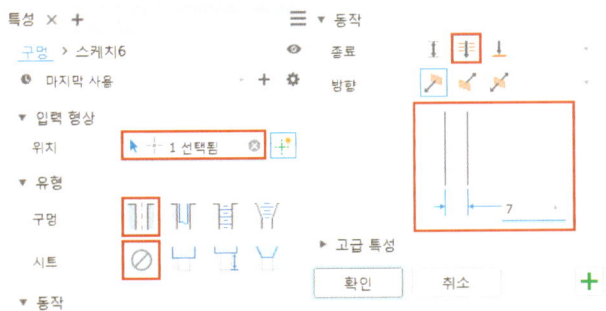

배치 : 시작 스케치 ▶
구멍 유형 : 드릴(직경 : 7mm) ▶
종료 : 전체 관통 ▶
구멍 타입 : 단순 구멍 ▶
확인 버튼 클릭

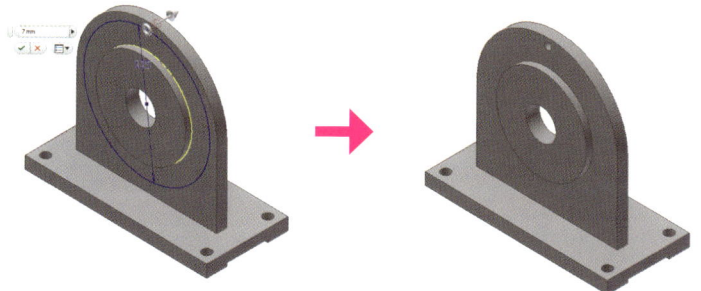

12 원형 패턴 명령 클릭 ▶ 패턴 피처와 회전축 선택 ▶ 갯수 : 8개, 범위 각도 : 360도 ▶ 확인 버튼 클릭

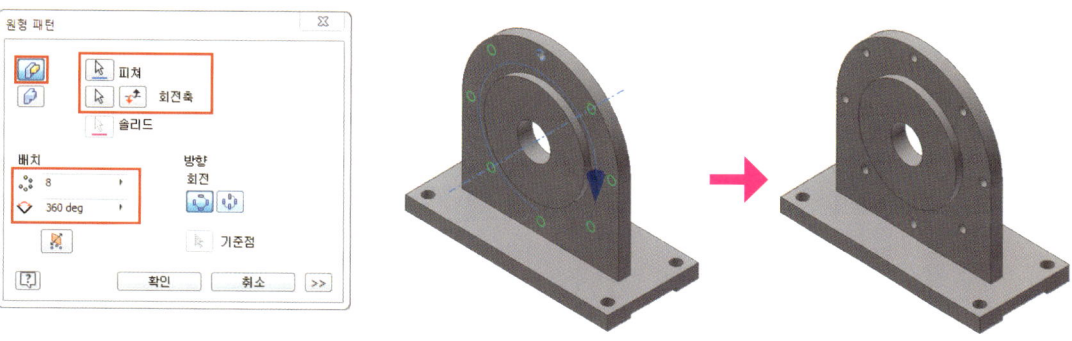

03 마무리 피처 작성하기

01 모깎기 명령 클릭 ▶ 반지름 : 10mm, 3mm 두 세트 등록 ▶ 모서리 선택 ▶ 확인 버튼 클릭

02 모깎기 명령 클릭 ▶ 반지름 : 3mm ▶ 모서리 선택 ▶ 확인 버튼 클릭

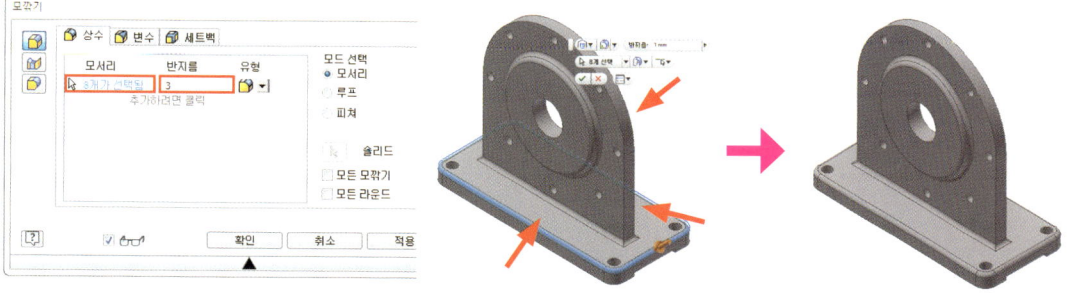

Lesson 2 본체

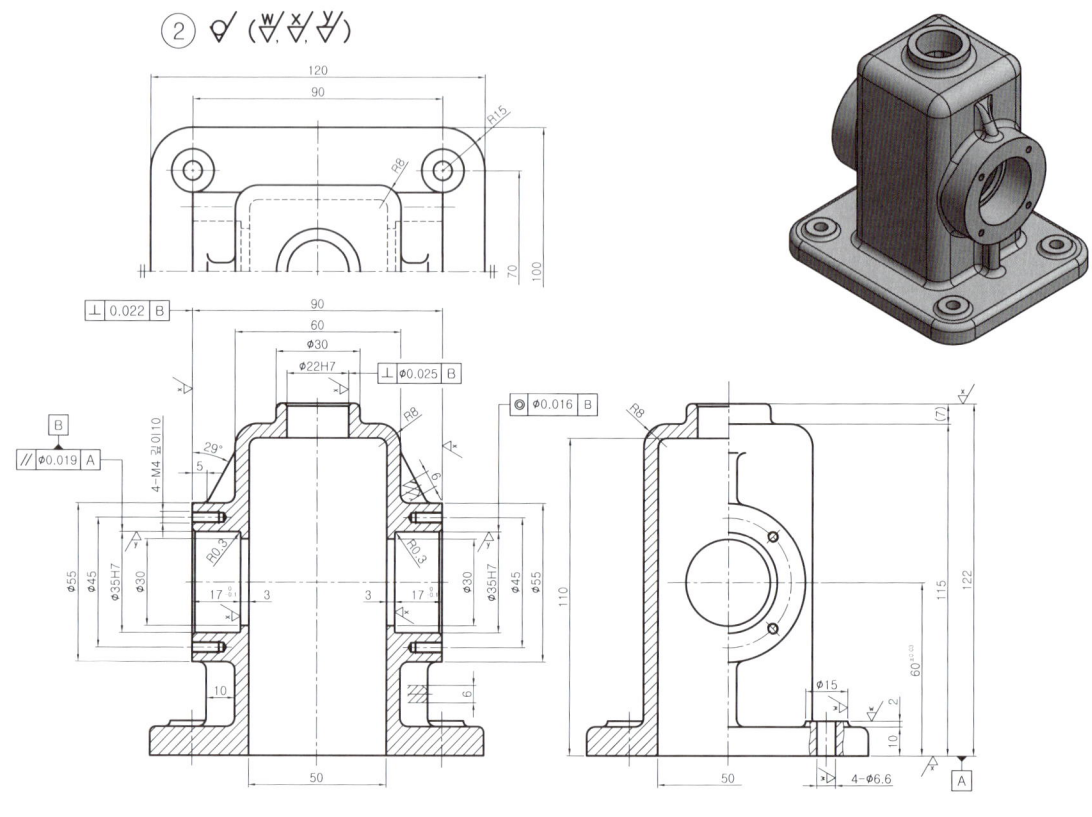

주 석 ▶ 도시되고 지시하지 않은 모따기 1X45°

01 베이스 피처 작성

01 XY평면에 스케치를 작성한다.

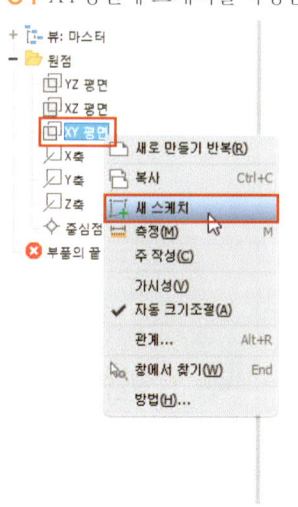

02 스케치 프로파일을 작성한다.

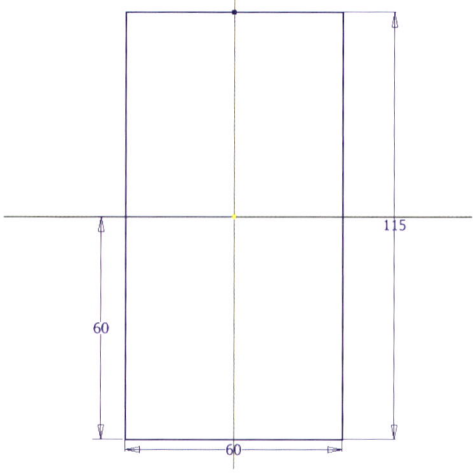

03 돌출 명령 클릭 ▶ 거리 : 60mm ▶ 방향 : 대칭 ▶ 확인 버튼 클릭

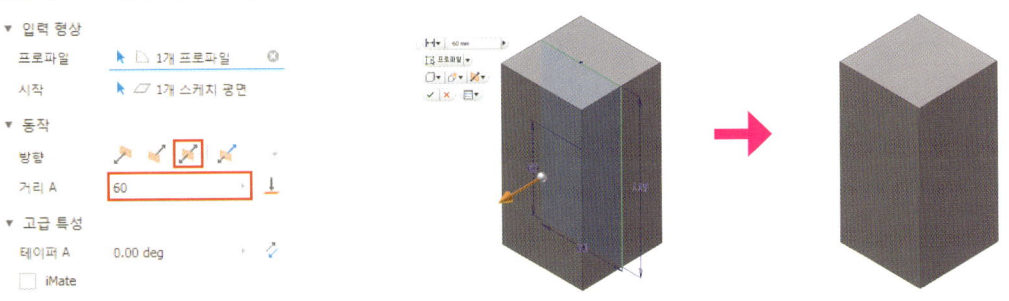

04 작성한 솔리드 면에 스케치를 작성한다.

05 스케치 프로파일을 작성한다.

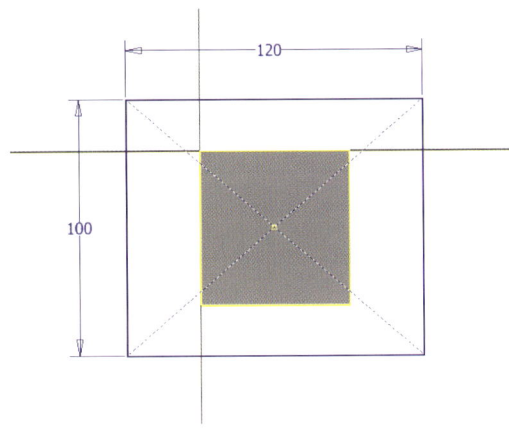

06 돌출 명령 클릭 ▶ 거리 : 10mm ▶ 방향 : 방향2 ▶ 확인 버튼 클릭

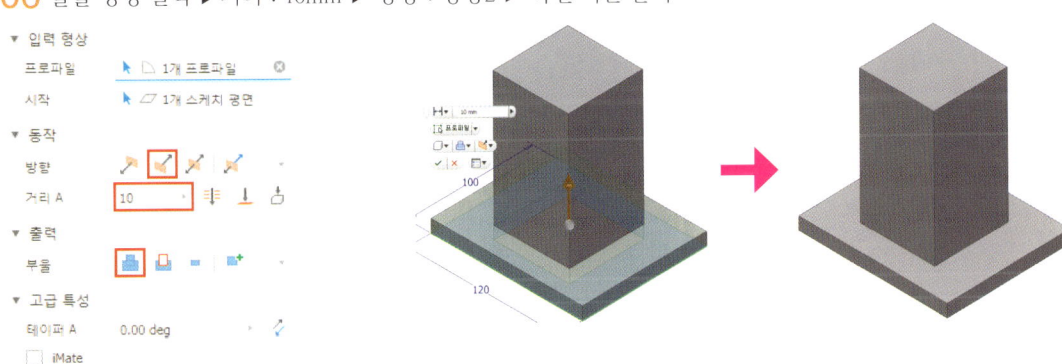

어드바이스 ▶ 첫 번째 베이스 피처 체적의 정 중앙에 원점이 존재하게 모델링을 시작해야 한다.

07 모깎기 명령 클릭 ▶ 반지름 : 8mm ▶ 모서리 선택 ▶ 확인 버튼 클릭

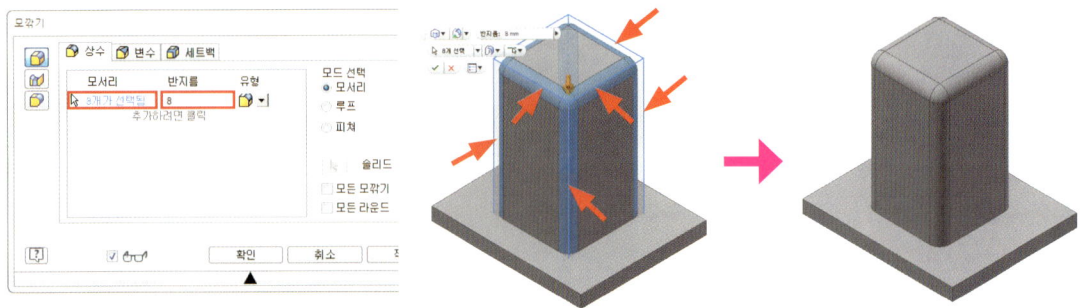

08 쉘 명령 클릭 ▶ 제거 면 선택 ▶ 두께 : 5mm   09 확장 버튼 클릭 ▶ 고유 면 두께 : 10mm ▶ 면 선택

10 확인 버튼을 클릭하면 쉘 피처가 작성된다.

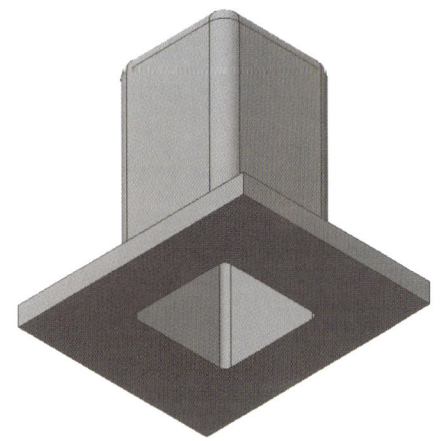

어드바이스 ▶ 고유 면 두께 옵션은 하나의 쉘 명령에서 여러개의 두께를 가진 쉘 피처를 작성할 때 용이하게 사용할 수 있다.

02 서브 피처 작성

01 XY평면에 스케치를 작성한다.

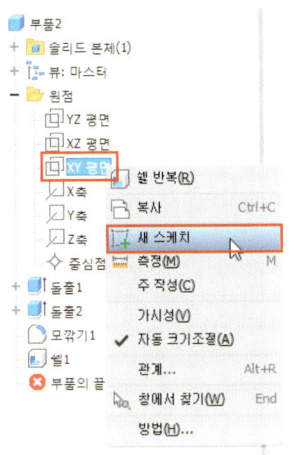

02 스케치 프로파일을 작성한다.

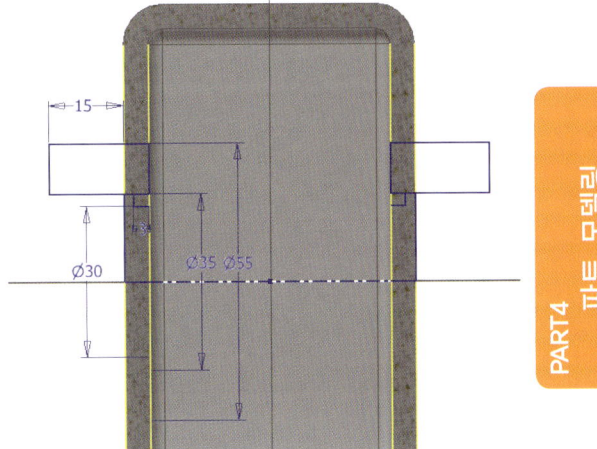

03 좌측 형상에 다음과 같은 구속조건을 부여한다.

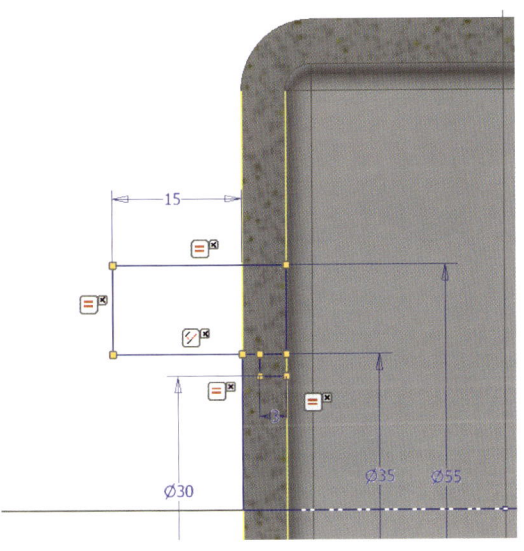

04 우측 형상에 다음과 같은 구속조건을 부여한다.

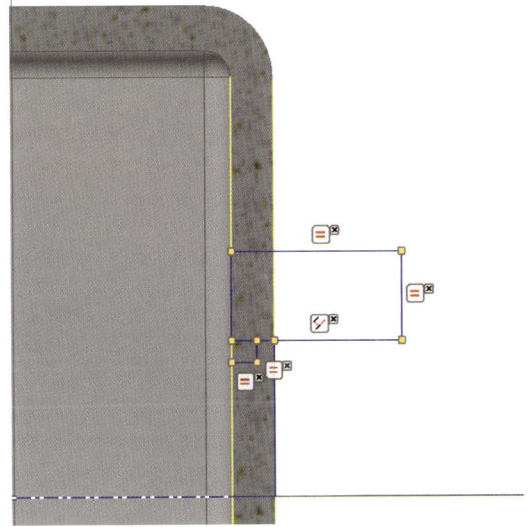

05 회전 명령 클릭 ▶ 프로파일과 축 선택 ▶ 범위 : 전체 ▶ 확인 버튼 클릭

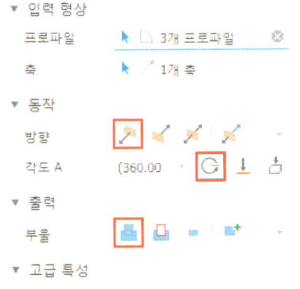
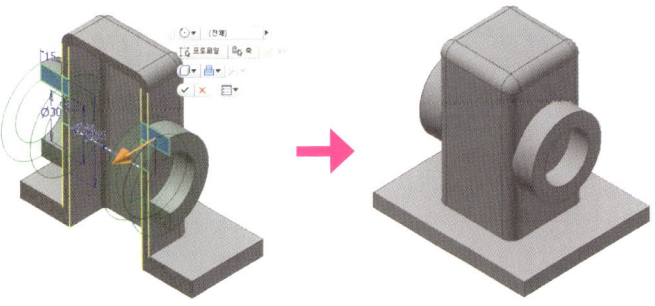

06 회전 피처에 쓴 스케치를 마우스 우측 버튼으로 선택해 스케치 공유를 클릭한다.

07 스케치가 공유 상태로 전환된다.

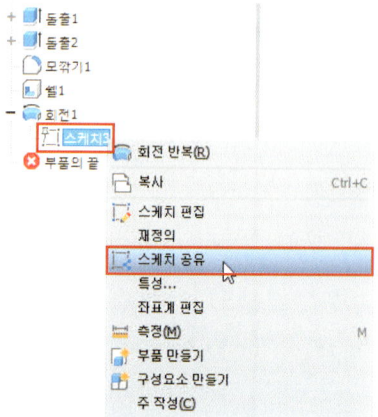
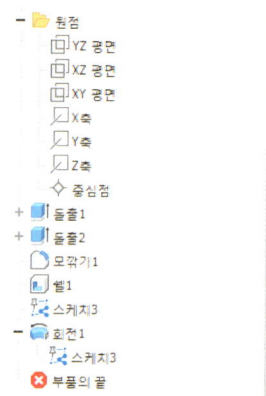

08 회전 명령 클릭 ▶ 프로파일과 축 선택 ▶ 유형 : 차집합 ▶ 범위 : 전체 ▶ 확인 버튼 클릭

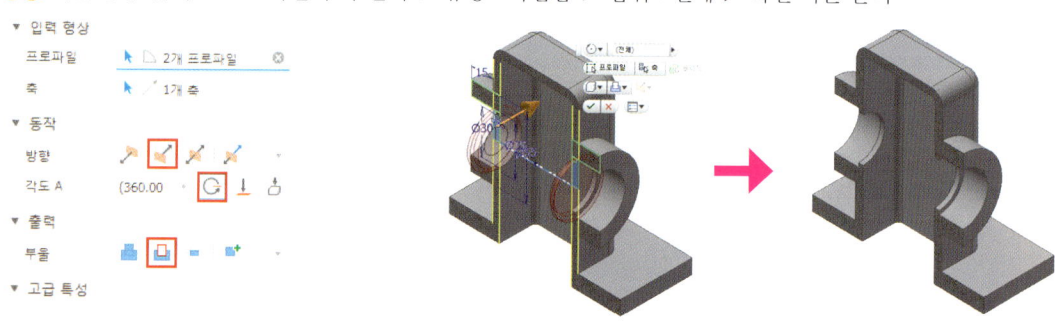

09 작성된 솔리드 면에 스케치를 작성한다.

10 스케치 프로파일을 작성한다.

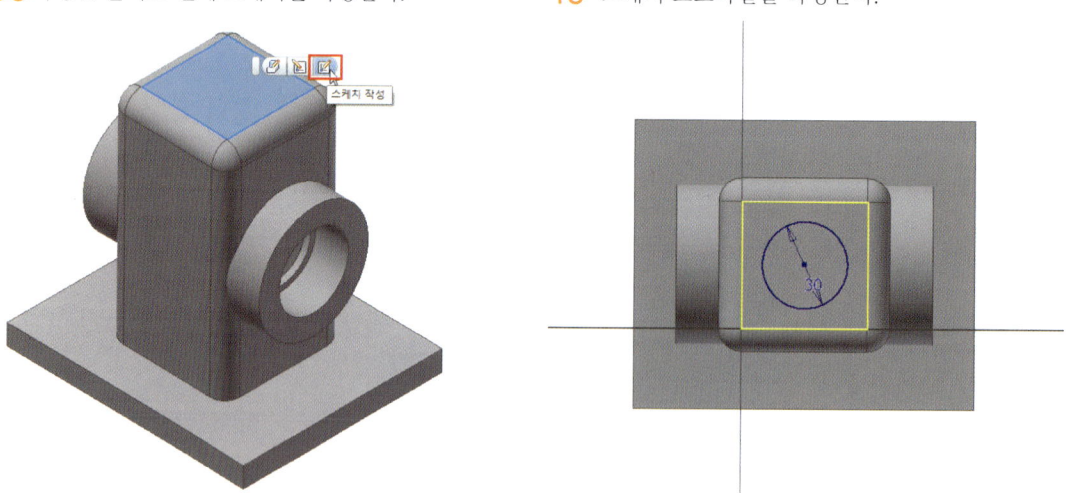

어드바이스 ▶ 스케치 공유 상태를 이용하면 회전 형상에서의 프로파일을 일괄적으로 관리할 수 있다.

Section5.본체 타입의 부품 그리기

11 돌출 명령 클릭 ▶ 프로파일 선택 ▶ 거리 : 7mm ▶ 확인 버튼 클릭

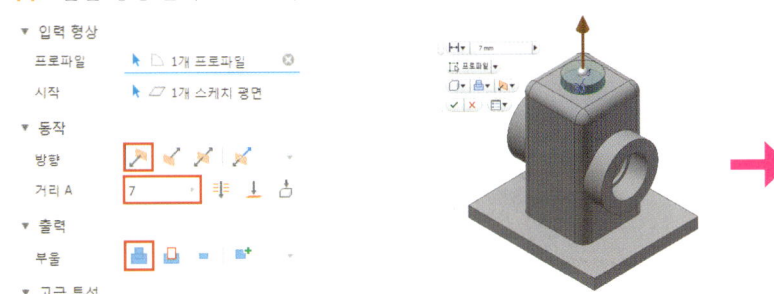

03 보어 피처 작성

01 작성된 솔리드 면에 스케치를 작성한다.

02 스케치 프로파일을 작성한다.

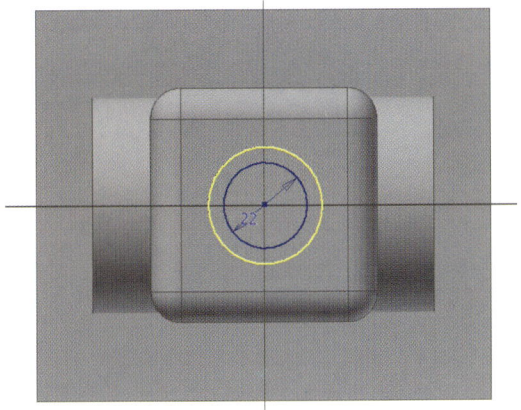

03 돌출 명령 클릭 ▶ 유형 : 차집합 ▶ 범위 : 다음 면까지 ▶ 확인 버튼 클릭

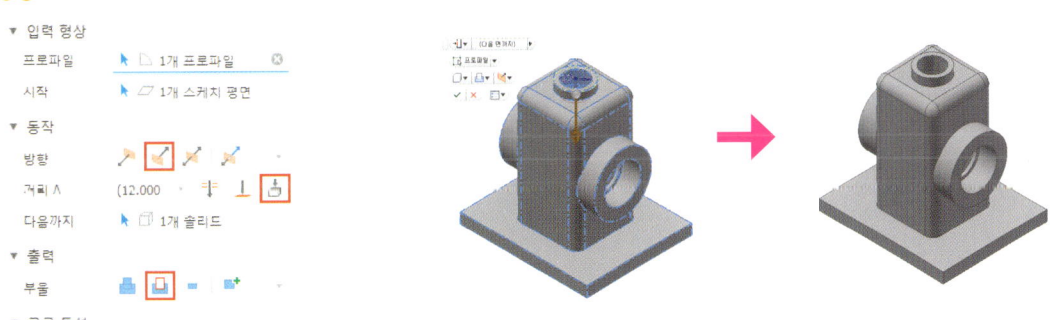

어드바이스 ▶ 일정 직경 이상의 구멍은 구멍 명령이 아니라 스케치 원을 작성해서 돌출의 차집합 옵션으로 작성한다.

04 작성된 솔리드 면에 스케치를 작성한다.

05 스케치 프로파일을 작성한다.

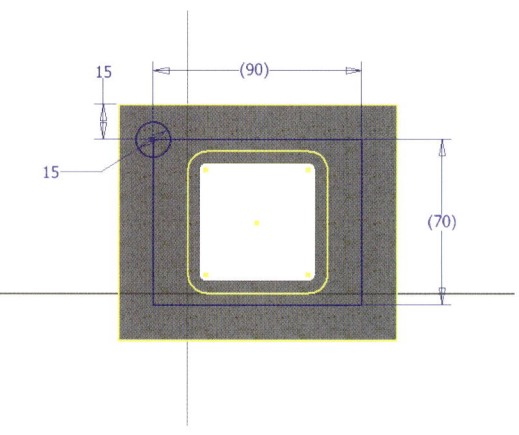

06 돌출 명령 클릭 ▶ 프로파일 선택 ▶ 거리 : 2mm ▶ 확인 버튼 클릭

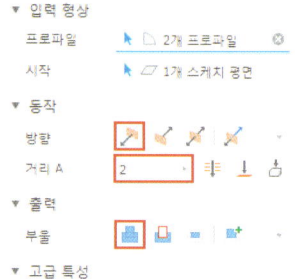
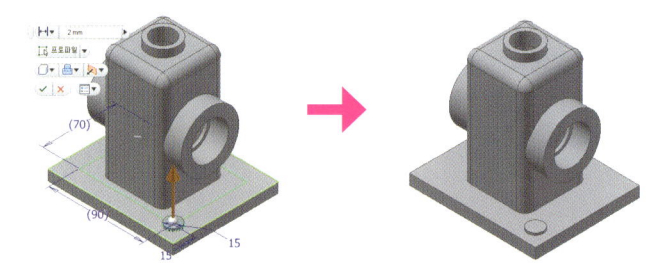

07 구멍 명령을 클릭해 다음과 같이 작성한다.

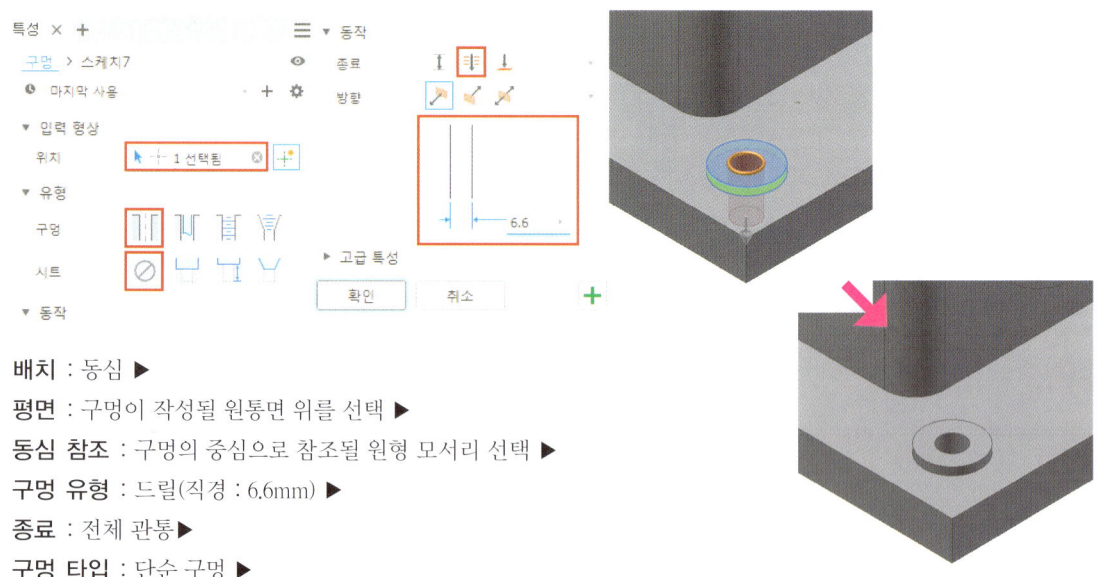

배치 : 동심 ▶
평면 : 구멍이 작성될 원통면 위를 선택 ▶
동심 참조 : 구멍의 중심으로 참조될 원형 모서리 선택 ▶
구멍 유형 : 드릴(직경 : 6.6mm) ▶
종료 : 전체 관통 ▶
구멍 타입 : 단순 구멍 ▶
확인 버튼 클릭

Section5. 본체 타입의 부품 그리기

08 모깎기 명령 클릭 ▶ 반지름 : 2mm ▶ 모서리 선택 ▶ 확인 버튼 클릭

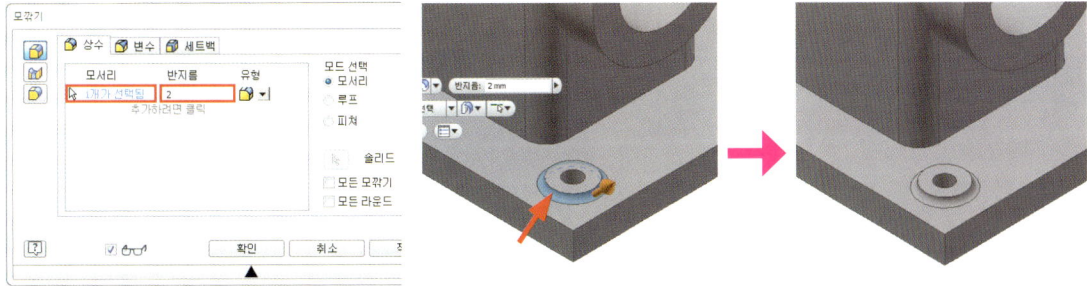

09 05번 항목에서 작성했던 스케치를 마우스 우측 버튼으로 선택해 스케치 공유를 클릭한다.

10 스케치가 공유 상태로 전환된다.

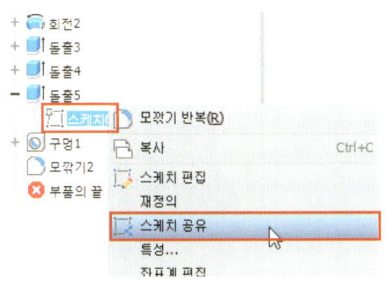
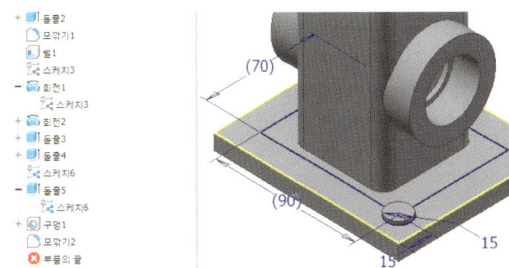

11 직사각형 패턴 명령 클릭 ▶ 패턴할 피처 선택 ▶ 방향1 : 방향과 개수와 거리 선택 ▶ 방향2 : 방향과 개수와 거리 선택 ▶ 확인 버튼 클릭

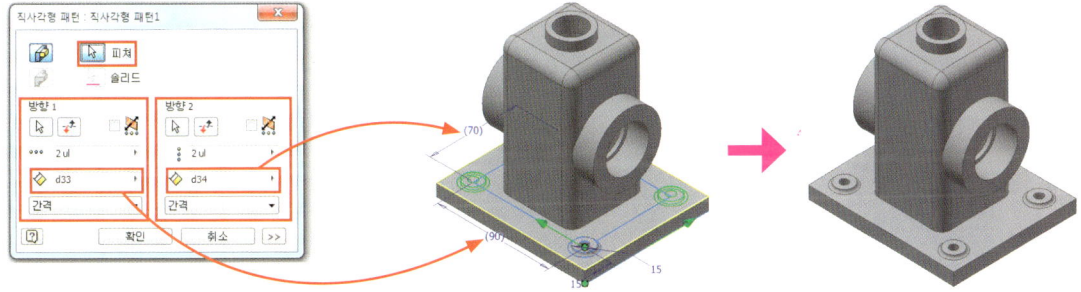

12 XY평면에 스케치를 작성한다.

13 스케치 프로파일을 작성한다.

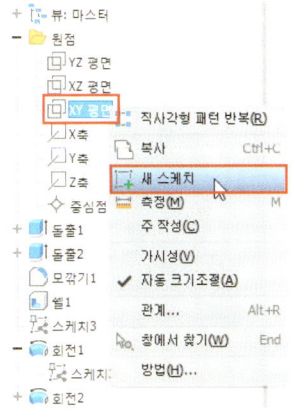
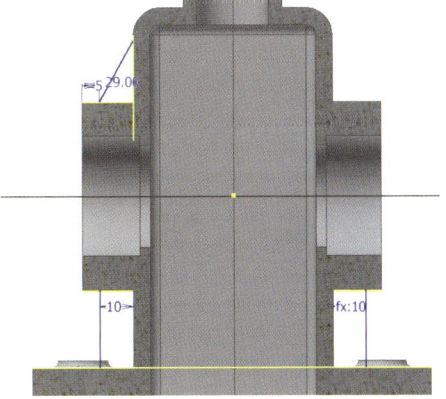

323

14 리브 명령 클릭 ▶ 리브 생성 방향 선택 ▶ 프로파일 선택 ▶ 두께 : 6mm ▶ 확인 버튼 클릭

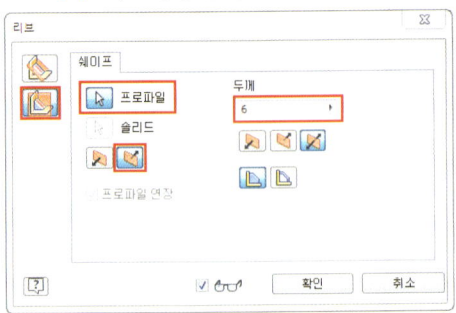 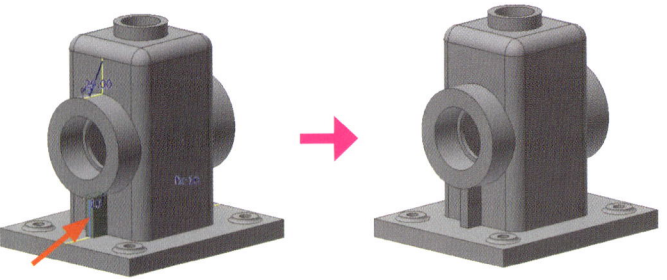

15 리브를 작성한 스케치를 마우스 우측 버튼으로 클릭해 스케치 공유를 클릭한다.

16 스케치가 공유 상태로 전환된다.

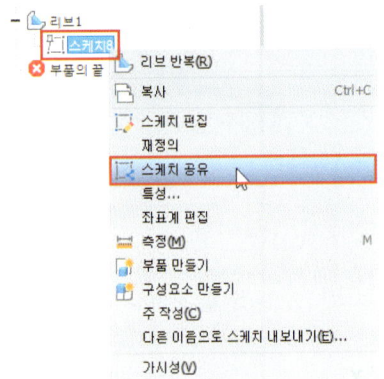 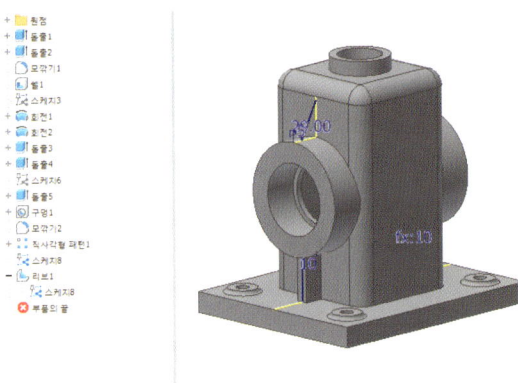

17 리브 명령 클릭 ▶ 리브 생성 방향 선택 ▶ 프로파일 선택 ▶ 두께 : 6mm ▶ 확인 버튼 클릭

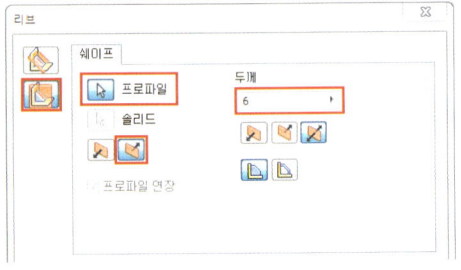 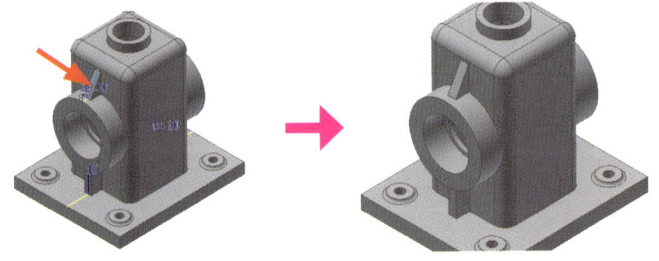

18 대칭 패턴 명령 클릭 ▶ 대칭 패턴할 피처 선택 ▶ 대칭 기준면 선택 ▶ 확인 버튼 클릭

 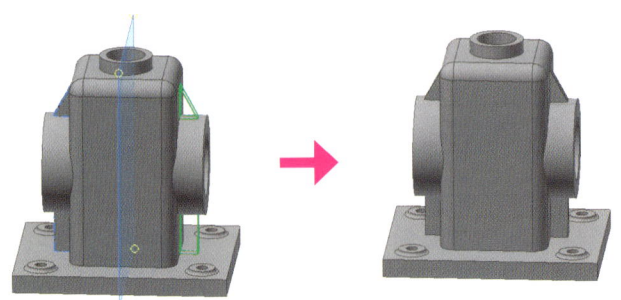

19 작성된 솔리드 면에 스케치를 작성한다.

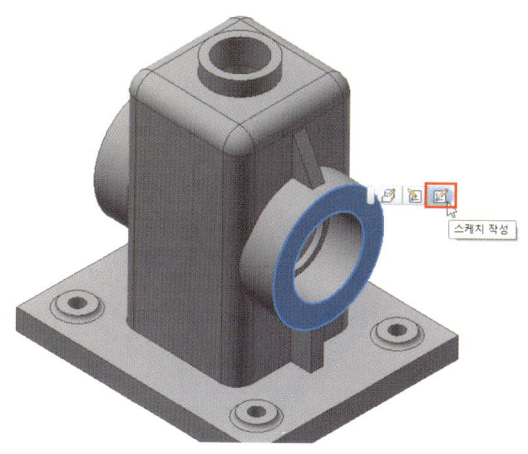

20 구멍의 중심으로 쓸 점을 작성한다.

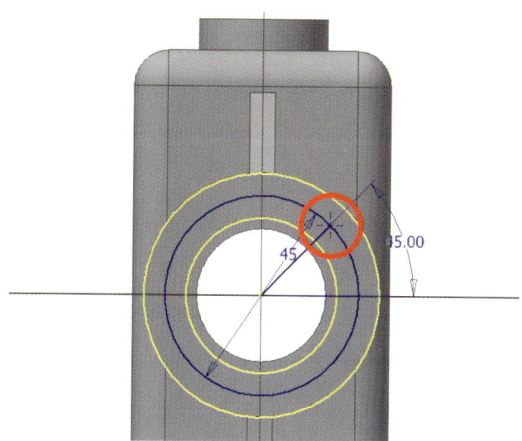

21 구멍 명령을 클릭해 다음과 같이 작성한다.

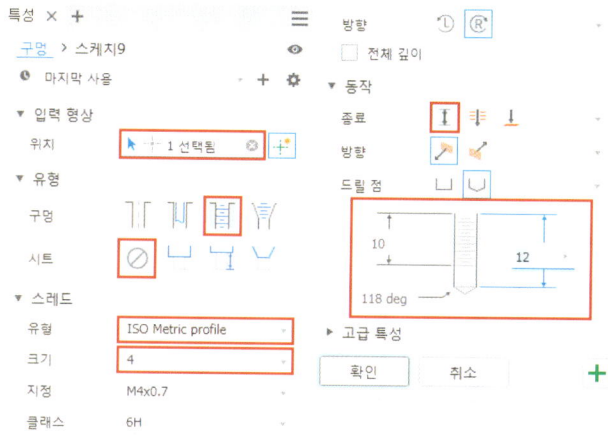

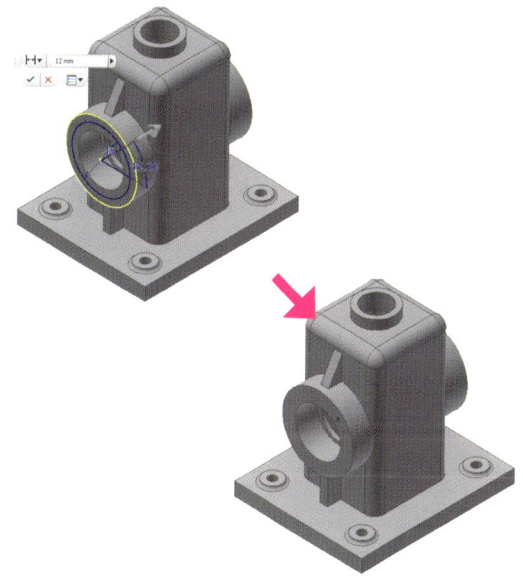

배치 : 시작 스케치 ▶
구멍 유형 : 드릴(탭 깊이 : 10mm, 드릴 깊이 : 12mm) ▶
종료 : 거리 ▶
구멍 타입 : 탭 구멍(ISO Metric profile, M4x0.7) ▶
확인 버튼 클릭

22 작성된 솔리드 면에 스케치를 작성한다.

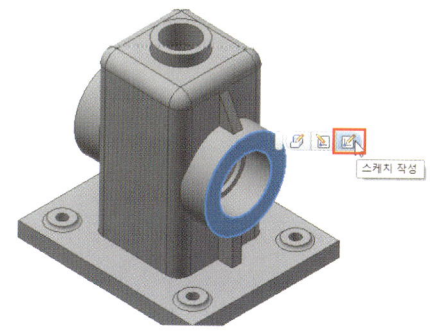

23 구멍의 중심으로 쓸 점을 작성한다.

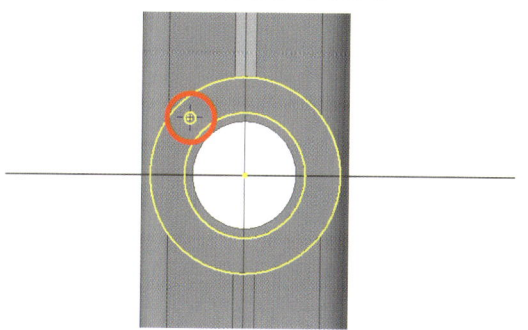

24 구멍 명령을 클릭해 다음과 같이 작성한다.

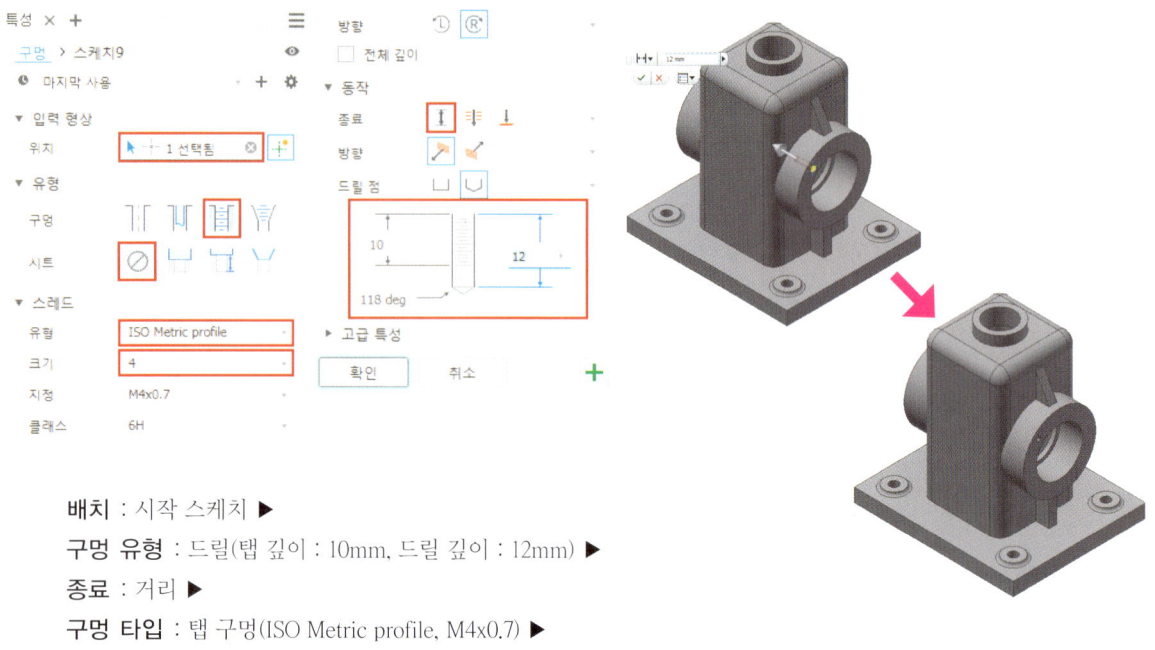

배치 : 시작 스케치 ▶
구멍 유형 : 드릴(탭 깊이 : 10mm, 드릴 깊이 : 12mm) ▶
종료 : 거리 ▶
구멍 타입 : 탭 구멍(ISO Metric profile, M4x0.7) ▶
확인 버튼 클릭

25 원형 패턴 명령 클릭 ▶ 패턴 피처와 회전축 선택 ▶ 갯수 : 4개, 범위 각도 : 360도 ▶ 확인 버튼 클릭

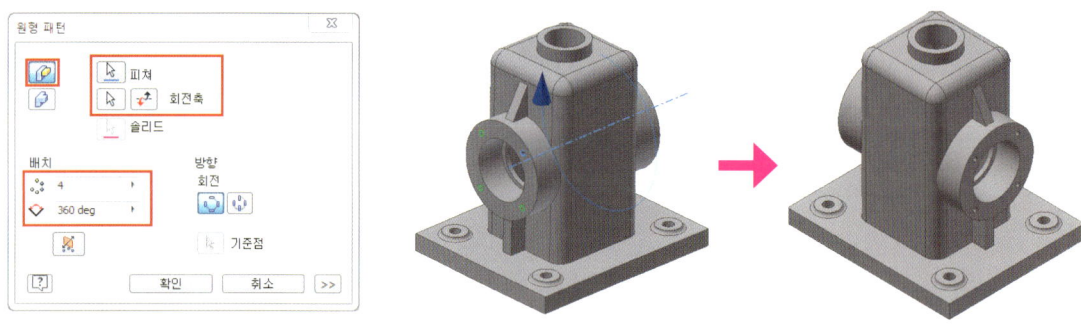

04 마무리 피처 작성

01 모깎기 명령 클릭 ▶ 반지름 : 15mm, 3mm ▶ 모서리 선택 ▶ 확인 버튼 클릭

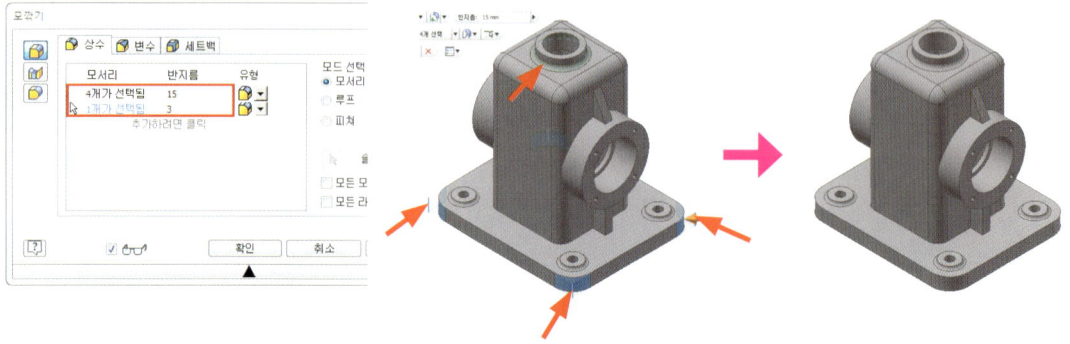

Section5. 본체 타입의 부품 그리기

02 모깎기 명령 클릭 ▶ 반지름 : 3mm ▶ 모서리 선택 ▶ 확인 버튼 클릭

03 모깎기 명령 클릭 ▶ 반지름 : 3mm ▶ 모서리 선택 ▶ 확인 버튼 클릭

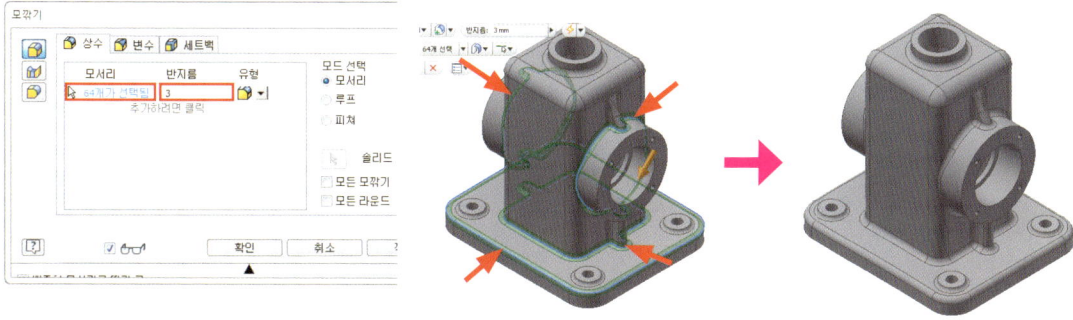

| Lesson 3 | 기어 펌프 하우징 |

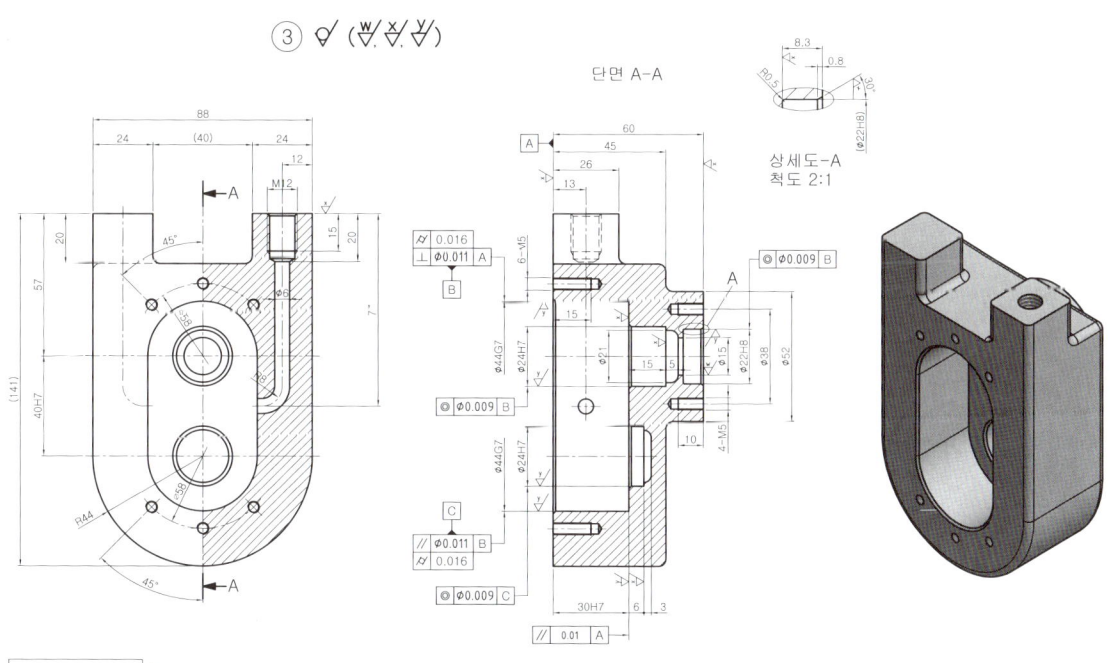

주 석 ▶ 도시되고 지시하지 않은 모따기 1X45°

Part 04 파트 모델링

01 베이스 피처 작성

01 XY평면에 스케치를 작성한다.

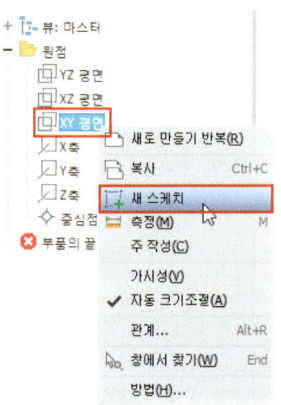

02 스케치 프로파일을 작성한다.

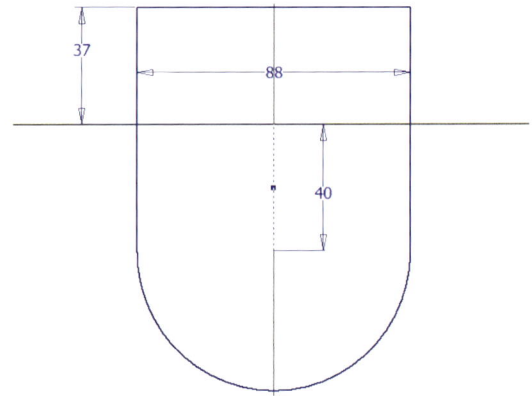

03 돌출 명령 클릭 ▶ 거리 : 45mm ▶ 확인 버튼 클릭

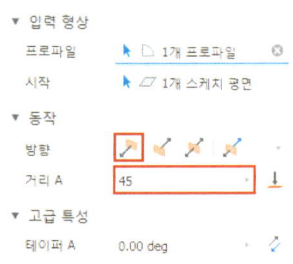
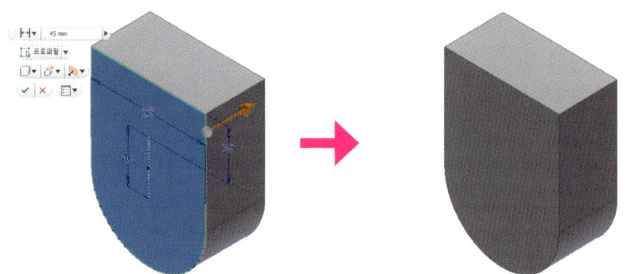

04 작성된 솔리드 면에 스케치를 작성한다.

05 스케치 프로파일을 작성한다.

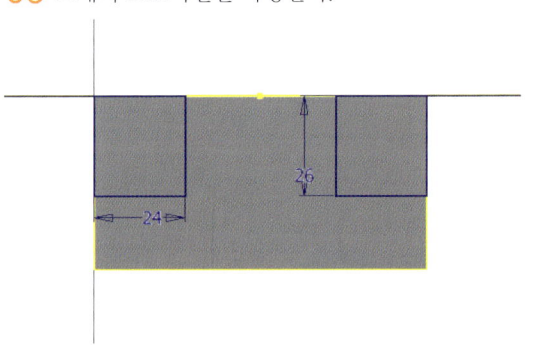

06 돌출 명령 클릭 ▶ 프로파일 선택 ▶ 거리 : 20mm ▶ 확인 버튼 클릭

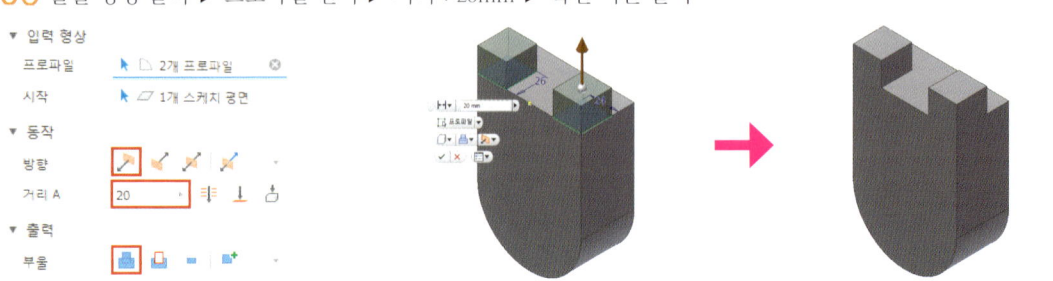

02 서브 피처 작성

01 작성된 솔리드면에 스케치를 작성한다.

02 스케치 프로파일을 작성한다.

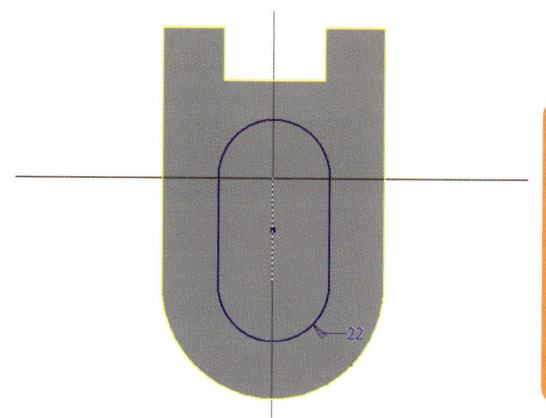

03 돌출 명령 클릭 ▶ 프로파일 선택 ▶ 옵션 : 차집합 ▶ 거리 : 30mm ▶ 확인 버튼 클릭

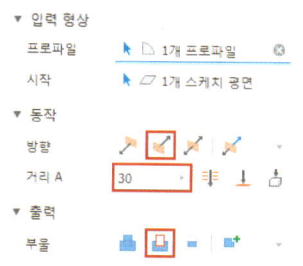
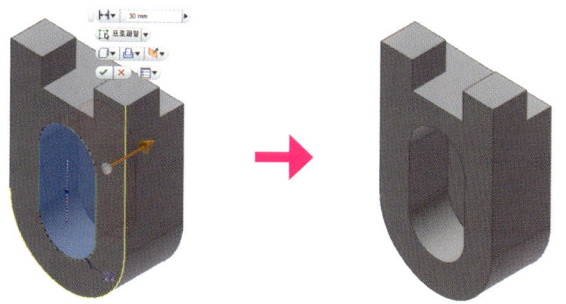

04 YZ평면에 스케치를 작성한다.

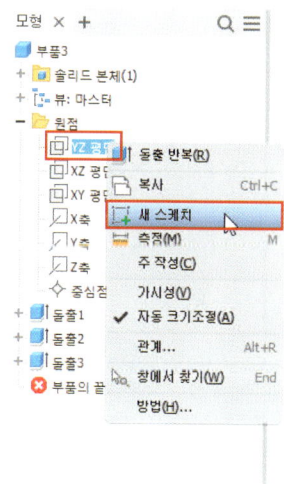

05 스케치 프로파일을 작성한다.

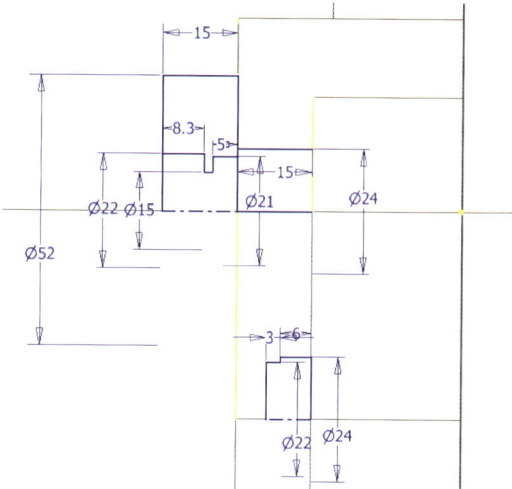

06 회전 명령 클릭 ▶ 프로파일과 축 선택 ▶ 범위 : 전체 ▶ 확인 버튼 클릭

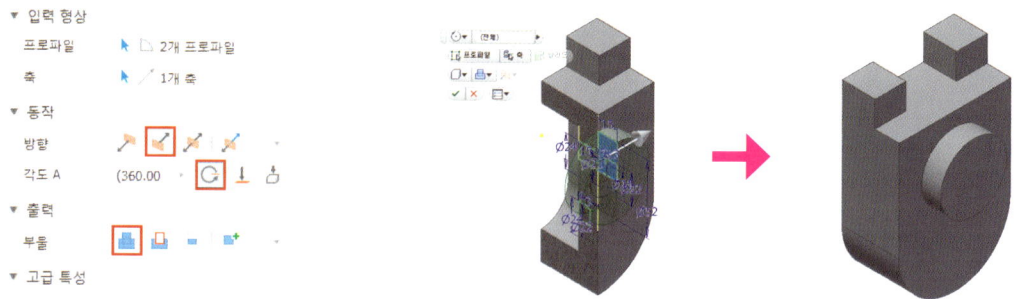

07 회전 피처에 쓴 스케치를 마우스 우측 버튼으로 선택해 스케치 공유를 클릭한다.

08 스케치가 공유 상태로 전환된다.

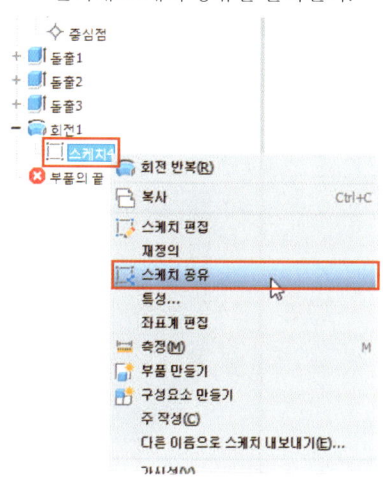
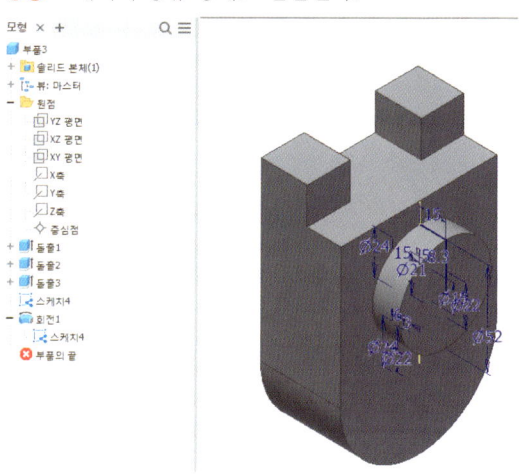

09 회전 명령 클릭 ▶ 프로파일과 축 선택 ▶ 유형 : 차집합 ▶ 범위 : 전체 ▶ 확인 버튼 클릭

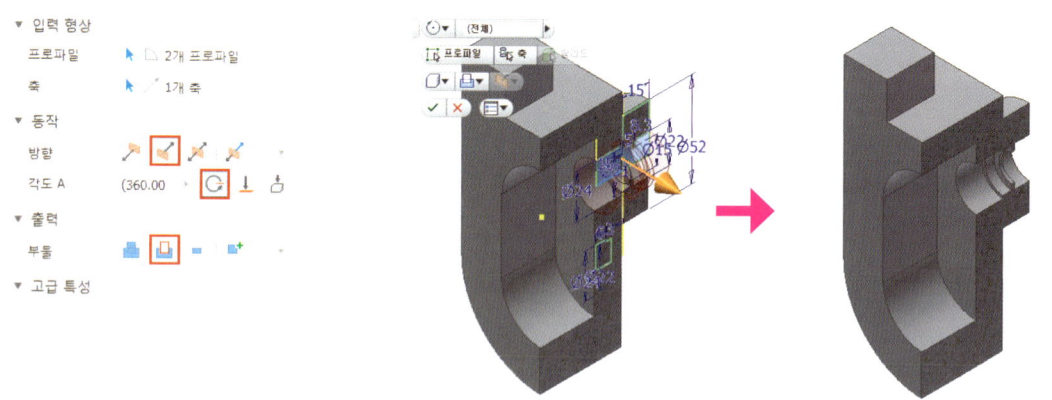

어드바이스 ▶ 뷰 탭의 단면도 명령을 이용하면 부품의 단면된 모양을 볼 수 있다.

Section5. 본체 타입의 부품 그리기

10 회전 명령 클릭 ▶ 프로파일과 축 선택 ▶ 유형 : 차집합 ▶ 범위 : 전체 ▶ 확인 버튼 클릭

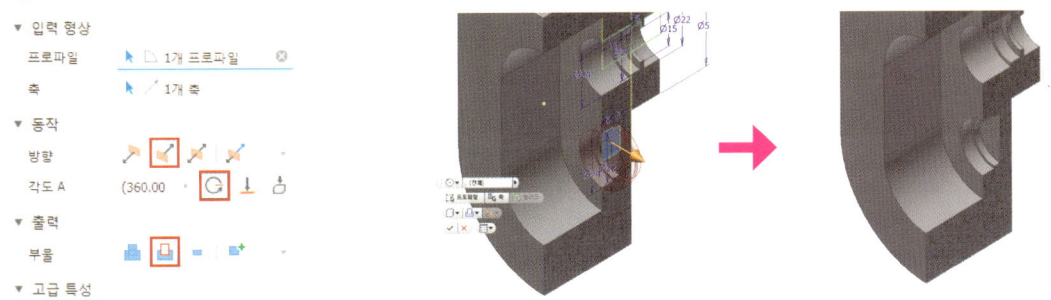

11 평면 명령중 다음 옵션을 선택한다.

12 다음 두 면을 선택해 중간 평면을 작성한다.

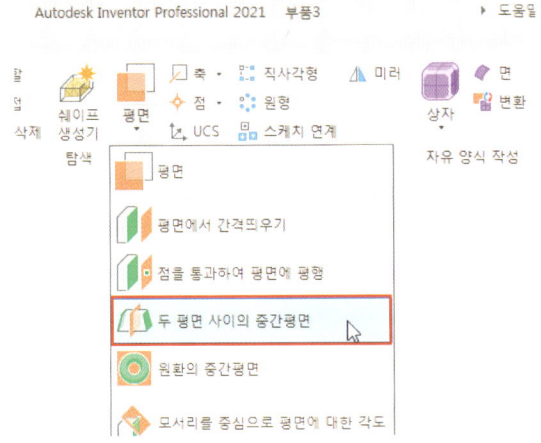
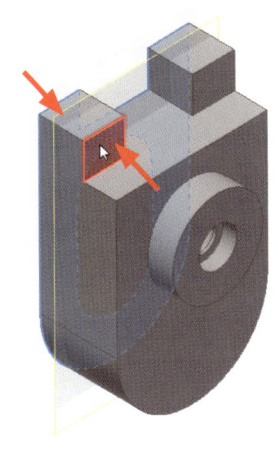

13 작성된 평면에 스케치를 작성한다.

14 경로로 쓸 스케치 프로파일을 작성한다.

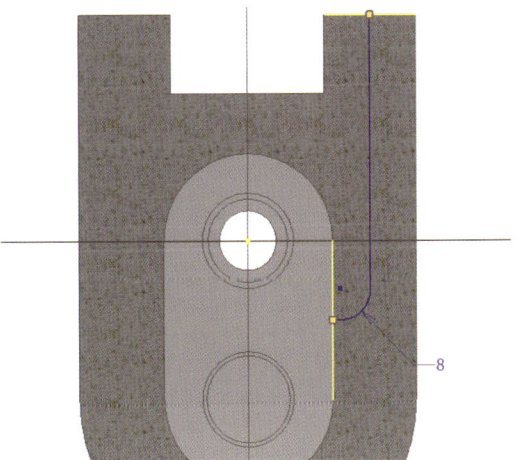

> **어드바이스** ▶ 평면 명령으로도 중간 평면을 작성할 수 있다. 일반 평면 명령은 어떤 요소를 선택하느냐에 따라 그 상황에 맞는 형태의 평면을 작성해 준다.

15 작성된 솔리드 면에 스케치를 작성한다.

16 스케치 프로파일을 작성한다. 원의 중심에 구멍의 중심으로 쓸 점도 작성한다.

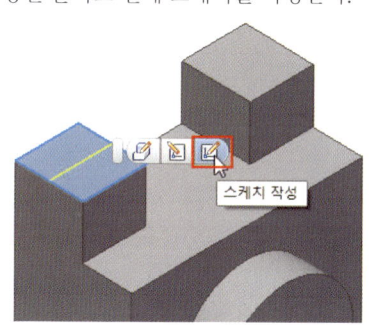
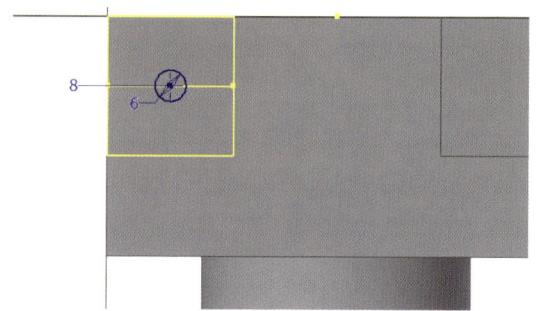

17 구멍 명령을 클릭해 다음과 같이 작성한다.

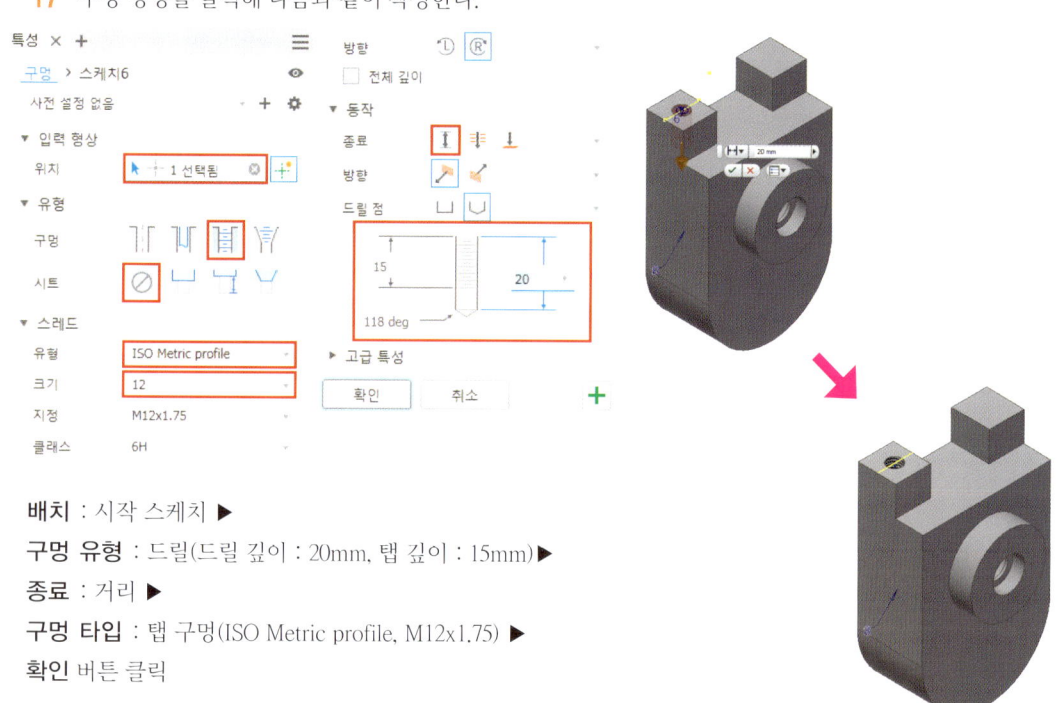

배치 : 시작 스케치 ▶
구멍 유형 : 드릴(드릴 깊이 : 20mm, 탭 깊이 : 15mm)▶
종료 : 거리 ▶
구멍 타입 : 탭 구멍(ISO Metric profile, M12x1.75) ▶
확인 버튼 클릭

18 스윕 명령 클릭 ▶프로파일과 경로 선택 ▶ 유형 : 차집합 ▶ 확인 버튼 클릭

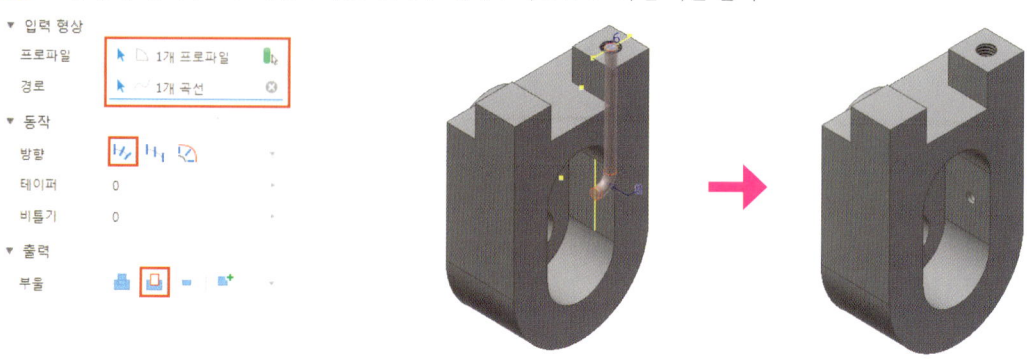

Section5.본체 타입의 부품 그리기

19 작성된 솔리드 면에 스케치를 작성한다.

20 스케치 프로파일을 작성한다.

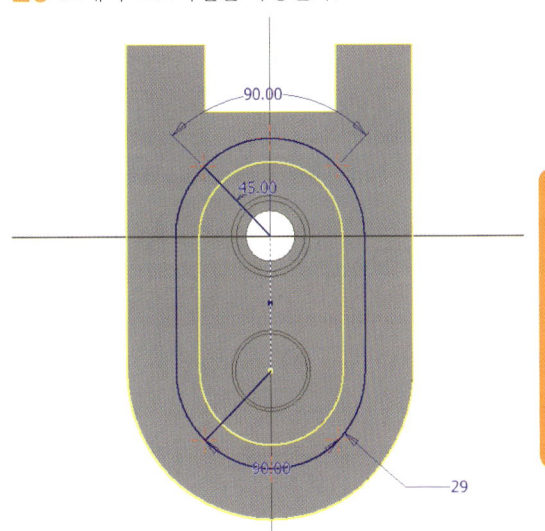

21 구멍 명령을 클릭해 다음과 같이 작성한다.

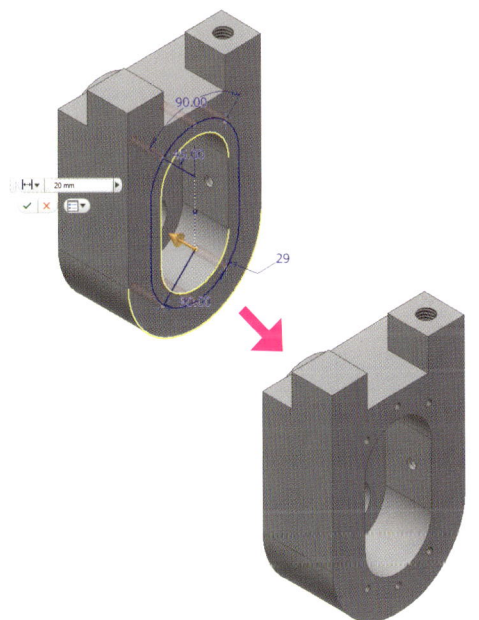

배치 : 시작 스케치 ▶

구멍 유형 : 드릴(드릴 깊이 : 20mm, 탭 깊이 : 15mm)▶

종료 : 거리 ▶

구멍 타입 : 탭 구멍(ISO Metric profile, M5x0.8) ▶

확인 버튼 클릭

22 작성된 솔리드 면에 스케치를 작성한다.

23 구멍의 중심으로 쓸 점을 작성한다.

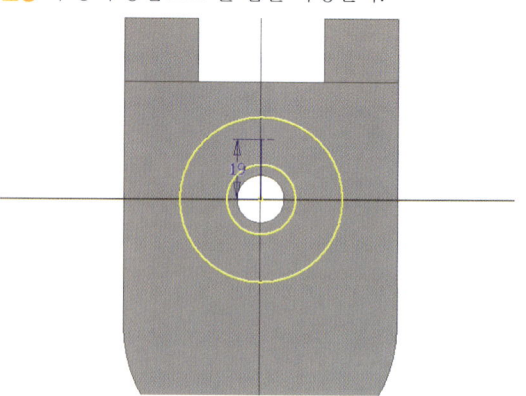

24 구멍 명령을 클릭해 다음과 같이 작성한다.

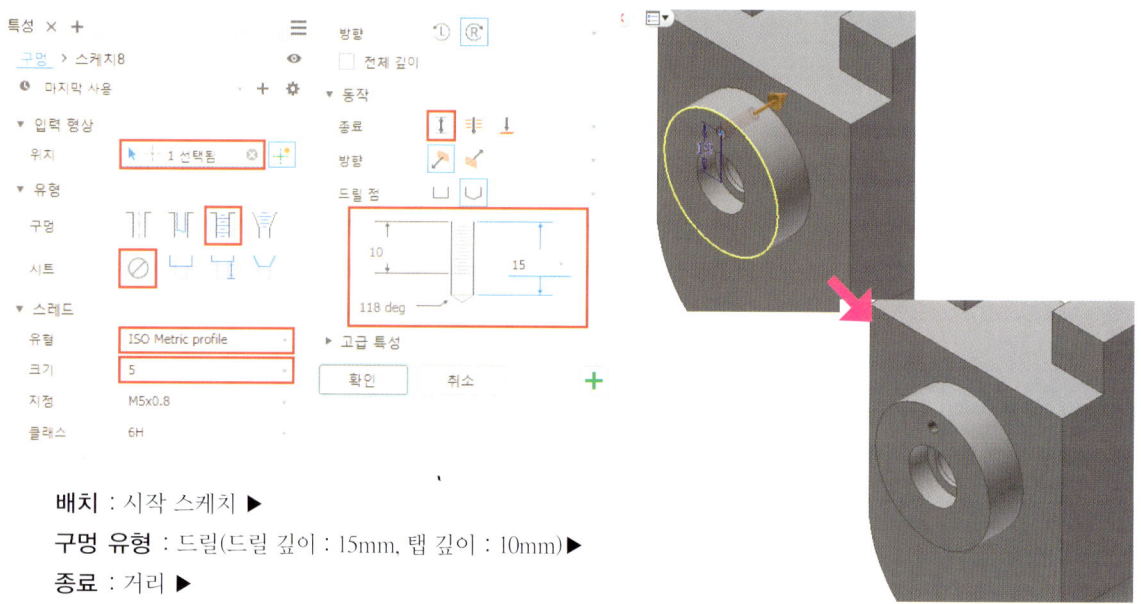

배치 : 시작 스케치 ▶

구멍 유형 : 드릴(드릴 깊이 : 15mm, 탭 깊이 : 10mm) ▶

종료 : 거리 ▶

구멍 타입 : 탭 구멍(ISO Metric profile, M5x0.8) ▶

확인 버튼 클릭

25 원형 패턴 명령 클릭 ▶ 패턴 피처와 회전축 선택 ▶ 갯수 : 4개, 범위 각도 : 360도 ▶ 확인 버튼 클릭

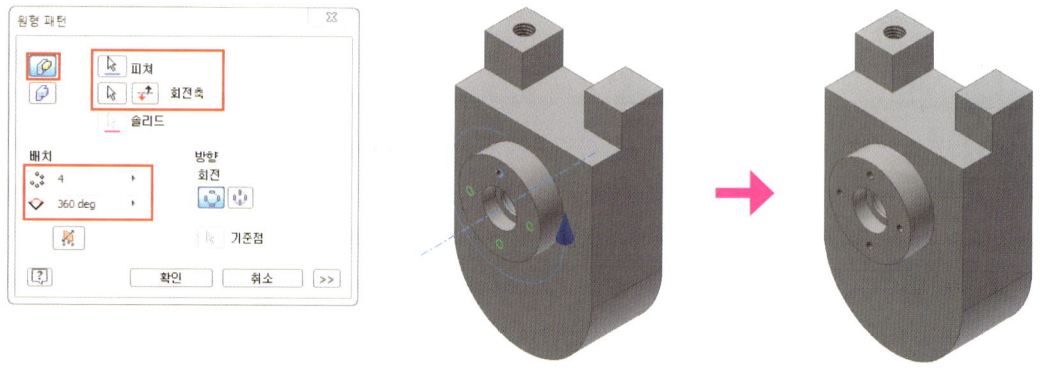

Section5. 본체 타입의 부품 그리기

03 마무리 피처 작성

01 모따기 명령 클릭 ▶ 유형 : 거리 ▶ 거리 : 1mm ▶ 모서리 선택 ▶ 확인 버튼 클릭

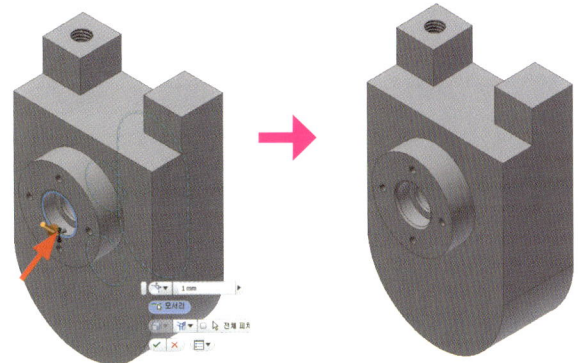

02 모깎기 명령 클릭 ▶ 반지름 : 3mm ▶ 모서리 선택 ▶ 확인 버튼 클릭

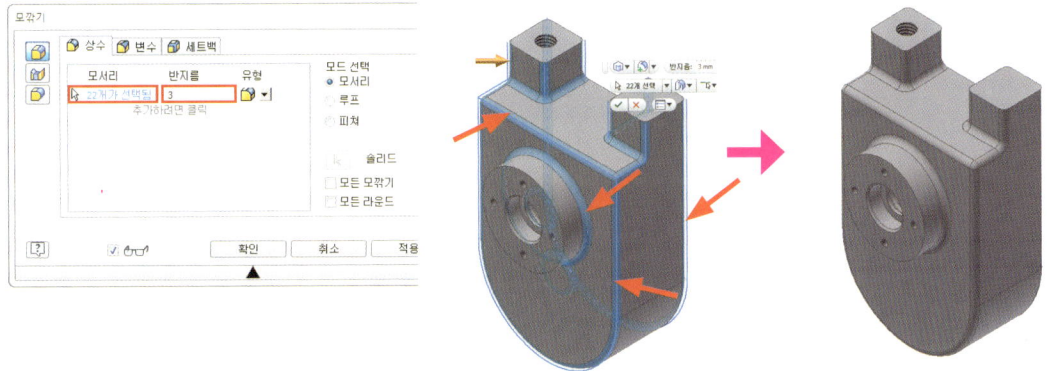

| 어드바이스 | ▶ 보통 곡면이 생성되는 모깎기 피처보다 각면이 생기는 모따기 피처를 먼저 생성한다.

Lesson 4 | 베이스

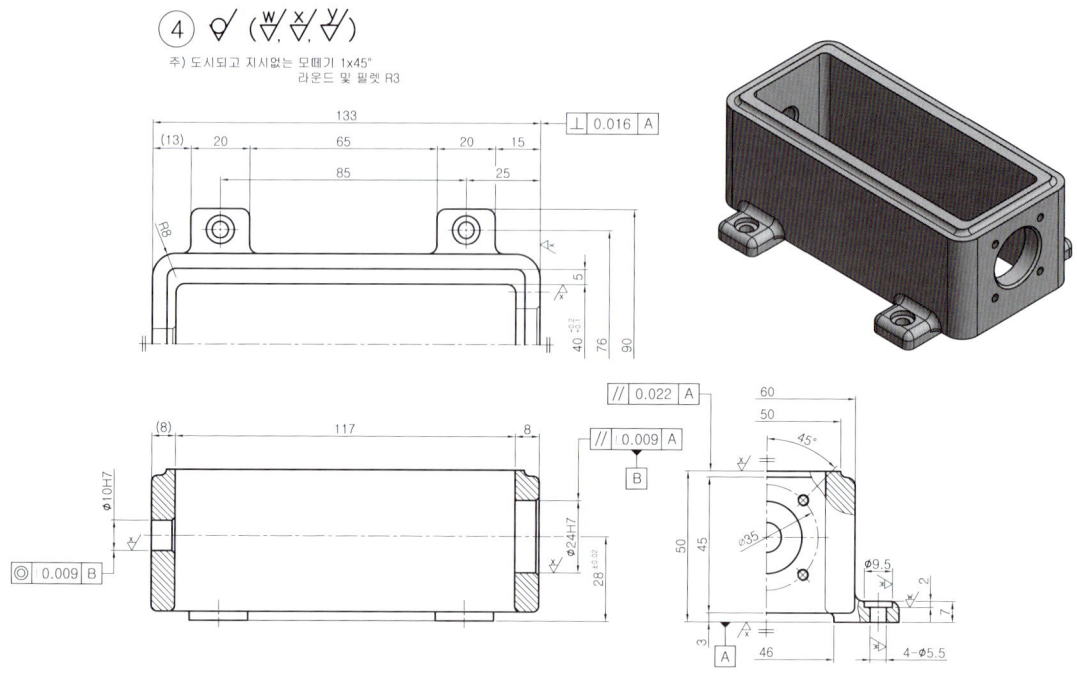

주 석 ▶ 도시되고 지시하지 않은 모따기 1X45°

01 베이스 피처 작성

01 XZ평면에 스케치를 작성한다.

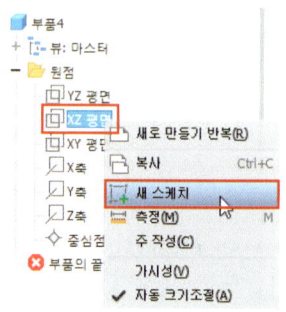

02 스케치 프로파일을 작성한다.

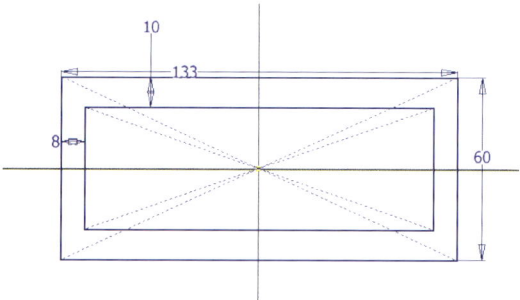

03 돌출 명령 클릭 ▶ 프로파일 선택 ▶ 거리 : 47mm ▶ 확인 버튼 클릭

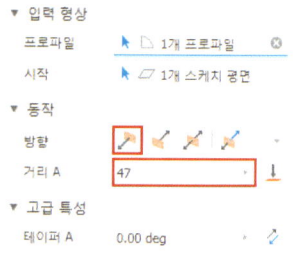

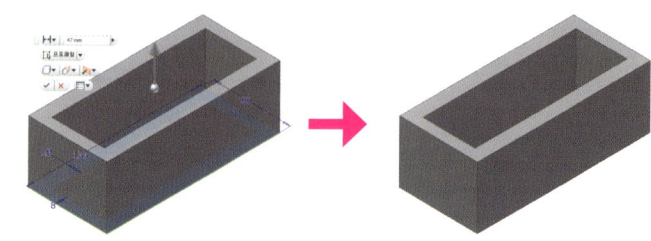

Section5. 본체 타입의 부품 그리기

04 작성된 솔리드 면에 스케치를 작성한다.

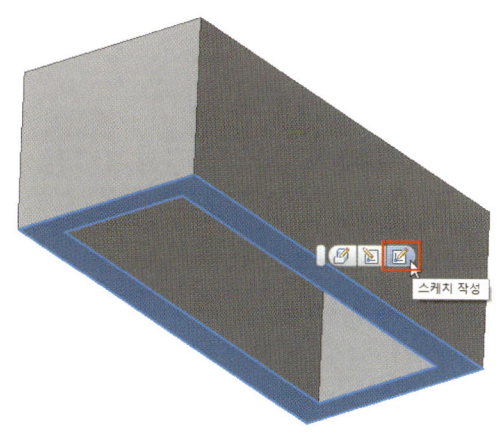

05 스케치 프로파일을 작성한다.

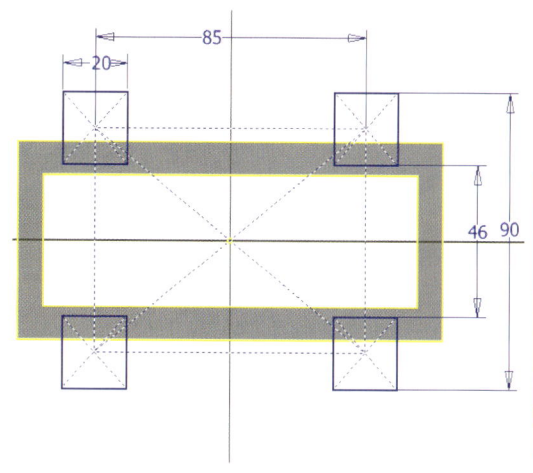

06 돌출 명령 클릭 ▶ 프로파일 선택 ▶ 방향 : 비대칭 ▶ 거리1 : 3mm ▶ 거리2 : 4mm ▶ 확인 버튼 클릭

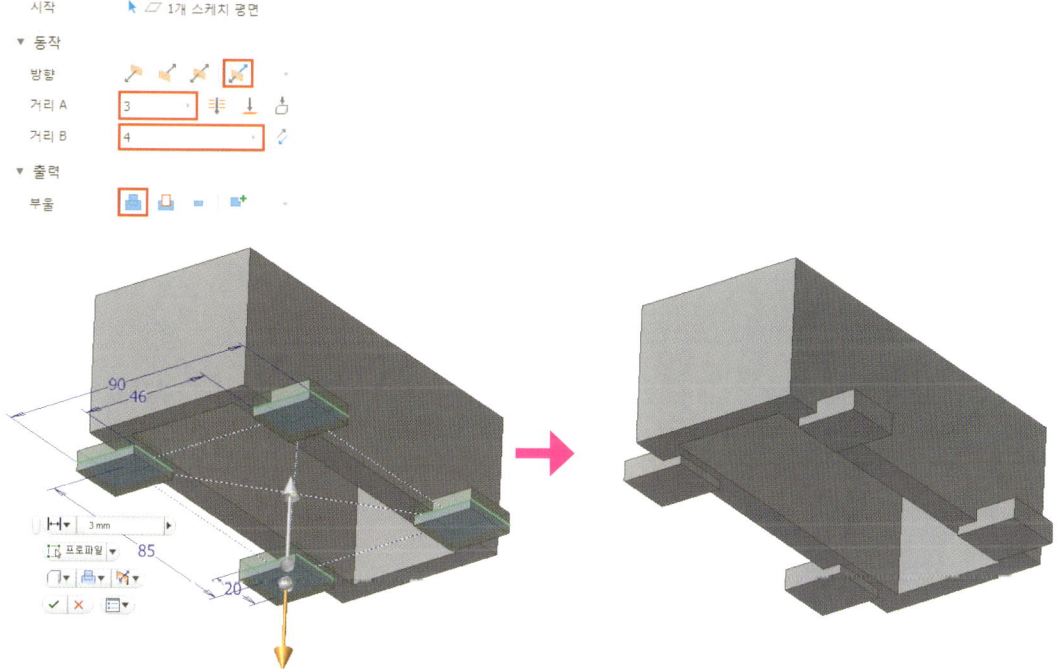

| 어드바이스 | ▶ 방향 옵션을 비대칭으로 하면 양쪽 방향으로 각기 다른 거리로 돌출할 수 있다.

02 서브 피처 작성

01 작성된 솔리드 면에 스케치를 작성한다.

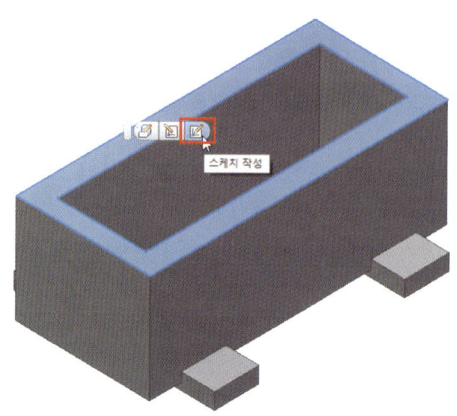

02 스케치 프로파일을 작성한다.

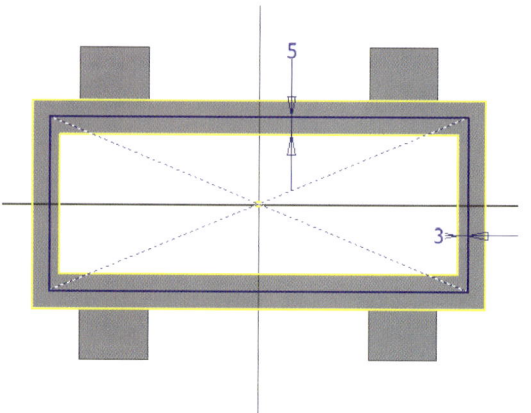

03 돌출 명령 클릭 ▶ 프로파일 선택 ▶ 옵션 : 차집합 ▶ 거리 : 2mm ▶ 확인 버튼 클릭

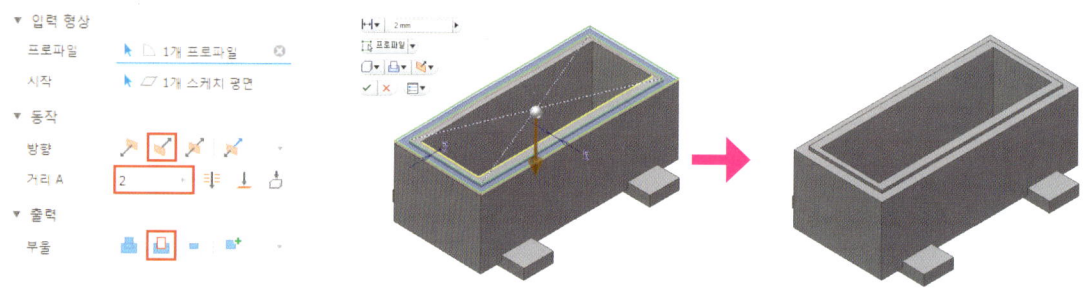

04 작성된 솔리드 면에 스케치를 작성한다.

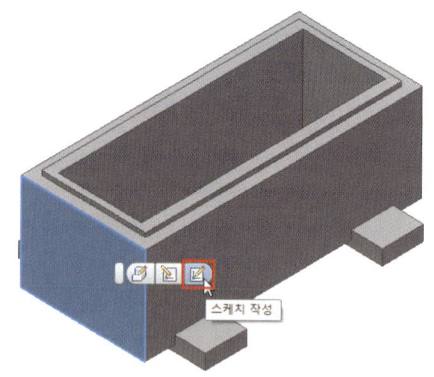

05 스케치 프로파일을 작성한다.

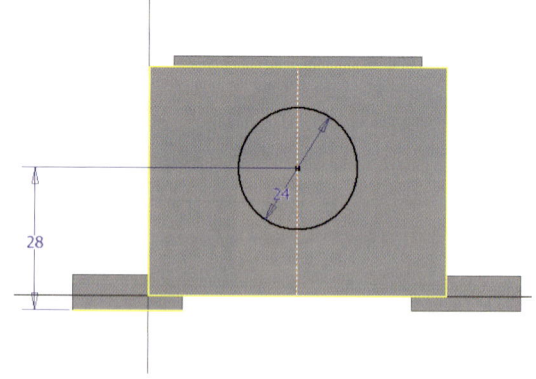

Section5. 본체 타입의 부품 그리기

06 돌출 명령 클릭 ▶ 프로파일 선택 ▶ 유형 : 차집합 ▶ 범위 : 다음 면까지 ▶ 확인 버튼 클릭

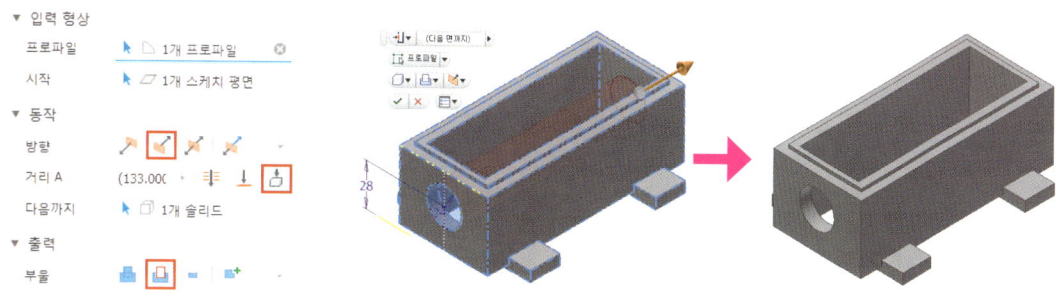

07 작성된 솔리드 면에 스케치를 작성한다.

08 스케치 프로파일을 작성한다.

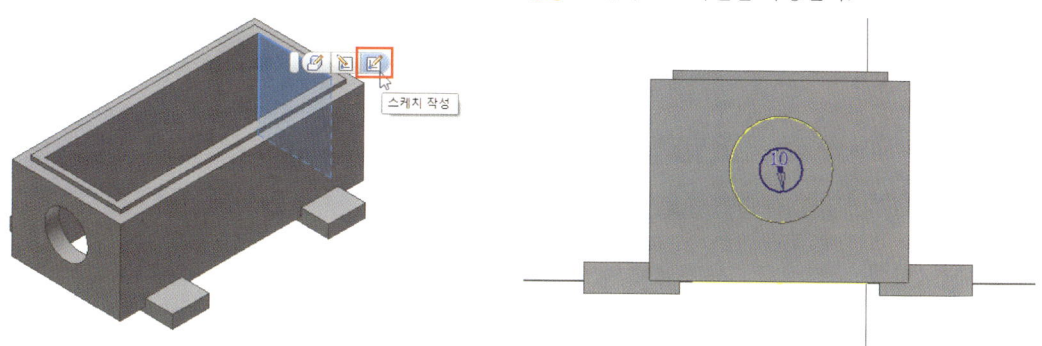

09 돌출 명령 클릭 ▶ 프로파일 선택 ▶ 유형 : 차집합 ▶ 범위 : 다음 면까지 ▶ 확인 버튼 클릭

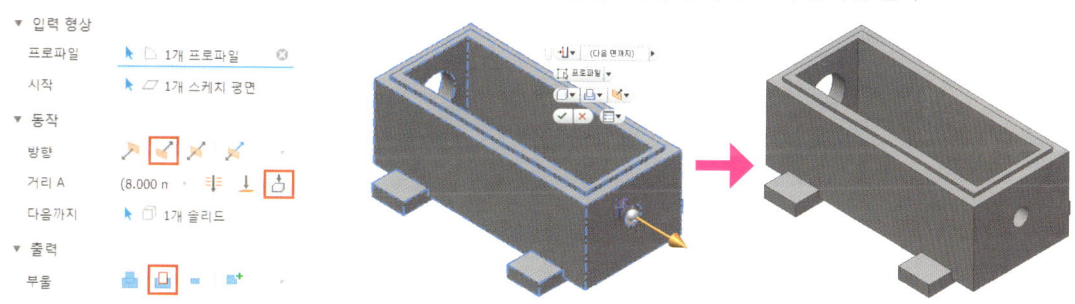

10 작성된 솔리드 면에 스케치를 작성한다.

11 구멍의 중심으로 쓸 점을 작성한다.

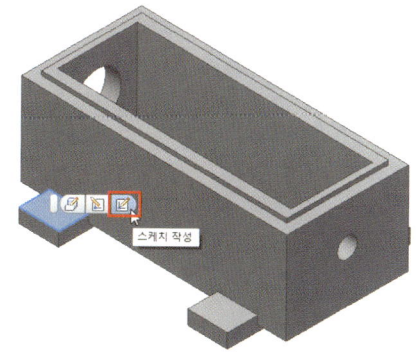
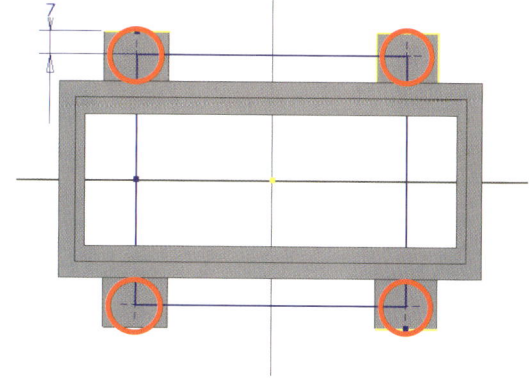

339

12 구멍 명령을 클릭해 다음과 같이 작성한다.

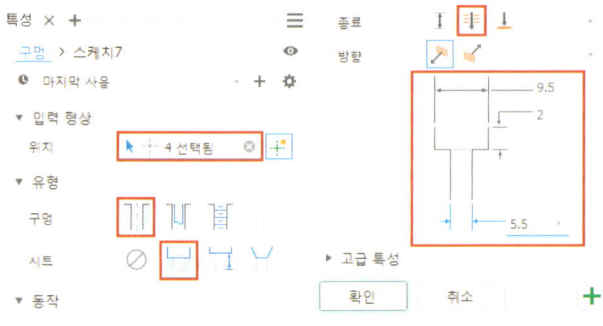
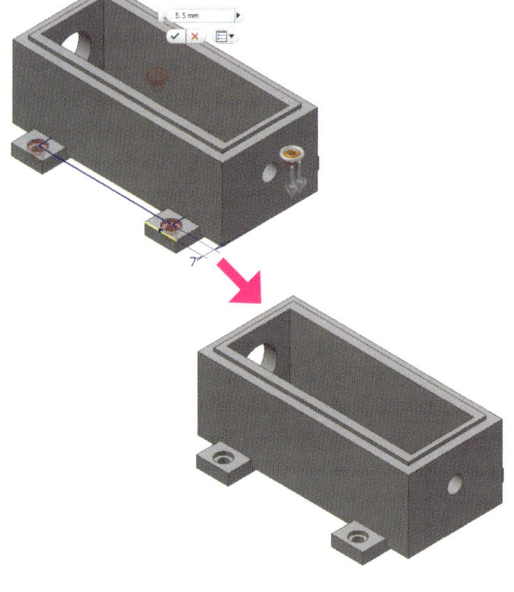

배치 : 시작 스케치 ▶
구멍 유형 : 카운터 보어 (카운터 보어 지름 : 9.5mm,
카운터 보어 깊이 : 2mm, 드릴 지름 : 5.5mm) ▶
종료 : 전체 관통 ▶
구멍 타입 : 단순 구멍 ▶
확인 버튼 클릭

13 XY평면에 스케치를 작성한다.

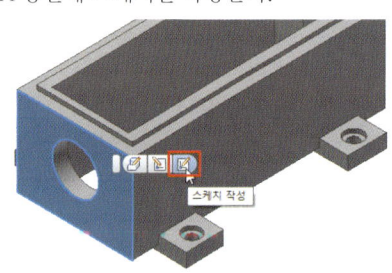

14 스케치 프로파일을 작성한다.

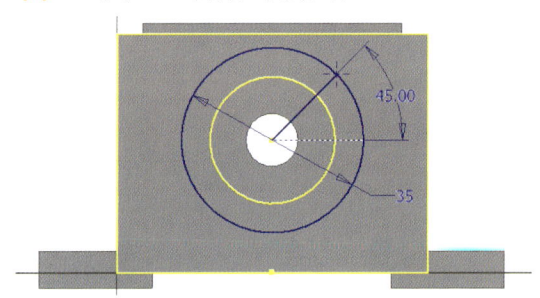

15 구멍 명령을 클릭해 다음과 같이 작성한다.

배치 : 시작 스케치 ▶
구멍 유형 : 드릴 ▶
종료 : 지정 면까지(면 선택) ▶
구멍 타입 : 탭 구멍(ISO Metric profile, M4x0.7) ▶
확인 버튼 클릭

Section5. 본체 타입의 부품 그리기

16 원형 패턴 명령 클릭 ▶ 패턴 피처와 회전축 선택 ▶ 갯수 : 4개, 범위 각도 : 360도 ▶ 확인 버튼 클릭

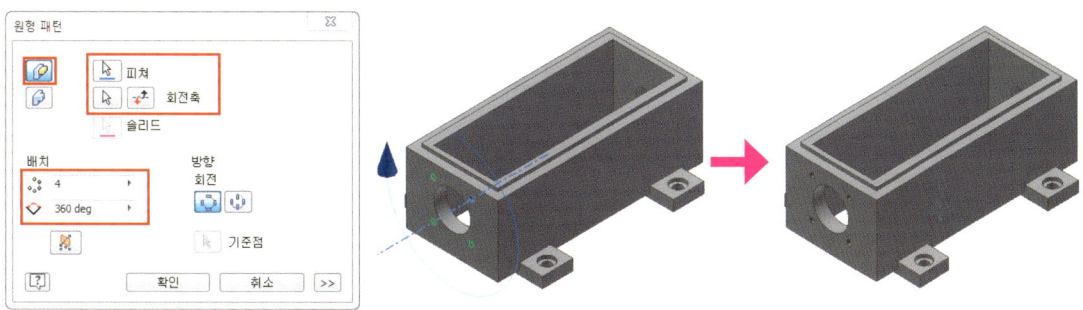

03 마무리 피처 작성

01 모따기 명령 클릭 ▶ 유형 : 거리 ▶ 거리 : 1mm ▶ 모서리 선택 ▶ 확인 버튼 클릭

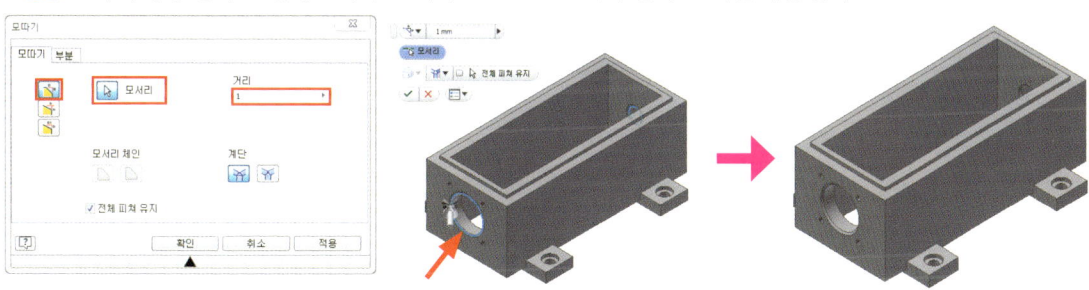

02 모깎기 명령 클릭 ▶ 반지름 : 8mm, 3mm ▶ 모서리 선택 ▶ 확인 버튼 클릭

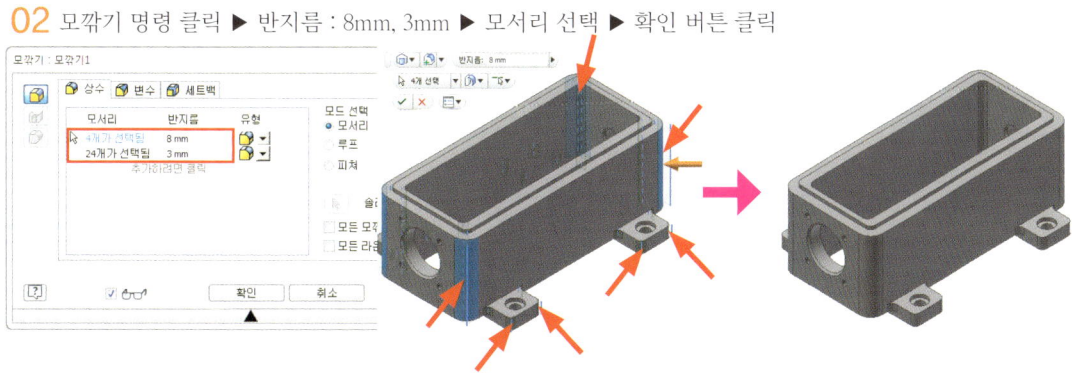

03 모깎기 명령 클릭 ▶ 반지름 : 3mm, 2mm ▶ 모서리 선택 ▶ 확인 버튼 클릭

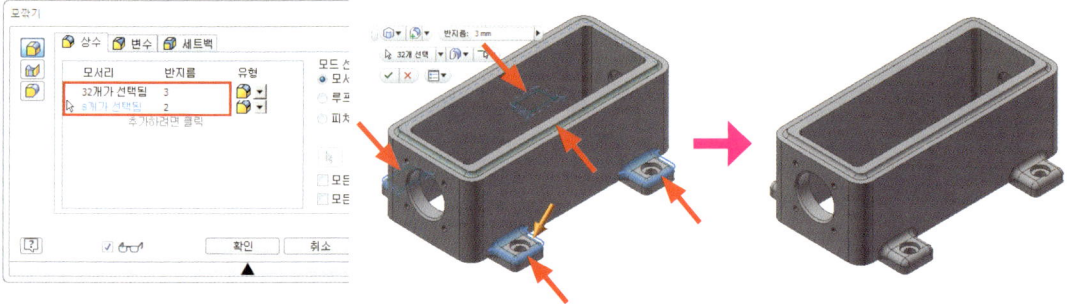

04 모델링이 완성되었다.

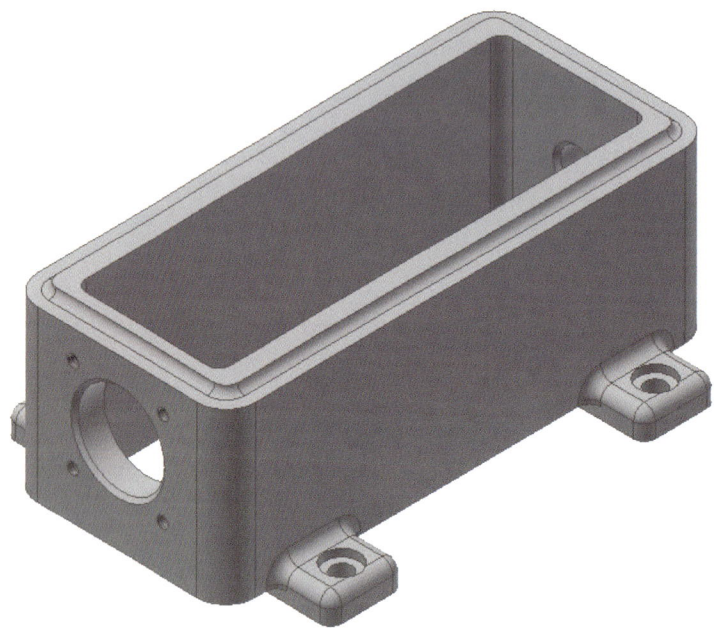

Lesson 5 | 연습 예제도면

01 축 지지대

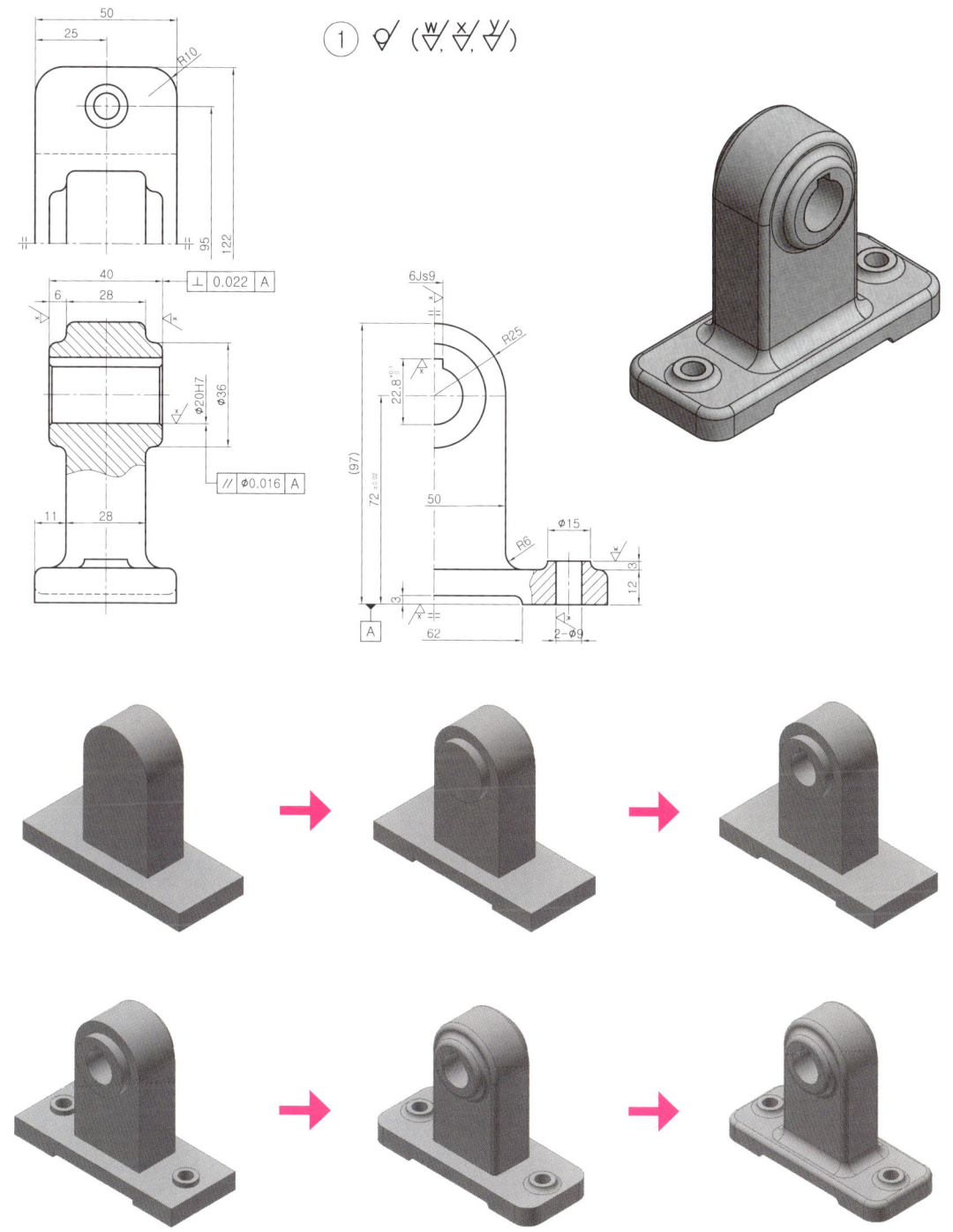

02 지지대

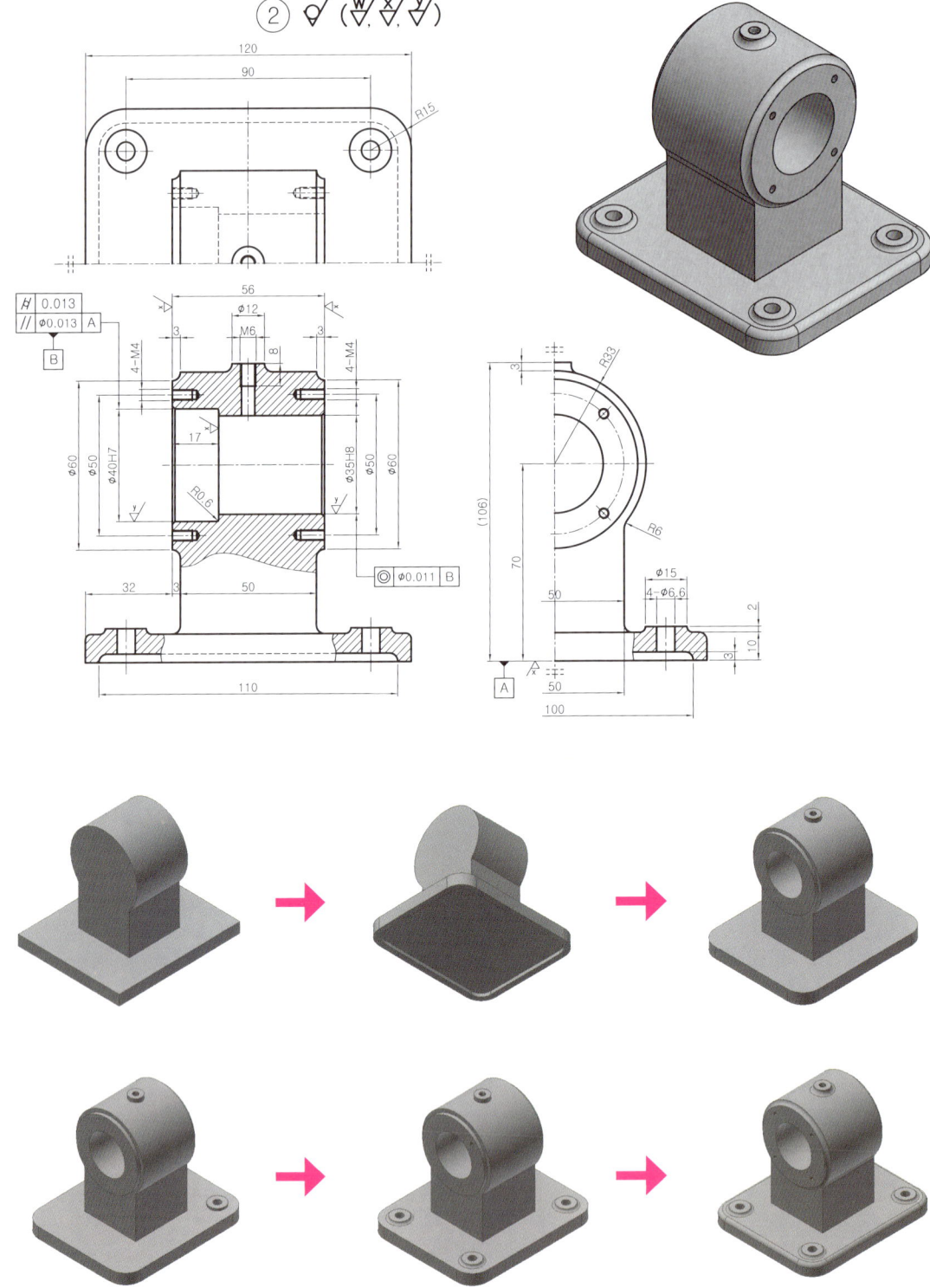

03 본체

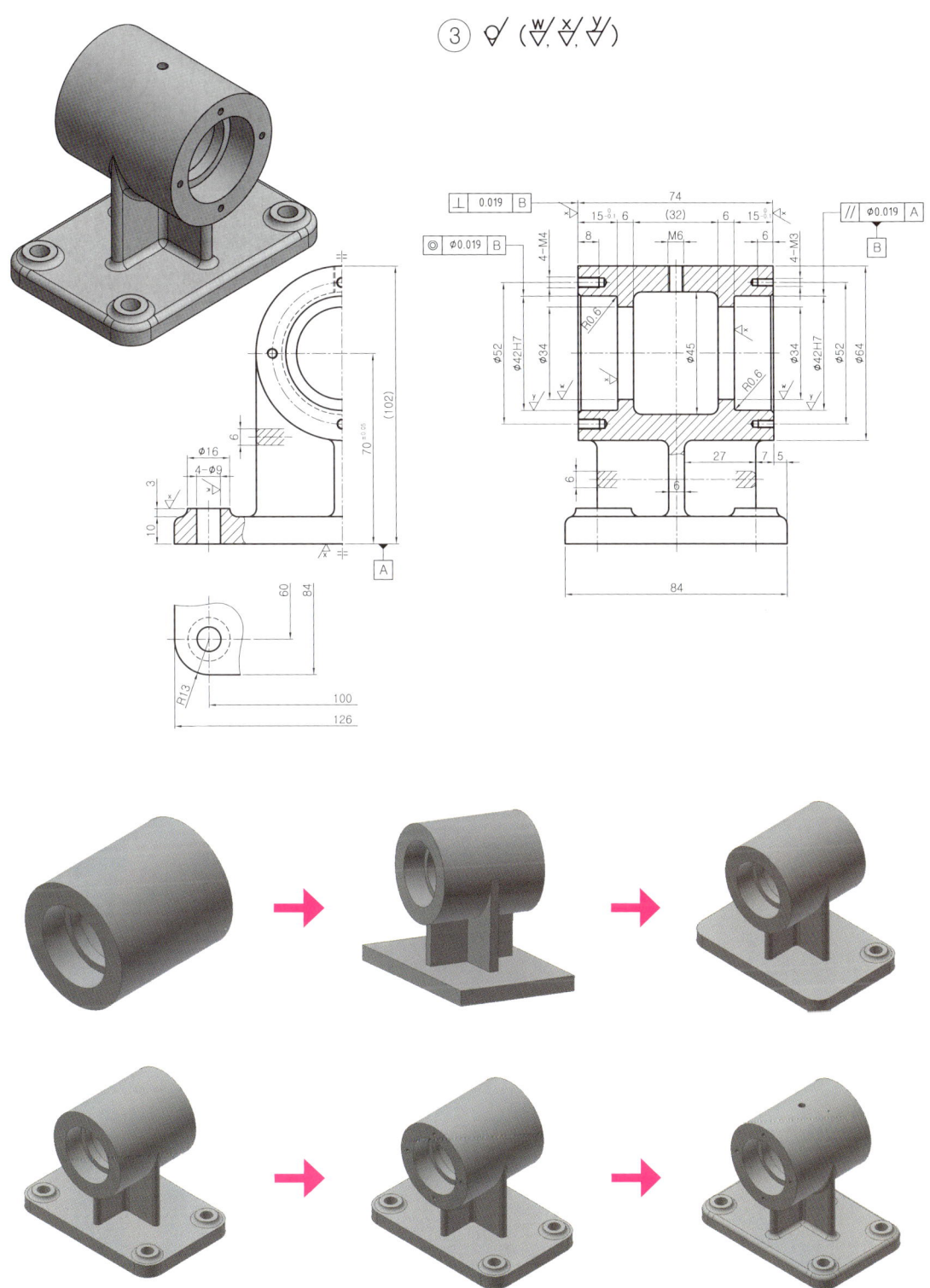

04 기어펌프 본체

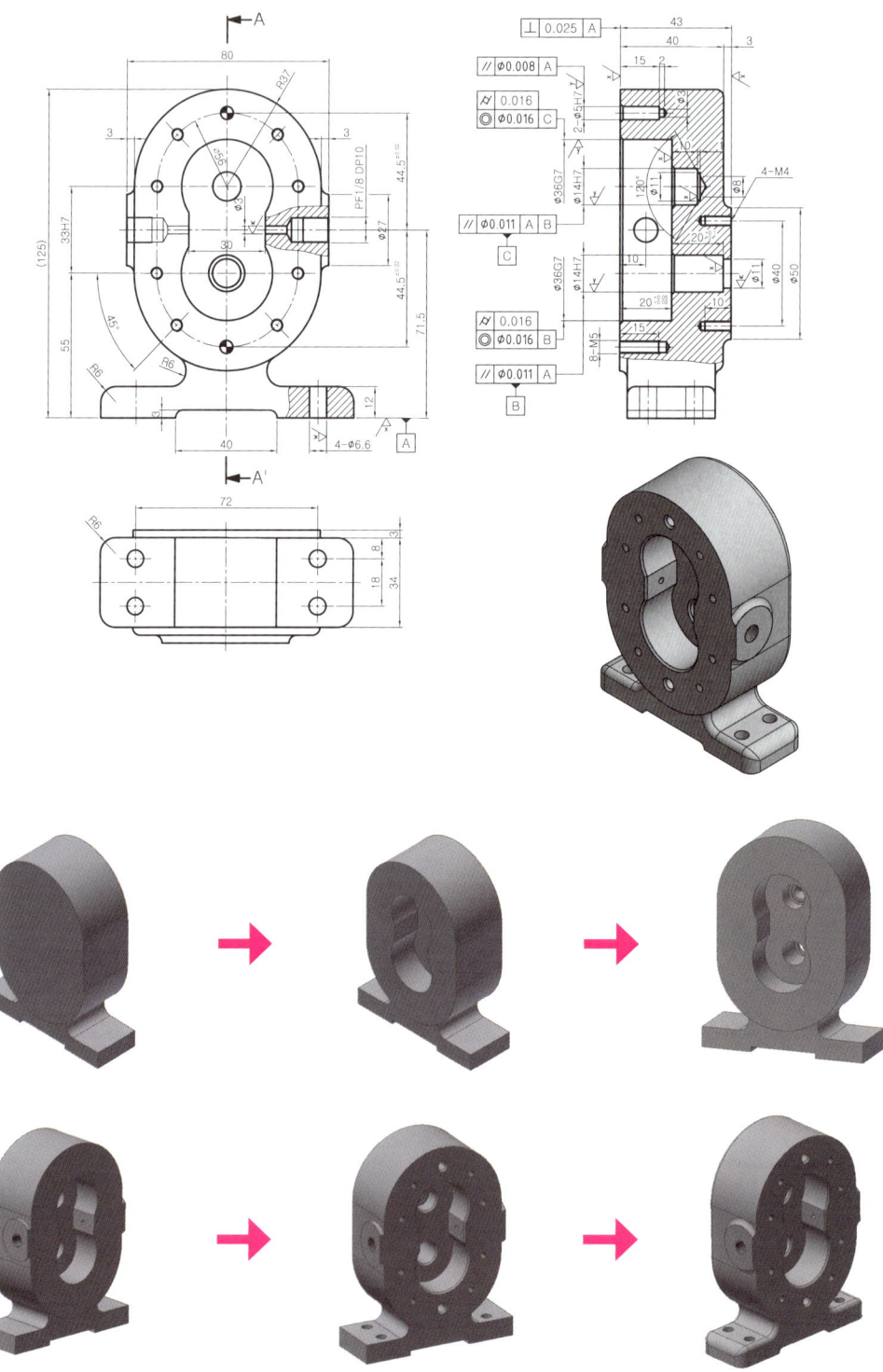

05 바디

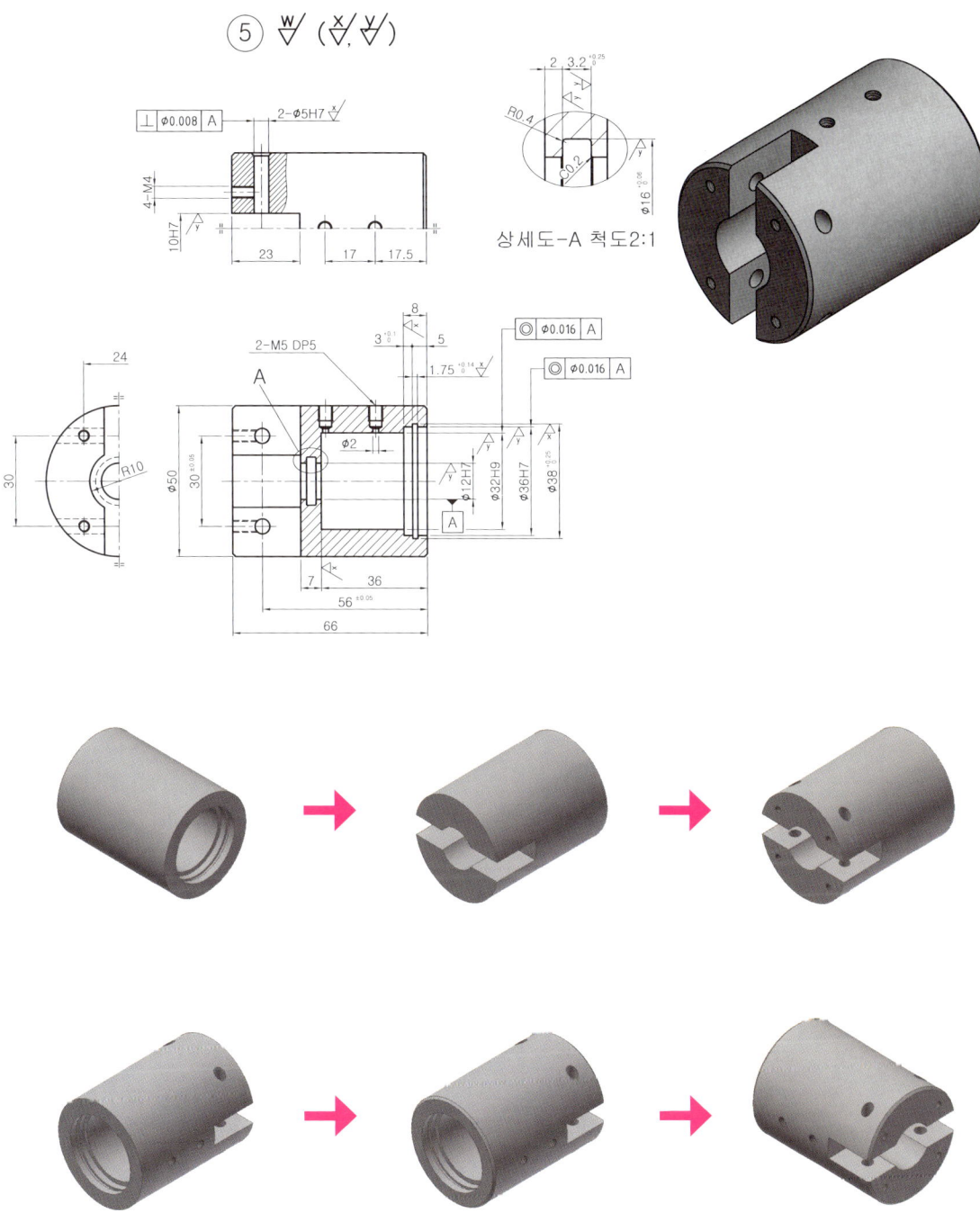

6. 기타 부품 그리기

전산응용기계제도기능사/산업기사/기사 실기를 위한 인벤터

여태까지 작성한 타입의 부품 외에 여러가지 기타 부품을 작성하는 방법에 대해 알아보도록 하자.

Lesson 1 | 노브

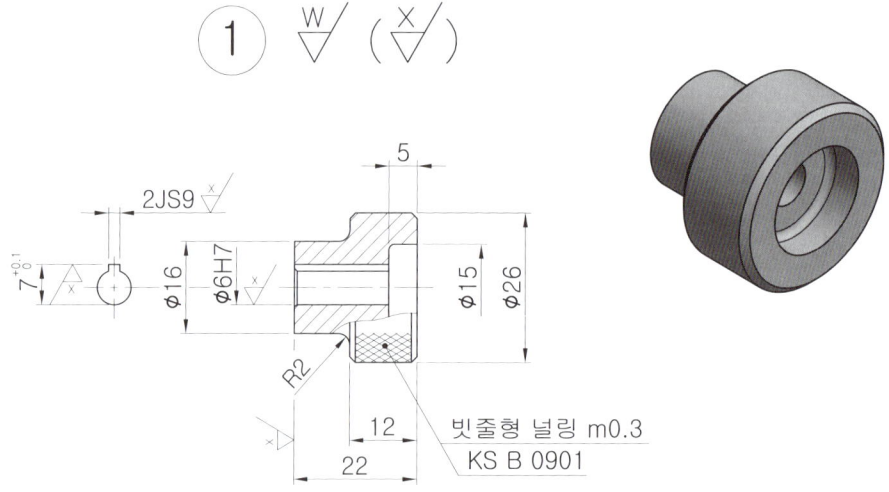

주 석 ▶ 도시되고 지시하지 않은 모따기 1X45°

01 베이스 피처 작성

01 XY평면에 스케치를 작성한다.

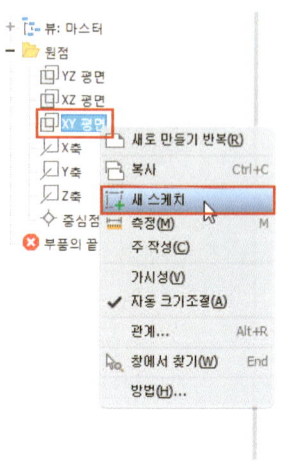

02 스케치 프로파일을 작성한다.

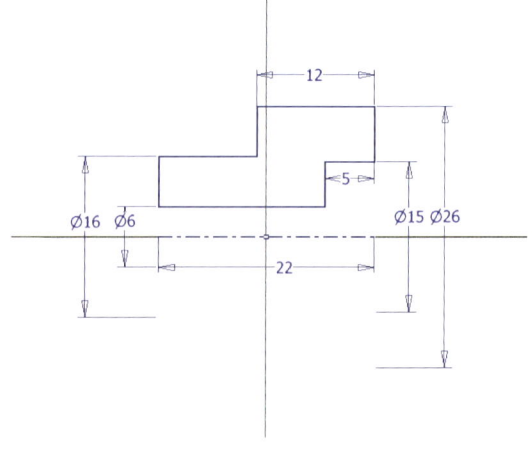

Section6. 기타 부품 그리기

03 회전 명령 클릭 ▶ 프로파일과 축 선택 ▶ 범위 : 전체 ▶ 확인 버튼 클릭

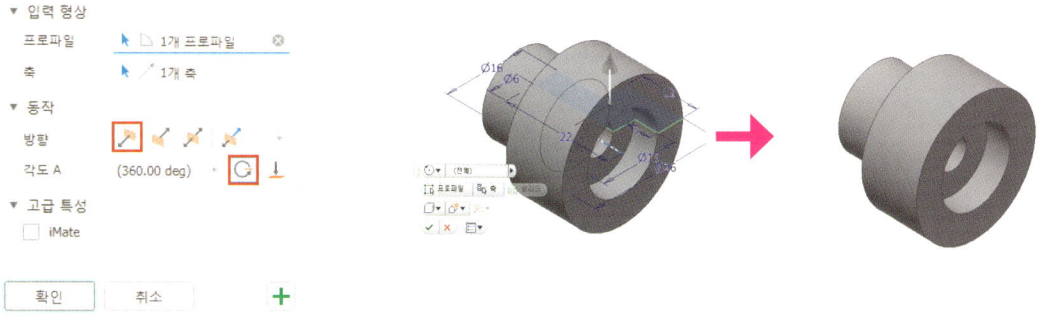

02 서브 피처 작성

01 작성된 솔리드 면에 스케치를 작성한다. 02 스케치 프로파일을 작성한다.

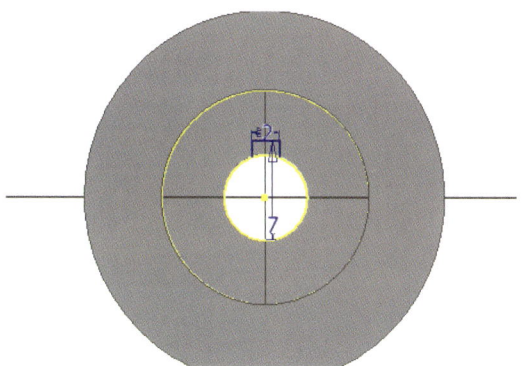

03 돌출 명령 클릭 ▶ 프로파일 선택 ▶ 유형 : 차집합 ▶ 범위 : 다음 면까지 ▶ 확인 버튼 클릭

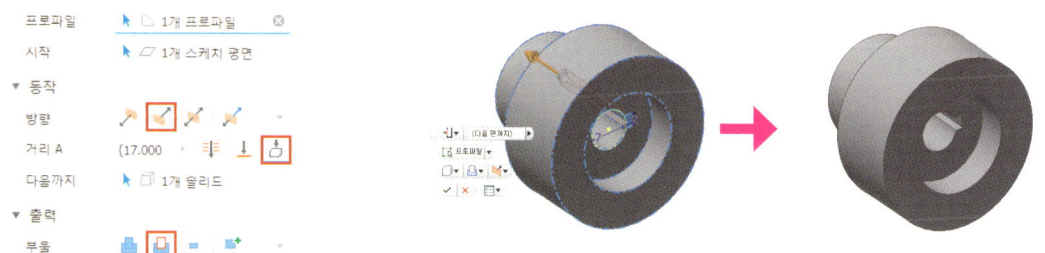

04 모따기 냉냉 클릭 ▶ 유형 : 거리 ▶ 거리 : 1mm ▶ 모서리 선택 ▶ 확인 버튼 클릭

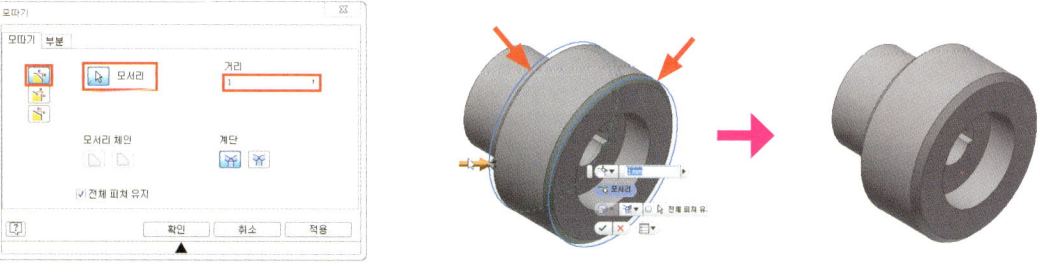

349

05 모따기 명령 클릭 ▶ 유형 : 거리 ▶ 거리 : 0.5mm ▶ 모서리 선택 ▶ 확인 버튼 클릭

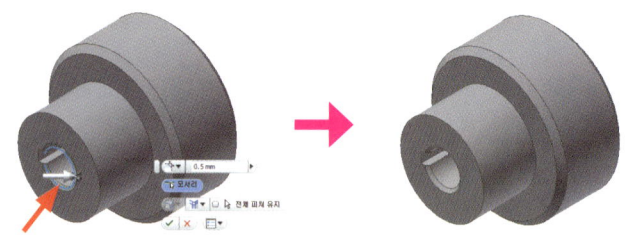

06 모깎기 명령 클릭 ▶ 반지름 : 2mm ▶ 모서리 선택 ▶ 확인 버튼 클릭

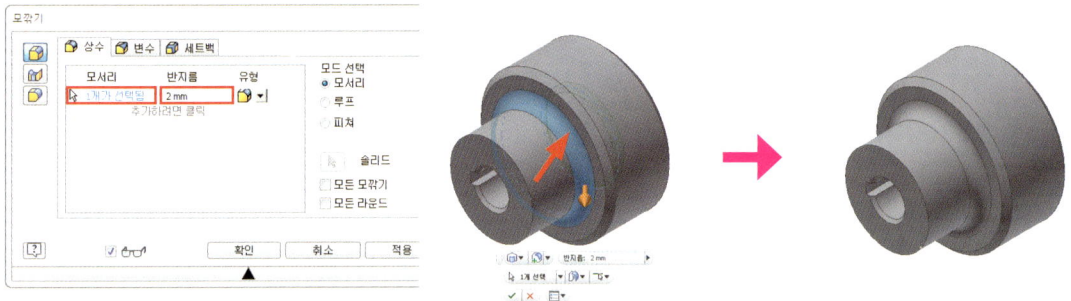

Lesson 2 | 손잡이

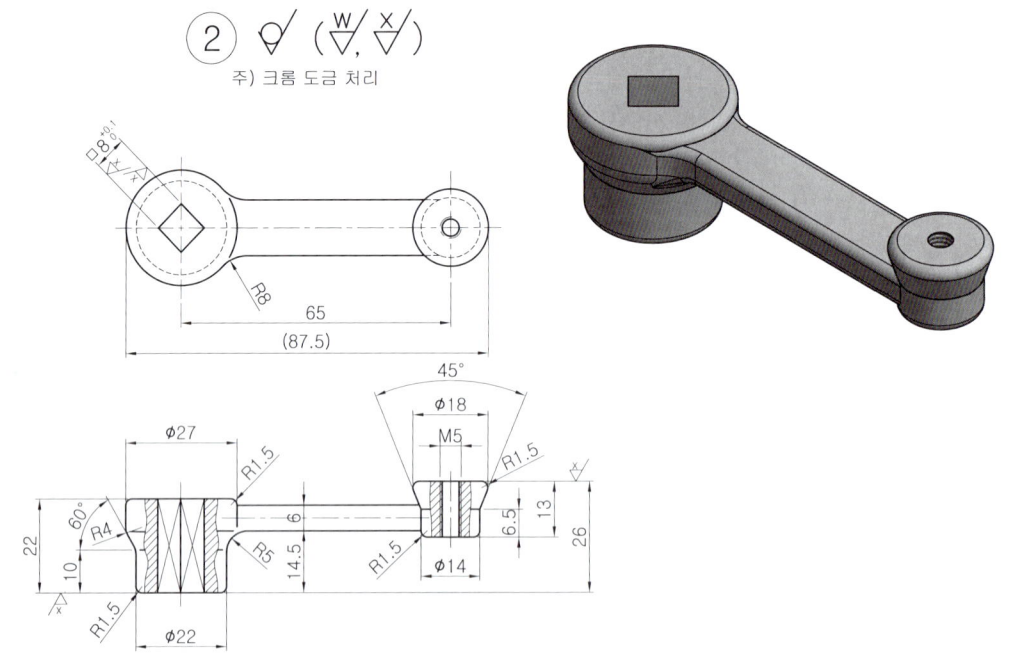

주 석 ▶ 도시되고 지시하지 않은 모따기 1X45°

01 베이스 피처 작성

01 XY평면에 스케치를 작성한다.

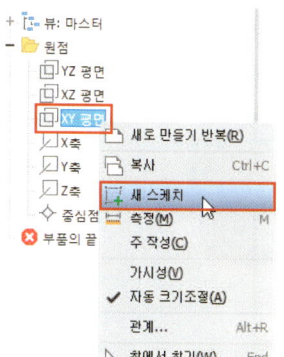

02 스케치 프로파일을 작성한다.

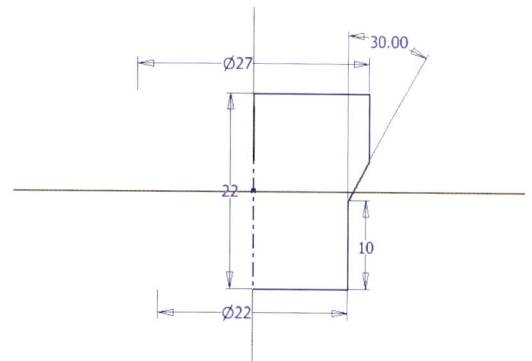

03 중간대로 쓸 스케치 프로파일 형상을 추가한다.

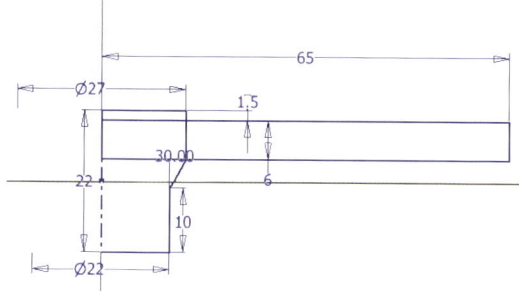

04 반대편 핸들 모양의 프로파일을 추가한다.

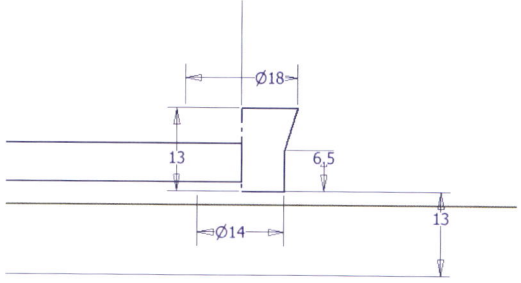

05 회전 명령 클릭 ▶ 프로파일과 축 선택 ▶ 범위 : 전체 ▶ 확인 버튼 클릭

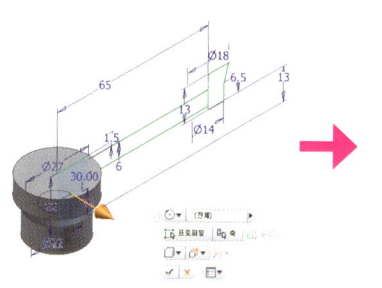

06 모깎기 명령 클릭 ▶ 반지름 : 4mm ▶ 모서리 선택 ▶ 확인 버튼 클릭

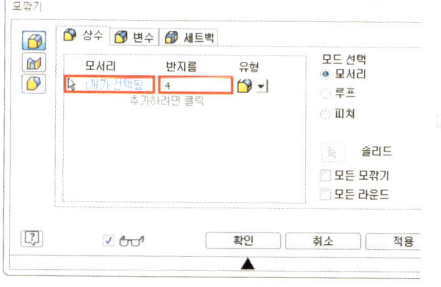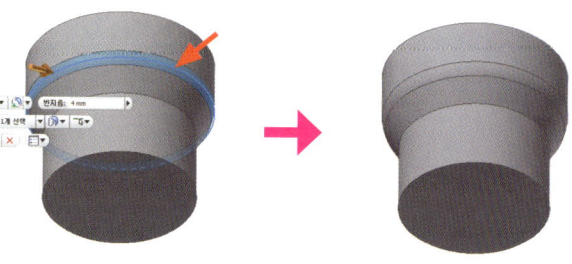

351

02 서브 피처 작성

01 회전에 쓴 스케치를 마우스 우측 버튼으로 클릭해 스케치 공유를 클릭한다.

02 스케치가 공유 상태로 전환된다.

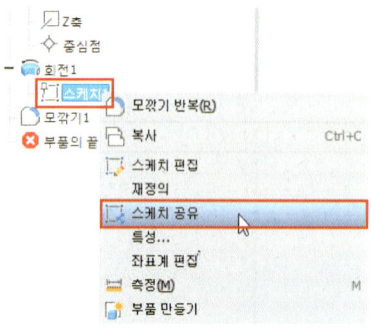
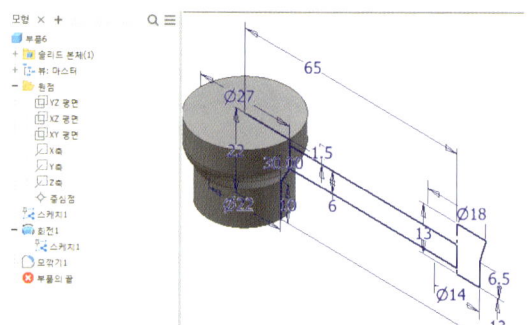

03 회전 명령 클릭 ▶ 프로파일과 축 선택 ▶ 범위 : 전체 ▶ 확인 버튼 클릭

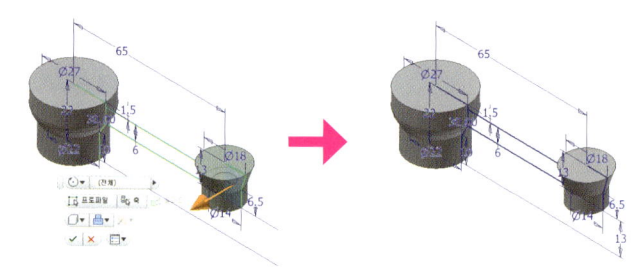

04 돌출 명령 클릭 ▶ 거리 : 13mm ▶ 방향 : 대칭 ▶ 확인 버튼 클릭

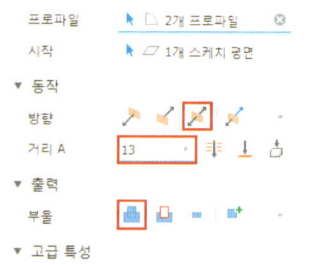
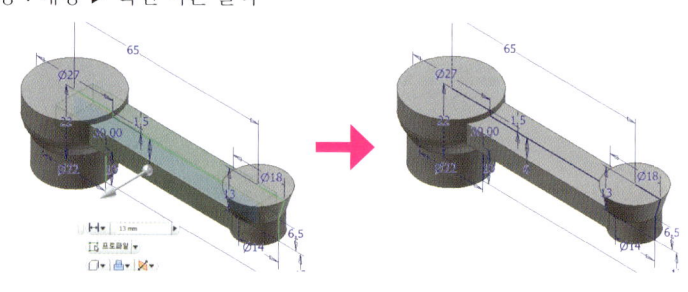

05 작성된 솔리드 면에 스케치를 작성한다.

06 스케치 프로파일을 작성한다.

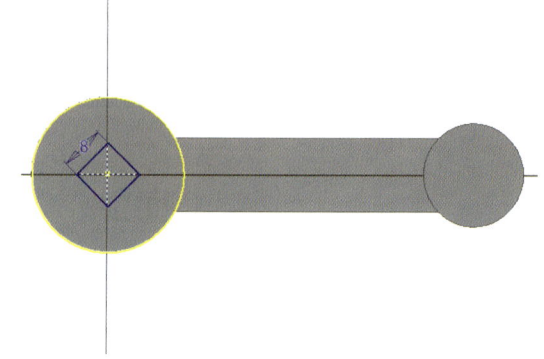

Section6. 기타 부품 그리기

07 돌출 명령 클릭 ▶ 프로파일 선택 ▶ 옵션 : 차집합 ▶ 범위 : 다음 면까지 ▶ 확인 버튼 클릭

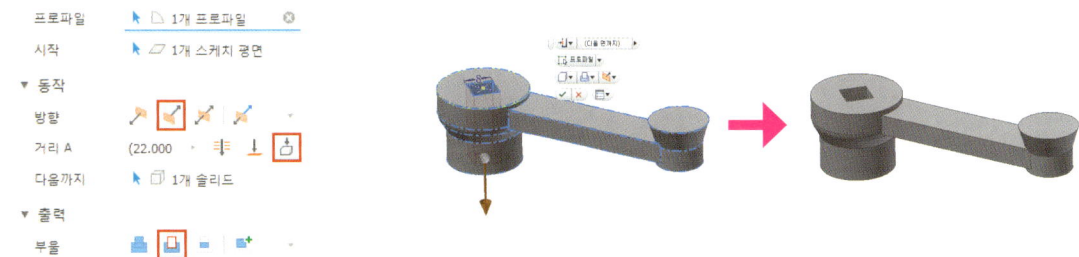

08 구멍 명령을 클릭해 다음과 같이 작성한다.

배치 : 동심 ▶
구멍 유형 : 드릴 ▶
종료 : 전체 관통 ▶
구멍 타입 : 탭 구멍(ISO Metric profile, M5x0.8) ▶
확인 버튼 클릭

03 마무리 피처 작성

01 모깎기 명령 클릭 ▶ 반지름 : 8mm ▶ 모서리 선택 ▶ 확인 버튼 클릭

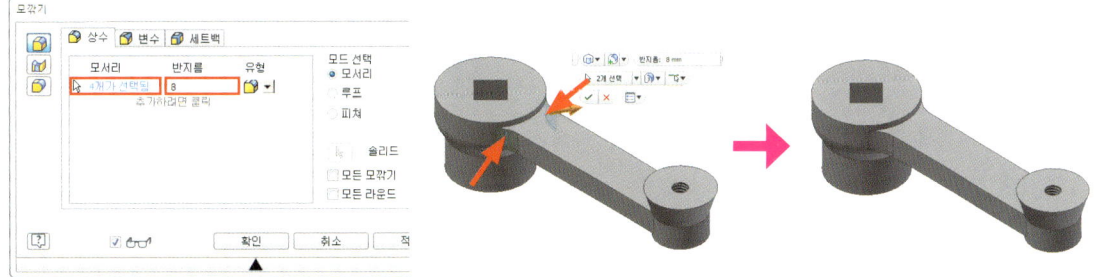

02 모깎기 명령 클릭 ▶ 반지름 : 5mm ▶ 모서리 선택 ▶ 확인 버튼 클릭

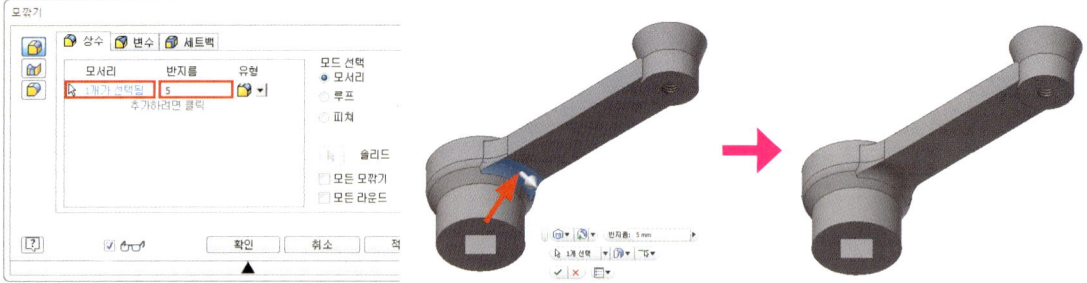

03 모깎기 명령 클릭 ▶ 반지름 :1.5mm▶ 모서리 선택 ▶ 확인 버튼 클릭

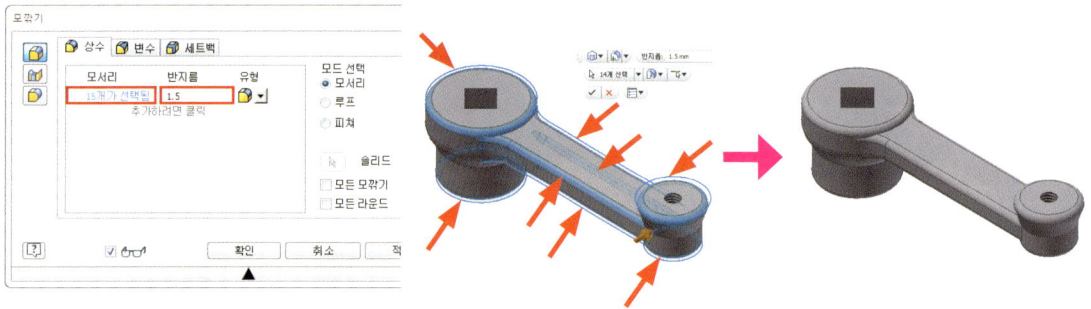

Lesson 3 | 핸들

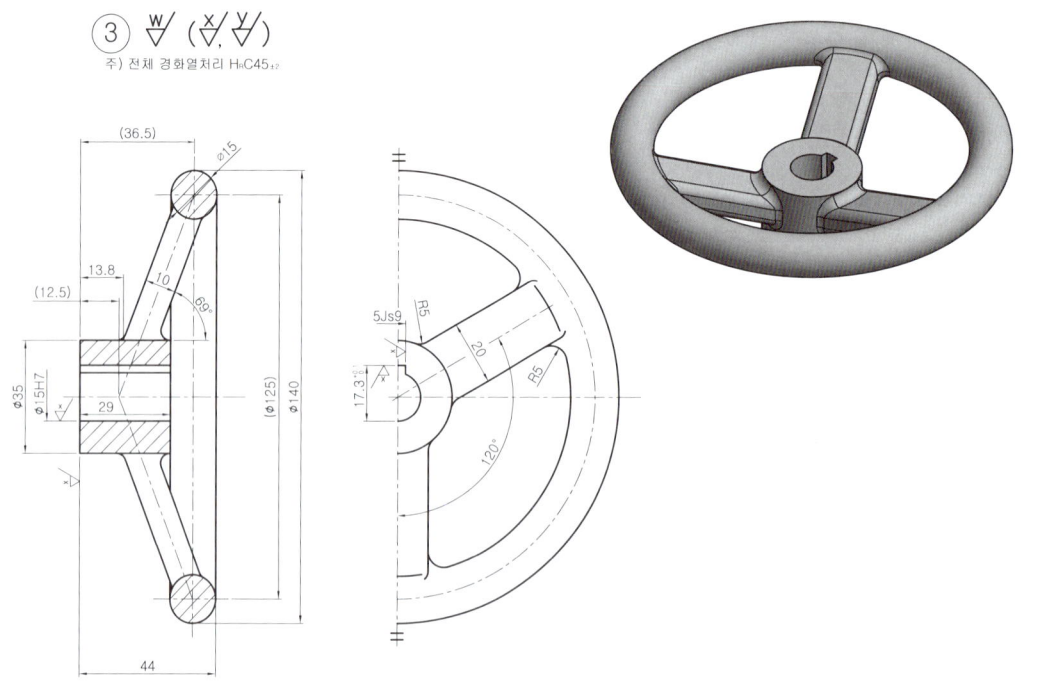

주 석 ▶ 도시되고 지시하지 않은 모따기 1X45°

Section6. 기타 부품 그리기

01 베이스 피처 작성

01 YZ평면에 스케치를 작성한다.

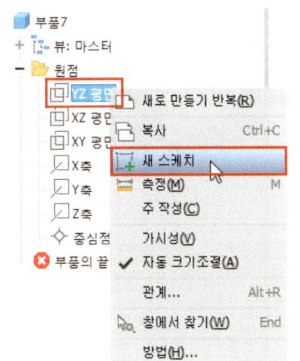

02 스케치 프로파일을 작성한다.

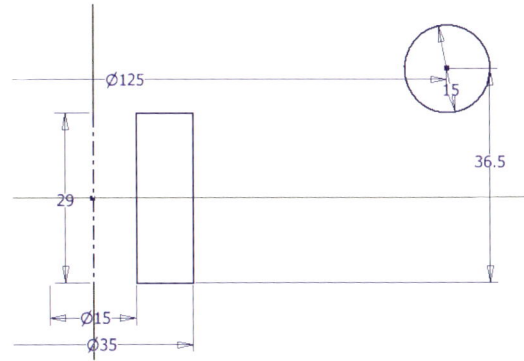

03 회전 명령 클릭 ▶ 프로파일과 축 선택 ▶ 범위 : 전체 ▶ 확인 버튼 클릭

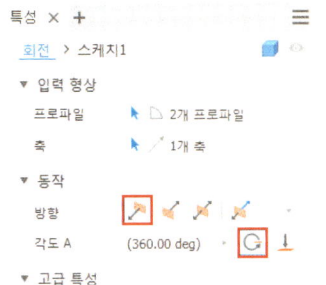

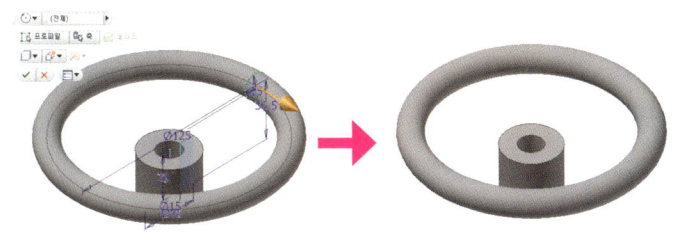

02 서브 피처 작성

01 XY평면에 스케치를 작성한다.

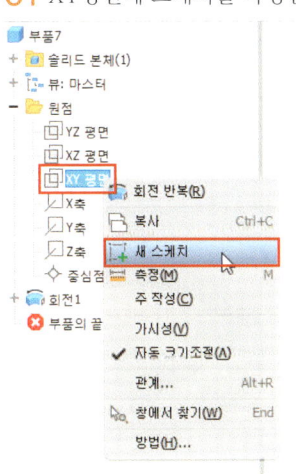

02 보강대로 쓸 스케치 프로파일을 작성한다.

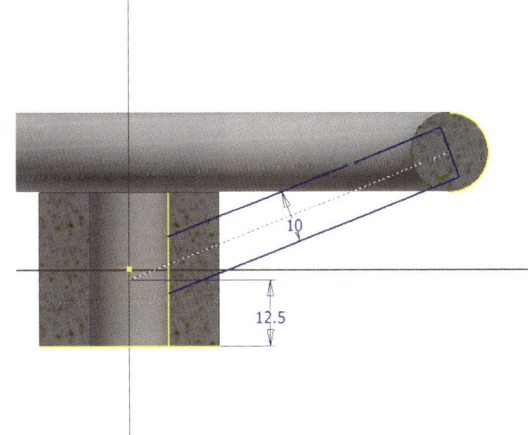

355

03 돌출 명령 클릭 ▶ 거리 : 20mm ▶ 방향 : 대칭 ▶ 확인 버튼 클릭

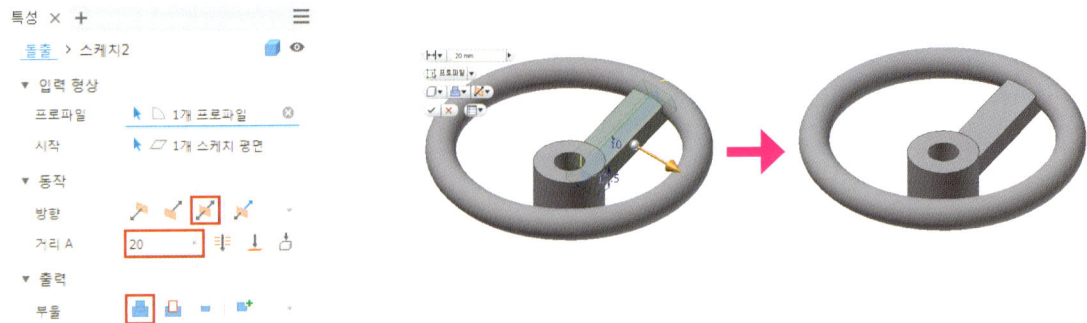

04 모깎기 명령 클릭 ▶ 반지름 : 3mm ▶ 모서리 선택 ▶ 확인 버튼 클릭

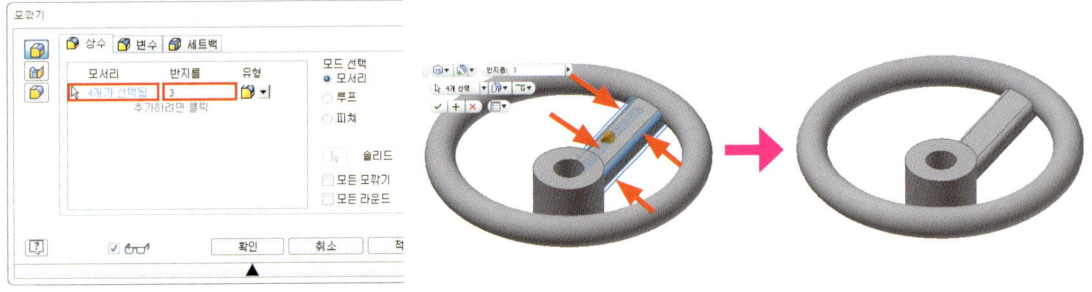

05 모깎기 명령 클릭 ▶ 반지름 : 3mm ▶ 모서리 선택 ▶ 확인 버튼 클릭

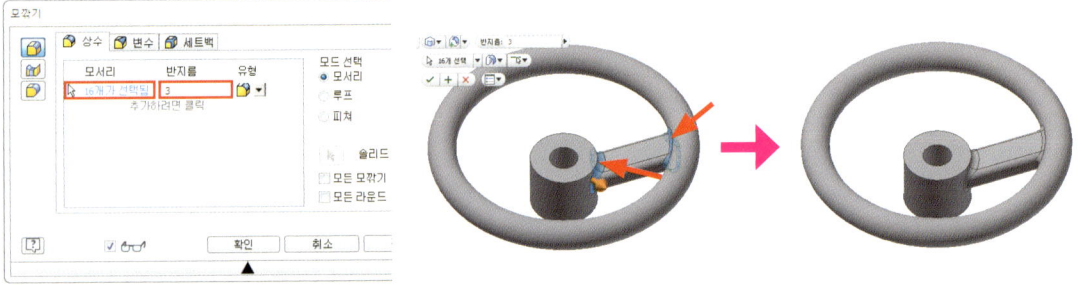

06 원형 패턴 명령 클릭 ▶ 패턴 피처와 회전축 선택 ▶ 갯수 : 3개, 범위 각도 : 360도 ▶ 확인 버튼 클릭

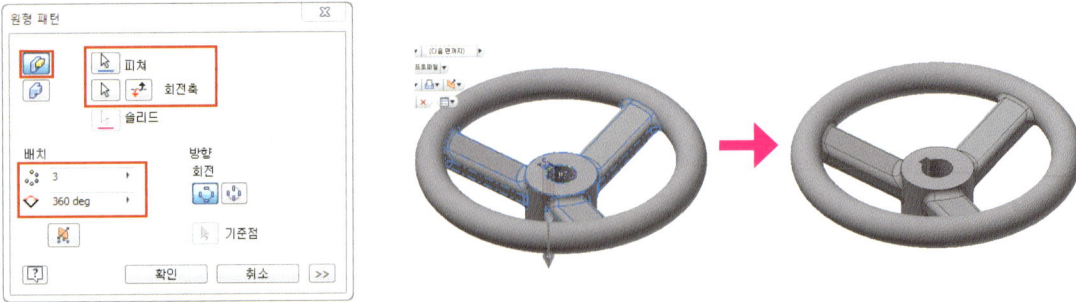

03 마무리 피처 작성

01 작성된 솔리드 면에 스케치를 작성한다.

02 스케치 프로파일을 작성한다.

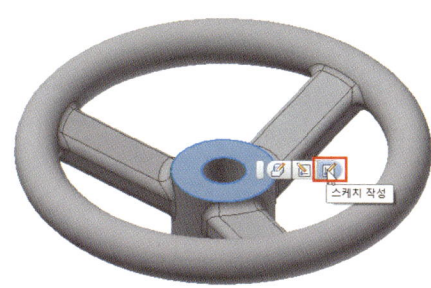
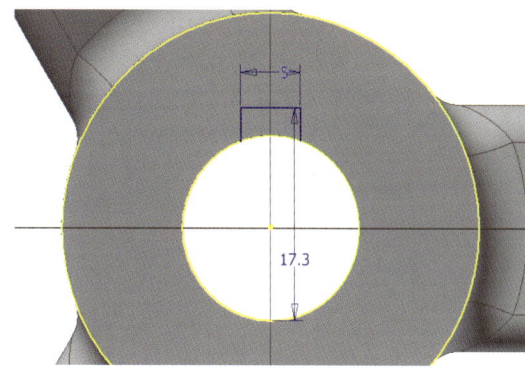

03 돌출 명령 클릭 ▶ 프로파일 선택 ▶ 옵션 : 차집합 ▶ 범위 : 다음 면까지 ▶ 확인 버튼 클릭

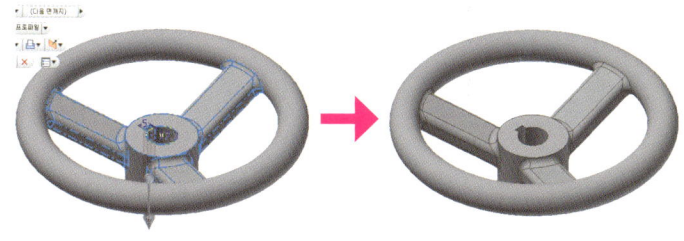

04 핸들 부품의 작성이 완료되었다.

Lesson 4 | 스프링

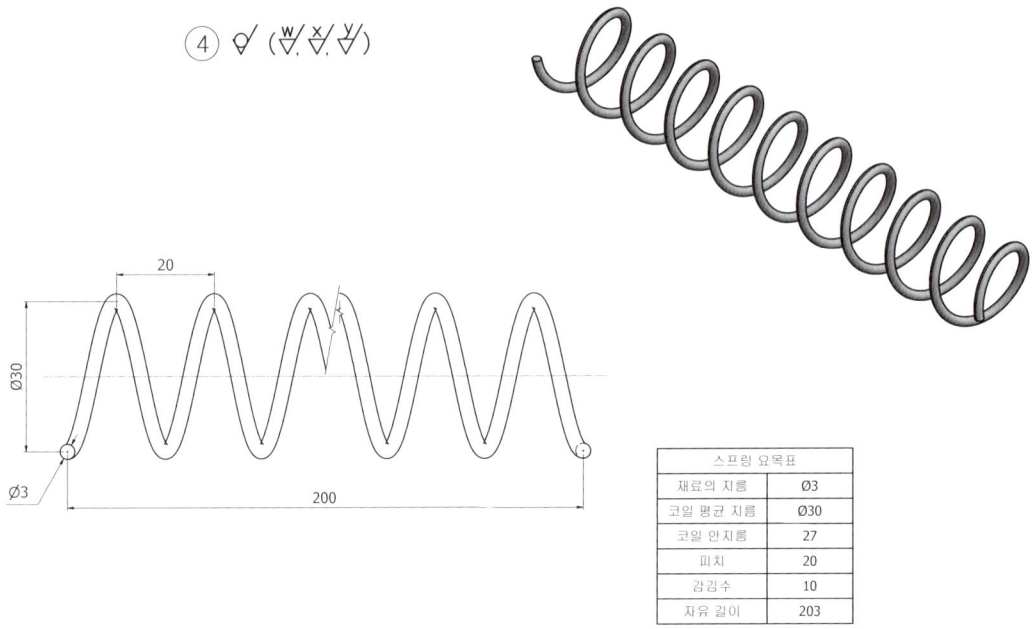

스프링 요목표	
재료의 지름	Ø3
코일 평균 지름	Ø30
코일 안지름	27
피치	20
감김 수	10
자유 길이	203

01 베이스 피처 작성

01 XY평면에 스케치를 작성한다.

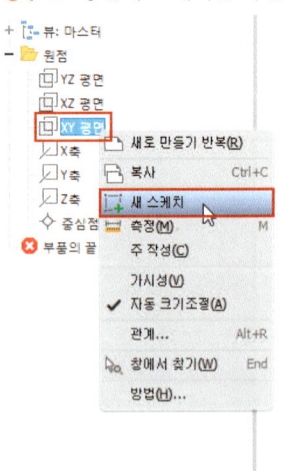

02 두 점 중심 직사각형 명령을 클릭한다.

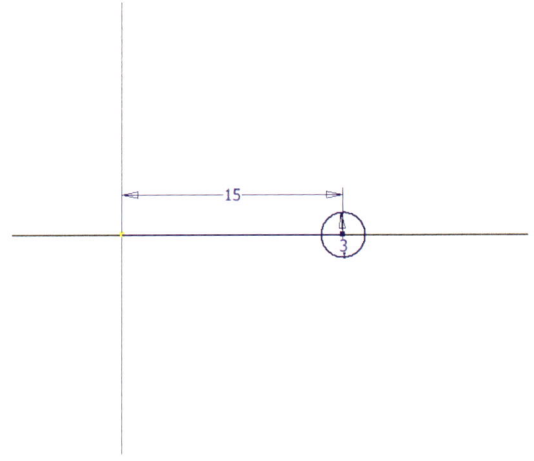

어드바이스 ▶ 프로파일로 삼을 스케치 평면은 축에 평행한 면으로 선택한다.

Section6. 기타 부품 그리기

03 3D모형 탭에서 코일 명령을 클릭한다.

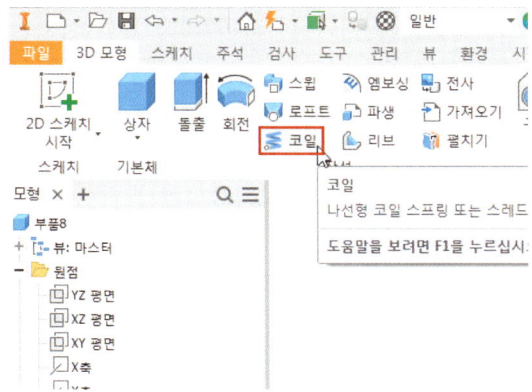

04 코일 쉐이프 탭에서 프로파일과 축을 지정한다.

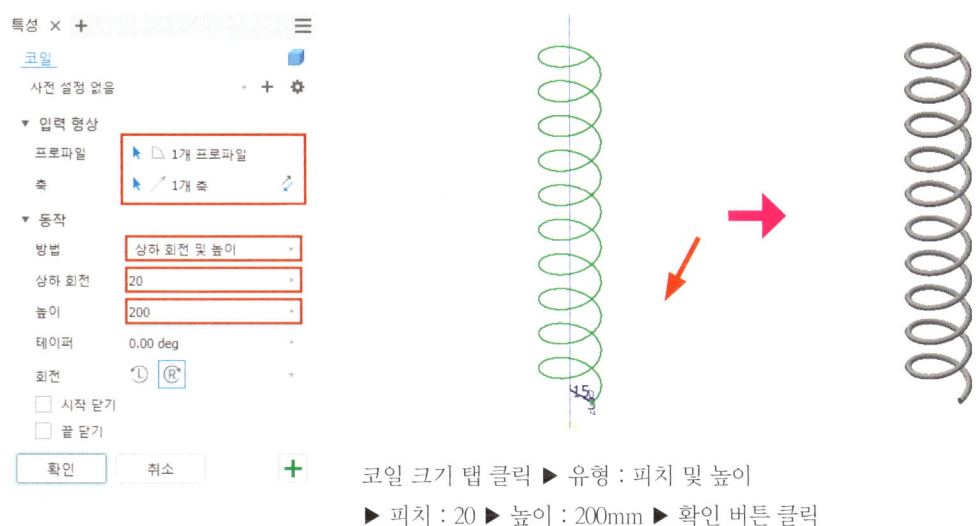

코일 크기 탭 클릭 ▶ 유형 : 피치 및 높이
▶ 피치 : 20 ▶ 높이 : 200mm ▶ 확인 버튼 클릭

어드바이스 ▶ 축을 스케치 하지 않았을 경우에는 원점 항목에 있는 X,Y,Z 기본 축을 선택한다.

PART 05

도면 작성하기

Section 1	도면 환경 알아보기	364p
Section 2	뷰 명령 알아보기	370p
Section 3	주석 명령 알아보기	388p
Section 4	시험용 템플릿 작성하기	404p
Section 5	부품도 작성하기	416p

1. 도면 환경 알아보기

전산응용기계제도기능사/산업기사/기사 실기를 위한 인벤터

도면의 기본 환경에 대해 알아보도록 하자.

Lesson 1 | 도면 시작하기

01 도면 시작하기

01 새로 만들기를 클릭해서 **Standard.idw**를 선택한 다음 작성 명령을 클릭한다.

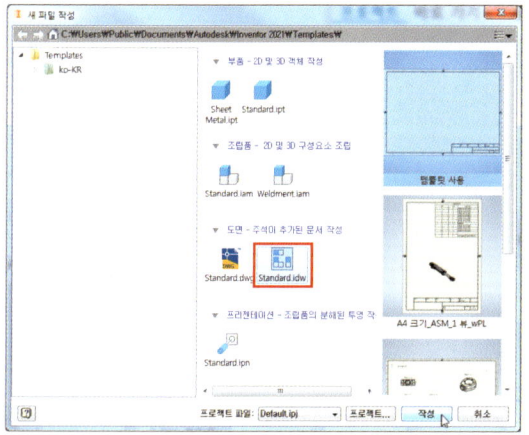

02 도면 환경이 열린다.

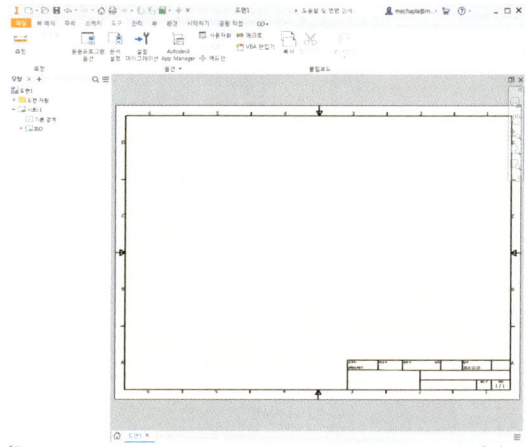

03 시트1 항목을 선택해 마우스 오른쪽 버튼을 클릭해 **시트 편집**을 클릭한다.

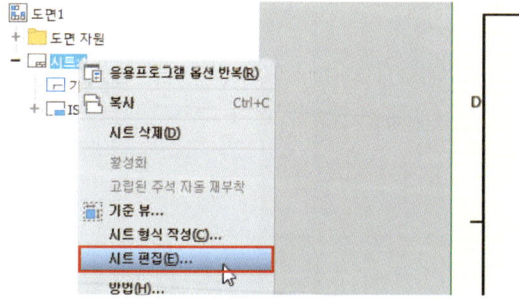

04 다음과 같이 시트 편집 항목이 열린다.

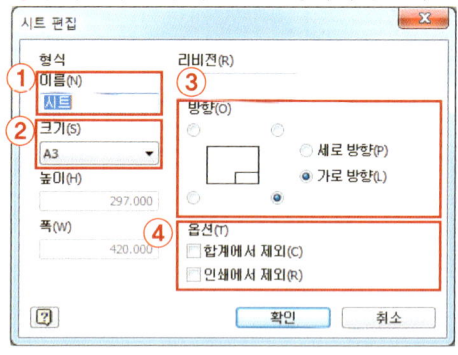

❶ **이름** : 시트의 이름을 설정한다.

❷ **크기** : 시트의 크기를 설정한다.

❸ **방향** : 용지의 방향과 제목블록의 위치를 설정한다.

❹ **옵션**

◎합계에서 제외 – 시트 번호에서 제외된다.

◎인쇄에서 제외 – 인쇄에서 제외된다.

02 도면 환경 알아보기

도면 환경에 대한 기본적인 인터페이스에 대해서 알아보도록 하자.

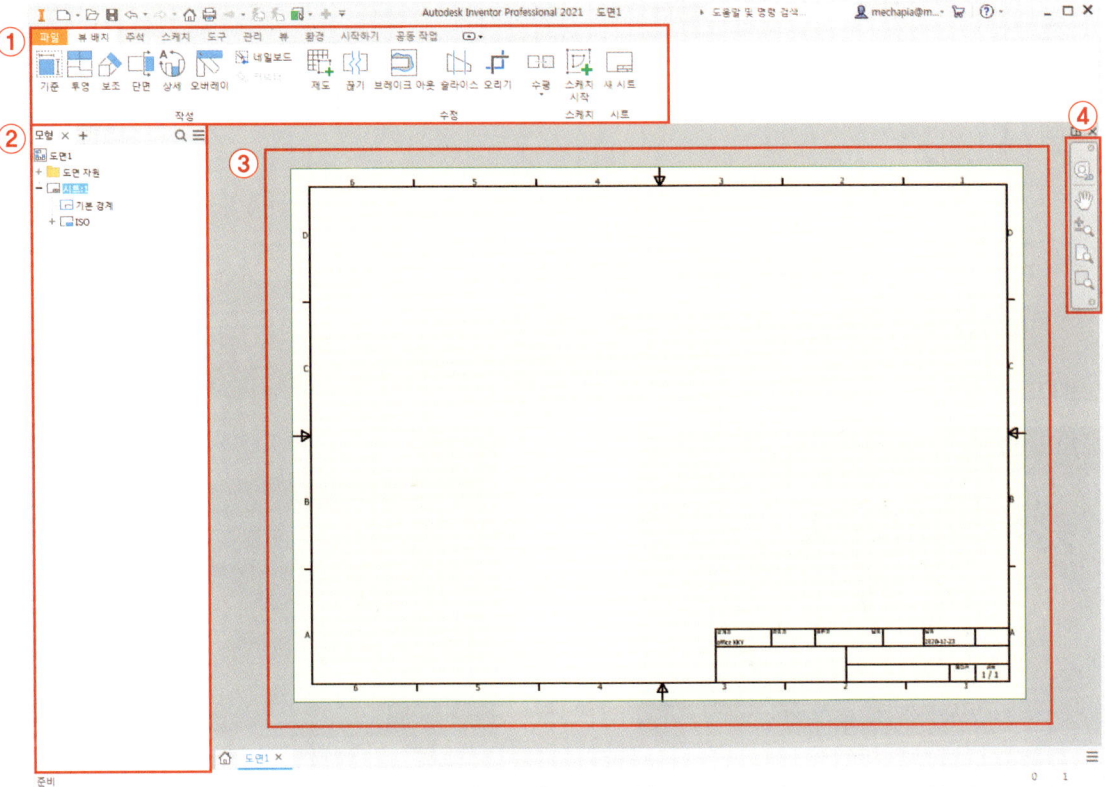

❶ **명령어 탭 화면 :** 도면에서 사용할 수 있는 명령어들이 나타나게 된다.

❷ **시트 트리 :** 도면 파일안에 포함된 시트의 리스트를 나타낸다.

❸ **작업 화면 :** 실제로 도면작업을 하는 창이다.

❹ **탐색 막대 :** 도면의 시점이동이나 화면축척에 대한 명령어가 모여 있다.

Lesson 2 | 시트의 성격에 대해서

인벤터의 도면 환경은 하나의 **파일**안에 여러 장의 **종이**가 들어있는 형태라고 보면 된다.
여기서 종이를 **시트**라고 이해하면 된다.

따라서 도면환경에서의 작업 트리는 **시트 트리**라고 불리게 된다.

 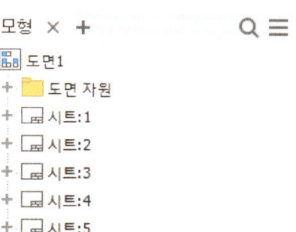

축척 관계도 시트를 중심으로 맞추어지게 된다. 오토캐드에서는 뷰의 크기에 따라 시트의 배율을 키웠지만, 인벤터에서의 도면에서는 **시트의 크기에 따라 도면뷰의 크기를 변경**하게 된다.

오토캐드의 경우 : 뷰의 크기에 맞추어 시트의 크기가 변한다.

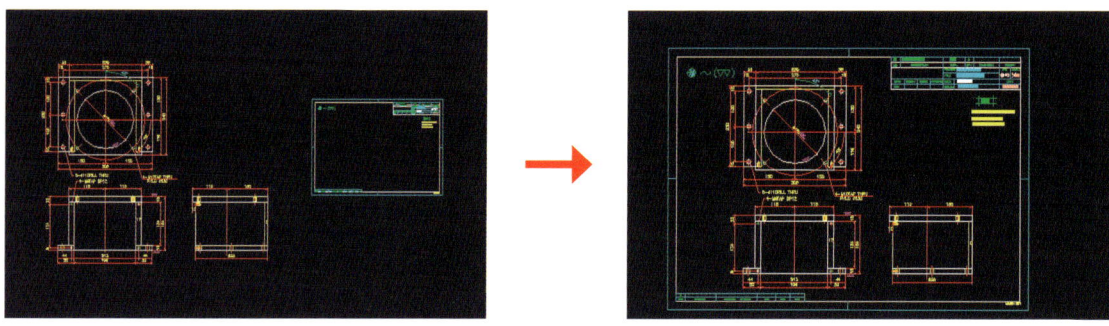

인벤터의 경우 : 시트의 크기와 시트 비율에 맞추어 뷰의 크기가 바뀐다.

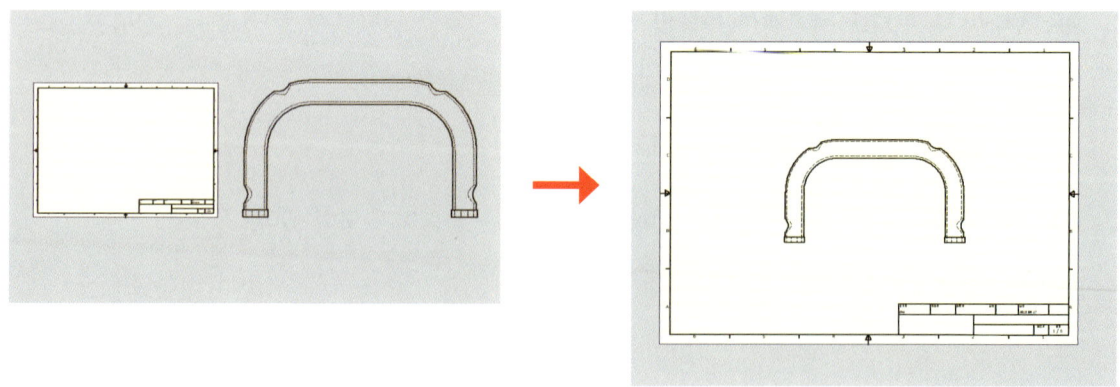

Lesson 3 | 시트 트리에 대한 소개

시트 트리는 다음과 같이

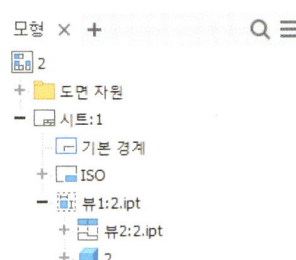

이러한 기본 형태로 되어 있다. **도면 자원** 목록 안에는 시트의 테두리 형식을 지정하는 **경계** 항목과 표제란 형식을 지정하는 **제목 블록**, 그리고 사용자가 등록해 사용할 수 있는 기호인 **스케치된 기호** 항목이 있다.
각각의 시트에는 이러한 도면 자원 항목을 삽입해서 구성되며, 기준뷰를 중심으로 그에 따라 파생된 뷰가 하위항목으로 나열되어 있다. 도면뷰의 수정이나 삭제는 이곳의 목록을 찾아서 이루어질 수 있다.

Lesson 4 | 도면 환경의 명령어 소개

01 뷰 배치

도면 작성시 부품 뷰를 작성하는 명령어들이 모여 있다.

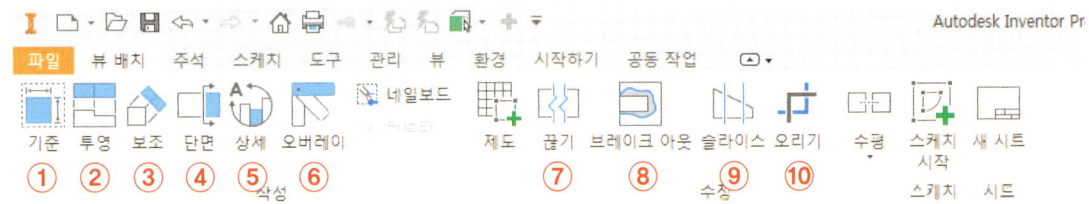

① **기준** : 도면 뷰의 가장 처음 작성하는 뷰로써, 파생되는 다른 뷰들의 기준이 된다.

② **투영** : 기준 뷰를 중심으로 수직, 수평 혹은 대각선 방향의 등각투상 형태의 파생뷰를 작성한다.

③ **보조** : 기준 뷰의 참조 모서리 혹은 스케치 선에 수직으로 배치되는 투상도를 작성한다.

④ **단면** : 절단선으로 기준뷰를 잘라서 도면의 단면도를 생성한다. 선을 다중 배치함으로써 경사 단면도도 작성할 수 있다.

⑤ **상세** : 기준뷰의 일부분에 영역을 지정하여, 그 부분만 잘라서 표시하는 뷰를 작성한다.

⑥ **오버레이** : 조립품의 위치 항목과 연동되는 뷰 명령으로써, 조립품의 여러 가지 위치에 대한 뷰를 작성한다.

⑦ **끊기** : 연속된 모양의 기준뷰를 수직, 혹은 수평 방향으로 연속된 구간을 잘라내 간략뷰로 표시한다.

⑧ **브레이크 아웃** : 기준뷰의 일부분에 영역을 지정하여, 그 부분만 단면으로 표시하는 뷰로 변경한다.

⑨ **슬라이스** : 두 개의 뷰를 준비해서 첫 번째 뷰에 연속 단면하는 선을 작성한 후 그 잘라낸 모양을 두 번째 뷰에 표시한다.

⑩ **오리기** : 기준뷰의 일부분의 영역만 제외하고, 나머지 부분을 삭제하는 방법으로 기준뷰를 변경한다.

02 주석

시트 배치와 뷰 레이아웃 명령을 제외한 모든 도면 명령어들이 모여 있다.

① **치수** : 도면뷰에 치수를 작성하는 명령이다.

② **기준선** : 여러개의 치수를 한번에 작성하는 명령으로써 누적 치수를 작성한다.

③ **세로좌표** : 원점을 지정해 그 원점을 기준으로 좌표치수를 표시한다.

④ **체인** : 여러개의 치수를 한번에 작성하는 명령으로써 연속 치수를 작성한다.

⑤ **배열** : 여러개의 치수를 선택해 서로 위치를 정렬한다.

⑥ **검색** : 모델링 매개변수 데이터를 불러와 치수로 표시한다.

⑦ **구멍 및 스레드** : 도면 뷰에 작성된 구멍 피처의 속성을 지시선 텍스트로 작성한다.

⑧ **모따기** : 모따기 피처로 작성된 치수를 작성한다.

⑨ **텍스트** : 도면에 텍스트를 작성한다.

⑩ **지시선 텍스트** : 도면에 지시선 텍스트를 작성한다.

⑪ **기호** : 용접, 모깎기, 형상공차, 데이텀 등 도면에 여러개의 주석을 배치한다.

⑫ **중심선 기호** : 선, 이등분, 중심표식, 원형패턴 등, 여러 가지 종류의 중심선을 작성한다.

⑬ **스케치 작성** : 도면뷰에 스케치를 작성한다.

⑭ **부품 리스트** : 도면에 부품 리스트를 작성한다.

⑮ **구멍** : 도면에 구멍 리스트를 작성한다.

⑯ **리비전** : 도면에 리비전 테이블을 작성한다.

⑰ **일반** : 도면에 여러 가지 종류의 테이블을 작성한다.

⑱ **품번기호/자동 품번기호** : 도면에 여러 가지 종류의 부품번호를 작성한다.

⑲ **형식** : 도면층 편집 및 스타일 속성을 표시한다.

03 탐색 막대

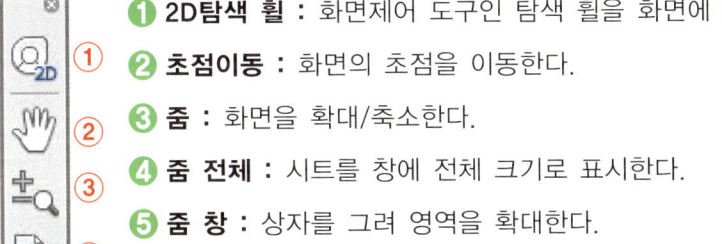

❶ **2D탐색 휠** : 화면제어 도구인 탐색 휠을 화면에 표시한다.
❷ **초점이동** : 화면의 초점을 이동한다.
❸ **줌** : 화면을 확대/축소한다.
❹ **줌 전체** : 시트를 창에 전체 크기로 표시한다.
❺ **줌 창** : 상자를 그려 영역을 확대한다.
❻ **사용자화** : 기타 명령어들을 탐색막대에 로드한다.

04 스타일 편집기

관리 탭의 스타일 편집기를 클릭해 도면에 대한 상세 옵션을 설정한다.

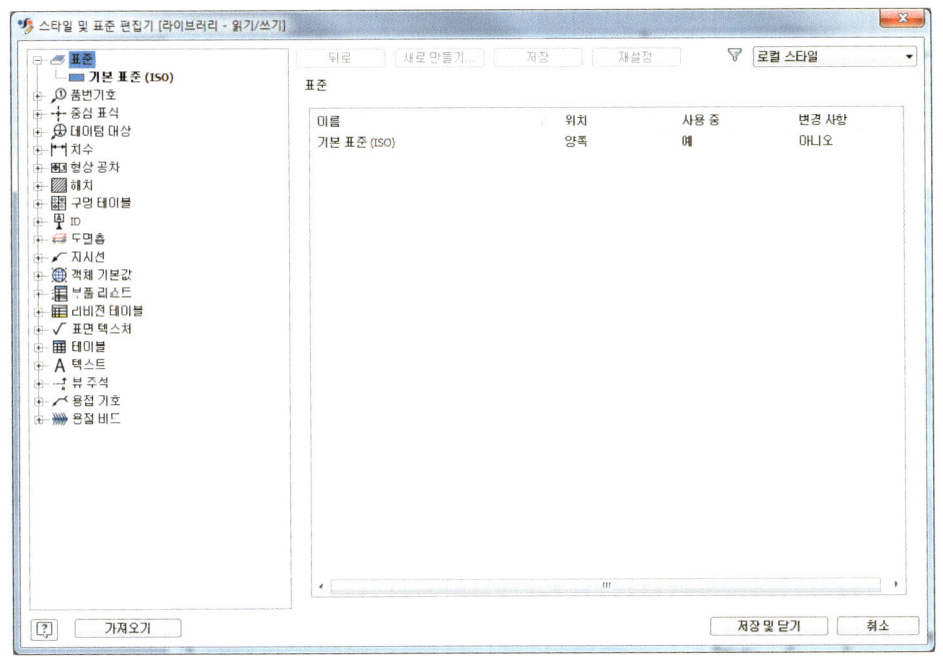

Part 05 도면 작성하기

2. 뷰 명령 알아보기

전산응용기계제도기능사/산업기사/기사 실기를 위한 인벤터

도면의 뷰 탭의 명령어들에 대해 알아보도록 하자.

Lesson 1 │ 기준 뷰

도면 뷰의 가장 기준이 되는 뷰를 작성하는 명령이다.

01 작성 방법

01 뷰 배치 탭에서 기준 명령을 클릭한다.

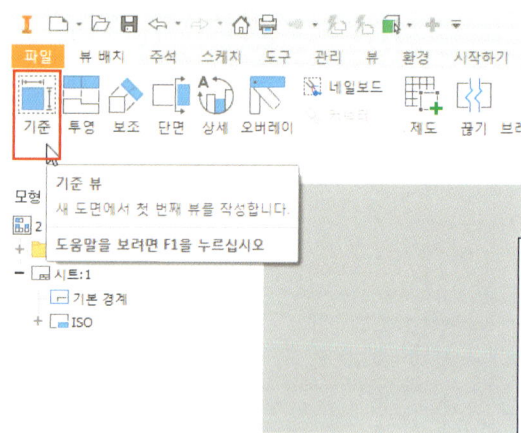

02 도면 뷰 창이 뜨게 된다.

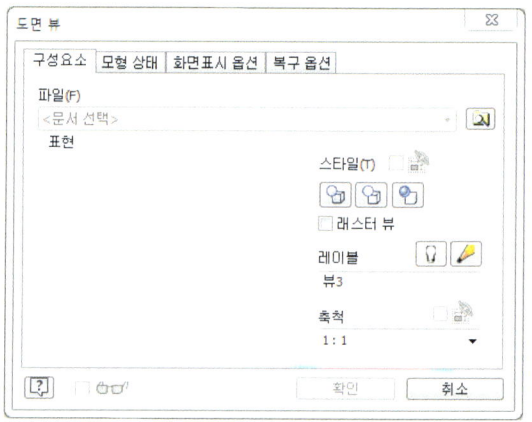

03 기존 파일 열기 버튼을 클릭한다.

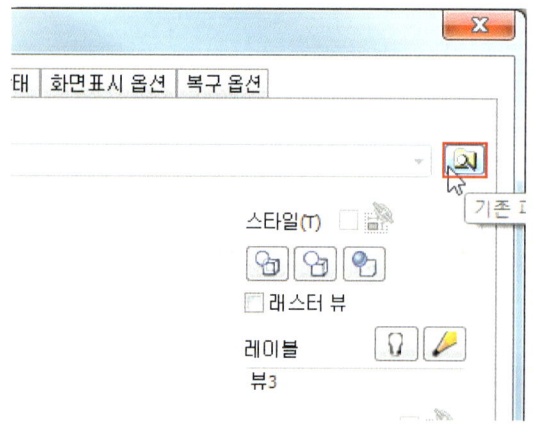

04 불러올 파일을 선택한다.

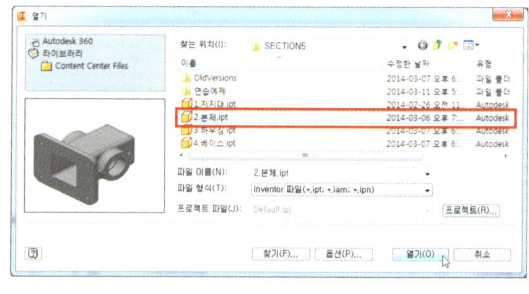

05 방향과 축척, 스타일을 선택해 클릭한다.

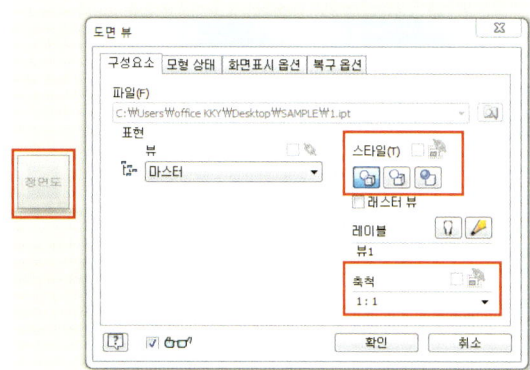

06 우측으로 커서를 움직이면 우측면도가 투영된다.

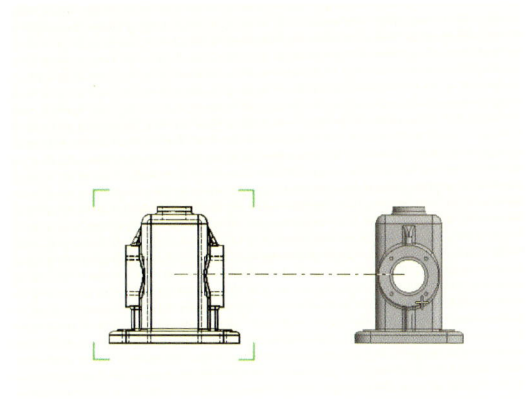

07 위로 커서를 움직이면 평면도가 투영된다.

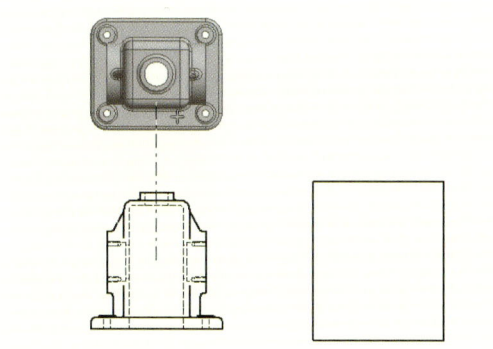

08 대각선으로 커서를 움직이면 등각투상도가 투영된다.

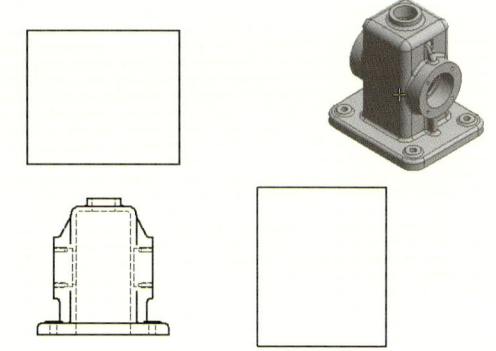

09 마우스 우측 버튼을 클릭해 작성을 클릭한다.

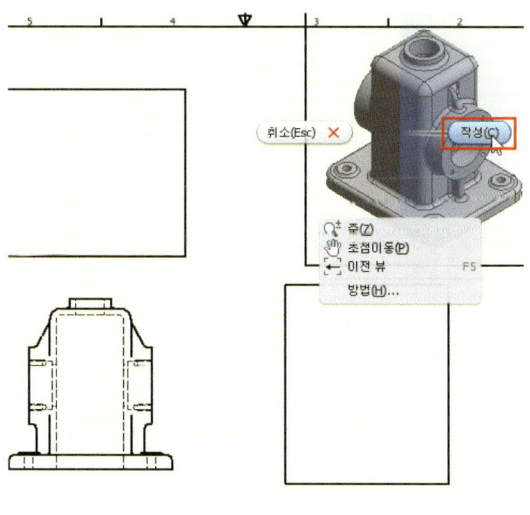

10 뷰가 작성된다.

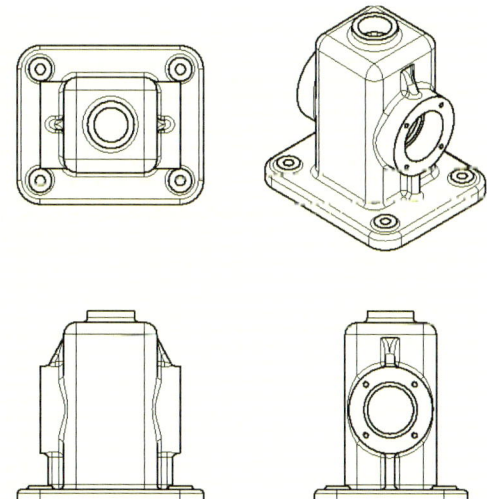

02 뷰 옵션

뷰를 선택해 마우스 우측 버튼을 클릭해 뷰 편집을 클릭한다.

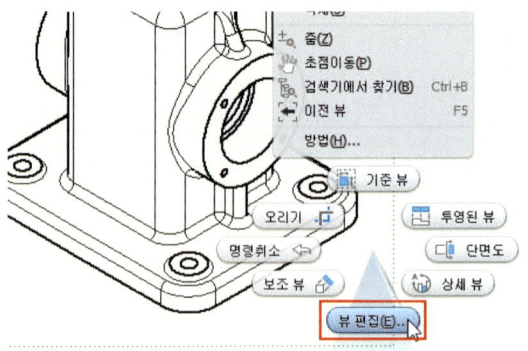

구성요소 탭 : 뷰를 불러오거나 축척, 스타일을 설정하는 탭이다.

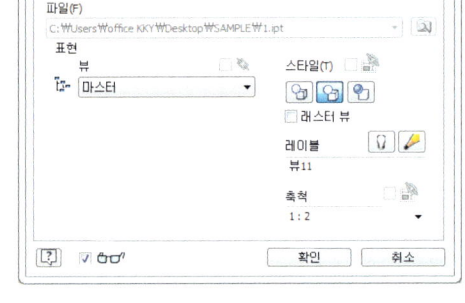

모형 상태 탭 : 도면 뷰의 세부 사항에 대해 설정하는 탭이다.

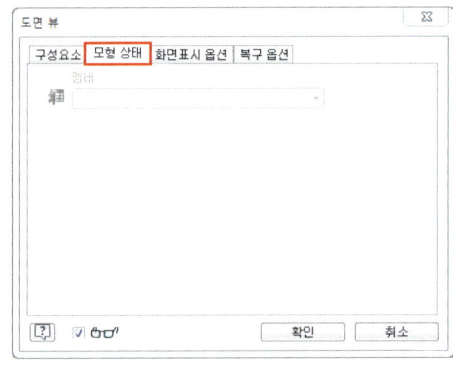

화면표시 옵션 탭 : 도면 뷰의 화면표시 설정을 하는 탭이다.

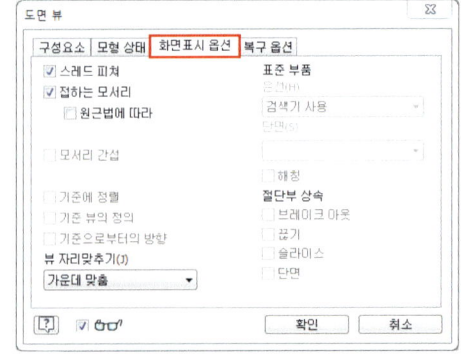

03 스타일

은선 : 뷰의 은선을 표시한다.

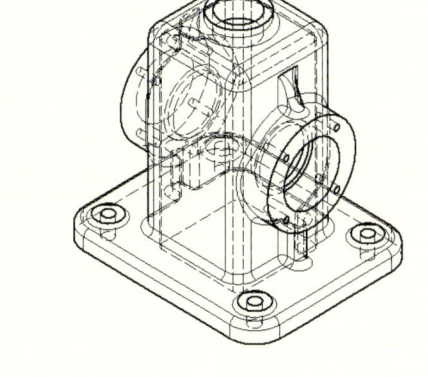

은선 제거 : 뷰의 은선을 제거한다.

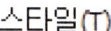

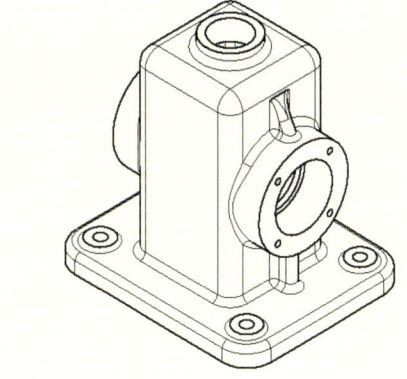

음영 처리 : 뷰에 음영 처리를 한다.

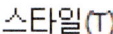

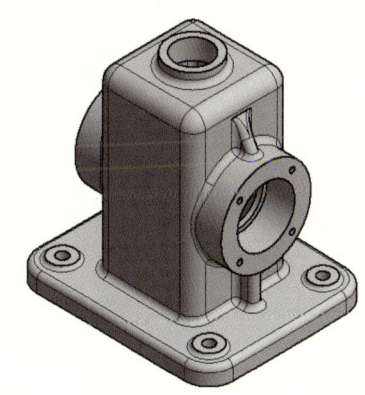

04 축척

축척 : 뷰의 축척을 결정한다. 목록에서 고를 수도 있고 직접 입력할 수도 있다.

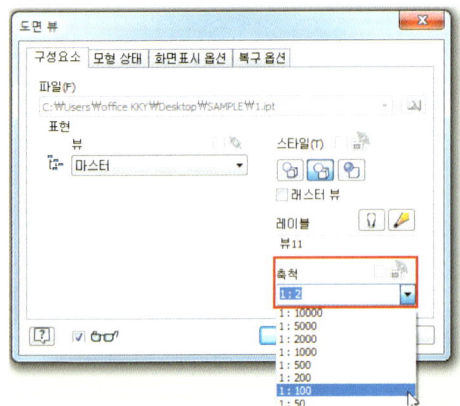
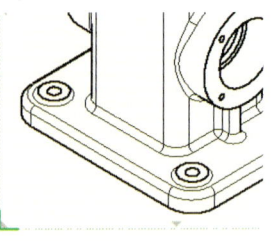

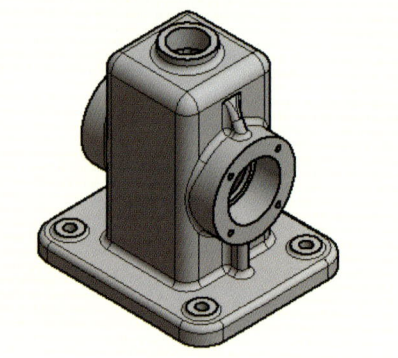

축척이 1:1일 경우

축척이 1:2일 경우

05 뷰 방향 바꾸기

01 뷰 방향 변경 버튼을 클릭한다.

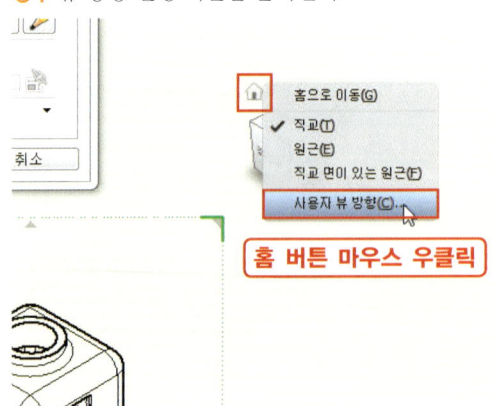

홈 버튼 마우스 우클릭

02 사용자 뷰 환경이 표시된다.

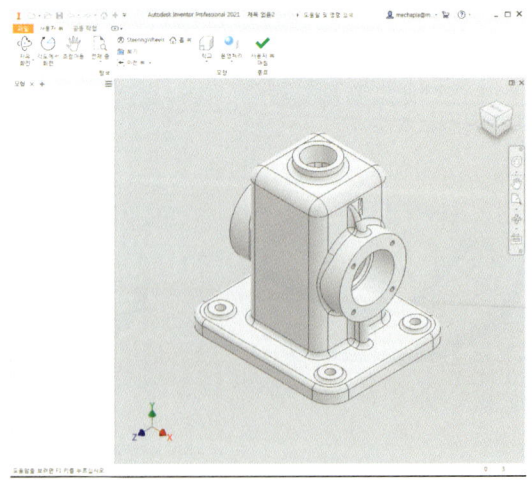

Section2. 뷰 명령 알아보기

03 뷰 모양을 설정한 후 사용자 뷰 마침 버튼을 클릭한다.

04 확인 버튼을 클릭하면 뷰의 방향이 변경된다.

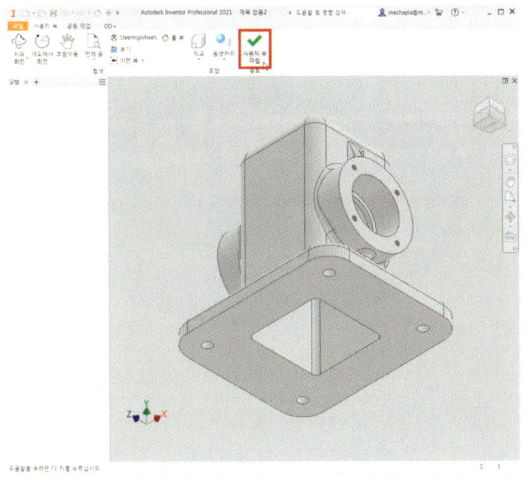
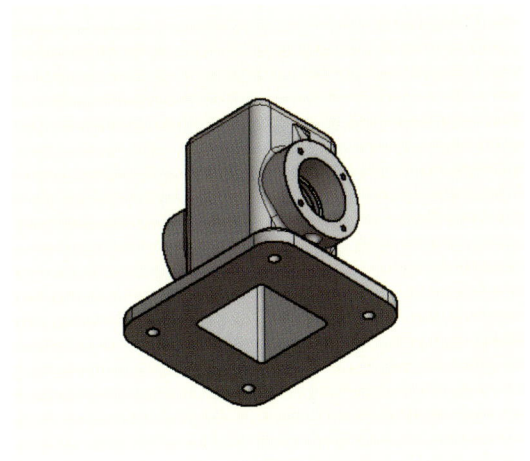

06 뷰 회전하기

01 뷰를 마우스 우측 버튼으로 클릭해 회전 명령을 클릭한다.

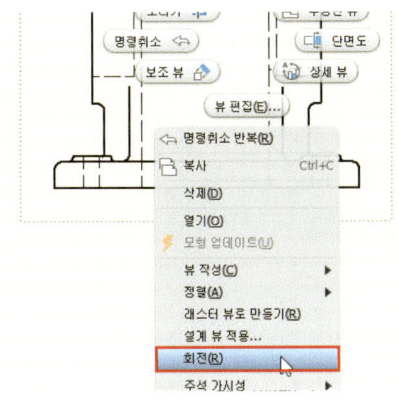

❶ **모서리-수평 옵션** : 클릭한 모서리가 수평한 방향으로 회전한다.

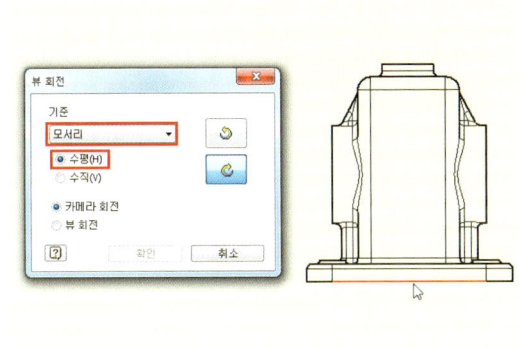

❷ **모서리-수직 옵션** : 클릭한 모서리가 수직한 방향으로 회전한다.

❸ **절대각도** : 뷰가 가지는 절대 각도값으로 회전한다.

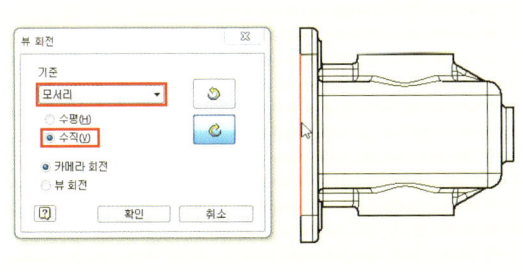
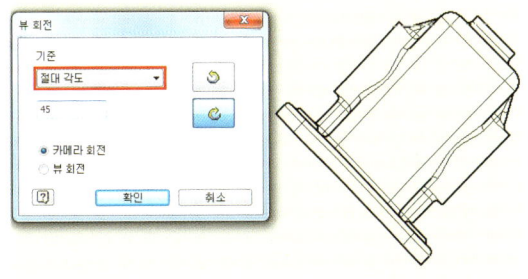

❹ **상대각도** : 현재 상태에서 증분 각도만큼 회전된다.

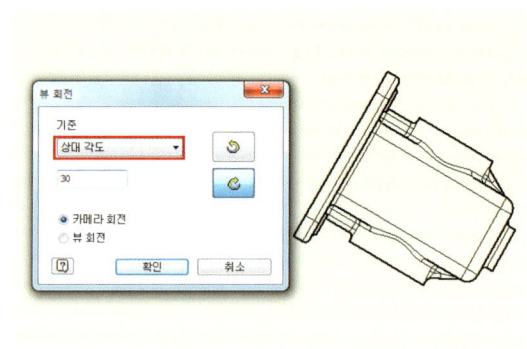

07 모서리 표시모드 바꾸기

01 화면표시 옵션 탭을 클릭한다.

02 접하는 모서리를 체크하면 가는실선이 표시된다.

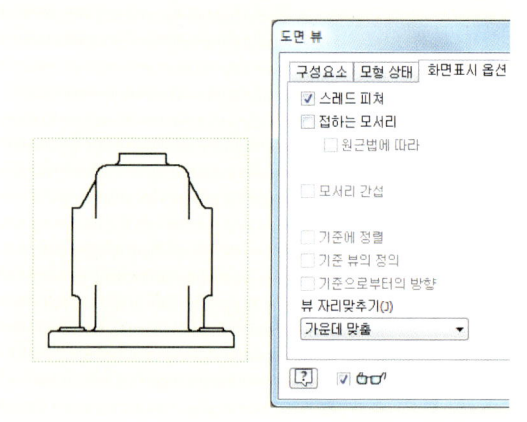

08 뷰 이름 표시하기

01 구성요소 탭에서 뷰/축척 레이블의 전구 아이콘을 클릭한다.

02 화면에 뷰 이름이 표시된다.

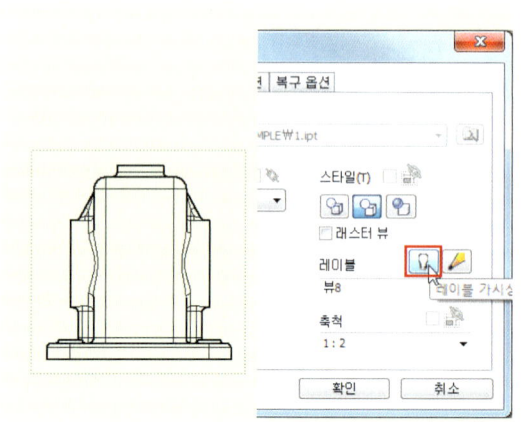
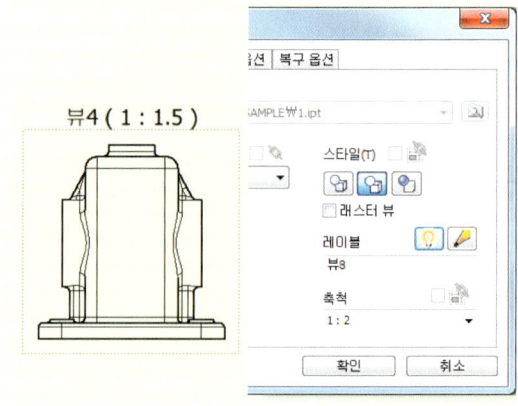

Lesson 2 | 투영 뷰

기준뷰를 투영해 보조 뷰를 작성한다.

01 작성 방법

01 뷰 배치 탭에서 투영 명령을 클릭한다.

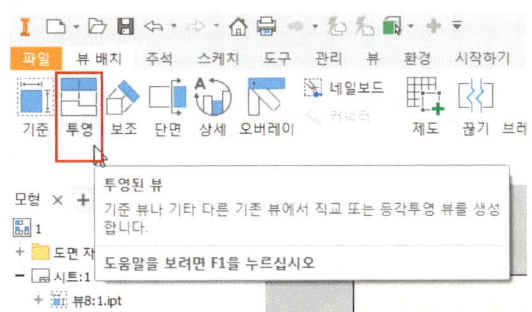

02 기준 뷰를 선택한다.

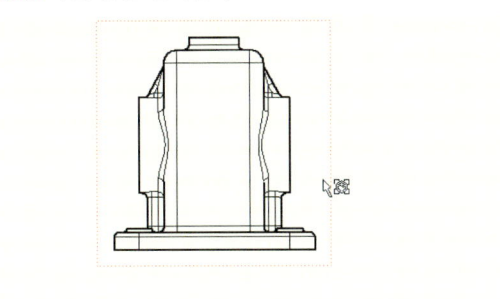

03 우측으로 움직이면 우측면도가 투영된다.

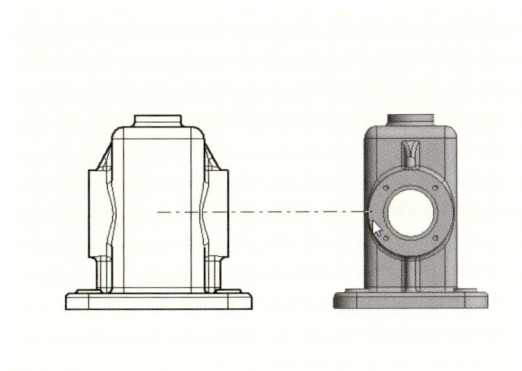

04 대각선 방향으로 움직이면 등각투상도가 투영된다.

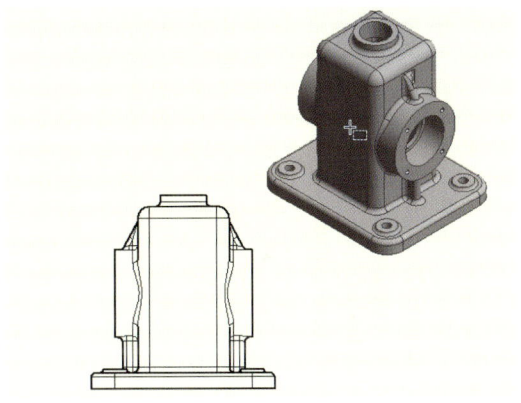

05 마우스 우측 버튼을 클릭해 작성버튼을 클릭한다.

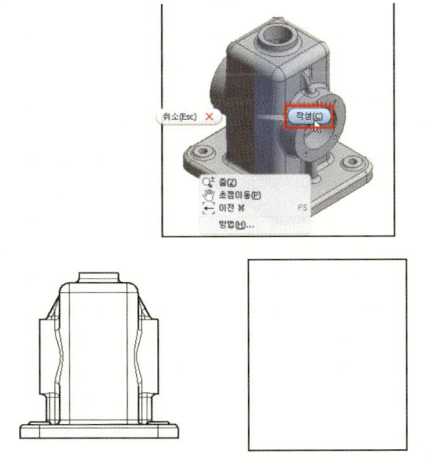

06 뷰가 작성된다.

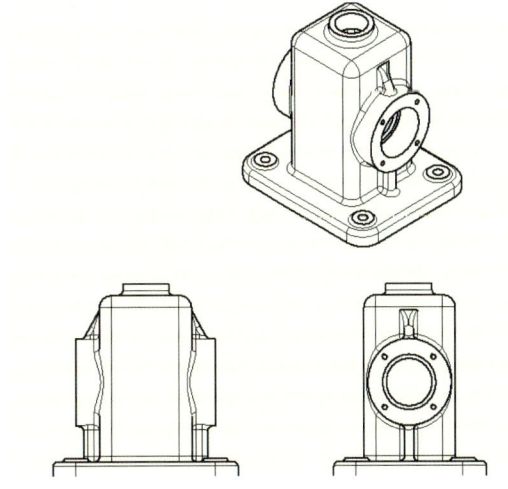

Lesson 3 | 보조 뷰

모서리, 혹은 스케치선에 직각이 되는 투영 뷰를 작성한다.

01 작성 방법

01 보조 뷰 명령을 클릭한다.

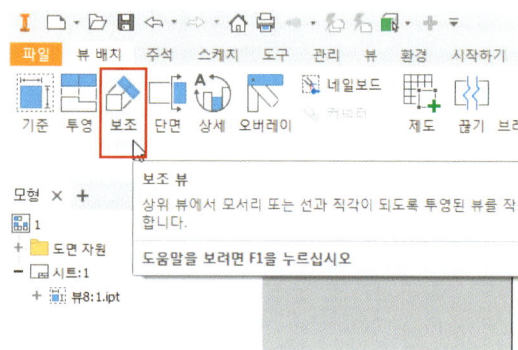

02 기준 뷰를 선택한다.

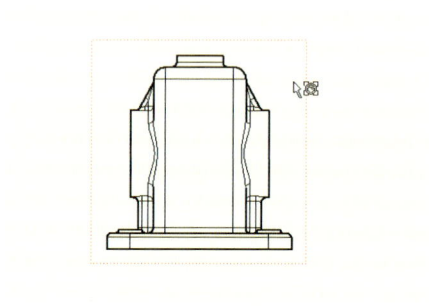

03 모서리를 선택한다.

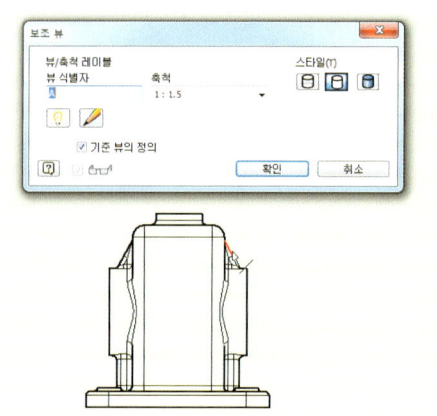

04 마우스를 움직이면 투영 뷰가 미리보기 된다.

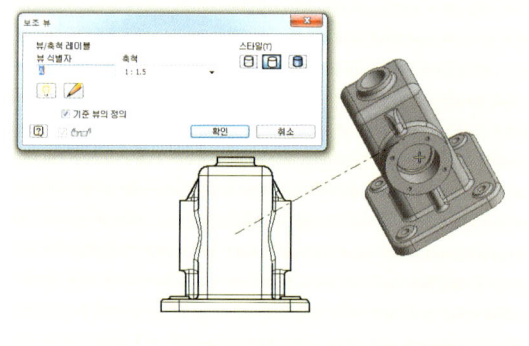

05 확인 버튼을 클릭하면 뷰가 작성된다.

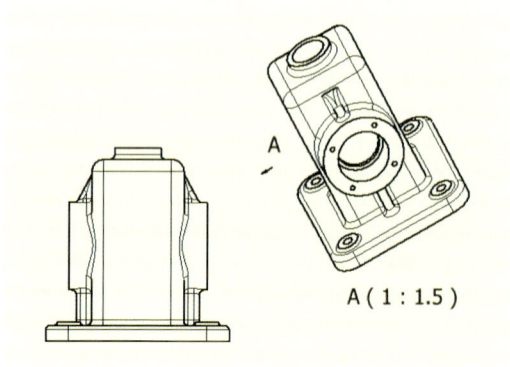

Lesson 4 ｜ 단면 뷰

선을 작성해 뷰를 잘라낸 모양으로 표시한다.

01 작성 방법

01 단면 뷰 명령을 클릭한다.

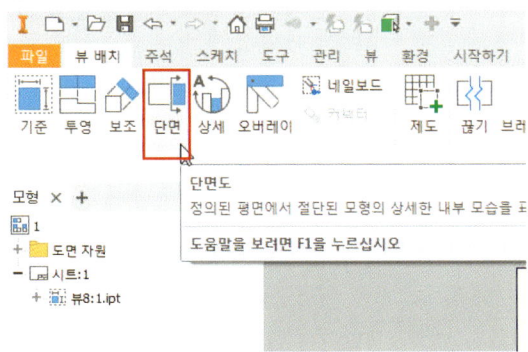

02 기준 뷰를 선택한다.

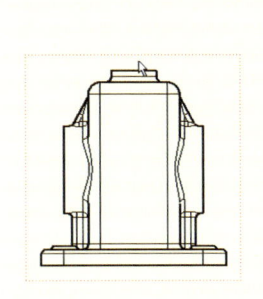

03 마우스 커서가 선 작성 상태로 변하면 첫 번째 점을 선택한다.

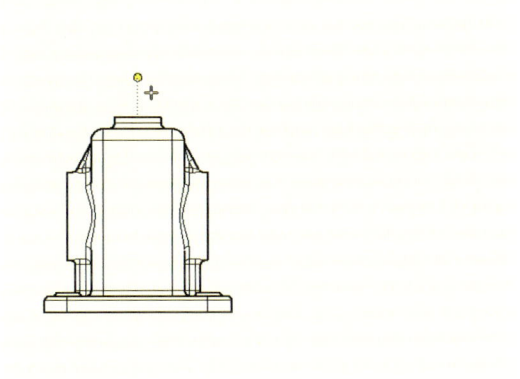

04 두 번째 점을 선택해 선을 작성한다.

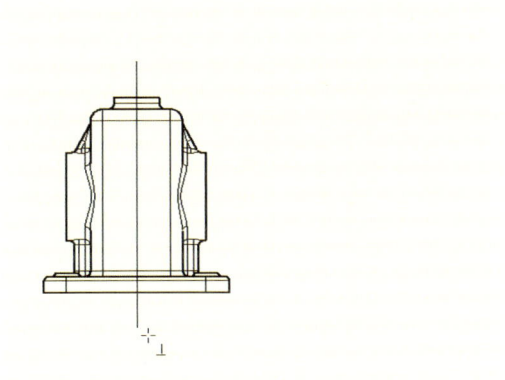

05 마우스 우측 버튼을 클릭해 계속을 클릭한다.

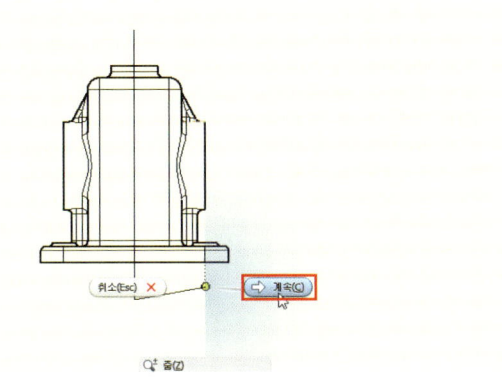

06 마우스를 움직이면 단면 뷰가 투영된다.

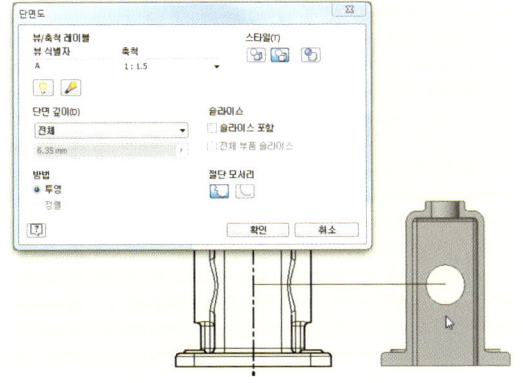

Part 05 **도면 작성하기**

07 확인 버튼을 클릭하면 단면 뷰가 생성된다.

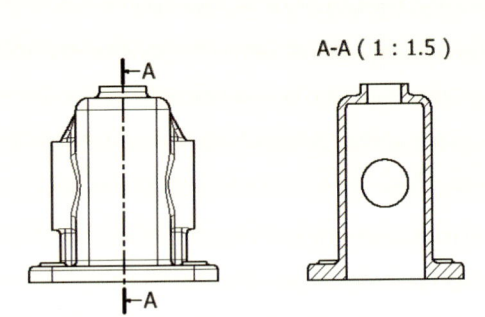

02 계단 단면 뷰 작성하기

01 단면뷰 명령을 클릭해다음과 같이 다중 선을 작성한다.

02 계속 버튼을 클릭하면 단면뷰가 투영된다.

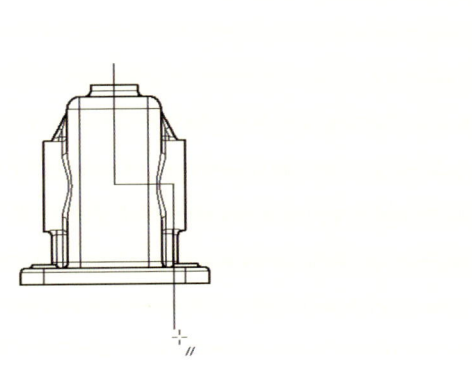

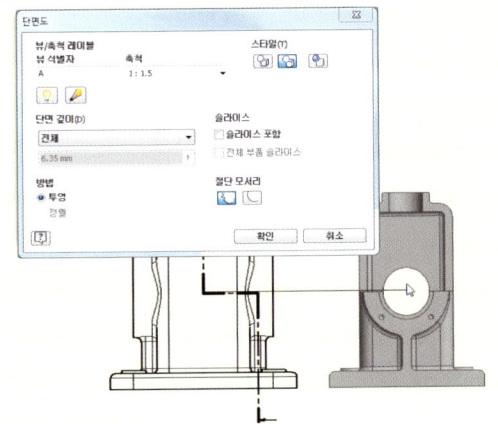

03 확인 버튼을 클릭하면 단면 뷰가 생성된다.

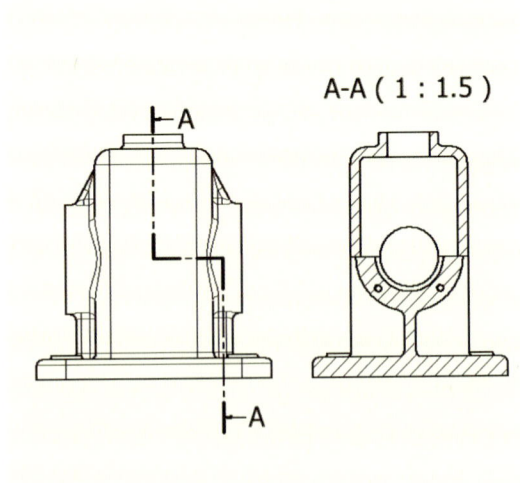

Section2. 뷰 명령 알아보기

03 전개 방법 설정하기

01 계단 단면뷰를 마우스 우측 버튼으로 클릭해 단면 특성 편집을 클릭한다.

02 방법을 정렬로 바꾼다.

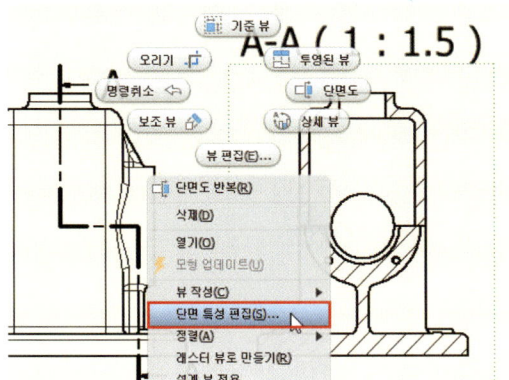
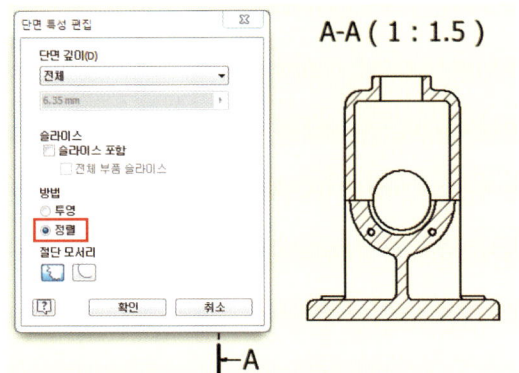

03 확인 버튼을 클릭하면 계단 단면뷰가 정렬 상태로 전환된다.

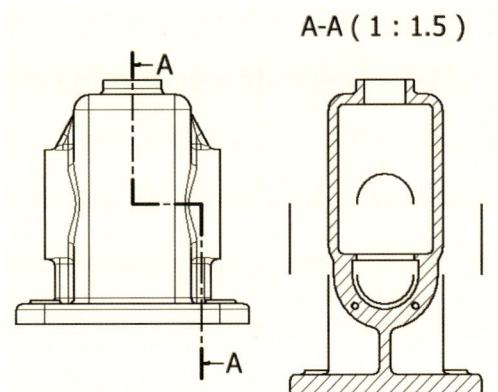

Lesson 5 | 상세 뷰

영역을 선택해 확대된 뷰를 작성한다.

01 작성 방법

01 상세 뷰 명령을 클릭한다.

02 기준 뷰를 선택한다.

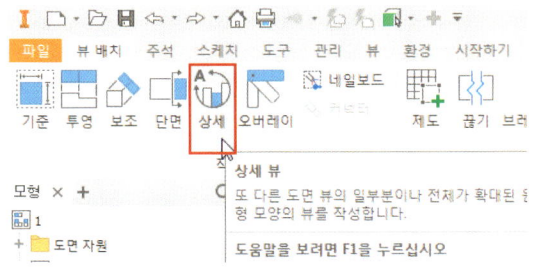
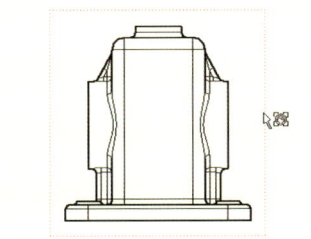

03 원 작성 모드로 자동 전환되면 확대할 영역을 원으로 그린다.

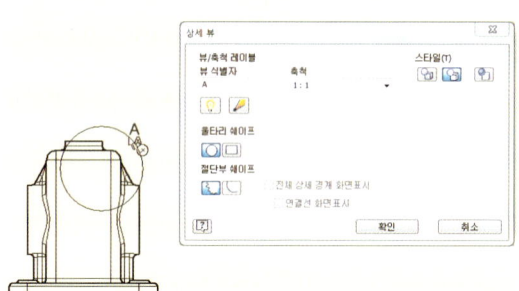

04 마우스를 움직여서 상세 뷰가 미리보기가 되면 확인 버튼을 클릭한다.

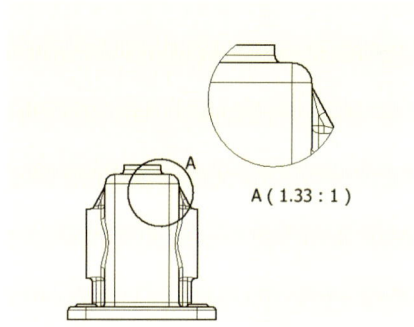

05 상세 뷰를 마우스 우측 버튼으로 클릭해 전체 상세 경계를 클릭하면 경계가 표시된다.

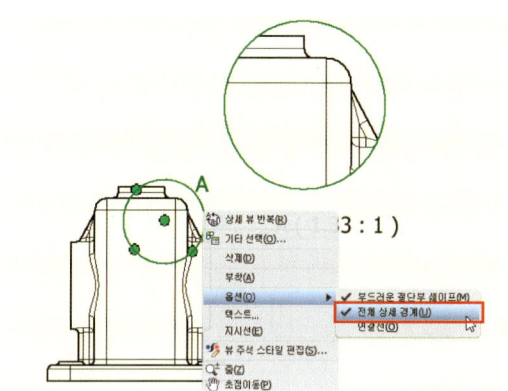

06 연결선을 클릭하면 기준뷰와 상세뷰가 연결된다.

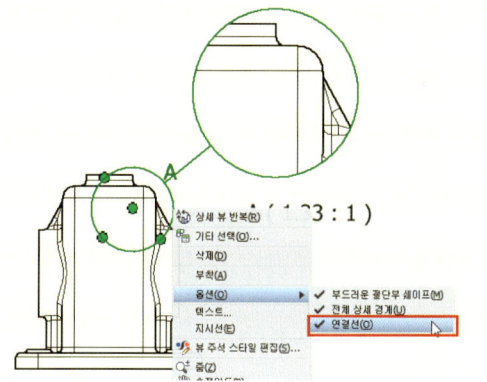

Lesson 6 ┃ 끊기 뷰

연속된 뷰를 절단해 단순하게 표시하는 뷰를 작성한다.

01 작성 방법

01 끊기 뷰 명령을 클릭한다.

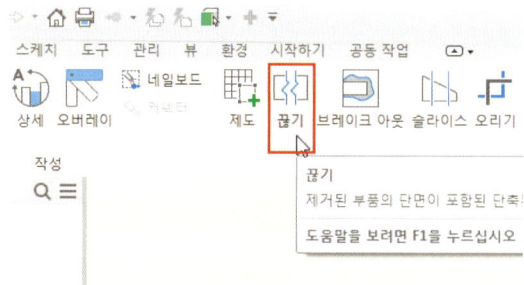

02 기준 뷰를 선택한다.

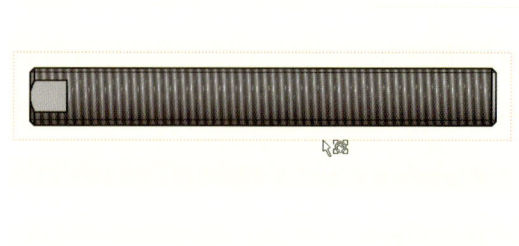

03 절단한 첫 번째 시작점을 선택한다.

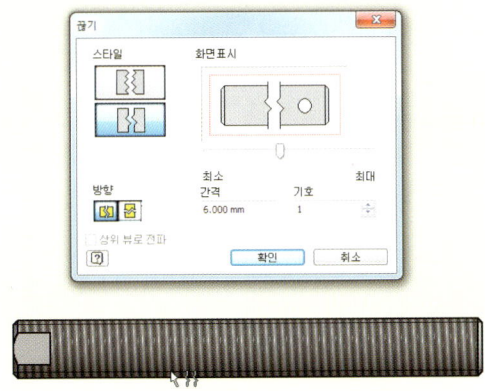

04 두 번째 점을 선택한다.

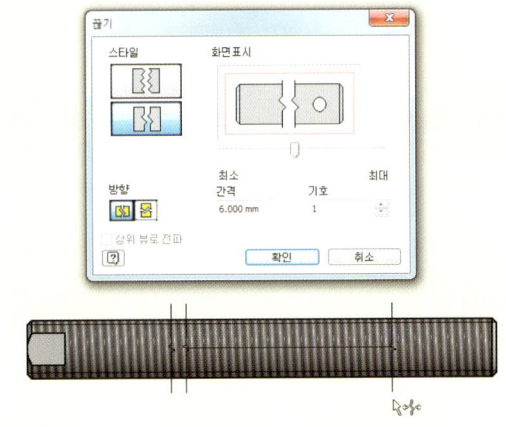

05 확인 버튼을 클릭하면 절단 뷰가 생성된다.

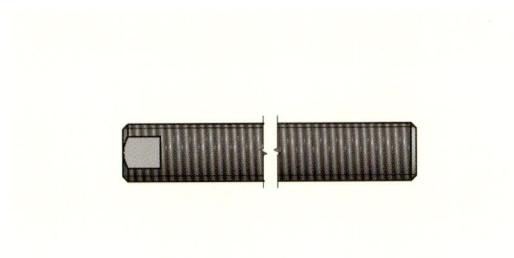

02 끊기 거리 조절하기

01 끊기 뷰 마크 점을 선택한다.

02 오른쪽으로 드래그하면 절단 영역이 오른쪽으로 이동한다.

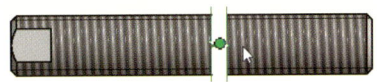

03 왼쪽으로 드래그하면 절단 영역이 왼쪽으로 이동한다.

Lesson 7 | 브레이크 아웃 뷰

닫힌 프로파일 영역을 부분 제거해서 브레이크 아웃 뷰 상태를 작성한다.

01 작성 방법

01 뷰를 선택한 다음 스케치 작성을 클릭한다.

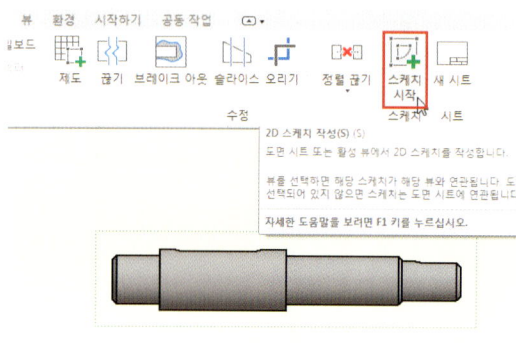

02 폐곡선 영역의 프로파일을 작성한다.

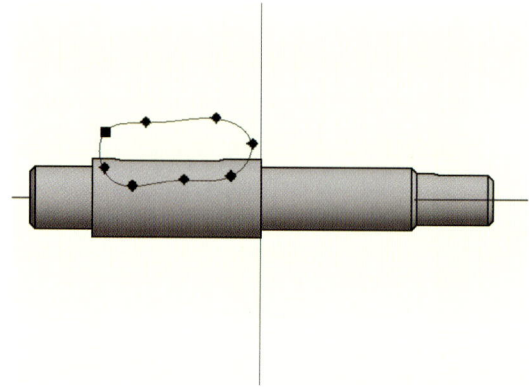

03 브레이크 아웃 명령을 클릭한다.

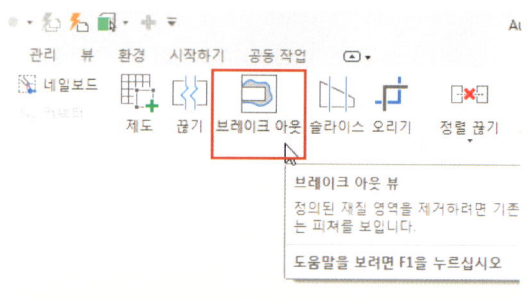

04 스케치 뷰가 포함된 뷰를 선택한다.

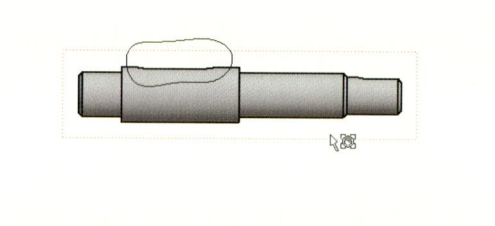

05 프로파일이 자동 선택되면 자를 끝단에 포함된 모서리 점을 선택하거나 깊이 거리를 입력한다.

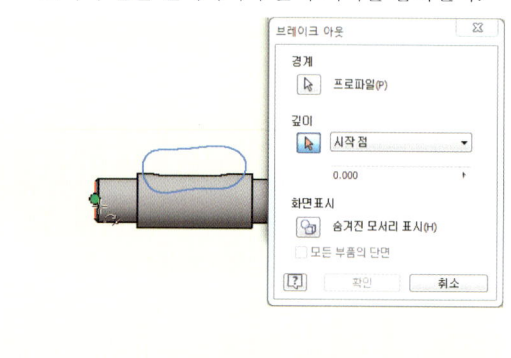

06 확인 버튼을 클릭한다.

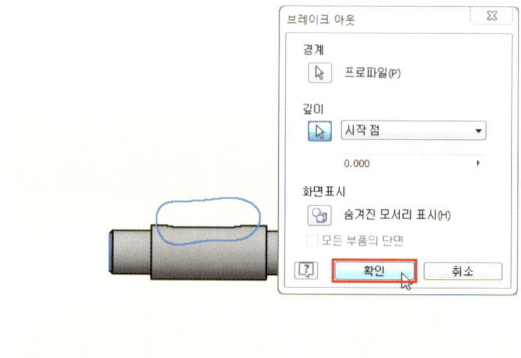

07 브레이크 아웃 뷰가 작성된다.

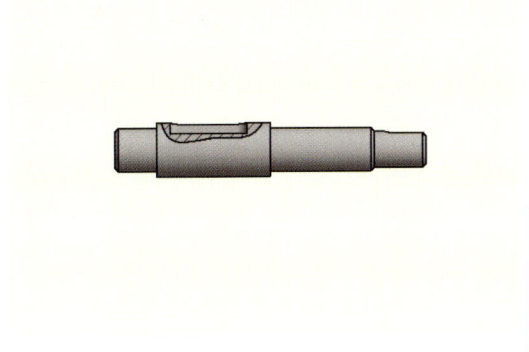

Lesson 8 | 오리기 뷰

불필요한 부분을 제거한 뷰를 작성한다.

01 작성 방법

01 오리기 뷰 명령을 클릭한다.

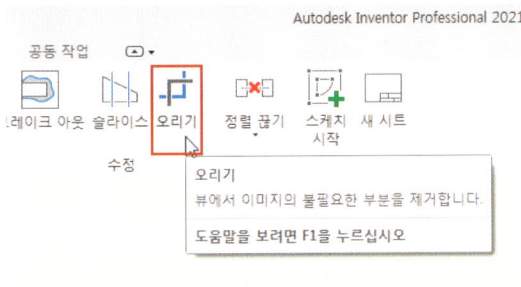

02 기준 뷰를 선택한다.

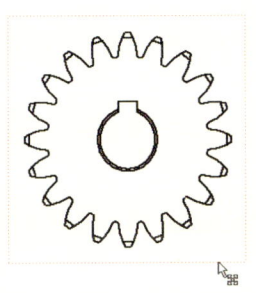

03 사각형 작성 모드로 변하면 다음과 같이 잘라낼 구간을 사각형으로 선택한다.

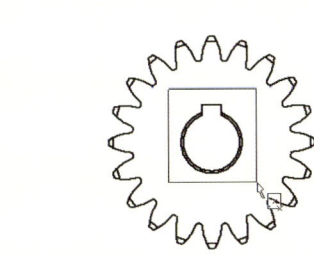

04 뷰가 잘라내기가 된다.

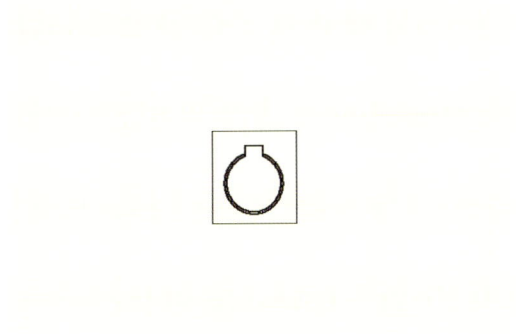

02 절단선 삭제하기

01 뷰 트리의 오리기 항목을 마우스 우측 버튼으로 클릭해 오리기 절단선 화면표시를 클릭한다.

02 절단선이 표시 해제된다.

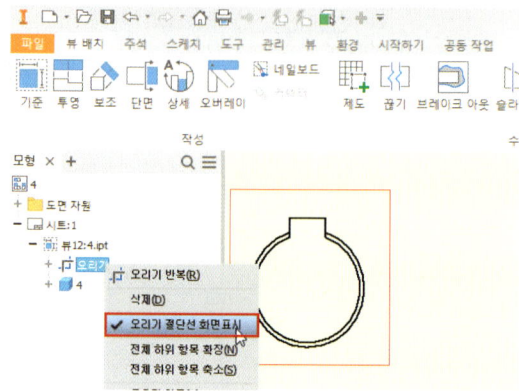
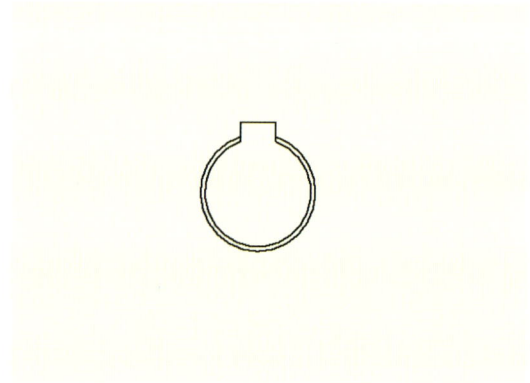

Lesson 9 | 뷰의 정렬/끊기

01 정렬 끊기

01 기준 뷰를 움직이면 투영뷰들이 기본적으로 다음과 같이 정렬이 되어 있다.

02 투영 뷰를 선택해 정렬 끊기 명령을 클릭한다.

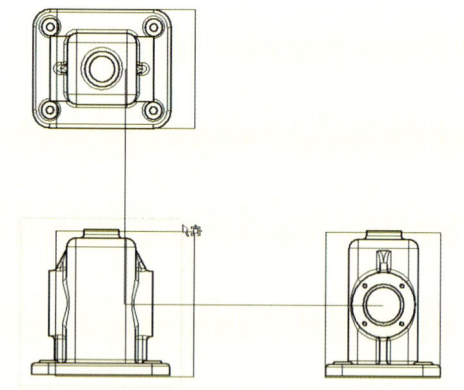
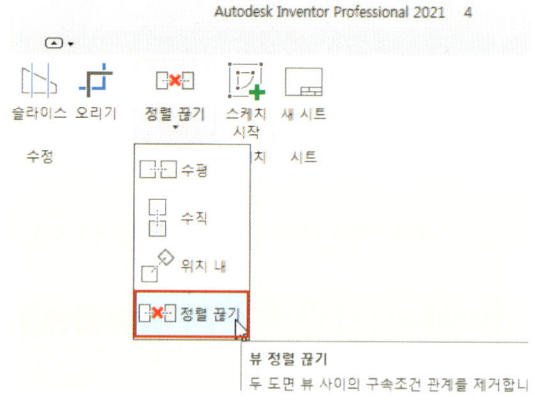

03 뷰의 정렬이 풀리면서 다음과 같이 표시된다.

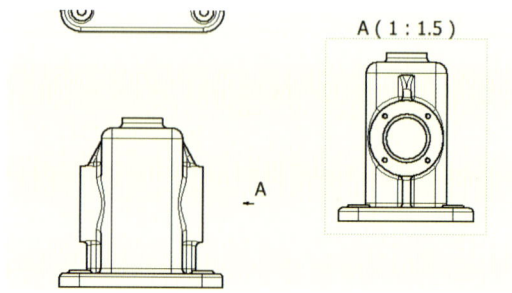

02 끊어진 뷰 정렬하기

01 수평 정렬 명령을 클릭한다.

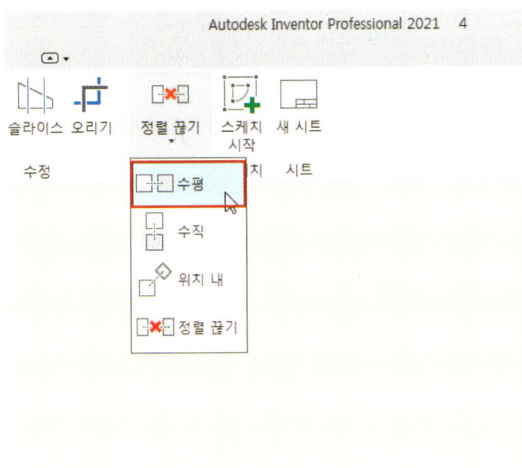

02 정렬이 끊어진 투영 뷰를 선택한다.

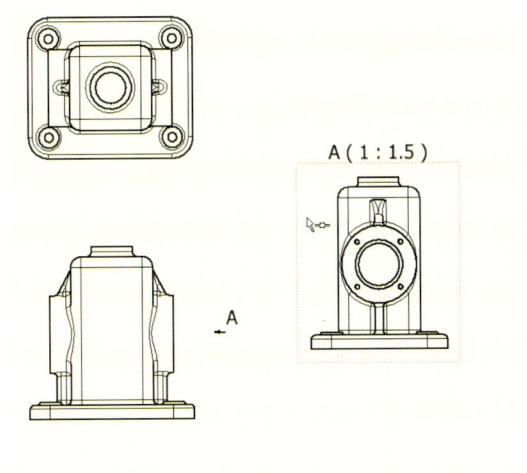

03 기준 뷰를 선택한다.

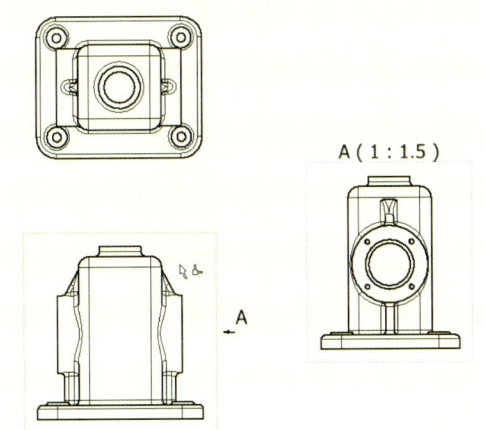

04 투영뷰가 기준뷰에 대해 다시 정렬된다.

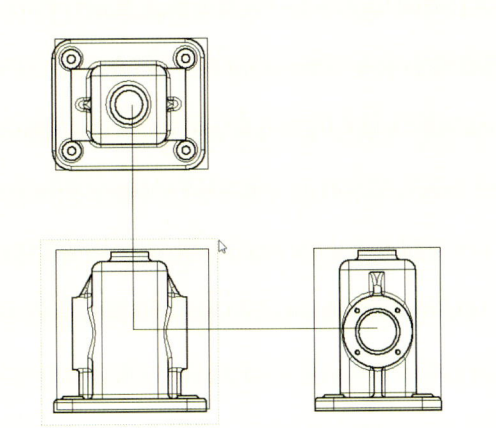

Part 05 도면 작성하기

3. 주석 명령 알아보기

전산응용기계제도기능사/산업기사/기사 실기를 위한 인벤터

주석 명령에 대해 알아보도록 하자.

Lesson 1 | 치수

도면 뷰에 치수를 작성하는 명령이다.

01 작성 방법

01 주석 탭에서 치수 명령을 클릭한다.

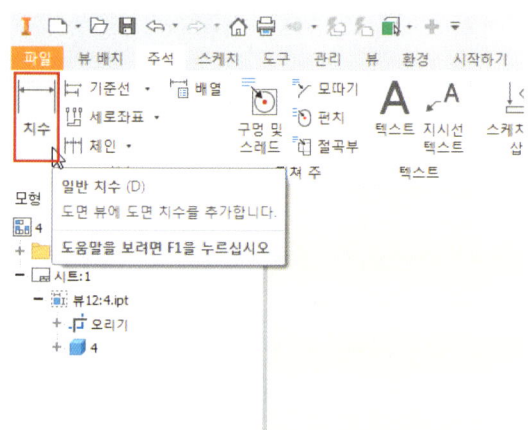

02 첫 번째 모서리를 선택한다.

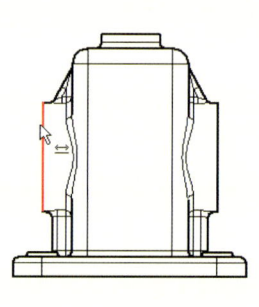

03 두 번째 모서리를 선택한다.

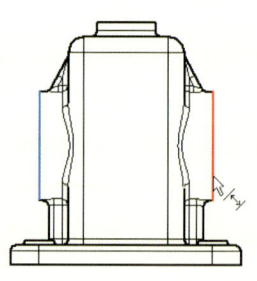

04 치수가 작성된다.

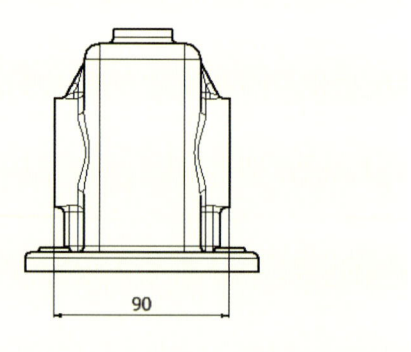

> **어드바이스** ▶ 치수 작성 방법은 기본적으로 스케치 환경에서와 동일하다.

Lesson 2 | 기준선 치수

축척 치수를 작성하는 명령이다.

01 기준선

01 기준선 명령을 클릭한다.

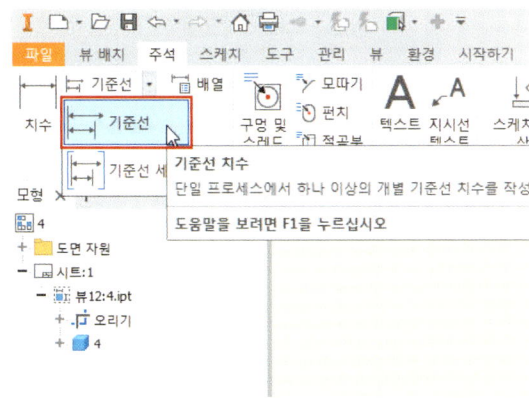

02 뷰의 모서리들을 선택한다.

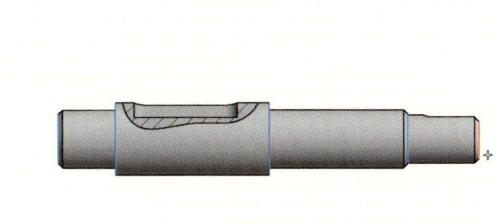

03 마우스 우측 버튼을 클릭해 계속을 클릭한다.

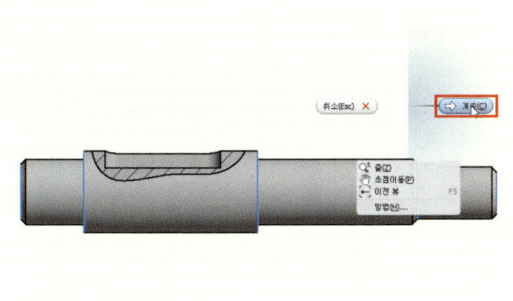

04 마우스를 위로 움직이면 치수가 표시된다.

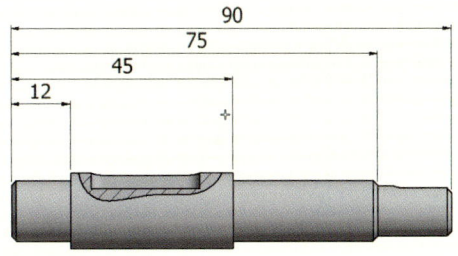

05 마우스 우측 버튼을 클릭해 작성 버튼을 클릭하면 기준선 치수가 작성된다.

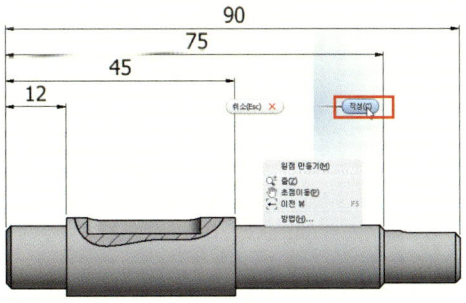

02 기준선 세트

01 기준선 세트 명령을 클릭한다.

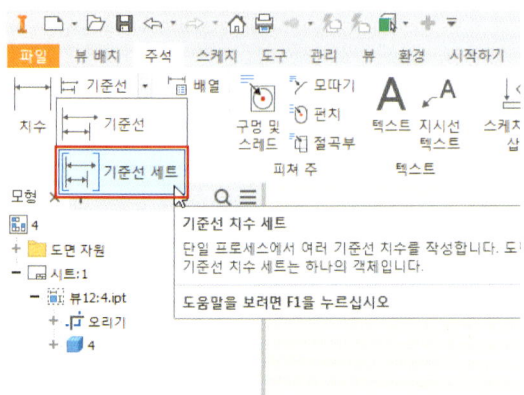

02 뷰의 모서리들을 선택한다.

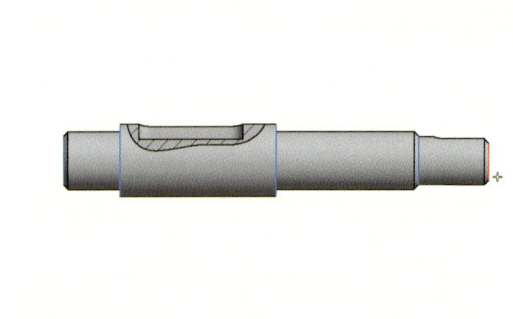

03 마우스 우측 버튼을 클릭해 계속을 클릭한다.

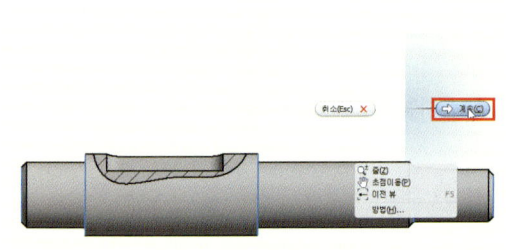

04 마우스를 위로 움직이면 치수가 표시된다.

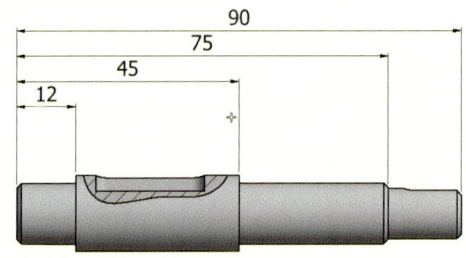

05 마우스 우측 버튼을 클릭해 작성 버튼을 클릭하면 기준선 치수가 작성된다.

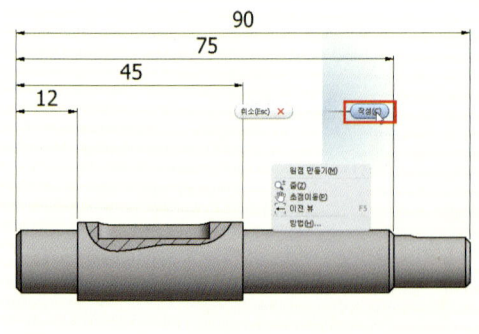

06 기준선 세트는 다음과 같이 작성된 치수들이 세트로 선택되고 제어된다.

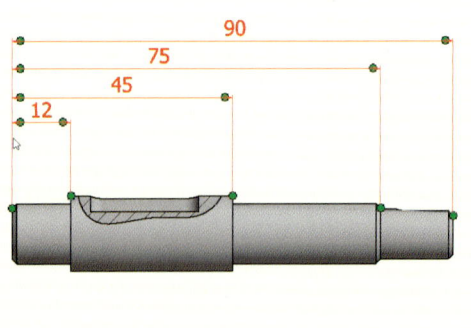

Lesson 3 | 체인 치수

연속 치수를 작성하는 명령이다.

01 체인

01 뷰 배치 탭에서 기준 명령을 클릭한다.

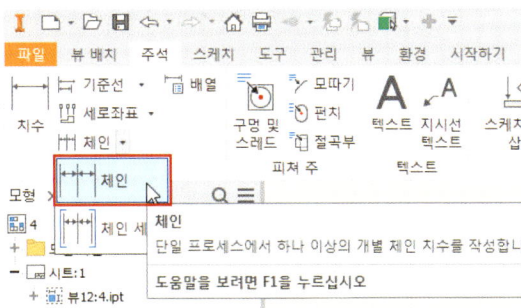

02 뷰의 모서리들을 선택해서 마우스 우측 버튼을 클릭해 계속을 클릭한다.

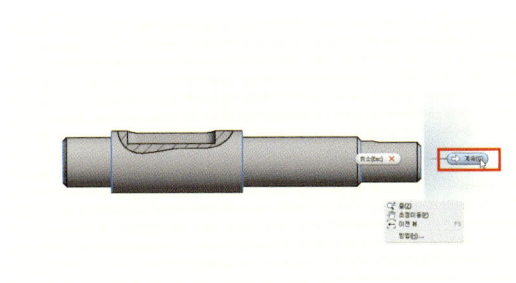

03 마우스를 위로 움직이면 치수가 표시된다.

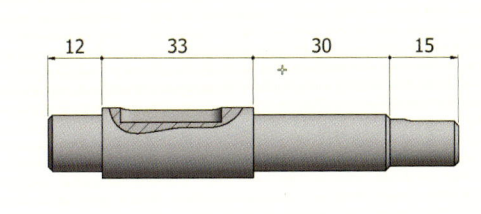

04 마우스 우측 버튼을 클릭해 작성 버튼을 클릭하면 체인 치수가 작성된다.

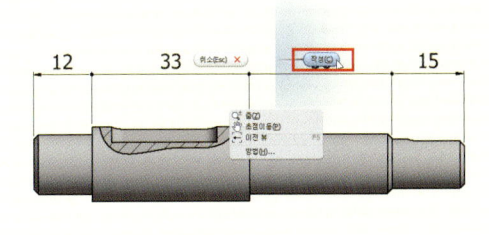

02 체인 세트

01 체인 세트 명령을 클릭한다.

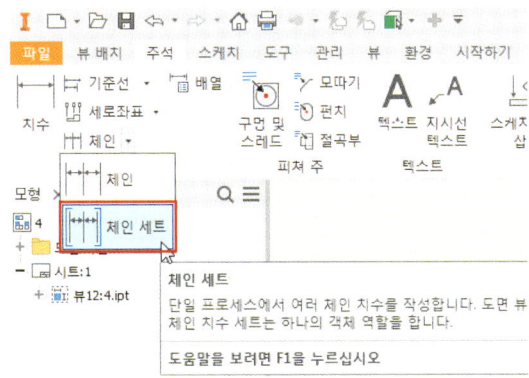

02 작성 방법은 체인 명령과 동일하지만 다음과 같이 작성된 치수들이 세트로 선택되고 제어된다.

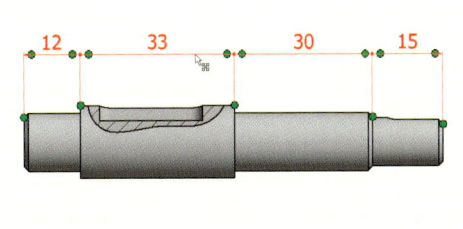

Part 05 도면 작성하기

Lesson 4 | 구멍 및 스레드

구멍에 포함된 속성을 주석으로 표시한다.

01 작성 방법

01 구멍 및 스레드 명령을 클릭한다.

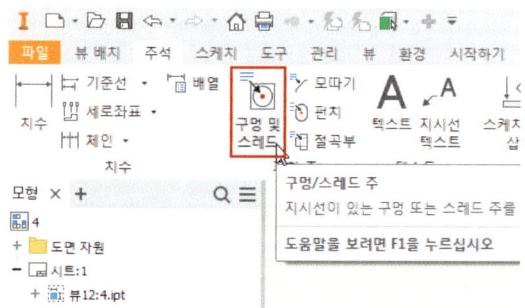

02 구멍 모서리를 클릭한다.

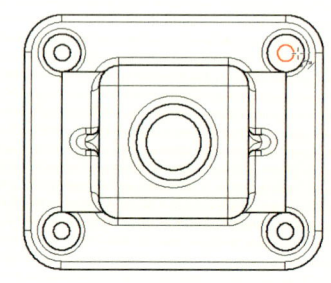

03 마우스를 움직이면 구멍 주석이 지시선으로 표시된다. 클릭하면 작성이 완료된다.

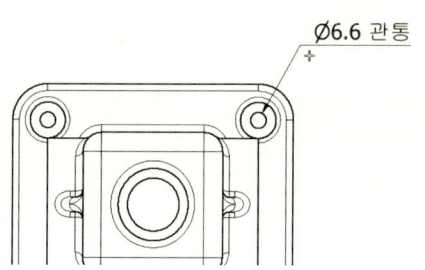

Lesson 5 | 모따기 치수

모따기 치수를 작성하는 명령이다.

01 작성 방법

01 모따기 명령을 클릭한다.

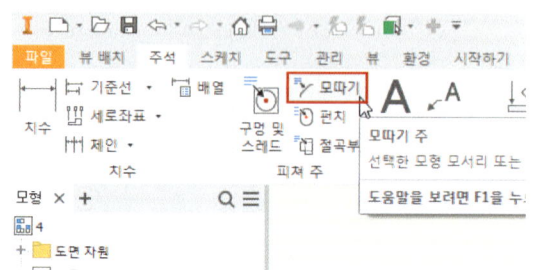

02 모따기 모서리를 클릭한다.

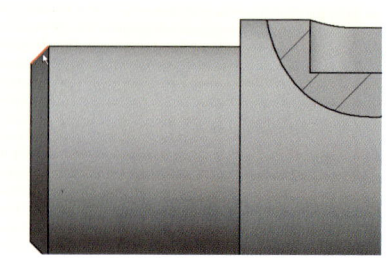

Section3.주석 명령 알아보기

03 옆의 보조 모서리를 클릭한다.

04 마우스를 움직이면 모따기 치수가 미리보기가 된다.

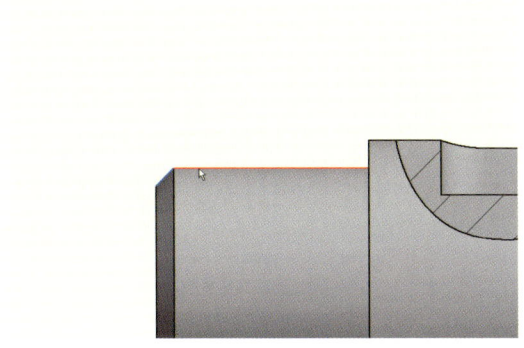

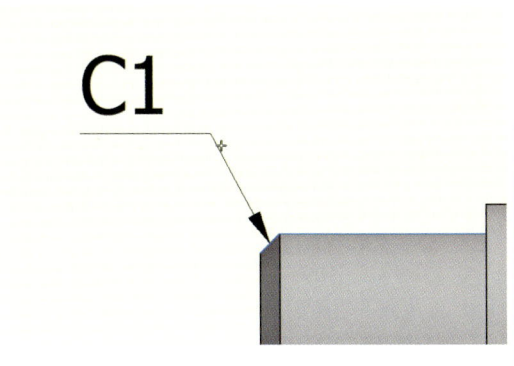

05 클릭하면 모따기 치수가 작성된다.

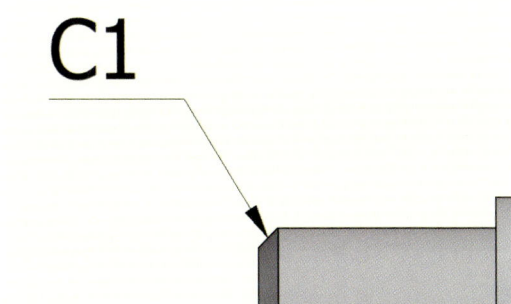

Lesson 6 | 텍스트

도면에 텍스트를 작성하는 명령이다.

01 텍스트

01 텍스트 명령을 클릭한다.

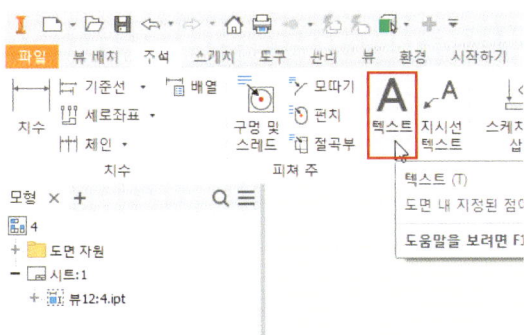

02 마우스 커서가 텍스트 입력 표시로 전환된다.

391

03 클릭하면 텍스트 형식창이 표시된다.

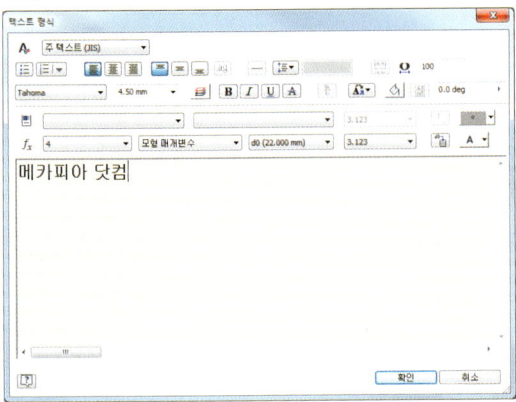

04 텍스트를 입력하고 확인 버튼을 클릭하면 텍스트가 작성된다.

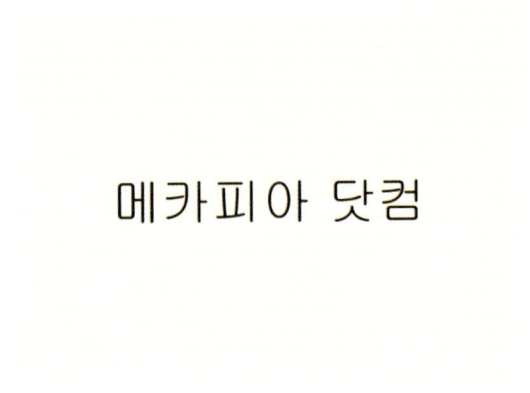

02　지시선 텍스트

01 지시선 텍스트 명령을 클릭한다.

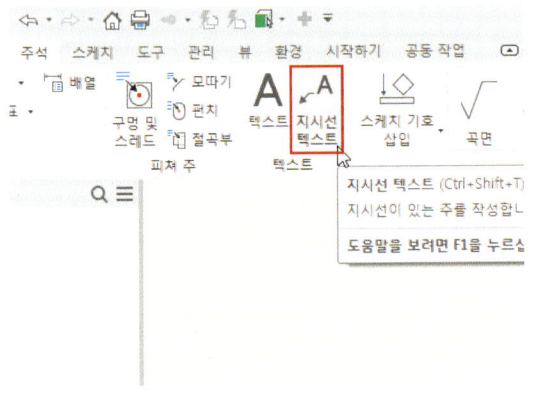

02 뷰의 모서리를 클릭한다.

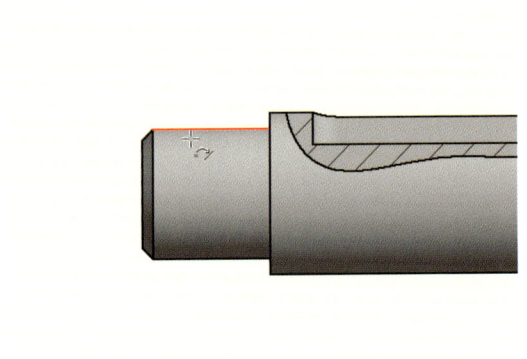

03 마우스를 움직이면 지시선이 표시된다.

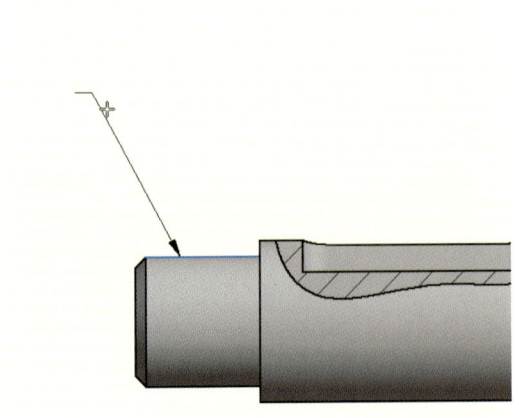

04 적당한 위치에 클릭하고 마우스 우측 버튼을 클릭해 계속을 클릭한다.

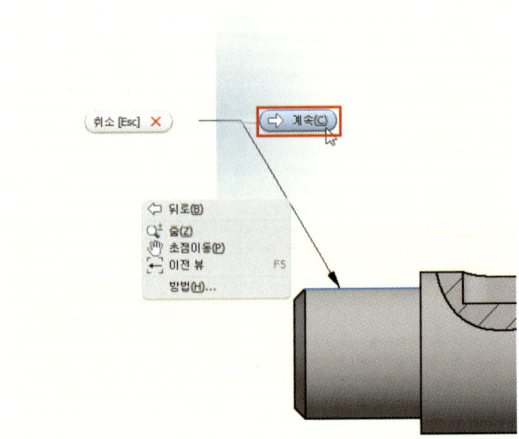

Section3. 주석 명령 알아보기

05 텍스트를 입력한다.

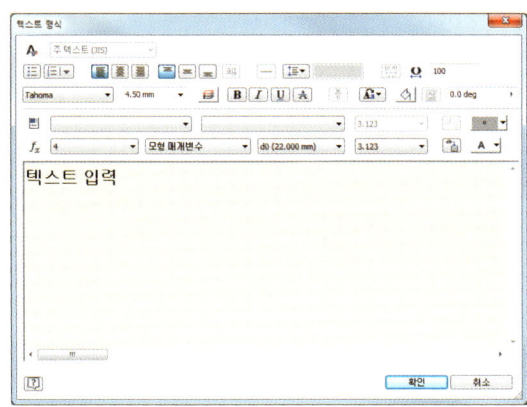

06 확인 버튼을 클릭하면 텍스트가 작성된다.

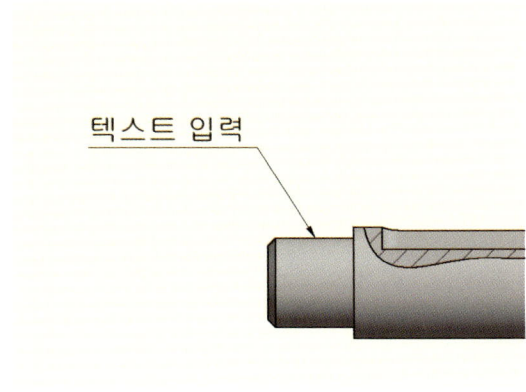

Lesson 7 | 기호

도면에 여러가지 기호를 입력하는 명령이다.

01 곡면 기호

01 기호 패널에서 곡면 명령을 클릭한다.

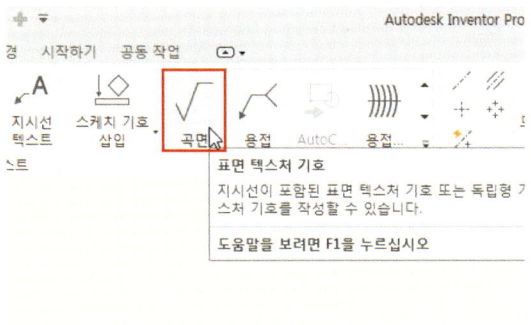

02 모델의 모서리를 클릭한다.

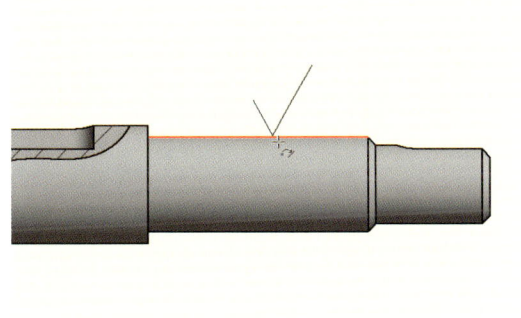

03 마우스 우측 버튼을 클릭해 계속을 클릭한다.

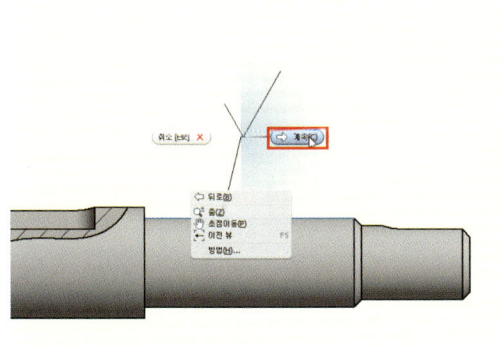

04 표면 텍스처 창에서 원하는 기호를 설정한다

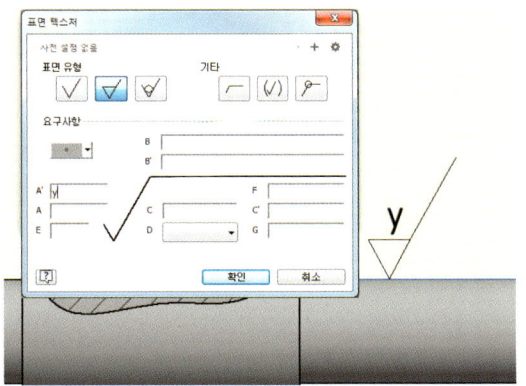

※ JIS B 0031 - 1994 기준

393

05 확인 버튼을 클릭하면 표면 기호가 작성된다.

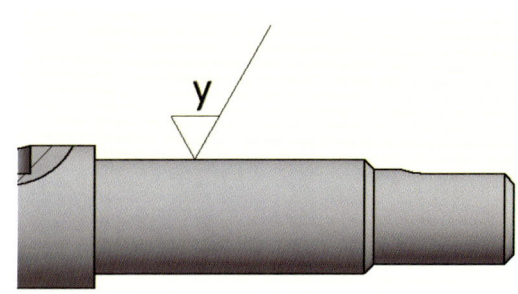

02 형상 공차

01 형상 공차 명령을 클릭한다.

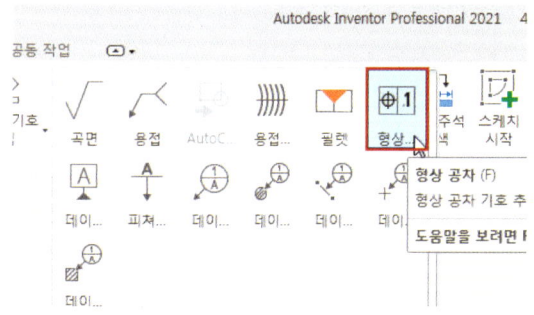

02 마우스 커서가 형상 공차 마크로 변경된다.

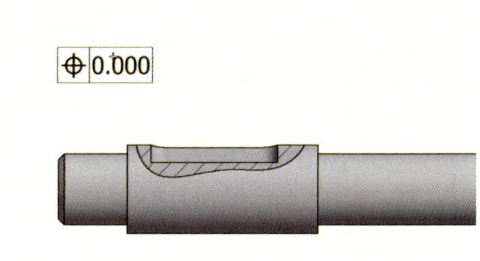

03 모델의 모서리를 클릭한다.

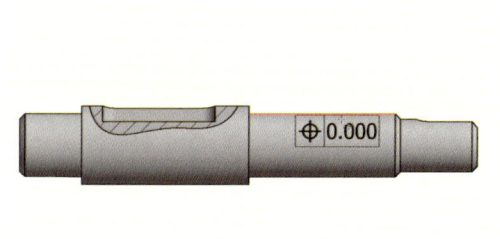

04 지시선을 확장해서 적당히 위치시킨 후 마우스 우측 버튼을 클릭해 계속을 클릭한다.

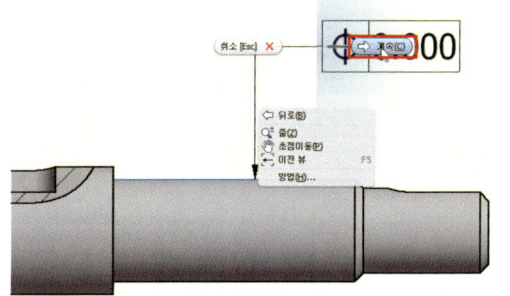

05 형상 공차 메뉴가 표시된다.

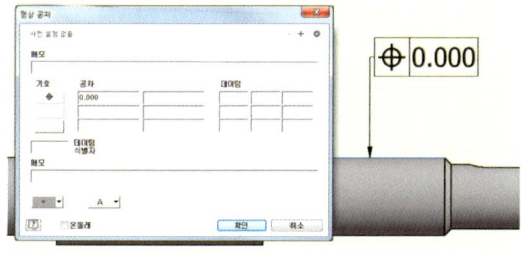

06 형상 공차 기호를 설정한다.

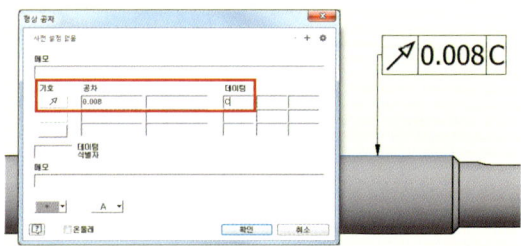

Section3. 주석 명령 알아보기

07 확인 버튼을 클릭하면 형상공차가 작성된다.

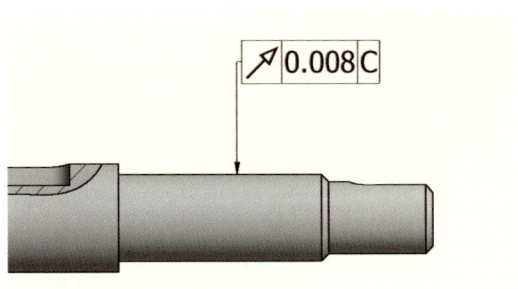

03 데이텀 식별자 기호

01 데이텀 식별자 기호 명령을 클릭한다.

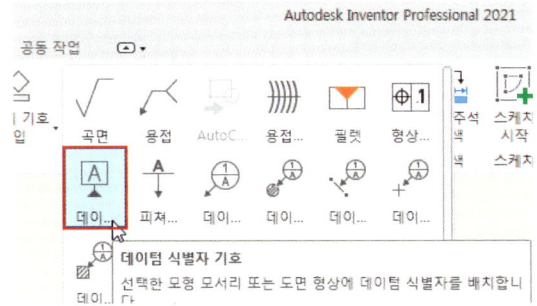

02 마우스 커서가 기호 마크로 바뀐다.

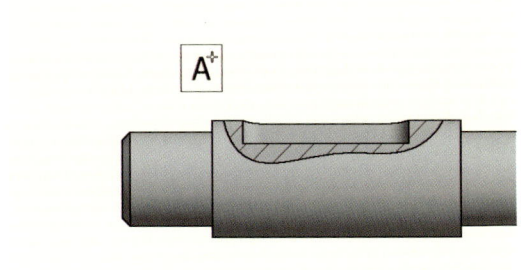

03 모델의 모서리를 클릭한다.

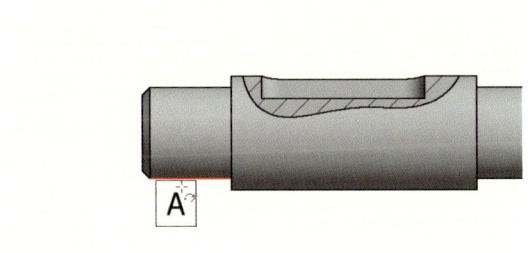

04 지시선을 확장해서 적당히 위치시킨 후 마우스 우측 버튼을 클릭해 계속을 클릭한다.

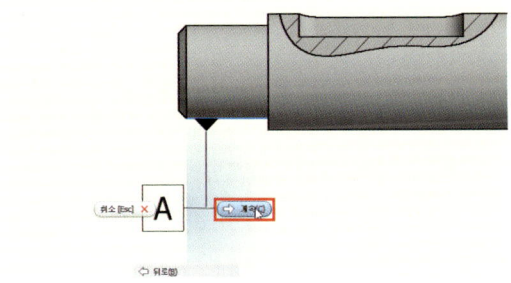

05 식별자 기호를 설정한다.

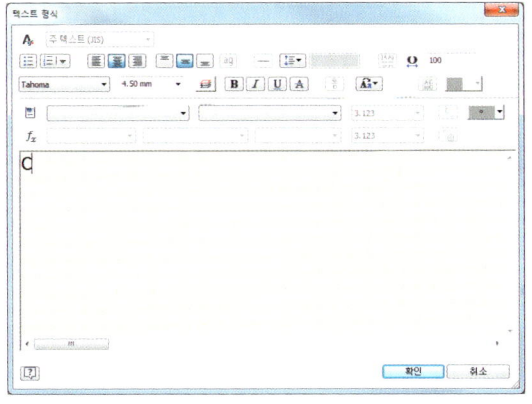

06 확인 버튼을 클릭하면 기호가 작성된다.

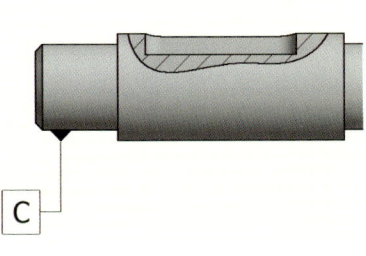

07 기호 마크의 위치를 수정하기 위해 클릭하면 제어점이 나타난다.

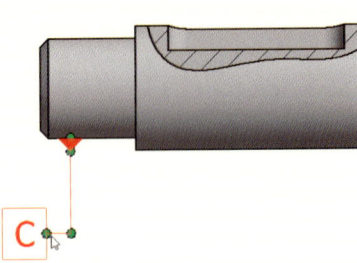

08 클릭해서 드래그하면 위치가 수정된다.

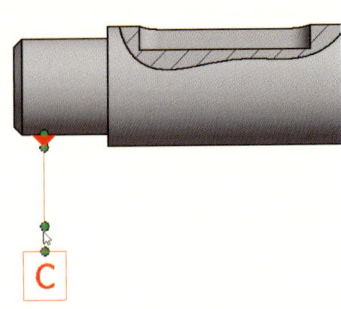

09 선택을 취소하면 위치 수정이 완료된다.

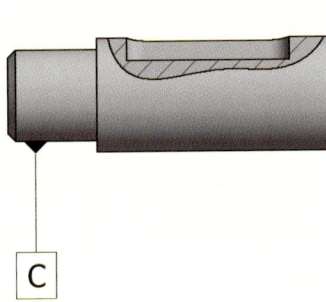

Lesson 8 | 중심 기호

도면 뷰에 중심선 마크를 작성하는 명령이다.

01 중심선

01 중심선 명령을 클릭한다.

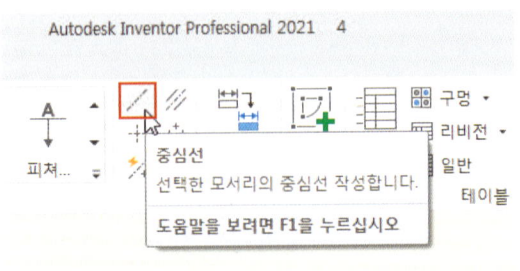

02 모델뷰의 첫 번째 모서리 중간점을 선택한다.

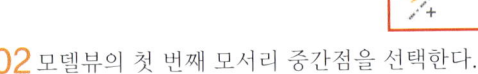

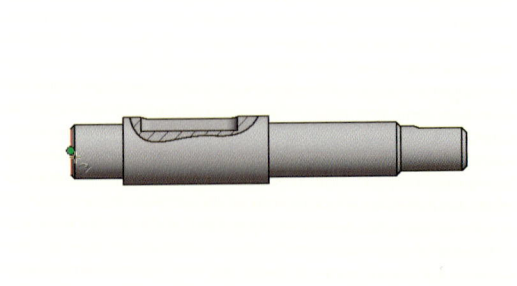

Section3.주석 명령 알아보기

03 두 번째 점을 선택하면 중심선이 미리보기된다.   04 마우스 우측 버튼을 클릭해 작성 명령을 클릭한다.

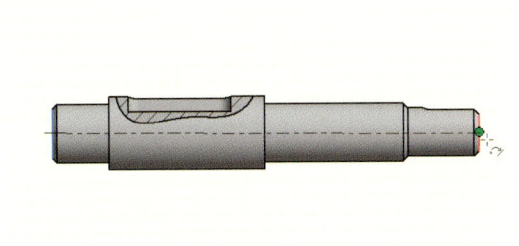 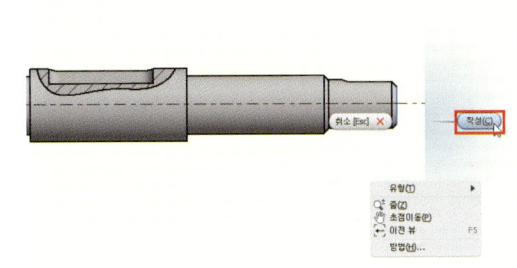

05 중심선 작성이 완료되었다.

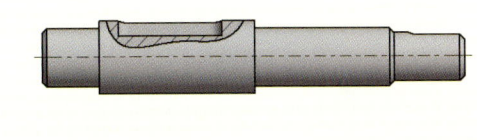

02 중심 표식

01 중심 표식 명령을 클릭한다.   02 모델의 원형 모서리를 클릭한다.

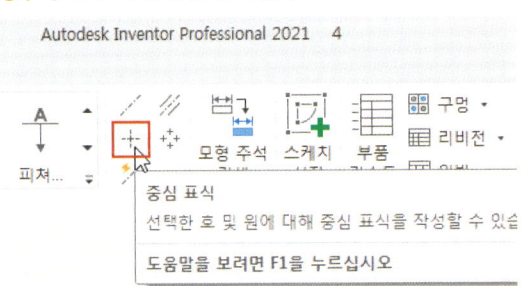 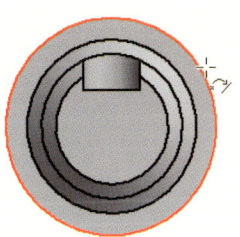

03 중심 표식 작성이 완료된다.

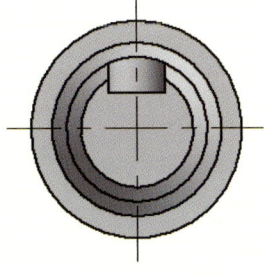

03 중심선 이등분

01 중심선 이등분 명령을 클릭한다.

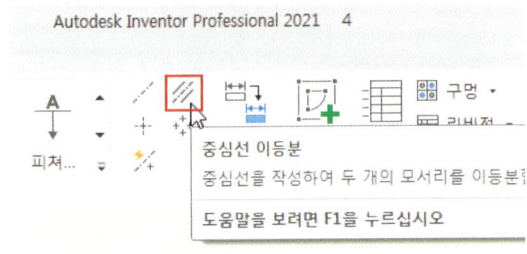

02 첫 번째 모서리를 클릭한다.

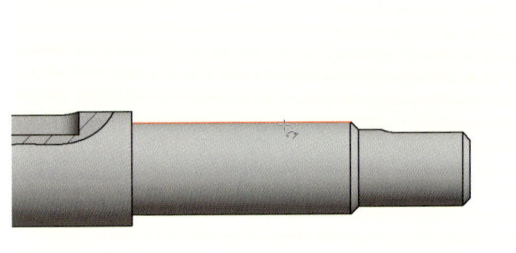

03 두 번째 모서리를 클릭한다.

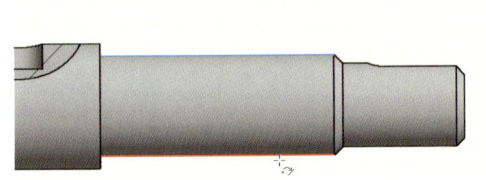

04 모서리 사이의 이등분된 중심선이 작성된다.

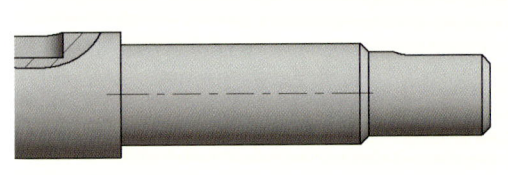

05 중심선을 클릭하면 제어점이 나타난다.

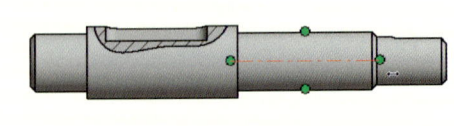

06 우측 점을 드래그해서 끝면 길이가 변경된다.

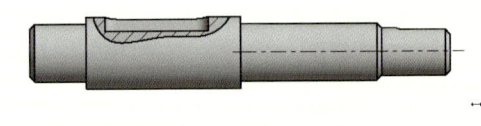

07 좌측 점을 드래그해서 끝면 길이가 변경된다.

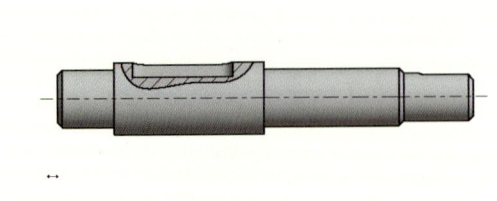

08 다음과 같이 중심선이 작성 완료된다.

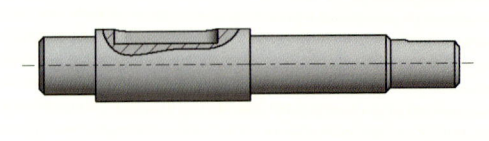

04 중심 패턴

01 중심 패턴 명령을 클릭한다.

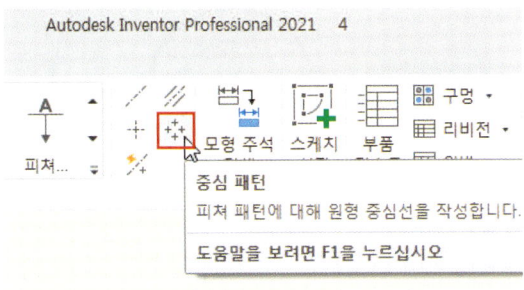

02 패턴의 중심이 될 원형 모서리를 선택한다.

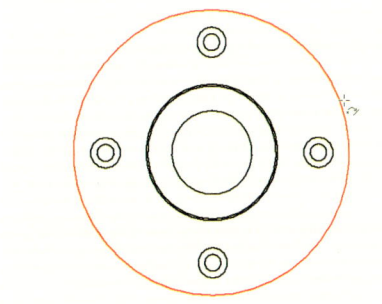

03 전체 중심 표시가 작성된다.

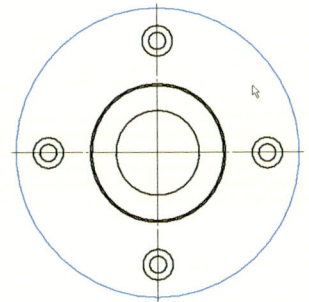

04 패턴될 첫 번째 모서리를 선택한다.

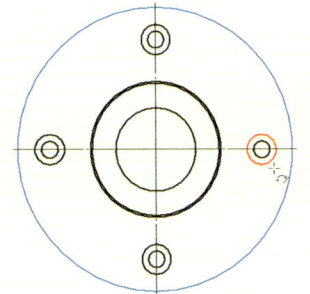

05 두 번째 모서리를 선택한다.

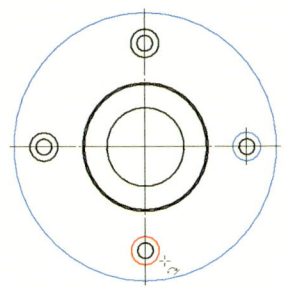

06 모서리들이 원형으로 이어지게 된다.

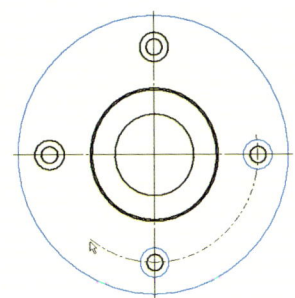

07 나머지 모서리들을 이어나가서 첫 번째 선택한 모서리를 다시 선택해서 닫는다.

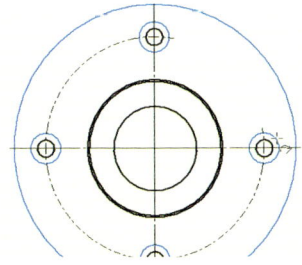

08 마우스 우측 버튼을 클릭해서 작성 명령을 클릭한다.

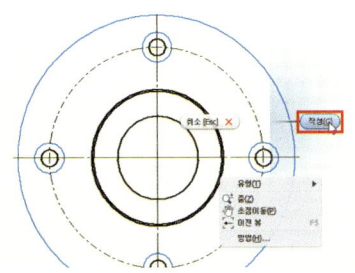

09 중심 패턴 작성이 완료된다.

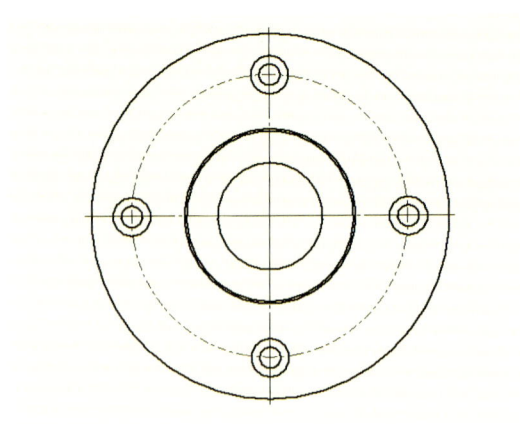

05 자동화된 중심선

01 중심선을 작성할 뷰들을 선택해 마우스 우측 버튼을 클릭해 자동화된 중심선 명령을 클릭한다.

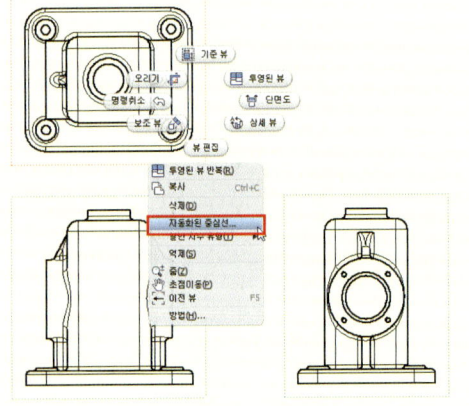

02 자동화된 중심선 창이 뜨게 되면 적용 대상을 설정한다.

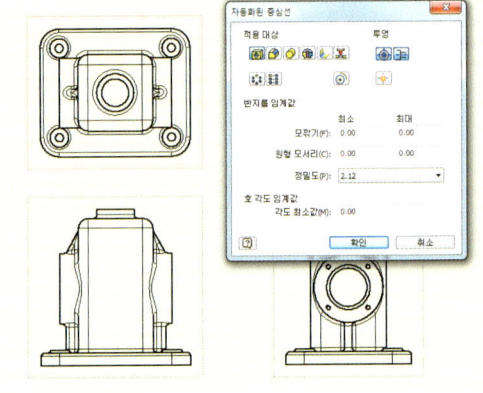

03 확인 버튼을 클릭하면 뷰에 중심선이 작성된다.

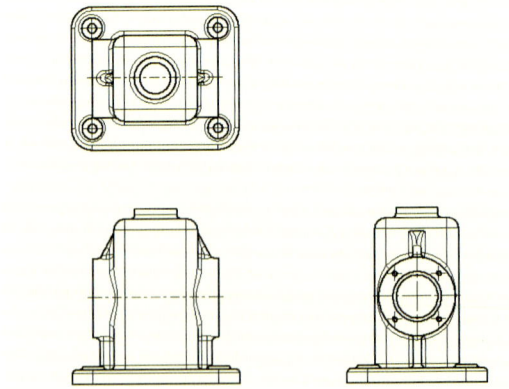

Section3.주석 명령 알아보기

Lesson 9 | 부품 리스트

도면에 부품 리스트를 작성해 배치하는 명령이다.

01 작성 방법

01 부품 리스트 명령을 클릭한다.

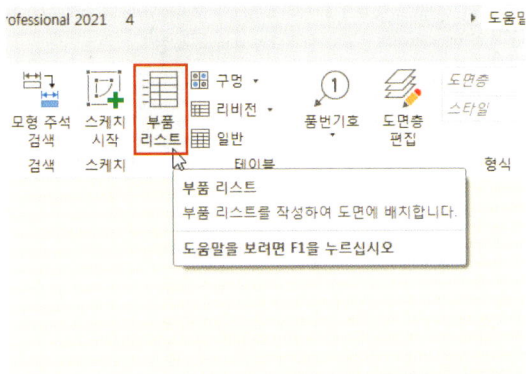

02 부품 리스트 창이 뜨게 되면 뷰를 선택한다.

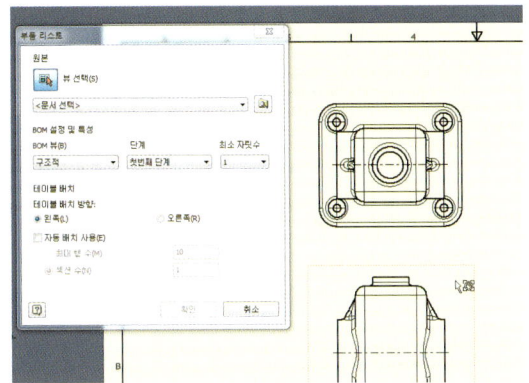

03 확인 버튼을 클릭한다.

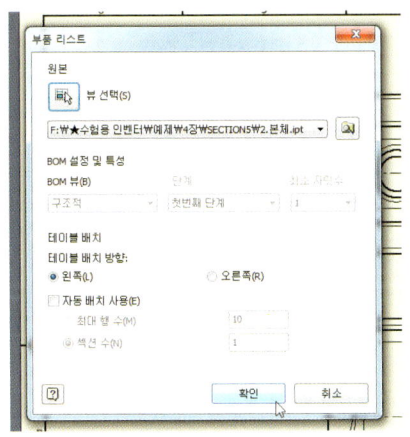

04 부품 리스트의 실루엣이 미리보기가 된다.

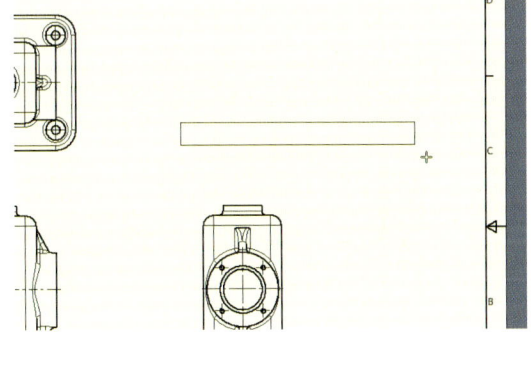

05 적당한 위치에 클릭하면 부품 리스트가 배치된다.

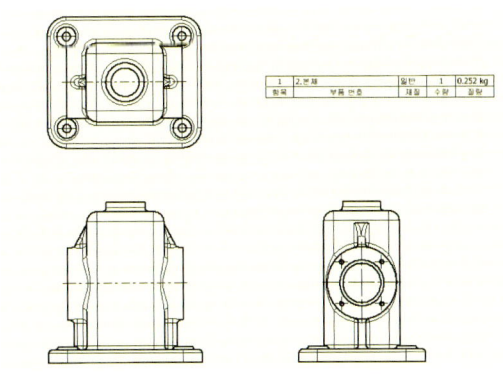

Part 05 도면 작성하기

4. 시험용 템플릿 작성하기

전산응용기계제도기능사/산업기사/기사 실기를 위한 인벤터

시험 요강에 맞는 템플릿을 작성해 보도록 하자.

Lesson 1 　도면 환경 열기

01 새 파일 열기

01 새로 만들기를 클릭해서 Standard.idw를 선택한 다음 작성 명령을 클릭해 도면 환경을 연다.

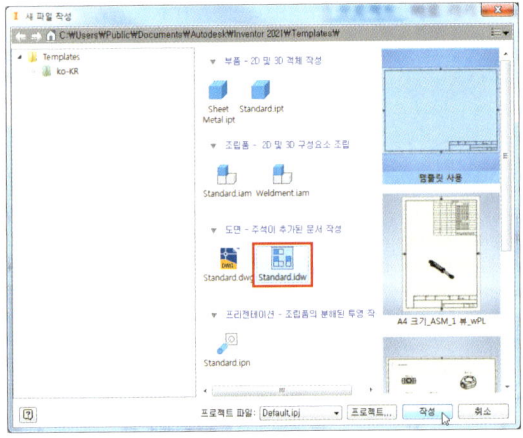

02 관리 탭의 스타일 편집기를 클릭한다.

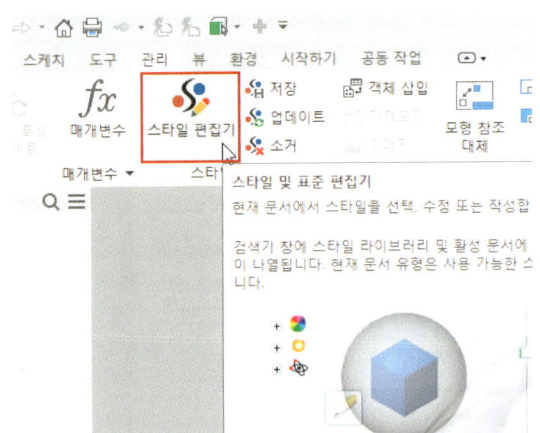

03 아래 도표를 참고해서 스타일 편집기를 편집해 보도록 하자.

문자, 숫자, 기호의 높이	선 굵기	지정 색상(color)	용 도
7.0mm	0.70mm	청(파란)색(Blue)	윤곽선, 표제란과 부품란의 윤곽선 등
5.0mm	0.50mm	초록(Green), 갈색(Brown)	외형선, 부품번호, 개별주서, 중심마크 등
3.5mm	0.35mm	황(노란)색 (Yellow)	숨은선, 치수와 기호, 일반주서 등
2.5mm	0.25mm	흰색(White), 빨강(Red)	해치선, 치수선, 치수보조선, 중심선, 가상선 등

Lesson 2 | 스타일 편집기 설정하기

다음과 같이 스타일 및 표준 편집기 창이 표시된다.

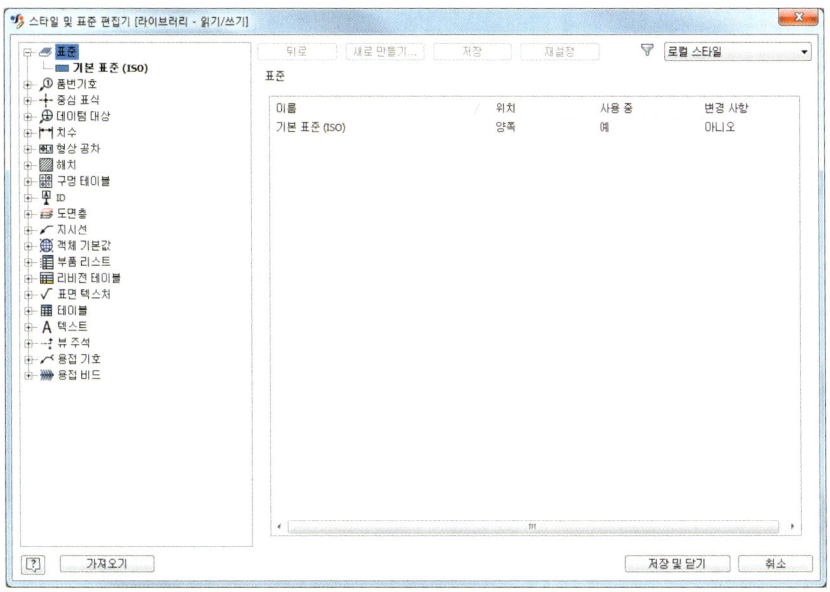

01 기본 표준 스타일 설정하기

표준-기본 표준(ISO)항목을 선택해서 뷰 기본 설정 항목에서 투영 유형의 삼각법을 클릭한다.

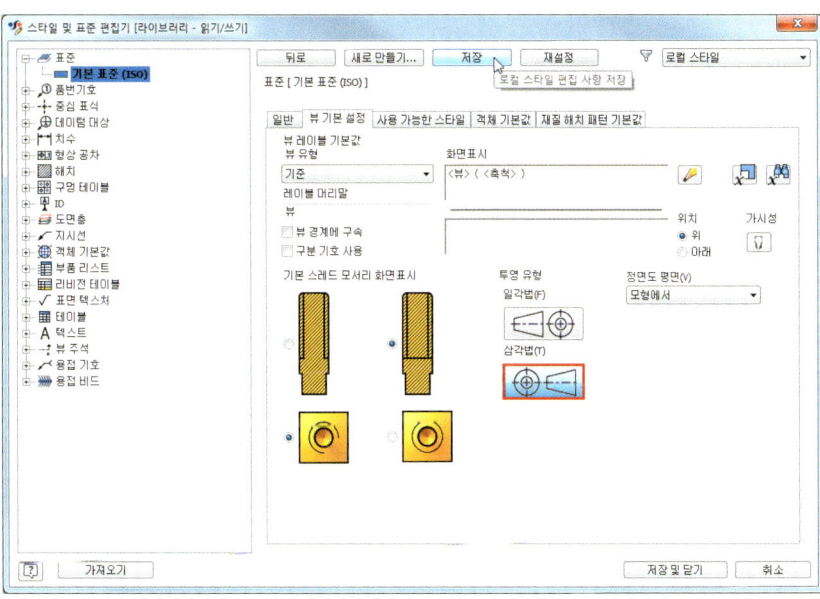

어드바이스 ▶ 이 옵션을 바꿔주지 않으면 도면의 투영이 3각법의 반대인 1각법으로 표시된다.

403

02 도면층 스타일 설정하기

01 선 굵기 도표를 참고해 도면층의 굵기와 선종류를 다음과 같이 설정한다.

경계 : 연속, 0.7mm
기호 : 연속, 0.35mm
외형선 : 연속, 0.5mm
은선 : 대시, 0.35mm
중심 표식 : 체인, 0.25mm
중심선 : 체인, 0.25mm
치수 : 연속, 0.25mm
해치 : 연속, 0.25mm

02 선종류는 다음과 같이 설정한다.

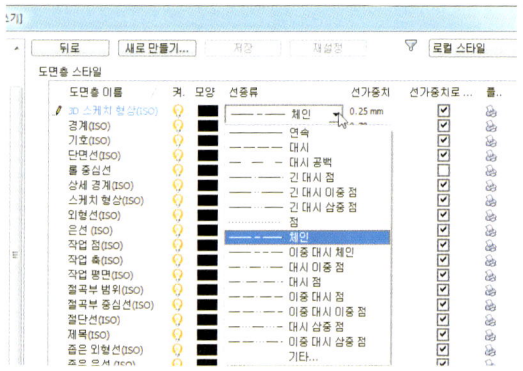

03 선가중치는 다음과 같이 설정한다.

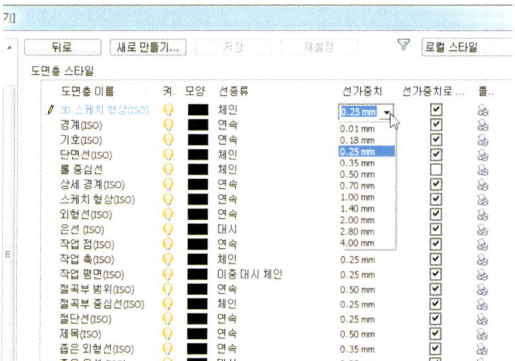

03 텍스트 스타일 설정하기

01 텍스트 란의 주 문자(ISO)를 마우스 우측 버튼으로 클릭해 새 스타일을 클릭한다.

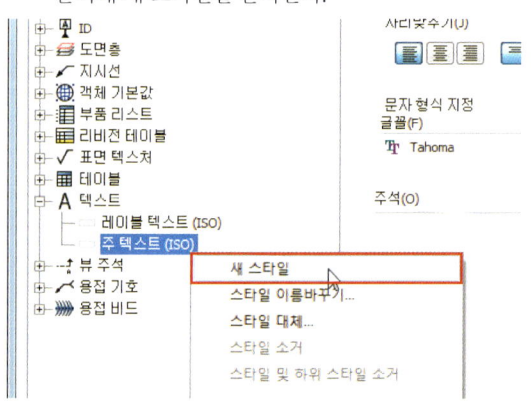

02 스타일 이름을 다음과 같이 설정한다.

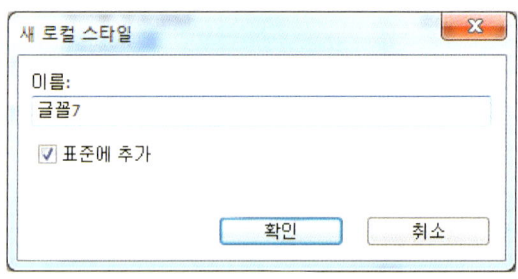

03 텍스트를 다음과 같이 설정한다.

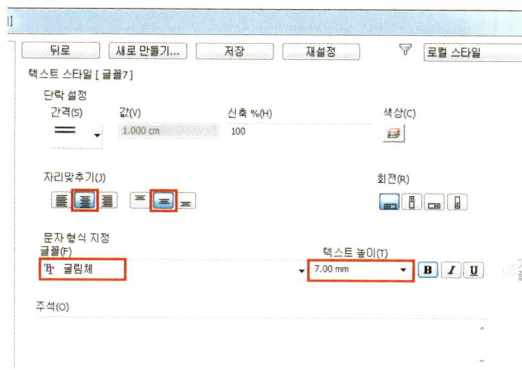

04 마찬가지로 다른 스타일도 작성해서 저장한다.

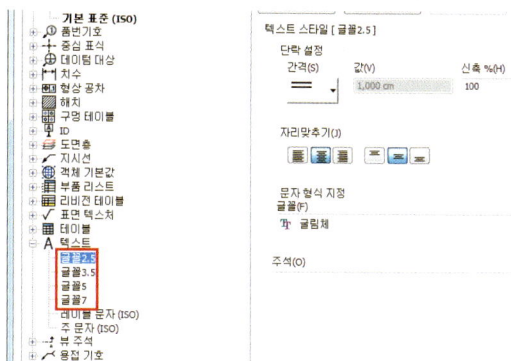

어드바이스 ▶ 다른 글꼴들은 텍스트 높이만 수정해서 작성하면 된다.

04 치수 스타일 설정하기

01 치수 항목에서 기본값(ISO)를 선택해서 수정한다.

02 단위 탭에서 다음과 같이 수정한다.

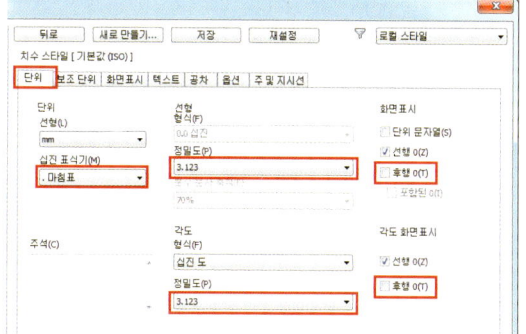

03 화면표시 탭에서 다음과 같이 수정한다.

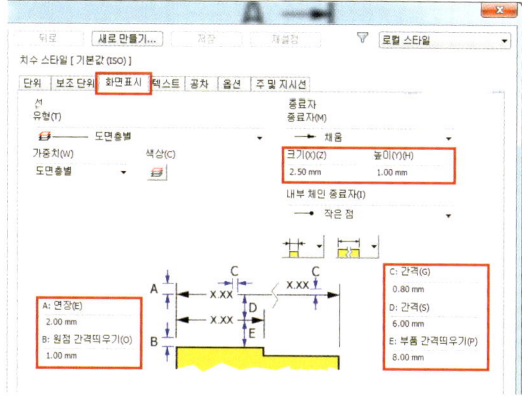

04 텍스트 탭에서 다음과 같이 수정한다.

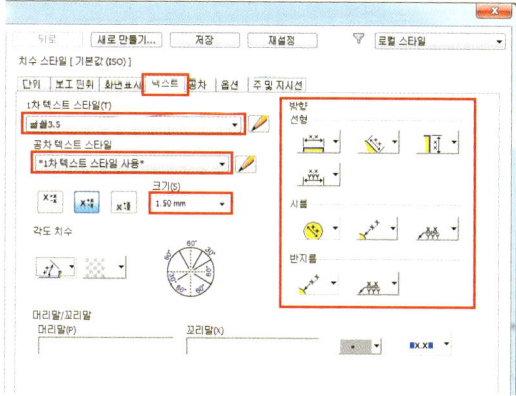

05 부품 리스트 스타일 설정하기

01 부품 리스트(ISO)항목을 선택한다.

02 다음과 같이 설정한다.

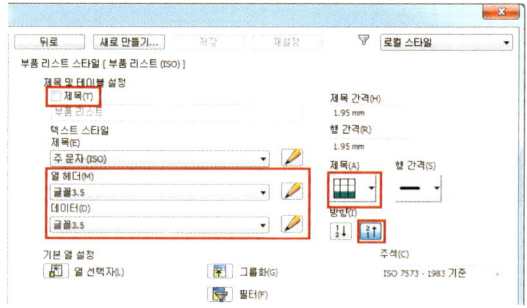

03 열 선택자 항목을 클릭한다.

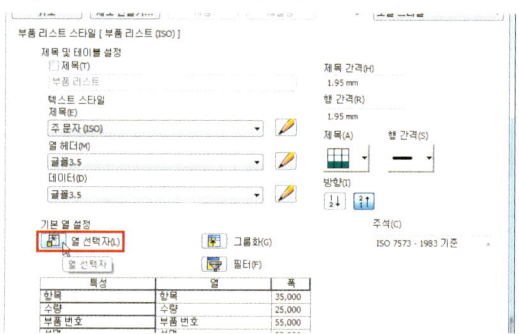

04 순서를 정렬하기 위해 부품 번호 항목을 선택해 위로 이동을 클릭한다.

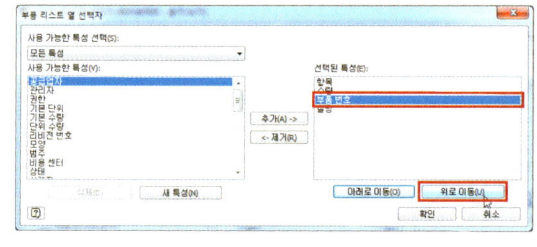

05 빠진 속성을 집어넣기 위해 재질 항목을 선택해 추가 버튼을 클릭한다.

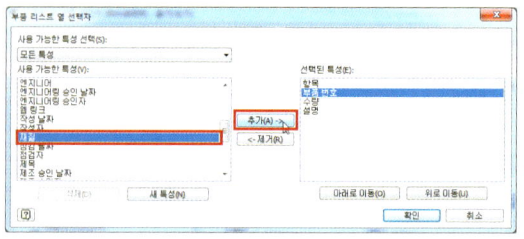

06 위로 이동/아래로 이동 버튼을 써서 다음과 같이 순서를 정렬한 다음 확인 버튼을 클릭한다.

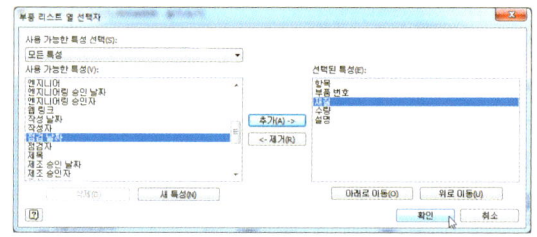

07 열 항목과 폭 항목을 다음과 같이 수정한다.

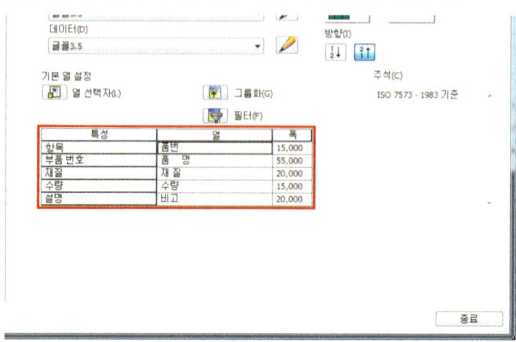

08 부품 번호 열을 클릭한다.

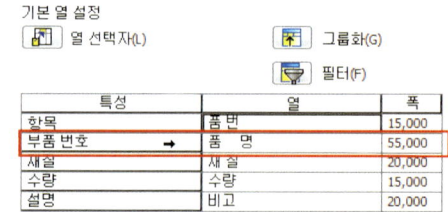

Section4. 시험용 템플릿 작성하기

09 값 항목을 중앙정렬 한다.

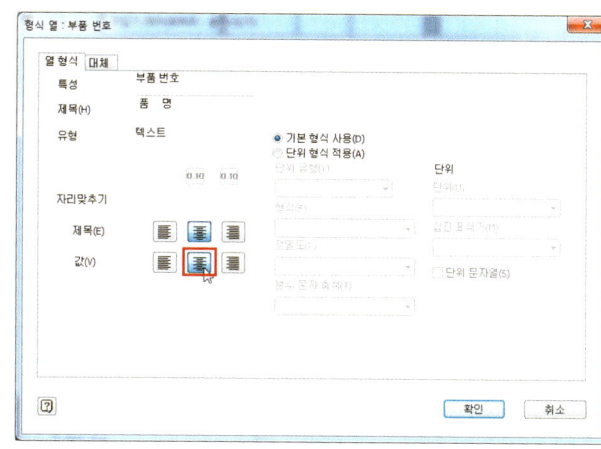

06 형상 공차 스타일 설정하기

형상공차 항목을 다음과 같이 설정한다.

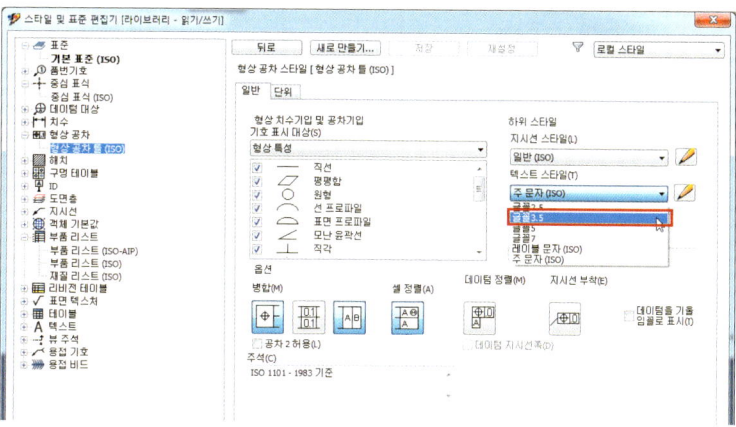

07 데이텀 스타일 설정하기

ID 스타일을 다음과 같이 설정한다.

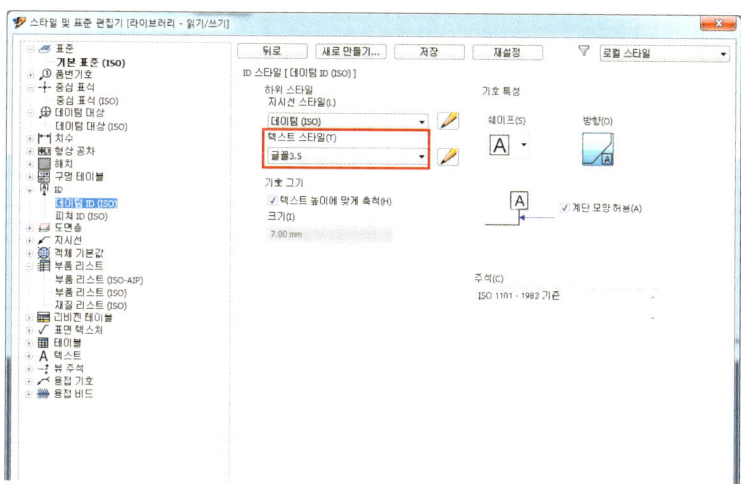

08 표면 텍스처 스타일 설정하기

표면 텍스처 스타일을 다음과 같이 설정한다.

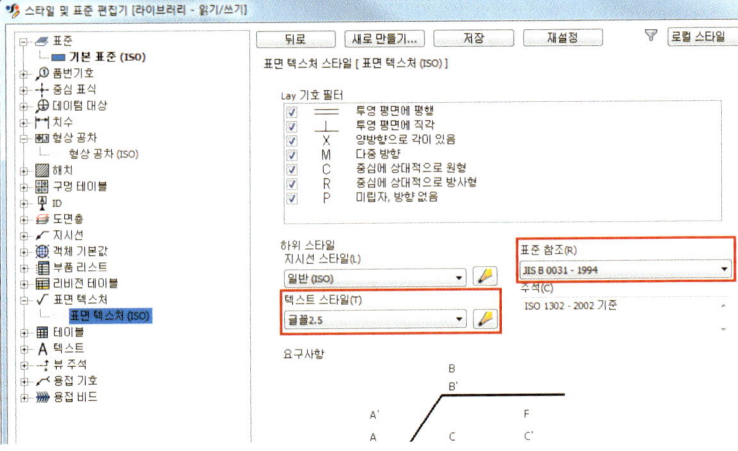

09 뷰 주석 스타일 설정하기

뷰 주석 스타일을 다음과 같이 설정한다.

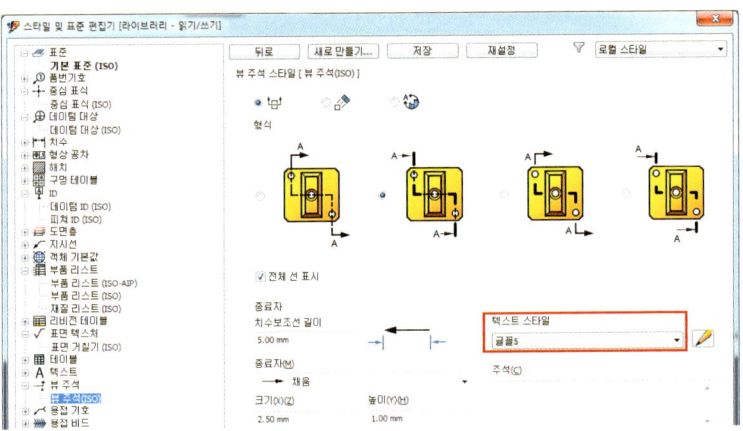

10 객체 기본값 스타일 설정하기

객체 기본값 스타일을 다음과 같이 설정한다.

뷰/축척 레이블 : 객체 스타일을 '**글꼴5**'로 설정한다.

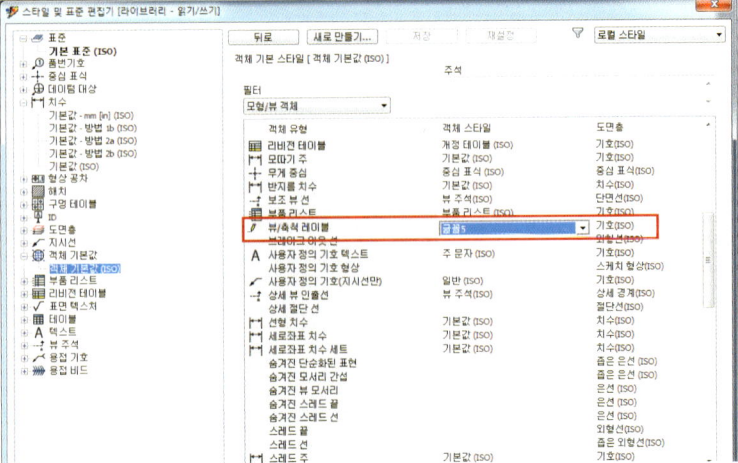

Section4.시험용 템플릿 작성하기

제목 블록 텍스트 : 객체 스타일을
'글꼴3.5'로 설정한다.

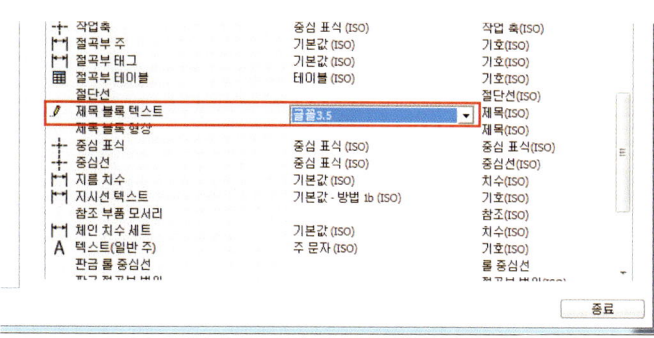

Lesson 3 | 경계 작성하기

01 기존 도면 자원 삭제하기

01 시트1 하위 항목의 ISO(제목블록) 항목을 마우스 우측 버튼으로 클릭해 삭제를 클릭한다.

02 제목 블록 항목이 삭제된다.

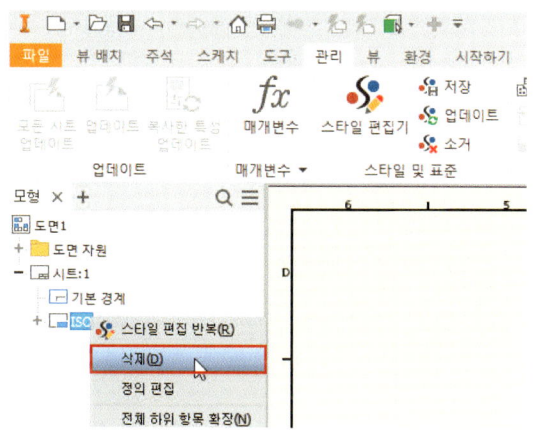

03 기본 경계 항목을 마우스 우측 버튼으로 클릭해 삭제를 클릭한다.

04 기본 경계 항목이 삭제된다.

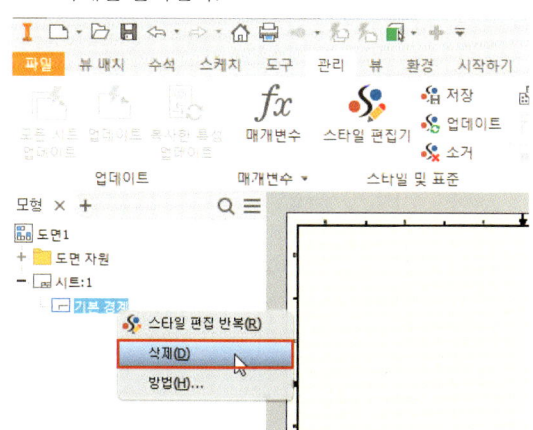

02 새 경계 정의하기

01 경계 항목을 마우스 우측 버튼으로 클릭해 새 경계 정의를 클릭한다.

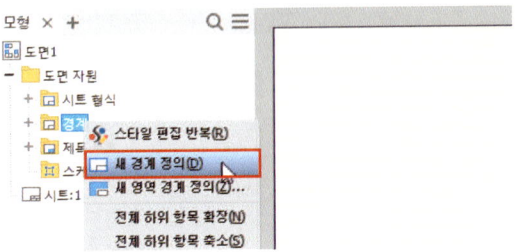

02 스케치 환경이 활성화된다.

03 직사각형을 작성한다.

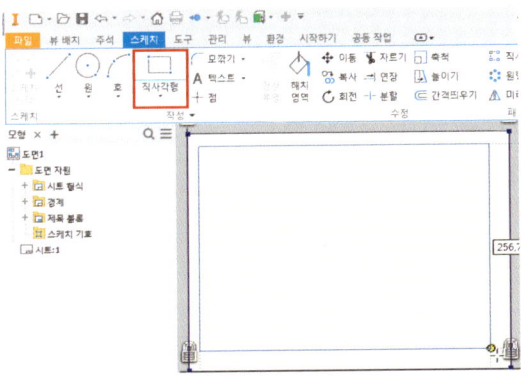

04 시트 외곽의 점까지의 치수를 작성한다.

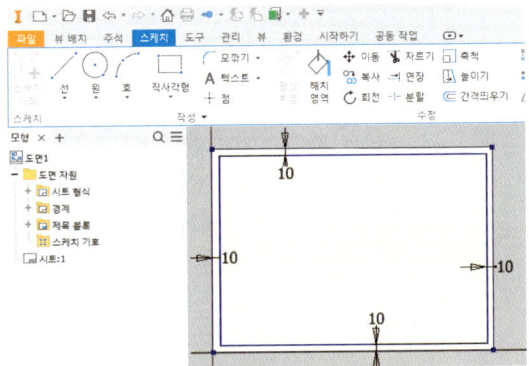

05 선 명령으로 중심 마크를 작성한다.

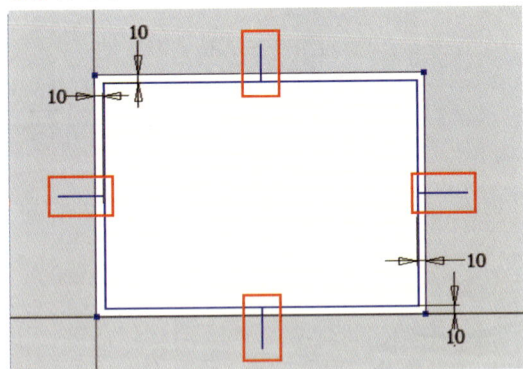

06 중심 마크 선에 동일 구속조건을 부여한다.

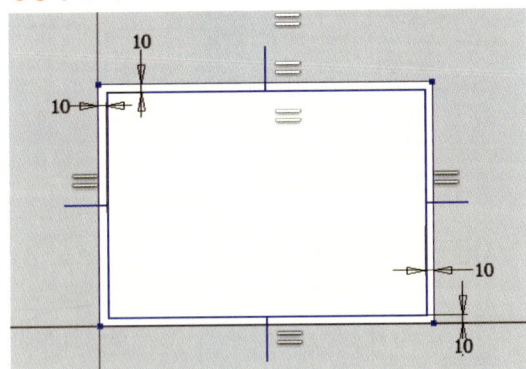

07 중심 마크의 치수를 다음과 같이 부여한다.

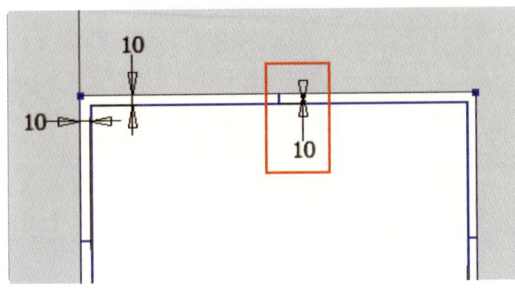

08 좌측 상단에 수검란을 작성한다.

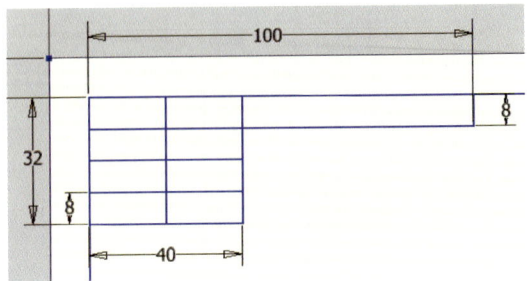

09 대각선을 작성한다.

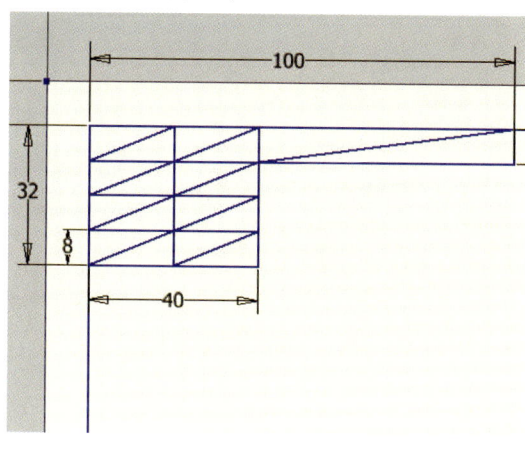

10 작성한 대각선을 선택해 스케치만 옵션을 클릭한다.

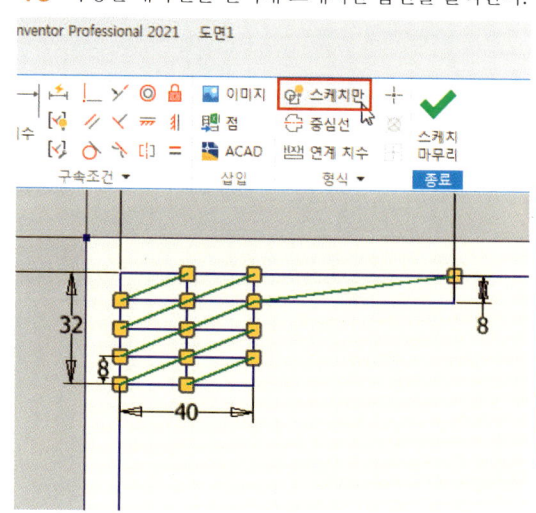

11 텍스트 명령을 클릭해 글꼴 스타일을 변경한다.

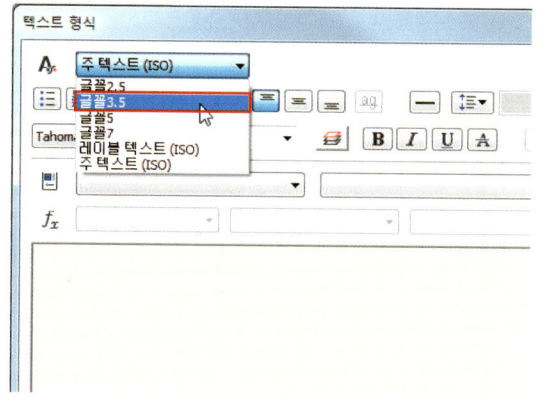

12 텍스트를 작성한다.

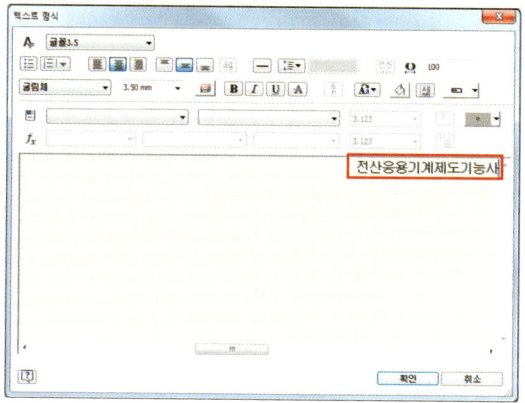

13 텍스트의 중심점을 대각선의 중간점으로 드래그한다.

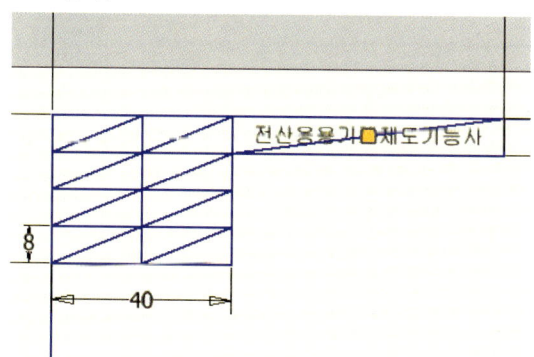

14 마찬가지로 다른 텍스트도 다음과 같이 배치한다.

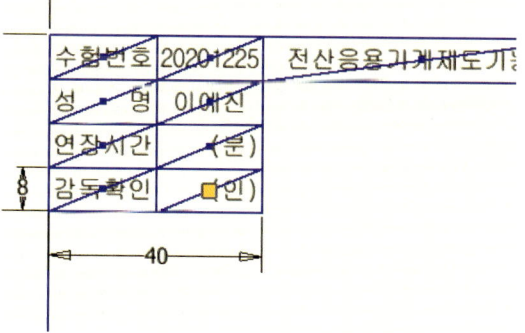

15 작성이 마무리 되면 스케치 마무리를 클릭한다.

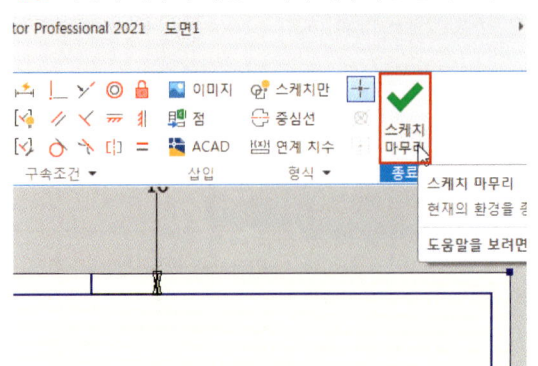

16 스타일 이름을 입력하고 저장한다.

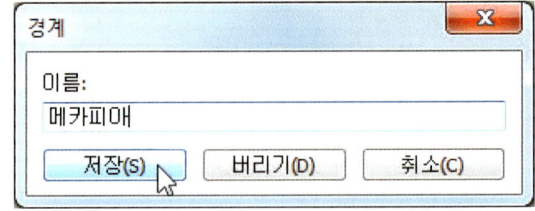

03 경계 삽입하기

01 작성한 경계를 경계란에서 마우스 우측 버튼으로 선택해 삽입 버튼을 클릭한다.

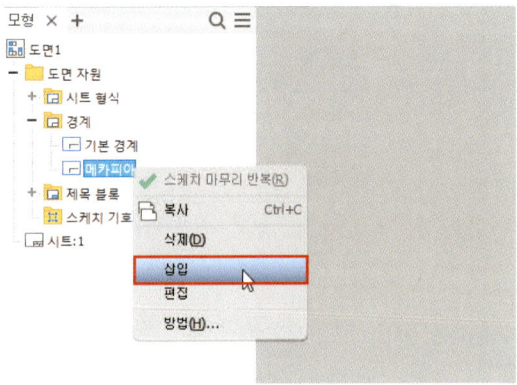

02 경계가 도면에 삽입된다.

Lesson 4 제목 블록 작성하기

01 새 제목 블록 정의하기

01 제목 블록 항목을 마우스 우측 버튼으로 클릭해 새 제목 블록 정의를 클릭한다.

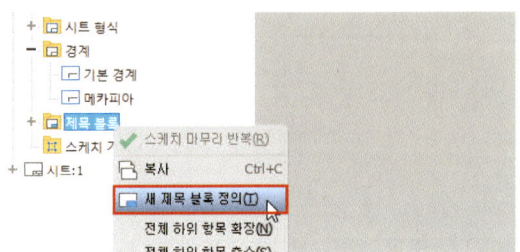

02 제목 블록 경계를 선 명령으로 작성한다.

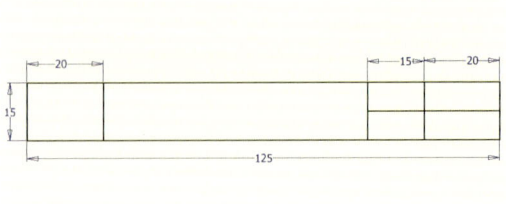

Section4. 시험용 템플릿 작성하기

03 대각선을 작성해 스케치만 설정을 부여한다.

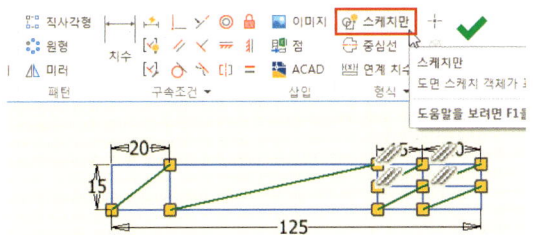

04 텍스트를 작성해 위치시킨다.

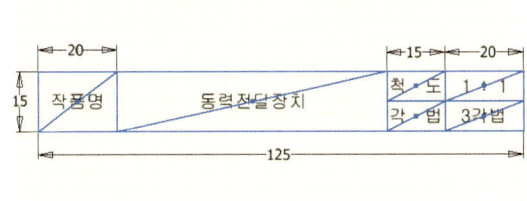

05 작성이 마무리되면 스케치 마무리를 클릭한다.

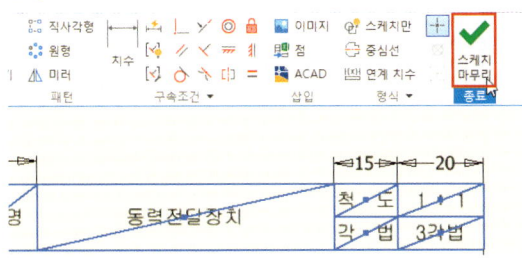

06 스타일 이름을 입력하고 저장한다.

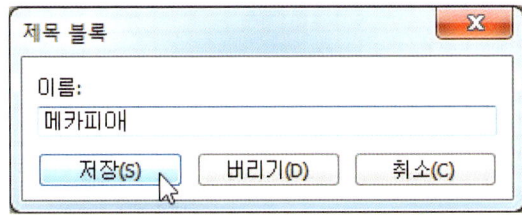

02 제목 블록 삽입하기

01 작성한 제목 블록을 제목 블록란에서 마우스 우측 버튼으로 선택해 삽입 버튼을 클릭한다.

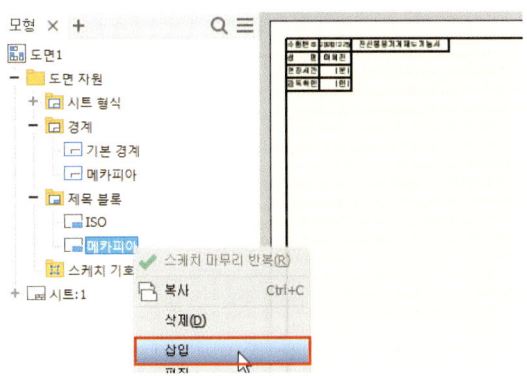

02 제목 블록이 도면에 삽입된다.

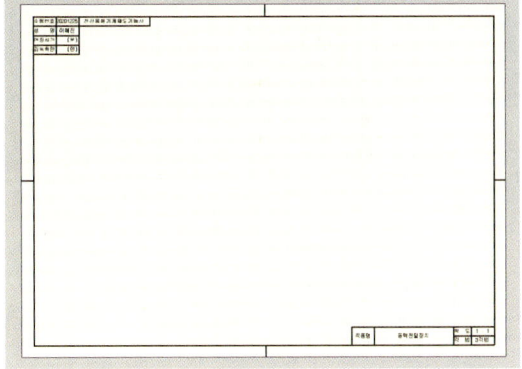

03 파일 저장하기

01 저장 버튼을 클릭한다.

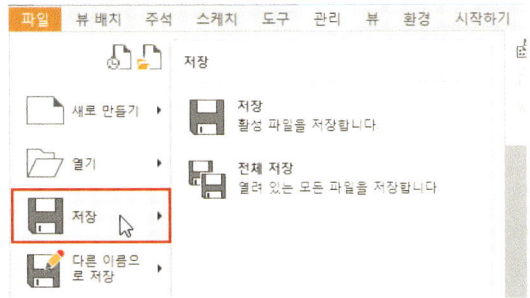

02 원하는 위치에 도면 파일을 저장한다.

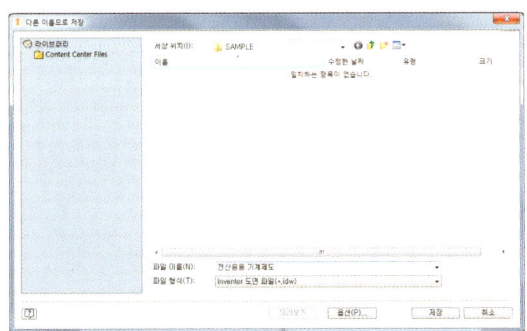

5. 부품도 작성하기

전산응용기계제도기능사/산업기사/기사 실기를 위한 인벤터

시험 요강에 맞는 템플릿을 작성해 보도록 하자.

Lesson 1 | 등각투상도 작성하기

01 뷰 배치하기

01 앞 단원에서 작성했던 파일을 연다.

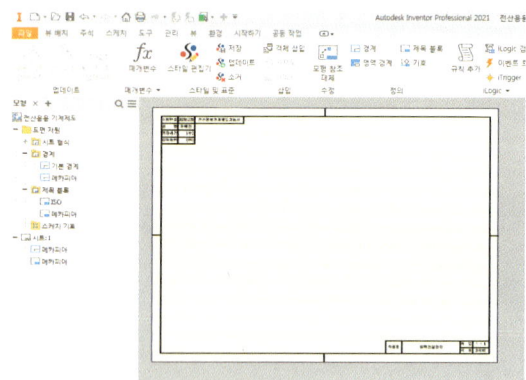

02 뷰 배치 탭의 기준 뷰 명령을 클릭한다.

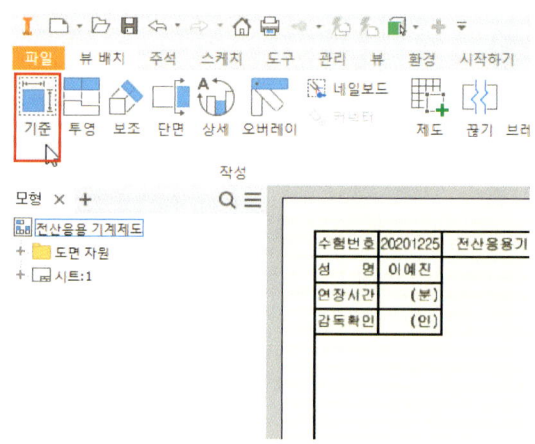

03 기존 파일 열기 버튼을 클릭한다.

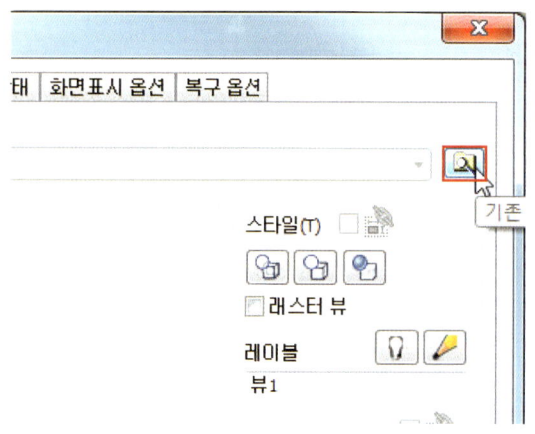

04 모델 파일을 선택해 열기 버튼을 클릭한다.

05 뷰의 방향과 스타일을 지정해 클릭한다.

06 기준 뷰가 작성되었다.

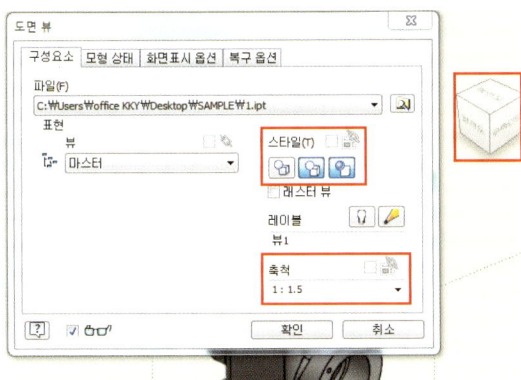
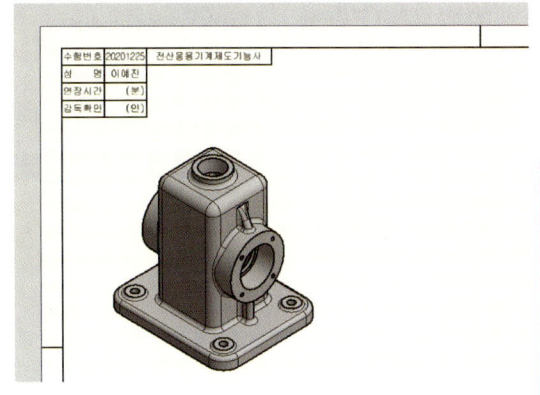

02 부품 번호 등록하기

01 다른 방향의 뷰를 하나 더 배치한다.

02 도면 자원의 스케치된 기호를 마우스 우측 버튼으로 클릭해 새 기호 정의를 클릭한다.

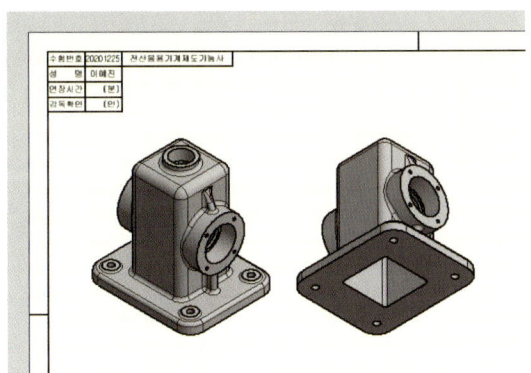
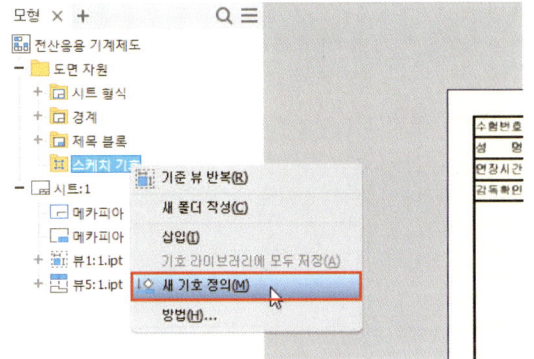

03 텍스트 명령을 실행해 스타일 항목에서 글꼴5를 선택한다.

04 유형 항목에서 프롬프트된 항목을 선택한다.

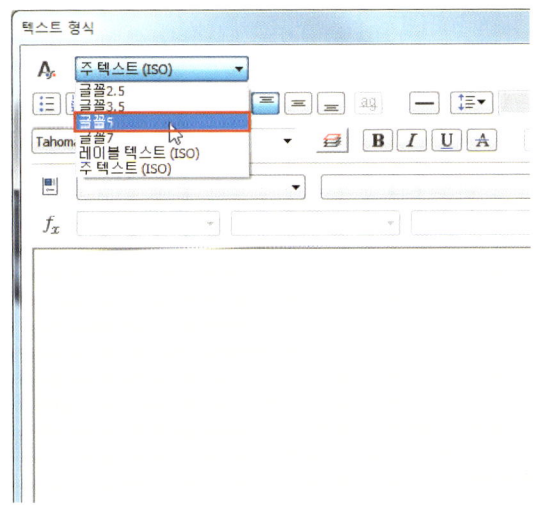
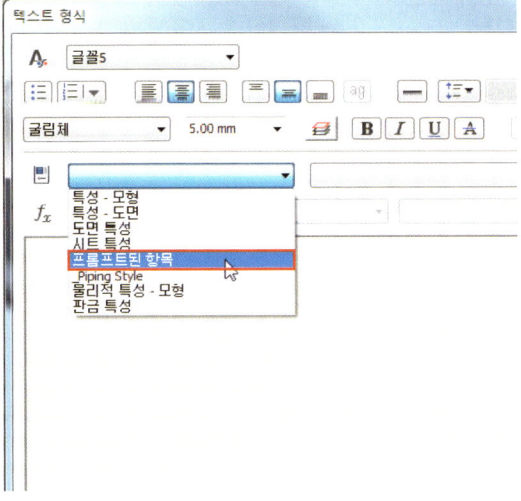

415

05 프롬프트 항목이 표시된다.

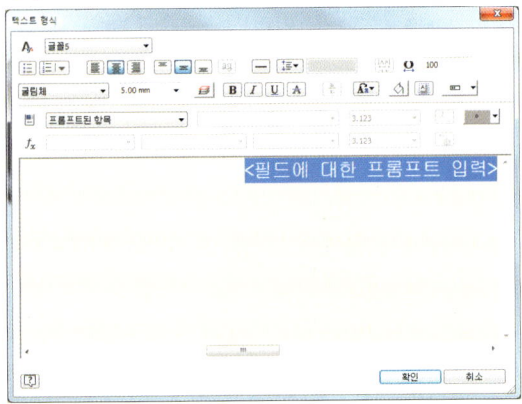

06 확인 버튼을 클릭하면 프롬프트 항목이 표시된다.

07 텍스트의 중심점에 원을 작성한다.

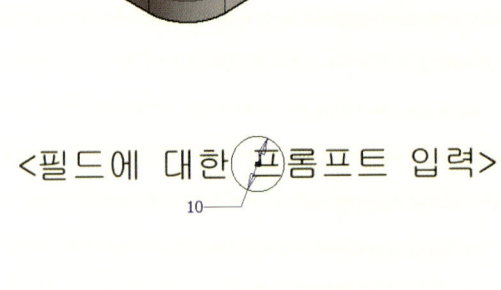

08 스케치 마무리 버튼을 클릭해 이름을 설정한다.

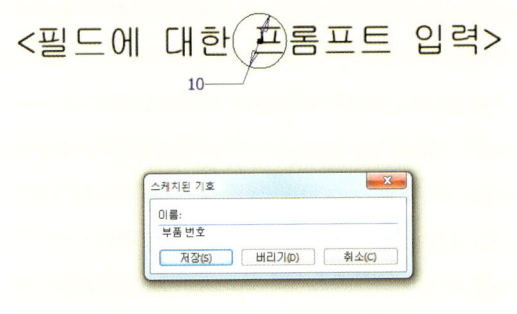

09 스케치된 기호 항목에 부품 번호 항목이 추가된다.

10 추가된 항목을 더블클릭하고 마우스를 작업 화면으로 이동하면 기호가 미리보기가 된다.

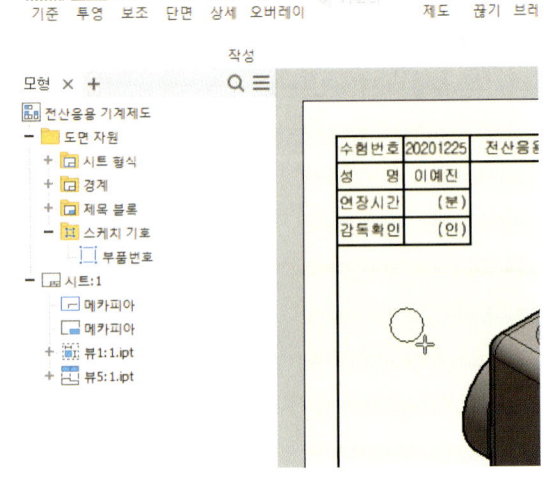

Section5. 부품도 작성하기

11 클릭한 후 값에 부품 번호를 입력한다.

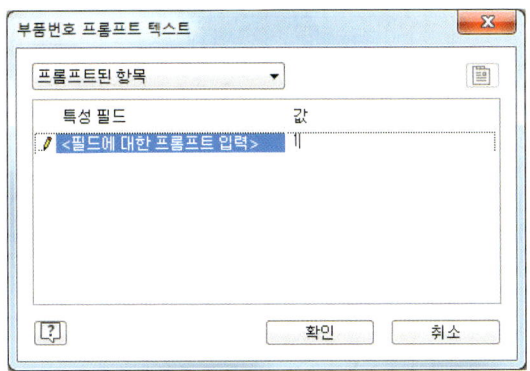

12 확인 버튼을 클릭하면 부품 번호가 배치된다.

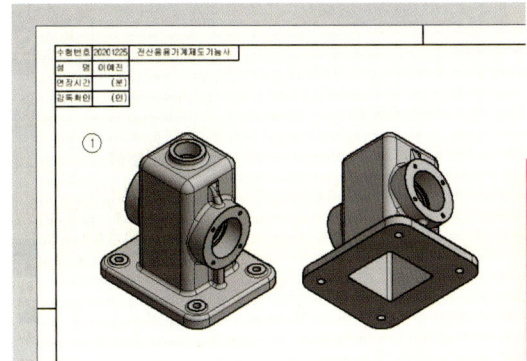

13 마찬가지로 다른 부품도 아래 그림과 같이 배치한다.

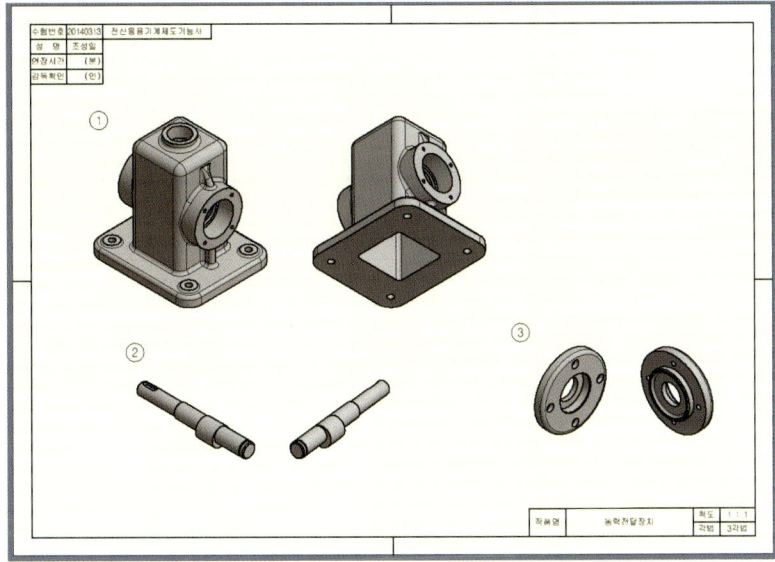

Lesson 2 | 블럭 타입의 부품도 작성하기

01 뷰 작성하기

01 뷰 배치 탭의 기준 뷰 명령을 클릭한다.

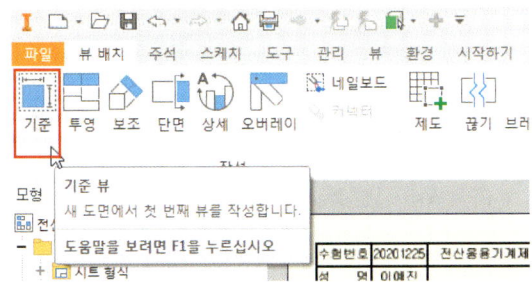

02 모델 파일을 선택해 열기 버튼을 클릭한다.

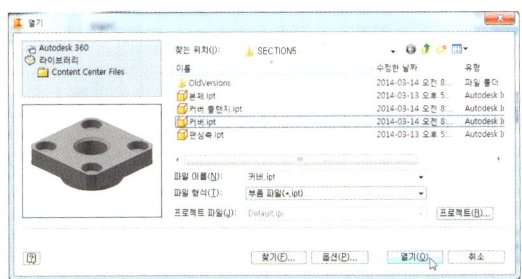

417

03 뷰의 방향과 스타일을 설정한다.

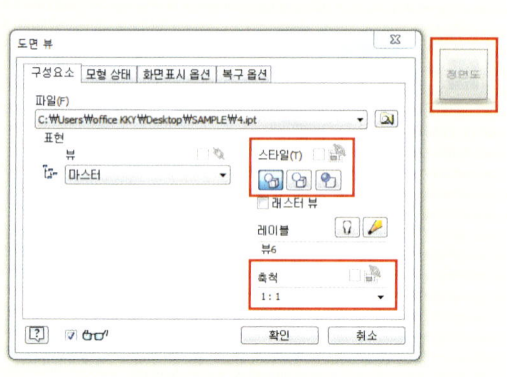

04 클릭하면 기준 뷰가 배치된다.

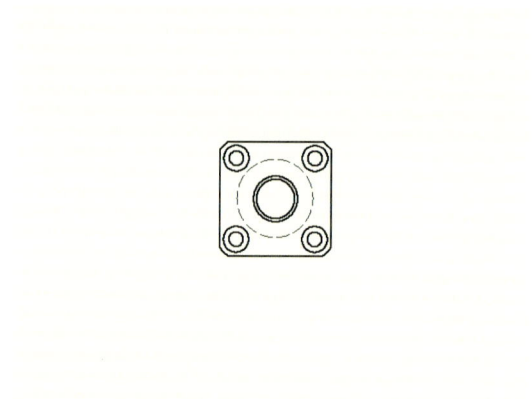

05 뷰 배치 탭에서 단면 명령을 클릭한다.

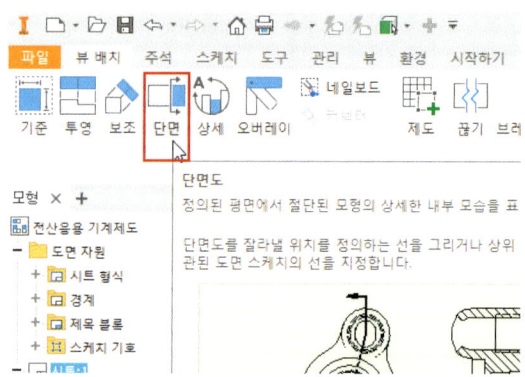

06 뷰를 선택해 단면 선을 작성한다.

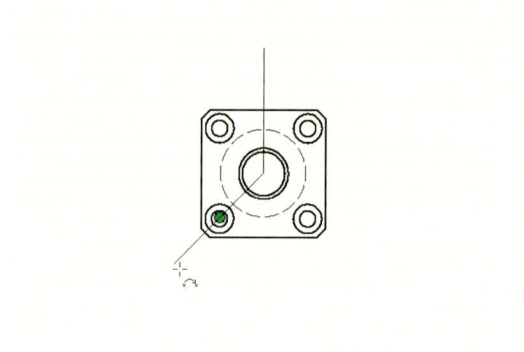

07 선 작성이 끝나면 마우스 우측 버튼을 클릭해 계속을 클릭한다.

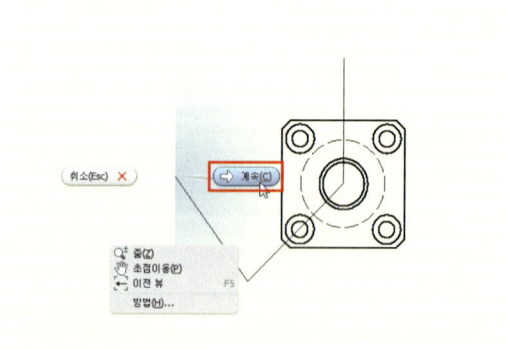

08 단면도 설정을 한 후 마우스를 배치할 방향으로 이동한다.

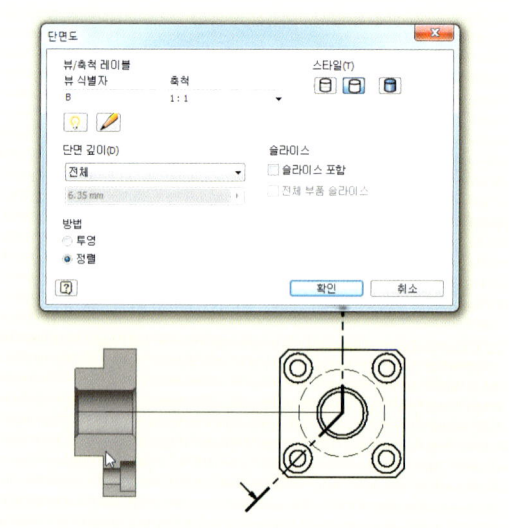

09 클릭하면 단면도가 배치된다.

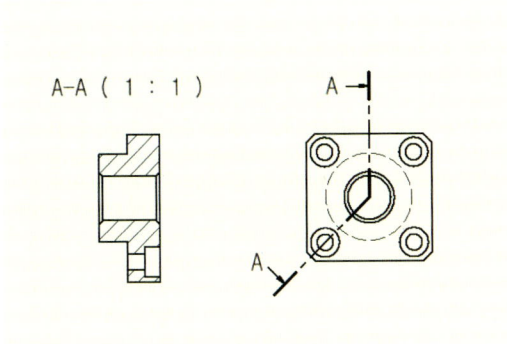

10 두 개의 뷰를 선택한 다음 마우스 우측 버튼을 클릭해 자동화된 중심선을 클릭한다.

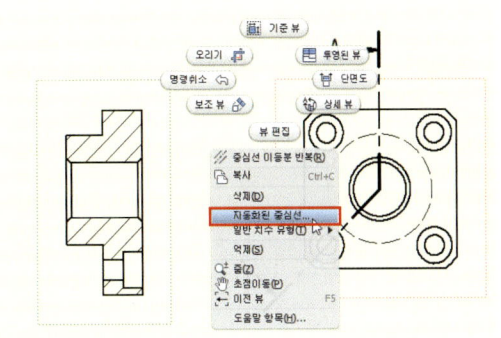

11 다음과 같이 자동화된 중심선 설정을 한다.

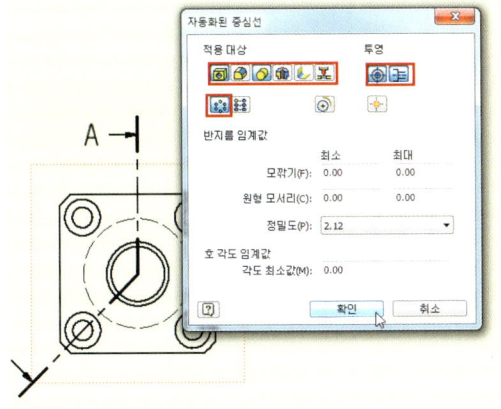

12 확인 버튼을 클릭하면 중심선이 자동 작성된다.

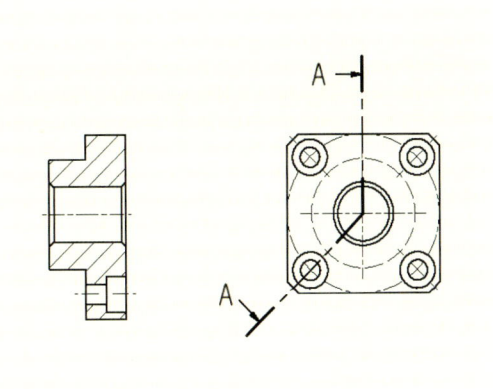

13 중앙의 중심 마크의 절점을 드래그해서 중심선의 길이를 설정한다.

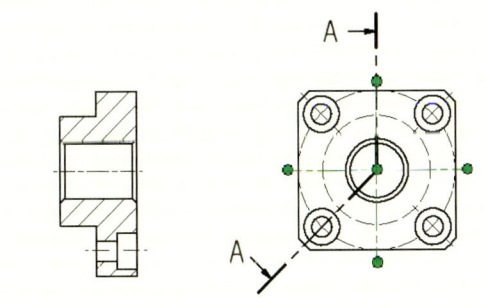

02 치수 작성하기

01 주석 탭에서 치수 명령을 클릭한다.

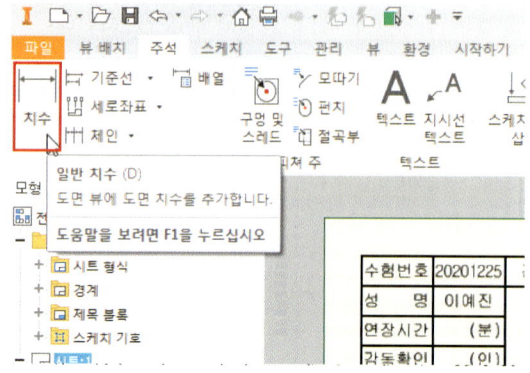

02 첫 번째 선을 선택한다.

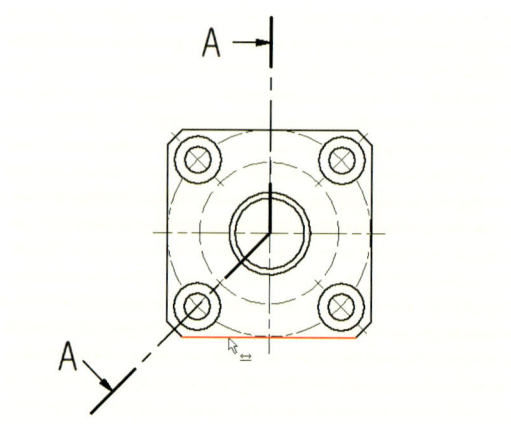

03 두 번째 선을 선택한다.

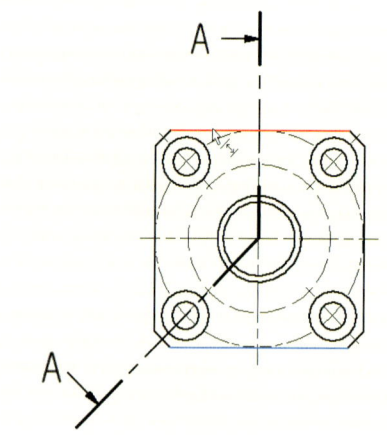

04 마우스를 움직이면 치수가 미리보기가 된다.

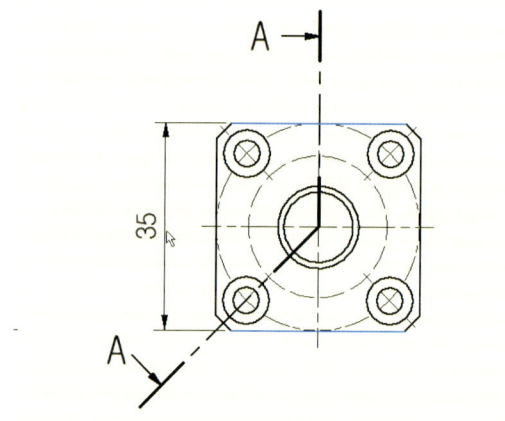

05 클릭하면 치수 편집 창이 미리보기가 된다.

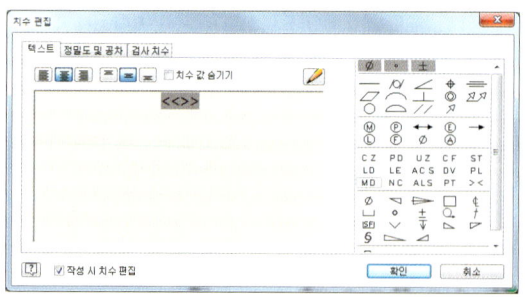

06 커서를 앞으로 이동한 후 기호 란에서 사각형 기호를 선택한다.

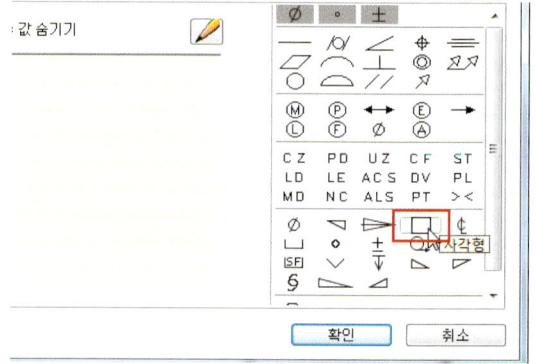

07 텍스트에 사각형 기호가 추가된다.

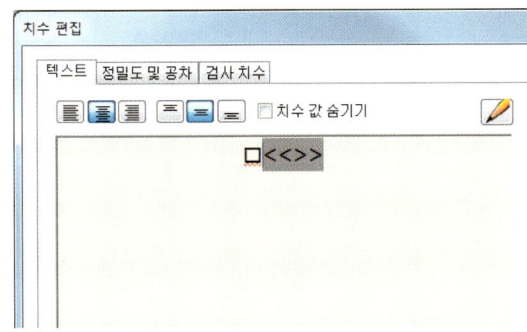

08 확인 버튼을 클릭하면 치수 작성이 마무리된다.

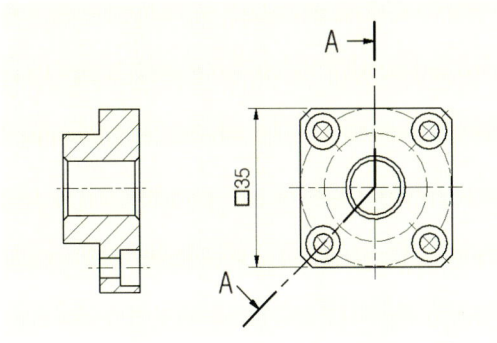

09 P.C.D 원을 클릭해 지름 치수를 입력한다.

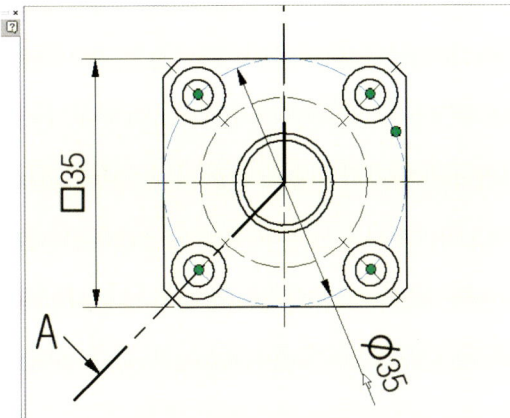

10 다음과 같이 정면 뷰의 치수 작성이 완료된다.

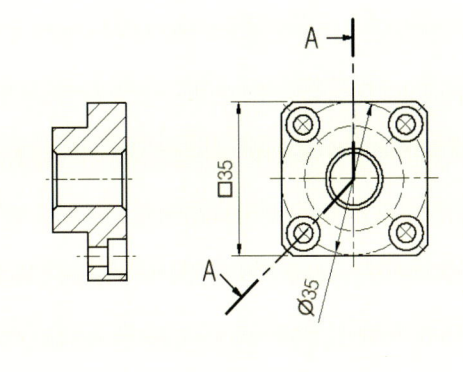

11 단면도의 치수를 다음과 같이 입력한다.

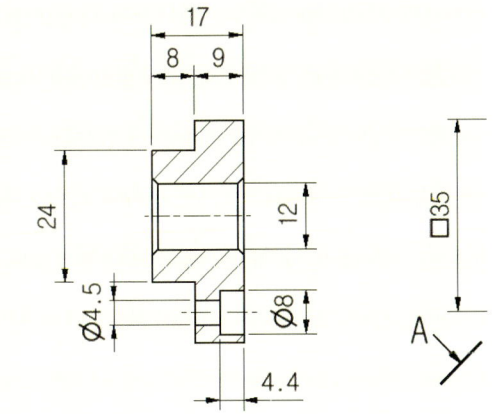

12 단면뷰의 아래 모서리를 치수 명령으로 클릭한다.

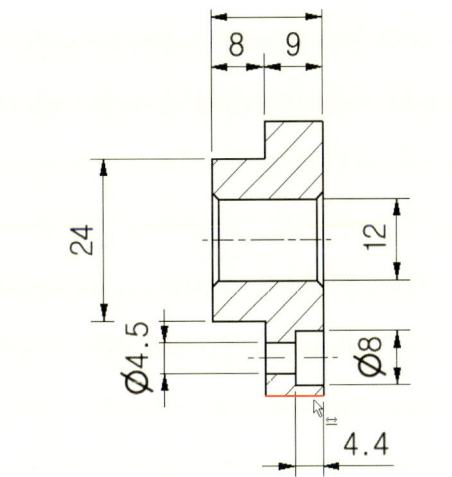

13 중심선을 선택한다.

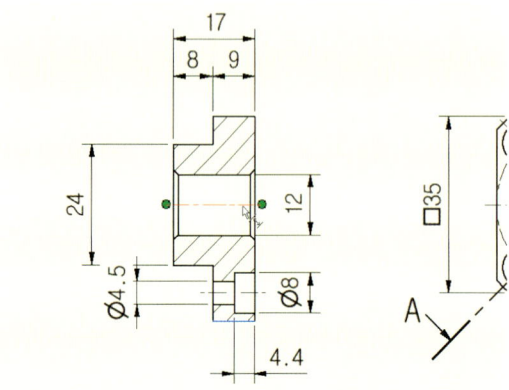

14 마우스 우측 버튼을 클릭해 치수유형의 선형 지름을 클릭한다.

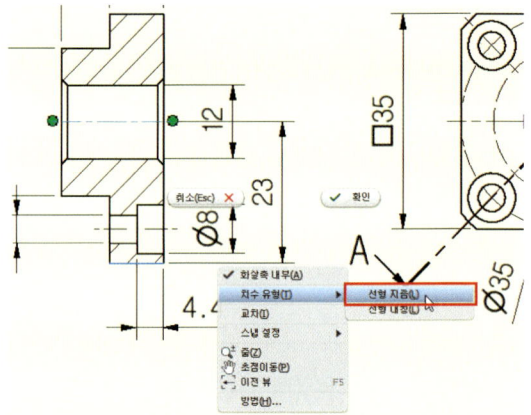

15 지름 치수가 미리보기가 된다.

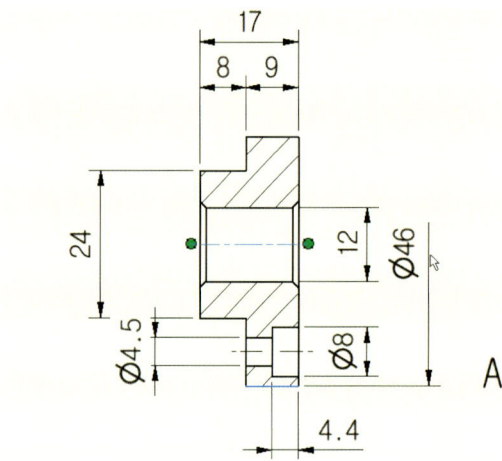

16 클릭하면 지름 치수가 작성된다.

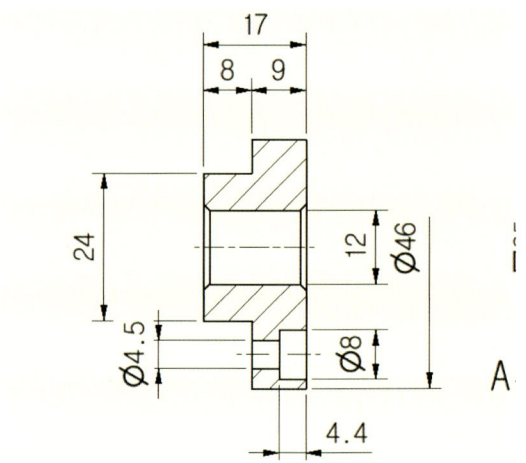

17 다음 치수를 마우스 우측 버튼으로 선택해 편집을 클릭한다.

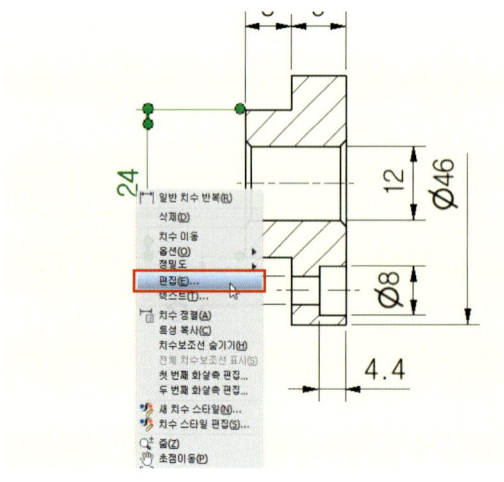

18 커서를 앞으로 이동한 후 기호 란에서 지름 기호를 선택한다.

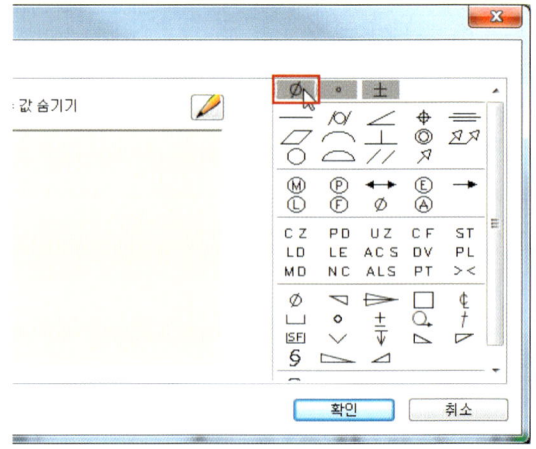

Section5. 부품도 작성하기

19 지름 기호가 추가된다.

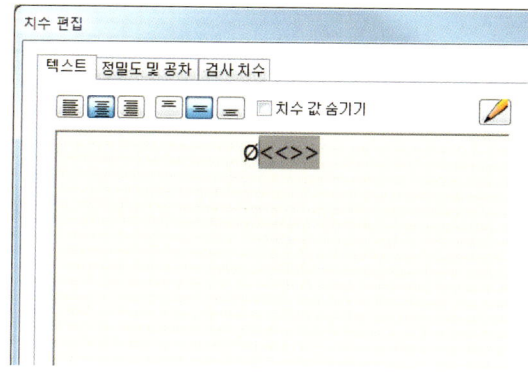

20 정밀도 및 공차 탭으로 가서 한계/맞춤 – 스택 항목을 선택한다.

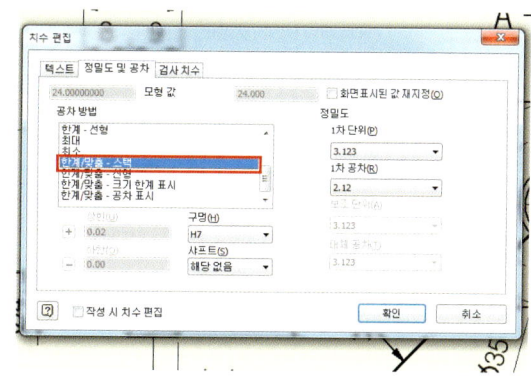

21 구멍 항목을 다음과 같이 설정한다.

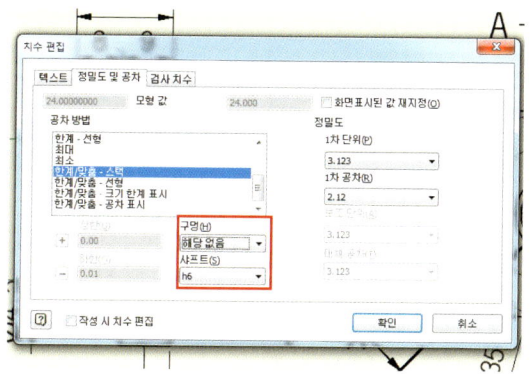

22 확인 버튼을 클릭하면 치수 작성이 완료된다.

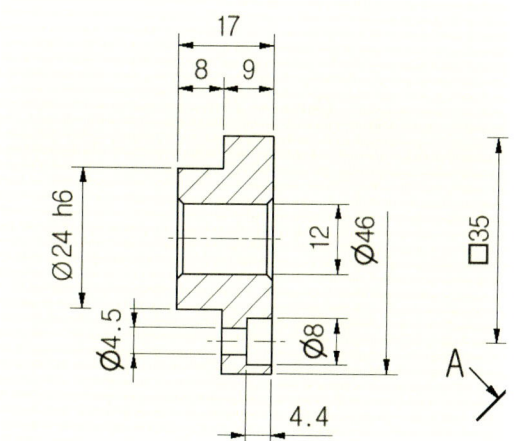

23 다음 치수를 편집해 텍스트를 추가한다.

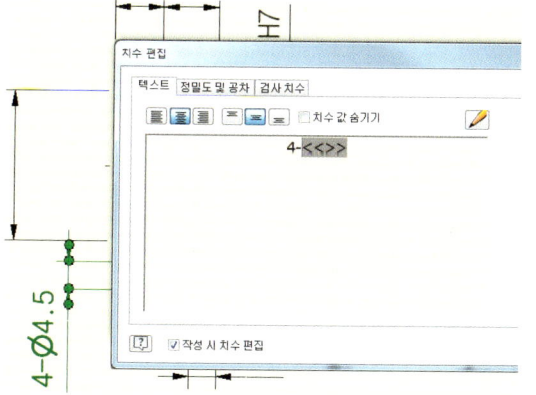

24 확인 버튼을 클릭하면 치수 작성이 완료된다.

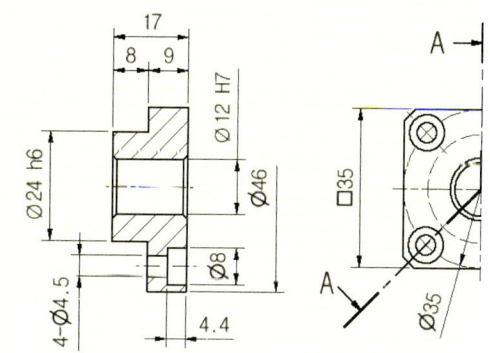

03 형상 공차와 다듬질 기호 작성하기

01 주석 탭에서 데이텀 기호 명령을 클릭한다.

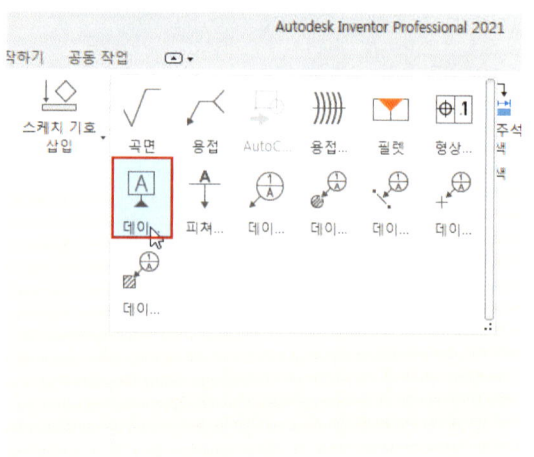

02 치수 보조선을 클릭해 데이텀의 위치를 정한다.

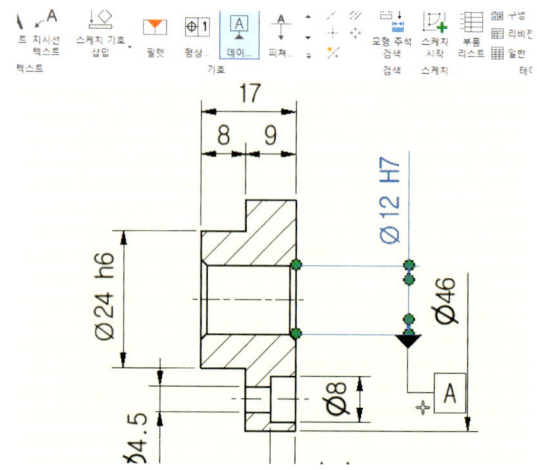

03 데이텀 문자를 선택해 데이텀 작성을 완료한 후 형상공차 명령을 클릭한다.

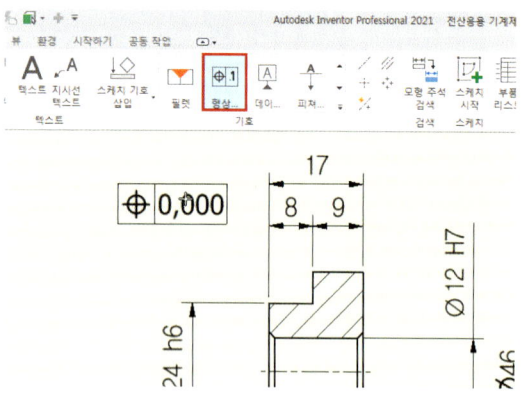

04 형상공차를 위치시킬 치수 보조선을 클릭해서 위치시킨 다음 형상공차 옵션을 다음과 같이 설정한다.

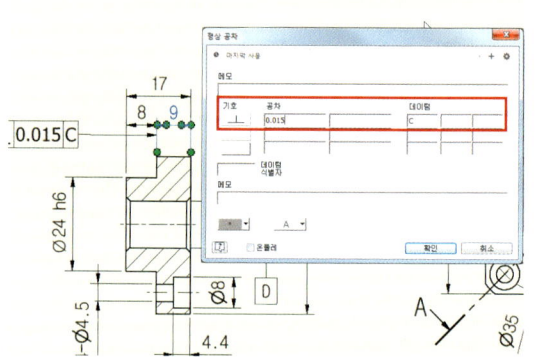

05 형상공차를 작성한 다음 다른 형상공차도 다음과 같이 설정한다.

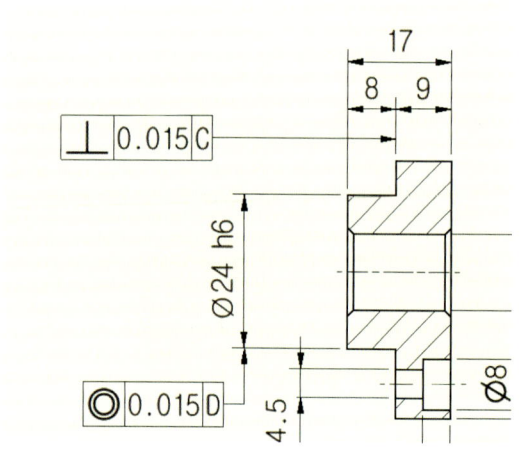

06 곡면 명령을 클릭해 치수 보조선을 클릭한다.

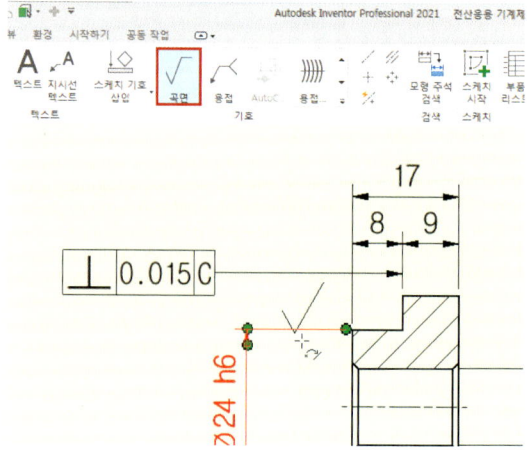

Section5.부품도 작성하기

07 다음과 같이 텍스처 유형을 설정한다.

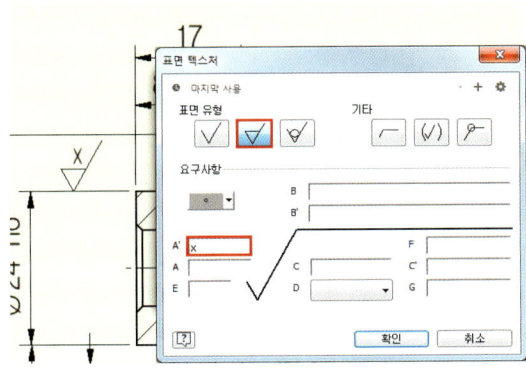

08 마찬가지로 다른 텍스처를 삽입한다.

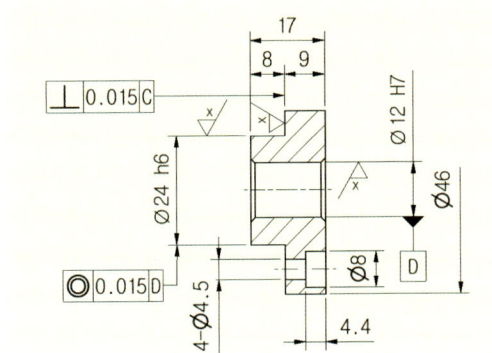

04 부품 번호 등록과 뷰 이름 수정하기

01 스케치된 기호란의 부품 번호를 더블클릭한다.

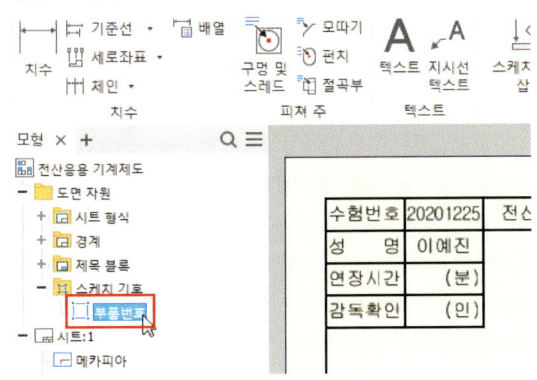

02 프롬프트 텍스트를 입력한다.

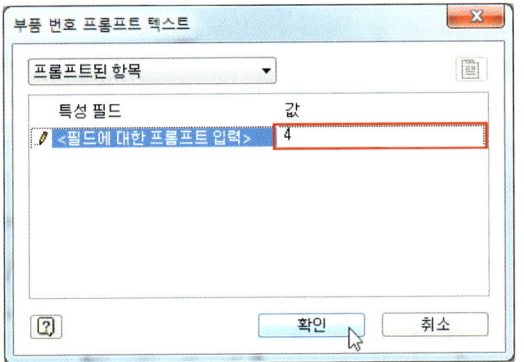

03 다음과 같이 부품 번호가 등록한 후, 뷰 레이블 텍스트를 마우스 우측 버튼으로 클릭해 뷰 레이블 편집을 클릭한다.

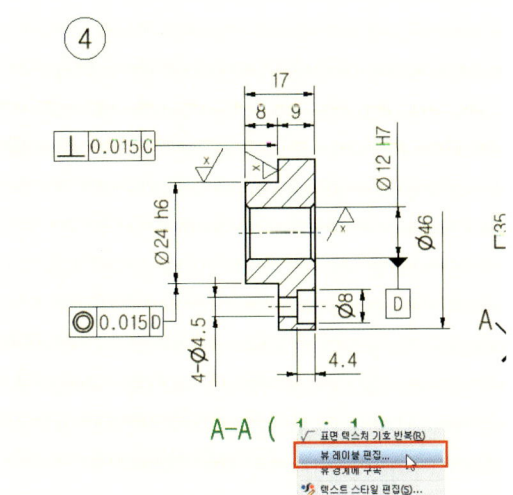

04 다음과 같이 텍스트를 편집한다.

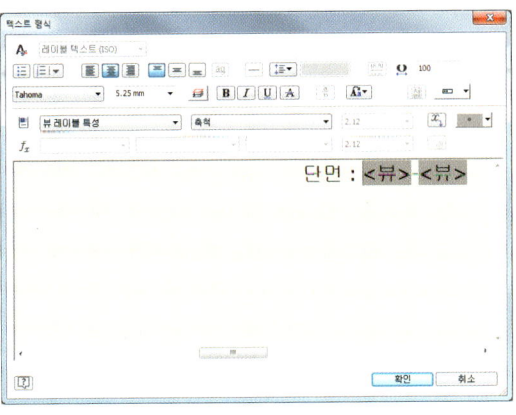

425

05 도면 작성이 완료되었다.

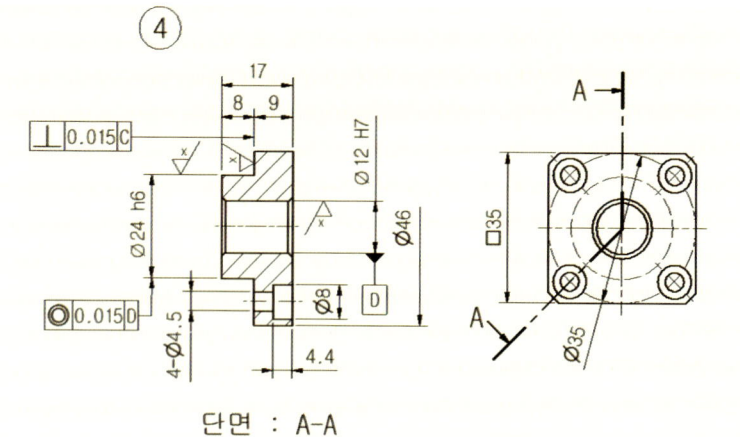

Lesson 3 | 축 타입의 부품도 작성하기

01 뷰 작성하기

01 기준 뷰 명령으로 축 타입의 부품을 배치한다.

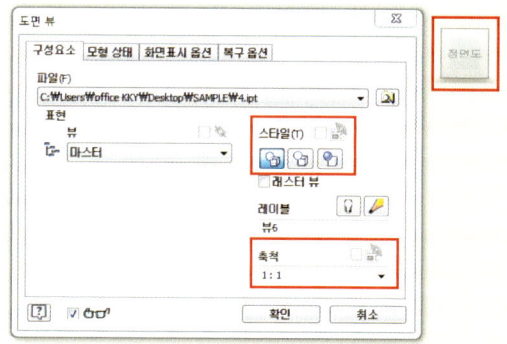

02 정면도를 배치한다.

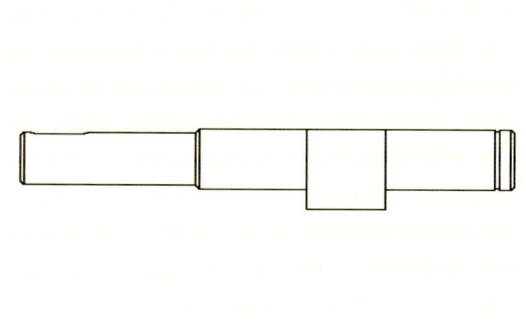

03 연속으로 좌측면도를 배치해서 작성한다.

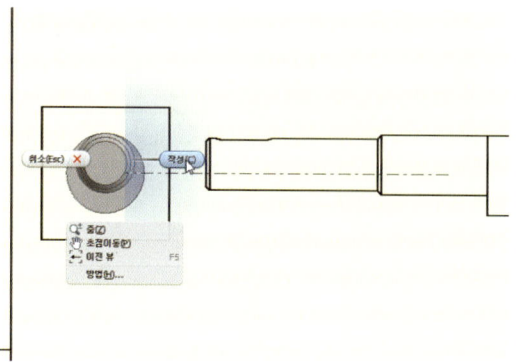

04 좌측면도를 더블클릭해 기준으로부터 스타일을 체크 해제한다.

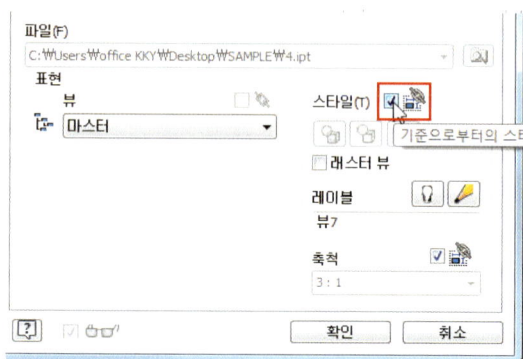

Section5. 부품도 작성하기

05 스타일을 다음과 같이 설정한다.

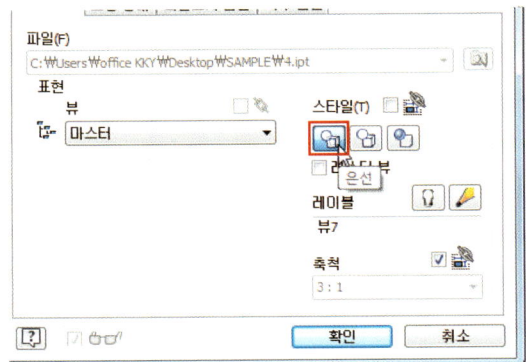

06 좌측면도에 은선이 표시된다.

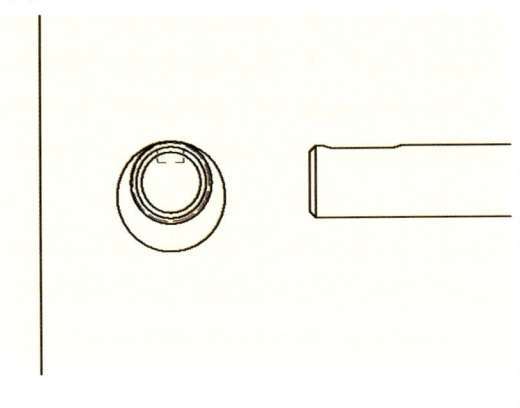

07 필요없는 은선을 마우스 우측 버튼으로 클릭해 가시성을 체크 해제한다.

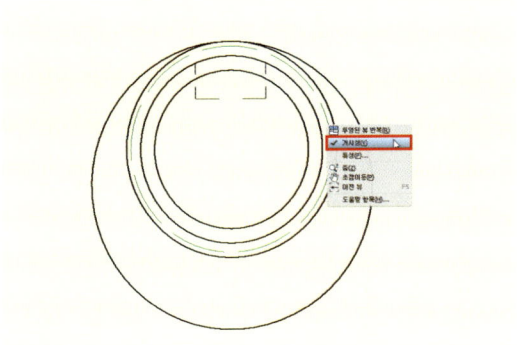

08 은선이 숨김된다.

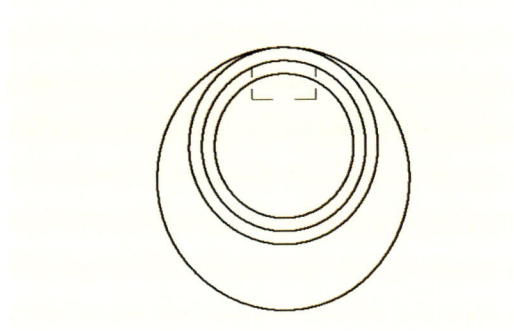

09 두 개의 뷰를 마우스 우측 버튼으로 클릭해 자동화된 중심선을 클릭한다.

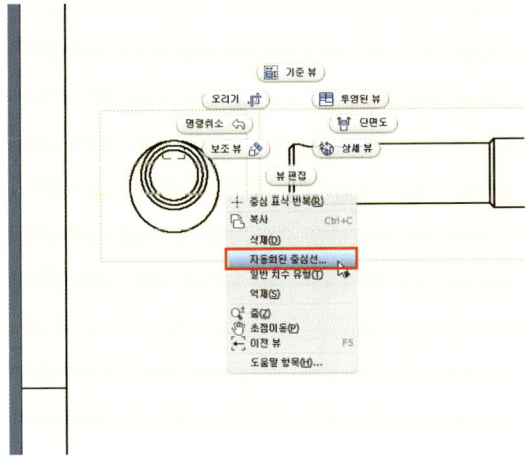

10 다음과 같이 설정한다.

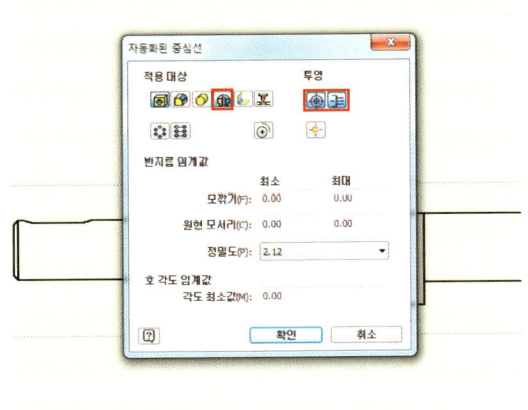

427

11 다음과 같이 중심선이 작성된다.

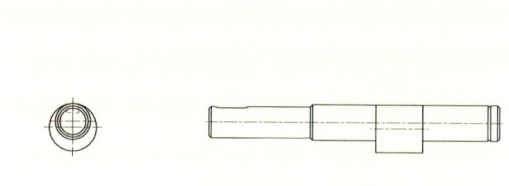

12 정면도를 선택해 스케치 작성을 클릭한다.

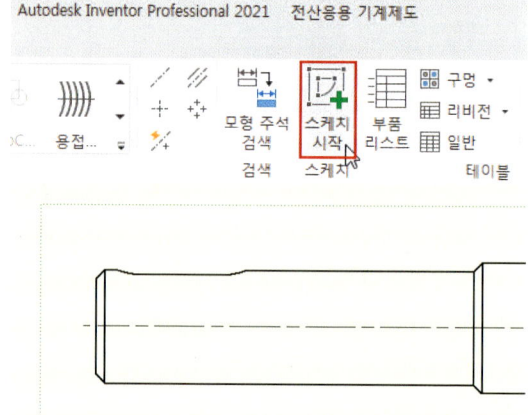

13 스플라인 명령으로 폐곡선을 작성한다.

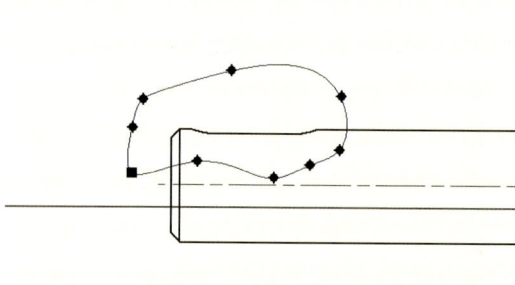

14 스케치 마무리 후 브레이크 아웃 명령을 클릭한다.

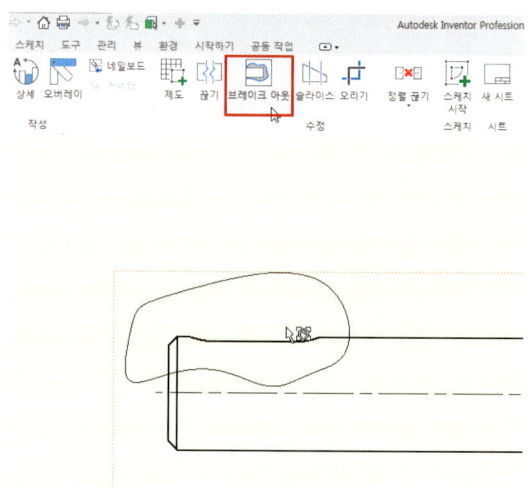

15 깊이를 좌측면도의 중심점에 클릭한다.

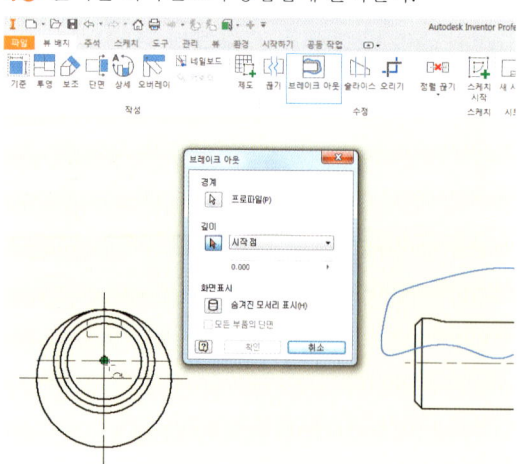

16 확인 버튼을 클릭하면 브레이크 아웃 뷰가 작성된다.

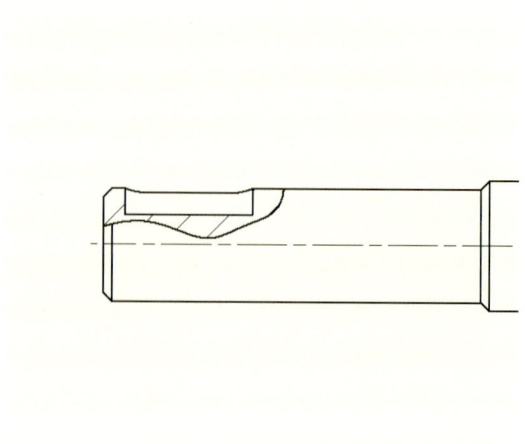

Section5. 부품도 작성하기

17 투영뷰 명령으로 정면도를 클릭한다.

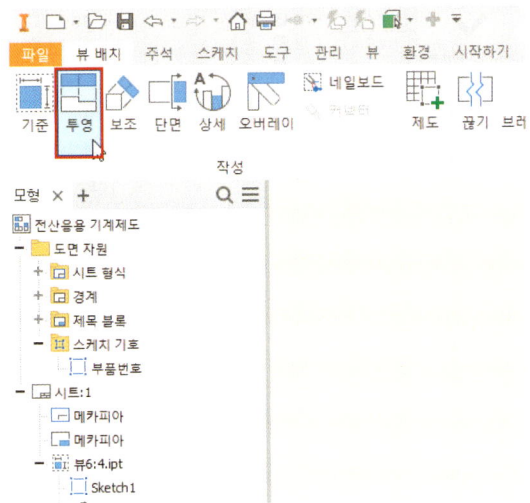

18 마우스를 위로 올려서 평면도를 작성한다.

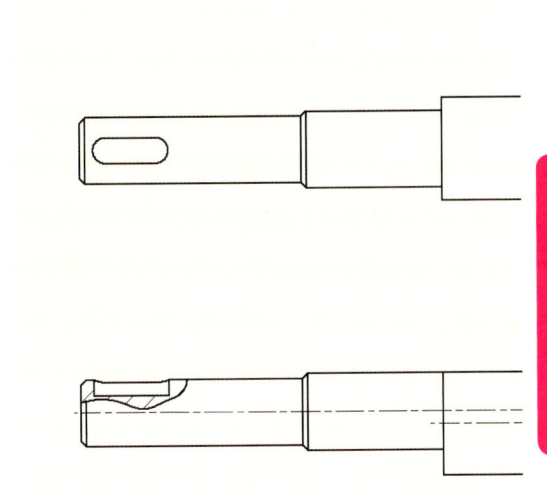

19 오리기 명령을 클릭한다.

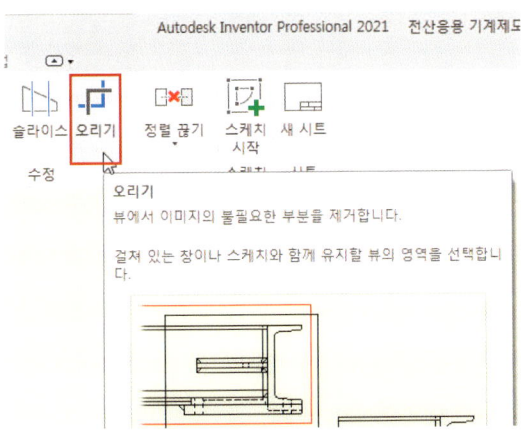

20 평면도를 선택한다.

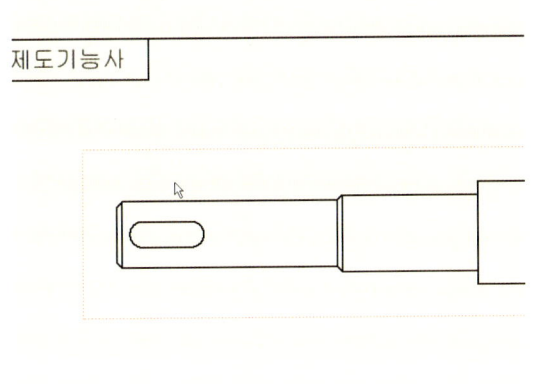

21 잘라낼 영역을 선택한다.

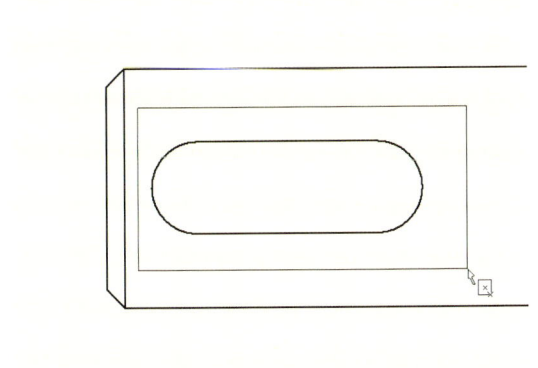

22 오리기 뷰를 뷰 트리에서 마우스 우측 버튼으로 클릭해 오리기 절단선 화면표시를 체크 해제한다.

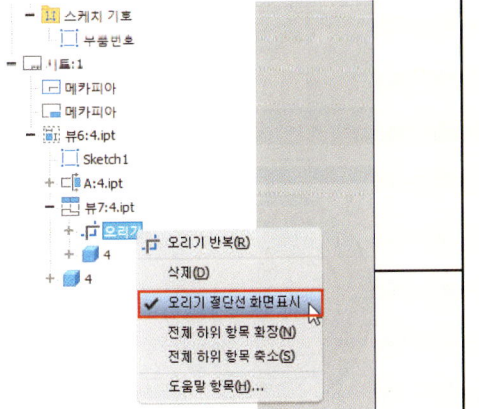

429

Part 05 도면 작성하기

23 다음과 같이 오리기 뷰가 작성 완료된다.

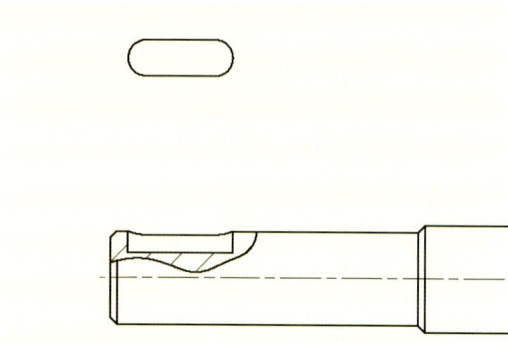

02 중심마크 작성하기

01 중심선 명령으로 원형 모서리를 클릭한다.

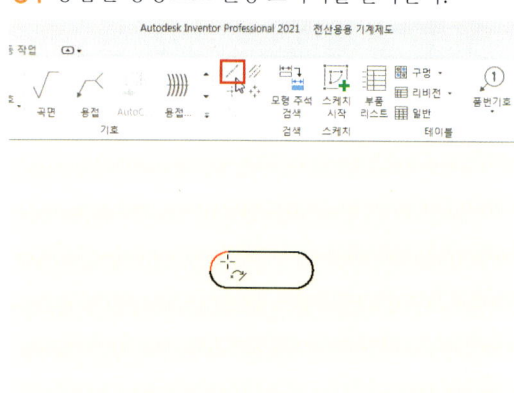

02 반대편 원형 모서리를 클릭한다.

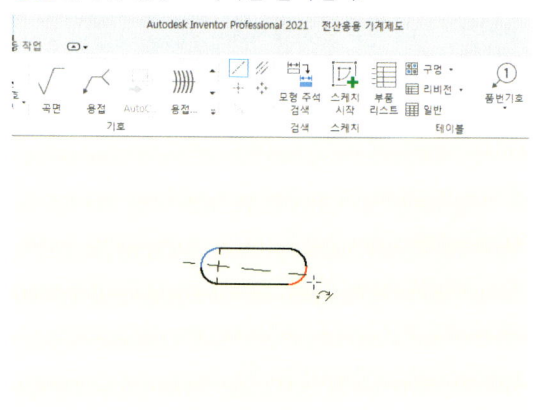

03 마우스 우측 버튼을 클릭해 작성 명령을 클릭한다.

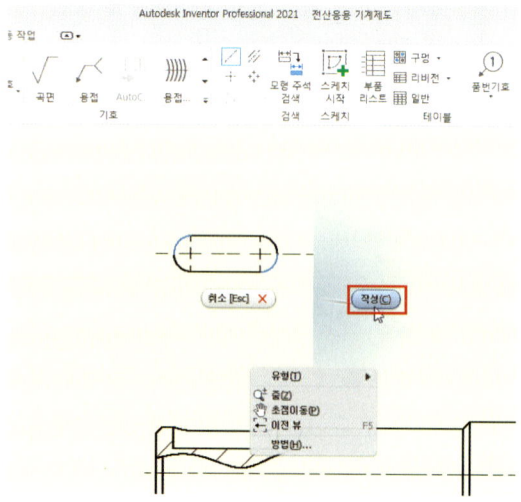

04 정면도를 선택해 스케치 작성을 클릭한다.

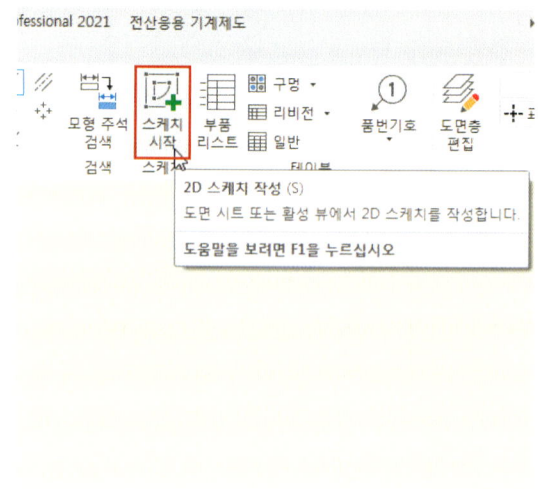

430

05 키의 모서리를 선택해 형상 투영을 한다.

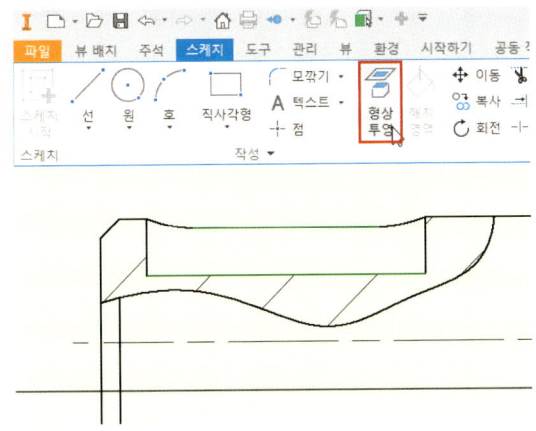

06 다음과 같이 수동으로 중심선을 작성해 스케치 마무리를 클릭한다.

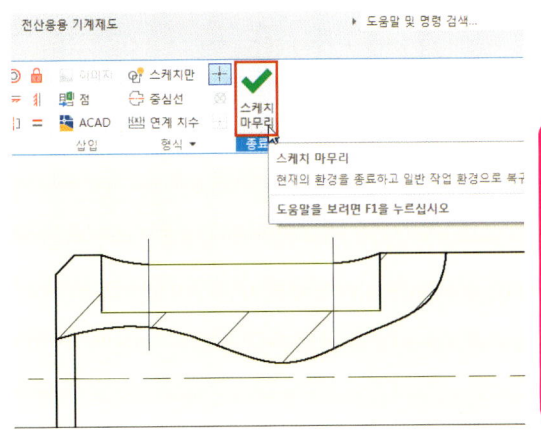

07 작성한 스케치를 마우스 우측 버튼으로 클릭해 특성을 클릭한다.

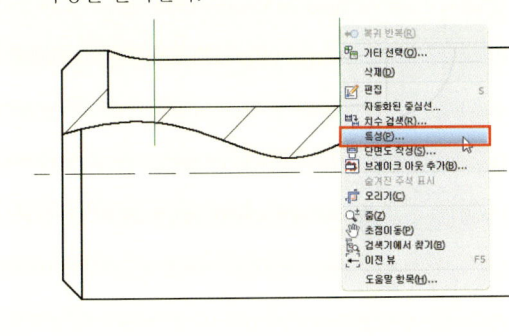

08 선종류를 체인으로 설정한 후 스케치를 마친다.

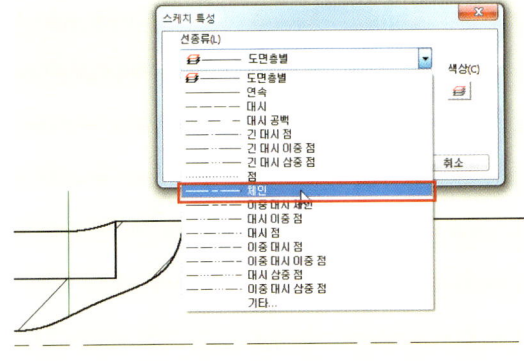

03 치수와 형상공차 다듬질 기호 작성하기

01 다음과 같이 정면도에 치수를 작성한다.

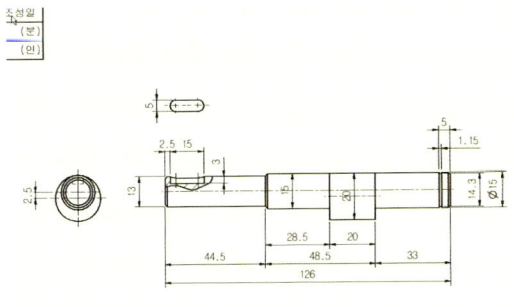

02 치수를 더블클릭해 정밀도 및 공차 탭을 클릭한다.

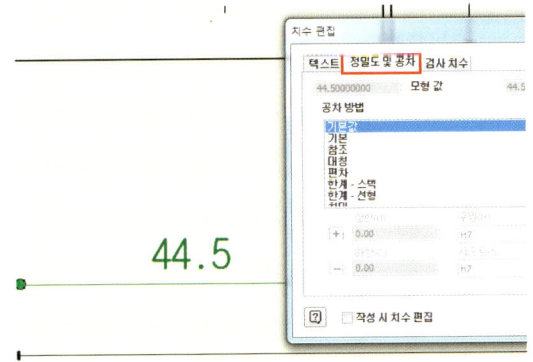

03 참조 항목을 선택하면 치수 문자에 괄호가 추가된다.

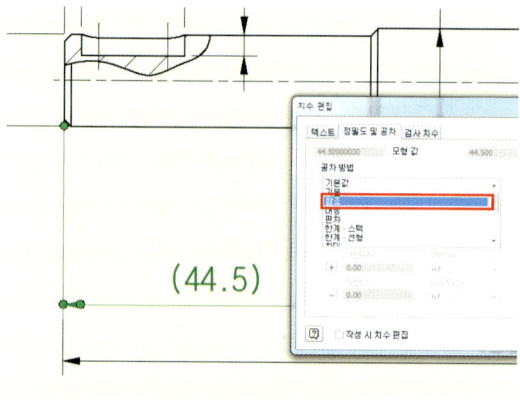

04 공차를 넣기 위해 다른 치수를 더블클릭한다.

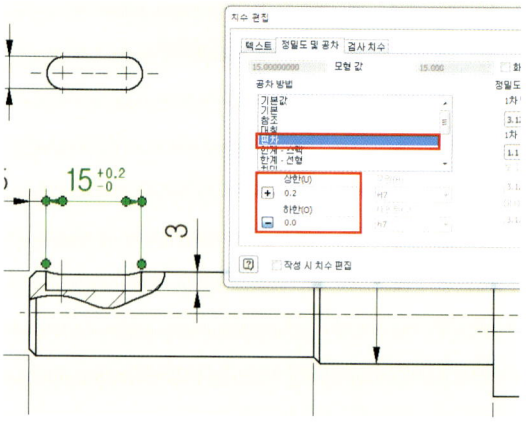

05 편차 항목을 선택해 다음과 같이 설정한다.

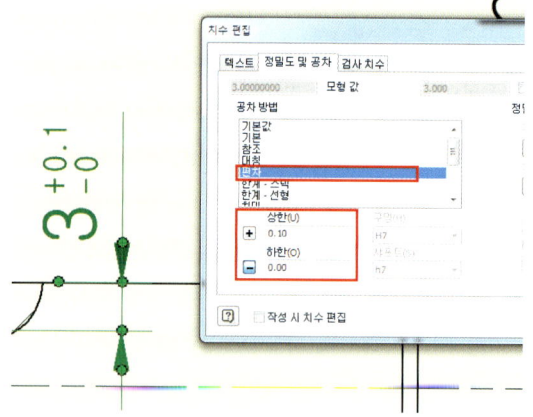

06 대칭 치수를 넣기 위해 같이 대칭 항목을 선택해 다음과 같이 설정한다.

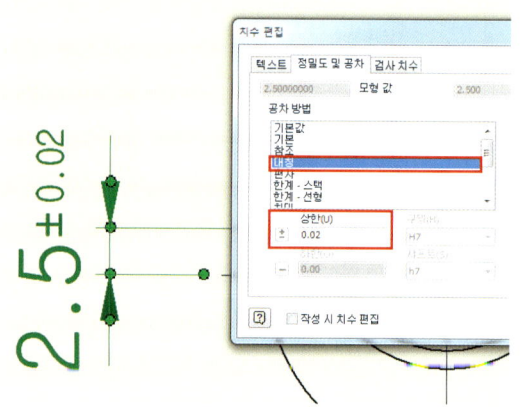

07 편차 공차를 넣기 위해 편차 항목을 선택해 다음과 같이 설정한다.

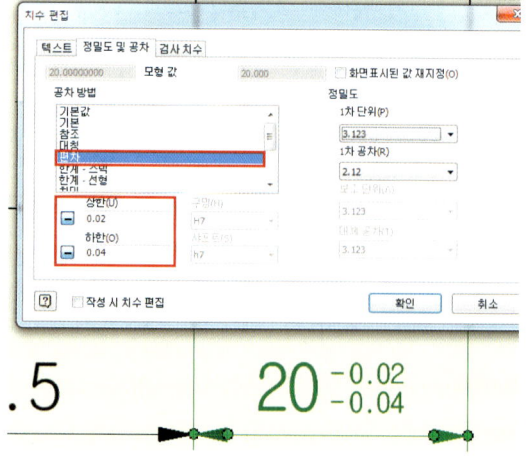

08 일반 공차를 넣기 위해서는 한계/맞춤 – 스택을 선택해 다음과 같이 설정한다.

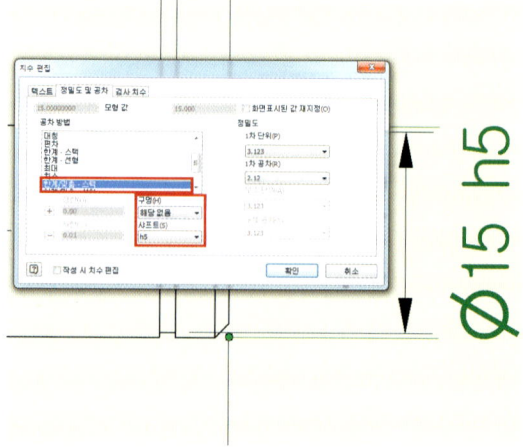

Section5. 부품도 작성하기

09 형상공차를 다음과 같이 작성한다.

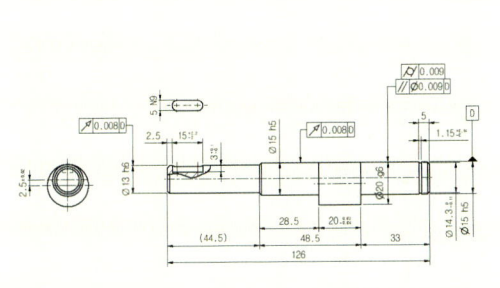

10 다듬질 기호를 다음과 같이 작성한다.

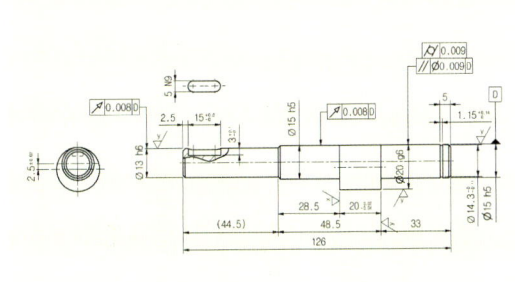

11 다음과 같이 도면 작성이 완료된다.

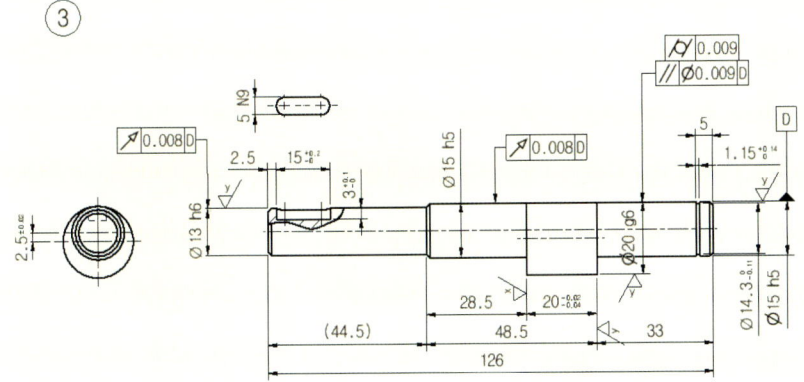

Lesson 4 　동력전달용 부품도 작성하기

01 뷰 작성하기

01 풀리 타입의 부품을 기준 뷰 명령으로 배치한다.

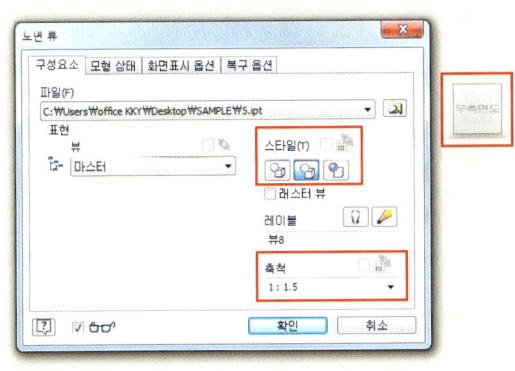

02 단면 뷰 명령으로 다음과 같이 작성한다.

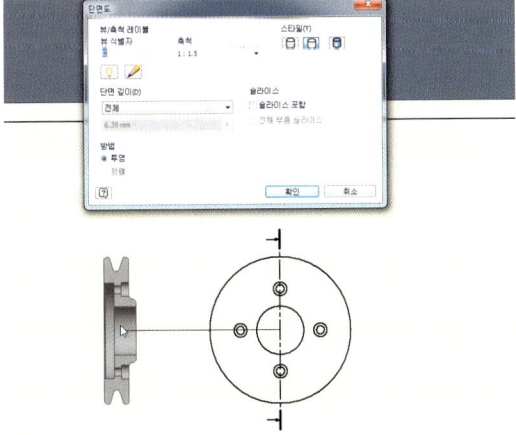

03 다음과 같이 단면도가 작성된다.

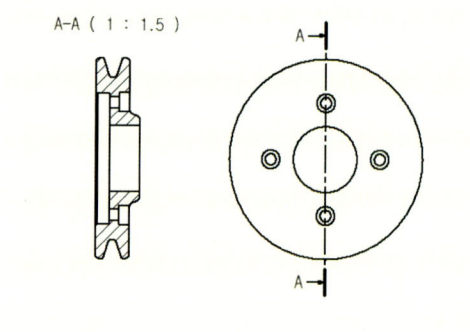

04 상세 뷰 명령으로 다음 영역을 설정한다.

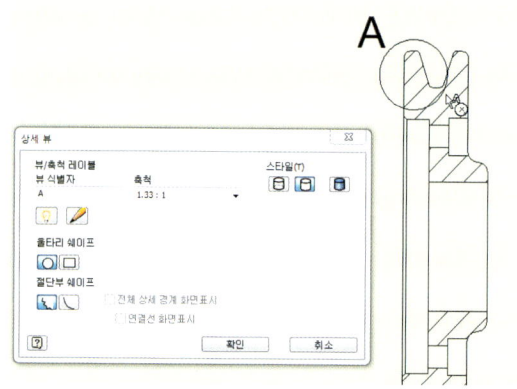

05 상세 뷰 명령이 다음과 같이 작성된다.

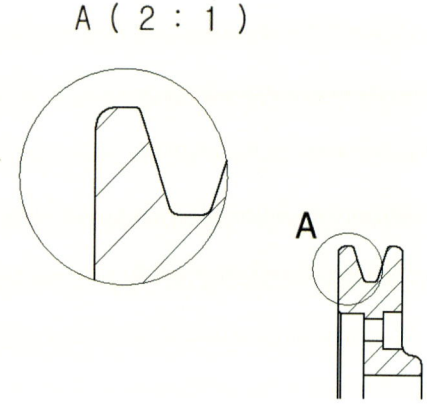

06 중심이 맞지 않으면 다음과 같이 상세 뷰 테두리를 선택해 초점을 이동시킨다.

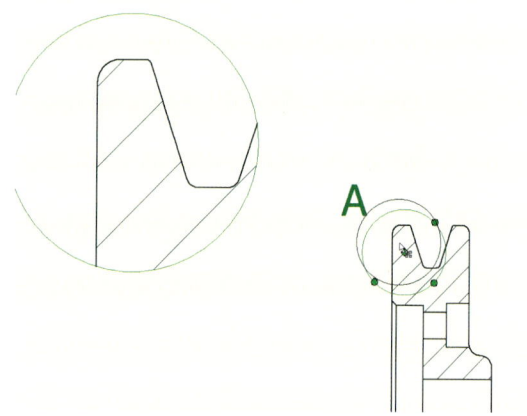

07 뷰 텍스트를 다음과 같이 수정한다.

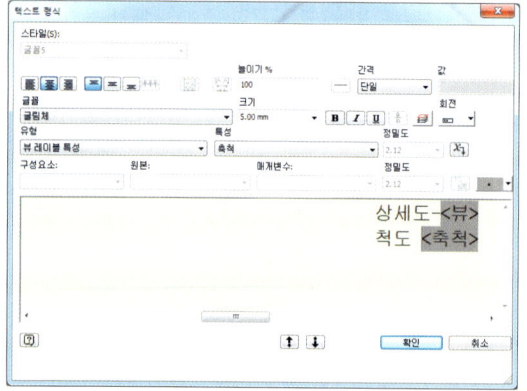

08 다음과 같이 상세도가 작성이 완료된다.

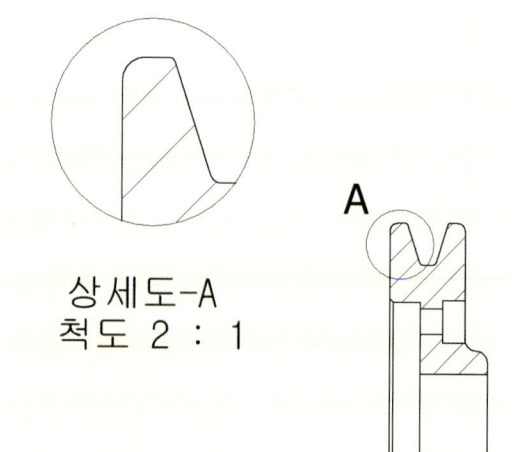

Section5. 부품도 작성하기

02 해칭 수정하기

01 정면도를 선택해 스케치 작성을 클릭한다.

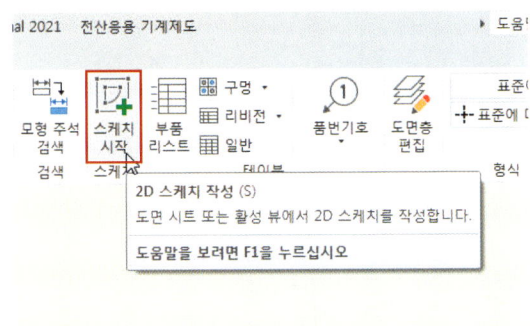

02 P.C.D 선으로 쓰기 위해 다음과 같이 선을 작성한다.

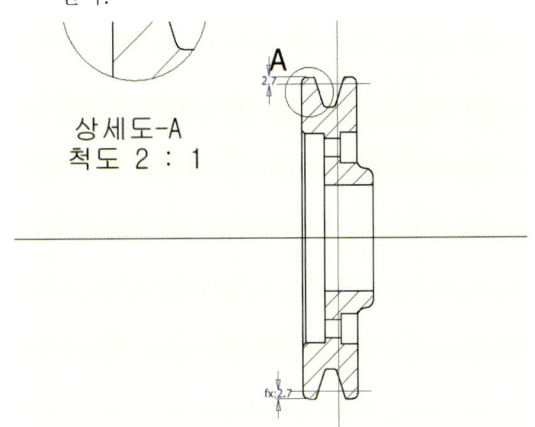

03 스케치를 마무리 한 후 선을 선택해 마우스 우측 버튼을 클릭해 특성을 클릭한다.

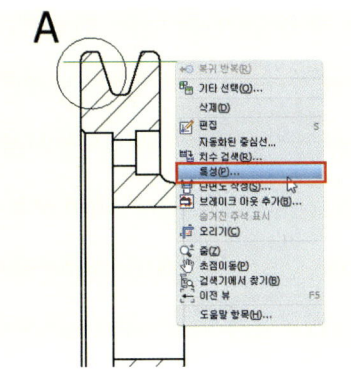

04 선 종류를 체인으로 선택한다.

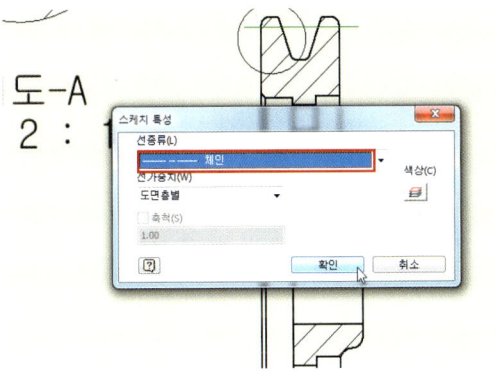

05 선 종류가 변경되면 스케치를 마무리한다.

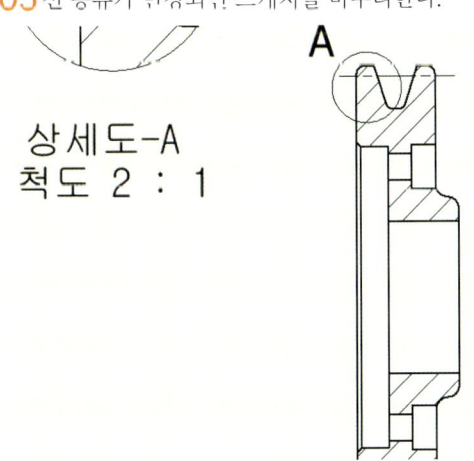

06 해칭을 마우스 우측 버튼으로 클릭해 편집을 클릭한다.

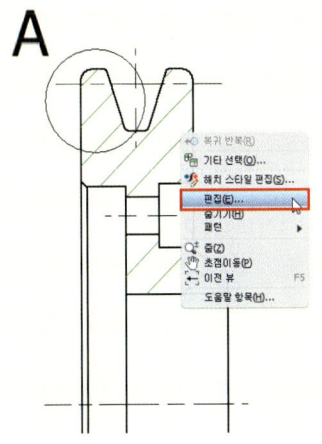

07 해칭 설정을 다음과 같이 편집한다.

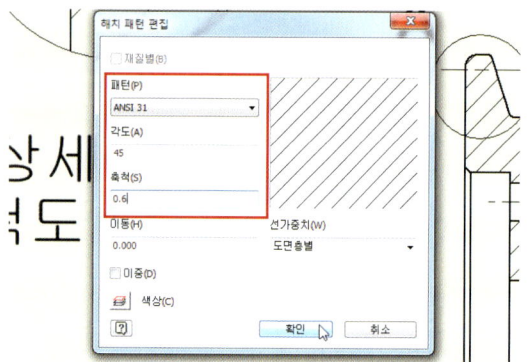

08 해칭 패턴이 다음과 같이 수정된다.

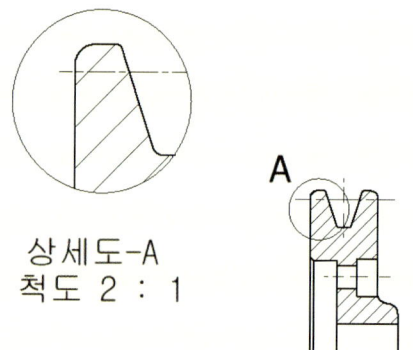

03 나머지 주석 작성하기

01 치수를 다음과 같이 작성한다.

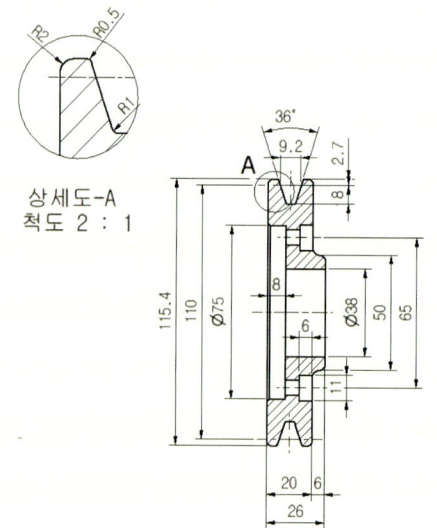

02 치수에 공차를 다음과 같이 추가한다.

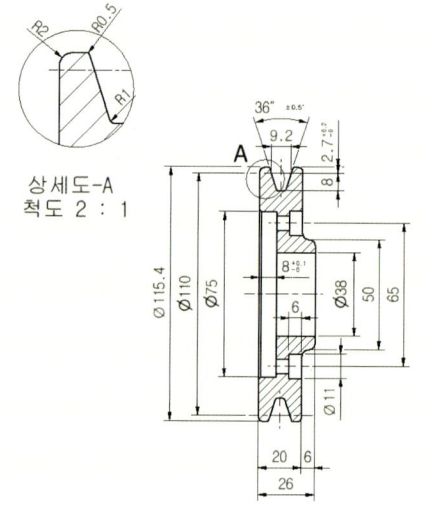

03 표면 텍스처 기호를 다음과 같이 작성한다.

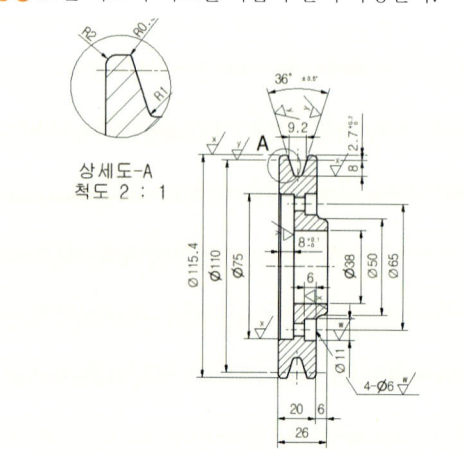

04 형상 공차들을 다음과 같이 작성한다.

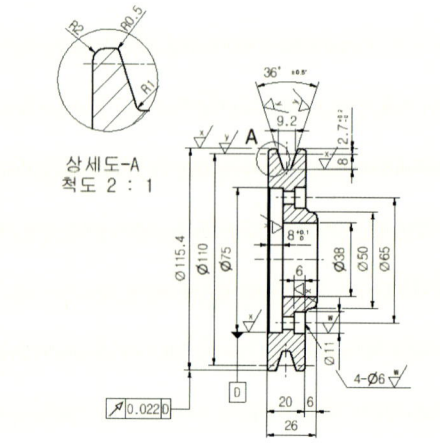

Section5. 부품도 작성하기

04 다듬질 기호 마크 스타일 수정하기

01 다듬질 기호를 수동으로 작성해 마우스 우측 버튼으로 클릭해 표면 텍스처 스타일 편집을 클릭한다.

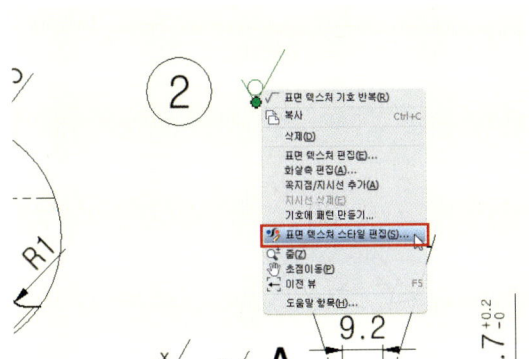

02 표면 텍스처 스타일을 마우스 우측 버튼으로 클릭해 새 스타일을 클릭한다.

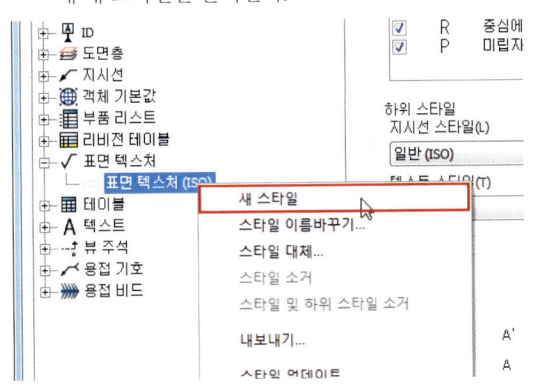

03 다음과 같이 이름을 설정한다.

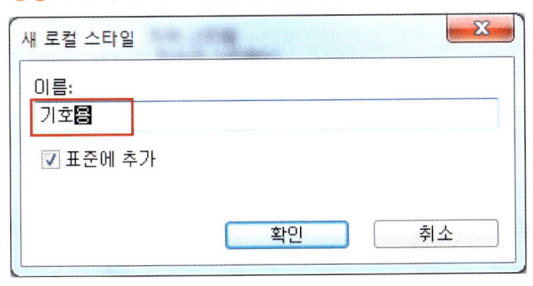

04 새로 작성된 항목을 다음과 같이 편집한다.

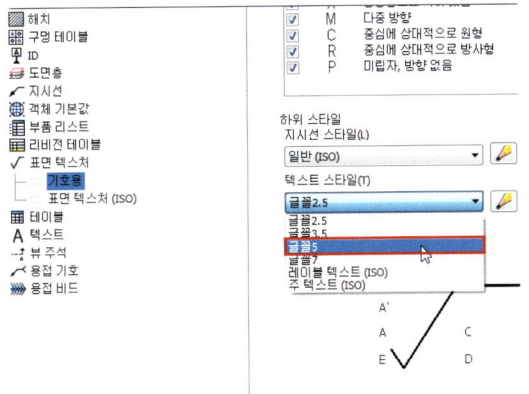

05 설정을 마친 후 작성된 기호를 선택해 스타일 형식을 새로 작성한 스타일로 적용한다.

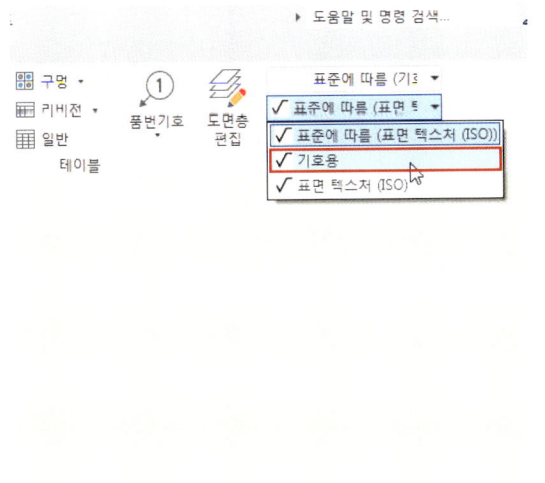

06 다듬질 기호의 크기가 변경된다.

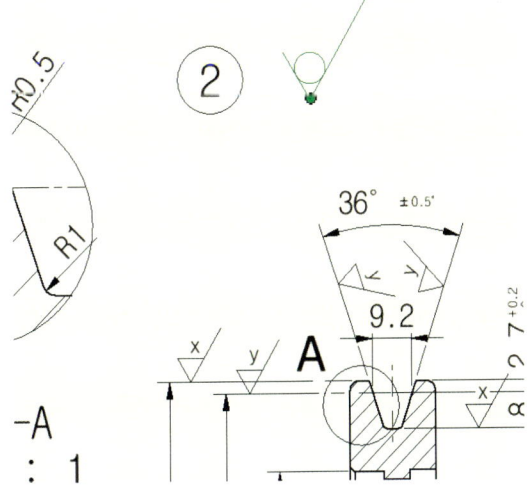

07 텍스트로 다음과 같이 타이핑한다.

08 작성된 텍스트를 다음과 같이 위치시킨다.

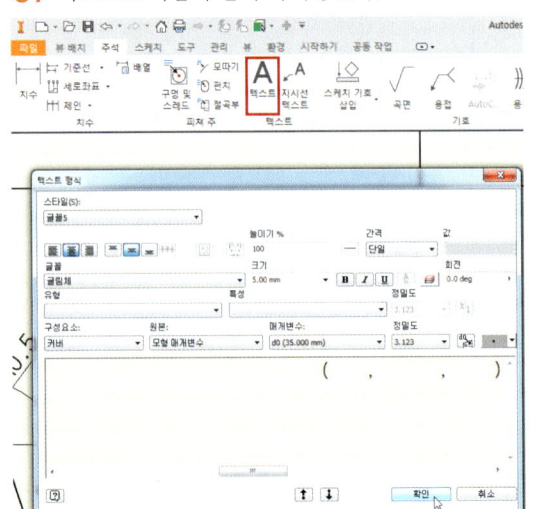

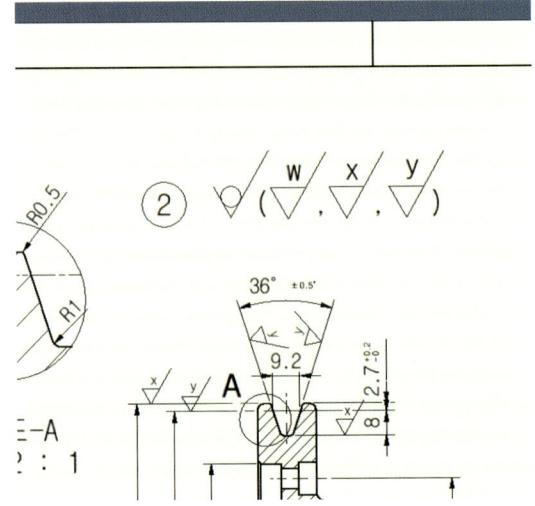

09 도면 작성이 완료되었다.

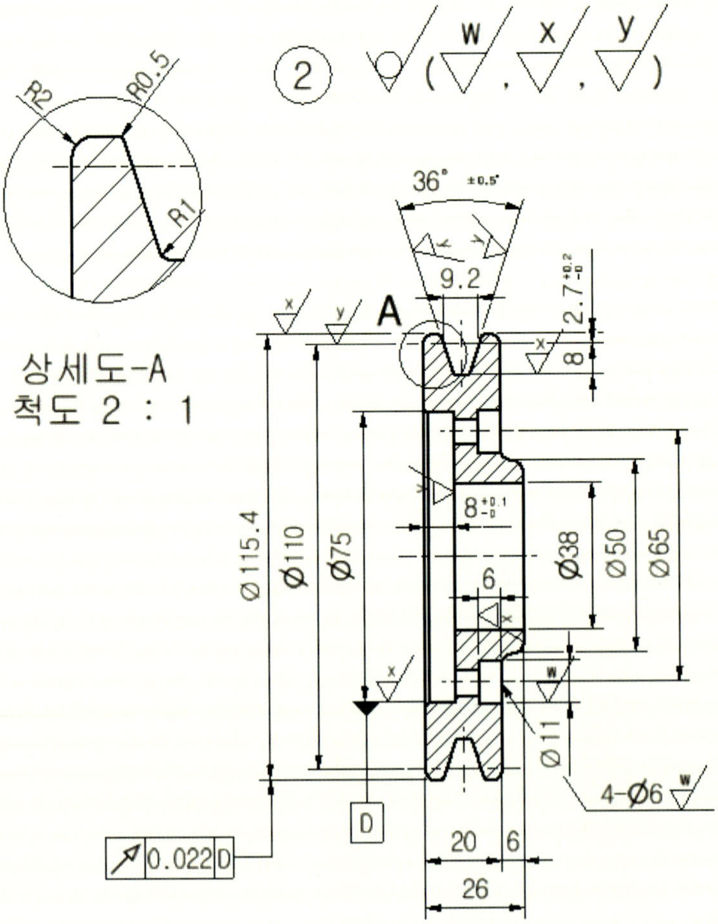

Lesson 5 | 본체 타입의 부품도 작성하기

01 뷰 작성하기

01 기준 뷰 명령을 클릭해 본체 부품을 다음과 같이 배치한다.

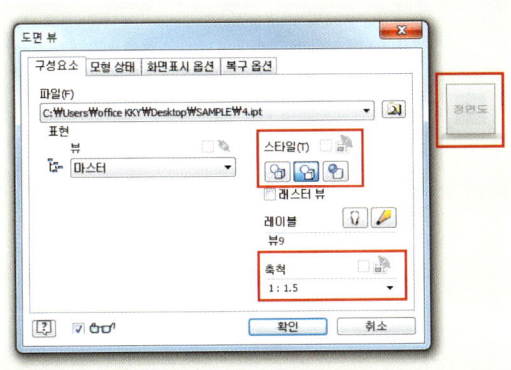

02 연속으로 우측면도를 투영해 배치한다.

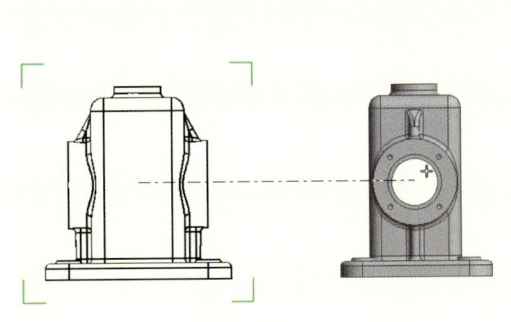

03 연속으로 평면도도 투영해 배치한다.

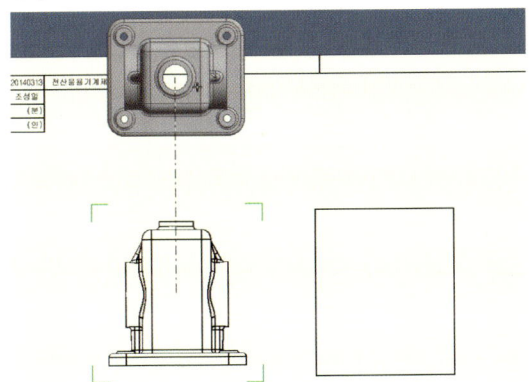

04 다음과 같이 도면뷰가 작성되었다.

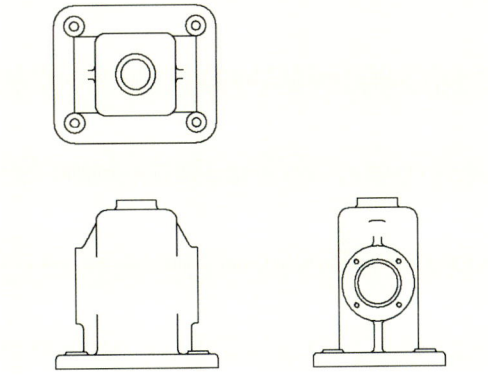

05 정면도를 선택해 스케치 작성을 클릭한다.

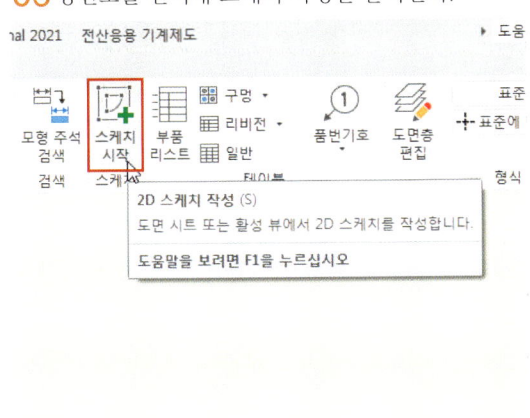

06 중심점 사각형 명령으로 다음과 같이 작성한다.

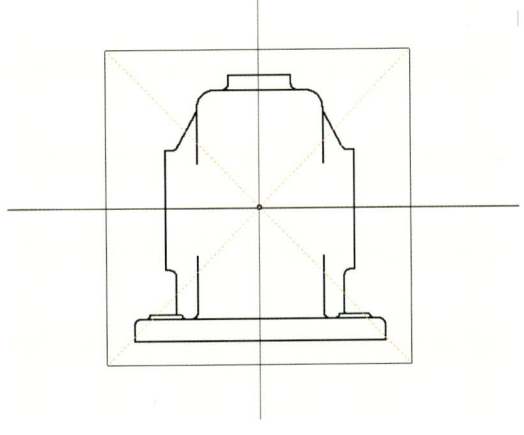

07 스케치를 마무리한 후 브레이크 아웃 명령을 클릭한다.

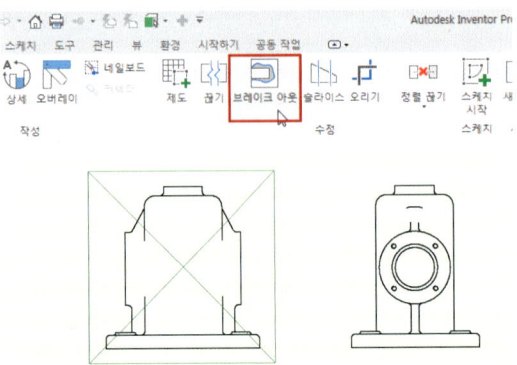

08 깊이점을 우측면도에 다음과 같이 설정한다.

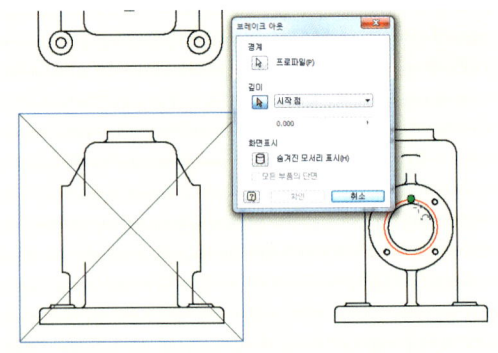

09 확인 버튼을 클릭하면 다음과 같이 브레이크 아웃 뷰가 작성된다.

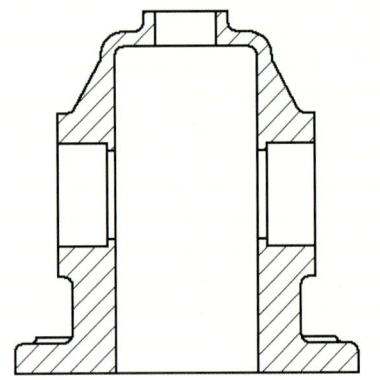

10 우측면도를 선택해 스케치 작성을 클릭한다.

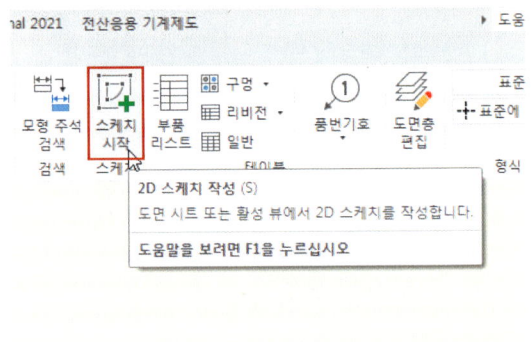

11 사각형 명령으로 다음과 같이 작성한 후 스케치를 마무리한다.

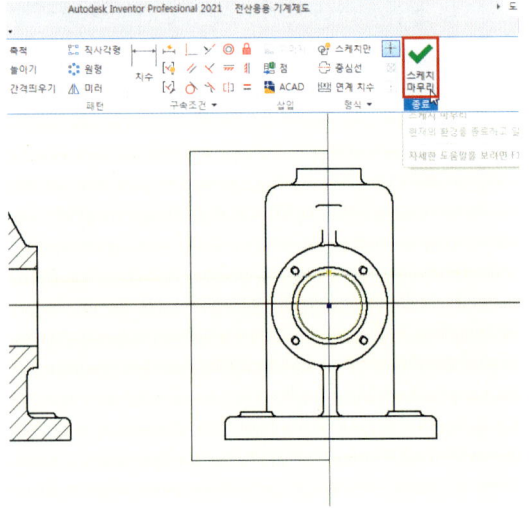

12 브레이크 아웃 명령을 클릭해 깊이를 다음과 같이 설정한다.

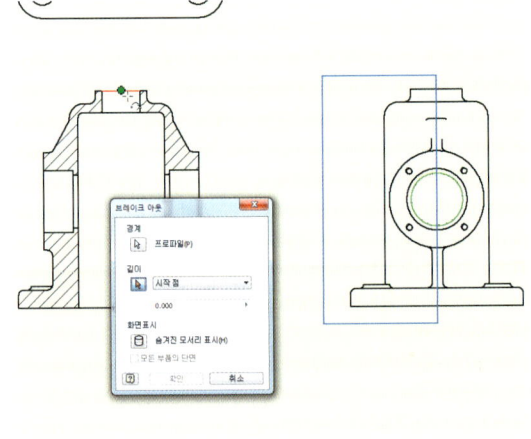

13 확인 버튼을 클릭해 브레이크 아웃 뷰 작성을 마무리 한다.

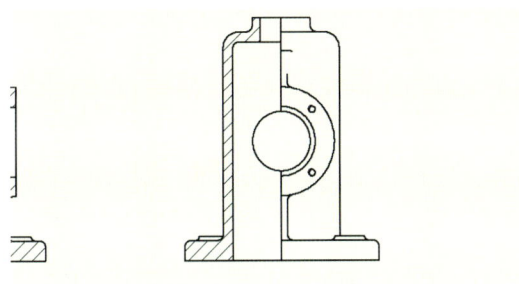

14 오리기 명령을 클릭한다.

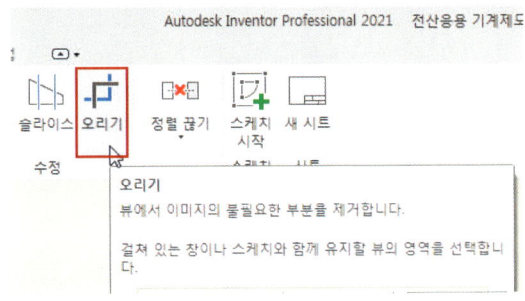

15 평면도를 선택해 모서리의 중간점을 다음과 같이 스냅한다.

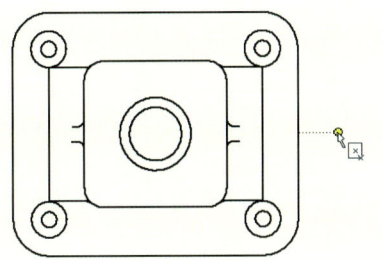

16 잘라낼 영역을 다음과 같이 설정한다.

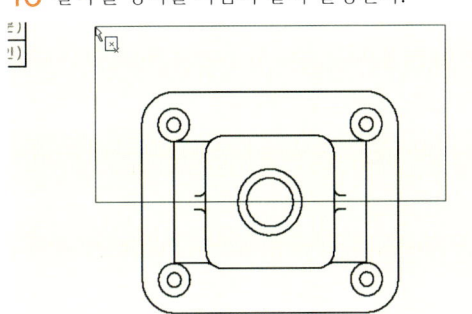

17 두 번째 점을 클릭하면 오리기 뷰가 작성된다.

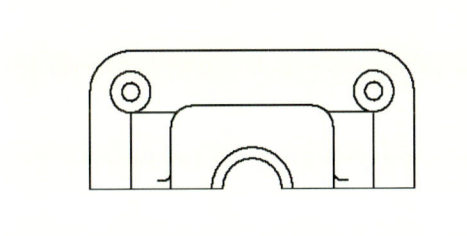

18 우측면도를 선택해 스케치 작성을 클릭한다.

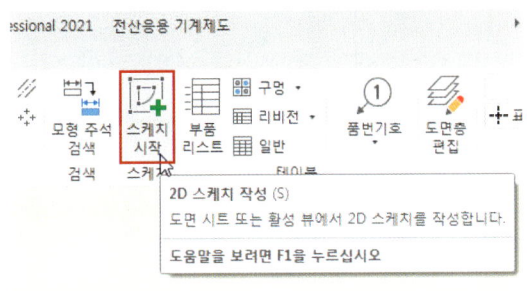

19 스플라인 명령으로 다음과 같이 작성한다.

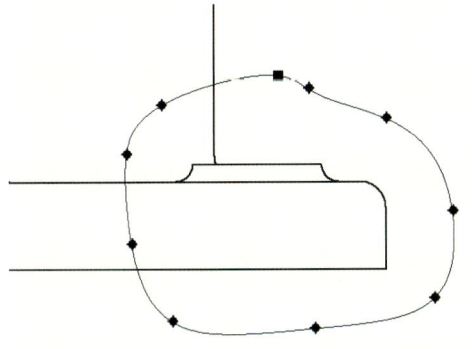

20 스케치 마무리 후 브레이크 아웃 명령을 클릭한다.

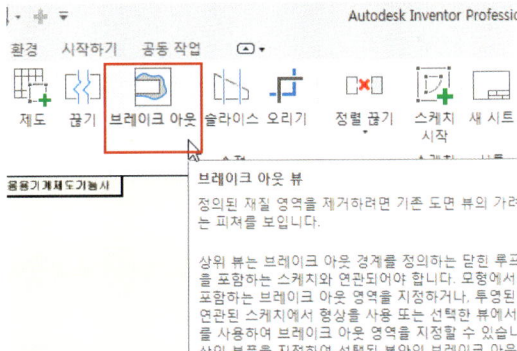

21 깊이를 다음과 같이 설정한다.

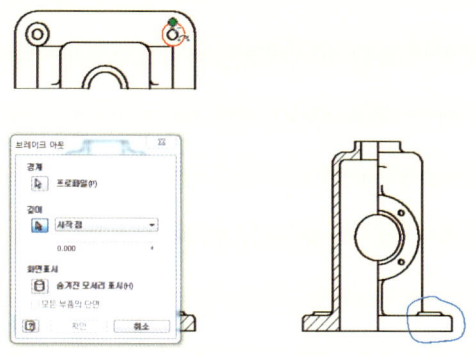

22 확인 버튼을 클릭하면 브레이크 아웃 뷰가 작성된다.

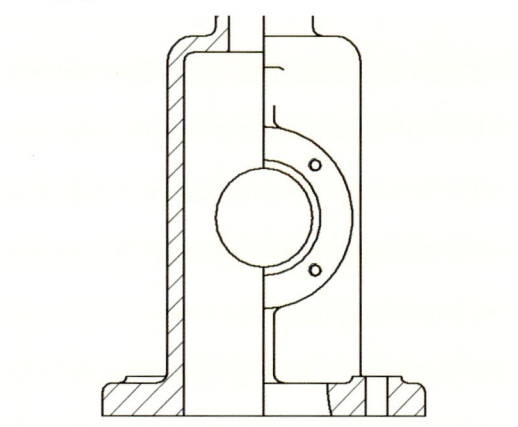

02 해칭 영역 수정하기

01 정면도의 해칭을 마우스 우측 버튼으로 클릭해 숨기기를 클릭한다.

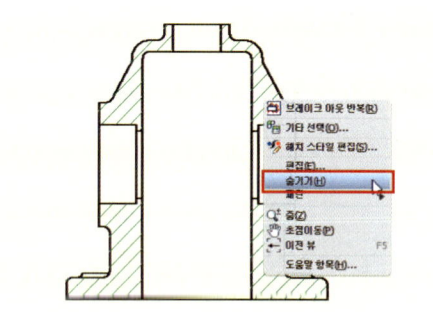

02 정면도를 선택해 스케치 작성을 클릭한다.

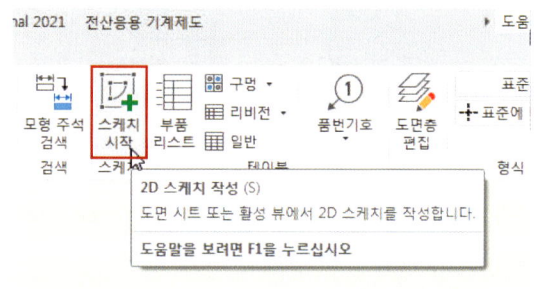

03 형상 투영 명령과 선 명령, 모깎기 명령으로 다음과 같이 작성한다.

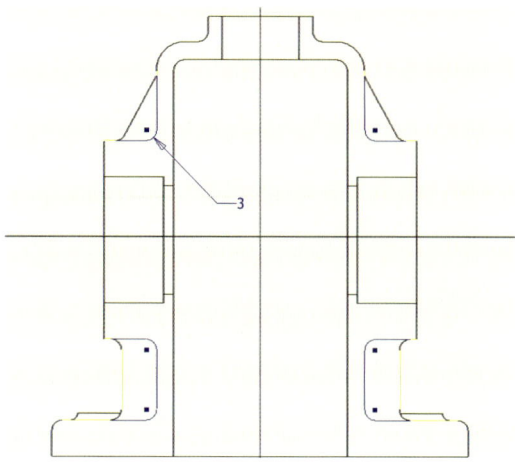

04 선택한 스케치 선 중에서 실선을 마우스 우측 버튼으로 클릭해 특성을 클릭한다.

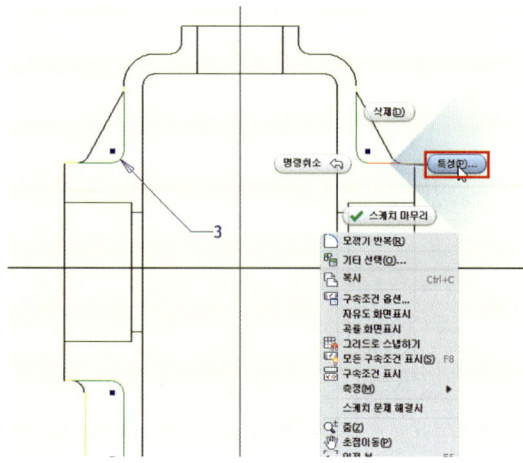

05 선 가중치를 다음과 같이 설정한다.

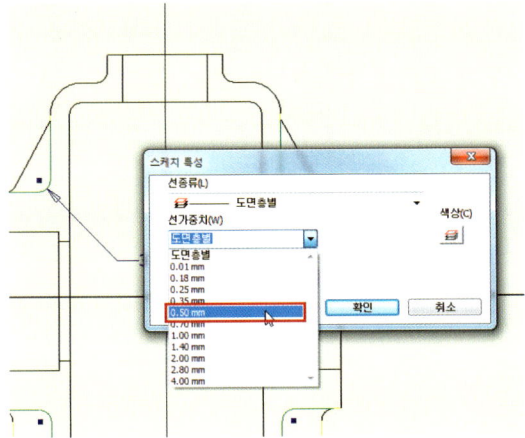

06 리브의 단면을 표시할 스케치를 작성한다.

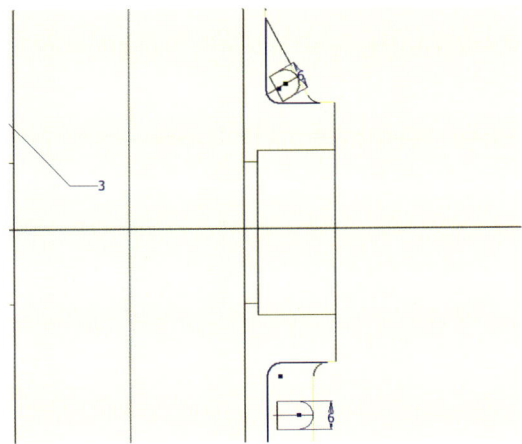

07 단면의 중심선을 선택해 특성을 클릭한다.

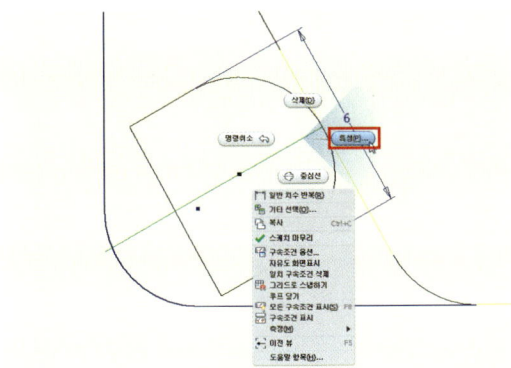

08 선가중치와 선종류를 다음과 같이 설정한다.

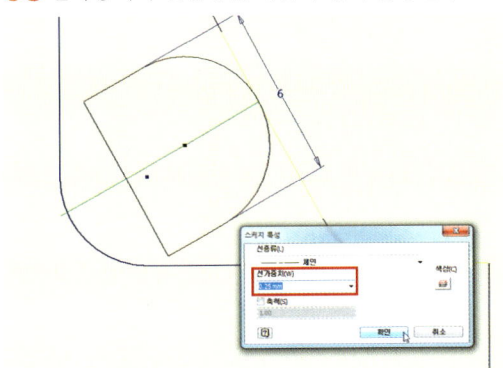

09 영역 채우기/해치 명령을 클릭한다.

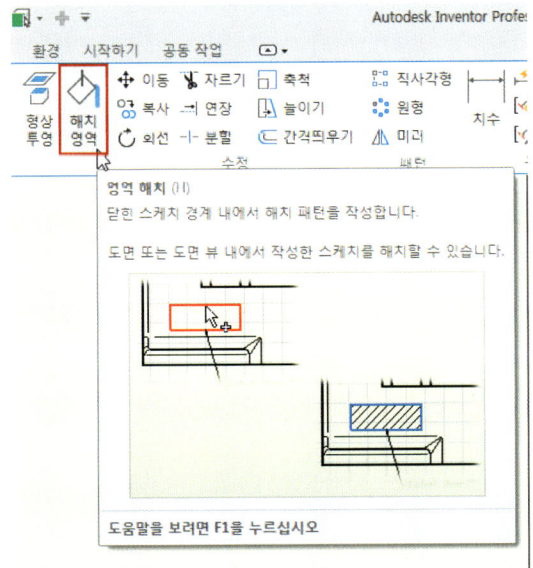

10 영역 채우기를 하기 위해 다음 두 개의 폐곡선 영역이 정의되어 있어야 한다.

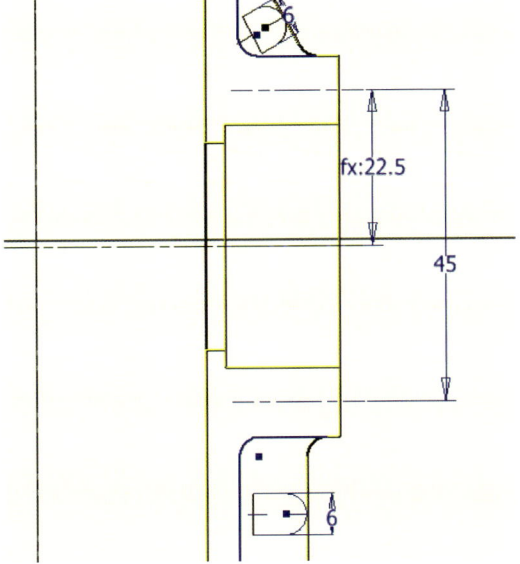

11 폐곡선 영역을 클릭한다.

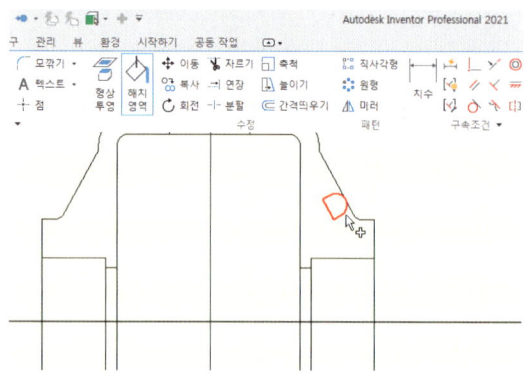

12 해치/색상 채우기를 다음과 같이 설정한다.

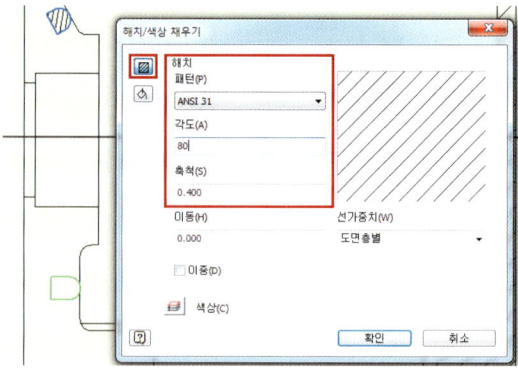

13 마찬가지로 아래쪽도 영역 채우기/해치를 한다.

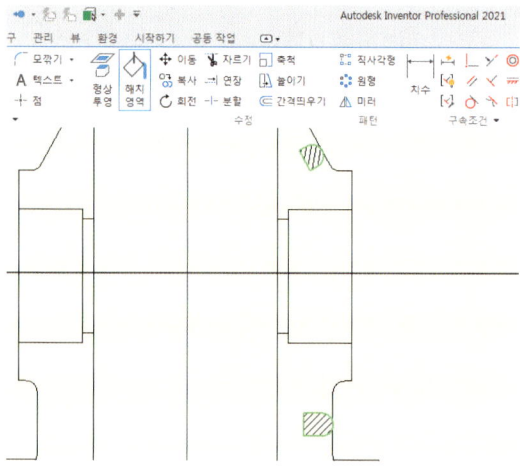

14 다음과 같이 해치가 완료되었다.

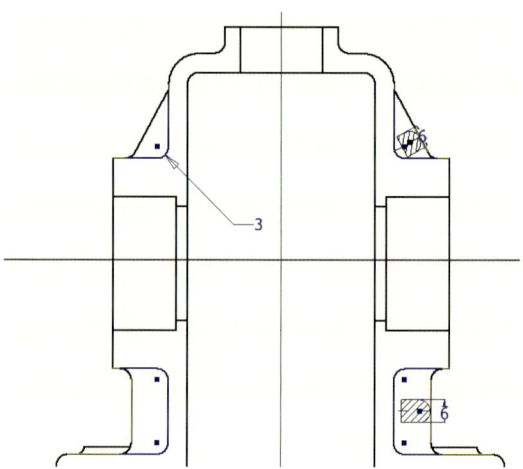

15 단면 부분의 해치를 위해 다음과 같이 형상 투영과 선 명령으로 프로파일을 작성한다.

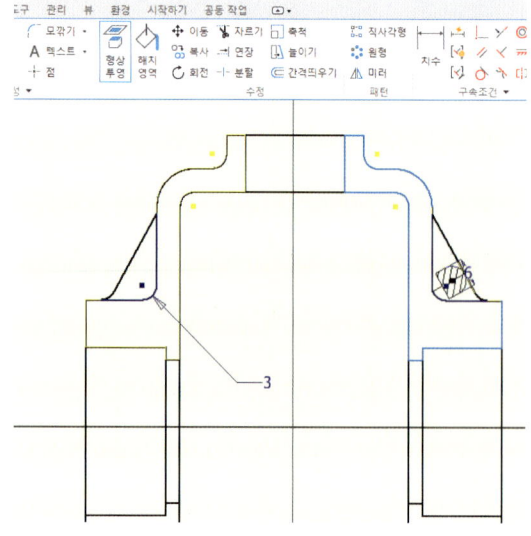

16 다음 영역들을 폐곡선 영역으로 작성한다.

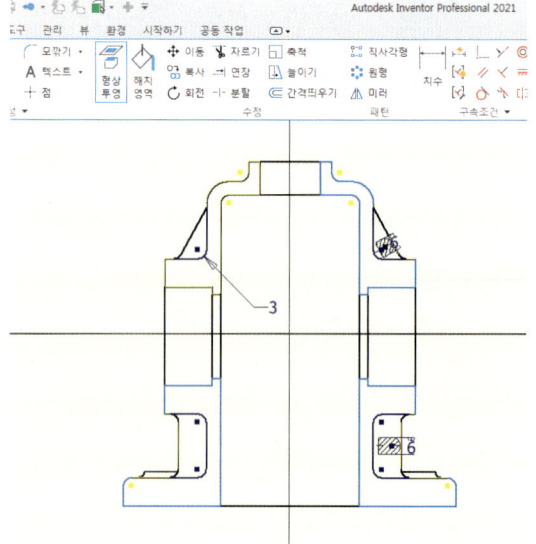

17 영역 채우기/해치 명령으로 다음 폐곡선 영역을 클릭한다.

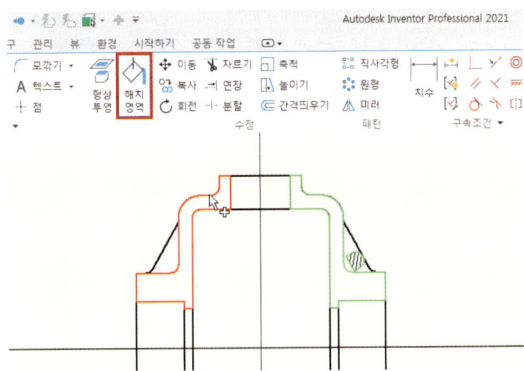

18 다음과 같이 해치를 설정한다.

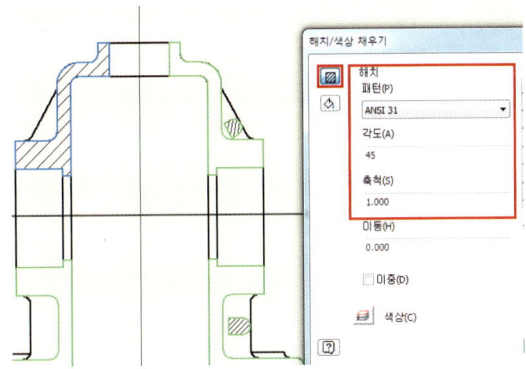

19 다른 영역들도 다음과 같이 해치를 작성한다.

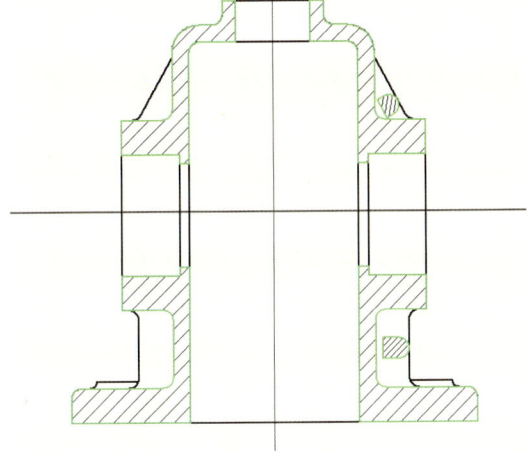

20 스케치 마무리를 해서 뷰 작성을 마친다.

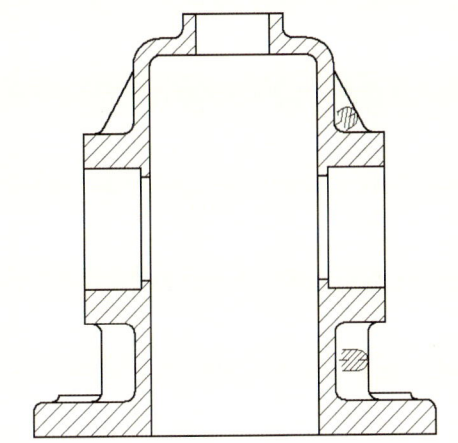

03 주석 작성하기

01 중심선을 다음과 같이 작성한다.

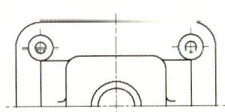

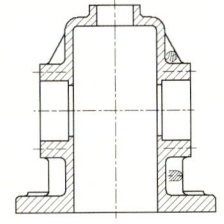
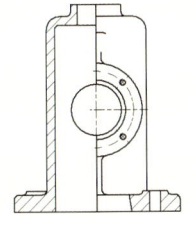

02 기본 치수를 다음과 같이 작성한다.

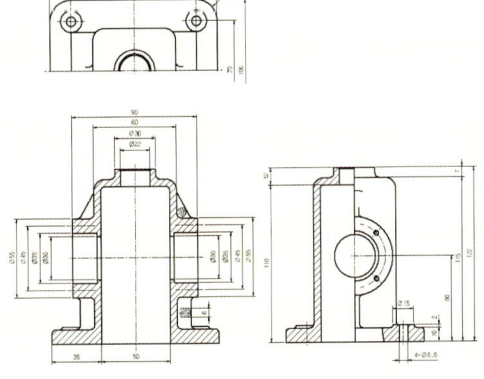

445

03 치수에 공차를 부여한다.

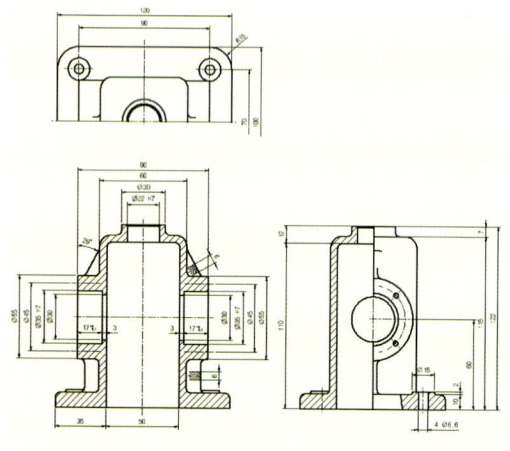

04 교차 치수를 작성하기 위해 다음 모서리를 클릭한다.

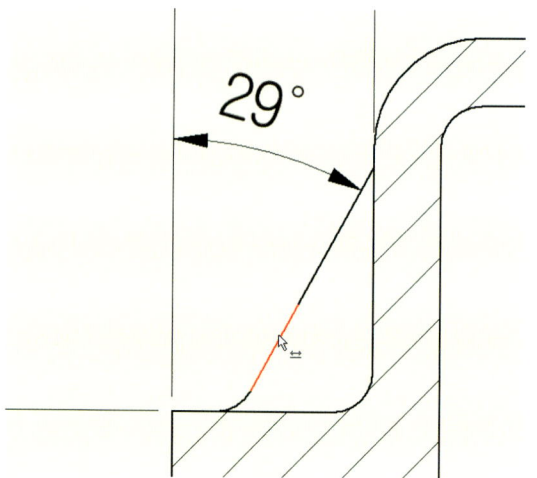

05 아래 선을 마우스 우측 버튼으로 클릭해 교차를 클릭한다.

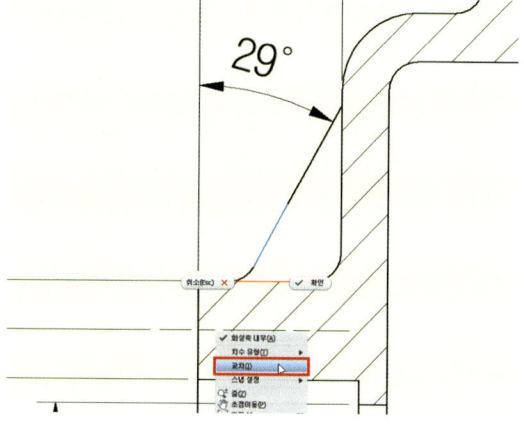

06 마우스로 교차점을 클릭한다.

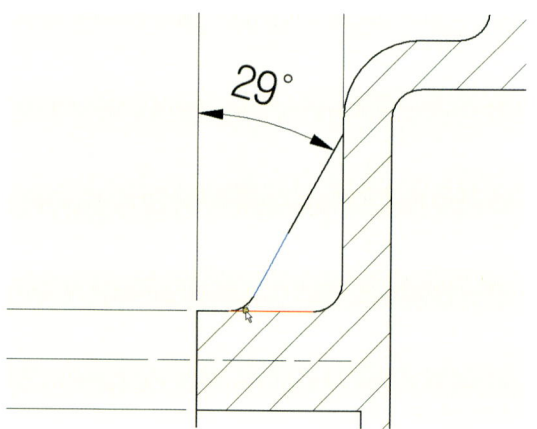

07 두 번째 선을 선택하면 교차 치수가 작성된다.

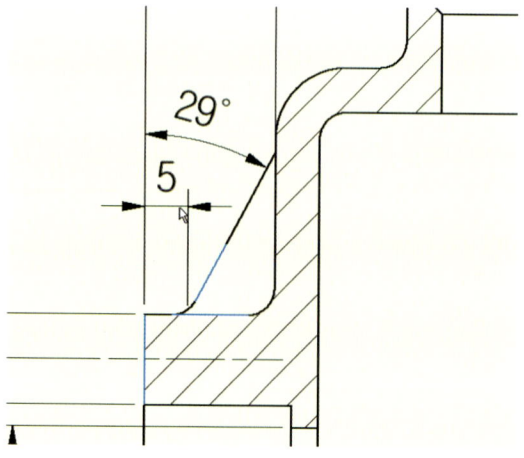

08 클릭해서 치수 작성을 마무리한다.

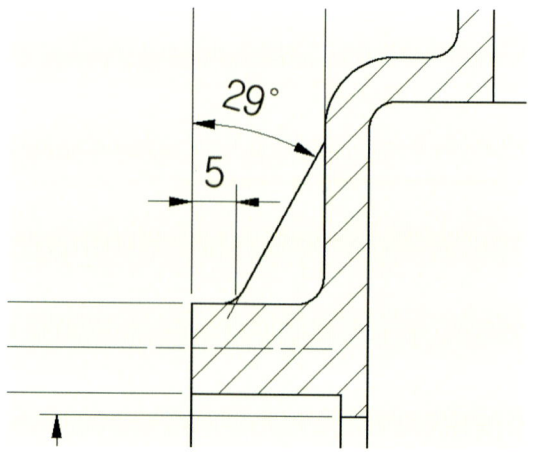

09 정면도에 다음과 같이 형상공차와 다듬질 기호를 작성한다.

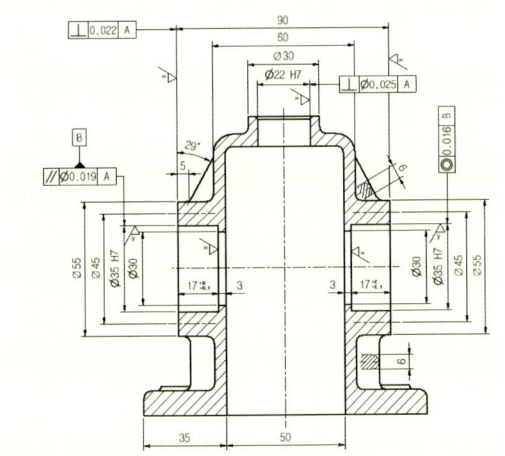

10 우측면도에 다음과 같이 형상공차와 다듬질 기호를 작성한다.

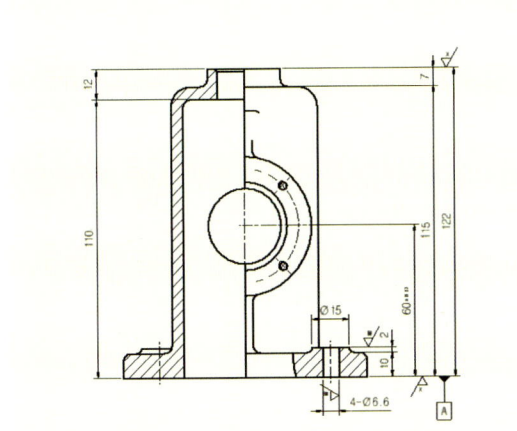

11 부품 번호와 다듬질 기호 마크를 추가한다.

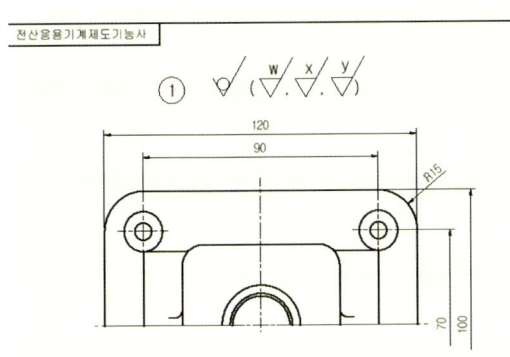

12 다른 부품의 도면들도 다음과 같이 배치한다.

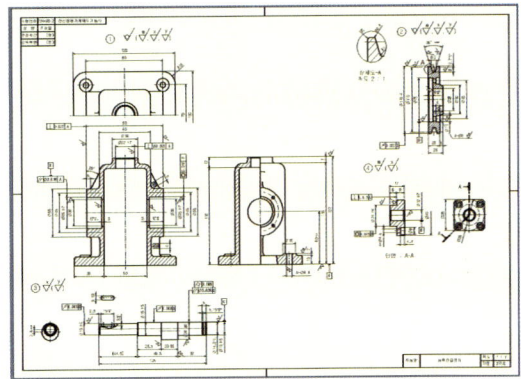

04 주서 작성하기

01 텍스트 명령을 클릭해 스타일을 다음과 같이 지정한다.

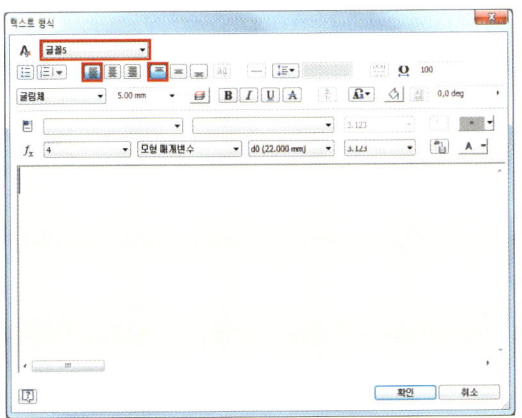

02 다음과 같이 주서 텍스트를 입력한다.

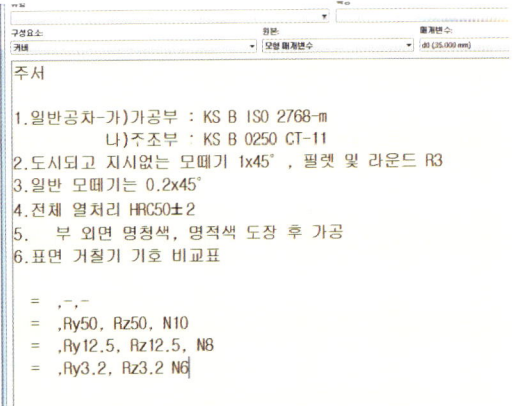

03 스타일이 다른 텍스트 영역은 다음과 같이 드래 그해서 다른 크기로 설정한다.

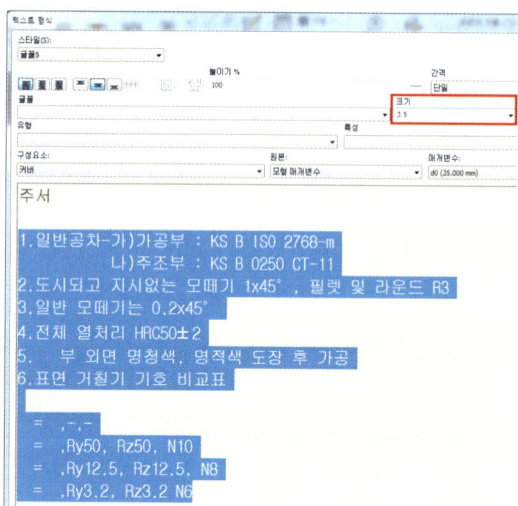

04 아래쪽 영역의 크기도 텍스트 크기로 편집한다.

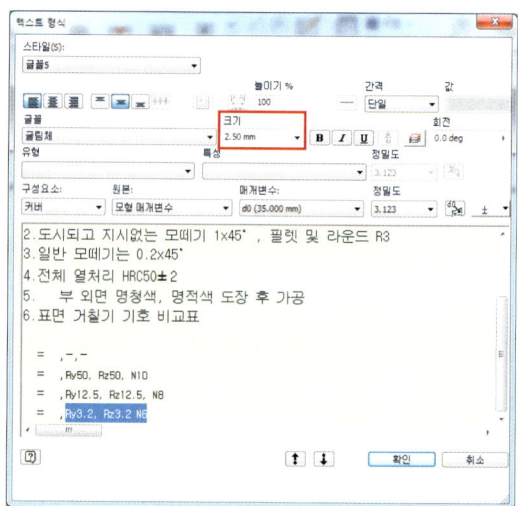

05 확인 버튼을 클릭해 주서를 위치시킨다.

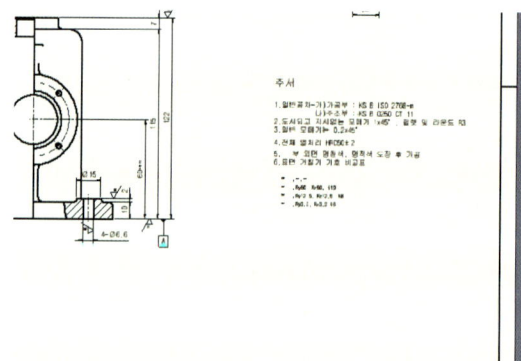

06 부품 리스트를 배치하기 위해 부품 리스트 명령을 클릭한다.

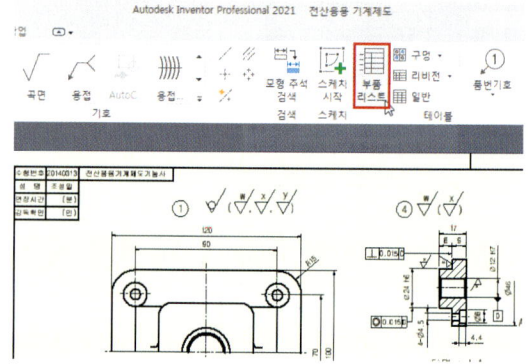

05 부품 리스트 작성하기

01 부품 리스트를 작성할 뷰를 선택해 확인 버튼을 클릭한다.

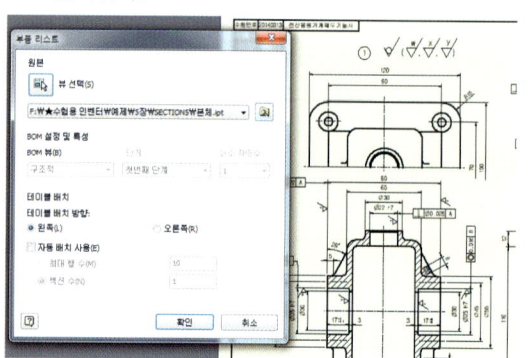

02 다음과 같이 부품 리스트를 위치시킨다.

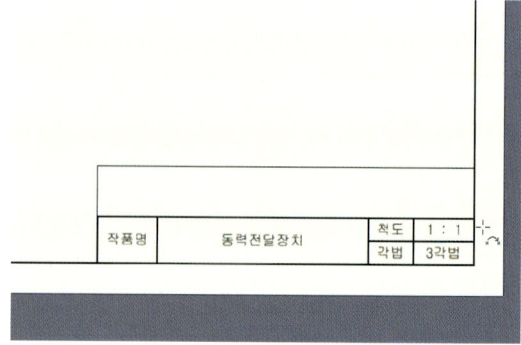

Section5.부품도 작성하기

03 부품 리스트가 다음과 같이 배치된다.

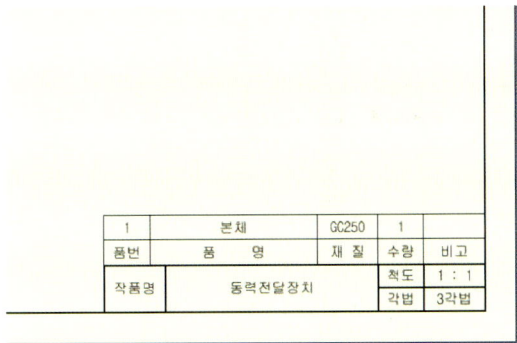

04 부품 리스트를 마우스 우측 버튼으로 클릭해 부품 리스트 스타일 편집을 클릭한다.

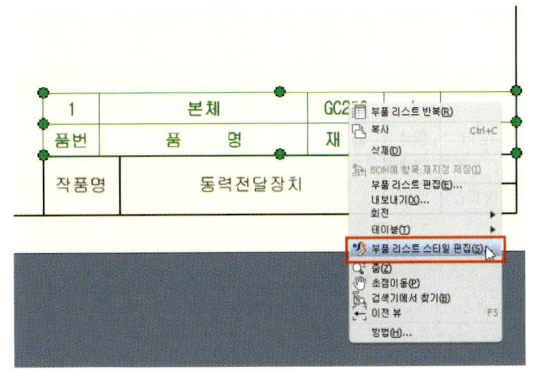

05 현재 부품 리스트를 마우스 우측 버튼으로 클릭해 새 스타일을 클릭한다.

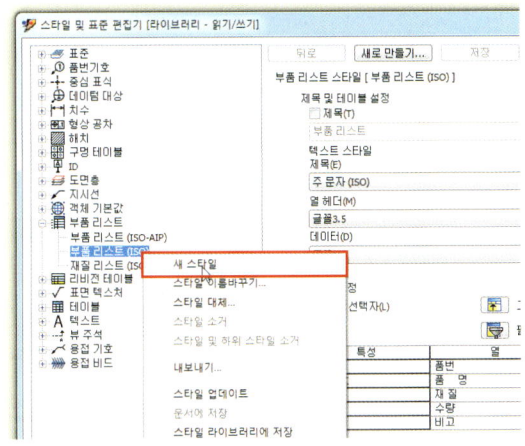

06 부품 리스트 항목의 이름을 다음과 같이 설정한 후 확인 버튼을 클릭한다.

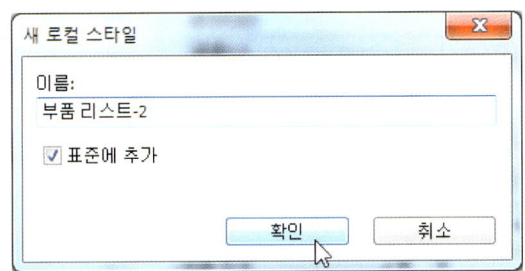

07 제목 항목을 다음과 같이 설정한 후 저장한다.

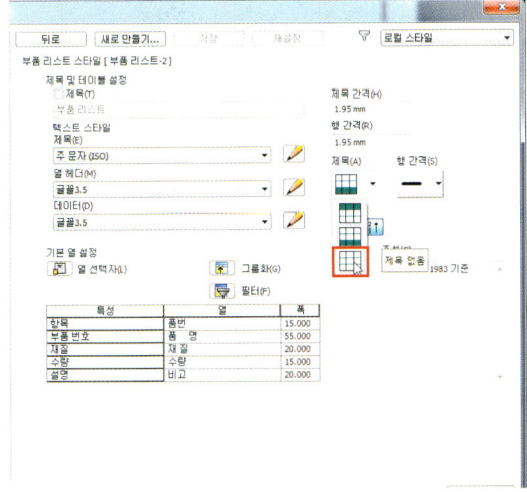

08 스타일 편집기를 종료한 후 다시 한 번 부품 리스트 명령을 클릭한 후 두 번째 부품 뷰를 클릭한다.

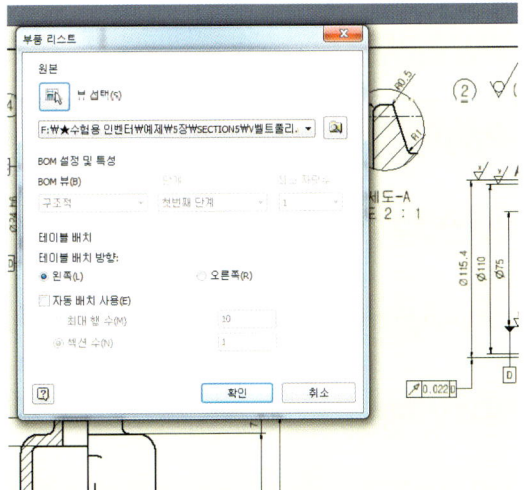

449

09 부품 리스트를 배치한다.

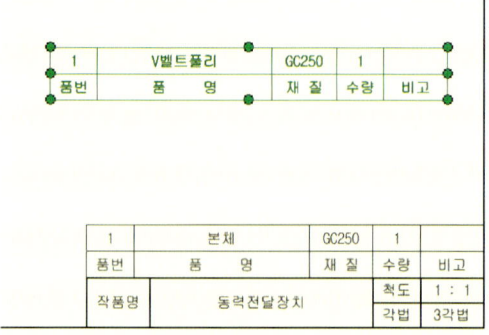

10 배치한 리스트를 선택해 아까 새로 작성한 스타일로 적용한다.

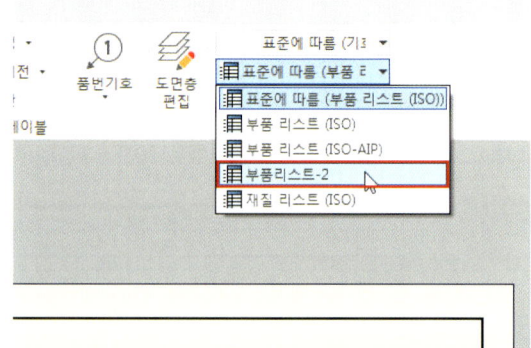

11 다음과 같이 부품 리스트가 변경된다.

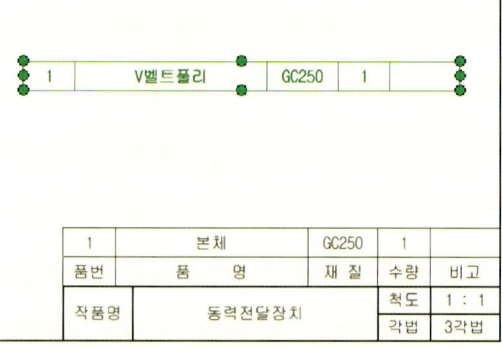

12 다음과 같이 부품 리스트를 배치시킨다.

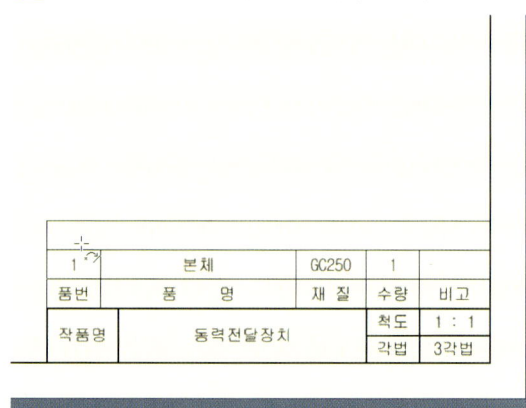

13 마찬가지로 다른 부품의 리스트도 작성해 배치한다.

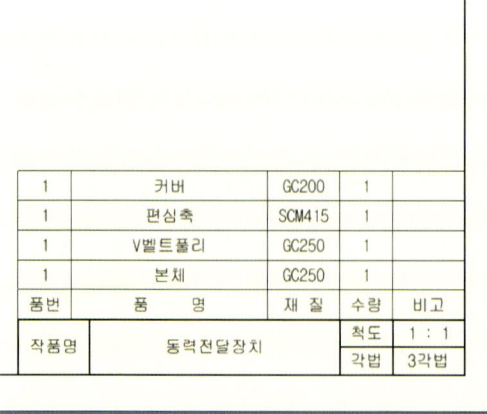

14 두 번째 부품 리스트를 마우스 우측 버튼으로 클릭해 부품 리스트 편집을 클릭한다.

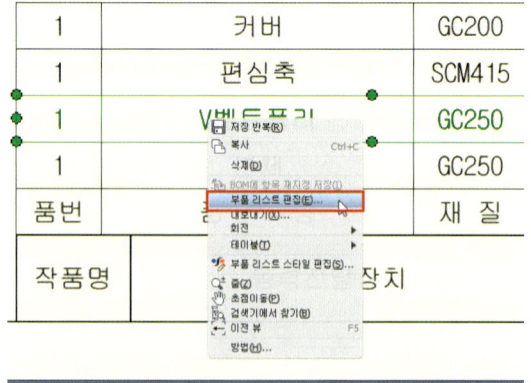

15 다음과 같이 부품 리스트 편집 창이 표시된다.

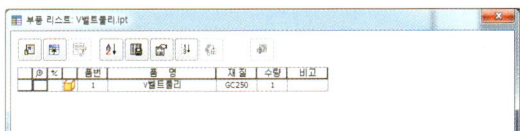

16 다음과 같이 품번을 수정한다.

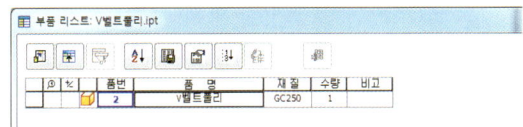

17 마찬가지로 다른 부품 리스트의 번호도 수정한다.

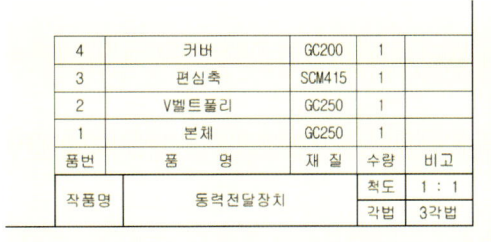

18 다음과 같이 부품도의 작성이 완료되었다.

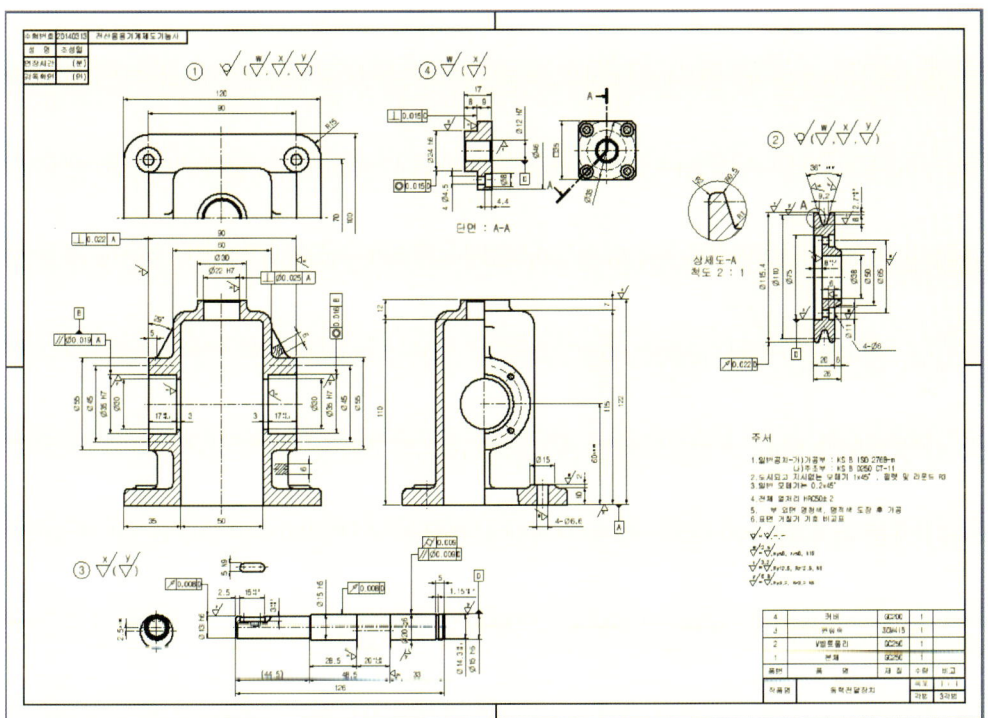

Lesson 6 — 인쇄 및 DWG로 내보내기

01 인쇄하기

01 어플리케이션 버튼을 클릭해 인쇄 명령을 클릭

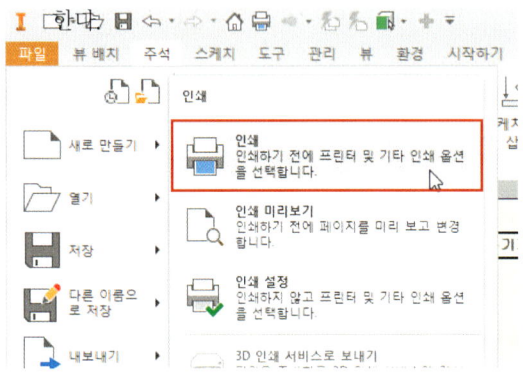

02 다음과 같이 인쇄 설정을 한다.

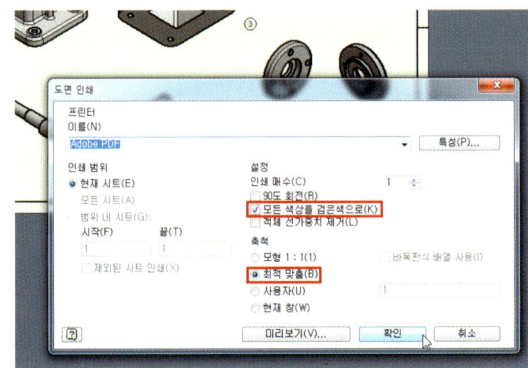

03 확인 버튼을 클릭하면 다음과 같이 출력이 완료된다.

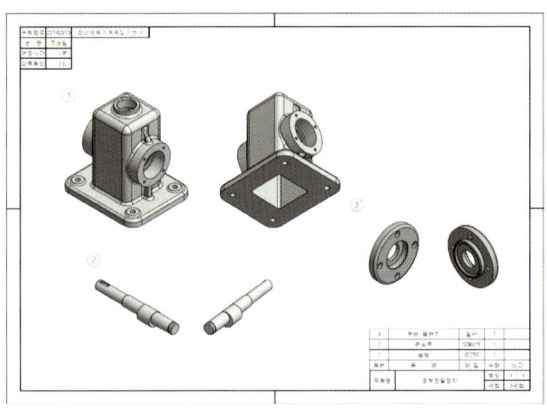

04 부품도 도면을 PDF로 인쇄하기 위해 인쇄 버튼을 클릭한다.

05 특성 버튼을 클릭한다.

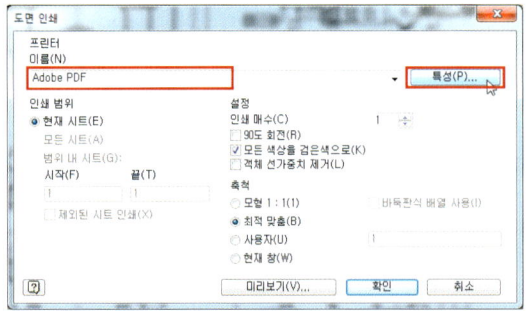

06 PDF를 다음과 같이 설정한 후 확인 버튼을 클릭해 인쇄를 한다.

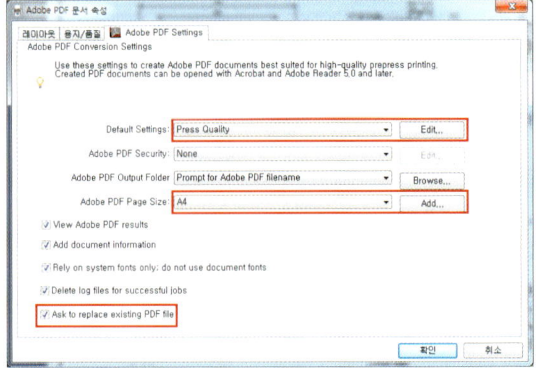

02 DWG로 내보내기

01 도구탭의 문서 설정을 클릭한다.

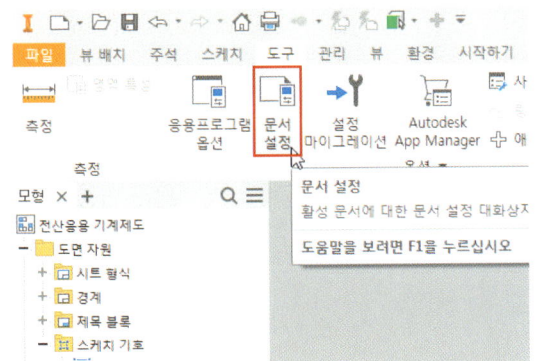

02 시트 항목에서 시트 색상을 다음과 같이 설정한다.

03 다음과 같이 바탕화면의 색이 변경되면서 선의 기본 색상이 흰색으로 변경된다.

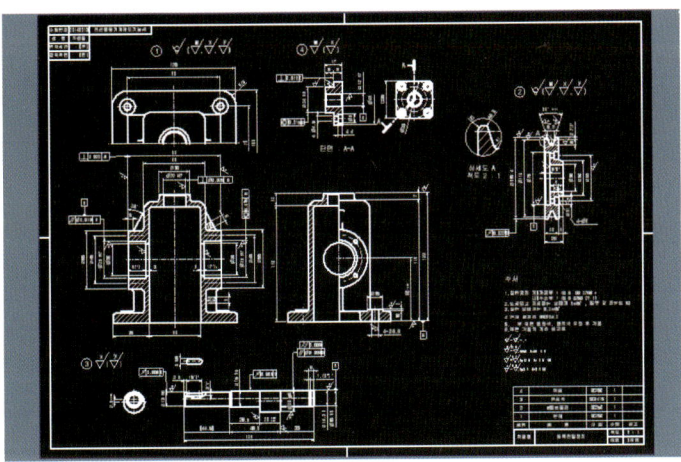

04 선종류는 다음과 같이 설정한다.

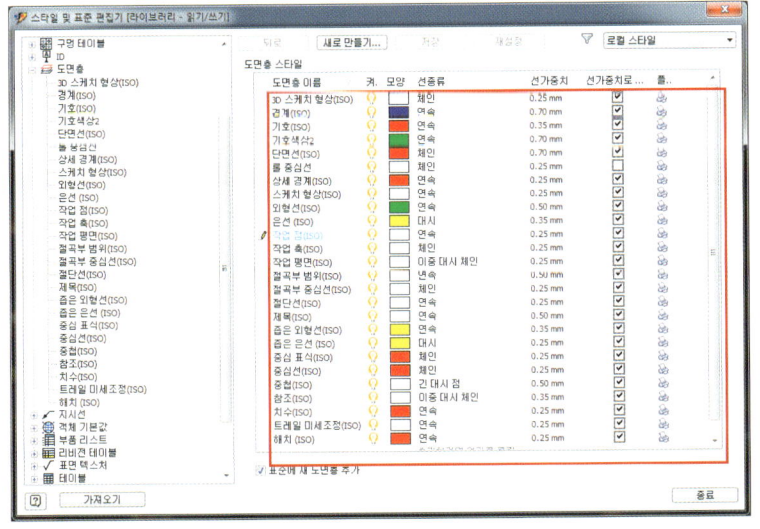

어드바이스

AutoCad의 기본 선 색상에 맞추려면 다음 기본 색들을 선택하도록 하자.

05 텍스트 항목의 스타일 항목에서 텍스트 색상을 다음과 같이 설정한다.

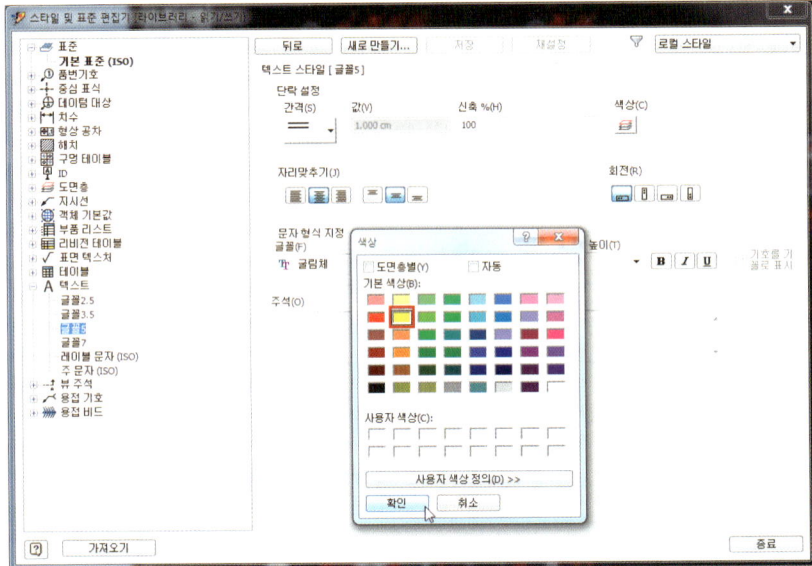

06 다른 텍스트들도 마찬가지로 텍스트 색상을 수정한다.

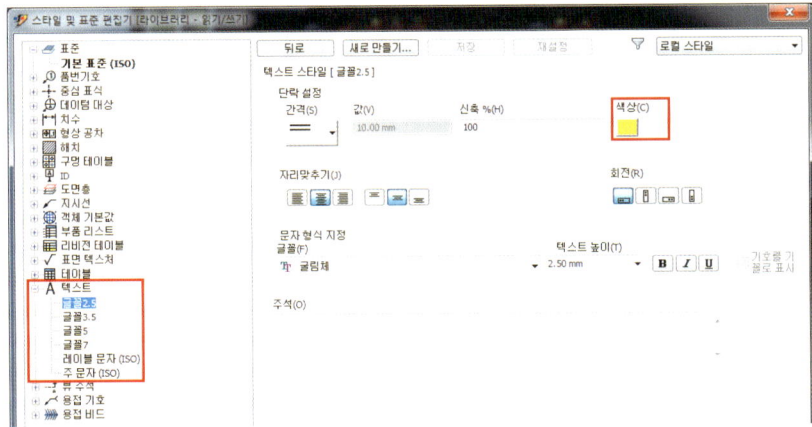

07 각각의 스타일 색상을 수정하면 다음과 같이 도면 색상이 변경된다.

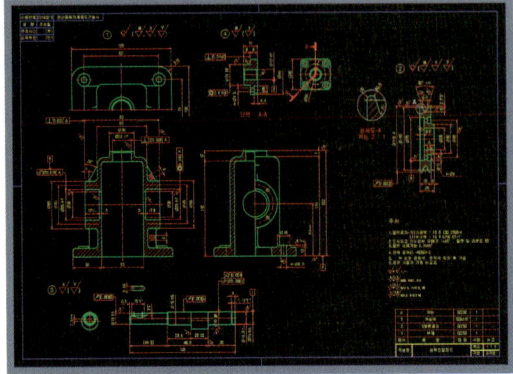

08 다듬질 기호를 선택해 도면층을 다음과 같이 적용한다.

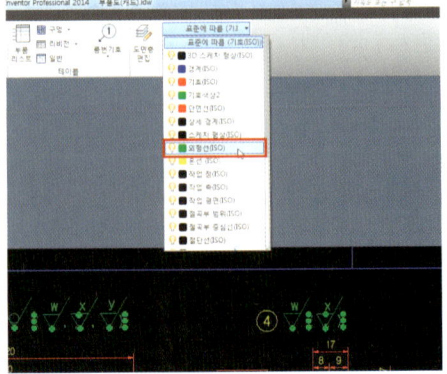

Section5.부품도 작성하기

09 마찬가지로 다른 색상들도 설정과 다르면 해당 개체를 선택해 도면층을 올바른 것으로 적용한다.

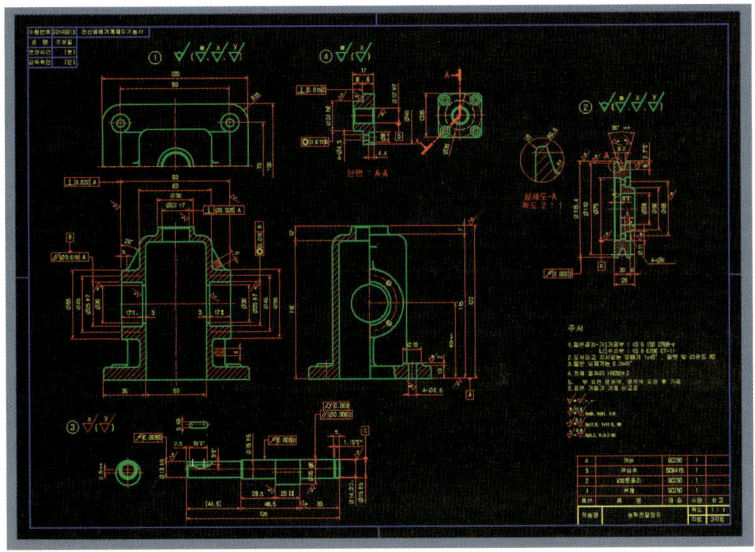

10 어플리케이션 버튼을 클릭해 내보내기-DWG로 내보내기를 클릭한다.

11 옵션 버튼을 클릭한다.

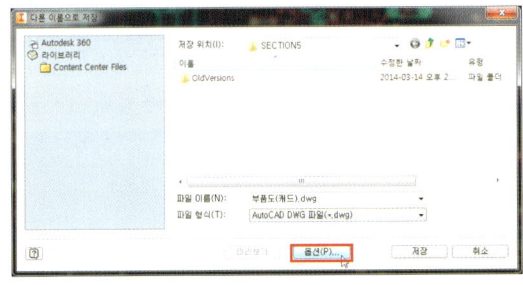

12 파일 버전을 선택한 후 다음 버튼을 클릭한다.

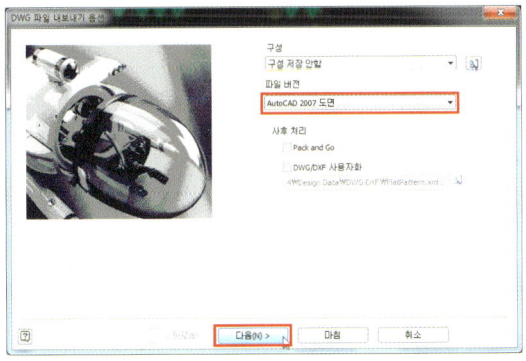

13 매핑 옵션 버튼을 클릭한다.

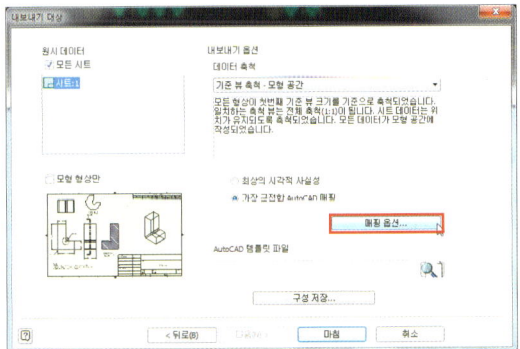

455

14 색상 영역의 다음 항목을 체크한 후 확인 버튼을 클릭한다.

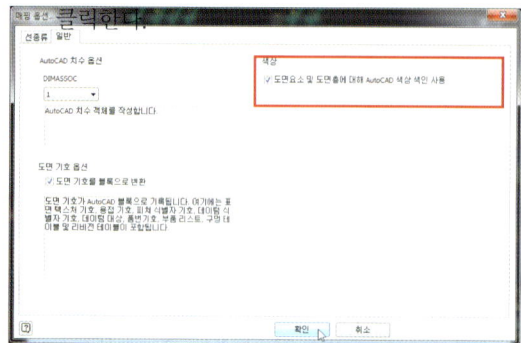

15 마침 버튼을 클릭한다.

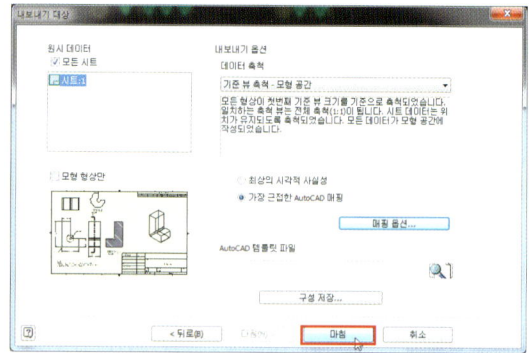

16 파일 이름을 설정하고 저장 버튼을 클릭한다.

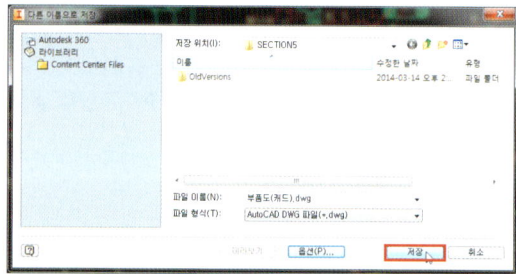

17 변환된 DWG파일을 열면 다음과 같이 표시된다.

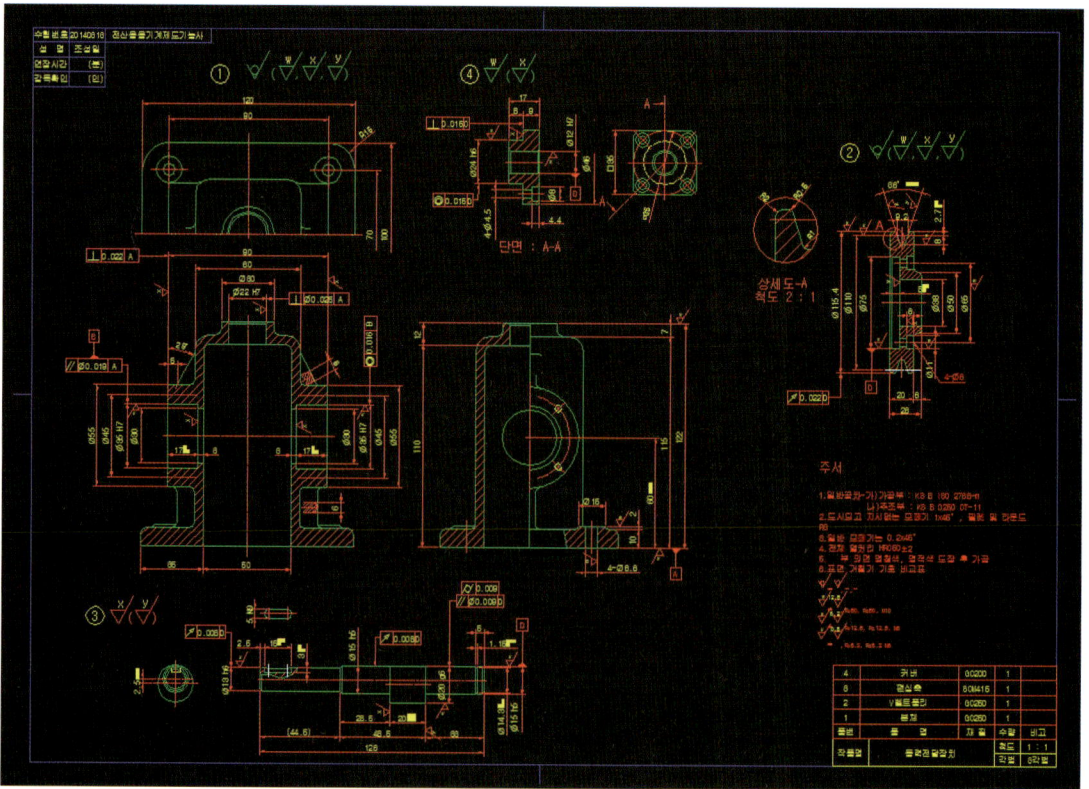